S.F.
V.

Paul Kennedy

IN VORBEREITUNG AUF DAS 21. JAHRHUNDERT

Aus dem Amerikanischen
von Gerd Hörmann

S. Fischer

Die amerikanische Originalausgabe erschien 1993
unter dem Titel »Preparing for the Twenty-First Century«
im Verlag Random House, New York

Umschlaggestaltung: Buchholz/Hinsch/Walch
Satz: Fotosatz Otto Gutfreund GmbH, Darmstadt
Druck und Einband: Clausen & Bosse, Leck
Printed in Germany 1993
ISBN 3-10-039324-4

Für die Fußballmannschaft
der unter Vierzehnjährigen von Hamden
von ihrem Trainer

INHALT

ANHANG

IN VORBEREITUNG AUF DAS 21. JAHRHUNDERT

VORWORT

Dieses Buch hat seinen Ursprung in einer Debatte, die ich im Frühjahr 1988 am Brookings Institute in Washington mit einer großen Gruppe von Ökonomen führte. Es ging um mein gerade erschienenes Buch *Aufstieg und Fall der großen Mächte.* Im Verlauf eines lebhaften Abends erklärte ein – mir unbekannter – Kritiker, er könne nicht verstehen, warum um *Aufstieg und Fall* soviel Aufhebens gemacht werde. Es sei doch schließlich ein sehr traditionelles Buch, das sich auf den Nationalstaat als den zentralen Spieler auf der Bühne der Weltpolitik konzentriere. Warum, fragte er, habe ich meine Zeit nicht lieber daran gewandt, über bedeutendere und interessantere Fragen zu schreiben, jene Kräfte globalen Wandels wie das Bevölkerungswachstum, den Impakt der Technologie, die Umweltschäden und die Migration, die in ihrem Wesen transnational seien und die unser aller Leben zu beeinflussen drohten.

Ich habe es an dem Abend anderen überlassen, ihre Meinungen dazu zu äußern, warum *Aufstieg und Fall* vielleicht doch von einiger Tragweite sei, insbesondere im amerikanischen Präsidentschaftswahlkampf von 1988, aber ich fand den Kommentar meines Kritikers faszinierend genug, um anzufangen, mich mit Themen zu beschäftigen (globale Erwärmung, Demographie, Robotik, Biotech), die mir zu dem Zeitpunkt vollständig fremd waren. Nicht viel später begann ich, Artikel aus Zeitschriften und Zeitungen über diese Themen auszuschneiden und sie abzulegen. Nach einer weiteren Strecke Weges begriff ich, daß ich dabei war, eine Grundlage für ein neues Buch zu schaffen, eines, das sich sehr von *Aufstieg und Fall* unterschied, sowohl im Gegenstand als auch in der Struktur, und dennoch – wie ich in Kapitel 1 erkläre – ihm in Anliegen und Absicht eng verwandt. Beide Bücher stellen den Versuch dar, das zu schreiben, was David Landes »große Geschichte« genannt hat. Ob das gegenwärtige Werk dasselbe Interesse wecken wird wie die vorhergehende Studie, darüber wird der Leser entscheiden.

TEIL I

ALLGEMEINE TRENDS

Kapitel 1

Prolog: Alte und neue Herausforderungen

Vor zweihundert Jahren, als sich das 18. Jahrhundert seinem Ende näherte, waren die Beobachter von den sozialen und politischen Trends in Europa tief verstört. Eine revolutionäre Flutwelle, die sich zuerst 1789 in Frankreich erhoben hatte, breitete sich auf die Nachbarstaaten aus und stürzte Regime von Italien bis zu den Niederlanden. Statt eine friedliche konstitutionelle Veränderung in Richtung auf ein repräsentativeres politisches System zu bringen, fraß die Revolution sich selbst, brachte Demagogen, zornige Straßenmobs, Gewalt und einen neuen europäischen Krieg hervor. Die Autoritäten in so verschiedenen Nationen wie dem georgianischen Großbritannien und dem zaristischen Rußland versuchten infolgedessen, mit reaktionärer Politik die revolutionären Tendenzen zu unterdrücken. Gemäßigte Stimmen fanden sich, wie so oft, zwischen den Fronten wieder, verhöhnt von der Linken und bedroht von der Rechten.

Obwohl die Französische Revolution spezifische Gründe hatte – zum Beispiel die sich im Laufe der 1780er verschlechternden Staatsfinanzen –, hatten viele Beobachter das Gefühl, daß es für diese sozialen Umwälzungen tiefere Gründe gab. *Ein* solcher Grund konnte niemandem entgehen, der Europas überfüllte Städte besuchte oder die wachsende Arbeitslosigkeit auf dem Lande beobachtete: es war der Druck der Überbevölkerung. Das Bedürfnis nach Nahrung, Kleidung, Obdach und Arbeit in Gesellschaften, die nicht ausgerüstet waren, diesem Bedarf nachzukommen – zumindest nicht in einem solchen Maßstab. Jede Hütte auf dem Lande schien von kleinen Kindern zu wimmeln. Die Behörden in den Städten kämpften mit einer wachsenden Flut von Vagabunden. In den größeren Städten gab es eine heimatlose Bevölkerung von Zehntausenden von Arbeitslosen, die nachts auf nackter Erde schliefen und sich tagsüber in die Straßen der Stadt ergossen. Gefängnisse, Armenhäuser, Findlingshospitäler und Irrenanstalten waren überfüllt von den Unglücklichen, die ihr gemeinsames Grab noch nicht gefunden hatten.

Besorgte Beobachter brauchten keine Statistik, um zu wissen, daß ihre Gesellschaften ein Bevölkerungswachstum ohne Beispiel erlebten. Wenn Zahlen zur Verfügung gestanden hätten – Volkszählungen wurden erst um diese Zeit eingeführt –, hätten sie ihr Urteil bestätigt. 1650 zählte die Bevölkerung von Europa (Rußland eingeschlossen) ungefähr 100 Millionen Menschen. Sie war ein Jahrhundert später auf 170 Millionen angewachsen, und bis 1800 lebten weit mehr als 200 Millionen auf dem Kontinent.[1] Die Bevölkerung von England und Wales stieg in den 1720ern bloß um 1 Prozent, in den 1750ern aber bereits um 4 Prozent und dann um mehr als 10 Prozent pro Jahrzehnt, als 1800 heranrückte – bei immer stärkerer Beschleunigung.[2] Die großen Städte, die durch die Landflucht anschwollen, wuchsen sogar noch schneller. Am Vorabend der Französischen Revolution lebten 600000 bis 700000 Menschen in Paris, darunter bis zu 100000 Obdachlose – Dynamit für eine gesellschaftliche Explosion. Londons Bevölkerungszahl war noch größer, seine 575000 Einwohner des Jahres 1750 waren bis 1801 auf 900000 angewachsen, darunter eine große Zahl von geschäftigen Taschendieben, Straßenjungen und Spitzbuben, die in zeitgenössischen Stichen so gut festgehalten sind. Angesichts der vielen Habenichtse, die in eine Welt von relativ wenigen Besitzenden hineingeboren wurden, war es wahrhaftig kein Wunder, daß die Behörden immer furchtsamer wurden und die Einschränkungen von öffentlichen Versammlungen, der Verteilung von Pamphleten, der Zusammenschlüsse von Arbeitern und anderer möglicherweise subversiver Handlungen weiter verschärften.

Diese Bevölkerungsexplosion im späten 18. Jahrhundert, die sich auch in so weit entfernten Ländern wie China und Amerika ereignete, hatte verschiedene Gründe. Ein unerklärliches Nachlassen der Virulenz von Krankheiten wie den Pocken war einer. Auch die wachsende Anwendung der Impfung trug dazu bei. Die Verbesserung in der Lebensmittelversorgung, zumindest in Teilen von Westeuropa, war ein weiterer Grund. In bestimmten Gesellschaften heirateten die Frauen in jüngerem Alter.[3] Was auch immer die genaue Ursachenkombination gewesen sein mag, fest stand, es gab sehr viel mehr Kinder in den meisten Teilen der Welt als je zuvor. Und die expandierende Bevölkerung übte auf die bestehenden Ressourcen Druck aus.

Die Aussicht auf ein wachsendes Mißverhältnis zwischen Menschen und Ressourcen verstörte einen gelehrten und neugierigen englischen Landpfarrer mit Namen Thomas Robert Malthus zutiefst. 1798 faßte er seine Gedanken in ein Werk, das ihn weltberühmt machte. In seinem *Essay on Population** konzentrierte sich Malthus auf das, was ihm als das größte Problem erschien, welchem sich die menschliche Spezies gegenübersah: nämlich, »daß die Kraft der Bevölkerung unendlich viel größer ist als die Kraft der Erde, Unterhalt für den Menschen hervorzubringen«.[4] Dies verhielt sich so, argumentierte er, weil die Bevölkerungen von Großbritannien, Frankreich und Amerika sich alle 25 Jahre verdoppelten, während – obwohl Neuland kultiviert wurde – es keine Gewißheit gab, daß die Nahrungsmittelproduktion sich mit derselben Zuwachsrate erhöhen ließe. Zwar war es vorstellbar, daß der Ertrag des Landes sich in den folgenden 25 Jahren verdoppeln ließ, aber »es widersprach all unserem Wissen um die Qualität des Landes«, anzunehmen, daß eine solche Verdoppelung wieder und wieder geschehen konnte ...[5] Während sich die Bevölkerung Großbritanniens im Laufe des nächsten Vierteljahrhunderts von 7 Millionen auf 14 Millionen verdoppeln und dann im Laufe des darauffolgenden Vierteljahrhunderts auf 28 Millionen, dann auf 56 Millionen

* Genauer: *An Essay on the Principle of Population as it Affects the Future Improvement of Society* (dt.: Ein Essay über das Prinzip der Bevölkerung, wie es die zukünftige Verbesserung der Gesellschaft beeinflußt), London 1798. Dies ist auch als Malthus' »erster« Essay über Bevölkerung bekannt, da er 1803 umgeschrieben und später noch einmal überarbeitet wurde.

und schließlich 112 Millionen steigern würde, mußte, so sagte Malthus voraus, eine noch größere Lücke zwischen der Lebensmittelnachfrage der Menschen und der Fähigkeit des Landes, ihr zu genügen, entstehen. Das Resultat, so fürchtete er, würde zunehmender Hunger, Verelendung, Massensterben durch Unterernährung und Krankheiten und ein Zerreißen aller gesellschaftlichen Strukturen sein.

Es ist hier nicht notwendig, all die Debatten zwischen Malthus und seinen Zeitgenossen zu verfolgen. Wichtig aber ist festzustellen, daß er seinen Essay bewußt niedergeschrieben hatte, um die Argumente gewisser Schriftsteller (Godwin, Condorcet) über die Vervollkommnungsfähigkeit des Menschen zu widerlegen. Diese Optimisten waren zu dem Schluß gekommen, daß, obwohl die Schwierigkeiten im Moment unübersehbar waren, das Wachstum menschlicher Einsicht, die Möglichkeit der Selbstverbesserung und Durchbrüche im Wissen eines Tages zu einer Gesellschaft führen würden, die sehr viel gleichberechtigter sein werde, frei von Verbrechen und Krankheit, frei sogar vom Fluch des Krieges.[6] Der pessimistische Malthus glaubte dagegen, daß das Bevölkerungswachstum eine Verschlechterung der menschlichen Lebensbedingungen bedeutete. Der schon jetzt existierende Abstand zwischen den Besitzenden und den Habenichtsen müsse sich durch den Druck auf die Ressourcen der Erde ständig erweitern.

Diese Debatte zwischen Optimisten und Pessimisten ist uns in der einen oder anderen Form seit damals erhalten geblieben, und sie ist, wie dieses Buch ausführen wird, heute sogar entscheidender als zu der Zeit, da Malthus seinen Essay schrieb. Was die Debatte von vor zweihundert Jahren angeht, so erwiesen sich die Optimisten als die besseren Propheten, wenn auch nicht unbedingt aufgrund der Argumente, die sie selbst damals vorbrachten. Während die Advokaten der Vervollkommnungsfähigkeit des Menschen im Laufe des 19. und (besonders) des 20. Jahrhunderts viele Enttäuschungen hinnehmen mußten, ignorierte Malthus' pessimistische, mathematische Argumentation eine ganze Anzahl von Faktoren – so daß seine Vorhersage einer »gigantischen unvermeidbaren Hungersnot« weit danebenlag, zumindest was sein Geburtsland Großbritannien anging. Sicher, die britischen Inseln des frühen 19. Jahrhunderts litten unter einigen negativen Folgen der Bevölkerungsexplosion. Die Armut auf dem Lande war weit verbreitet, und wenn auch Millionen in ihren Dörfern blieben, wanderten sehr viele mehr in die Ortschaften und Städte, um Arbeit zu suchen. Weitläufige Slums aus Baracken und Verschlägen ohne fließendes Wasser, ohne Licht, Heizung oder sanitäre Anlagen wucherten in den Industriestädten. Horden von Kindern fehlten angemessene Gesundheitspflege, Ernährung, Bekleidung und Erziehung. Banden von arbeitslosen Landarbeitern griffen die neuen landwirtschaftlichen Maschinen an, die ihnen ihre Arbeit genommen hatten. Gewalttätige gesellschaftliche Proteste waren allgemein, insbesondere in Jahren, wenn schlechte Ernten den Brotpreis in die Höhe trieben, und riesige Demonstrationen (wie zum Beispiel jene von Peterloo im Jahre 1819) wurden von den Behörden, die eine Jakobinische Revolution fürchteten, mit aller Härte unterdrückt.

Nichtsdestoweniger erlaubten es *drei* Entwicklungen dem britischen Volk, dem Schicksal zu entkommen, das Malthus ihm vorausgesagt hatte. Die erste war die Auswanderung; die Menschen verließen die britischen Inseln in enormen Zahlen auf der Suche nach besseren Lebensbedingungen in anderen Weltgegenden. Während etwas mehr als 200000 in den 1820ern emigrierten, verdreifachte sich diese Zahl im folgenden Jahrzehnt und erreichte fast 2½ Millionen in den 1850ern. Zwischen 1815 und 1914 verließen etwa 20 Millionen Briten das Land[7], ein wahrhaft massiver Exodus, wenn man ihn an der Gesamtbevölkerung mißt. (Um 1900 zählte die Bevölkerung von Großbritannien etwa 41 Millionen; ohne Auswanderung hätte sie über 70 Millionen betragen.) Wichtiger als die absoluten Zahlen war indessen die Tatsache, daß weder heimische noch fremde Autoritäten die Briten an der Auswanderung hinderten. Neben denen, die in die arbeiterhungrigen Vereinigten Staaten aufbrachen, strömten Millionen auch in Kolonien, in denen es Land oder Ressourcen gab (Kanada, Australasien, Südafrika), Länder, die von Völkern bewohnt wurden, die der militärischen Technik des Westens nicht lange widerstehen konnten. Bestehende

Verkehrsverbindungen – das Segelschiff, dem das Dampfschiff und die Eisenbahn folgten – erlaubten Hunderttausenden von Familien, die weite Reise zu unternehmen, sicher in großer Unbequemlichkeit, aber auch in relativer Sicherheit. Es gab also keine Notwendigkeit, in den Hütten und Slums von England oder Schottland unter dem Druck der ständig wachsenden Zahlen zurückzubleiben.

Die zweite Entwicklung bestand darin, daß genau zu der Zeit, als Malthus seinen Essay schrieb, entscheidende Verbesserungen in der britischen Landwirtschaft erzielt wurden – so entscheidend, daß der ganze Prozeß später die »landwirtschaftliche Revolution« genannt werden sollte.[8] Weit davon entfernt, ein plötzliches Ereignis zu sein (wie das Wort »Revolution« andeutet), bestand dieser Prozeß aus kleinen Schritten – Verbesserungen des Fruchtwechsels, der Zuchtmethoden, der Güterverwaltung, der landwirtschaftlichen Hilfsmittel und Maschinen, der Einführung der Kartoffel, der Bewirtschaftung bisher kommunalen Landes und der Trockenlegung von Sümpfen, einer weiteren Verbreitung von landwirtschaftlichen Methoden, der Verbesserung der Verkehrswege und des Zugangs zu Märkten –, was alles zusammen Quantität und Qualität der Lebensmittelversorgung der britischen Nation hob. Dies wiederum verminderte allerdings die Sterberate und trug damit zum Bevölkerungswachstum bei. Im Laufe der Zeit konnte die ständig anwachsende Bevölkerungszahl nicht mehr aus heimischen Quellen versorgt werden, auch wenn diese signifikant erhöht worden waren; in diesem Sinne hatte Malthus recht. Indessen konnte die britische Nachfrage nach Getreide, Fleisch und anderen Lebensmitteln schon bis Anfang des dritten Viertels des 19. Jahrhunderts von den Farmen befriedigt werden, die frühere Emigranten nach Nordamerika, Australien und anderwärts aufgebaut hatten – deren Produkte wurden jetzt in Kühlschiffen in das Mutterland transportiert. Entgegen Malthus' Vorahnungen war die »Kraft der Erde« durchaus in der Lage, die »Kraft der Bevölkerung« aufgrund des Erfindungsreichtums seiner eigenen Landsleute aufzufangen.

Die dritte und wichtigste Entwicklung lag darin, daß Großbritannien etwa ein Jahrzehnt oder zwei, bevor Malthus seinen Essay schrieb, in die ersten Stufen der industriellen Revolution eintrat, jenes gewaltigen Sprungs in der Produktivität, der sich aus der Substitution menschlicher Fähigkeiten durch mechanische Apparate ergab. Unbelebte Energie (Dampf, dann Elektrizität) trat an die Stelle der Kraft von Tier und Mensch.[9] Selbst in ihren frühen Ausformungen konnten energiegetriebene Webstühle zwanzigmal soviel produzieren wie ein Handarbeiter, während eine dampfgetriebene Spinnmaschine das Spinnrad um das Zweihundertfache übertraf. Darüber hinaus konnten die Kohlen, die man brauchte, um diese Maschinen anzutreiben, und die Produkte, die aus den neugegründeten Fabriken flossen, von Lokomotiven transportiert werden, die die Kraft Hunderter von Packpferden besaßen. Kein früherer technologischer Durchbruch war in irgendeiner Weise mit dem Anstieg der Produktion zu vergleichen, der sich aus der industriellen Revolution ergab.

Die Dampfkraft hatte viele kurzfristige und langfristige Folgen, die bedeutendste aber war, daß sie zumindest Teile der menschlichen Rasse vor der düsteren Konsequenz der Bevölkerungsexplosion rettete, die Malthus so besorgt gemacht hatte. Die industrielle Revolution steigerte die Produktivität in einem solchen Grade, daß sowohl der staatliche Reichtum als auch die allgemeine Kaufkraft den Anstieg der Bevölkerung hinter sich ließ. Im Laufe des 19. Jahrhunderts wuchs die britische Bevölkerung um das Vierfache, während sich das Nationalprodukt um das Vierzehnfache steigerte.[10]

Das heißt nicht, daß der materielle Nutzen sofort entstand oder auch nur einigermaßen gleich verteilt war. Die Industrialisierung trug den Unternehmern, Erfindern, Fabrikbesitzern und ihren Finanziers frühe und große Gewinne ein. Aber abgesehen von der kritischen Frage nach Arbeitsplätzen für die wachsende Bevölkerung, brachte die Industrialisierung der ersten und auch der zweiten Generation ihrer Arbeiter wenig Gutes. Sie litten unter entsetzlichen Bedingungen in den Fabriken und Bergwerken, sie waren in einem strengen, zeitkontrollierten Arbeitssystem, für das es kein geschichtliches Beispiel gab, praktisch an ihre Maschinen gefesselt. Der Unterschied lag deutlich in dem Vergleich zwischen der kurzfristigen und der langfristigen Wirkung der Industrialisierung. Erst die späteren Generationen der Arbeiter profitierten von dem allgemeinen Wohlstandszuwachs, der sich aus der Industrialisierung ergab und für den ihre Eltern und Großeltern so schwer bezahlen mußten. Es war kein Wunder, daß Karl Marx – und Marxisten in jüngerer Zeit – vorhersagten, daß die Proletarisierung eines Volkes zu einer Revolution gegen die herrschende Klasse führen würde, und daß sie nicht vorhersahen, daß die Dinge sich im Laufe der Zeit verbessern konnten. Marx – ein zorniger Kritiker Malthus' – war in der Kunst der Prophetie noch weniger begabt.

Weil die neue Technologie und das neue Produktionssystem Großbritannien in die Werkstatt der Welt verwandelte, wurde seine Bevölkerung stetig reicher. Mit dem Gewinn aus Großbritanniens ansteigenden Exporten – der Gegenwert von 5 Millionen Pfund an Textilexporten in den 1780ern hatte sich bis zu den 1820ern in einen Wert von fast 40 Millionen Pfund verwandelt[11] – war das Land in der Lage, die Nahrungsmittel, Rohmaterialien und anderen Güter zu kaufen, die seine Bevölkerung brauchte. Die neuen Transportmittel verhalfen zu einer schnelleren Verteilung dieser Produkte. Da sie eine größere produktive Effizienz als jede andere Gesellschaft ihrer Zeit besaßen und einen immer weiter anwachsenden Lebensstandard genossen, wurden viele Briten Anhänger der Laissez-faire-Ökonomie und des Freihandels, in dem staatliche Grenzen weniger und weniger bedeuteten. Vielleicht fing der große englische Ökonom Jevons diese Stimmung am besten ein, als er 1865 in den folgenden Jubelruf ausbrach:

> Die Ebenen von Nordamerika und Rußland sind unsere Getreidefelder; Chicago und Odessa sind unsere Kornkammern; Kanada und die Ostseeländer sind unsere Nutzholzwälder; Australasien gibt uns unsere Schaffarmen, und in Argentinien und auf den westlichen Prärien von Nordamerika weiden unsere Ochsenherden; Peru schickt uns sein Silber, und das Gold von Südafrika und Australien fließt nach London; die Hindus und die Chinesen pflanzen unseren Tee und unseren Kaffee, unsere Zucker- und Gewürzplantagen liegen in der Karibik. Spanien und Frankreich sind unsere Weinberge, und die Mittelmeerländer sind unsere Obstgärten. Unsere Baumwollplantagen, die schon seit langem den Süden der Vereinigten Staaten bedeckten, werden jetzt überall in die warmen Regionen der Erde ausgedehnt.[12]

In vieler Hinsicht war dies die größte Erfolgsgeschichte der menschlichen Rasse, ganz anders als, aber ebenso bedeutend wie das Aufkommen der repräsentativen Regierung oder die Verbreitung religiöser Toleranz. Die industrielle Revolution schuf zusammen mit der früheren wissenschaftlichen Revolution der objektiven Forschung eine nach oben gerichtete Spirale ökonomischen Wachstums und technologischen Fortschritts. Neue Erfindungen, neue Manufakturtechniken, neue Transportformen und neues Kapital wirkten stimulierend aufeinander. Die Erfindung und der Bau der großen Stahlrumpfdampfschiffe in der Mitte des 19. Jahrhunderts war sowohl ein Produkt der Zwillingsrevolution in der Wissenschaft und in der Industrie als auch ein Mittel, um die globalen Verkehrsverbindungen, die Nahrungsmittellieferung, die Auswanderung usw. zu verbessern. Seitdem ist die Interaktion von technologischem Wandel und industrieller Entwicklung unaufhaltsam gewesen.[13]

In diesem Sinne wurde die »Kraft der Bevölkerung« nicht so sehr von der »Kraft der Erde« selbst beantwortet als von der Kraft der Technologie – der Fähigkeit des menschlichen Gehirns, neue Methoden, neue Verfahren, neue Apparate, neue Produktionsorganisationen zu ersinnen. In einem hatte Malthus absolut recht: die Verdoppelung der Bevölkerung alle 25 Jahre mußte ein Wettrennen zwischen Verbrauch und Ressourcen hervorrufen. Aber er übersah völlig die Kraft der Wissenschaft und der Technologie, Verbesserungen im Transport von Menschen, Gütern und Dienstleistungen zu schaffen, die landwirtschaftliche Produktion zu erhöhen, eine Vervielfältigung der Manufaktur von Waren zu erreichen, so daß immer neue Ressourcen dazu eingesetzt werden konnten, die gewaltige Nachfrage einer explodierenden Bevölkerung zu befriedigen. Und überdies führte der wachsende Lebensstandard zu sozialem Wandel – längere Ausbildung, Verbesserung im Status der Frauen, wachsende Urbanisierung der Bevölkerung –, was alles wiederum bewirkte, daß die Durchschnittszahl von Kindern in einer Familie sank. In anderen Worten, Großbritannien erlebte einen »demographischen Übergang«, der im Laufe der Zeit zu einer Stabilisierung der Bevölkerungszahlen führte. Die dramatische Zunahme, so stellte sich heraus, hielt nur ein paar Generationen an.

Zusammengefaßt kann man sagen, daß das britische Volk der Malthusschen Falle durch drei Türen entkam: Auswanderung, landwirtschaftliche Revolution und Industrialisierung. Es ist aber ebenso wichtig festzuhalten, daß dieser Ausweg nicht allgemein war. Gewisse Länder – Belgien, Deutschland, die Vereinigten Staaten – ahmten den britischen Weg nach und folgten der nach oben gerichteten Spirale wachsender Produktivität, zunehmenden Reichtums und erhöhten Lebensstandards. Viele andere Völker waren indessen nicht so vom Schicksal begünstigt und verloren, durch innere oder äußere Kräfte zurückgehalten, ständig an Boden. Das in vieler Hinsicht benachteiligte Irland zum Beispiel (ausländische politische Kontrolle, Mangel an Infrastruktur, keine Kohle, geringer Pro-Kopf-Verbrauch, daniederliegende Landwirtschaft) war einfach nicht in der Lage, »das zentrale Problem des Zeitalters zu lösen, die Generationen von Kindern zu füttern, zu bekleiden und zu beschäftigen, die die Zahlen früherer Generationen weit in den Schatten stellten«.[14] In den 1840ern hatten Hungertod und Emigration die Bevölkerung Irlands um ein Fünftel vermindert.

Indien ist ein weiteres Beispiel – und viel dichter an Malthus' Modell. Auch seine Bevölkerung verdoppelte, vervierfachte sich im Laufe des 19. Jahrhunderts, aber auf einer sehr viel weniger produktiven Basis. Darüber hinaus konnten die Bewohner des Landes, da die indischen Staaten nicht in der Lage gewesen waren, Großbritanniens East India Company militärisch zu widerstehen, wenig tun, als britische fabrikgemachte Textilien – nicht nur billiger, sondern auch qualitativ besser als die einheimischen Tuche – in das Land strömten und die traditionellen heimischen Produzenten aus dem Markt drängten.*

Einer Rechnung zufolge war die Produktivität pro Kopf in Großbritannien und Indien am Beginn der industriellen Revolution (also ca. 1750) etwa identisch gewesen. Aber 1900 betrug die Produktivität in Großbritannien pro Kopf das Hundertfache der Indiens![15] Industrialisierung und Modernisierung schufen in den westlichen Gesellschaften gewiß Probleme, aber diese verblaßten im Vergleich

* Indien importierte im Jahre 1814 lediglich 1 Million Yards an Baumwollstoffen, aber diese Zahl war schon 1830 auf 51 Millionen Yards gestiegen und betrug 1870 unglaubliche 995 Millionen Yards.

mit dem »Los jener, die ihre Zahlen erhöhen, ohne durch eine industrielle Revolution zu gehen«.[16]

Es gab, das soll nicht übergangen werden, zu Malthus' Zeit eine weitere Lösung für das Problem der Überbevölkerung, nämlich innere Unruhe, gefolgt von Aggression nach außen. In Frankreich zerschlug die Unzufriedenheit des Volkes ein *Ancien Régime*, das weit weniger als das britische in der Lage war, in der Landwirtschaft, Industrie und im Handel, in seinen gesellschaftlichen Institutionen und Haltungen das schnelle demographische Wachstum aufzufangen. Als die frühen Hoffnungen der Revolution durch Terror, Reaktion und dann den Bonapartismus zerstört worden waren, stand eine enorme Anzahl an energischen und frustrierten jungen Franzosen in Besatzungsarmeen außerhalb Frankreichs, wo die meisten von ihnen durch Krieg oder Krankheit das Leben verloren. Die territoriale Expansion spielte also ihre traditionelle Rolle als Ventil für die Überbevölkerung, für soziale Spannungen und politische Frustrationen – obwohl auf lange Sicht dieses Ventil natürlich nicht mit Großbritanniens Kombination aus technologischer Innovation, ökonomischem Wachstum und kolonialer Eroberung konkurrieren konnte.[17]

Dieselben miteinander verknüpften Fragen – Überbevölkerung, der Druck auf das verfügbare Land, Auswanderung und gesellschaftliche Instabilität auf der einen Seite, die Kraft der Technologie, die Produktivität zu erhöhen und zugleich traditionelle Berufe zu verdrängen, auf der anderen Seite – stellen sich uns heute noch immer, sogar mit größerem Nachdruck denn je. In anderen Worten, wir sollten die demographischen und ökonomischen Bedingungen des späten 18. Jahrhunderts als eine Metapher für die Herausforderungen sehen, der unsere gegenwärtige globale Gesellschaft zwei Jahrhunderte nach Malthus' Grübeleien gegenübersteht. Es ist überdies unerläßlich, daß wir die Verschränkung dieser Fragen in dem heutigen durchaus vergleichbaren Dilemma verstehen. Die wirklichen Unterschiede liegen nicht im Wesen unserer globalen Probleme, sondern in ihrer größeren Tragweite, wenn man sie mit dem späten 18. Jahrhundert vergleicht. Die Erde sieht sich wieder einer Bevölkerungsexplosion gegenüber, diesmal aber nicht in den entwickelten Gesellschaften Nordwesteuropas, sondern in den Elendsgebieten Afrikas, Zentralamerikas, des Nahen und Mittleren Ostens, Indiens und Chinas. Betroffen sind diesmal nicht Millionen, sondern Milliarden von Menschen. Zugleich sind wir Zeuge einer Wissensexplosion in einer außerordentlichen Anzahl von Technologie- und Produktionsfeldern. In beiden Bereichen ist die Wucht dieser Entwicklung größer, durchschlagender und auf viel breiterer Basis spürbar. Im 18. Jahrhundert stieg die globale Bevölkerung alle 75 Jahre um eine Viertelmilliarde; heute wächst sie alle drei Jahre um diese Zahl. Zugleich hat unsere integrierte Welt der Wissenschaft und der Kommunikation die Geschwindigkeit des technologischen Wandels unermeßlich gesteigert.

Obwohl wenige, wenn überhaupt welche, unter unseren politischen Führern willens zu sein scheinen, sich dieser Tatsache zu stellen, ist die größte Prüfung für die menschliche Gesellschaft auf dem Weg ins 21. Jahrhundert die Frage, wie die »Kraft der Technologie« gebraucht wird, um den Forderungen, welche die »Kraft der Bevölkerung« stellt, zu entsprechen. Das heißt, in welchem Maße effektive globale Lösungen gefunden werden, um die ärmeren drei Viertel der Menschheit vor der Malthusschen Falle der Unterernährung, der Erschöpfung der Ressourcen, der sozialen Unruhen, der erzwungenen Auswanderung und des bewaffneten Konflikts zu bewahren – Entwicklungen, die letztlich auch die reicheren Nationen gefährden werden, wenn auch weniger direkt.

Dieses Problem ist um so ernüchternder, als es eine enorme geographische Diskrepanz zwischen den Weltgegenden gibt, in denen der Bevölkerungsdruck am höchsten ist, und denen, in welchen die technologischen Ressourcen liegen. Im England des späten 18. Jahrhunderts traten die Bevölkerungsexplosion und die technologische Revolution in derselben Gesellschaft zusammen, und diese beiden Ereignisse interagierten miteinander in letztlich positiver Weise: die zunehmende Bevölkerung stimulierte die Nachfrage nach Lebensmitteln und ermutigte damit große Investitionen in der Landwirtschaft; die Industrialisierung steigerte das Nationaleinkommen, was wiederum zu wachsenden Einkäufen von Textilien und Lebensmitteln führte. Die Herausforderung, die eine dieser großen Kräfte des Wandels stellte, wurde so von der anderen Kraft beantwortet. Steigende Nachfrage wurde von wachsender Produktion befriedigt, und das bewies, daß auch eine schnell wachsende Bevölkerung nicht unbedingt zu geringeren Pro-Kopf-Lebensstandards führen muß, wenn ihre Produktivität mit gleicher oder größerer Geschwindigkeit steigt.

In der heutigen Welt gibt es indessen kein solches geographisches Zusammentreffen mehr. Die technologische Revolution findet fast ausschließlich in ökonomisch fortgeschrittenen Gesellschaften statt, von denen viele langsam wachsende oder sogar sich verringernde Bevölkerungszahlen aufweisen. Der demographische Zuwachs dagegen findet in Ländern mit begrenzten technologischen Ressourcen statt, mit sehr wenigen Wissenschaftlern und Facharbeitern, mit unzureichenden Investitionen in Forschung und Entwicklung und mit wenigen oder keinen erfolgreichen großen Wirtschaftsunternehmen; in vielen Fällen haben die regierenden Eliten dieser Länder kein Interesse an Technologie, und die kulturellen und ideologischen Vorurteile stehen dem gesellschaftlichen Wandel sehr viel stärker entgegen als im England der industriellen Revolution.

Selbst diese Unterschiede fangen die ganze Dimension des gegenwärtigen globalen Dilemmas nicht ein, da es noch zwei weitere Schwierigkeiten gibt. Die erste ist, daß der Druck der Bevölkerung in vielen Entwicklungsländern auf eine Erschöpfung der örtlichen landwirtschaftlichen Ressourcen zuläuft (die Überweidung der afrikanischen Savannen, die Erosion der Regenwälder im Amazonas-Gebiet, die Versalzung des Bodens von Indien bis Kasachstan), und dies gerade zu einer Zeit, da größere landwirtschaftliche Produktion notwendig ist. Selbst Malthus hatte angenommen, daß die Lebensmittelproduktion weiterhin wachsen würde, wenn auch nicht mit der gleichen Geschwindigkeit wie die Bevölkerung selbst. Wahrscheinlich wären seine Schriften noch pessimistischer gewesen, hätte er sich die Abnahme der »Kraft des Landes«, wie sie sich in Afrika heute abspielt, vorstellen können. Zum zweiten gibt es Indikationen, daß einige der neuen Technologien der »ersten« Welt nicht nur für die Entwicklungsländer nicht hilfreich sein mögen, sondern ihnen sogar schaden könnten, indem sie gewisse ökonomische Voraussetzungen redundant machen – genauso wie die »Spinning Jenny« die indischen Handspinner auf der anderen Seite der Erdkugel arbeitslos machte. Wenn es neue wissenschaftliche Durchbrüche gibt, besteht oft ein strukturelles Problem im Transfer ihrer positiven Folgen von den Besitzenden zu den Habenichtsen innerhalb einer Gesellschaft. Die heutige globale Gemeinschaft steht einer weit größeren Herausforderung gegenüber, falls fortgeschrittene Technologien die Ökonomie der Entwicklungsländer zu untergraben drohen.

Dieses Buch hat viele Ähnlichkeiten mit *Aufstieg und Fall der großen Mächte*, und es ist doch ganz anders. Während die vorliegende Studie selbst kein historisches Werk ist, stützt sie sich doch auf eine historische Perspektive, denn die Entwicklungen, die hier analysiert werden, sind nicht völlig neu. In beiden Büchern wird dem Leser eine Analyse jener großen Faktoren des Wandels angeboten, die internationale Ereignisse beeinflussen. Der Brennpunkt dieser Studie, die das historische Detail von *Aufstieg und Fall* beiseite läßt, hat sich etwas verschoben, denn hier geht es darum, die Auseinandersetzung des Menschen mit der Technologie, dem ökonomischen Wandel und dem Bevölkerungswachstum zu betrachten. Dennoch sind beide Bücher auf ihre Weise ein Versuch, die Weltpolitik in den breitestmöglichen Kontext zu stellen.

Zum zweiten befaßt sich dieses Werk nicht extensiv mit militärischem Konflikt, mit Streitkräften, dem Gleichgewicht der Macht und nationaler Sicherheit, aber es wird darauf eingehen, daß einige der neueren Faktoren des Wandels, denen sich unser Planet gegenübersieht, Instabilität und Konflikt nach sich ziehen könnten und daß Regierungen und Völker ihre ältere Definition dessen, was eine Bedrohung ihrer nationalen und internationalen Sicherheit bedeuten könnte, überdenken müssen. Ob nun der Kalte Krieg vorüber ist oder die Rivalitäten im Nahen Osten beendet werden können oder nicht, es gibt heute gewaltige nichtmilitärische Gefahren für die Sicherheit und das Wohlergehen der Völker auf diesem Planeten, die alle Aufmerksamkeit verdienen.

Da die Betonung hier auf transnationalen Entwicklungen liegt, wird den Nationalstaaten selbst und den Bündnissystemen, in deren Rahmen sich Außenpolitik traditionell bewegt, weniger Aufmerksamkeit geschenkt. Dies bedeutet nicht, daß das, was die Entscheidungsträger in Washington und Moskau tun, unwichtig oder daß die Zukunft von bestimmten territorialen Einheiten wie Japan oder der Europäischen Gemeinschaft unbedeutend wäre, oder daß die globalen Trends sich so auswirkten, daß es irrelevant wäre, ob man in der Schweiz oder im Tschad lebt. Verschiedene Regionen und Länder der Erdkugel haben verschiedene Strukturen – in den Begriffen geographischer Lage, der fachlichen Fähigkeit der Bevölkerung, der nationalen Ressourcen, der Kapitalreserven –, und sie sind entweder besser oder schlechter auf die transnationalen Herausforderungen vorbereitet. Darüber hinaus können Strukturen, die in einem bestimmten Land existieren, bedeuten, daß die Wirkung einer neuen Technologie sehr viel einschneidender ist als in einer Nation mit anders gelagerten Strukturen. Biotechnologische Landwirtschaft, um ein offensichtliches Beispiel zu zitieren, mag für ein hochtechnisiertes, nahrungsmittelimportierendes Land wie Japan nutzbringend sein, aber potentiell verheerend für Entwicklungsländer wie Ghana oder Costa Rica, die sich stark auf agrarische Exporte stützen. Wo ein Volk sich auf diesem Planet befindet und wie gut seine menschlichen und technologischen Ressourcen sind, wird seine Aussichten angesichts der bevorstehenden globalen Wandlungen stark beeinflussen.

Während die Kapitel in Teil I dieses Buches also die Dimension der transnationalen Faktoren des Wandels analysieren, werden jene in Teil II die spezifischen Folgen für einige der wichtigsten Regionen der Erdkugel untersuchen – China und Indien, die Entwicklungsländer, Europa, die frühere UdSSR, Japan und die Vereinigten Staaten. Genau wie zu Malthus' Zeit stehen die verschiedenen Völker der Erde nicht nebeneinander an einer Startlinie. Einige sind sehr gut auf das neue Jahrhundert vorbereitet; viele von ihnen tragen ein schweres Handicap.

Auf den ersten Blick mag dies so anmuten, als ob die Geschichte wieder einmal ihre übliche Liste von Gewinnern und Verlierern hervorbringt. Ökonomischer Wandel und technologische Entwicklung sind wie Kriege oder Sportturniere gewöhnlich nicht für alle vorteilhaft. Der Fortschritt, von optimistischen Stimmen von der Aufklärung bis in die Gegenwart willkommen geheißen, begünstigt jene Gruppen oder Nationen, die in der Lage sind, neuere Methoden und die Wissenschaft auszunutzen, genauso wie er anderen schadet, die technologisch, kulturell und politisch weniger darauf vorbereitet sind, auf den Wandel zu reagieren. Wie bei der industriellen Revolution in England kann der technologische Fortschritt einen *trickle-down effect* haben, so daß sich der Lebensstandard aller Mitglieder der Gesellschaft im Laufe der Zeit erhöht; eine solche Erklärung wird indessen den arbeitslosen Handweber von 1795 nicht beschwichtigt haben, sie wird auch seine Leidensgefährten in der heutigen Zeit nicht überzeugen.

Während dieses Werk die übliche Aufgabe des Historikers auf sich nimmt, Gewinner und Verlierer zu prognostizieren, stellt es zugleich die Frage, ob die Kräfte des Wandels in der heutigen Welt uns nicht über die traditionellen Grenzen hinaus in einen ganz neuen Bereich von Umständen und Bedingungen versetzen. Dies mag ein Bereich sein, in dem die herkömmlichen gesellschaftlichen Organisationen den Herausforderungen der Überbevölkerung, des Umweltschadens und der technologiegetriebenen Revolutionen nicht mehr gewachsen sind und in dem daher die Frage nach den Gewinnern und Verlierern in gewissem Grade irrelevant wird. Wenn zum Beispiel die fortgesetzte Umweltzerstörung in den Entwicklungsländern zu einer globalen Erwärmung führt oder es eine massive Flut von Wirtschaftsflüchtlingen aus den ärmeren in die reicheren Teile der Welt gibt, werden alle in verschiedener Weise darunter leiden. Zusammengefaßt heißt dies, daß wir in dem Moment, da die Rivalitäten der Nationalstaaten von größeren Problemen überholt werden, vielleicht über die Zukunft in einem viel breiteren Maßstab nachdenken müssen, als es bei der internationalen Politik der Vergangenheit je der Fall war. Auch wenn große Mächte immer noch aufzusteigen oder zumindest nicht zu fallen suchen werden, könnten ihre Bemühungen sich sehr wohl in einer Welt abspielen, die so beschädigt ist, daß ihre Anstrengungen letztlich zwecklos erscheinen.

Da dieses Werk sich vor allem mit breiten globalen Trends, ökologischen Fragen, demographischen Strukturen und technologischen Neuerungen befaßt, mag es scheinen, daß den ungreifbaren und nicht materiellen Dimensionen unserer menschlichen und gesellschaftlichen Existenz zu wenig Aufmerksamkeit zukommt – unseren geistigen und kulturellen Werten. Dies mag auf die generellen Themen in Teil I zutreffen, aber eine genaue Lektüre der regionalen Fallstudien in Teil II wird doch deutlich machen, wie signifikant diese Dimensionen für ein Verständnis dessen sind, warum verschiedene Gesellschaften auf neue Herausforderungen so verschieden reagieren. In der Tat liegt der bedeutendste Einfluß auf die Reaktion einer Nation auf Veränderung wahrscheinlich auf dem Gebiet der sozialen Haltung, des religiösen Glaubens und der Kultur. Historiker, die sich mit jenen Zivilisationen der Vergangenheit befaßt haben, die sich der Herausforderung der Modernisierung nicht gewachsen zeigten, weisen in Beispiel nach Beispiel auf die Hindernisse hin, welche neuen Entwicklungen im Wege standen: eine Geringschätzung von Handel und Manufaktur, das Mißtrauen der Mandarine gegen Unternehmertum und Kapital, eine ideologische oder religiöse Opposition gegen die westlichen Formen des freien Marktes, Machtstrukturen, welche Höflinge, die Bürokratie, das Militär und die Kirche begünstigten, Rechts- und Besteuerungssysteme (oder auch direkte Ausplünderung), die sich gegen das Unternehmertum wandten und das Beamtentum förderten.[18]

Von westlichen Wissenschaftlern ist oft angenommen worden, daß diese Hindernisse für orientalische und afrikanische Gesellschaften besonders charakteristisch seien – im Gegensatz zu Europas früher Übernahme des Rationalismus, der wissenschaftlichen Methoden und der Experimentierfreude, die im Laufe der Zeit zu seiner dominierenden Stellung in der Welt führte.[19] Mit den außerordentlichen Erfolgen Japans in den letzten Jahrzehnten auf den Gebieten der Erfindung, des Designs, der industriellen Fertigung und der Finanzen scheint diese Annahme zweifelhafter denn je. Zugegeben, gewisse Gegenden der Welt (Neu-Guinea, die Kalahari-Wüste) stellen jeder Entwicklung natürliche Hindernisse entgegen, aber nichtsdestoweniger erscheint es fair anzunehmen, daß die meisten Völker der Welt, wenn sie es denn wollen, positiv auf die Herausforderung des Wandels reagieren können. Aber schon der Satz »wenn sie es denn wollen« impliziert eine Übernahme jener gesellschaftlichen Elemente, die Hollands Erfolg im 17. Jahrhundert und den Japans im späten 20. Jahrhundert erklären: die Existenz einer Marktwirtschaft, zumindest in dem Maße, daß Händler und Unternehmer nicht abgelehnt, abgeschreckt und ausgebeutet werden; das Fehlen einer rigiden, doktrinären Orthodoxie; die Freiheit, zu forschen, zu diskutieren, zu experimentieren; der Glaube an die Möglichkeiten der Verbesserung; eine Hinwendung zum Praktischen statt zum Abstrakten; ein Rationalismus, der dem Kodex des Mandarins, dem religiösen Dogma und der Tradition trotzt. Eine Gesellschaft, die von fundamentalistischen Mullahs oder von konservativen Großgrundbesitzern beherrscht wird, kann sich im 20. Jahrhundert wahrscheinlich ebensowenig wie im 15. dem Wandel öffnen.

Kulturelle Hindernisse des Wandels gibt es in allen Gesellschaften, schon aus dem offensichtlichen Grund, daß bevorstehende Veränderungen existierende Gewohnheiten, Lebensweisen, Glaubensrichtungen und soziale Vorurteile bedrohen. Fortgeschrittene Gesellschaften sind dagegen ebensowenig immun wie unterentwikkelte. In der Tat erweisen sich Länder (oder Eliten innerhalb von Ländern), die ihren Zenit überschritten haben und von ökonomisch schneller wachsenden Nationen überholt werden, oft als die, die sich am hartnäckigsten gegen den Wandel sträuben. Die Gründe dafür sind zum Teil praktischer Natur, aber zugleich oft psychologischer und kultureller Art. Unter bestimmten historischen Bedingungen aufgestiegen, finden es niedergehende Nationen schwierig, veränderte Umstände zu akzeptieren: andere Wege, die Industrie zu organisieren, die Menschen auszubilden, die Ressourcen zu verteilen und politische Entscheidungen zu treffen. Auf die Veränderung zu reagieren, könnte bedeuten, daß man die eigenen gesellschaftlichen Prioritäten verändern muß, das Erziehungssystem, die Strukturen des Verbrauchs und der Kapitalakkumulation, selbst grundlegende Annahmen über die Beziehung zwischen Individuum und Gesellschaft. Besorgte Amerikaner, die sich heute mit dem Problem auseinandersetzen, wie man der »japanischen Herausforderung« begegnen soll, wissen, wie kompliziert und tief verwurzelt solche kulturellen und sozialen Hindernisse sind.[20]

Die Struktur dieses Buches ist relativ einfach. Der erste Teil analysiert bestimmte größere Kräfte des Wandels, die sich auf unsere Welt auswirken, und die generellen Implikationen dieser Veränderungen. Da die Bevölkerungsexplosion in ihren Auswirkungen so mächtig ist, wird sie zuerst untersucht. Dem schließt sich eine Analyse neuer Technologien (Computer, Satelliten, Information/Kommunikation) an, welche die Wirtschaft globalisieren und die Art, in der Unternehmen operieren, verändern – diese direkte Gegenüberstellung soll den Abgrund zwischen den Entwicklungen in den überbevölkerten armen Teilen der Welt und jenen in den technologisch fortgeschrittenen reichen Teilen ausleuchten. Dasselbe Thema wird auch in Kapitel 4 (Biotechnologische Landwirtschaft) und 5 (Robotik) behandelt, die sich damit befassen, warum unsere gegenwärtige landwirtschaftliche Revolution sowie die weiterlaufende industrielle und technologische Revolution die Bevölkerungsproblematik eher verschärfen könnten, statt sie – wie in Malthus' England – zu vermindern. Da all dies auf einen ständig breiter werdenden Graben zwischen reichen und armen Ländern verweist, beschäftigt sich Kapitel 6 damit, warum angesichts weitverbreiteter ökologischer Schäden, insbesondere der Klimaerwärmung, die entwickelten Gesellschaften gezwungen sein werden, den ärmeren Völkern zu helfen. Das setzt allerdings ein Verständnis der Interdependenz von demographischen, ökologischen und technologischen Trends voraus. Teil I schließt mit einem Kapitel, welches das Ausmaß untersucht, in welchem transnationaler Wandel die Position des Nationalstaates selbst berührt.

Der zweite Teil dieses Buches untersucht die verschiedenen Regionen und Staaten der Erdkugel und ihre jeweiligen Fähigkeiten, mit den neueren Herausforderungen fertig zu werden. Die Länder bzw. Regionen wurden nicht nur wegen ihrer Bedeutung ausgesucht, sondern auch aufgrund ihrer sehr unterschiedlichen Bedingungen: Japan wird zunehmend als die führende technologiegetriebene Gesellschaft wahrgenommen; Indien und China, die über ein Drittel der Weltbevölkerung besitzen, kämpfen mit der Aufgabe, das Bevölkerungswachstum im Zaum zu halten und die neue Technologie nutzbar zu machen; kleinere Länder in der sich entwickelnden Welt (Ostasien, Lateinamerika, die muslimischen Nationen und das Afrika südlich der Sahara werden hier untersucht) zeigen signifikante Unterschiede in ihrer Reaktion auf demographische und technologische Herausforderungen; die frühere UdSSR steht diesen globalen Tendenzen unter der Bedingung eines zerfallenen Staatswesens gegenüber, während die Europäische Gemeinschaft sich mit transnationalen Entwicklungen auseinandersetzen und zugleich versuchen muß, eine weitere Integration ihrer Staaten zustande zu bringen; schließlich stehen die militärisch mächtigen Vereinigten Staaten radikal neuen Herausforderungen nichtmilitärischer Art gegenüber. Jedes Kapitel diskutiert vorausschauend ein Spektrum von möglichen Endresultaten für das Land oder die Region, um die es jeweils geht.

Der dritte und letzte Teil des Buches verändert den Brennpunkt wiederum, um die wichtigste Frage von allen zu erwägen: Da wir gewaltigen Kräften des Wandels gegenüberstehen, wie kann sich eine Gesellschaft am besten auf das 21. Jahrhundert »vorbereiten«? Welche Eigenschaften, welche Stärken sind für ein Volk in so unvorhersehbaren und sich schnell wandelnden Zeiten erstrebenswert? Dies scheint mir eine lohnendere Fragestellung, als sich an der politisch interessanten, aber in die Irre führenden Frage: »Wer wird im Jahre 2025 (oder 2050) die Nummer eins sein?« festzuklammern, weil es Spielraum für die Flexibilität von Gesellschaften läßt. Ob die Länder oder Regionen diese Spielräume durch die Entwicklung der zukunftsträchtigsten Eigenschaften nutzen, ist, wie immer, eine offene Frage. Menschen machen ihre eigene Geschichte, selbst wenn, wie Marx uns oft ins Gedächtnis gerufen hat, sie dies unter Umständen tun, die von der Vergangenheit tief beeinflußt sind.

Wichtig ist es, den Zeithorizont zu betonen, welcher das vorliegende Werk bestimmt. Einige Kritiker meiner Erörterung über Amerikas »relativen Abstieg« in *Aufstieg und Fall der großen Mächte* haben den Text mißverstanden und daraus geschlossen, daß er sich auf heute bezog statt auf eine Generation in der Zukunft. In gleichem Maße mögen jene, die vom Potential der Roboter in der Industrie (Kapitel 5) weniger überzeugt sind, nicht verstehen, daß die relativ wenigen Beispiele in den automatisierten Fabriken von heute durchaus auf eine ähnliche Situation hinweisen können, wie sie zu der Zeit existierte, als Malthus seinen ersten Essay schrieb – einer Zeit, als es auch nur wenige Prototypen neuer Fabriken gab. Die breite Anwendung der neuen Industrie lag damals noch mindestens eine Generation in der Zukunft. In diesem Buch wird, weil die meisten demographischen Prognosen nur bis 2025 gehen, eine Reichweite von ungefähr dreißig Jahren zugrunde gelegt. Das betrifft sowohl die transnationalen Trends als auch die Aussichten einer bestimmten Region. Einschätzungen, die über diesen Zeithorizont hinausgehen, sind sehr viel dubioser. Darüber hinaus ist ein solches Unternehmen durch die Tatsache gefährdet, daß einige dieser Kräfte des Wandels sich schneller auswirken als andere: Während zum Beispiel die Bevölkerung von Norwegen sich nur langsam verändern wird, ist kaum vorauszusehen, wie weit uns die biotechnologische Revolution im nächsten Vierteljahrhundert bringen wird. Desgleichen stellt sich die Frage, wie große soziale Umwälzungen (Kriege eingeschlossen), sollten sie sich im frühen nächsten Jahrhundert zutragen, das Schicksal von Nationen oder die Geschwindigkeit transnationaler Entwicklungen beeinflussen werden.

In Vorbereitung auf das 21. Jahrhundert setzt also nicht voraus, daß es einen Idealplan gibt, der es, wenn er nur genau befolgt wird, Gesellschaften ermöglichen wird, sich mit den nächsten Jahrzehnten enormen Wandels erfolgreich auseinanderzusetzen. Das Buch geht allerdings davon aus, daß die bevorstehenden Veränderungen – insbesondere der Wettlauf zwischen Demographie und Technologie – die meisten Gesellschaften in positiver wie in negativer Weise berühren werden, einfach aufgrund der unausgeglichenen Strukturen des Wandels und der unterschiedlichen Reaktionen menschlicher Gruppen auf ihn. Schließlich behauptet das Buch nicht, daß der Wandel in sich etwas Gutes ist, sondern daß er wahrscheinlich sowohl günstige als auch ungünstige Konsequenzen nach sich ziehen wird. Dennoch, wenn es uns zumindest gelingt, die Veränderungen zu verstehen, die auf den Planeten zukommen, werden wir vielleicht in der Lage sein, uns auf sie vorzubereiten.

Kapitel 2

Die demographische Explosion

Die Oberfläche der Erde ist im Gegensatz zu den benachbarten Planeten von einer Materiehülle umgeben, die Leben genannt wird. Die Hülle selbst »ist unendlich dünn, so dünn, daß ihr Gewicht kaum mehr als Einmilliardelstel jenes des Planeten ist, der sie trägt... ihr Ausmaß ist so insignifikant, daß sie nur mit den größten Schwierigkeiten von Wesen anderer Planeten wahrnehmbar wäre, und sie wäre Beobachtern anderwärts in unserer Galaxie sicherlich unentdeckbar...«[1] Innerhalb dieser Hülle lebt in Koexistenz mit Pflanzen, Tieren, Insekten die menschliche Spezies. Sie nahm vor etwa einer halben Million Jahre die Form des *Homo sapiens* an, lange Zeit nach dem Auftauchen vieler anderer Bewohner jener Biosphäre der Erde. Aber aufgrund des ungeheuren Wachstums der Spezies Mensch und aufgrund ihrer ökonomischen Aktivitäten gefährdet sie jetzt die empfindliche Materiehülle, welche diesen Planeten einzigartig macht.

Der *physische* Impakt der Ausdehnung der menschlichen Spezies auf die natürliche Umwelt und insbesondere auf die Atmosphäre der Erde ist eine so kritische Frage, daß ein späteres Kapitel sich ihr widmen wird.* Das vorliegende Kapitel wird sich auf die demographische Veränderung konzentrieren, ihre Implikationen für die menschlichen Gesellschaften und das Spektrum der Folgen, die sich aus den großen regionalen Unterschieden im Bevölkerungswachstum ergeben können.

---

* Siehe Kapitel 6: »Die Gefahren für unsere natürliche Umwelt.«

Wie wir sehen werden, sind diese regionalen Unterschiede der kritischste Aspekt überhaupt. Wenn die Bevölkerung der Erde sich überall auf dem Planeten mit gleicher Geschwindigkeit vermehrte und in gleichem Maße die Ressourcen verschlänge, so wäre dies schon ernst genug, aber die Tatsache, daß verschiedene Völker sehr unterschiedliche demographische Strukturen haben – einige wachsen schnell, einige stagnieren, einige nehmen ab –, verschärft das Problem. Solche Ungleichgewichte beeinflussen die Art, wie unterschiedliche Völker der Erdkugel einander sehen; sie berühren Außen- und Innenpolitik, die soziale Struktur, die Politik der Nahrungsmittelverteilung, der Energie und der zwischenstaatlichen Wanderungsbewegungen.

Die Konturen der demographischen Entwicklungen auf der Erde sind bereits einigermaßen klar. Es bleibt eine gewisse Streuungsbreite der Schätzung dessen, wie die Gesamtbevölkerung der Erde in den Jahren 2025 oder 2050 aussehen wird, aber die nackten Zahlen an sich sind erschreckend, besonders wenn man sie in historische Perspektive rückt. Im Jahre 1825, als Malthus die letzten Änderungen an seinem *Essay on Population* vornahm, lebten etwa eine Milliarde Menschen auf dem Planeten. Tausende von Jahren hatte es gebraucht, diese Zahl zu erreichen. Von da an indessen ermöglichten es die Industrialisierung und die moderne Medizin der Bevölkerung, sich mit ständig zunehmender Geschwindigkeit zu vermehren. In den folgenden einhundert Jahren verdoppelte sich die Weltbevölkerung auf 2 Milliarden, und in dem folgenden halben Jahrhundert (von 1925 bis 1976) verdoppelte sie sich wiederum auf 4 Milliarden. 1990 hatte sich diese Zahl auf 5,3 Milliarden erhöht.[2] Es ist richtig, daß sich die Zuwachsrate in den letzten Jahrzehnten verlangsamt hat, weil die Geburtenrate in vielen Ländern abgenommen hat. Selbst in den heute am schnellsten wachsenden Bevölkerungen der Entwicklungswelt erwarten die Demographen, daß die Familiengrößen in der Zukunft, wenn die Verstädterung und andere Faktoren einen demographischen Übergang verursachen, abnehmen werden und die Bevölkerungszahl sich stabilisieren wird. Aber bis dahin werden Jahrzehnte vergehen, und da die wachsende Bevölkerung der Erdkugel weiterhin mehr

Menschen zeugen als begraben wird, ist die Wirkung wie die eines Supertankers auf See, der gerade damit beginnt, seine Fahrt zu verlangsamen. Er wird noch eine lange Strecke zurücklegen, bevor er zu einem Halt kommt. Bevor wir das erreichen, was die Demographen »globale Ersatzfruchtbarkeit« nennen, und wovon die Vereinten Nationen meinen, daß es etwa um das Jahr 2045 eintreten könnte, wird der Bevölkerungssupertanker noch einen langen Weg zurückgelegt haben.

Tabelle 2-1

Zuwachs der Weltbevölkerung von 1750–2100

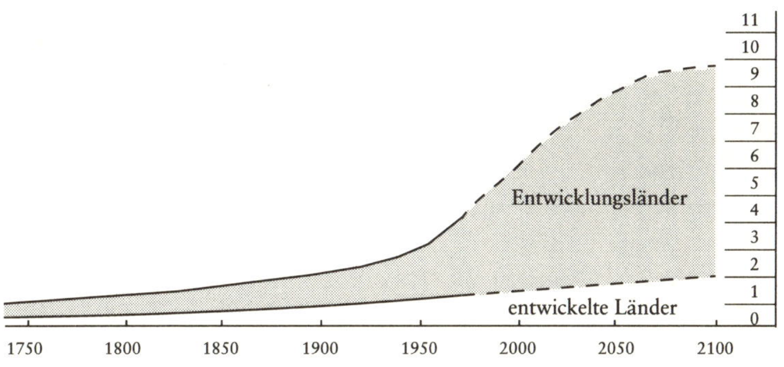

Grafik aus: *The Economist*, 20. Januar 1990, S. 19

Wie lang wird diese Strecke sein? Da sich regionale Geburten- und Sterberaten mit der Zeit verändern, brauchen die Demographen komplexe Formeln, um diese Trends zu kalkulieren, und bieten dann verschiedene mögliche Varianten an. Nach der mittleren Variante wird die Erde im Jahre 2025 – ein Jahr, das vielleicht die Hälfte der Leser dieses Buches noch erleben können – eine Bevölkerung von 8,5 Milliarden Menschen besitzen.[3] Selbst bei der niedrigsten Variante von 7,6 Milliarden wird unsere Bevölkerung sich fast um die Hälfte vermehrt haben. Wenn die höhere Variante die richtige ist, wird die Bevölkerung im Jahre 2025 fast das Doppelte von dem betragen, was sie jetzt ist, nämlich 9,4 Milliarden erreichen. Eine Berechnung der Weltbank unterstellt, daß die Bevölkerung der Erde sich in der zweiten Hälfte des 21. Jahrhunderts zwischen

10 und 11 Milliarden Menschen »stabilisieren« könnte, aber andere Wissenschaftler haben diesen Punkt weit höher angesetzt, bei 14,5 Milliarden.[4]

Eine andere Art, diese Zahlen zu begreifen, ist es, den Zuwachs der Weltbevölkerung in jedem Jahr zu betrachten. In der Periode von 1950 bis 1955 betrug die jährliche Zunahme der Weltbevölkerung etwa 47 Millionen – etwas mehr als die Einwohnerzahl von England und Wales heute. In der Periode von 1985 bis 1990 schuf die größere Bevölkerung der Erde einen Zuwachs von etwa 88 Millionen Menschen jährlich – was der Bevölkerung von Mexiko heute entspricht. Wenn die zukünftige globale Fruchtbarkeit der höchsten Schätzung folgt, dann könnten die Jahre von 1995 bis 2000 jährliche Zuwächse von ungefähr 112 Millionen Menschen erleben – was der gegenwärtigen nigerianischen Bevölkerung entspricht.[5]

Die Erwähnung von Mexiko und Nigeria bringt uns zum Kern des Problems: diese Zuwächse finden nämlich zu einem überwältigenden Anteil in den Entwicklungsländern statt. In der Zeit von heute bis 2025 werden 95 Prozent des Bevölkerungswachstums dort eintreten. In der Schätzung, daß der »durchschnittliche« jährliche Bevölkerungszuwachs der Welt in der Periode von 1990 bis 1995 etwa 1,7 Prozent betragen wird, liegen einige alarmierende Unterschiede verborgen, die von dem schmalen europäischen Zuwachs (0,22 Prozent pro Jahr) bis zu Afrikas weit höherer Zuwachsrate (3,0 Prozent pro Jahr) reichen.[6] Die dramatischste Art, es auszudrücken, ist vielleicht diese: im Jahre 1950 war die Bevölkerung Afrikas nur halb so groß wie die Europas, bis 1985 hatte sie sie eingeholt (bei jeweils etwa 480 Millionen Menschen), und im Jahre 2025 erwartet man eine dreimal so hohe Bevölkerung wie die Europas (1,58 Milliarden im Gegensatz zu 512 Millionen).[7]

Warum wachsen die Bevölkerungen von bestimmten Ländern so schnell? Die einfache Antwort liegt darin, daß sie sich in derselben Lage befinden wie England und Frankreich zu Malthus' Zeit. Das bedeutet, sie sind im Grunde genommen agrarische Gesellschaften in der ersten Generation, die eine signifikante Verminderung der Sterblichkeitsrate erlebt. Historisch gesehen, sind Geburtenraten in agrarischen Gesellschaften gewöhnlich sehr hoch, aber dem entsprechen hohe Sterblichkeitsraten, insbesondere unter den Jungen. »Von 1000 neugeborenen Kindern sterben normalerweise 200 bis 400 innerhalb eines Jahres«, und viele der anderen starben, bevor sie das Alter von sieben Jahren erreichten.[8] Es gab also einen guten Grund für Paare in solchen Gesellschaften, jung zu heiraten und viele Kinder zu haben – unter der doppelten Voraussetzung, daß jedes Kind die Arbeitskraft der Familie stärkte und daß viele von ihnen früh starben.

Es ist daher nicht schwer, sich vorzustellen, was mit der Bevölkerung einer agrarischen Bevölkerung geschieht, wenn die Sterblichkeitsrate sinkt, wie sie es im Europa des 19. Jahrhunderts tat. Heute tut sie das, mit größerer Geschwindigkeit sogar, in großen Teilen der Entwicklungswelt. Das Ergebnis ist natürlich ein explosionsartiges Bevölkerungswachstum. Um ein Beispiel zu nennen: In Tunesien sank die Säuglingssterblichkeit (das heißt, Tod vor dem ersten Geburtstag im Verhältnis zu tausend Geburten) von 138 auf 59 zwischen 1965 bis 1970 und 1985 bis 1990 und die Kindersterblichkeit (das heißt, Tod von Kindern unter fünf) von 210 auf 99 in demselben Zeitraum. Es ist nicht überraschend, daß die Gesamtbevölkerung von Tunesien sich in den drei Jahrzehnten von 1960 bis 1990 verdoppelte.[9] Was sich auch verändert, ist die Gewichtung zwischen Alt und Jung. In Kenia sind heute 52 Prozent der Bevölkerung jünger als 15 Jahre, und nur 2,8 Prozent sind über 65.

Das Ironische daran ist die Tatsache, daß diese Bevölkerungsexplosion vor allem das Resultat westlicher Gesundheitsmaßnahmen ist, insbesondere durch Impfung und Antibiotika sowie durch den Einsatz von DDT, um die moskitoübertragene Malaria zu bekämpfen. Während die Sterblichkeitsrate nach 1960 steil zurückging, erhöhte sich die Zahl der Kinder schnell, die das Säuglingsalter und die frühe Kindheit überlebten; aufgrund besserer Nahrungsmittelversorgung stieg überdies die durchschnittliche Lebenserwartung. Rückblickend und insbesondere angesichts Europas eigener Erfahrung im 19. Jahrhundert war diese demographische Explosion vollkommen vorhersehbar. Die Entwicklung hat zu Zahlen geführt, die alles weit übersteigen, was sich Malthus hätte vorstellen können. In dem ärmsten und am schnellsten wachsenden Kontinent von allen, Afrika, der im Moment 648 Millionen Menschen besitzt, wird die Bevölkerung Schätzungen zufolge fast um das Dreifache steigen, auf 1,58 Milliarden im Jahre 2025. Einige der großen afrikanischen Staaten werden dann wahrscheinlich enorm gewachsene Bevölkerungen haben – Nigerias könnte sich von 113 auf 301 Millionen erhöhen, Kenias von 25 auf 77 Millionen, Tansanias von 27 auf 84 Millionen, Zaires von 36 auf 99 Millionen –, *ohne* die dementsprechenden Ressourcenzuwächse, in der Tat angesichts schrumpfender Ressourcen ...[10]

Anderswo in der Entwicklungswelt sind die wahrscheinlichen Zuwächse fast genausogroß. Chinas Bevölkerung wird wahrscheinlich nur (!) von den heutigen 1,13 Milliarden auf ungefähr 1,5 Milliarden im Jahre 2025 steigen, während die schneller wachsende Bevölkerung von Indien wahrscheinlich von heute 853 Millionen auf ungefähr 1,45 Milliarden anwachsen wird. Da diese Statistiken nur Annäherungen sind und es mögliche Veränderungen sowohl in der Geburts- als auch in der Todesrate dieser beiden Länder geben wird, ist vorstellbar, daß Indien im Jahre 2025 die größte Bevölkerung der Welt besitzen wird – zum ersten Mal in der Geschichte. Zu diesen beiden demographischen Giganten werden andere Länder treten, die bis zum dritten Jahrzehnt des nächsten Jahrhunderts beispiellos hohe Bevölkerungszahlen aufweisen werden: Pakistan mit 267 Millionen, Indonesien mit 263 Millionen, Brasilien mit 245 Millionen, Mexiko mit 150 Millionen, der Iran mit 122 Millionen ...[11]

Hinter diesen nackten Zahlen steht die Realität: Menschen, von denen jeder am Tag mehrere tausend Kalorien braucht, viereinhalb Liter Wasser und fünfzehn Kilo Luft, wenn der Mensch annehmbar leben soll, wenn auch viel weniger, wenn die Lebensbedingungen nicht annehmbar sind. In Fernsehübertragungen wird den Bürgern der wohlhabenden Gesellschaften oft die schreckliche Armut vorgeführt, in deren Schatten Millionen leben, zum Beispiel in Äthiopien oder den Slumstädten von Lateinamerika: Man sieht die verunstalteten Landschaften, den Schmutz, die abgemagerten Glieder der Menschen, die Anzeichen von Epidemien und vor allem die

Tausende und Abertausende von kleinen Kindern. Wenn dieser Anblick heute ein Elend ist, wie wird es sein, wenn diese Regionen eines Tages dreimal so viele Menschen haben wie heute?

Von der Zwillingserscheinung der Massenarmut auf dem Land und in den Städten ist die letztere die, welche größere Sorgen bereitet, da die jungen und mobilen Menschen die Tendenz zeigen, die ländliche Gesellschaft zu verlassen. 1985 lebten etwa 32 Prozent der Bevölkerung der Entwicklungswelt in urbanen Gegenden, aber diese Zahl wird wahrscheinlich bis zum Jahr 2000 auf 40 Prozent, bis zum Jahr 2025 auf 47 Prozent steigen. Während heute in den Städten der Entwicklungsländer 1,4 Milliarden Menschen leben, werden 2025 erdrückende 4,1 Milliarden sich dort drängen. Zu der Zeit wird Lateinamerika die urbanisierteste Gegend der Welt sein, beinahe 85 Prozent seiner Bevölkerung werden in Städten leben; in Afrika wird diese Zahl um die 58 Prozent liegen und in Asien bei ungefähr 53 Prozent. Schon gegen Ende des gegenwärtigen Jahrhunderts wird es zwanzig Megastädte mit einer Bevölkerung von elf Millionen oder mehr Menschen geben, von welchen sich siebzehn in der Entwicklungswelt befinden werden. An der Spitze dieser Liste wird Mexico-City mit geschätzten 24,4 Millionen Einwohnern im Jahre 2000 stehen. Dicht darauf folgt São Paulo mit 23,6 Millionen, dann Kalkutta mit 16 Millionen, Bombay mit 15,4 Millionen und Schanghai mit 14,7 Millionen. Früher waren Städte wie Ninive, Tyros, Konstantinopel, Venedig, Amsterdam, London, New York und Tokio Zentren des Wohlstands, aber heute sind sie – zumindest jene in der Entwicklungswelt – zunehmend Zentren der Armut.[12]

Die zusätzlichen Lasten, welche die jetzt schon überbeanspruchten Systeme dieser Städte auf dem Gebiet der Wohnungen, der Hygiene, des Transports, der Lebensmittelverteilung und der Kommunikationssysteme zu tragen haben werden, sind eine entsetzliche Vorstellung. In vielen dieser Länder besitzt die herrschende Elite einen unverhältnismäßigen Anteil am begrenzten Wohlstand der Nation. Und diese Elite wird zunehmend Schwierigkeiten haben, die Unzufriedenheit der städtischen Massen in den neuen Megastädten zu beschwichtigen. Es ist überhaupt nicht klar, wie diese

Bevölkerungskonzentrationen ernährt werden sollen – besonders in Zeiten des Mangels. Aber selbst wenn genug Nahrung vorhanden sein sollte, wird es kaum möglich sein, diesen Milliarden von jungen Menschen zureichende Gesundheits- und Bildungssysteme zu bieten und, danach, ausreichende Arbeitsplätze, um Massenarbeitslosigkeit und soziale Unruhen zu vermeiden. Das Phänomen ist ungefähr vergleichbar mit jener Masse von hunderttausend Obdachlosen, die sich in den 1780ern in den Straßen von Paris herumtrieben, aber die Zahlen von heute sind in einem phantastischen Ausmaß größer. Die gegenwärtige Zahl der Arbeitskräfte in den Entwicklungsländern summiert sich auf ungefähr 1,76 Milliarden Menschen, aber sie wird bis 2025 auf mehr als 3,1 Milliarden wachsen – was bedeutet, daß nicht weniger als 38 bis 40 Millionen neue Arbeitsplätze *pro Jahr* geschaffen werden müßten.[13] Auf längere Sicht führt die Verstädterung zu einer Abschwächung der Bevölkerungsvermehrung. Aber die wirkliche Herausforderung wird in den nächsten zwanzig bis vierzig Jahren kommen, wenn die Landflucht in der Entwicklungswelt all die Probleme verschärfen wird, die sich mit einer hohen Bevölkerungsdichte verbinden.

Es gibt einen tragischen Faktor, der diese statistischen Prognosen signifikant verändern könnte: die Aids-Epidemie, die auf ihrem Herkunftskontinent Afrika besonders schwerwiegend ist. Aids wird durch einen menschlichen Immunschwächevirus (HIV) hervorgerufen, der das Abwehrsystem des Körpers schwächt und es ihm unmöglich macht, Krankheiten zu bekämpfen. Das Problem in der Einschätzung der demographischen Wirkung von Aids liegt darin, daß etwa acht oder neun Jahre vergehen können, bevor eine HIV-infizierte Person Symptome zeigt, wonach die Todesrate sich 100 Prozent nähert. Die grafische Darstellung einer Aids-Epidemie ähnelt daher ein wenig einem Eisberg. »Jene, die die Krankheit haben, sind der Teil des Eisbergs, der aus dem Wasser heraussieht. Aber der viel größere und tödlichere Teil des Eisbergs wird von denen gebildet, die HIV-positiv sind, die Krankheit selbst aber noch nicht haben.«[14] Und es gibt natürlich die vielen Individuen, die nicht wissen, daß sie infiziert sind und daher die Infektion weitergeben.

Während 1988 die geschätzte Zahl von Aids-Fällen in Afrika nur bei etwa 100000 lag, nimmt man an, daß diese Zahl wahrscheinlich nur etwa 5 Prozent oder weniger jener Menschen repräsentiert, die bereits HIV-infiziert sind. In den 1990ern könnten daher etwa 2 Millionen Afrikaner an Aids sterben, aber selbst das mag eine zu niedrige Schätzung sein, wenn man eine kürzliche Schätzung der Weltgesundheitsorganisation hinzunimmt, die behauptet, daß 25 bis 30 Prozent der schwangeren Frauen in gewissen afrikanischen Ländern HIV-positiv sind und daß ganze Familien unter der Epidemie leiden.[15] Vor kurzer Zeit gab die Weltgesundheitsorganisation ihre frühere Einschätzung auf, daß 25 bis 30 Millionen Menschen in der Welt bis zum Jahr 2000 HIV-positiv getestet sein würden, und hob die Erwartung auf 40 Millionen an (darunter eine wachsende Zahl in Asien). Das würde heißen, daß ganze 90 Prozent der Aids-Opfer in den Entwicklungsländern leben, besonders in den ärmsten dieser Staaten.[16]

Wenn in den nächsten paar Jahren kein Mittel gegen Aids gefunden wird – und im Moment gibt es wenig Anlaß zu Optimismus, besonders weil afrikanische Gesellschaften sich antivirale Drogen nicht leisten können –, könnten die hohen Geburtenraten des Kontinents durch noch höhere Sterberaten aufgefangen werden. Ein kürzlicher Artikel über dieses Thema berichtet, daß entgegen der Erwartung der Weltbank das jährliche Bevölkerungswachstum in Zentral- und Ostafrika sich bis zum Anfang des nächsten Jahrhunderts auf 2 ¾ Prozent verlangsamen wird. »Einige Aids-Forscher sagen voraus, daß das Wachstum bis auf ein Prozent fallen oder es sogar, legt man die düstersten Vorhersagen zugrunde, zu einer Bevölkerungsverminderung um das Jahr 2010 kommen könnte.«[17] Aber diese Einschätzung erscheint zu pessimistisch. Demographen gehen davon aus, daß HIV-Raten in diesen Gegenden ihren Gipfelpunkt irgendwo zwischen 20 und 30 Prozent der erwachsenen Bevölkerung finden werden. Das bedeutet, daß eine Aids-Epidemie ein ursprüngliches Bevölkerungswachstum von (etwa) 3 Prozent auf fast 2 Prozent pro Jahr herabdrücken könnte.[18] Afrikas Gesamtbevölkerung würde noch immer schnell wachsen, aber inmitten einer entsetzlichen Epidemie, in der Millionen von Menschen sterben würden. Und schließlich findet Aids im Gegensatz zu den meisten anderen Heimsuchungen, die Afrika verwüsten, seine Opfer in unverhältnismäßigem Maße unter Erwachsenen, das heißt, unter den produktiven und (in gewissem Maße) ausgebildeten Teilen der Bevölkerung. Die Krankheit bedeutete daher einen ungewöhnlich harten ökonomischen Schlag für die betreffenden Gesellschaften, wenn man von den unerhörten menschlichen Leiden, die mit ihr verbunden sind, einmal absieht.

Das Hauptproblem bleibt: Wie können arme agrarische Gesellschaften das alle Grenzen sprengende Bevölkerungswachstum bewältigen? Die Malthussche Antwort wäre, daß schließlich die Natur eingreift: wachsende Hungersnöte, Kämpfe um Ressourcen, offene Konflikte, Krieg und Epidemien würden die Bevölkerung vermindern, vielleicht drastisch vermindern. Aber wie wir gesehen haben, schuf gerade in dem Moment, als Malthus seinen *Essay on Population* schrieb, die industrielle Revolution einen mittel- bis langfristigen Ausweg für die schnell wachsende britische Bevölkerung seiner Zeit: Eine steigende industrielle Produktivität und die Verstädterung führten zu einem demographischen Übergang, einem erhöhten Pro-Kopf-Einkommen, welches allmählich den Lebensstil und die Fortpflanzungsformen der meisten Familien veränderte und das Bevölkerungswachstum verlangsamte.

Es ist interessant festzustellen, daß unter den Ländern, die früher grob als Teil der »Dritten Welt« beschrieben wurden, einige in den letzten Jahrzehnten das Muster nachgeahmt haben, das sich in Großbritannien vor zwei Jahrhunderten ergab. Dies sind die Newly Industrialized Countries (NICs) von Ostasien, Länder wie Singapur, Taiwan und Südkorea und vielleicht auch einige ihrer größeren Nachbarn, wie zum Beispiel Malaysia. Zum Teil stimuliert und zum Teil in Nachahmung von Japans eigenem fabelhaftem ökonomischen Wachstum haben diese ostasiatischen Staaten eine schnelle, vom Export angetriebene Expansion erlebt, mit Bruttosozialprodukten, die in den letzten Jahrzehnten um mehr als 10 Prozent pro Jahr gewachsen sind (was eine Verdoppelung alle sieben Jahre bedeutet). Obwohl ihre jährlichen Wachstumsraten jetzt 6 oder 7

Prozent betragen, ist dies beträchtlich mehr als der globale Durchschnitt, und das Nachlassen ihres Wachstums bedeutet wahrscheinlich nur, daß ihre Ökonomien aus den Kinderschuhen herauswachsen. Mit ihren Stahlwerken, Werften, Elektronikfirmen, staatlichen Luftlinien und (im Fall von Taiwan und Südkorea) sehr hohen Handelsüberschüssen werden sie Jahr um Jahr reicher, weisen bereits ein Pro-Kopf-Bruttosozialprodukt auf, das sich schnell europäischen Ländern wie Portugal, Spanien und Griechenland nähert.

Sobald der ostasiatische Lebensstandard stieg, gingen auch die Geburtenraten scharf zurück. In Südkoreas Fall lag die Geburtenrate in der Periode von 1965 bis 1970 bei 4,5 und fiel in der Periode von 1985 bis 1990 auf 2,0. In Singapurs Fall sank sie von 3,5 auf 1,7 im selben Zeitraum. Die Regierungen einiger dieser Länder sind inzwischen dazu übergegangen, ihre Bevölkerungen zu größeren Familien zu ermutigen. Auch die Sterberaten sind zurückgegangen; die Kindersterblichkeit und die Lebenserwartung ähneln denen Europas und der Vereinigten Staaten. Es überrascht auch nicht, daß der Prozentsatz von Paaren, die Empfängnisverhütung anwenden, sehr viel höher liegt als in Afrika oder Südasien. In den anderen Faktoren einer fortgeschrittenen Gesellschaft, wie zum Beispiel der männlichen und weiblichen Lese- und Schreibfähigkeit, der sanitären Versorgung usw. sind die ostasiatischen Gesellschaften weit von den verzweifelten Bedingungen der meisten anderen Entwicklungsländer entfernt.[19] Wenn die Trends sich fortsetzen, können Südkorea und Taiwan im frühen nächsten Jahrhundert durchaus unter den gesündesten und reichsten Nationen der Welt sein.

Wenn das so ist, dann ist doch vielleicht dies die Lösung des Problems: den Aufstieg von »Handelsstaaten« überall in der Entwicklungswelt zu ermutigen. Würden sie dann nicht die Entwicklung nehmen, welche die Holländer und die Briten in vergangenen Jahrhunderten durchlaufen haben und die nun auf Japan und Korea zutreffen?[20] Aber sobald man diese Frage stellt, sieht man die Schwierigkeiten. Frühere und jetzige Handelsstaaten – Venedig, die Niederlande, Britannien, Japan, Singapur, Taiwan – waren relativ kleine Länder mit einer günstigen geographischen Lage, einer gut ausgebildeten Bevölkerung und großer Offenheit für ausländische

Techniken und Lebensformen. Das kann man von Zaire, dem Iran, Mali, Afghanistan oder Äthiopien kaum sagen, wo eine Kombination von strukturellen und kulturellen Hindernissen im Moment jede Entwicklung blockiert.

Mehr noch, genau wie Großbritanniens ursprüngliche industrielle Expansion nicht ohne Kosten zu bewältigen war, so hat es im Zuge des Wachstums von Japan, Taiwan und Korea beträchtliche Kosten gegeben. Wie wir später sehen werden, schaffen die Luftverschmutzung, die Erosion der Wälder und Feuchtgebiete, die zunehmende Nachfrage nach Nahrungsmitteln und Rohstoffen, die gewaltigen Steigerungen der CO_2-Emission, die Verwandlung von kleinen Küstenstädten in gigantische Werft- und Industriestädte Umweltschäden nicht nur in diesen industriellen Regionen selbst, sondern auch in ihrer Umgebung. Ostasiatische Gesellschaften ahmen ihre europäischen und amerikanischen Vorbilder auch in ihrem gewaltigen Hunger nach Erzen, Öl, Gas, Nutzholz und nach anderen Materialien aus der Entwicklungswelt nach. Sobald eine Nation wie Korea einen europäischen Lebensstandard erreicht, verbraucht sie auch Energie und Nahrungsmittel auf europäischem Niveau. Angesichts ihrer relativ kleinen Ausdehnung haben die ostasiatischen NICs nur geringen Anteil an der globalen Umweltverschmutzung, besonders wenn man sie mit den westlichen Ländern vergleicht. Aber sollte man zum Beispiel anstreben, daß der Pro-Kopf-Verbrauch von 1,2 Milliarden Chinesen dem Japans oder der Vereinigten Staaten entspräche, so wäre der Umweltschaden kolossal.

Diese Relation von »Bevölkerung und ökonomischem Wachstum« hat zu beträchtlichen Meinungsverschiedenheiten zwischen Demographen und Wirtschaftsfachleuten geführt. In den 60er Jahren ging man im allgemeinen von einer negativen Beziehung zwischen demographischem Wachstum und ökonomischer Entwicklung aus: Mehr bedeutete schlechter – aufgrund der Kosten für das Aufziehen von Kindern, des reduzierten Kapitals pro Kopf der Bevölkerung und der Ablenkung der Investitionen von wachstumsorientierten Maßnahmen auf die sozialen Forderungen einer gewachsenen Bevölkerung.[21] In den frühen 80ern argumentierte indessen eine revisionistische Schule, für die Julian Simons Buch *The Ultimate Resource* (Die endgültige Ressource) typisch ist, daß »auf lange Sicht gesehen, ... das Pro-Kopf-Einkommen wahrscheinlich bei wachsender Bevölkerung höher ist als bei einer stagnierenden – sowohl in den höher entwickelten als auch in den weniger entwickelten Ländern«.[22] Aus dem Blickwinkel der Revisionisten gibt es zwar auf kurze Sicht hohe Kosten für das Aufziehen und die Ausbildung vieler Kinder, aber auf längere Sicht entsteht eine größere Bevölkerung von produktiven Arbeitern zwischen 15 und 64 Jahren. Setzt man den Fleiß und den Erfindungsreichtum der Menschen voraus, kann man sagen, je mehr, desto besser. Wenn es im Durchschnitt in einer Gruppe von 100 Menschen nur zwei oder drei wirklich kreative gibt, dann ist es besser, eine Bevölkerung von hundert Millionen zu haben als eine von einer Million.

Daß ein Bevölkerungswachstum wirtschaftliche Expansion begünstigt, trifft in einigen Fällen zu, in anderen nicht. Die Hauptschwäche liegt nicht in dem Argument *per se*, sondern in dem Kontext, in welchem das Bevölkerungswachstum sich abspielt. Die Rate des Bevölkerungswachstums in vielen der weniger entwickelten Länder übersteigt heute bei weitem das gemäßigte Niveau, das die revisionistische Schule für günstig hält. Geburtsraten von 2,5 sind eine Sache; wenn sie aber, wie in Nigeria, 7,0 erreichen oder in Syrien 7,8, in Rwanda 8,3, dann ist das schon sehr viel schwieriger.

Überdies wird immer klarer, daß das Bevölkerungswachstum eine enorme Belastung der natürlichen Welt darstellt *und* die soziale Ordnung und das internationale System gefährden kann. Nicht nur schadet die demographische Explosion den Massen von zusammengedrängten und unterernährten jungen Leuten, aus welchen der Geburtenboom besteht, sie richtet auch in anderen Bereichen zahllose Schäden an. Der Zusammenhang zwischen menschlichem Handeln und ökologischem Schaden wird detaillierter weiter unten behandelt, aber die Hauptumrisse können hier festgehalten werden. Es herrscht – mit der Ausnahme einiger Revisionisten – Übereinstimmung, daß das prognostizierte Wachstum der Weltbevölkerung mit unseren gegenwärtigen Formen des Konsums auf Dauer nicht vereinbar ist. Im Gegensatz zu den Tieren zerstören die Menschen Wälder, verbrennen fossile Treibstoffe, legen Feuchtgebiete trocken, verschmutzen Flüsse und Ozeane, plündern die Erde auf ihrer Suche nach Erzen, Öl und anderen Rohmaterialien. Es ist daher schon von Bedeutung, ob der Planet 4 Milliarden Menschen beherbergt, wie er das 1975 getan hat, oder 8 bis 9 Milliarden, wie er es wahrscheinlich im Jahre 2025 tun wird.

Da 95 Prozent des Bevölkerungszuwachses, den man zwischen heute und 2025 erwartet, in den Entwicklungsländern eintreten wird, mag es scheinen, daß das Hauptproblem *dort* liegt. Wenn die Einwohner von Afrika, Zentralamerika und anderswo ihre Gewohnheit großer Familien einschränkten, so lautet das Argument, dann würden sie nicht nur weniger der Nahrungsmittel der Erde beanspruchen, sondern auch weniger Schaden an ihren Regenwäldern, ihren Wasserreserven und am Ökosystem im allgemeinen anrichten. Da diese Bedürfnisse überdies zur globalen Erwärmung beitragen, bedroht die Bevölkerungsexplosion in der südlichen Hemisphäre auch die entwickelten Länder des Nordens.

Dennoch, selbst wenn man dies als wahr voraussetzt, belasten die entwickelten nördlichen Regionen der Erde pro Kopf die Ressourcen sehr viel stärker als die Entwicklungsländer, einfach weil sie so viel mehr konsumieren. Der Ölverbrauch der Vereinigten Staaten, die nur 4 Prozent der Weltbevölkerung besitzen, entspricht einem Viertel der gesamten jährlichen Weltförderung; 1989 verbrauchten die Vereinigten Staaten 6,3 Milliarden Fässer Öl, zehnmal so viel wie Großbritannien oder Kanada und hunderte von Malen mehr als die meisten Länder der Dritten Welt, die mit sehr wenig Öl auskommen. Dieselbe Unausgewogenheit trifft auf eine Reihe anderer Grundstoffe zu, von Papier bis zu Rindfleisch. Einer Berechnung zufolge verursacht das durchschnittliche amerikanische Baby den doppelten Umweltschaden wie ein schwedisches Kind, dreimal soviel wie ein italienisches, dreizehnmal soviel wie ein brasilianisches, fünfunddreißigmal soviel wie ein indisches und zweihundertachtzigmal soviel wie ein Kind aus Tschad oder Haiti.[23] Dies ist für jeden, der sich ein Gewissen erhalten hat, eine schreckliche Statistik.

Aus der Perspektive der Umweltschützer ist die Erde daher einem doppelten menschlichen Angriff ausgesetzt. Einerseits durch die exzessiven Forderungen und verschwenderischen Gewohnheiten der reichen Bevölkerungen der entwickelten Länder, andererseits durch die Milliarden neuer Münder in der sich entwickelnden Welt, die gefüttert werden müssen. Dies hat dazu geführt, daß eine Anzahl von ökologischen Stimmen – das Worldwatch Institute, Greenpeace, der UN-Population-Fund – das ganze Problem als einen Wettlauf mit der Zeit dargestellt haben. Wenn es uns in ihrer Sicht nicht bald gelingt, die Gesamtbevölkerung der Erde zu stabilisieren, den ausschweifenden Verbrauch von Energie, Lebensmitteln und anderen Rohmaterialien zu zügeln und den Schaden an der Umwelt zu kontrollieren, werden wir in kurzer Zeit eine so überbevölkerte und geplünderte Erde haben, daß wir für unsere kollektive Nachlässigkeit einen hohen Preis bezahlen werden.[24]

Diese Sicht, die sich gegen die Annahme wendet, daß Wachstum erstrebenswert und ökonomische Produktion der Erfolgsmaßstab eines Landes ist, hat bei vielen Wirtschaftsfachleuten Gegenangriffe ausgelöst. Nach Meinung der Optimisten sind natürliche Ressourcen kein Absolutum, das ständig weiter erschöpft wird; vielmehr glauben sie, daß viele Ressourcen durch menschlichen Erfindungsreichtum und menschliche Arbeit geschaffen werden und daß die Technologie eine fast unbegrenzte Fähigkeit hat, neue Ressourcen zu schaffen. Wenn ein Rohstoff knapp wird, wie zum Beispiel Erdöl, führt dies zu der Suche nach (und der Entdeckung von) neuen Reserven, der Erfindung alternativer Energieformen. Alarmierende Knappheiten in der Nahrungsmittelproduktion der Welt führen zu signifikanten Erhöhungen der landwirtschaftlichen Produktivität, die sich auf neue biotechnologische Erkenntnisse stützen usw. Diese Optimisten glauben, daß sich genauso, wie Malthus sich in seinen Vorhersagen geirrt hat, auch die modernen Apokalyptiker als schlechte Propheten erweisen werden.[25]

Nur die Zeit wird uns zeigen, welche dieser beiden Positionen richtig ist. Aber die Weltbevölkerung zählte weniger als eine Milliarde, als Malthus seinen Essay schrieb. Jetzt strebt sie auf mindestens sieben oder acht Milliarden, vielleicht auf mehr als zehn

Milliarden zu. Wenn die Optimisten recht behalten, wird die Welt einfach sehr viel mehr wohlhabende Menschen enthalten, selbst wenn dieser Wohlstand ungleich verteilt sein wird. Wenn sie sich täuschen, könnte die menschliche Spezies im ganzen unter der rücksichtslosen Jagd nach ökonomischem Wachstum mehr leiden, als sie durch die Einschränkung ihrer gegenwärtigen Gewohnheiten verlieren würde.

Schon lange bevor die Welt in der Lage sein wird, das Ergebnis dieser Debatte – etwa im Jahre 2025 – zu beurteilen, wird sie wahrscheinlich mit einer weiteren Folge der globalen Bevölkerungsexplosion zu kämpfen haben: ihrer Auswirkung auf die nationale Sicherheit. Traditionell hat sich die Sorge um diese Sicherheit auf die Verfügbarkeit von militärischer Mannschaftsstärke gerichtet. Eine sinkende Bevölkerung aber bedeutet weniger Rekruten für die Streitkräfte, was das Land, wenn rivalisierende Nationen eine höhere Geburtenrate haben, in einen Zustand relativer strategischer Schwäche versetzt.[26] Vor ein paar Jahren warnten NATO-Planer, daß die absinkende Bevölkerung des Westens die Stärke seiner Streitkräfte reduzieren könnte. Diese Befürchtungen sind durch die Entwicklungen in der Sowjetunion und die Ost-West-Abrüstungsvereinbarungen überflüssig geworden, aber sie ignorierten auch damals schon die demographischen Probleme, die die Sowjetunion selbst hatte. Schon in den 70er Jahren tauchten deutliche Unterschiede in der Geburtenrate zwischen der fast stagnierenden russischen Bevölkerung auf der einen Seite und den schnell wachsenden Bevölkerungen der südlichen Republiken auf. In ihnen führte eine Verbindung aus regionalem Nationalismus, dem Islam, der mangelnden Verbreitung der russischen Sprache und einer tiefen Ablehnung der Kontrolle durch Moskau zu einer Lage, welche die sowjetischen Militärplaner alarmierte.[27] Jetzt, da diese Republiken unabhängig geworden sind, mögen die unmittelbaren Probleme verschwunden sein; aber das größere allgemeine Problem, daß nämlich einige ethnische Gruppen sehr viel schneller wachsen als ihre Nachbarn, bleibt der Welt erhalten.

Dennoch ist die Frage militärischer Mannschaftsstärke wahrscheinlich weniger dringlich als die andere bedeutende Wirkung der Bevölkerungsumschichtung auf die internationale Sicherheit: die Aussicht auf demographisch getriebene soziale Unruhen, politische Instabilität und regionale Kriege. Wie vorher schon erwähnt wurde, stehen hinter vielen bekannten historischen Umwälzungen, dem Ausbrechen der Wikinger aus Skandinavien, der Expansion des Elisabethanischen Großbritanniens, der Französischen Revolution, der Wilhelminischen Weltpolitik, den heutigen Turbulenzen in Zentralamerika und im Nahen Osten demographische Gründe. Die betroffenen Gesellschaften hatten und haben oft Schwierigkeiten, wachsende Zahlen von unruhigen jungen Männern zu absorbieren.[28] Die unerfüllten Erwartungen einer neuen Generation entzündeten oft genug Bürgerkrieg und Revolution. In anderen Beispielen wurden diese Energien durch geschickte und ehrgeizige Führer in Abenteuer und Eroberungen im Ausland umgelenkt.

Jene in den entwickelten Ländern, die sich über das Zurückgehen der Geburtenraten beklagen – über ihre »Geburtenlücke«[29] –, sollten sich einmal die Gegenden der Welt ansehen, die heutzutage die ernsthaftesten Unruhen erleben: Zentralamerika, Südafrika, Südostasien, Afghanistan, den Nahen Osten, Nordirland, die Randgebiete der Sowjetunion, das Horn von Afrika … In all diesen Regionen existieren schnell wachsende, junge Bevölkerungen mit aufgestauten gesellschaftlichen und ökonomischen Erwartungen. Es ist sicher kein Zufall, daß die palästinensische *Intifada* – »der Krieg der Steine«, der von Teenagern gegen die israelische Besatzungsmacht geführt wird – im Gazastreifen begann, wo es eine Bevölkerungsdichte von etwa 3000 Personen pro Quadratkilometer gibt (verglichen mit 430 in Israel).[30] Es ist offensichtlich, daß ideologische Rivalitäten, rassische und religiöse Ressentiments und viele andere Gründe auch zu diesen Bürgerkriegen und regionalen Konflikten beitragen. Nichtsdestoweniger scheinen die sozialen Nachwirkungen einer Bevölkerungsexplosion einen Kontext zu formen, in dem solche bitteren Kämpfe sehr schnell eskalieren können. Während dies genauso auf das klassische Griechenland wie auf den modernen Nahen Osten zutrifft, hat sich die Wucht des Bevölkerungswachstums entscheidend verändert: Heute geht es um Millionen, wo es in Alexanders Zeit um Tausende ging. Wie wird unsere Zukunft aussehen, wenn soziale Unruhen im selben Verhältnis wachsen wie die Bevölkerungsdichte?

Wenn die demographische Explosion (zusammen mit reduzierten Ressourcen) das größte Problem ist, dem die Entwicklungsländer ausgesetzt sind, so stehen viele entwickelte Nationen dem gegensätzlichen Problem einer stagnierenden oder sogar zurückgehenden Bevölkerung gegenüber. Diese Länder mit ihrem hohen Lebensstandard und ausgezeichneten Gesundheitssystemen haben heute eine niedrige Sterberate. Um die Bevölkerungszahl stabil zu halten, braucht man eine Geburtenrate von annähernd 2,1 Kindern pro Frau.* Neue Statistiken von der United Nations Population Division deuten indessen darauf hin, daß die meisten entwickelten Länder seit den späten 1960ern geringere Raten aufweisen; so hat sich zum Beispiel die Geburtenrate Italiens von 2,5 auf 1,5 vermindert, die Spaniens von 2,9 auf 1,7.[31]

Die offensichtlichste Ursache für diese Verringerung ist der veränderte Status der Frau in den westlichen Gesellschaften. Die größere Anzahl von ihnen strebt in die Ausbildung und in eine berufliche Karriere. Der Zeitpunkt von Kindesgeburten wird verzögert und die Anzahl der Kinder vermindert. Erleichtert wird das natürlich durch die modernen Methoden der Empfängnisverhütung. Diese Trends fallen mit den Wirkungen der Verstädterung auf die Familienplanung, besonders in den großen Städten, zusammen. Die Urbanisierung führt im Laufe der Zeit zu einer Verminderung der Geburtenrate, was entweder daran liegt, daß die gebildeteren und beruflich ehrgeizigeren Schichten dazu neigen, in Städten zu leben, oder daran – was wahrscheinlicher ist –, daß die Menschen es schwierig finden, Kinder in den engen Wohnverhältnissen der Städte aufzuziehen. Aber die Einschränkung »im Laufe der Zeit« muß betont werden. Lange bevor die Städte ihre geburtenmin-

* 2,1 deshalb, weil eine kleine Anzahl von Mädchen früh sterben und weil etwa die Hälfte der Geburten männliche Kinder sind und daher in die Fruchtbarkeitsberechnungen nicht eingehen.

dernde Wirkung entwickeln, ziehen sie Millionen von Menschen an, die Arbeit, sozialen Aufstieg und einen Ausweg aus der Härte des Lebens in überbevölkerten, armen landwirtschaftlichen Gegenden suchen.

Die offensichtliche Implikation, die sich aus diesen unterschiedlichen Altersstrukturen ergibt, bedeutet, daß die Entwicklungsländer unter der Bürde ächzen, Millionen von Jugendlichen unter 15 ernähren zu müssen, und die entwickelten Länder die schnell wachsenden Millionen der über 65jährigen zu versorgen haben. Der Grund dafür ist ganz einfach. Die Altersstruktur einer schnell wachsenden Gesellschaft ist eine Pyramide, deren breite Basis die große Zahl der unter 20jährigen darstellt und deren enge Spitze die kleine Zahl der Älteren vertritt. Gibt es eine scharfe Reduktion in der Geburtenrate, wird die Basis der Pyramide schmaler werden, was bedeutet, daß eine relativ kleinere Zahl von jüngeren Menschen eine relativ größere Gruppe von älteren unterstützen muß.

Während in den ärmsten afrikanischen Ländern nur 2 oder 3 Prozent der Bevölkerung über 65 Jahre alt ist, liegt deren Anteil in den wohlhabenden Nationen weit höher – in Norwegen zum Beispiel bei 16,4 Prozent und in Schweden bei 18,3 Prozent.[32] Dieser Durchschnitt steigt in den reicheren Ländern* aufgrund zurückgehender Geburtenraten und verbesserter Gesundheitsfürsorge für die Älteren ständig an: Bis zum Jahre 2010 werden etwa 15,3 Prozent ihrer Bevölkerung über 65 sein, und diese Zahl wird sich im Jahre 2040 sogar 22 Prozent annähern. Dies mag eines Tages ein zusätzliches Hindernis für die internationale oder – besser gesagt – die nord-südliche Verständigung darstellen: Denn während die reichen Gesellschaften mit dem Problem kämpfen, mehr und mehr Ressourcen für die Älteren aufzuwenden, fordert der Rest der Erdkugel Hilfe bei dem Versuch, die Bedürfnisse der vielen Jugendlichen und Kinder zu befriedigen.

Nicht alle fortgeschrittenen Länder werden vom Problem einer überalterten Bevölkerung gleichermaßen getroffen. In den Verei-

* »Reicher« bezieht sich hier auf die etwa zwanzig Mitglieder der Organization for Economic Cooperation and Development (OECD).

Tabelle 2-2

Altersstrukturen

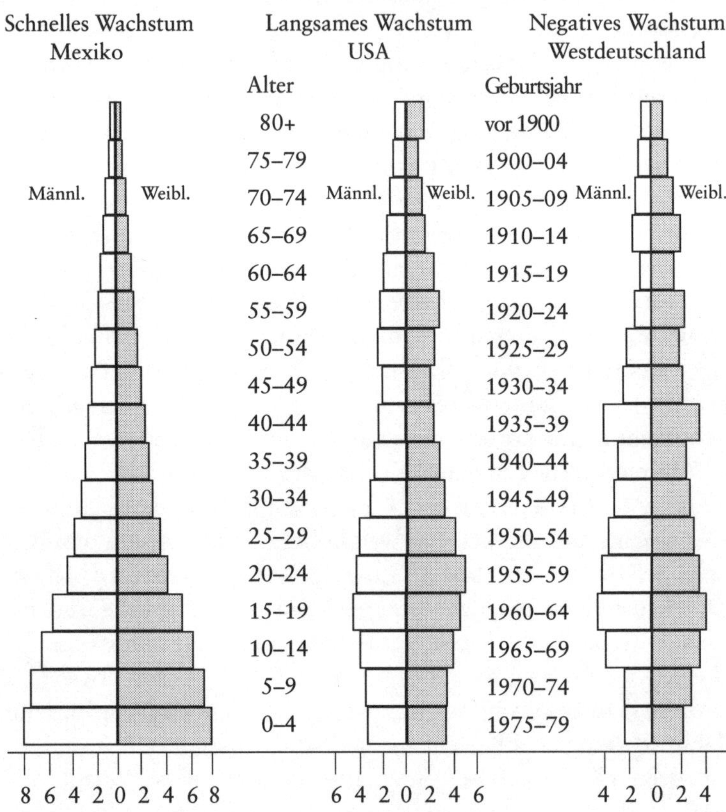

prozentualer Anteil
an der Bevölkerung

nigten Staaten bedeuten zum Beispiel der fortgesetzte Zufluß von Immigranten und die relativ hohen Geburtenraten der ethnischen Minoritäten nicht nur, daß die Bevölkerung im ganzen weiter anwachsen wird, sondern auch, daß das untere Segment der Alterspyramide sich nicht drastisch verengen wird. Und in Skandinavien scheinen ausgezeichnete familienfreundliche Einrichtungen der Tendenz zu einer abnehmenden Geburtenrate entgegenzuwirken. Aber andere entwickelte Gesellschaften wie etwa Deutschland, Italien und Japan kämpfen bereits mit den Folgen des starken Anstiegs in der Zahl der über 65jährigen, während die jugendliche Bevölkerung schrumpft.

In makroökonomischen Begriffen ist dies keine wünschenswerte Entwicklung. Im ganzen gesehen sind es in der Tendenz die Angehörigen einer Bevölkerung, die zwischen 15 und 64 Jahre alt sind, welche den Wohlstand eines Landes schaffen. Auch beanspruchen sie die Gesundheits- und Sozialeinrichtungen weniger. Alte Menschen, genau wie sehr junge, verbrauchen mehr Ressourcen und belasten die Gesundheits- und Fürsorgeeinrichtungen weit stärker. Für einige dieser finanziellen Bürden kann Vorsorge geschaffen werden (zumindest in reicheren Gesellschaften). Dennoch, in Ländern, wo eine immer aufwendigere Apparatemedizin dazu eingesetzt wird, das Leben auch der Hochbetagten zu verlängern, stellt sich zunehmend die Frage, ob diese Ressourcen nicht woanders besser investiert wären, zum Beispiel in der präventiven Medizin für die sehr Jungen oder in ein verbessertes Bildungswesen.

Aber das Thema ist zu kompliziert, um einfach zu sagen, daß all die Folgen dieses Alterstrends schädlich sein müssen. Wenn die Zahl der Arbeitskräfte in einem Land schrumpft, kann dies auch eine große Investition in Automatisierung und andere arbeitssparende Techniken stimulieren, wie es im Augenblick in Japan geschieht. Eine alternde Bevölkerung mag durchaus auch mehr an Kapital sparen und daher größere Reserven akkumulieren – obwohl dieser Nachweis noch nicht schlüssig erbracht ist, da persönliche Ersparnisse auf diese Art und Weise auch aufgebraucht werden könnten. Eine Gesellschaft mit weniger Jugendlichen hat wahrscheinlich weniger Kriminalität und mag auch weniger bereit sein, in den

Krieg zu ziehen. Andererseits ist sie weniger verteidigungsfähig, wenn sie von außen bedroht wird. Wie soll man hier die Vor- und Nachteile gegeneinander abwägen?

Ironischerweise werden all diese Folgen, die negativen und die positiven, eines Tages auch die Völker der sich entwickelnden Welt erreichen, wenn sie ihre augenblickliche demographische Explosion überleben. Auf lange Sicht ist das Problem alternder Bevölkerungen in den entwickelten und in den weniger entwickelten Ländern dasselbe. Die Unterschiede liegen im Zeitablauf und im Maßstab. Die Europäer haben im Moment ein Durchschnittsalter von 33,9 Jahren; bis zum Jahre 2020 wird das durchschnittliche Alter der Bevölkerung von Mexiko ebenfalls 33,4 Jahre erreichen. Dramatischer ist noch der Fall China, das seit Jahren mit den energischsten Maßnahmen versucht, sein Bevölkerungwachstum zu kontrollieren (die bekannte Ein-Kind-Politik). Infolge ihrer Auswirkungen »wird China im Jahre 2025 einen ebenso großen Anteil von über 60jährigen haben wie Europa im Jahre 2010«.[33] Ob beide Weltgegenden dieselben Pro-Kopf-Ressourcen haben werden, um sie an die über 60jährigen zu verteilen, ist eine andere Frage, insbesondere, wenn man die gewaltigen quantitativen Unterschiede betrachtet. Die Bevölkerung Italiens im Jahre 2010 wird etwa ein Fünftel über 65jährige haben – 11 Millionen von 55 Millionen Menschen. Wenn Chinas Bevölkerung die Zahl von 1,5 Milliarden im Jahre 2025 erreicht, würde das, bei derselben Relation, 300 Millionen ältere, pflegebedürftige Menschen bedeuten, aber es gibt keine Anzeichen, daß Vorsorge dafür getroffen worden ist, solche Massen später zu unterstützen.

Bis hierhin ist die Frage von alternden Gesellschaften fast ausschließlich als ein Netz aus praktischen und physischen Problemen diskutiert worden. Aber da gibt es natürlich auch noch die Frage von tief verwurzelten kulturellen und rassischen Befürchtungen, die in einer Arbeit darüber sehr treffend als »die Furcht vor dem Bevölkerungsniedergang« bezeichnet worden ist.[34] Dieses Phänomen hat eine lange Geschichte. Es gibt viele Schriften und politische Bewegungen aus dem Europa und den Vereinigten Staaten des späten 19. Jahrhunderts, welche die Furcht vor einem »Niedergang« der Nation zu Agitationsmaterial machten. Dahinter steckt natürlich die Sorge, daß eine gewisse Rasse oder Kultur in einem Meer von »weniger wertvollen« Völkern untergehen könnte. Im Zentrum dieser Sorge steht der Glaube, daß die eigene Nation einen besonderen Platz in der Geschichte einnimmt, einzigartige Züge besitzt und große Beiträge zur Weltzivilisation geleistet hat, die erhalten werden müssen. Sinkt die Geburtenrate, ist es unter diesen Voraussetzungen für Kulturpessimisten allzu leicht zu verkünden, daß die Nation auf den Untergang zutreibt, und nach Maßnahmen zu rufen, welche dem sogenannten »biologischen Verfall« Einhalt gebieten sollen.[35]

Übliche Folgen einer solchen Furcht sind Anstrengungen gewesen, die Familien zu unterstützen, die Frauen zu ermutigen, mehr Kinder zu gebären, damit die Geburtenrate sich wieder erhöht. Solche Anstrengungen reichen von Strafgesetzgebung (das Verbot von Abtreibung und Empfängnisverhütung) über praktischere Anreize (Kindergeld, Erziehungsurlaub) bis zu den ermahnenden und propagandistischen Maßnahmen, die sich in Medaillen und Titeln ausdrücken, zum Beispiel der »Heldin der Sowjetunion« für Mütter, die fünf oder mehr Kinder geboren haben. Solche Kampagnen sind von Rechten und Linken geführt worden, von erzpatriotischen Konservativen wie von Sozialisten, allein die liberale Mitte hat sich immer gegen Versuche gewehrt, in die Familienplanung der Bürger einzugreifen.[36]

Das Gegenstück zu dieser Furcht ist natürlich ein Ressentiment gegen andere Völker, die mehr und schneller Kinder bekommen. Dahinter steht die Annahme, daß in einem sozialdarwinistischen Überlebenskampf die schneller wachsende Nation letztlich auf jene übergreifen und sie überwältigen wird, die langsamer wächst. Solche Befürchtungen stellen sich besonders dann ein, wenn es verschiedene Wachstumsgeschwindigkeiten unter ethnischen Gruppen innerhalb desselben Landes gibt, da dies, wie man annimmt, schließlich die ökonomischen und politischen Gewichte des Landes verschieben wird. Israelische Befürchtungen, daß die arabische Bevölkerung innerhalb von Israels eigenen (erweiterten) Grenzen schneller wächst als die jüdische Bevölkerung, die Veränderung im

Gleichgewicht zwischen der christlichen und der muslimischen Bevölkerung im Libanon (zugunsten der letzteren), Spannungen und Sorgen in Gegenden, die so weit auseinander liegen wie Quebec und die Fidschi-Inseln – all das erinnert uns an die politischen Dimensionen des Bevölkerungswachstums. Ab und zu führt das Verständnis solcher Trends allerdings auch zu positiven Resultaten. In welchem Maße, fragt man sich, wurde die Entscheidung der südafrikanischen Regierung, die Apartheid aufzugeben, beeinflußt von ihrer Erkenntnis, daß die Weißen einen immer geringeren Anteil an der Bevölkerung des Landes stellten: von einem Fünftel im Jahre 1951 zu einem Siebtel in den frühen 80ern und zu einem prognostizierten Neuntel oder Elftel im Jahre 2020?[37] Im ganzen aber hat es fraglos sehr viel mehr Beispiele von Intransigenz und Konflikt gegeben als solche friedlichen Kompromisses, wenn ein Volk feststellt, daß es sich in einem relativen demographischen Abstieg befindet.

Es gibt noch eine weitere Reaktion, wenn sich eine Bevölkerungsexplosion mit einer relativen Verminderung der materiellen Ressourcen verbindet: Die Menschen können wegziehen an Orte, wo bessere Möglichkeiten locken. Eine Form der Migration ist die Landflucht, wie sie sich heute überall in der Entwicklungswelt zuträgt. Obwohl diese Völkerwanderung große soziale Probleme in den Städten aufwirft, scheinen die meisten Regierungen und ihre Öffentlichkeit sehr viel besorgter über eine andere Form der Migration zu sein: der von einem Land in ein anderes.

Ein Grund für diese Sorge ist materiell. Da die Menschen (im Gegensatz zu Zugvögeln) so viel Lebensmittel, Kleidung und Obdach brauchen und viele andere soziale Einrichtungen benötigen, stellt sich bei jeder größeren Wanderungsbewegung sofort die Frage der Ressourcenverteilung. Wenn es reichlich Nahrungsmittel und Land gibt wie in den Großen Ebenen der Vereinigten Staaten des 19. Jahrhunderts, so ist das Problem natürlich geringer (außer aus der Sicht eines Prärie-Indianers); wenn man aber von begrenzteren Ressourcen ausgeht, wie es heute viele europäische Länder tun, dann wird eine steigende Einwanderungswelle offensichtlich Probleme verursachen. Mehr noch, die Einwanderung im großen Maßstab verursacht Befürchtungen, daß ein Land die Kontrolle über seine Grenzen und seine traditionelle Souveränität verlieren könnte, Befürchtungen, daß eine ethnisch homogene oder »reine« Rasse durch Vermischung verändert wird. Es entsteht eine Phobie nicht nur vor fremden Völkern, sondern auch vor der fremden Lebensweise, fremden religiösen Normen und kulturellen Gewohnheiten. Und man fürchtet natürlich eine Überlastung der durch Steuern finanzierten sozialen Einrichtungen. Kürzlich hat man in den Vereinigten Staaten auch der Sorge Ausdruck gegeben, daß die illegale Einwanderung für Ausbrüche alter und neuer Epidemien verantwortlich sei – Cholera, Masern, Aids –, welche wiederum die Gesundheitssysteme des Landes belasten und zugleich neue Ressentiments gegen Einwanderer wecken. Schließlich herrscht unter der einheimischen Bevölkerung fast immer die Sorge, daß bei fortgesetzter Einwanderung sie selbst eines Tages eine Minorität werden könnte.

Besonders lebendig sind diese Sorgen über eine unkontrollierte Einwanderung unter den europäischen Nationen oder unter solchen europäischen Ablegern wie Australien und den Vereinigten Staaten. Das ist natürlich eine historische Ironie. Schließlich war vor wenigen hundert Jahren Europa selbst der Ausgangspunkt der bedeutendsten Wanderungswelle in der Weltgeschichte. Ihre ersten Erscheinungen zeigten sich nochmals Jahrhunderte vorher, zum Beispiel in der Form der nach Osten gerichteten Expansion der germanischen Siedler und der westlichen und südlichen Eroberung der iberischen Staaten.[38] Aber es war die industrielle Revolution in Europa, die dadurch, daß sie zugleich ein massives Bevölkerungswachstum erlaubte und verbesserte Formen des Transports und der Bewaffnung hervorbrachte, den Vorstoß des Kontinents nach außen wirklich stimulierte. Zwischen 1846 und 1890 wanderten jedes Jahre etwa 377 000 Menschen aus Europa aus, schon zwischen 1891 und 1910 schnellte die Emigration dann auf eine Durchschnittsrate von 911 000 pro Jahr. Zwischen 1846 und 1930 suchten im ganzen über 50 Millionen Europäer ein neues Leben in Übersee. Da die europäischen Bevölkerungen auch zu Hause in dieser Periode schnell anwuchsen, stieg ihr Anteil an der gesamten

Weltbevölkerung stetig. Nach einer Einschätzung »stellte die kaukasische Bevölkerung im Jahre 1800 etwa 22 Prozent der menschlichen Spezies, 1930 aber bereits 35 Prozent«.[39] Dies war das demographische Fundament dessen, was man später die »Weltrevolution der Verwestlichung« nennen sollte.[40] Ob sie es nun wollten oder nicht, andere Gesellschaften auf der ganzen Erdkugel wurden gezwungen, auf die Expansion des westlichen Menschen zu reagieren, auf seine Politik, seine Ideen und seine Wirtschaftsform. Viele dieser anderen Gesellschaften fielen natürlich schnell unter die direkte politische Kontrolle der europäischen Einwanderer.

Der grundlegende Unterschied heute liegt darin, daß, während in jener früheren Migration die Menschen von technologisch fortgeschrittenen Gesellschaften in weniger fortgeschrittene auswanderten,* die heutigen Wanderungsbewegungen sich vorrangig von weniger entwickelten Gesellschaften auf Europa, Nordamerika und Australasien richten. Angesichts der globalen Unausgewogenheiten in der Bevölkerungsentwicklung sollte diese Bewegung im Prinzip allen Betroffenen helfen. Auswanderung aus weniger entwickelten Ländern könnte dort den Bevölkerungsdruck und die Arbeitslosigkeit vermindern, während sie die ökonomischen Probleme eines negativen Bevölkerungswachstums und einer alternden Arbeiterschaft in den entwickelten Ländern aufheben sollte. Wenn das so ist, warum sollte Nordamerika dann nicht froh sein, daß Millionen von Familien aus dem Land südlich des Rio Grande ins Land kommen? Warum sollte das unter Arbeitskräftemangel leidende Japan nicht gewaltige Massen von willigen Arbeitern aus Südostasien einlassen? Oder warum sollte die Europäische Gemeinschaft mit ihren ergrauenden Bevölkerungen nicht die Millionen von arbeitslosen Nordafrikanern willkommen heißen? Da der größte Teil von Europa eine negative Bevölkerungsentwicklung aufzuweisen hat und die Bevölkerungen von Algerien, Marokko und Tunesien

* Die große Ausnahme dazu waren die Vereinigten Staaten, welche spätestens um die Mitte des 19. Jahrhunderts technologisch deutlich fortgeschrittener waren als Irland, Italien, Polen, Rußland und andere Gesellschaften, aus denen ihre Einwanderer kamen.

sich im Laufe der nächsten Jahrzehnte wahrscheinlich verdoppeln werden, erscheint dies als – wie der *Economist* zweifellos ironisch schrieb – »die perfekte Verbindung«.[41]

Der Grund für die Ironie des *Economist* ist natürlich, daß seine Herausgeber sehr wohl wissen, wie unpopulär Einwanderer in Ländern sind, die Amerikas »Schmelztiegel«-Traditionen nicht haben. Während der Boom-Jahre der 50er und 60er ermutigten viele europäische Nationen Gastarbeiter aus Süditalien und Portugal, später der Türkei, Jugoslawien, Nordafrika und anderen unterentwickelten Ländern, bei ihnen Arbeit zu suchen. Solche Gastarbeiter füllten als ungelernte Kräfte die Lücken in den Fabriken und auf den Baustellen, sie nahmen die schlechter bezahlten Stellen im Gesundheitswesen, im öffentlichen Nahverkehr, bei der Müllabfuhr und in ähnlichen Bereichen wahr. Aber das Problem lag darin, daß die Gastgeberländer Arbeitskräfte suchten und Menschen bekamen: Arbeiter, die zusammen mit ihren Familien Wohnungen und Bildung und Gesundheitsversorgung brauchten; Menschen, die sich in einem bestimmten Teil der Stadt sammelten – gewöhnlich in der Gegend mit den billigsten Mieten – und die in solche Stadtviertel ihre Restaurants, Läden, Tempel und Moscheen, fremde Gewohnheiten, ausländische Küche und eine andere Hautfarbe brachten. Als die Wirtschaftsentwicklung in den Gastgeberländern sich in den späten 70ern verlangsamte, war es unmöglich, all diese Gastarbeiter in ihre Ursprungsländer zurückzuversetzen; von den 30 Millionen Gastarbeitern, die nach Europa gereist waren, blieben im Jahr 1985 volle 5 Millionen zurück. Zusammen mit ihren Familien brachten sie die Gesamtzahl der für immer bleibenden Einwanderer auf 13 Millionen.

Obwohl die Gesetze der Gastgeberländer offiziell jede Diskriminierung mit Strafe bedrohen, gibt es natürlich ein einheimisches Vorurteil gegen die Einwanderergemeinden – gegen Inder und Pakistani in Großbritannien, gegen Algerier und Marokkaner in Frankreich, gegen Türken in Deutschland – und in Teilen der Vereinigten Staaten gegen lateinamerikanische und asiatische Immigranten. Die Wurzel dieser Spannungen liegt in der Fremdheit oder, um ein anderes Wort zu gebrauchen, in der Rasse der Einwanderer. Weiße

Amerikaner haben nicht das geringste Problem, an ihren Küsten viele Tausende von gut ausgebildeten Akademikern aus Skandinavien, Großbritannien und Deutschland willkommen zu heißen, genau wie die Australier britische Einwanderer (im Gegensatz zu chinesischen) gerne sehen. Die europäischen Kolonialstaaten wandten sich nicht gegen die Rückkehr der früheren Siedler aus Angola, Rhodesien und Algerien (obwohl die britischen Regierungen zu britischen Chinesen aus Uganda, Asien oder Hongkong eine ganz andere Einstellung hatten). Die Deutschen hatten wenig Schwierigkeiten mit der Einwanderung früherer Auslandsdeutscher, und Israel ermutigt sogar eine jüdische (aber natürlich keine arabische) Immigration.[42]

Hält man sich die politischen und sozialen Spannungen vor Augen, welche die relativ begrenzte transnationale Migration in den letzten Jahren auslöste, hat man allen Grund, sich Sorgen um das zu machen, was geschehen würde, wenn es eine massive Welle der Völkerwanderung geben sollte. Und angesichts der Ungleichgewichte in den demographischen Trends zwischen den besitzenden Gesellschaften und den Habenichtsen ist es unwahrscheinlich, daß es im 21. Jahrhundert keine großen Wanderungsbewegungen geben wird. Die nackte Statistik allein legt diesen Schluß sehr nahe. Australien, dessen Bevölkerung 1990 16,7 Millionen Menschen zählte, was sich bis zum Jahr 2025 auf bloße 22,7 Millionen erhöhen wird, liegt neben einem Indonesien, dessen Bevölkerung eine Vermehrung von 118 Millionen auf 263 Millionen erwartet – im selben Zeitraum. Die südeuropäischen Staaten Spanien, Portugal, Frankreich, Italien und Griechenland, deren Bevölkerungen zusammengenommen Schätzungen zufolge zwischen 1990 und 2025 lediglich um 5 Millionen Menschen zunehmen werden, sind nordafrikanischen Ländern (Marokko, Algerien, Tunesien, Libyen, Ägypten) benachbart, deren Bevölkerungen in derselben Zeitspanne um 108 Millionen Menschen wachsen werden. Man nimmt an, daß die Bevölkerung der Vereinigten Staaten bis zum Jahre 2025 um 25 Prozent wachsen wird, während ihre südlichen Nachbarn Mexiko und Guatemala wahrscheinlich um 88 Prozent bzw. 225 Prozent zunehmen werden.[43]

Eine vor kurzem veröffentlichte Studie über »Bevölkerung und Sicherheit« hat darauf verwiesen, daß das Ausmaß der Migration im nächsten Jahrhundert geringer sein wird als vor einem Jahrhundert, da fast alle Länder der Erdkugel nun von selbständigen Regierungen beherrscht werden, die ihre eigenen Grenzen kontrollieren.[44] Es ist allerdings deutlich, daß die Nationen heutzutage sehr viel größere Anstrengungen unternehmen, die Einwanderung zurückzudrängen (oder in einigen Fällen ganz zu unterbinden), aber verzweifelte Auswanderer wird das kaum abschrecken. Weder der U. S. Immigration and Naturalization Act von 1986 noch Patrouillen an der mexikanischen Grenze haben den Strom der Einwanderer nach Norden aufhalten können, der schon wieder auf mehr als 1 Million jährlich angestiegen ist. Unter dem Druck ihrer heimischen Bevölkerung hat im Juli 1991 die französische Regierung eine ganze Serie von strengeren Maßnahmen verkündet, um die illegale Einwanderung zu reduzieren – was das Chartern von Flugzeugen einschloß, um Einwanderer zu deportieren. Angesichts des Lärms, den die Oppositionsführer des rechten Flügels schlugen, und der Verlegenheit der Regierung konnte die Kontroverse fast den Eindruck erwecken, als hätte Frankreich die Kontrolle über seine Grenzen verloren.[45] In ganz Westeuropa geht die Sorge um, daß die neuen Gesetze der Europäischen Gemeinschaft, welche die innere Freizügigkeit vorsehen, durch die Schwächung der Grenzkontrollen auch das Einströmen von Einwanderern weniger kontrollierbar machen werden. Gegenwärtig leben mindestens 15 Millionen Männer, Frauen und Kinder in Lagern, von Zentraleuropa bis Südostasien, die alle auf eine neue Heimat hoffen. Während viele von ihnen angehalten und zurückgeschickt werden, gibt es eine ganze Menge, die durchkommen. Oft werden sie unterstützt und aufgenommen von Verwandten, welche den Treck bereits hinter sich haben. Und diese Wanderungsbewegungen werden zunehmend, wie wir sehen werden, durch die Informationsrevolution stimuliert, welche bedeutet, daß »auch sehr arme Menschen heute wissen, wie andere Menschen in anderen Teilen der Welt leben«. Und sie werden versuchen, dort hinzukommen, auf dem Landweg, über das Meer oder durch die Luft.[46]

Diese Schubfaktoren in der überbevölkerten Entwicklungswelt werden verstärkt durch die Anzugsfaktoren des Bevölkerungsrückgangs in den entwickelteren Gesellschaften. Heute wie in der Vergangenheit existieren »Milliarden von Bauern und Ex-Bauern, die bereit sind, an die Orte zu ziehen, die von wohlhabenderen, verstädterten Bevölkerungen freigemacht worden sind«.[47] Wenn die wohlhabenderen Familien der nördlichen Hemisphäre individuell zunehmend entscheiden, daß es vollkommen ausreicht, eines oder höchstens zwei Kinder zu haben, erkennen sie vielleicht nicht, daß sie in gewisser Weise Zukunftsraum freimachen (das heißt, Arbeitsplätze, Bereiche der Innenstädte, Anteile an der Bevölkerung, Anteile am Markt) und sie schneller wachsenden ethnischen Gruppen überlassen – innerhalb wie außerhalb ihrer Staatsgrenzen. Auch wenn sie es nicht wissen, das ist in der Tat, was sie tun.

Trotz verstärkter Anstrengungen, die Migration zu kontrollieren, wird dies wahrscheinlich nicht gelingen, da sich die globalen demographischen Gewichte in einer so folgenschweren Schieflage befinden. Vielleicht ist die entscheidende Statistik in diesem Zusammenhang jene, die zeigt, daß die industriellen Demokratien im Jahre 1950 noch ein Fünftel der Erdbevölkerung stellten, daß dieser Anteil aber bis 1985 auf ein Sechstel gefallen ist und allen Voraussagen nach bis 2025 auf weniger als ein Zehntel schrumpfen wird. Zu der Zeit werden nur noch zwei von ihnen (die Vereinigten Staaten und Japan) zu den zwanzig bevölkerungsreichsten Ländern der Erde zählen; der Rest der industriellen Demokratien wird fast vollständig zu den »kleinen Ländern« gehören.[48]

Dieses relative Schrumpfen ihres Anteils an der Weltbevölkerung konfrontiert die industriellen Demokratien mit ihrem größten Dilemma im Laufe der nächsten dreißig Jahre. Wenn es der Entwicklungswelt gelingt, ihre Produktion und ihren Lebensstandard zu steigern, wird der Anteil des Westens an der ökonomischen Produktion, an der globalen Macht und an politischem Einfluß stetig sinken. Was wiederum die interessante Frage aufwirft, ob die »westlichen Werte« – eine liberale Sozialkultur, Menschenrechte, religiöse Toleranz, Demokratie, die freie Marktwirtschaft – ihre beherrschende Position in einer Welt aufrechterhalten können, die im überwältigenden Maße von Gesellschaften bevölkert ist, welche die rationalen, wissenschaftlichen und liberalen Grundannahmen der Aufklärung nie geteilt haben.[49] Wenn dagegen die Entwicklungswelt in ihrer Armutsfalle gefangen bleibt, werden die weiterentwickelten Länder unter die Belagerung von vielen Millionen Auswanderern und Flüchtlingen geraten, die alles daransetzen werden, unter den wohlhabenden, aber alternden Bevölkerungen der Demokratien zu leben. So oder so werden die Resultate dieses Prozesses wahrscheinlich ungemütlich für das wohlhabende Sechstel der Erdbevölkerung, das im Moment unverhältnismäßige fünf Sechstel des Reichtums der Erde genießt.

Dieses Problem der globalen demographischen Ungleichgewichte zwischen reicheren und ärmeren Gesellschaften ist die Kulisse, vor der andere bedeutende Kräfte des Wandels ihre Wirkung entfalten. Es gibt keinen Zweifel, daß wir heute in wichtigen Teilen der Erde eine Bevölkerungsexplosion erleben, die jener analog ist, die in Malthus' England ablief – nun allerdings in ganz anderem Maßstab. Dies aber geschieht zu einer Zeit enormen technologischen Wandels in der Industrie, im Handel und in der Kommunikation – eines Wandels, den wir nun untersuchen wollen, nicht nur, um ihn in seinen eigenen Begriffen zu verstehen, sondern auch, um zu sehen, ob er die bevorstehende demographische Katastrophe mildern oder verschärfen wird.

Kapitel 3

Die Kommunikations- und Finanzrevolution und der Aufstieg des multinationalen Konzerns

Jede Einschätzung der Frage, ob die neuen Technologien die demographische Krise lösen können, muß vom Kontext dieser Innovationen ausgehen. Die kritischen Fragen sind: Welche Gruppen oder Individuen schaffen oder kontrollieren die neuen Entdeckungen, und was sind die allgemeinen ökonomischen Umstände, unter denen diese wissenschaftlichen Durchbrüche erfolgen? Dieses Kapitel wird von der Prämisse ausgehen, daß die Weltwirtschaft sehr viel integrierter und viel reicher werden wird, wenn auch die Produktion und zugleich der Genuß dieses Reichtums sehr ungleich verteilt sein werden. Es geht aber auch davon aus, daß jene, die die neue Technologie geschaffen haben und nun kontrollieren, vor allem die großen multinationalen Unternehmen sind, die mehr globale Reichweite als globale Verantwortung zeigen. Weit davon entfernt, eine Lösung für die sich weitende Kluft zwischen den Besitzenden dieser Welt und ihren Habenichtsen zu schaffen, tragen die sich wandelnden Strukturen der internationalen Geschäftswelt eher dazu bei, die Probleme zu verschärfen.

Die gewaltige Expansion der Weltwirtschaft in den letzten Jahrzehnten ist das Ergebnis einer Anzahl von untereinander zusammenhängenden Ursachen. Die offensichtlichste unter ihnen, besonders im Vergleich mit den schwierigen Jahren zwischen den Kriegen, ist die Tatsache, daß nach 1945 ein System geschaffen wurde, das einen vernünftigen Grad von finanzieller und ökonomischer Stabilität sicherte und protektionistische Tendenzen zügelte. Der

US-Dollar wurde zur Leitwährung, wie es das britische Pfund im späten 19. Jahrhundert gewesen war, während es zwischen den Kriegen, in den 1920ern und 30ern eine solche bestimmende Währung nicht gegeben hatte. Hinzu kam, daß die Nachkriegsjahrzehnte eine bemerkenswert lange Zeit der Stabilität in den Beziehungen der großen Mächte erlebten, zumindest in dem Sinne, daß die mächtigsten Nationen der Welt nicht in einen Krieg miteinander eintraten.

Zusammen mit der Notwendigkeit, die Wirtschaft nach den Verwüstungen des Zweiten Weltkriegs wieder aufzubauen, führte diese Stabilität zu einem beispiellosen Wachstum in der Industrieproduktion der Welt. Zwischen 1953 und 1975 wuchs die Produktion bemerkenswerte 6 Prozent pro Jahr im Durchschnitt (4 Prozent pro Kopf), und selbst in der Periode von 1973 bis 1980 war der durchschnittliche Zuwachs 2,4 Prozent pro Jahr, nach historischen Standards eine sehr respektable Zahl. Die folgende Tabelle vermittelt einen Eindruck dieses schwindelerregenden Anstiegs, besonders wenn man ihn mit dem glanzlosen Wachstum der Weltproduktion in den Jahren zwischen den Kriegen vergleicht:

Tabelle 3-1

Erzeugende Industrieproduktion weltweit, 1900–1980[1]

	Gesamtproduktion	Jährliche Zuwachsrate (%)
1900	100,0	2,6
1913	172,4	4,3
1928	250,8	2,5
1938	311,4	2,2
1953	567,7	4,1
1963	950,1	5,3
1973	1730,6	6,2
1980	3041,6	2,4

Diese Zuwächse beziehen sich nur auf die Güterproduktion. Der Zuwachs im Dienstleistungsbereich, wie zum Beispiel in der Werbung, im Bank- und Versicherungswesen, war sogar noch größer, da diese Wirtschaftszweige einen immer größeren Anteil am Bruttosozialprodukt der fortgeschrittensten Ökonomien einnahmen (deutlich über 70 Prozent in den Vereinigten Staaten). Auch der Handel mit landwirtschaftlichen Produkten hat seit 1945 stetig zugenommen, ebenso die internationale Nachfrage nach Rohstoffen (insbesondere Öl). Aufgrund dieser jahrzehntelangen Stabilität in den Beziehungen der Großmächte und dem generellen Zuwachs an Wohlstand boomten auch der Tourismus und die mit ihm verbundenen Gewerbe, sie reihten sich unter die bedeutendsten Geschäftszweige der Welt ein und schufen viele Arbeitsstellen. Infolgedessen wuchs die globale Ökonomie seit 1945 stärker an als in der ganzen Weltgeschichte vorher bis an den Zweiten Weltkrieg heran. Tatsächlich vervierfachte sich von 1950 bis 1980 das reale Bruttosozialprodukt der Welt – von 2 Billionen auf ungefähr 8 Billionen US-Dollar.

Das globale ökonomische Wachstum ist indessen für den durchschnittlichen Einwohner einer fortgeschrittenen Industrieökonomie sehr viel vorteilhafter gewesen als für jemanden, der in der Entwicklungswelt lebte. Bis zum Jahr 1991 war das Pro-Kopf-Bruttoinlandsprodukt der Schweiz auf 36300 US-Dollar gestiegen, und Schweden (32600 Dollar), Japan (29000 Dollar) und Deutschland (27900 Dollar) standen dem nicht viel nach.* Im Gegensatz dazu blieb Indiens Pro-Kopf-Bruttoinlandsprodukt bei bloßen 360 Dollar stehen, und Nigerias beträgt nur 278 Dollar.[2] Und es gibt in Afrika ebenso wie in Süd- und Südostasien Dutzende von Ländern mit noch geringeren Durchschnitts-Pro-Kopf-BIP.[3] Diese grotesken Disparitäten – ein Bürger der Schweiz genießt im Durchschnitt ein Einkommen, das um mehrere hundert Male höher liegt als das eines Einwohners von Äthiopien – spiegeln sich genauso in den unterschiedlichen Raten bei der Kindersterblichkeit, der Lebenserwartung und dem Zugang zu Bildung. Nach beinahe fünf Jahrzehnten beispiellosen globalen ökonomischen Wachstums steuert die Welt mit *mehr als einer Milliarde Menschen, die in Armut leben*, auf das 21. Jahrhundert zu – und diese Zahl ist schon entsetzlich genug, bis

* Dem folgten Österreich (24800 Dollar) und die Vereinigten Staaten (23100 Dollar) sowie Kanada (23100 Dollar). Alle Zahlen sind abgerundet und entsprechen den gegenwärtigen Wechselkursen. Deutschland bezieht sich nur auf Westdeutschland.

man begreift, daß diese Milliarde sich nur auf Menschen bezieht, die darum kämpfen, »mit weniger als 370 Dollar im Jahr zu überleben«.[4] Mit anderen Worten, sie schließt die Milliarden von Menschen nicht ein, die in Ländern leben, in denen das Pro-Kopf-BIP bei relativ zufriedenstellenden 750 Dollar liegt oder sogar bei 1000 Dollar pro Jahr wie in Botswana oder Guatemala – ein Einkommensniveau, das die Einwohner der »Ersten« Welt entsetzen würde.

Dieser höchst ungleiche Anstieg im globalen Wohlstand ist mit dem Auftauchen von großen multinationalen Unternehmen zusammengefallen, die in zunehmendem Maße weniger an die besonderen Interessen und Werte ihres Ursprungslandes gebunden sind. In ihrer Konkurrenz mit rivalisierenden Firmen um Anteile am Weltmarkt haben sie eine Strategie entwickelt, Investitionen und die Produktion von einem Teil der Erde in andere zu verlagern – mit Hilfe einer Kommunikations- und Finanzrevolution, die einen globalen Markt für Güter und Dienstleistungen geschaffen hat. Schon jetzt von großer Bedeutung, werden diese Unternehmen in der Zukunft noch signifikanter werden, da die Handelsbarrieren des Kalten Krieges fallen und die globale Wirtschaft immer integrierter wird.[5]

Gesellschaften mit internationalen statt nationalen Interessen sind nicht neu. In embryonaler Form haben sie schon im späten 19. und im frühen 20. Jahrhundert existiert, zum Beispiel als weltweit operierende private Banken, deren Wachstum durch die frühere »Kommunikationsrevolution« des Telegrafen begünstigt wurde und durch das Fehlen von weitreichenden Koalitionskriegen der großen Mächte. Das Haus Rothschild hatte zum Beispiel im Jahre 1900 Niederlassungen in Frankfurt, Wien, Paris und London, und die standen in täglichem Kontakt miteinander. Vor 1914 versicherte Lloyds von London den Großteil der deutschen Frachtschiffahrt und war sogar bereit, für Verluste im Fall eines anglo-deutschen Krieges zu haften. Ein weiteres frühes Beispiel einer multinationalen Gesellschaft ist Lever Brothers (die Vorläufer von Unilever), deren Fabriken sich von Westafrika bis Indien fanden; es gab große Ölfirmen, welche die Erdkugel nach neuen Ölquellen absuchten und welche die raffinierten Produkte von einem Markt auf den anderen umlenkten. Auch die Automobilfabrik Ford wurde »global«, als sie beschloß, Personen- und Lastwagen auf beiden Seiten des Atlantiks zu bauen.

Die heutigen Trends unterscheiden sich von diesen früheren durch die schiere Größe der multinationalen Firmen in unserer expandierenden und integrierten globalen Wirtschaft. Wie oben erwähnt, traten diese Konzerne in einer internationalen ökonomischen Ordnung nach dem Krieg hervor, welche den Protektionismus bekämpfte und die Erholung des Welthandels ermutigte. Weiter stimuliert wurden sie in den 70ern durch die Entscheidung der Vereinigten Staaten, den Goldstandard aufzugeben. Dem folgte die allgemeine Liberalisierung des Devisenaustauschs, zunächst nur in einigen wenigen Ländern, später in vielen anderen. Dies schuf nicht nur mehr Liquidität für den Welthandel, sondern erhöhte den Fluß von transnationalen Kapitalinvestitionen, da die Gesellschaften nun im Ausland ohne Einschränkung investieren konnten.

Obwohl diese finanzielle Liberalisierung dazu beitrug, daß der Welthandel sich stark ausweitete, schuf sie auch einen weiteren Effekt: die wachsende Trennung der Finanzströme vom Handel mit realen Gütern und Dienstleistungen. In zunehmendem Maße fanden Währungstransaktionen statt, die nichts damit zu tun hatten, daß ein Konzern für ausländische Güter zahlte oder daß er eine Fabrik im Ausland aufbaute. Es ging allein um Spekulationen in einer bestimmten Währung oder um den Gebrauch anderer Finanzinstrumente. Diese neuen globalen Kapitalströme sind eng verbunden mit zwei weiteren Phänomenen: der Deregulierung der Geldmärkte der Welt und der Revolution in der globalen Kommunikation – beide das Resultat neuer Technologie. Ohne die enormen Kapazitäten neuerer Computer, Computer-Software, der Satelliten, der Glasfiberkabel und der schnellen elektronischen Transfers könnten die Märkte nicht im Einklang handeln, und ökonomische und andere Informationen – Politik, Ideen, Kultur, Revolutionen, Verbrauchertrends – würden nicht praktisch sofort jenen Millionen von Individuen zur Verfügung stehen, die in diese globalen Kommunikationssysteme eingebunden sind. All dies mag nach Meinung einiger Experten nur die erste Phase eines weiterführenden Prozesses sein.[6]

Der tatsächliche physische Kontakt mit Geldnoten scheint – außer für Schwarzmarkt- und Drogenhändler – schnell redundant zu werden. Papierfluten sind durch elektronische Transaktionen rund um die Uhr ersetzt worden. Sie werden von einem Kapitalmarkt übernommen, wenn ein anderer für die Nacht schließt. Von einer bedeutenden Börse zur anderen – Tokio, Hongkong und Singapur, Frankfurt und Zürich, New York, Chicago und Toronto – läuft der Handel mit Yen-Futures oder mit General-Motors-Aktien 24 Stunden am Tag und schafft einen einzigen großen Markt. Der tägliche Geldumschlag beträgt bis zu *900 Milliarden* Dollar und geht bei weitem über die Summen hinaus, die auf internationaler Ebene für den Einkauf von Gütern und Dienstleistungen aufgewandt werden. In den späten 1980ern hatten in der Tat 90 Prozent dieses Handels an den Börsen der Welt nichts mehr mit dem realen Warenfluß zu tun.[7]

Innerhalb dieses Systems und in hohem Maße aufgrund dieses Systems internationalisieren sich viele erfolgreiche Konzerne. Unter der Voraussetzung eines globalen Marktes treibt die Konkurrenz sie – ob sie nun Automobilhersteller sind, Flugzeugbauer, Pharmagesellschaften, Computerhersteller oder Verlage – dazu, in allen bedeutenden ökonomischen Regionen der Welt zu verkaufen und zu produzieren. Nicht nur profitiert die Firma von hohen Stückzahlen, sie hofft sich auch vor den Unwägbarkeiten der Wechselkursentwicklung, den unterschiedlichen ökonomischen Wachstumsraten und vor politischer Beeinflussung schützen zu können, indem sie ihre Produktion auf verschiedene Länder verteilt. Eine Rezession in Europa wird einer Firma weniger Sorgen machen, die zugleich im boomenden ostasiatischen Markt operiert. Ein Konzern, der Güter entwickelt, die von gewissen Bürokratien unterdrückt werden (in der biotechnischen Industrie zum Beispiel), kann ihre Herstellung in Weltgegenden verlegen, in denen es solche Einschränkungen nicht gibt. Ein multinationaler Konzern, der unter einem »freiwilligen Selbstbeschränkungsabkommen« leidet, welches eine Regierung erzwungen hat, um die einheimischen Firmen vor offener Konkurrenz zu schützen, vermag diese Barrieren oft dadurch zu umgehen, daß er Fabriken im Innern des geschützten Territoriums aufbaut.

Wenn ein Multi erst einmal die protektionistischen Hindernisse überwunden hat, winken gute Profite, Gelegenheiten in einem vorher unzugänglichen Markt. Selbst Forschung und Entwicklung können verschoben werden – aus den Vereinigten Staaten in die Schweiz, aus Deutschland nach Kalifornien –, wenn dies den Bedürfnissen eines Konzerns entspricht. Aus ähnlichen Motiven kaufen große Konzerne kleine innovative Firmen auf der anderen Seite des Globus auf, um ihren Konkurrenten zuvorzukommen.

Eine populäre und etwas flache Interpretation dieser Trends – die nicht zufällig von Leuten vorgetragen wird, die im internationalen Consulting und Bankwesen arbeiten – besagt, daß die ökonomischen Perspektiven der Globalisierung nur günstig sein können. Nach dieser Deutung erlaubt der freie Handel jetzt allen Individuen und Firmen auf dem Weltmarkt aufzutreten, zu kaufen und zu verkaufen, während früher Einschränkungen von Regierungsseite den Verbraucher daran gehindert haben, die besten Produkte zu kaufen. Überdies werden nicht nur Firmen nach dieser Theorie eine Rolle in dem Prozeß spielen, sondern auch Städte, Regionen und ganze Länder. Sie werden von der globalen Offenheit und Konkurrenz profitieren, zumindest wenn sie die Regeln verstehen; das heißt, sie müssen Investitionen anlocken, Einschränkungen (darunter Steuern) auf einem Minimum halten, eine gut ausgebildete Arbeiterschaft stellen und eine moderne Infrastruktur. Folgen sie diesen Regeln, werden die multinationalen Konzerne an ihrer Tür Schlange stehen.[8] Ergebnis all dessen wird dieser Theorie zufolge ein gewaltiger Zuwachs an Wertschöpfung sein, eine Entwicklung, bei der niemand verliert.

Diese optimistische Interpretation spendet auch der Art Beifall, in welcher die Kommunikations-Revolution Politik und Gesellschaft beeinflußt. In einer Welt mit mehr als 600 Millionen Fernsehgeräten sind die Zuschauer ebenso Konsumenten von Nachrichten und Ideen wie von kommerziellen Waren. Daher haben die Regierungen von autoritären Staaten zunehmende Schwierigkeiten, ihr Volk in Unwissenheit zu halten. Tschernobyl wurde sehr schnell nach dem Unfall von einem französischen *kommerziellen* Satelliten fotografiert, die Bilder gingen in alle Welt – auch zurück in die

Sowjetunion selbst. Die Unterdrückung der Studenten auf dem Tiananmen-Platz durch die chinesische Regierung und der Schock der Welt draußen über dieses Geschehen wurden fast sofort durch Radio, Fernsehen und Fax-Botschaften nach China hinein zurückgestrahlt. Als die kommunistischen Regime in Osteuropa 1989 zusammenzubrechen begannen, führten Berichte und Bilder vom Kollaps jeder einzelnen Regierung zu ähnlichen Reaktionen in den Nachbarstaaten.[9] Mit anderen Worten, genau wie das Fernsehen in den 60ern dazu beitrug, die amerikanische öffentliche Wahrnehmung der Bürgerrechtsunruhen und des Vietnamkrieges zu gestalten, führt die Verbreitung derselben Technologie in der ganzen Welt zu ähnlichen Wertewandeln.[10] Wissen und Offenheit, nimmt diese Theorie an, bringen Objektivität, Ehrlichkeit, Fairneß und schließlich Demokratie mit sich.

Diese Vision einer wohlhabenden und harmonischen Weltordnung, die sich auf *laissez-faire*, weltumspannenden Devisenhandel und das alles durchdringende Fernsehen stützt, scheint im Lichte der demographischen, ökologischen und regionalen Probleme dieses Planeten atemberaubend naiv. Fröhliche Hinweise darauf, daß der »kritische Konsument« heutzutage einen Montblanc-Füllfederhalter oder einen Vuitton-Koffer ohne Rücksicht auf das Herkunftsland dieses Produktes[11] kaufen kann, erinnern an Jevons' Begeisterung über die Erwerbbarkeit von argentinischem Rindfleisch und chinesischem Tee vor einem Jahrhundert. In beiden Fällen findet sich keine Spur der Erkenntnis, daß die neueren Technologien keineswegs alle begünstigen, daß die gewaltige Mehrheit der Weltbevölkerung nicht in der Lage ist, die besagten Waren zu kaufen, und daß die tiefen Veränderungen sowohl in der ökonomischen Produktion als auch in den Kommunikationstechniken ebensosehr Nachteile wie Vorteile mit sich bringen können.

Da die Globalisierung in den letzten Jahren große Publizität auf sich gezogen hat, ist es leichter geworden, jene Gruppen und Interessen zu identifizieren, die bereits jetzt durch den Prozeß in Mitleidenschaft gezogen werden oder denen dies sehr wahrscheinlich in naher Zukunft geschehen wird: ökonomische Nationalisten; Interessengruppen und Gesellschaften, die ihren heimischen Markt schützen wollen; Arbeiter, deren Jobs redundant werden, wenn ein Multi seine Fabriken und seine Herstellung verlegt; und Orte, an denen die Beschäftigungsmöglichkeiten (insbesondere für Facharbeiter) sinken. Darüber hinaus gibt es verbreitete Sorgen über die Unkontrollierbarkeit des riesigen computergetriebenen Systems des internationalen Finanzhandels. Schließlich konzentrieren sich die Enthusiasten der Globalisierung offenbar in überwältigendem Maße auf die »Triade« der wohlhabenden Gesellschaften von Nordamerika, Europa und Japan.[12] Sie schenken der bedrohlichen Aussicht, daß vier Fünftel der Erdbevölkerung, die auf diese neuen kommerziellen und finanziellen Trends nicht gut vorbereitet sind, noch weiter an den Rand gedrängt werden, sehr viel weniger Aufmerksamkeit.

Den ökonomischen Nationalisten von heute scheint die Globalisierung so besorgniserregend, weil sie die Integrität des Nationalstaats als der zentralen organisierenden Einheit der Innen- und Außenpolitik zu untergraben droht. Die Implikationen dieser Herausforderung werden in Kapitel 7 genauer diskutiert werden, aber der generelle Grund für dieses Unbehagen ist deutlich: wie die illegalen Wanderungsbewegungen oder die globale Erwärmung untergräbt die Internationalisierung der Produktion und der Finanzen die Fähigkeit eines Volkes, sein eigenes Geschick zu kontrollieren. Der Gedanke, daß wir an der Schwelle zu einer Ära stehen, in der es keine nationalen Produkte oder Technologien, keine nationalen Firmen und Industrien mehr geben wird, ist für all jene erschrekkend, die in traditionellen Begriffen denken. Besonders für die Vereinigten Staaten, die seit so langer Zeit eine sehr viel selbstgenügsamere Wirtschaft besessen haben als die Niederlande oder Großbritannien, muß die Aussage bestürzend sein, daß, »da fast jeder Faktor der Produktion – Geld, Technologie, Fabriken und Ausrüstung – sich mühelos über Grenzen verschieben läßt, die Vorstellung einer amerikanischen Wirtschaft bedeutungslos wird, genauso wie die Begriffe einer amerikanischen Firma, amerikanischen Kapitals, amerikanischer Produkte oder amerikanischer Technologie«.[13] Wenn es keine »amerikanischen Produkte« mehr gibt, scheint es sinnlos zu versuchen, die Handelsbilanzen oder die Lücke im US-japanischen Austausch in Hochtechnologie-Produkten zu erfassen. Während die Enthusiasten der Globalisierung es für erstrebenswert halten, daß nationale Regierungen und ihre Behörden auf dem internationalen Markt unsichtbar werden, wird für viele andere eine solche Vorstellung Unbehagen auslösen. Die alten Methoden sind vertrauter, vertrauenerregender, man hat bei ihnen das beruhigende Gefühl, daß Menschen, die man kennt, der Kongreß, das Parlament, das Schatzamt, immer noch die Wirtschaftspolitik zu kontrollieren scheinen.

Dies sind nicht nur theoretische Befürchtungen, sondern praktische alltägliche Sorgen, zumindest für Geschäftsleute und Politiker, die darum kämpfen, gewisse Interessen vor den Wirkungen der Globalisierung zu bewahren. Beispiele wären in diesem Zusammenhang die Versuche von Chrysler oder dem Gabelstaplerhersteller Hyster, sich die Konkurrenz japanischer Rivalen vom Leib zu halten. Sie wollten auf politischem Wege erreichen, daß die Japaner sich Selbstbeschränkungen auferlegten, da sie die amerikanischen Produktionsstätten angeblich durch unfaire Praktiken gefährdeten. Eine Strategie, die allerdings zum Eigentor wurde, als man entdeckte, daß Hysters eigene Gapelstapler mehr ausländische Bestandteile enthielten als jene, die sie als »japanisch« bezeichnet hatten, oder als enthüllt wurde, daß die Autos, die Chrysler baut, den höchsten Prozentsatz an auslandsgefertigten Teilen unter allen von den Großen Drei (GM, Ford, Chrysler) in Amerika produzierten Autos enthielten.[14]

Lehrreich sind auch die Probleme, die Frankreichs und Italiens Bemühungen begleiten, den japanischen Anteil an ihrem heimischen Automobilmarkt auf bloße 2 oder 5 Prozent zu reduzieren. Ein solcher Protektionismus war möglich, als diese beiden Länder noch ökonomisch souveräne Einheiten waren. Die Schaffung einer zollfreien Europäischen Gemeinschaft bedeutet indessen, daß japanische Autos, die in Großbritannien produziert werden – mit mehr als 80 Prozent einheimischen Teilen –, nicht ohne einen Streit mit der Europäischen Kommission in Brüssel aus dem Markt herausgehalten werden können. Das ist noch nicht einmal das Ende des

Dilemmas, denn wenn die japanischen Autobauer Fahrzeuge aus ihren *amerikanischen* Fabriken auf die französischen und italienischen Märkte exportieren, können sich die protektionistischen Politiker in Paris und Italien sehr schnell in einem Disput mit den Vereinigten Staaten wiederfinden; und das US-Department of Commerce, das bisher eher für sein »Japan-bashing« bekannt war, könnte in der ungewöhnlichen Rolle angetroffen werden, auf dritten Märkten im Interesse einer japanischen Gesellschaft einzuschreiten. Es mag ja sein, daß die japanischen Firmen nach einer Methode operieren, die jetzt heiter »die neue Logik des globalen Marktes« genannt wird, aber diese Entwicklungen deuten auch darauf hin, daß nationale politische Institutionen und Behörden in zunehmendem Maße die Kontrolle über ihre eigene ökonomische Zukunft aufgeben. In der Tat, die wirkliche »Logik« einer grenzenlosen Welt ist die Tatsache, daß niemand mehr in Kontrolle ist – außer vielleicht die Manager der multinationalen Konzerne, deren Verantwortung allein ihren Aktionären gilt... Diese, die Aktionäre, könnte man argumentieren, sind die neuen Souveräne geworden, die in jene Gesellschaften investieren werden, welche die höchsten Dividenden versprechen.

Wenn die großen Konzerne sich von ihren nationalen Wurzeln gelöst haben, so gilt dies sogar noch mehr für das hochmobile, rund um die Uhr operierende, grenzüberschreitende, profitjagende System der internationalen Finanzmärkte, in der enorme Kapitalsummen – einmal von einem Finanzmakler als »das im reinsten Sinne rationale Ding, das es gibt« beschrieben[15] – sich in Länder hinein- und aus ihnen wieder hinausbewegen, je nach dem, wie die Zukunftsaussichten des jeweiligen Landes gesehen werden.

Aber selbst wenn Geld das im reinsten Sinne rationale Ding sein sollte, so folgt daraus nicht, daß es gegen Instabilität, Panik und Finanzflucht immun ist. Vor vierzig Jahren reflektierten die Börsen der Welt die fundamentalen Daten der Handelsbilanzen der jeweiligen Länder, und ihr Geschäft bezog sich auf den Warenstrom. Heute ist das tägliche Volumen des Devisenhandels *mehrere hundert Male* so hoch wie der Wert der gehandelten Waren, das Verhältnis zwischen Geld und realen Gütern hat sich vollständig verändert.

Überall in der Welt spekulieren Tausende von individuellen Investoren, Gesellschaften und Banken mit den Weltwährungen, wobei viele von ihnen automatisch computererstellten Indikatoren folgen, die enthüllen sollen, ob zum Beispiel der Dollar an Wert gewinnt oder verliert. Fast eine Billion Dollar an Devisen streunt in der Welt herum. Diese Spieler reagieren blitzschnell auf ökonomische Daten, wie zum Beispiel die letzten Handelszahlen oder einen Anstieg in den Zinssätzen, und sie machen es dabei zugleich sehr viel schwieriger für Regierungen und Zentralbanken, fiskalische Maßnahmen auszuführen, die für die Wirtschaft des Landes notwendig sein mögen. Eine deutliche Zinssenkung zum Beispiel, welche eine Regierung für die Verbesserung der Konjunktur im Lande und für die Verminderung der Arbeitslosenzahlen für notwendig halten mag, kann durchaus zurückgestellt oder zumindest vermindert werden, weil die Zentralbank sich über die Wirkung auf die Währungsstabilität des Landes sorgen muß. Noch stärker reagieren diese Investoren auf politische Unruhen wie die Drohung eines Krieges oder ein politisches Attentat. Wenn es sich um besonders schwerwiegende Ereignisse handelt – wie zum Beispiel ein großes Erdbeben in Tokio oder den Tod des Präsidenten der Vereinigten Staaten –, könnten die Finanzmärkte schnell und ernsthaft destabilisiert werden.

Die ideologischen Implikationen dieses globalen Systems werden in Europa schärfer debattiert als in den *Laissez-faire*-Vereinigten Staaten. Es ist heute eine Realität, daß jede Regierung, welche gegen die Forderung der internationalen Finanz auf unbegrenzte Gewinne verstößt – durch erhöhte Einkommensteuer zum Beispiel, oder durch steigende Abgaben auf Finanztransaktionen –, eine Situation vorfinden wird, die von Kapitalflucht und Währungsschwäche gekennzeichnet ist. Von den Schwierigkeiten der Wilson-Regierung in den späten 60ern über den gescheiterten Versuch der Mitterrand-Regierung, eine unabhängige Wirtschaftspolitik in den frühen 80er Jahren zu betreiben, bis zu den Erfahrungen einer hohen Zahl von Regierungen in der Entwicklungswelt ist die Botschaft klar: Wenn du den Regeln des Marktes nicht folgst, wird deine Wirtschaft leiden. Aber die Botschaft des Marktes ignoriert wichtige Gesichtspunkte. Wenn zum Beispiel eine französische sozialistische Regierung gewissenhaft versucht, bessere Schulen, ein besseres Gesundheitswesen, bessere Wohnungen und öffentliche Einrichtungen für ihre Bürger zu schaffen, bedeutet dies, daß sie Kapital braucht. Und das kann sehr schwierig werden, denn die internationalen Investoren werden kaum um das Wohlergehen dieser Bürger sehr besorgt sein. Der rationale Markt ist seinem Wesen nach nicht an sozialer Gerechtigkeit interessiert.

Auch wenn man die politischen Streitfragen beiseite läßt, gibt es genügend praktische Probleme, wenn man einer einzigen Währung – dem US-Dollar – im Rahmen des internationalen Finanzsystems eine so überwältigende Position und Verantwortung aufbürdet. In den 1940ern und 50ern gab es keine Alternative zu diesem Arrangement, das ja auch wirklich auf festen Fundamenten ruhte: Die US-Wirtschaft war stark, sie genoß einen hohen Zahlungsbilanzüberschuß, und Amerika war bei weitem die größte Gläubiger-Nation der Welt; sein Haushaltsdefizit war klein; die Währungen befanden sich in festgelegter Relation zueinander (und zum Gold), und der Handel mit Währungen war kontrolliert. Es gab daher sehr viel weniger Spielraum für Mobilität in den Finanzmärkten, zur gleichen Zeit waren die Kapitalströme noch relativ schmal. Heute trifft keine von diesen Bedingungen mehr zu. Der amerikanische Anteil an den Weltreserven ist signifikant kleiner. Die USA schieben seit vielen Jahren ein Leistungsbilanzdefizit vor sich her, das nur durch Auslandskredite abgedeckt werden kann. Sie haben aus dem Land in spektakulär kurzer Zeit einen internationalen Schuldner gemacht. Die Menge spekulativen Kapitals in dem System ist sehr viel höher und unter sehr viel geringerer institutioneller Kontrolle. Die amerikanische Regierung hat sich an die gewaltigen Haushalts- und Leistungsbilanzdefizite gewöhnt, ohne sich der Disziplin der Märkte stellen zu müssen, was das Schicksal aller Politiker in Ländern gewesen wäre, welche nicht die besondere Position des US-Dollars genießen.

Orthodoxe Ökonomen bieten viele Gründe dafür an, warum das gegenwärtige Finanzsystem *nicht* in eine Krise geraten wird. Wenn die amerikanischen Defizite sich fortsetzen, werden einfach mehr Dollarguthaben auf Ausländer übergehen. Keine andere Währung kann an die Stelle des Dollars treten – zumindest nicht in der vorhersehbaren Zukunft. Daher bleibt die Position des US-Dollar aus strukturellen Gründen nach Meinung der Optimisten »unangreifbar«.[16] Die Geschichte beweist indessen, daß frühere internationale monetäre und finanzielle Ordnungen, zum Beispiele jene, die sich um den Goldstandard bewegte, die des Pfund Sterling und der City of London vor 1914, zunehmend schwierig aufrechtzuerhalten waren, sobald das ökonomische Zentrum selbst seine relative Stärke und Konkurrenzfähigkeit zu verlieren begann.[17] Die gegenwärtigen ökonomischen Trends – die Verringerung des amerikanischen Anteils an den globalen Reserven, der Aufstieg anderer Währungen wie des Yen und der Deutschen Mark, das Auftauchen neuer Finanzzentren, der wachsende Anteil am amerikanischen Nationaleinkommen, der gebraucht wird, um die Schulden zu bedienen, weisen darauf hin, daß das nach 1945 ins Leben gerufene internationale Währungssystem auf sein Ende zugehen mag – *ohne* daß ein angemessenes Nachfolgesystem in Sicht wäre.

In letzter Instanz drehen sich all diese Befürchtungen um den Kredit. Das System selber erfordert Glauben. Wenn seine Glaubwürdigkeit zusammenbricht, weil mehr und mehr Menschen Zweifel an den amerikanischen Schulden oder am Wert des Dollars haben oder die Unwägbarkeiten der Aktienbörse von Tokio fürchten, dann könnten diese Sorgen zur Panik werden – besonders wenn das System selbst die Möglichkeit hat, im Verlauf des Handels eines halben Tages hundert Milliarden von Dollar in eine Währung hinein- oder wieder herauszujagen. Wenn man den Zentralbanken und Finanzministerien glaubt, sind inzwischen Notkontrollen eingebaut worden, um einen finanziellen »Super-GAU« zu vermeiden, aber solche Kontrollen, die noch nie voll erprobt worden sind, reflektieren zugleich die Ängste jener, die an dieser riesigen, freien Flut des Kapitals partizipieren. Sie fürchten, daß die Menschen eines Tages einfach aufhören könnten, an das System zu glauben.

Was haben diese finanziellen Fragen mit der Vorbereitung auf das Jahr 2025 zu tun oder mit den allgemeineren Problemen, denen unsere globale Gesellschaft gegenübersteht? Auf den ersten Blick mögen die Investitionskalkulationen eines multinationalen Konzerns und seiner strategischen Planer und die täglichen Manöver der Spekulanten in Tokio wenig zu tun haben mit den Sorgen, die einen westafrikanischen Nußproduzenten oder einen malayischen Zinnkumpel beschäftigen. Wenn es stimmt, daß sie nichts miteinander zu tun haben, dann bedeutet dies, daß der große Graben zwischen den Reichen und den Armen der Welt von heute sich immer weiter vertieft. Und in der Tat, die Frage stellt sich: Wie soll ein technologisch hochkompliziertes, transnationales Wirtschaftssystem, das keiner Regierung loyal ist und jenseits der Reichweite jeder staatlichen Regulierung seine Kreise zieht, koexistieren mit den vielsprachigen, hungrigen und unzufriedenen Massen, die eine Weltbevölkerung von 8 oder 10 Milliarden bedeuten wird?[18] Wenn es aber infolge des schnell fließenden, aber verantwortungslosen Systems der Devisenspekulation tiefe finanzielle Unsicherheit gibt, wird die Erschütterung des internationalen Handels wahrscheinlich auch die Rohstoffpreise der Entwicklungswelt drücken – Kaffee, Kakao, Erze. Das war die Lehre der 30er Jahre und auch die aller Ölkrisen der 70er. Die fortgesetzte Abhängigkeit der Entwicklungsländer von solchen Exporten weist darauf hin, daß dasselbe auch heute wieder eintreten könnte. Was in Zentralamerika vor sich geht, mag auf Wall Street wenig Auswirkung haben; aber was in Wall Street vor sich geht, hat Folgen für die Entwicklungsländer.

Sogar innerhalb der industriellen Demokratien selbst hat die Globalisierung von Produktion, Investitionen und Dienstleistungen ernsthafte Konsequenzen. Bis vor kurzem trugen viele großen Konzerne noch die Züge der typischen Nach-1945-Firma: Sie befand sich in einer bestimmten Region, sie stellte Jobs für die Facharbeiterschaft und für verschiedene Schichten von Managern, sie war oft auch Quelle philanthropischer und sozialer Leistungen für den »Firmensitz«. Obwohl es noch immer Beispiele solcher lokalen und paternalistischen Firmen gibt, sind viele von ihnen durch die internationale Konkurrenz dazu gezwungen worden, alle Loyalität für die Stadt, die Region, das Land abzulegen. »Die Vereinigten Staaten«, sagte ein prominenter amerikanischer Firmenchef, »haben keinen automatischen Anspruch auf unsere Ressourcen. Es gibt keine Firmenphilosophie, welche das Land an die erste Stelle setzt.«[19] Dies hat Staaten, Regionen, Städte und Kleinstädte in »Bewerber« um den Bau einer neuen Fabrik oder, noch häufiger, die Erhaltung einer bereits existierenden Anlage, die ein Multi vielleicht zu verlegen gedenkt, verwandelt. Wenn die fragliche Gemeinde genug Angebote machen kann – Steuerzugeständnisse, Subventionen, Ausbildungsbeihilfen, wie es zum Beispiel Danville, Illinois, 1983 in seiner Bemühung um eine neue Gabelstaplerfabrik tat –, mag sie Erfolg haben, zumindest auf eine gewisse Zeit. Wenn sie nicht genug Konzessionen macht, wie Portland, Oregon, in demselben Wettbewerb, wird sie verlieren. Wenn eine Gewerkschaft in einer Fabrik bereit ist, dem Konzern Zugeständnisse zu machen – wie es die General-Motors-Arbeiter in Arlington, Texas, taten –, womit sie zur Schließung einer Fabrik des Herstellers in Ypsilanti, Michigan, beitrugen, wo die Gewerkschaft weniger kooperativ war – mag sie überleben, bis zum nächsten Mal.[20] Da Gemeinden und Gewerkschaften sich um dieselben Arbeitsplätze bewerben, folgt daraus, daß die verstärkte (oder erhaltene) Arbeit in der einen Region steigende Arbeitslosigkeit in einer anderen bedeutet. Gewinner oder Verlierer, es ist klar, daß die Verhandlungen zwischen den Gemeinden und dem globalisierten Multi alles andere als gleichberechtigt sind.[21]

In der Entwicklungswelt hat die Globalisierung auch Auswirkungen auf die Karriereerwartung von Individuen und auf die Struktur angestellter Arbeit im allgemeinen. In den Vereinigten Staaten, die sich den Laissez-faire-Kräften mit größerer Bereitschaft geöffnet haben als andere industrielle Demokratien, sind Anwälte, Gentechnik-Ingenieure, Wirtschaftsjournalisten, Software-Designer und strategische Planer sehr gefragt, weil sie auf ihren Gebieten für die Unternehmen einen hohen »Mehrwert« erzielen. Die Nachfrage nach ihren Diensten ist international – die Bestellung neuen Software-Designs oder juristischer Gutachten oder ökonomischer Kommentare zu einer diplomatischen Krise kann von überall in der entwickelten Welt kommen –, genauso wie die Mittel, dieses Wissen zu kommunizieren (auf dem Wege von Telex oder Fax), ebenfalls international sind. Im Gegensatz zu den Kellnern in einem Fast-food-

Restaurant oder dem örtlichen Polizisten oder Lehrer oder dem Facharbeiter sind diese Urheber und Vermittler von Information nicht länger an eine regionale oder auch nur nationale Ökonomie gebunden. Sie sind funktionierende und wohlhabende Teile einer grenzenlosen Welt geworden – und sie werden dies genau wie die wachsende Zahl ihrer Entsprechungen in Europa, Japan und Australasien bleiben, solange ihre Befähigung und ihre Kreativität von den fernen Auftraggebern gebraucht werden.

In gesellschaftlichen und politischen Begriffen ist es aber viel bedeutender, was mit den vier Fünfteln der Amerikaner geschieht, die sich einer solchen internationalen Nachfrage nicht erfreuen können. Facharbeiter und Angestellte der unteren Ebene – der Kern der traditionell gut verdienenden Arbeiterschaft in den USA und das Rückgrat der Demokratischen Partei – haben zu Millionen ihre Jobs verloren, als amerikanische Firmen unter dem Druck internationaler Konkurrenz oder durch ins Ausland verschobene Industrieproduktion dahinwelkten. Im Laufe der 1980er Jahre verloren die United Auto Workers 500 000 Mitglieder, während General Motors im Ausland immer mehr Menschen einstellte.[22] Zur gleichen Zeit, da die hochbezahlten Facharbeiterstellen verschwanden, wurden Millionen neuer Jobs in den ganzen Vereinigten Staaten geschaffen. Unglücklicherweise bestand die überwältigende Mehrheit dieser neuen Arbeitsplätze aus niedrig bezahlten und ungeschützten Jobs, die wenig Vorbildung erfordern und kaum Gelegenheit zum Fortkommen bieten: Arbeit in Fast-food-Restaurants, in Tankstellen, Supermärkten, Hotels, in Reinigungsunternehmen und Gärtnerdiensten. Eine wachsende Mehrheit der Amerikaner hat feststellen müssen, daß ihr Lebensstandard – genau wie das Realniveau der nationalen Produktivität – seit den mittleren 70er Jahren stagniert. Wie die Lücke zwischen dem oberen Fünftel und den unteren vier Fünfteln der globalen Gesellschaft sich verbreitert hat, so hat sich, allerdings weniger drastisch, das obere Fünftel der amerikanischen Gesellschaft vom Rest des Landes entfernt.

Obwohl es noch zu früh ist, dies mit einiger Sicherheit zu sagen, mögen die Veränderungen in der amerikanischen Gesellschaft – und in Gesellschaften, die den »amerikanischen Weg« gehen – auch die Debatte über die Nord-Süd-Beziehungen berühren. Eine Familie, deren Hauptverdiener seinen Job verloren hat, weil die Fabrik nach Mexiko oder Thailand verlegt wurde, wird kaum große Sympathien für Entwicklungshilfe an ärmere Länder aufbringen. Angestellte, denen eine College-Ausbildung fehlt und die darum kämpfen müssen, ihre schlechtbezahlten Jobs als Hausmeister oder Büroreiniger zu behalten, werden gegen das Eindringen von Immigranten Ressentiments entwickeln, und sie werden bereit sein, länger und für weniger Geld zu arbeiten. Politiker, die aus Wahlkreisen kommen, welche unter den Fabrikschließungen der Multis leiden, werden versucht sein – *sind* schon versucht –, protektionistische Maßnahmen für den heimischen Markt zu verlangen, egal, was das für die Entwicklungsländer bedeutet. Die schmale Schicht der Bevölkerung, die gut bezahlt und College-gebildet ist, Volvo fährt und ökologischen Interessen aufgeschlossen ist, mag in zunehmendem Maße die Notwendigkeit unpopulärer Reformen, die den besorgniserregenden globalen Tendenzen entgegenwirken, anerkennen. Aber das wird wahrscheinlich auf die Masse ihrer Mitbürger nicht zutreffen, die größte Mühe haben, ihren Lebensstandard aufrechtzuerhalten.

Die Implikationen, welche die Finanz- und Kommunikationsrevolution und der Aufstieg der multinationalen Konzerne mit sich bringen, sind für die Entwicklungswelt sogar noch ernüchternder. Viel der atemlos begeisterten Literatur über die großartigen Wirkungen der Globalisierung konzentriert sich auf das, was in Europa, Nordamerika und Japan plus gewisser Erweiterungen der Triade (Südkorea, Brasilien, Australien) geschieht. Im Gegensatz dazu wird sehr wenig über den Rest der Welt gesagt. Aus der Perspektive der Laissez-faire-Theorie – von Adam Smith und Cobden bis Kenichi Ohmae[23] – werden solche Länder wahrscheinlich nur dann relevant, wenn sie die Lehren des Marktes annehmen und jene Züge entwickeln, die eine Konkurrenz in der grenzenlosen Welt erlauben: eine ausgebildete Bevölkerung, viele Ingenieure, Designer und andere Fachkräfte, eine hochentwickelte Finanzstruktur, gute Kommunikation, enorme Datenbanken (Bibliotheken, Computer, Laboratorien), adäquates Kapital und kompetente Unternehmer, dazu vielleicht ein oder zwei aufstrebende Multis. Da das doch in Südkorea geschehen ist, warum kann es nicht in jedem Land der Welt passieren?

Kapitel 10 geht näher darauf ein, warum diese verlockende Theorie zu abstrakt ist. Nicht nur würde sie erfordern, daß es keine korrupten Regime mehr gibt, keine übermäßigen Ausgaben für die Rüstung, keine bürokratische Unfähigkeit, keinen Schutz von Sonderinteressen, keinen Mangel an Rechtssicherheit, keinen religiösen Fundamentalismus und nichts von all den anderen Hindernissen für den Handel, die in vielen Ländern in Zentralamerika, dem Nahen und Mittleren Osten und Afrika existieren. Auch würde es eine Verschiebung der dominanten Wertesysteme in vielen Gesellschaften der Entwicklungswelt bedeuten, Wertesysteme, die heute den Normen des westlichen Rationalismus, der wissenschaftlichen Forschung, der Justiz und der Wirtschaft entgegenstehen. Bis ein solch tiefgehender Wandel stattfindet, ist es äußerst schwierig vorherzusehen, wann ein äthiopischer oder philippinischer Konzern sich mit großen Mitteln und talentiertem Personal in Japan oder Neuengland niederlassen und strategische Akquisitionen beginnen wird – als Zeichen dafür, daß nun diese Länder ihre historische Stunde auf der globalen Wirtschaftsbühne haben.

Aufgrund ihrer strukturellen Schwierigkeiten wird es für viele Entwicklungsländer sehr schwierig werden, die Logik des globalen Marktes zu akzeptieren. Das idealisierte Bild, in dem hypereffiziente multinationale Gesellschaften miteinander konkurrieren, um ihre neuesten Produkte einer verständigen und kritischen Verbraucherschaft auf der ganzen Erdkugel nahezubringen, während die Regierungen fast unsichtbar geworden sind, ist verführerische Lektüre. Aber es ignoriert völlig die Tatsache, daß das, was die ärmeren Nationen brauchen, nicht einfach die liberalisierenden Wirkungen des freien Marktes sind, sondern vor allem enorme Investitionen in soziale Verbesserungen. Einem vorwiegend agrarischen, landumschlossenen afrikanischen Staat, dessen Bevölkerung sich alle 25 Jahre verdoppelt, scheinen die dringlichsten Notwendigkeiten doch wohl Familienplanung, Umweltschutz, Gesundheitswesen, Bildung und einfachste Infrastruktur zu sein. Dies zu finanzieren, wird die multinationalen Gesellschaften des freien Marktes aber nicht sonderlich interessieren. Mit anderen Worten, gewaltige öffentliche Fonds sind erforderlich – ob nun in Zentralafrika oder Osteuropa –, bevor die Bedingungen für investitionswillige Manager aus japanischen und amerikanischen Konzernen attraktiv werden. Aber woher solche Gelder kommen sollen, wird von den Fans der Globalisierung selten, wenn jemals, diskutiert.

Sollte überdies ein Entwicklungsland in der Lage sein, sich nach dem ostasiatischen Modell zu reformieren und tatsächlich ausländische Investitionen anzuziehen, eine Industrieproduktion, einen Export und einen Lebensstandard westlicher Art zu entwickeln, dann würde dieses Land auch in zunehmendem Maße durch die Verschiebung von Fabriken und Arbeitsstellen gefährdet werden, da die Multis ständig auf der Suche nach noch billigeren Regionen für die Herstellung ihrer Produkte sind. Nach den Theorien der grenzenlosen Welt ist dies kein Problem. Wenn die Prinzipien von Angebot und Nachfrage wirklich effizient arbeiten, werden Deindustrialisierung und Arbeitslosigkeit nicht lange andauern:

> In dieser verwobenen Ökonomie gibt es so etwas wie absolute Gewinner oder Verlierer nicht. Ein Verlierer wird in dem Moment relativ attraktiv, da seine Währung sich abschwächt und eine Arbeiterschaft entsteht, die zu niedrigen Kosten zu haben ist.[24]

Genauso wie eine amerikanische Automobilgesellschaft durchaus willens wäre, Fabriken *zurück* in die Vereinigten Staaten zu verlegen, wenn deren Währung und Arbeitskosten weit genug sinken, so würde ein pflichtbewußter Multi zum Beispiel nach Malaysia oder Brasilien zurückkehren, sobald es wieder billig genug ist. Eine solch phantasielose Argumentation zieht gar nicht in Betracht, ob die arbeitenden Bevölkerungen und Regierungen von neuindustrialisierten Ländern einfach zuschauen würden, wenn multinationale Unternehmen woanders hinziehen, wie dies in hohem Maße in Nordengland und im Ohio-Tal geschehen ist. Eine wütende Reaktion und ein Aufstand dagegen, als die ökonomischen Marionetten von Konzernen der Ersten Welt behandelt zu werden, sind viel wahrscheinlicher.

Die ärmeren Gesellschaften könnten noch aus zwei weiteren Gründen Ressentiments gegen den kosmopolitischen Kapitalismus entwickeln. Beide sind Konsequenzen der Revolutionen auf dem Gebiet der Finanzen, der Kommunikationssysteme, der multinationalen Unternehmen. Der erste Grund besteht darin, daß die Übertragung von Informationen von einem Teil der Erdkugel auf einen anderen über 1,5 Milliarden Radios und 600 Millionen Fernseher nicht unbedingt zu einer universellen Begeisterung für die westliche Lebensart führen muß, wie einige optimistische Kommentatoren glauben. Es ist ein bemerkenswertes technisches und wirtschaftliches Phänomen, daß gegen Ende der 80er Jahre Milliarden von Menschen von der Inneren Mongolei bis zu den Anden in der Lage waren, zum ersten Mal die Welt außerhalb ihrer Heimat über das Fernsehen zur Kenntnis zu nehmen.[25] Es ist ebenso wahr, daß die Informationsrevolution eine entscheidende Rolle in dem Niedergang der kommunistischen Gesellschaften spielte, die so offensichtlich daran gescheitert waren, mit dem Westen Schritt zu halten.

Dennoch ist es keineswegs gewiß, daß die armen vier Fünftel der Welt, sobald sie den Reichtum der industriellen Demokratien durch die tägliche Darstellung im westlichen Fernsehen zur Kenntnis nehmen können, sich eifrig daranmachen werden, diese Lebensformen nachzuahmen. Wenn die heimischen Hindernisse gegen die Reform so verfestigt bleiben, wie sie in vielen der Entwicklungsgesellschaften zu sein scheinen, wird die Reaktion eher eine gewaltige Auswanderungswelle in Richtung auf die reicheren Teile der Erdkugel sein. Andere könnten in den Fundamentalismus und eine Ablehnung der westlichen Werte (insbesondere seiner Verbrauchermentalität) zurückfallen. Auch ist es möglich, daß in den Entwicklungsländern das Gefühl der Hilflosigkeit und des Ressentiments wächst, weil die strukturellen Schwierigkeiten auf dem Weg zu einem westlichen Lebensstandard einfach unüberwindbar scheinen. Statt gewaltige Massen an verständigen und kritischen Käufern von Vuitton-Koffern könnte die Telekommunikations-Revolution in den Entwicklungsländern durchaus Milliarden von Habenichtsen schaffen, die einen immer größeren Haß gegen die Besitzenden entwickeln – einschließlich der Ingenieure und Manager der multinationalen Konzerne in ihrer Mitte. Die globale Kommunikation arbeitet darüber hinaus in viele Richtungen. Die fundamentalistische Revolution gegen den Schah des Iran wurde von Paris aus durch Audiokassetten mit Predigten des Ayatollah Khomeini angestoßen. Auch das Fernsehen hat sehr komplexe Folgen. Während Zuschauer in den Entwicklungsländern auf den Luxus starren, der in Serien wie »Dallas« oder »Brideshead Revisited« dargestellt wird, werden die Völker der industriellen Demokratien durch häufige Berichte über die grauenvolle Armut und Unterernährung in der Dritten Welt informiert. Im Falle einer Katastrophe wie der äthiopischen Hungersnot von 1985 führt dies manchmal zu einer breiten öffentlichen Reaktion der entsetzten Zuschauer im Norden. Ein kürzliches Beispiel bewirkte eine Veränderung in der amerikanischen Regierungspolitik. Die schonungslosen Filmpassagen über Kurdenfamilien, die im Frühjahr 1991 vor dem Zorn Saddam Husseins fliehen mußten, zwangen das Weiße Haus mit Rücksicht auf die öffentliche Meinung, Enklaven für die Flüchtlinge zu schaffen.

Aber da das Fernsehen ständig auf der Suche nach neueren und dramatischeren Themen ist, verblassen solche Bilder auch schnell wieder. Vor allem aber werden die Arbeiter, die, wie oben schon erwähnt wurde, ökonomisch unter der Konkurrenz der Entwicklungsländer leiden oder die glauben, daß die Politik sich zunächst den Schwierigkeiten im eigenen Lande zuwenden sollte, kaum bereit sein, höherer Entwicklungshilfe zuzustimmen – insbesondere wenn es um eine wirklich signifikante Umverteilung der Ressourcen zwischen Nord und Süd geht. Hilfe bei Katastrophen ist eine Sache, strukturelle Anpassungsmaßnahmen eine andere. Aber angesichts der Tatsache, daß 95 Prozent des zukünftigen Bevölkerungswachstums sich in den Entwicklungsländern abspielen werden, wird dies die grundlegende Frage bleiben: Wie wird das Verhältnis der Völker dieses Planeten untereinander sein, wenn in der Morgendämmerung des 21. Jahrhunderts auf der einen Seite Milliarden von in Elend lebenden Bewohnern der Dritten Welt

Millionen von reichen Familien in den industriellen Demokratien gegenüberstehen, die ihrerseits täglich über das Fernsehen den demographischen und ökologischen Katastrophen ihrer Mitmenschen auf der südlichen Halbkugel ausgesetzt sind? Wird das zu Reformen führen – oder bloß zu einer Mischung aus Apathie und Ressentiment?

Die zweite Folge der Globalisierung, die im Detail in den folgenden Kapiteln über Biotechnologie und Robotik diskutiert werden wird, liegt in der Tatsache, daß die Konzerne in der entwickelten Welt heute in neue Technologien investieren, welche ärmeren Gesellschaften in hohem Maße schaden könnten. Denn diese neuen Technologien ersetzen Millionen von Arbeitsplätzen in der Landwirtschaft und in der Industrie. Aus Sicht der Konzerne werden solche Investitionen von denselben Profitmotiven angetrieben, welche die technologische Innovation seit der industriellen Revolution vorangebracht haben. Aber ebenso wie die Erfindung zunächst der Spinnmaschine, dann der elektrizitätsgetriebenen Textilfabrik, der Stahlfabrik und der Eisenbahn enorme, *unbeabsichtigte* Folgen für die heimische und ausländische Bevölkerung hatten, so werden auch einige der neueren, gerade entstehenden Technologien wahrscheinlich tiefe Konsequenzen für die zeitgenössischen Gesellschaften nach sich ziehen, besonders für jene in der Entwicklungswelt. Während wir auf das 21. Jahrhundert zusteuern, scheinen daher die Völker dieser Erde zu entdecken, daß ihr Leben immer mehr von Kräften beeinflußt wird, die, in der vollsten Bedeutung des Wortes, verantwortungslos sind.

Kapitel 4

Landwirtschaft und die biotechnologische Revolution

Eine globalisierte Wirtschaft in den reicheren Ländern und ein wachsender Bevölkerungsdruck in den ärmeren Gesellschaften: Gibt es eine Lösung dieses unheilverkündenden Mißverhältnisses? Könnte nicht zumindest das Elend weitverbreiteter Unterernährung durch neue Erfindungen gemindert werden? Der zweite Grund, warum Malthus' düstere Voraussagen über Englands Zukunft sich als falsch erwiesen, war, so wird man sich erinnern, eine landwirtschaftliche Revolution, die »die Kraft der Erde« intensivierte. Wie stehen die Aussichten für einen weiteren Ausweg dieser Art, dieses Mal für die unendlich viel größeren Bevölkerungen der Entwicklungsländer? Während der 80er Jahre allein vermehrte sich die Weltbevölkerung um 842 Millionen Menschen.[1] Zur selben Zeit wurde fruchtbares Land vernichtet, um Platz für Straßen und Gebäude zu schaffen. Bodenerosion und Landschaftszerstörung führten zur Aufgabe von Millionen von Hektar landwirtschaftlicher Nutzfläche. Falsche Bewässerungsmethoden verursachten die Versalzung großer Flächen. Das alles macht eine signifikante Produktionssteigerung des verbleibenden fruchtbaren Landes um so dringlicher. Ansonsten werden Unterernährung und Hunger weiter zunehmen.

Bis vor kurzem schien es, als sei die globale landwirtschaftliche Produktion im Anstieg begriffen. Von 1950 bis 1984 wuchs die Nahrungsmittelproduktion stärker als je zuvor in der menschlichen Geschichte. Die Getreideernten der Welt stiegen in diesen Jahren um das 2,6fache, überholten also den Zuwachs der Weltbevölkerung. Auch die Erträge an Fleisch, Milch, Fisch, Obst und Gemüse steigerten sich. Millionen zusätzlicher Hektar wurden kultiviert, und neue Maschinen, mehr Dünger, bessere Bewässerung und ertragreicheres Hybridsaatgut wurden in die Landwirtschaft auf der ganzen Welt eingeführt.

Das beste Beispiel für diese Veränderung war die sogenannte »Grüne Revolution« in Asien, wo zusätzlich zur verbesserten Mechanisierung und Düngung resistentere Getreidesorten eingeführt wurden. Neuer Hybrid-Reis führte zu höheren Ernten. Einige der neuen Reissorten brachten es auf Erträge, die um das Zwei- bis Dreifache über denen der traditionellen Sorten lagen. Und da die neuen Reissorten den Entwicklungsländern durch internationale landwirtschaftliche Forschungszentren sehr schnell zur Verfügung gestellt wurden, ergab sich ein hervorragendes Beispiel internationaler Forschungszusammenarbeit und angewandter Wissenschaft. Infolgedessen stieg die weltweite Reisproduktion von 257 Millionen Tonnen im Jahre 1965 auf 468 Millionen Tonnen 20 Jahre später. »Wunderreis« verdiente sich den Ruf, Hungersnöte abgewendet und arme Länder aus ihrer Abhängigkeit von importierten Lebensmitteln befreit und politische Stabilität hergestellt zu haben.[2] Da sie sich schneller ausbreitete, hatte die Grüne Revolution eine viel größere Wirkung als Großbritanniens landwirtschaftliche Revolution im 18. Jahrhundert.

Seit 1984 hat sich indessen die Zuwachsrate der globalen landwirtschaftlichen Produktion beträchtlich vermindert, was teilweise auf große Dürren in den Vereinigten Staaten und anderwärts zurückgeht, die in das Jahr 1988 fielen. Anstatt des etwa 3 Prozent betragenden jährlichen Zuwachses der Getreideerträge zwischen 1950 und 1984 stiegen die Erträge zwischen 1984 und 1989 jährlich nur um etwa 1 Prozent. Die globale Produktion an Hackfrüchten erreichte ihren Höhepunkt 1984 und ist seitdem abgesunken, vor allem wahrscheinlich wegen Überdüngung (welche zunächst die Ernte verbessert, dann aber zu einer Verschlechterung führt), aufgrund neuer Krankheiten und der Verschlechterung der Bodenqualität sowie der Tatsache, daß es weniger geeignetes Land für Neukultivierung gab.[3] Aktuellere Zahlen deuten darauf hin, daß die Erträge anderer Getreidesorten, insbesondere von Reis, ebenfalls stagnieren, was andeutet, daß die Wunderzuwächse ausgelaufen sind.[4] Neue wissenschaftliche Durchbrüche könnten diesen Trend umkehren. Wenn andererseits die Abholzung der Wälder und die Vernichtung anderer Naturreservate weitere Verluste von Pflanzenarten nach sich ziehen und die biologische Vielfalt reduzieren, könnte dies die Hoffnung, neue verbesserte Sorten zu finden, reduzieren.*

Im ganzen steigt die Nahrungsmittelproduktion der Erde noch immer an, aber langsamer als früher. Die größte Sorge ist, daß die Produktion an Getreide, dem bedeutendsten Nahrungsmittel, mit dem Bevölkerungswachstum nicht Schritt gehalten hat. Die Zeit von 1984 bis 1989 mag zu kurz sein, um einen Langzeittrend erkennen zu lassen – es gab ähnliche Sorgen in den frühen 70ern –, aber wenn die Getreideproduktion weiterhin nur um etwa 1 Prozent im Jahr ansteigt und die globale Bevölkerung um 1,7 Prozent im Jahr, werden die vorhersehbaren Konsequenzen schnell fühlbar werden. Dies trifft insbesondere auf Afrika zu, wo die scheinbar beeindruckenden 23 Prozent Zunahme in der Gesamtnahrungsmittelproduktion von 1976–78 bis 1986–88 vom höheren Bevölkerungswachstum überholt wurden, so daß die Pro-Kopf-Nahrungsmittelproduktion in Wirklichkeit im Laufe dieses Jahrzehnts um 8 Prozent zurückfiel.[5] Im Nahen Osten und in Lateinamerika entspricht der Anstieg der Nahrungsmittelproduktion dem Bevölkerungszuwachs, eine Situation, die sich schnell verschlechtern könnte. Die politischen Unruhen in Ostmitteleuropa und die Rückständigkeit der Landwirtschaft dort und in der früheren UdSSR machen die Lage noch kritischer. Da der Nahrungsmittelverbrauch jetzt seit einer ganzen Reihe von Jahren die Produktion überstiegen hat, sind die Reserven gesunken (siehe Tabelle 4-1).

1988 mag einen ungewöhnlich heißen und trockenen Sommer in den Vereinigten Staaten gesehen haben, aber wenn weiterhin solche

---

* Im allgemeinen verliert eine Getreidesorte wie Weizen oder Mais seine Resistenz gegen Schädlingsbefall etwa 5 bis 15 Jahre, nachdem sie eingeführt worden ist. Dann muß eine neue Sorte gefunden werden.

Tabelle 4-1

Weltweite Getreidereserven

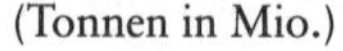

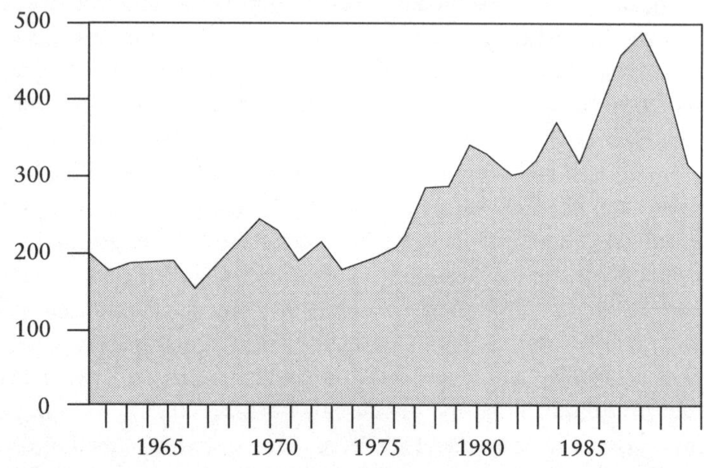

(Abgedruckt in: *World Resources* 1990–1991, S. 86)

Dürreperioden auftreten, werden die Reserven, auf die sich mehr als einhundert nahrungsmittelimportierende Länder stützen, weiter abfallen. Es kann also sein, daß wir Zeuge eines unheilverkündenden Langzeittrends sind, in dessen Verlauf die Bevölkerung schneller wächst als die Nahrungsmittelproduktion. Nach dem Worldwatch Institute werden Zuwächse von 28 Millionen Tonnen Getreide pro Jahr gebraucht, bloß um mit dem Wachstum der Weltbevölkerung Schritt zu halten, aber in den letzten Jahren lag der Zuwachs eher bei 15 Millionen. Das bedeutet, daß die Anzahl der unterernährten Menschen in der Welt Jahrzehnt um Jahrzehnt angestiegen ist und zur Zeit bei weit über 500 Millionen liegt.[6]

In den Industrieländern, wo massive protektionistische Subventionen zu »Butterbergen«, »Weinseen«, zu mit überschüssigem Getreide bis zum Überlaufen angefüllten Silos geführt haben, mag es schwer sein, sich vorzustellen, daß es eine weltweite Knappheit an Getreide und Nahrungsmitteln geben könnte. Vor allem angesichts der Tatsache, daß in Europa und Amerika viele Hektar landwirtschaftlichen Bodens stillgelegt werden. Aber selbst wenn solche Ausweichkapazitäten noch existieren, auch die Nutzung dieser Flächen kann das Problem nicht lösen. Abgesehen von der Tatsache, daß die zusätzliche Produktion angesichts des weltweiten Bevölkerungsbooms nur zeitweise Erleichterung zu schaffen vermöchte, bleibt die Frage, wie die ärmeren Nationen für die Nahrungsmittel, die sie einführen müssen, bezahlen sollen. Wegen der zurückgehenden Reserven sind die Preise für Weizen und Reis seit 1986/87 beträchtlich angestiegen, während die Kaufkraft der Entwicklungsländer zurückgefallen ist. Da die Bauern in der nördlichen Hemisphäre ihre Ernten kaum ohne Bezahlung einbringen werden, muß ein internationaler Mechanismus aufgebaut werden, der dafür sorgt, daß die Überschüsse auf Dauer in die bedürftigen Nationen umgeleitet werden. Bereits jetzt gibt es eine Menge Entwicklungshilfe in Form von Getreidelieferungen, aber sehr viel mehr davon wird gebraucht werden, wenn man die Verdoppelung und Verdreifachung der afrikanischen und asiatischen Bevölkerungen in die Berechnungen einbezieht. Auch das wird indessen das größere Problem nicht lösen: Ein Zuwachs an Nahrungsmittelhilfe wird die Abhängigkeit der ärmeren Völker von ihren reicheren Vettern nur verstärken, während das Ausbleiben einer solchen Hilfe die internationalen Wanderungsbewegungen weg von den ärmeren Ländern verstärken würde.

Eine weitere Methode, den ärmeren Nationen zu helfen, läge in der schon genannten Erweiterung der landwirtschaftlichen Nutzflächen. Zur Zeit gibt es pro Kopf der Weltbevölkerung 2800 Quadratmeter bebaubaren Landes. Der Zuwachs der Weltbevölkerung wird diesen Durchschnitt bis zum Jahre 2025 auf 1700 Quadratmeter absenken, während es in Asien lediglich 900 Quadratmeter pro Person geben wird, wenn nicht neues Land erschlossen wird.[7] Aber woher soll zusätzliches Land in einem Ausmaß kommen, das ausreichte, in den nächsten Jahrzehnten zumindest 2 oder 3 *Milliarden* neue Münder zu füttern? Geschätzte 82 Prozent des kultivierbaren Landes in Asien werden zur Zeit bereits genutzt. Es gibt große Reserven potentieller landwirtschaftlicher Flächen in

Lateinamerika, aber viel davon ist von minderer Qualität, für Getreideanbau ungeeignet, oder es ist der amazonische Regenwald, welcher Schutz, nicht Abholzung verdient. Auch in anderen Regionen der Erde könnte zusätzliche Nutzfläche nur auf Kosten der Wälder geschaffen werden, was die globale Erwärmung beschleunigen und auf lange Sicht weiteren Druck auf die Weltlandwirtschaft ausüben würde. In Afrika, wo der Nahrungsmittelbedarf am größten ist, haben weitverbreitete Überweidung und Bodenschäden zu einem Nettoverlust an Land geführt, und nur wenige Gegenden des Kontinents haben genug Niederschläge, um Getreideanbau zu ermöglichen. Zusätzliche landwirtschaftliche Kapazitäten liegen daher vor allem in der entwickelten Welt, insbesondere in Nordamerika und Europa, nicht aber in den Ländern, wo die Nahrungsmittel am dringendsten gebraucht werden. Wenn die Vorhersagen über die Bodenverschlechterung und das Absinken des Grundwasserspiegels richtig sind, werden die Großen Ebenen des mittleren Westens in den USA nicht mehr lange in der Lage sein, die Getreideüberschüsse zu erzeugen, um eine Welt mit 8 oder 10 Milliarden Menschen zu ernähren.

Eine weitere Möglichkeit wäre, die Produktivität der Bauern in den ärmeren Ländern zu verbessern. In einigen ostasiatischen Ländern werden bis zu 40 Prozent der Düngemittel aufgrund falscher Anwendung verschwendet, während schlechte Lagerung und unzureichender Transport 20 Prozent der Reisernte vernichten.[8] Der durchschnittliche afrikanische Bauer produziert nur etwa 600 Kilo Getreide pro Jahr, im Gegensatz zu den 80000 Kilo (oder 130mal soviel) einer landwirtschaftlichen Arbeitskraft in Nordamerika. Zweifellos gibt es viele Methoden, um die landwirtschaftliche Produktivität in den ärmeren Gegenden der Welt zu verbessern: bessere Ausbildung, verbesserter Zugang zu Märkten, sorgfältigere Behandlung des Saatgutes, besserer Dünger und landwirtschaftliche Maschinen. Dennoch, selbst so kleine Schritte müssen zunächst hartnäckige geographische, ökonomische und gesellschaftliche Hemmnisse überwinden. Letztlich ist ein amerikanischer Farmer 130mal so produktiv wie sein afrikanisches Gegenstück, weil er große zusammenhängende Flächen besitzt, in einem günstigeren

Klima arbeitet, über eine bessere Infrastruktur verfügt, mehr Kapital besitzt und moderne Maschinen einsetzt. Er hat bessere Düngemittel und höherwertiges Saatgut, er besitzt leichteren Zugang zu Informationen und so weiter. Wären die Arbeitsbedingungen eines afrikanischen Bauern ähnlich, wäre Afrika kein Entwicklungskontinent. In dem Ganzen liegt aber noch eine grausame Ironie: Wenn die afrikanischen Bauern tatsächlich so produktiv wie ihre amerikanischen Gegenstücke wären, würde es in Afrika zu massiver Arbeitslosigkeit auf dem Lande kommen, mit unvorstellbaren sozialen Folgen, da die arbeitslos gewordenen Landarbeiter kaum Chancen hätten, in der Industrie oder auf dem Dienstleistungssektor Anstellung zu finden. Alles zusammengenommen kann man sagen, daß die Armut auf dem Lande in Afrika, in Asien und anderswo nicht durch technische Mittel beseitigt werden kann, solange strukturelle und kulturelle Aspekte des Problems keine Aufmerksamkeit finden.

Da keine der traditionelleren Lösungsmöglichkeiten adäquat erscheinen, haben sich Wissenschaftler und Politiker in den letzten Jahren immer mehr auf die Biotechnologie konzentriert. Biotechnologie bedeutet »jede Technik, die lebende Organismen oder Prozesse gebraucht, um Produkte herzustellen oder zu modifizieren, um Pflanzen oder Tiere zu verbessern oder Mikroorganismen für bestimmte Ziele zu entwickeln«.[9] Die Biotechnologie hat sich aus den bemerkenswerten Durchbrüchen entwickelt, welche Wissenschaftler seit den 1950ern bei der Erforschung der genetischen Codes gemacht haben. Die Gene existieren in allen Lebensprozessen und tragen zur Vererbung spezifischer Eigenschaften der Organismen bei, ob es nun die Tendenz eines Menschen zu Übergewicht oder die Resistenz einer Pflanze gegen einen bestimmten Schädlingsbefall ist. Wissenschaftler können die Struktur eines Gens isolieren, nachbauen und studieren, und sie versuchen, seine Beziehung zu den Lebensprozessen in Tier oder Pflanze zu verstehen. Gentechnologen sind heute in der Lage, ein neues Gen in den DNS einer lebenden Zelle einzubringen, um die Lebenskraft oder Resistenzfähigkeit eines Organismus zu stärken[10].

Obwohl die medizinische Biotechnologie ungefähr zwanzigmal soviel Kapital angezogen hat wie die landwirtschaftliche Biotechnologie, ist es das Potential der letzteren, die Landwirtschaft zu verbessern oder sogar völlig zu verwandeln, was hier von Bedeutung ist. Der Einsatz von Bio- und Gentechnologie in der Agrarwirtschaft kann als eine völlig neue Phase in der langen Geschichte des Kampfes der Menschheit um höhere Ernten angesehen werden. Über Tausende von Jahren hinweg haben die Bauern versucht, ihre Pflanzen und ihre Tiere durch Züchtung qualitativ und quantitativ zu verbessern, wobei sie durch Auslese versuchten, bestimmte Elemente auszuschließen und andere zu verstärken. Nach einer Schätzung sind 70 Prozent der erhöhten Maisernten in den Vereinigten Staaten von 1930 bis 1980 auf Züchtungserfolge zurückzuführen. Heute glauben die Gentechnologen, daß sie in Monaten oder Jahren dieselben Ertragssteigerungen erreichen können, welche noch vor kurzem Jahrzehnte traditioneller Selektionsmaßnahmen erfordert hätten.[11]

Da die biotechnologische Revolution in der Landwirtschaft sehr viel Publizität auf sich gezogen hat, mag es hier unnötig sein, diese Versuche im Detail zu beschreiben. Sie reichen von Wachstumshormonen, die den Kühen eingespritzt werden, um die Milchproduktion zu erhöhen, bis zu Embryo-Transfers, zu genetischen Veränderungen der reproduktiven Zellen von Fischen, Geflügel, Schafen und Schweinen; von der Entwicklung von Pflanzen, die gegen bestimmte Schädlinge resistent sind, bis zur Entwicklung von Getreidesorten, die gegen bestimmte Unkrautvernichtungsmittel unempfindlich sind, so daß Landwirte ohne unerwünschte Folgen für die Kulturpflanze spritzen können; von der Schaffung schneller wachsender tropischer Pflanzen wie Bambus bis zu Experimenten, die darauf abzielen, Pflanzen zu produzieren, die ihren Stickstoffbedarf selbst decken, was die Notwendigkeit chemisch erzeugter Stickstoffdünger verringert.[12]*

* Aus dem verbleibenden Teil dieses Kapitels wird deutlich werden, daß der *Zeithorizont* für die kommerzielle Anwendung dieser Erfindungen enorm unterschiedlich ist. Einige sind bereits in Gebrauch. Andere sind bloß Prototypen, und es wird noch Jahre dauern, bis sie einsatzfähig sind und von den Behörden zugelassen werden.

Die Art, wie die populären Medien diese Fortschritte darstellen, scheint allzuoft anzudeuten, daß wir weitere Durchbrüche auf diesem Gebiet erreicht haben, welche in ihrer Wirkung enorm sein und allen nützen werden. Solch ein Schluß aber wäre naiv. Die Biotechnologie ist keineswegs eine Bedrohung, aber sie wird Gewinner und Verlierer schaffen, wie alle früheren technologiegetriebenen Revolutionen auch.

Einige der Befürchtungen angesichts dieser neuen Technologie haben weniger mit ihrer ökonomischen Wirkung zu tun als mit Gesundheits- und Umweltfragen. Schweine, denen menschliche Wachstumshormone injiziert worden sind, werden zugleich sehr viel krankheitsanfälliger. Das macht sie nicht nur wenig ansehnlich, sondern potentiell gefährlich für menschlichen Verzehr.[13] Herbizidresistente Getreidesorten könnten den bedenkenlosen Gebrauch von »Designer-Herbiziden« verstärken, welche dann in die Atmosphäre geraten oder in das Trinkwassersystem. Wenn andererseits das Unkraut und Pflanzenkrankheiten selbst Resistenzen gegen diese neuen biologischen Feinde entwickeln – wie sie es schon gegen viele chemische Pestizide getan haben –, werden die Biotech-Gesellschaften verbesserte Varianten erfinden müssen, was dann zu einer endlosen »Tretmühle« im Kampf gegen die Natur führt.

Auch warnen die Wissenschaftler vor der abnehmenden genetischen Vielfalt bei Kulturpflanzen. Traditionelle Bauern kultivierten Hunderte, ja Tausende von Gräsern, Getreidesorten, Kartoffeln und ähnlichem. Moderne Bauern kaufen Saatgut, das von Gentechnologen entwickelt wurde, um die besten Eigenschaften vieler Sorten zusammenzufassen und sie in eine neue zu verwandeln, welche höhere Produktivität verspricht und dem Geschmack der Verbraucher entgegenkommt. Wenn indessen auf der Welt milliardenfach dieselbe Maissorte angebaut wird, wird die gesamte Ernte auch für Schädlinge und Seuchen ausgesprochen anfällig. 1970 zerstörte eine unerwartete Epidemie die halbe Maisernte von Florida bis Texas; und noch 1984 erzwang eine neue, bakteriell übertragene Krankheit die Vernichtung von Millionen Zitrusbäumen in Florida. Das erinnert an die Vernichtung der europäischen Weinberge durch die Phylloxera und daran, daß Irlands entsetzliche Kartoffelhungersnot von 1845 mit einem Pilz begann, der zufällig aus Mexiko eingeschleppt worden war und Millionen von genetisch ähnlichen Kartoffelsorten ergriff. Die biotechnologische Revolution wird den Ertrag vergrößern, aber sie wird möglicherweise das Risiko teurer Ernteausfälle erhöhen.

Viele Ökologen fürchten auch, daß eine biotechnologische Agrarwirtschaft das Ausweichen vor grundlegenden ökologischen Reformen ermöglichen könnte. Um es sehr vereinfacht zu sagen: Wenn Getreidesorten entwickelt werden können, die auf salzigen Böden oder unter heißen, trockenen klimatischen Bedingungen wachsen, werden dann die Bauern nicht die Ursachen der Umweltschäden unberücksichtigt lassen und einfach darauf warten, daß die Wissenschaftler neue Sorten für neue Bedingungen erfinden? Würden etwa genetisch veränderte Fische, die auch in säureüberladenen Seen überleben können, den Ansporn vermindern, Luft und Wasser zu reinigen? Statt sich mit der globalen Erwärmung auseinanderzusetzen oder mit der Versalzung des Bodens durch exzessive Bewässerung oder mit der zu schnellen Reduzierung der Bambuswälder, könnten Wissenschaftler Pflanzen erfinden, die mit den Umweltveränderungen, welche die menschlichen Eingriffe nach sich ziehen, »zusammenarbeiten«. Statt die Bauern dazu zu ermutigen, *mit* der Natur zu wirtschaften, hat die ertragsorientierte Landwirtschaft, so protestieren Umweltschützer, jetzt die Biotechnologie in ihr Waffenarsenal aufgenommen, ohne die grundlegenden Fragen der Umweltproblematik angegangen zu haben.[14] Ein Gegenargument lautet ironischerweise, daß es immer notwendiger wird, Alternativen in Laboratorien zu entwickeln[15], da die natürlichen Biotope für wilde Pflanzen so schnell dahinschwinden. Mit anderen Worten gesagt, bedeutet dies, daß die Menschheit sich immer stärker auf Laboratorien stützen muß statt auf die Natur, da der Druck der Bevölkerung natürliche Lösungen immer unwahrscheinlicher macht.

Die potentiellen wirtschaftlichen Auswirkungen der Biotechnologie sind von entscheidender Bedeutung, sowohl für die Landwirtschaft im allgemeinen als auch für die Nord-Süd-Beziehungen. Die neue Technologie kommt zu einer Zeit, da die globale Landwirtschaft sich zwei sehr unterschiedlichen – in der Tat gegensätzlichen – Strukturkrisen gegenübersieht. Die reichen Länder leiden unter Überproduktion; die ärmsten Länder leiden unter einer zu geringen Produktion. Dieses Ungleichgewicht ist nichts Neues, und die Unterschiede zwischen Nahrungsmittelüberschuß- und Nahrungsmittelmangel-Völkern sind historisch eines der frühesten und stärksten Motive für den internationalen Handel gewesen. Neu ist allerdings das schiere Ausmaß des Ungleichgewichts und der Bevölkerungsmassen, die davon betroffen sind.

Ebenfalls neu – und sehr von den »Gentlemen-Farmern« unterschieden, die für die landwirtschaftliche Revolution in Malthus' Zeit verantwortlich waren, ist die Existenz großer agrochemischer und biotechnischer Konzerne. Wie die multinationalen Konzerne auf anderen Gebieten sehen sie ihre Aufgabe darin, neue Waren auf den Weltmarkt zu bringen, ohne sich um die regionalen Auswirkungen – und sozialen Konsequenzen – dieses weiteren Schritts im Produktzyklus zu kümmern.[16] Da die Konzerne miteinander konkurrieren, ziehen sie es vor, ihre Forschung geheimzuhalten und die Anwendung der Ergebnisse durch Patente zu begrenzen. Das ist ein entscheidender Unterschied zur Grünen Revolution der 60er, als die technologischen Durchbrüche auf dem öffentlichen Sektor geschahen – zum Beispiel beim von den UN finanzierten Internationalen Kartoffelzentrum in Peru. Der Zugang zu diesen Forschungsergebnissen war damals relativ unproblematisch.[17] Heute verschließen die Firmen ihren Rivalen ihre Forschungsergebnisse oder zwingen sie, für die Anwendung zu bezahlen. Dadurch macht es die biotechnologische Industrie der Entwicklungswelt sehr viel schwerer, die neuen Techniken zu akquirieren.

Für die Konzerne, die sich in der Biotech-Forschung engagiert haben, sieht die Zukunft außerordentlich vielversprechend aus. Eine vollständig neue Industrie entsteht, in der die Grenzlinien zwischen Landwirten, Saatgutentwicklern, Düngemittelfirmen, lebensmittelverarbeitenden Fabriken und den übrigen Teilen des Produktionsprozesses verschwimmen. Diese vertikale Integration unter den biotechnischen Firmen ist ein qualitativer Unterschied zu früheren Formen der Integration. Chemiekonzerne sind heute in der Lage, nicht nur Nahrung aus patentierten Mikroben oder Saaten zu entwickeln, sie verwenden die Biotechnologie auch zur Lebensmittelherstellung selbst. DNS, der genetische Code, ist bereits als ein neues firmeneigenes Kapital beschrieben worden, das patentiert und besessen werden, im Laboratorium entworfen und dazu gebraucht werden kann, Rohstoffe zu ersetzen. Es kann die Laborkosten reduzieren, unberechenbare Variablen wie das Wetter umgehen und eine große Anzahl von seltenen Rohstoffen billig reproduzieren. Der DNS-Code spricht eine Sprache, die jener der Chemie, Pharmazie, Energiewirtschaft, Lebensmittelherstellung ähnelt, und er kann effizient von Firmen genutzt werden, die auf vielen Gebieten der ertragreichen biologischen und chemischen Forschung arbeiten.[18] Gerade weil das Feld der biotechnischen Anwendung so gewaltig ist, sind die weiterreichenden Konsequenzen schwer zu erfassen. Was dabei vor allem nicht in Vergessenheit geraten darf, ist der Unterschied zwischen einer Biotechnik, welche den Lebensmittelertrag *auf den Feldern* erhöht, und der neueren Wissenschaft, welche synthetische Produkte *im Laboratorium* erzeugt. Beide werden tiefgehende Auswirkungen haben, aber es ist die letztere – obwohl offensichtlich noch sehr experimentell und von vielen Wissenschaftlern als Utopie angesehen –, welche die ernsthafteren Folgen nach sich ziehen wird.

Wie die Dampfmaschine und die Elektrizität läutet wahrscheinlich auch die Biotechnologie eine neue historische Ära ein. Sie wird die Lebensweise der Menschen verändern. Sie bietet neue Produkte sowie Methoden, existierende Produkte zu verbessern. Sie öffnet neue Märkte, reduziert die Kosten vieler Industrien und Dienstleistungen, und sie könnte die internationalen Handelsströme verändern. Sie könnte sogar die Struktur nationaler Wirtschaften verwandeln, die Kapitalinvestitionen und das Spektrum wissenschaftlicher Forschung. Sie wird viele neue Arbeitsplätze schaffen und die Voraussetzungen vieler traditioneller eliminieren.

Und die letztgenannte Auswirkung ist natürlich ein bedeutendes Problem für die globale Gesellschaft. Land, natürliche Ressourcen und Arbeit sind seit Jahrtausenden als die Hauptfaktoren ökonomischer Produktion angesehen worden, aber diese Grundannahmen verlieren in dem Maße an Bedeutung, in dem sich die Menschheit zunehmend auf Dienstleistungsindustrien, Laboratorien und automatisierte Fabriken stützt. Angesichts der Notwendigkeit, die Nahrungsmittelproduktion zu erhöhen, *und* der Existenz machtvoller Kräfte, welche sich der neuen Technologie angenommen haben, ist es unwahrscheinlich, daß die biotechnische Entwicklung entscheidend aufgehalten werden wird. Aber wir müssen uns der Aufgabe stellen, die sich daraus ergebende »Trivialisierung« der Landwirtschaft durchzudenken, die Aussicht auf Ernten, die nicht mehr das natürliche Ergebnis der sorgfältigen Arbeit von Millionen unabhängiger Landwirte sind, sondern das Produkt jener Konzerne, welche die Samen und Embryos entworfen haben, auf denen die erwirtschaftete Biomasse beruht.[19] Für den Verbraucher mag das genetisch hergestellte Nahrungsmittel genauso schmecken wie das natürliche; es wird in der Tat genetisch darauf angelegt sein, genauso zu schmecken. Für die Bauern der Welt indessen wird eine solche Revolution in der Nahrungsmittelproduktion sehr vieles verändern. Wie die Weber oder Kutschenbauer des 19. Jahrhunderts drohen sie redundant zu werden.

In der entwickelten Welt wird der Einsatz von Biotechnologie in der Landwirtschaft sehr wahrscheinlich die Spannungen zwischen den drei großen Handelsblöcken verschärfen. Während Japan Nahrungsmittel importiert, erwirtschaften die Vereinigten Staaten und die Europäische Gemeinschaft große landwirtschaftliche Überschüsse. Alle drei Blöcke subventionieren ihre landwirtschaftlichen Sektoren und streiten untereinander über Protektionismus. Dies ist zwar im wesentlichen eine ökonomische Streitfrage, aber sie berührt viele andere Felder. Landwirtschaftliche Autarkie wird in vielen Fällen aus Gründen der nationalen Sicherheit (zum Beispiel in Frankreich) oder über eine kulturelle Tradition (zum Beispiel in Japan) gerechtfertigt. Für diese Subventionen gibt es jeweils eine emotionale Grundlage – die keineswegs auf die Landbewohner begrenzt ist. Die ländliche Familie und das Dorf stehen für Kontinuität, Stabilität und Naturnähe – Werte, die in einer Welt bestürzenden Wandels Schutz verdienen.

Aber es gibt neben diesen emotionalen Bindungen auch handfeste ökonomische Interessen. Obwohl der Prozentsatz der Bevölkerung, der in der Landwirtschaft arbeitet, in den entwickelten Ländern nicht hoch ist – 3 Prozent in den USA, 4,8 Prozent in Westdeutschland, 2,1 Prozent in Großbritannien, 6,7 Prozent in Frankreich, 8 Prozent in Japan, 9,1 Prozent in Italien –, bleiben die Landwirtschaftsverbände enorm einflußreich. Von Wisconsin bis zur Normandie, von Oberbayern bis Kyushu fürchten Politiker, daß sie wenig Chancen haben, wiedergewählt zu werden, wenn sie die heimischen Bauern nicht beschützen. Einkommenshilfen, Subventionen und Preisgarantien, welche den Bauern in den Industrieländern zugebilligt werden, belaufen sich auf etwa 250 Milliarden Dollar im Jahr.

Da die Landwirtschaft ein sehr differenziertes Feld ist, sind die Einstellungen der Landwirte zur biotechnologischen Revolution sehr gemischt. Einige, insbesondere die größeren Grundbesitzer, haben die Produkte, welche die biotechnischen Firmen anbieten, bereits übernommen, während kleinere Bauern gegen den Trend kämpfen oder die neue Technologie nur sehr selektiv einsetzen. Hier gibt es auch große nationale Unterschiede. Aufgrund der liberaleren Politik der Vereinigten Staaten gegenüber biotechnischen Neuerungen war Isoglucosesirup in der Lage, innerhalb von zehn Jahren 30 bis 45 Prozent des amerikanischen Zuckermarkts an sich zu bringen. Im Gegensatz dazu stellte die Europäische Gemeinschaft, die traditionell protektionistischer ist, im Jahre 1979 strenge Quoten für Isoglucosesirup auf. Hätte man dem Produkt auf dem europäischen Markt die gleichen Freiheiten erlaubt wie in Amerika, dann wären Berechnungen zufolge 2,8 Millionen Tonnen Zucker substituiert worden, etwa die gesamte Zuckerernte Westdeutschlands.[20]

Ein zweites Beispiel betrifft die Einführung von Wachstumshormonen bei Kühen. Dies stellt vier der größten Firmen auf diesem Gebiet – Monsanto, Upjohn, Eli Lily und American Cyanamid – gegen die amerikanischen Milchfarmer, oder zumindest gegen die meisten der amerikanischen Milchfarmer. Wäre die Hormondroge breit übernommen worden, so wäre die Anzahl der Kühe, welche benötigt werden, um Amerikas Milchbedarf zu decken, wahrscheinlich bis zum Jahr 2000 von 10,8 auf 7,5 Millionen gesunken. Umgerechnet bedeutete dies, daß die Zahl der Milchviehbetriebe in den USA halbiert worden wäre.[21] Die Reaktion in den Bundesstaaten war sehr unterschiedlich: Wisconsin und Minnesota haben die Anwendung des Wachstumshormons verboten, während Vermont sie zuläßt.

Das wirft natürlich die allgemeinere Frage nach der Auswirkung differenzierter Reaktionen auf neue Technologien auf.[22] Was geschieht, wenn einige Staaten oder Länder neue Methoden fördern, während andere ihnen ablehnend gegenüberstehen? Eine Konsequenz im Zeitalter der multinationalen Konzerne wird sein, daß Firmen ihre Forschungs- und Entwicklungsanstrengungen – und die dazugehörigen Heerscharen junger talentierter Wissenschaftler – in gastfreundliche Länder transferieren, wie es bei der Entscheidung bedeutender deutscher Pharmaunternehmen geschehen ist, die ihre DNS-Forschung in die Vereinigten Staaten verlegt haben, weil es in Deutschland schärfere gesetzliche Beschränkungen gibt.[23]

In der entwickelten Welt gibt es verständlicherweise großes Unbehagen über die Möglichkeit der Produktion von Grundnahrungsmitteln im Laboratorium. Es ist eine Sache, eine genetisch neuentwickelte Tomate zu haben, die schädlingsresistent ist oder nicht so schnell weich wird; es ist etwas ganz anderes, zu erfahren, daß einige Biotech-Firmen Tomatenmark, Orangensaft, Apfelmus oder Tabak im Laboratorium produzieren, ohne daß sie jemals angebaut werden müßten. Selbst wenn diese Forschung im Moment noch rein experimentell ist und dem Hindernis großer Produktionskosten gegenübersteht, sind die Implikationen enorm. Wenn man den traditionellen Zitrus- oder Tabakanbau durch synthetische Produkte ersetzt, betrifft dies Landwirte, Speditionsfirmen, vielleicht sogar die großen Lebensmittelkonzerne selbst.* Sollte diese Entwicklung tatsächlich möglich werden, ist Widerstand aus der herkömmlichen Landwirtschaft zu erwarten.[24]

* Dies in dem Fall, daß die *in-vitro*-Produktion von einer relativ kleinen Biotech-Firma käme und damit die bestehenden Vertriebswege der großen lebensmittelproduzierenden Firmen bedroht wären.

Es wäre durchaus denkbar, daß reichere Nationen mit Nahrungsmitteldefiziten die Biotech-Revolution akzeptieren werden, um Devisen beim Import landwirtschaftlicher Produkte einzusparen, während Länder mit einem Nahrungsmittelüberschuß die neue Technologie mit Rücksicht auf ihre in der Landwirtschaft arbeitende Bevölkerung einschränken werden. Hier tritt natürlich der Kontrast zwischen der Position Japans und jener der Vereinigten Staaten und Europas besonders deutlich hervor. Japans schwierige Geographie ist eine perfekte Voraussetzung für die Förderung der Biotechnologie. Die japanische Bevölkerung ißt zunehmend Fleisch, und daher würden Wachstumshormone für Vieh Japan entgegenkommen und letztendlich vielleicht sogar zur Autarkie im Nahrungsmittelbereich führen. Dies könnte der Grund sein, warum japanische Ministerien sehr engagiert dabei sind, die Millionen von ineffizienten Teilzeitbauern zu entmutigen, während sie gleichzeitig massive Investitionen in die neue Biotechnologie vornehmen – was den Aufkauf von amerikanischen Firmen oder Jointventures mit ihnen einschließt.[25]

Solch differenzierte Reaktionen könnten zu weiteren Spannungen im internationalen Handel führen, da nahrungsmittelexportierende Länder wie Australien und die Vereinigten Staaten feststellen würden, daß ihre Produkte, die von Entwicklungsländern, welche nicht in der Lage sind, sie zu bezahlen, unbedingt gebraucht werden, auf eine zurückgehende Nachfrage bei reicheren Nationen stoßen, die in zunehmendem Maße dazu in der Lage sein werden, ihre eigenen biotechnischen Ersatznahrungsmittel im Lande zu produzieren. Die japanisch-amerikanischen Beziehungen, die bereits durch andere Handelsstreitigkeiten belastet sind, könnten sich nur weiter verschlechtern, sollte Japan aufhören, ein bedeutender Markt für amerikanische Farmexporte zu sein.

Dies alles könnte auch zum Entstehen zweier biotechnologischer »Regime« in der Welt führen. In dem einen würde die genetische Manipulation ermutigt, in dem anderen eingeschränkt. Wie oben angedeutet, würden Investitionen und Arbeitsplätze in jene Gegenden verlegt, in denen die Möglichkeiten, neue Produkte zu schaffen, nicht eingeschränkt werden. Dies würde zu einer Situation führen, in welcher Angehörige des ersten Regimes damit zu kämpfen hätten, die Verzerrungen des technologischen Wandels aufzufangen, während jene unter dem zweiten Regime voller Sorge darüber debattieren würden, ob sie nicht hinter andere Länder der Welt, die das neue technologische Paradigma akzeptieren, zurückfallen könnten.[26]

Hinzu kommt, daß eine breite Akzeptanz der biotechnischen Landwirtschaft, selbst jener der nicht auf Laboratorien basierenden Art, die Nord-Süd-Beziehungen verschlechtern könnte. Sollten innovative Techniken tatsächlich dazu führen, daß sich die landwirtschaftliche Produktion in den Entwicklungsländern erhöht, was zu wachsenden Nahrungsmittelexporten in die industriellen Demokratien führen würde, müßten sich die Bauern in der entwickelten Welt noch bedrohter fühlten als bereits jetzt. Die Lohnkosten in der Viehhaltung oder der Obstproduktion in Brasilien sind sicherlich geringer als in Kansas oder Bayern; wenn aber sinkende Lebensmittelpreise auf dem Weltmarkt viele Bauern in den reicheren Ländern redundant machten, würden diese ihre Konkurrenten in den Entwicklungsländern mit ebensoviel Feindseligkeit betrachten wie Industriearbeiter, welche entdecken, daß die örtliche Fabrik in ein Billiglohnland verlegt wird. Auch hier ist also das vertraute Muster von Gewinnern und Verlierern in Sicht.

Für die Entwicklungsländer selbst bietet die biotechnische Agrarwirtschaft die deutlichste Mischung aus Vorteilen und Nachteilen. Die Lücke zwischen Bevölkerungszuwachs und Gesamtnahrungsmittelproduktion, die in den letzten Jahren entstanden ist, würde wieder verengt werden können, wenn die biotechnische Revolution funktioniert. Sie könnte die Versorgung und den Lebensstandard der ärmeren drei Viertel der Weltbevölkerung verbessern. Sie erlaubt den Anbau in Gegenden der Entwicklungswelt, wo der Boden zu trocken ist, eine zu geringe Tiefe besitzt oder zuviel Salz enthält, um traditionelle Landwirtschaft zu erlauben. Sie könnte in bestimmten Gegenden sehr schnelle Effekte haben, zum Beispiel durch die Erfindung einer Hybridbanane – ein Grundnahrungsmittel in vielen Teilen Afrikas –, welche gegen die Schwarze Sigatoka-Krankheit resistent ist. Die Biotechnologie könnte auch Umweltschäden verhindern, wenn reiche Ernten den Druck auf Grenzertragsflächen aufhöben. Vor allem aber könnte sie die Malthussche Falle, der sich die ärmeren Gesellschaften gegenübersehen, beseitigen.

Überdies könnten Entwicklungsländer und ihre Wissenschaftler substantielle Beiträge zur Biotechnologie leisten, etwas, das auf den Gebieten der Robotik oder der globalen Finanzwirtschaft sehr viel weniger wahrscheinlich ist. Viele biotechnische Projekte sind sehr viel forschungsintensiver als kapitalintensiv, wie im Fall jener vietnamesischen Bauern, welche französische Gewebekulturen einführten und erfolgreich eine neue Kartoffelart in ihrem Land zogen.[27]

Selbst auf teuren klassischen Biotech-Gebieten haben Entwicklungsländer Geld und Arbeitskräfte investiert. China und Indien haben die Anwendung von Biogas vorangetrieben. Es existieren auch Joint-ventures mit Firmen in der entwickelten Welt, zum Beispiel ein Projekt zwischen China und International Embryos, das auf die Anwendung von Embryo-Transfers zielt, oder eine Initiative zwischen Frankreich und Costa Rica, welche die Umwandlung von etwa 140 000 Tonnen Abfallbananen pro Jahr in Tierfutter anstrebt. Joint-ventures gibt es auch zwischen Entwicklungsländern, unabhängig von westlicher Hilfe.[28] All dies sind Einzelbeispiele, aber wenn sich die Tendenz fortsetzt, könnte es zu ernstzunehmenden Resultaten kommen.

Dennoch gefährdet die Biotechnologie auch die Chancen der Entwicklungsländer, ihre wirtschaftliche Lage zu verbessern. DNS-Forschung – genetische Manipulation – bietet die realistischste Aussicht, die Gesamtnahrungsmittelproduktion zu erhöhen, aber sie ist sehr teuer und fast ausschließlich im Besitz der agrochemischen und biotechnischen Firmen in den Industrieländern. Erhöhte Milchleistungen durch Einsatz von gentechnischen Wachstumshormonen für Kühe zu erzielen, ist für die meisten Viehzüchter in den armen Ländern nicht praktikabel, da die Behandlung hochqualifizierte Techniker erfordert und pro Jahr mehr kostet, als viele Leute für Lebensmittel ausgeben. Hinzu kommt, daß behandelte Tiere große gleichbleibende Rationen von Kraftfutter und häufige Injektionen brauchen. Das ist in Ländern nicht einfach durchzuführen, in denen selbst menschliche Impfungen alles andere als Routine sind.[29] Herbizide machen in hochgezüchteten landwirtschaftlichen Bereichen ökonomischen Sinn, aber sie wären zu teuer in Ländern, wo es sehr viel billige Arbeitskraft gibt.

Aber selbst wenn die Bauern in den Entwicklungsländern in der Lage wären, die neueren Methoden der biotechnischen Landwirtschaft zu bezahlen, würden sie von westlichen Firmen abhängig werden, von denen sie die notwendigen Hormone, das Saatgut, Kunstdünger und Herbizide beziehen müßten. In den Worten eines Kritikers wird die »Gen-Revolution« in den Entwicklungsländern wahrscheinlich folgendermaßen ablaufen: Die agrochemischen Konzerne werden genetische Ressourcen aus den Entwicklungsländern abziehen, sie in ihre Laboratorien bringen und weiterentwikkeln, um sie dann später als verbesserte Varianten an die unterentwickelten Länder zu verkaufen – mit beträchtlichem Profit.[30] Es gibt bereits hitzige Vorwürfe, daß die genetischen Ressourcen der Entwicklungsländer durch den »biologischen Imperialismus« großer Firmen ausgebeutet werden.[31]

Schließlich erlaubt die Möglichkeit einer *in-vitro*-Revolution es diesen Firmen in zunehmendem Maße, in ihren Laboratorien Lebensmittel zu produzieren, die traditionell in den Entwicklungsländern hergestellt werden. Es laufen bereits Anstrengungen, nicht nur die genetische Qualität tropischer Früchte für westliche Konsumenten zu verbessern – zum Beispiel Kakao, Palmöl, Vanille und Zukker –, sondern auch, für diese Dinge Ersatzstoffe im Laboratorium zu finden. Solche Ersatzstoffe würden wichtige Quellen des Exporteinkommens für die Entwicklungsländer drastisch einschränken und zu einer Zeit Arbeitsplätze bedrohen, da mehr und mehr 15- bis 20jährige sich auf die Suche nach Arbeit machen. Zuckerrohr zum Beispiel ist durch Isoglucose oder exotische Supersüßstoffe ersetzt worden, obwohl das Naturprodukt für Millionen von Einwohnern in Entwicklungsländern lebensnotwendigen Unterhalt bedeutet. Vanille, ein wichtiges Exportgut Madagaskars (Pro-Kopf-Bruttosozialprodukt 280 Dollar), kann heute von Chemikern hergestellt werden. Barbasco, eine Pflanze, die Steroide produziert, wurde einst in Mexiko angebaut, wird aber heute durch einen chemischen Prozeß hergestellt. Der Export von Kokosnußöl, auf dem der Unterhalt eines Viertels der gesamten philippinischen Bevölkerung zumindest teilweise beruht, ist durch genetisch hergestelltes Soja- oder Rapsöl bedroht.

Wenn es schon für ein Entwicklungsland schlimm genug ist, von einer Monokultur wie Kakao oder Zucker abhängig zu sein, deren Preise am Weltmarkt stark schwanken, so wird es sehr viel schlimmer sein, wenn die ausländischen Verbraucher dieses Produkt nicht länger benötigen, da sie es aus heimischen Laboratorien bekommen können. Die synthetische Produktion von Gummi, sollte sie zur Realität werden, könnte etwa 16 Millionen Menschen in Malaysia, Indonesien und anderen gummiherstellenden Ländern die Arbeitsstelle kosten – mit offensichtlichen Implikationen für die politische Stabilität dieser Staaten.[32]

Langfristig gesehen könnte also die biotechnologische Revolution eine signifikante Verschiebung der landwirtschaftlichen Produktion bedeuten. Die Produktionsstätten würden sich nicht länger in den Entwicklungsländern befinden, was deren Handelsposition weiter verschlechtern, ihre Verschuldung erhöhen und ihre Abhängigkeit von den reicheren Ländern verstärken würde. Und selbst wenn die Entwicklungsländer alle Hindernisse überwinden (den Mangel an Laboratorien, an Wissenschaftlern, an Vertriebssystemen, an patentierter Information) und ihre eigene Produktion im Laboratorium entwickeln könnten, so bedeutete auch dies den Verlust von Millionen von landwirtschaftlichen Arbeitsplätzen und das Risiko von Unruhen unter der ländlichen Bevölkerung.[33]

Noch gehen die Prognosen der Experten, was das Ergebnis des Wettlaufs zwischen dem Bevölkerungswachstum und der landwirtschaftlichen Produktion angeht, weit auseinander. Die globalen Ungleichgewichte in der Ernährung und Gesundheit, die jetzt schon schlimm genug sind, könnten sich noch deutlich verschärfen. Es ist aber auch möglich, daß die Landwirtschaft aufgrund der neuen Technologien an der Schwelle eines weiteren großen Produktivitätssprunges steht, der alle Untergangsprophezeiungen Lügen straft.[34] Aber selbst wenn das zuträfe, das Füllhorn würde sich sicher nicht gerade über all denen ausleeren, die Nahrung so notwendig brauchen. Millionen von traditionellen Landwirten – in den Industrie- ebenso wie in den Entwicklungsländern – würden auf jeden Fall durch die neuen Techniken schwer getroffen. Die Landwirtschaft, wie wir sie kennen, scheint keine Zukunft zu haben.

Paradoxerweise bietet also die Biotechnologie die Aussicht, unser globales Dilemma sowohl zu erleichtern als auch zu komplizieren. Es kann keinen Zweifel geben, daß die Welt weiterhin auf eine Steigerung der landwirtschaftlichen Produktivität angewiesen ist. So wie wir uns heute nicht mit den landwirtschaftlichen Methoden der 1940er ernähren könnten, so können wir kaum erwarten, daß der zunehmende globale Bedarf in dreißig oder vierzig Jahren mit unseren gegenwärtigen Techniken, Nahrungsmittel zu erzeugen, befriedigt werden kann. Ohne eine weitere landwirtschaftliche Revolution sieht das Schicksal der Völker in den unterentwickelten Ländern düster aus. Deshalb wirkt die Biotechnologie trotz aller Einschränkungen als Lösung so attraktiv, und sie wird sicher weitere Fortschritte machen. Der Geist ist aus der Flasche heraus und beeinflußt unser Leben in vieler Hinsicht. Sehr viel weniger klar ist, ob unsere globale Gesellschaft die ökonomischen und sozialen Konsequenzen einer Umstellung auf biotechnologische Agrarwirtschaft und Lebensmittelherstellung verkraften kann. So wie es im Moment aussieht, ist das nicht wahrscheinlich.

Kapitel 5

Robotik, Automatisierung und eine neue industrielle Revolution

Die von Dampfkraft getriebenen Manufakturen, die sich im späten 18. und frühen 19. Jahrhundert über Nord- und Mittelengland auszubreiten begannen, zogen natürlich die Aufmerksamkeit vieler Ausländer auf sich. Mit Faszination, Begeisterung und manchmal auch Sorge beobachteten europäische und amerikanische Besucher die glückliche neue Welt der industriellen Produktion, in welcher Dampfmaschinen Hitze in Arbeitskraft verwandelten. Was Beobachter an diesen Maschinen besonders beeindruckte, war, daß sie »schnell, gleichmäßig, präzise, ermüdungslos« arbeiteten.[1] Hielt man den Nachschub an Kohle aufrecht und wartete man die Maschinen zuverlässig, so wurden sie nie müde, wie das bei Menschen, Ochsen und Pferden der Fall war, wenn ihre »belebte« Energie sich erschöpfte. Maschinen konnten den ganzen Tag arbeiten und auch durch die Nacht; sie konnten ohne Unterlaß auf Wochen arbeiten, wenn dies notwendig war.

Aber die wirkliche Bedeutung der industriellen Revolution – und der Grund, warum die Beobachter ihr so ehrfurchtsvoll gegenüberstanden – lag in der Tatsache, daß diese dampfkraftgetriebenen Maschinen und ihre menschlichen Diener im Rahmen eines *Fabriksystems* arbeiteten. Bis dahin waren die meisten Formen der Manufaktur dezentralisiert gewesen, die Beschäftigten arbeiteten meist zu Hause, die städtischen Kerzendreher ebenso wie die ländlichen Weber, und sie wurden gewöhnlich pro Stück bezahlt. Speziellere Gewerke von Töpfern bis zu Näherinnen waren ähnlich organisiert. Selbst die größten Projekte – der Bau eines Kriegsschiffes oder eines Palastes – waren gewissermaßen in ihre Einzelheiten zerfallende, wenig strukturierte Unternehmungen gewesen und immer den verschiedensten Unterbrechungen unterworfen. In einem Fabriksystem indessen wurden die Arbeiter zusammengefaßt und gezwungen, in standardisierter Form nach einem Rhythmus zu arbeiten, der von den Maschinen bestimmt wurde; sie arbeiteten in festen »Schichten« von zehn, zwölf oder mehr Stunden, und sie wurden nach Stunden bezahlt. Da die Bedürfnisse der Maschinen über allem standen, mußten die Arbeiter in der Nähe der Fabrik leben, in Reihenhäusern, die meistens von dem Unternehmer gestellt wurden. So zeugte das Fabriksystem ein städtisches Proletariat, dessen Folgegenerationen weniger und weniger von der präindustriellen Lebensweise ihrer Vorfahren wußten.

Es ist nicht schwer zu verstehen, warum ausländische Beobachter die neue Form der Manufaktur sowohl mit Sorge als auch mit Faszination beobachteten. Die industrielle Revolution, das war deutlich, stärkte die Macht Großbritanniens, insbesondere während der Zeit der Französischen Revolution und der Napoleonischen Kriege, als blühende Exporte die Koalitionskräfte in ihrem gewaltigen Kampf gegen Frankreich stützten.[2] Den Beobachtern war auch deutlich, daß jedes Land, welches in der Lage war, das britische System zu imitieren, ebenfalls einen Zuwachs an Produktivität und nationaler Macht erleben würde, während Staaten, die nicht in der Lage waren, die Wirtschaft zu industrialisieren, die Verlierer sein würden. Die Industrialisierung gab daher der uralten Konkurrenz zwischen den großen Mächten eine neue Wendung.

Ein zweiter und umfassenderer Grund zur Sorge war der Gedanke daran, welche Wirkungen die Industrialisierung auf die Gesellschaft der einzelnen Staaten haben mußte. Die klappernden, dampfenden neuen Maschinen mochten wunderbar anzusehen sein, aber das konnte nicht darüber hinwegtäuschen, daß die Arbeit in einer Fabrik die Hölle war – nicht nur wegen der ungesunden Arbeitsbedingungen, sondern auch wegen des strengen Arbeitsregiments. Konnten die bäuerlichen Bewohner des Rheinlands oder Schlesiens in ein in der Stadt wohnendes Proletariat verwandelt werden, ohne daß es zu sozialen Umwälzungen kam? Schlimmer noch, wie sollte man mit der Masse von Handwerkern, Webern und anderen umgehen, die ihre Arbeitsplätze an das Fabriksystem verlieren würden? Was war mit den einflußreichen Zünften, die sich gegen diese Entwicklung zur Wehr setzen würden?[3] Die meisten Staaten standen vor einem Dilemma. Der englischen Praxis nicht zu folgen, hieß, große Probleme auf sich zu laden; die Engländer zu imitieren, bedeutete tiefe Veränderungen in Lebensweise und Arbeitsform.

Es lohnt, sich an dieses Dilemma zu erinnern, weil wir zwei Jahrhunderte später wahrscheinlich am Rande einer weiteren revolutionären Veränderung in der Art, wie industrielle Güter hergestellt werden, stehen – ein Wandel, der dieses Mal nicht von England, sondern von Japan angeführt wird und der den Ersatz von Menschen durch Roboter und Automaten betrifft. Seit zweihundert Jahren ist die industrielle Herstellung von Gütern ständig verbessert worden; aber wie immer die Innovation von Taylor und Ford, die Fließband- oder Gruppenarbeit beschaffen war, das Schlüsselelement war die Tatsache, daß Menschen an einer Arbeitsstelle zum Arbeiten zusammenkamen. Jetzt sind wir Zeugen einer technologiegetriebenen Revolution, die mit diesem alten Prozeß bricht. Das Ersetzen von Fabrikarbeitern durch Roboter mündet in eine Automatisierung, die mehr und mehr Menschen aus der Fabrik herausnimmt, bis schließlich nur noch einige wenige beaufsichtigende Ingenieure bleiben. Wenn dieses Ziel erreicht ist, hat sich der Kreis geschlossen. Die industriellen »Leibeigenen« des Fabriksystems, deren Arbeitsbedingungen die ausländischen Beobachter im England der 1820er entsetzte, werden schließlich vollständig durch Roboter ersetzt worden sein, ein Begriff, dessen linguistische Wurzel das tschechische Wort für Leibeigener ist (»Robotnik«).[4]

Wie die Dampfkraft selbst hat die Robotik viele Anwendungsmöglichkeiten unterschiedlicher Komplexität. Läßt man einfache Apparate beiseite, die nicht vom Computer kontrolliert sind, und wendet sich nur den *programmierbaren* Maschinen zu, so gibt es immense Unterschiede in der technischen Leistungsfähigkeit zwischen industriellen Robotern, Feldrobotern und intelligenten Robotern. Die ersten sind feststehende Maschinen mit Manipulatoren, die darauf ausgerichtet sind, unterschiedliche Aufgaben automatisch zu erfüllen – zum Beispiel Schweißen oder Sprühlackieren. Feldroboter dagegen sind darauf ausgerichtet, in einer unstrukturierten Umgebung zu operieren, und sie besitzen Sensoren, um ihnen Bewegung zu erlauben, Reaktionen auf Hindernisse und so weiter; sie werden oft gebraucht, wenn es um Operationen geht, die zu schwierig oder gefährlich für Menschen sind, wie zum Beispiel die Minensuche, Feuerbekämpfung, die Behandlung verpesteter Pflanzen oder Arbeiten unter dem Wasser; einige von ihnen sind ferngesteuert. Und schließlich gibt es das neue, aufregende Feld der intelligenten Roboter der dritten Generation, experimentelle computerisierte Maschinen, die darauf angelegt sind, künstliche Intelligenz zu nutzen (die sogenannten »knowledge-based systems«), um Probleme wie Menschen zu lösen.[5]

Offensichtlich sind die Roboter einer wirklichen Ersetzung von Menschen um so ferner, je komplexer und teurer eine Aufgabe ist. Die große Mehrheit der industriellen Roboter wird in Automobilfabriken eingesetzt – sie schneiden Metall zu, schweißen, lackieren. Dies ist einleuchtend, da diese Industrie das klassische Beispiel der Fließbandproduktion und des Montagesystems ist, welche ihre Arbeiter zu eintönigen, repetitiven Bewegungen zwang, sie in Automaten verwandelte.[6] Dasselbe trifft auf die Montage von Komponenten eines Radios oder CD-Spielers zu. Arbeitsplätze, die unabhängige, eigenständige Handlungen fordern, wie die von Schullehrern oder Polizisten, werden nicht von Maschinen ersetzt werden. Anwälte, Ärzte und Professoren werden dafür sorgen, daß die Automatik nicht in ihre Felder einbricht.

Obwohl der Hauptteil dieses Kapitels die potentielle Wirkung der industriellen Roboter diskutieren wird, ist es wichtig festzuhalten, daß der Gebrauch von Feldrobotern und intelligenten Robotern ebenfalls durch ökonomische Erwägungen beeinflußt wird. In den Vereinigten Staaten, wo die Kosten der medizinischen Versorgung in einer endlosen Aufwärtsbewegung zu sein scheinen, untersuchen Krankenhäuser den Kauf von Robotern, die in der Lage sind, Proben in einem Laboratorium zu bewegen, Operationsinstrumente zu desinfizieren und Medikamente herauszusuchen und zuzustellen.[7] Und weil es ebenfalls Hunderte von Milliarden von Dollar kosten wird, die Mülldeponien in Amerika aufzuräumen, sieht man auch hier ein Arbeitsfeld für Roboter, besonders auf dem Gebiet des gesundheitsgefährdenden Sondermülls. Feldroboter wurden entwickelt, um die verstrahlte Atomanlage von Three Mile Island nach dem Unfall von 1979 zu untersuchen, ihr Proben zu entnehmen und sie schließlich zu säubern. Weitere Maschinen sind für die Raumfahrt, den Tiefseebergbau entwickelt worden, sogar für die Sicherheit. Die letzteren arbeiten als »Posten-Roboter«, sie sind mit Sensoren ausgerüstet, um Eindringlinge zu identifizieren, und mit Alarm- oder Kommunikationssystemen verbunden.[8]

In den Vereinigten Staaten und Europa hat sich die Aufmerksamkeit vor allem auf die exotischen Roboter konzentriert: Maschinen, die über die Mondoberfläche fahren oder Schach spielen können. Diese Forschung ist sicher sehr wichtig, aber die Faszination für die Jules-Verne-artigen Roboter lenkt von der Automatisierung in der herstellenden Industrie ab. Sie zielt darauf, Verbesserungen in der Effizienz und Produktivität zu erreichen. Industrielle Roboter zur Fertigung oder zum Metallzuschneiden mögen weniger interessant erscheinen als Roboter, die Schach spielen, aber ihre langfristige Wirkung – auf ökonomischem und demographischem Gebiet – verspricht sehr viel signifikanter zu sein.

Bevor wir uns diese Effekte ansehen, sollten wir indessen zu verstehen versuchen, warum einige Industriegesellschaften sich der neuen Maschinen angenommen haben, während andere sie mehr oder minder ablehnen. Warum ist insbesondere Japan in der Robotik führend, während die Vereinigten Staaten, die viel zur ursprünglichen Robotertechnologie beigetragen haben und deren Wissenschaftler noch immer neue Ideen für die zukünftige Robotik entwikkeln, es zugelassen haben, daß ihr Anteil an diesem Industriezweig zurückgegangen ist? Auf den ersten Blick ist Japans Überlegenheit auf dem Gebiet der Roboter ein weiteres Beispiel für etwas, das in verwandten Industrien wie im Automobilbau, bei den Mikroprozessoren, Computern und in der Elektronik im allgemeinen geschehen ist. Japan besitzt viele Stärken: eine hochausgebildete Arbeitnehmerschaft, ein langfristiges Denken in den Schlüsselindustrien, reichlich Kapital mit geringer Zinsbelastung, hohe Investitionen in Forschung und Entwicklung, viele Ingenieure und einen Ehrgeiz, hochqualitatives Design und supereffiziente Produktionsformen zu entwickeln. Die mörderische Konkurrenz unter den Firmen in Japans Automobil- und Elektronikindustrie hat dazu beigetragen, daß die Firmen stark in neue Maschinen investiert haben, um die Produktivität zu erhöhen. Eine von der Regierung gestützte Leasing-Gesellschaft (JAROL) wurde zum Ratgeber der Firmen und bot gleichzeitig Maschinen zu geringen Kosten an; und die Roboter wurden sorgfältig in eine Fabrikkultur integriert, die bereits die »just-in-time«-Fertigungstechnik anwandte.[9]

In den Vereinigten Staaten waren die Bedingungen trotz der frühen Durchbrüche, welche von Gesellschaften wie Unimation oder Cincinnati Milacron erzielt wurden, weit weniger günstig. Die »hands-off«-Politik der Regierung gegenüber der Industrie bedeutete, daß von dieser Seite keine Hilfe zu erwarten war. Zu JAROL gibt es in Amerika nichts Vergleichbares. Kapital war in Amerika zu weit schlechteren Bedingungen zu bekommen als in Japan oder Deutschland, und die amerikanischen Firmen standen unter dem Druck der Wall Street, hohe Profite zu erwirtschaften (auch wenn das zu Lasten der Investitionen ging). Nach einer anfänglichen Begeisterung für automatisierte Fertigung bei den wichtigsten Automobilgesellschaften fielen die Investitionen von der Mitte bis zum Ende der 80er Jahre scharf ab.[10] Das Resultat war eine drastische Auslese in der Robotik-Industrie. Mehr als die Hälfte der etwa fünfzig Firmen, die noch 1985 Roboter herstellten, waren 1990 verschwunden.[11] Die überlebenden wurden entweder von ausländischen Gesellschaften aufgekauft oder waren gezwungen, mit ihnen zu verschmelzen. 1991 gab es keinen einzigen unabhängigen amerikanischen Roboterhersteller mehr.

Dieser Vorgang wiederholte nur die Geschichte anderer amerikanischer Industrien, aber die unterschiedliche Reaktion Japans und Amerikas auf die Robotik war von einem Sonderfaktor beeinflußt, von der Demographie. Japans Hauptmotiv für die Automatisierung war ein ernsthafter Mangel an Facharbeitern, der bereits Mitte der 1960er eintrat und den Exportboom des Landes bedrohte. Die demographische Entwicklung seit dieser Zeit hat das Problem eher verschärft. Die ökonomischen Vorteile eines Einsatzes industrieller Roboter sind jetzt noch eindeutiger, da die Kosten des Robotereinsatzes scharf zurückgegangen sind und die Zeit, welche für die Amortisierung der ursprünglichen Investition gebraucht wird, dementsprechend geschrumpft ist. »Wenn ein Roboter einen Arbeiter für eine Schicht pro Tag ersetzt, zahlt er sich in etwa vier Jahren aus. Wenn ein Roboter für zwei Schichten eingesetzt wird, zahlt er sich in zwei Jahren aus, und wenn er vierundzwanzig Stunden am Tag läuft, in nur einem Jahr.«[12]

Dennoch hätte die automatisierte Fertigung nicht so leicht eingeführt werden können, wenn es nicht die spezielle Struktur der japanischen Industrie gegeben hätte und ihre Besonderheit im Verhältnis zwischen Management und Arbeiterschaft. Die meisten großen Firmen in Japan betreiben eine Politik der lebenslangen Beschäftigung, so daß ein Arbeiter, dessen Arbeitsplatz von einem Roboter übernommen worden ist, seine Arbeit nicht verliert. Er wird neu ausgebildet und innerhalb der Firma an anderer Stelle eingesetzt. Darüber hinaus wurden die Roboter am Anfang in stark repetitiven oder gefährlichen Arbeitsbereichen eingesetzt, zum Beispiel beim Zuschneiden von Metall, beim Punktschweißen, beim Lackieren, beim Transport von Ersatzteilen. Dies befreite die Arbeiter von unangenehmen Aufgaben und versprach eine verstärkte Produktivität, die sich in den jährlichen Prämien niederschlug. Schließlich arbeiten die japanischen Gewerkschaften traditionell gut mit dem Management zusammen: Wenn Roboter Toyota oder Kawasaki-Schwerindustrie halfen, die Konkurrenz aus dem Feld zu schlagen, dann wurden sie wärmstens willkommen geheißen.

Auf diese Weise umging die japanische Industrie ihr Problem des Arbeitskräftemangels, ohne den sozialen Frieden zu gefährden. Sie vermied auch den Weg, den deutsche Firmen gingen – oder auch Gesellschaften in New York und Kalifornien –, nämlich hohe Zahlen von Gastarbeitern ins Land zu holen. Japan blieb auf diese Weise bei seiner Linie rassischer Homogenität, da mechanische

»Leibeigene« bestimmte Arbeiten übernahmen, während japanische Facharbeiter für andere Aufgaben ausgebildet wurden. Was immer an Migration von Süden nach Norden in der Zukunft stattfinden wird, Japan ist fest entschlossen, daran sehr viel weniger Anteil zu haben als die Vereinigten Staaten oder Europa, während es trotz allem seine industrielle Konkurrenzfähigkeit absichert.

Der Kontrast zu der amerikanischen Erfahrung könnte nicht deutlicher sein. Obwohl die steigenden Arbeitskosten die amerikanischen Automobilfirmen dazu brachten, im Laufe der frühen 80er in Roboter zu investieren, gibt es in Amerika keinen allgemeinen Facharbeitermangel. Im übrigen liegen die Durchschnittslöhne inzwischen beträchtlich unter denen in Japan. Darüber hinaus erweisen sich Roboter oft als enttäuschend. Um sie effektiv einsetzen zu können, braucht es signifikante Veränderungen in der Fabrikanlage und im Design von Produkten, die es dem Roboter erlauben, ihr Potential zu entfalten. Je entwickelter der Roboter ist, desto mehr Neudesign und Umstrukturierung benötigt er, so daß sich viele amerikanische Firmen entschlossen, an älteren Methoden festzuhalten. Mit anderen Worten, es gab in Amerika keinen zwingenden demographischen Grund, Roboter einzuführen, selbst wenn das Resultat ein geringerer Produktivitätszuwachs war als im konkurrierenden Japan.

Schließlich sehen die amerikanischen Gewerkschaften die Roboter als eine Bedrohung der Arbeitsplätze ihrer Mitglieder, ein Verdacht, der durchaus gerechtfertigt ist, da in der amerikanischen Industrie Arbeiter gewöhnlich nicht umgeschult werden, deren Jobs redundant geworden sind. Nach der Rezession von 1981/82 zum Beispiel wurden mehr als 2 Millionen Amerikaner, deren Fachausbildung überholt war, entlassen. In Städten wie Pittsburgh wurden im Laufe der 80er Jahre Hunderttausende von Facharbeitern gefeuert.[13] Während Maschinen, die solch harte Arbeiten wie das Schweißen übernahmen, toleriert wurden, hat die amerikanische Arbeiterbewegung im allgemeinen Robotern Widerstand entgegengesetzt – und das wissen die großen Konzerne.

Daher besitzt Japan jetzt die eindeutig dominierende Stellung auf dem Gebiet der Robotik:

Tabelle 5-1

Zahl der Industrieroboter (Ende 1988)[14]

Japan	176 000
Westeuropa	48 000
USA	33 000
Osteuropa, Südostasien, Rest der Welt	23 000
Gesamt	280 000

Da Japan auch seit 1988 sehr viel mehr in die Robotik investiert hat als jedes andere Land, ist sein Vorsprung noch gewachsen. Mit nur drei Zehnteln von einem Prozent der Landfläche der Welt und nur 2,5 Prozent der Weltbevölkerung besitzt Japan etwa 65 oder 70 Prozent der Industrieroboter auf der Welt.[15] Das erinnert an jene andere Insel, das viktorianische Britannien, das einst fünf Siebentel des Weltstahls und 50 Prozent des Eisens produzierte.

Wie signifikant sind die Produktionszuwächse, die aus der Automatisierung erwachsen? Vor ein paar Jahren baute Nissan seine Automobilfertigung in der Umgebung von Tokio aus. Die Firma setzte eine hochentwickelte Montagetechnik ein, die sich ganz auf Roboter stützte. Vorher dauerte es elf Monate und kostete Nissan 4 Milliarden Yen, um die Karosseriefertigung für ein neues Automodell umzurüsten; jetzt ist der Zeitbedarf nur noch ein Viertel des früheren, und die Kosten betragen ein Drittel[16] – was der Hauptgrund dafür ist, warum die japanische Produktivität in der Autoherstellung noch immer ansteigt. Vielleicht kommt die berühmte FANUC-Fabrik in der Nähe des Fujijama der »Fabrik der Zukunft« am nächsten. Vor 1982 produzierte eine »Arbeitnehmerschaft« von 108 Menschen und 32 Robotern etwa 6000 Wellen- und Stellmotoren im Monat. Nach einer radikalen Automatisierung der Fabrik arbeiten dort nur noch 60 Menschen, aber 101 Roboter, und sie produzieren 10 000 Motoren im Monat – ein Produktivitätssprung um das Dreifache, welcher die ursprüngliche Investition reichlich wieder hereinbringt. Aber selbst das wird vom Management FANUCs nur als ein Zwischenschritt zur vollen Automatisierung betrachtet.[17]

Kurzfristig sind die Produktivitätszuwächse durch Automatisierung weniger erheblich, aber über einen längeren Zeitraum werden sie signifikant. Und sie schaffen nicht nur einen stetigen Auftragsfluß für die japanische Roboterindustrie, sondern auch eine kumulative Steigerung in der Qualität und Effizienz der japanischen Fertigung. Roboter brauchen keine Heizung oder Klimaanlage; sie können im Dunkeln arbeiten und Elektrizität sparen; sie werden nie nachlässig oder müde. Sie tragen zu größerer Flexibilität in der Fertigung bei, da sie für unterschiedliche Aufgaben und neue Modelle reprogrammiert werden können. Da ihre Bewegungen vollkommen kontrolliert sind, verschwenden sie kein Material – Lakkierroboter zum Beispiel verbrauchen bis zu 30 Prozent weniger Farbstoff als menschliche Arbeiter.

All dies deutet darauf hin, daß wir vielleicht die Zeugen des Beginns einer neuen industriellen Revolution sind, welche die vollständige Automatisierung des Fertigungsprozesses ankündigt. In vieler Hinsicht sind die Ähnlichkeiten zwischen der Dampfmaschine und dem Roboter auffallend. Beide stellen eine neue Herstellungsmethode dar, die zugleich die physischen Anstrengungen der Arbeiter reduziert *und* die allgemeine Produktivität erhöht. Dies ist ein Prozeß, der neue Arbeitsplätze schafft und viele andere verdrängt – ein Antrieb nicht nur für den sozialen Wandel, sondern auch für eine neue Definition der Arbeit.[18] Wie die Dampfmaschine beeinflußt die Robotik die internationale Konkurrenz, sie hebt die Pro-Kopf-Produktion der Nationen, die in die neue Technologie investieren, und sie schwächt auf längere Sicht die relative Position von Gesellschaften, die nicht in der Lage sind, dies zu tun.

Eine weitere Ähnlichkeit scheint in dem enormen Eindruck zu liegen, den die neue Technologie auf Besucher und Beobachter macht. Wie die verblüfften Betrachter von Großbritanniens frühen dampfgetriebenen Fabriken scheinen ausländische Besucher* der automatisierten Fabrik der FANUC vom Anblick der Roboter geradezu erschüttert. Die Maschinen bewegen sich im Inneren des Gebäudes herum, sie klicken und sirren bei ihren Lötarbeiten, sie

* Etwa 2000 Menschen besichtigen die FANUC-Fabriken pro Monat, was diese zu einer der populärsten industriellen Sehenswürdigkeiten in der Welt macht.

kontrollieren ihre Arbeit mit Kameraaugen, sie reichen Gegenstände von einem Roboter zum anderen weiter, sie arbeiten auch nachts, wenn das elektrische Licht heruntergeschaltet wird ... [19]
Wie die Dampfmaschine damals in Großbritannien ist der Roboter ein zugleich erschreckender und vielversprechender Anblick.

Da sich die Robotik noch in den Kinderschuhen befindet und zudem stark auf ein Land konzentriert ist, gibt es über ihre Implikationen für die entwickelte und die sich entwickelnde Welt in, sagen wir, dreißig Jahren sehr viel weniger Untersuchungen als über den biotechnologischen oder demographischen Wandel. Trotz der Publizität, die FANUCs Wunderrobotern entgegengeschlagen ist, blieb der Einsatz der Roboter in der japanischen Fertigung unspektakulär und fast leise, während Fabrik nach Fabrik zusätzliche Maschinen installiert. Dies ist sehr viel weniger schlagzeilenträchtig als Durchbrüche in der Raumfahrt oder bei den Supercomputern. Es ist interessant, daß nur wenige amerikanische Politiker dieses Ungleichgewicht so laut beklagen wie Amerikas Abhängigkeit von im Ausland gefertigten Chips oder Laptop-Computern. Dabei ist die amerikanische Industrie zunehmend auf japanische Roboter angewiesen. Sogar der Begriff »Robotik-Revolution« wird von vielen amerikanischen Unternehmen angezweifelt, die Probleme bei ihrem Einsatz gehabt haben oder wenig Vorteile in ihnen sehen, da die Arbeit in den USA noch relativ billig ist.

Innerhalb der entwickelten Nationen werden die Roboter wahrscheinlich dort die größten Fortschritte machen, wo eine starke »Ingenieurskultur« besteht, wo es einen hohen Lebensstandard und damit hohe Lohnkosten und eine geringe Zahl an verfügbaren Facharbeitern gibt. Auf das mit großem Abstand führende Japan folgen Deutschland und Schweden, die beide traditionell im Werkzeugmaschinenbau, in der Elektronik und in hochqualitativen Automobilen stark sind. Die Robotik hat sehr viel geringere Chancen in Ländern, wo Investitionen in die Fertigung niedrig sind, oder wo die Gewerkschaften die Roboter als Arbeitsplatzvernichter fürchten. Die Robotik wird auch in den Staaten der früheren Sowjetunion kaum Fortschritte machen, obwohl die UdSSR Zehntausende von Industrierobotern zu besitzen behauptete. Eine hochstehende Robotikindustrie kann in einer Wirtschaft, die auf dem Gebiet von Computern und Mikroprozessoren auf einem veralteten Standard ist, nicht effizient funktionieren. Angesichts von Millionen von Sowjetbürgern, die Arbeit suchen, sind Roboter überdies das Letzte, was diese Staaten brauchen. Die Investitionen in die Automatisierung und die demographischen und sozialen Strukturen eines Landes scheinen für die Robotik immer den Schlüssel zu liefern.

Da die Automatisierung die Fertigungsproduktivität erhöht, stärkt sie die relative Macht von Firmen und Nationen, die automatisieren und zugleich die sozialen Konsequenzen auffangen können. In dem globalen Wettlauf um Marktanteile in den drei großen ökonomischen Zonen Nordamerikas, Europas und Ostasiens droht die Robotik, die bereits signifikante Produktivitätslücke zwischen den Nissans und Toyotas auf der einen Seite und den Peugeots, Fiats und Chryslers auf der anderen zu erweitern. Während europäische Bürokraten und amerikanische Autobauer sich fieberhaft darum bemühen, der ostasiatischen Herausforderung auf dem Gebiet der Fertigung und Hochtechnologie dadurch zu begegnen, daß sie Importbeschränkungen durchsetzen, um sich selbst eine Atempause von fünf bis zehn Jahren zu geben, in der sie den Vorsprung aufholen können, macht die Robotik diese Aufgabe schwieriger, vielleicht unmöglich – dies zumindest, solange die japanischen Firmen mehr als alle anderen auf der Welt in die Zukunft investieren. Die letzte Konsequenz der Robotik wird also wahrscheinlich eine weitere Verschiebung der globalen ökonomischen Gewichte sein, weg von Großbritannien, Frankreich, Italien und den Vereinigten Staaten und hin zu Japan und Deutschland.

In Europa und den USA ist die Robotik viel sporadischer und zögernder entwickelt worden als in Japan, aber diese Länder sind natürlich sehr viel besser darauf vorbereitet, in die Roboterkonkurrenz einzutreten – zumindest in den Begriffen ihrer physischen und intellektuellen Reserven –, als die Gesellschaften in der sich entwickelnden Welt. Wie auf den Gebieten der Weltfinanz, der Biotechnologie und der multinationalen Konzerne haben wir hier wiederum eine technologiegetriebene Revolution vor Augen, die Verlierer und Gewinner nach sich ziehen wird – wobei die Verlierer oftmals für immer am Ende der Entwicklung stehenbleiben werden.

Da sich einige wenige Entwicklungsländer von der »Dritten« Welt zu lösen und die »Erste« Welt einzuholen scheinen,* wird sich die nun folgende Diskussion auf das Schicksal der wirklich armen, überbevölkerten Gesellschaften Südasiens, Afrikas und Zentralamerikas konzentrieren, nicht auf die NICs von Ostasien, die sich in einer anderen Kategorie befinden. Außer für Taiwan** gibt es keine Zahlen über Robotik in den NICs, aber sie werden wahrscheinlich große Ähnlichkeiten mit den Zahlen in einem allgemeineren Technologieindex wie der Halbleiterproduktion haben. Auf dem Gebiet machen Korea, Taiwan, Singapur und Hongkong sehr schnelle Fortschritte, weil ihre Regierungen die Elektronik und die Computer als Schlüsselindustrien für ein exportorientiertes Wachstum ins Auge gefaßt haben. Da die japanischen Konkurrenten sehr viel Geld in die Robotik investiert haben – um die niedrigen Lohnkosten in den NICs wettzumachen –, mag dies die letzteren ermutigen, ebenfalls auf die Automatisierung zu setzen. Das lohnt sich offensichtlich nicht in Ländern, wo die Löhne niedrig bleiben; aber die explosionsartige Erhöhung der Lohnkosten in den letzten Jahren zum Beispiel in Südkorea und der stetige Niedergang in der Geburtenrate könnten das schnell ändern.

Für die Automatisierung braucht ein Entwicklungsland überschüssiges Kapital, eine große Anzahl an Ingenieuren und Wissenschaftlern und eine Facharbeiterknappheit, die neue Formen der Herstellung erzwingt. Die Entwicklungsländer besitzen indessen wenig Kapitalreserven, und die Zinszahlungen auf die internationalen Schulden führen zu einem Kapitalabfluß, der die Akkumulation ausreichender Reserven unwahrscheinlich macht. Auch haben sie relativ wenige Ingenieure und Wissenschaftler.[20] Und schließlich

---

* Siehe Kapitel 10: »Gewinner und Verlierer in der Entwicklungswelt.«

** 1988 besaß Taiwan 682 Industrieroboter, was europäische Staaten wie die Schweiz, Österreich und Norwegen bereits übertraf.

ist ihr Hauptproblem eine massive Arbeitslosigkeit, so daß es keinen ökonomischen oder sozialen Grund gibt – zumindest aus der Sicht ihrer vor gewaltigen Schwierigkeiten stehenden Regierungen –, arbeitssparende Systeme einzuführen.

Da es wenig wahrscheinlich ist, daß eine einheimische Robotik-Industrie in der Entwicklungswelt entstehen könnte, stellt sich die Frage, ob die multinationalen Konzerne eine automatisierte Fertigung in diesen Ländern einführen könnten, um eine billigere Produktion zu erreichen? Schließlich haben einige der weniger entwickelten und bevölkerungsreichsten Länder Asiens – Indonesien, Thailand, Malaysia, China – selbst eine schnelle Industrialisierung erlebt, schneller als irgendwo sonst auf der Welt. Das Wachstum basiert vor allem auf der Ansiedlung von Fertigungsanlagen in diesen Ländern durch Konzerne wie Fujitsu und Motorola, um sich die niedrigen Lohnkosten dort zunutze zu machen. Fertigteile von zum Beispiel Radios oder Plattenspielern werden zu einer Anlage der Firma in Südostasien geschickt, wo sie zusammengebaut und für den Wiederexport verpackt werden. Das verbessert die Zahlungsbilanz des betreffenden Entwicklungslandes, aber es schafft auch eine ungewöhnliche Beschäftigungsstruktur, da diese Elektronikfirmen fast nur ungelernte oder halbgelernte Arbeiterinnen beschäftigen.[21] Das Problem frustrierter junger Männer, die keine Arbeit finden, bleibt und mag sich sogar noch verschärfen. Darüber hinaus schafft eine solche Arbeitsmarktstruktur wenig Anreize für die Ausbildung von einheimischen Wissenschaftlern und Ingenieuren.

Nichtsdestoweniger erbringt die Industrialisierung generelle Vorteile für Südostasien – ein exportgetriebenes Wirtschaftswachstum, einen höheren Lebensstandard, eine steigende Zahl von zahlungskräftigen Konsumenten –, dies besonders, wenn man Südostasien mit Afrika oder dem Nahen Osten vergleicht, wo Investitionen von multinationalen Konzernen fast nicht existieren. Auch wenn diese Entwicklungsländer »darauf beschränkt werden, Teile von Hightech-Ausrüstung zusammenzusetzen, die vor allem für den Verbrauch in den industriellen Ländern bestimmt sind,«[22] ist das besser als gar keine industrielle Entwicklung.

Gibt es die Möglichkeit, daß multinationale Konzerne in ihre Montagehallen in den Entwicklungsländern automatisierte Fertigung einführen? Angesichts der Strukturen in der Robotik-Industrie ist das im Moment unwahrscheinlich, da es eine Facharbeitnehmerschaft voraussetzen würde (Systemingenieure, ausgebildete Aufsichtskräfte), welche in den meisten Entwicklungsländern nicht existiert; es würde ebenfalls eine adäquate Infrastruktur voraussetzen, von ausreichender Elektrizität bis zur Telekommunikation, vom Wasser bis zu Straßen und Häfen, welche in vielen ärmeren Ländern fehlt. In jedem Fall gibt es kaum ein Motiv, Roboter einzusetzen, wenn ein Land wie zum Beispiel Indonesien seinen Vorteil an billiger Arbeitskraft erhält.

Die letzte Ironie – und eine schreckliche Möglichkeit der Zukunft – läge darin, daß Billiglohnfabriken, welche von ausländischen Gesellschaften in Südostasien etabliert worden sind, eines Tages durch eine Intensivierung der Robotik-Revolution in Japan ihren Vorteil verlieren könnten. Das mag im Moment weit hergeholt erscheinen, obwohl zumindest ein Wissenschaftler auf dem Gebiet der »Hochtechnologie und der internationalen Arbeitsmärkte« argumentiert hat, daß arbeitssparende Technologie, wenn sie intensiv genutzt wird, die Herstellung von Stahl, Schwergerät, Maschinen und sogar Textilien in den Industrieländern wieder konkurrenzfähig machen könnte.[23]

Ein Indikator dafür, daß die Robotik eine Fertigung in den entwickelten Industrieländern wieder ermöglichen könnte, ist sicherlich die bemerkenswerte ökonomische Wende, die ein einzelner Radio- und Kassettenrekorder-Hersteller in Sendai in Japan im Jahre 1985 erreicht hat. Das Unternehmen litt stark unter der Wertsteigerung des Yen, unter dem akuten Facharbeitermangel im Lande und unter der harten Konkurrenz durch Billiglohnkonkurrenten in Südostasien. Die Firma war in großen Schwierigkeiten. Sie lehnte indessen den Gedanken ab, die Produktion in Billiglohnländer zu verlegen, und das Management entschied sich für massive Automatisierung – die Installation von nicht weniger als 850 Industrierobotern. Innerhalb kürzester Zeit brauchte die Fertigung nur noch fünfzehn Arbeitnehmer, um die volle Produktion aufrechtzuerhalten. Vor der Automatisierung waren es 340 gewesen! Dies stellte die Konkurrenzfähigkeit der Firma sogar gegenüber den südostasiatischen Rivalen wieder her, deren Löhne nur einen Bruchteil derer in Japan ausmachten.[24] Die »Leibeigenen« in den Billiglohnfabriken im Ausland wurden durch automatisierte »Leibeigene« im Heimatland ausgestochen. Wenn das bereits in den mittleren 80er Jahren möglich war, welchen Grad an Fertigungseffizienz wird die Robotik-Revolution erst im Jahre 2020 erreicht haben?

Es ist im Augenblick sehr schwer zu beurteilen, ob die ASEAN-Nationen, die gegenwärtig vor allem der Standort der mit ausländischem Kapital aufgebauten Fertigungsanlagen sind, dieser Herausforderung entgehen werden oder nicht – wahrscheinlich werden es die fähigeren von ihnen schaffen. Der Hauptpunkt ist indessen, daß die multinationalen Konzerne in bestimmten Industrien, die bereits jetzt ihre Produktionen je nach Arbeitskosten von einem Land in ein anderes verschieben, einen weiteren Vorteil gewinnen werden. Denn sie werden nun entscheiden können, ob es lohnender ist, in einem Billiglohnland zu produzieren oder mit Robotern im eigenen Land. Die Theorie einer grenzenlosen Weltwirtschaft ermutigt bereits jetzt Manager, ständig die relativen Vorteile der Produktion in einem Teil der Welt oder einem anderen gegeneinander abzuwägen.[25] Angesichts der Robotik-Revolution könnten die Fujitsu-Montagewerke im Ausland eines Tages nach Japan zurückkehren und die Motorola-Fabriken nach Amerika... Auf jeden Fall werden es nicht die Entwicklungsländer oder ihre Regierungen sein, die diese Entscheidungen treffen.

Der Ersatz von Massen von Arbeitern durch Roboter wird nicht über Nacht geschehen. Genauso wie es Jahrzehnte brauchte, bevor die frühen Dampfmaschinen aus ihrem Status als Kuriositäten und Wundermaschinen herauskamen, um das Zentrum des Herstellungsprozesses für sich zu beanspruchen, so mag es durchaus eine Generation oder mehr brauchen, bevor die Robotik-Revolution ihre volle Wirkung entfaltet. Und es wird immer einen Zuwachs an billigen Arbeitskräften geben, um die Geschwindigkeit der Automatisierung in vielen Gesellschaften zu verlangsamen. Nichtsdestoweniger sind die Langzeit-Implikationen dieser Entwicklung verstörend und drohen das globale Dilemma zu verschärfen. Wenn die Biotech-Revolution gewisse Arten von Landwirtschaft redundant machen kann, so könnte die Robotik-Revolution viele Typen der Fabrikfertigung und mit ihr massenweise Arbeitsplätze vernichten. In beiden Fällen würden die multinationalen Konzerne die eigentlichen Nutznießer des reduzierten Wertes von Land und Arbeit werden. So großartig die Technologien hinter der neuen landwirtschaftlichen und industriellen Revolution sein mögen, keine der beiden bietet Lösungen für die demographische Weltkrise, keine der beiden schließt die Lücke zwischen Nord und Süd. Bei allen Schwierigkeiten, denen es gegenüberstand, hatte es Malthus' England vielleicht doch etwas leichter.

Kapitel 6

Die Gefahren für unsere natürliche Umwelt

Warum sollten die wohlhabenden Gesellschaften in der nördlichen Hemisphäre sich Sorgen machen um die Bevölkerungsexplosion in der Entwicklungswelt und die Ausbreitung der Massenarmut dort? Was geht es die Farmer von Kansas oder die Hausfrauen von Tokio – die ihre eigenen Probleme haben – an, daß Äthiopier verhungern und die Einwohner von Bangladesch durch Überschwemmungen von ihrem Land vertrieben werden? Schließlich hat es seit den Zeiten der Pharaonen enorme Unterschiede zwischen reich und arm gegeben, alle Jahrhunderte haben Hungersnöte und Naturkatastrophen gekannt. Wenn der Anblick menschlichen Elends auf dem Fernsehschirm Individuen dazu bringt, Geld zu spenden, um Hilfe zu schaffen, so ist das sicher eine gute Sache, aber warum sollte man mehr tun, wenn das Veränderungen in der eigenen Prosperität und im gewohnten Lebensstil bedeutet?

Da es die Armut immer gegeben hat, sie aber die Reichen noch nie überzeugt hat, ihren Lebensstil zugunsten der Armen einzuschränken, wäre es leider auch unrealistisch zu antworten, daß die wohlhabenden Gesellschaften des Nordens heute mehr tun sollten, weil die Unterernährung eine Verletzung der menschlichen Würde ist; das war sie immer. Man braucht praktischere Gründe, um zu zeigen, warum die existierenden Hilfsmaßnahmen nicht ausreichen. Ein solcher Grund ist schon im zweiten Kapitel angeführt worden, nämlich daß das demographische Ungleichgewicht zwischen reichen und armen Gesellschaften eine Flut von Wanderungsbewegungen in Gang setzt. Die verstörenden sozialen und rassistischen Reaktionen von heute werden vielleicht einmal unbedeutend erscheinen, wenn man sie mit dem vergleicht, was in einer Welt geschehen wird, die acht bis zehn Milliarden Menschen beherbergt.

Während des vergangenen Jahrzehnts ist eine zweite praktische Antwort auf die Frage: »Warum sollten sich reiche Gesellschaften um das Schicksal ferner armer Länder kümmern?« aufgetaucht. Sie liegt darin, daß die ökonomischen Aktivitäten in der Entwicklungswelt, ob nun von Milliarden von Kleinbauern oder von sich entwikkelnden Industrien, das Ökosystem der Erde schädigen. Da die dünne Lebenshülle der Erde eine Einheit bildet, wirken sich die Umweltschäden im Süden nicht nur örtlich begrenzt aus, sie beeinflussen die ganze Welt. Die Umweltfrage bedeutet genau wie die Drohung der Massenmigration, daß das, was der Süden tut, den Norden schädigen kann – vielleicht zum ersten Mal in der Geschichte.

Daran, daß Menschen ihre Umwelt schädigen und dann darunter leiden müssen, ist natürlich nichts Neues. In den übervölkerten Städten Europas an der Schwelle zur Moderne – und in den noch überlaufeneren Städten Asiens – wurde der Abfall in die Straßen geworfen, das Wasser vergiftet und der Tod durch Epidemien vervielfacht. Ganze Wälder wurden gefällt, um Brennholz zu liefern oder um Häuser und Schiffe zu bauen, so daß die Ökologie vieler Regionen verändert wurde. Das Verbrennen von Steinkohle und Braunkohle, besonders in frühindustriellen Zeiten, verschmutzte die Atmosphäre und verschlechterte die Volksgesundheit; in nur einer Woche des Dezembers von 1873 brachte ein großer Londoner »Smog« etwa 700 Menschen um. Menschen haben Dämme gebaut, Feuchtgebiete trockengelegt, Flüsse umgeleitet, Busch- und Waldlandschaften gerodet, und sie haben die Überweidung von Grassteppen seit der Antike zugelassen.

Aber die Umweltkrise, der wir nun gegenüberstehen, unterscheidet sich quantitativ und qualitativ von allem, was früher geschehen ist. Im Laufe unseres Jahrhunderts haben so viele Menschen das Ökosystem der Erde geschädigt, daß das System als Ganzes – nicht einfach in seinen verschiedenen Teilen – in Gefahr ist. Um 1900 beherbergte die Welt etwa 1,6 Milliarden Menschen. In einigen

Gegenden der nördlichen Hemisphäre, wo Kohle die Hauptenergiequelle war, gab es verbreitete Umweltverschmutzung. Wuchernde industrielle Städtegruppen in Nordengland und in den Midlands, in der Ruhrregion, um New York, Pittsburgh und anderswo stießen Wolken von Rauch, Ruß und Asche aus; Lachs und Forelle hatten die örtlichen Flüsse längst verlassen; die Gebäude trugen eine Schicht von schmierigem Ruß, während die Bewohner in der schlechten Luft der Städte husteten. Aber diese Probleme waren lokal. Wohlhabende konnten in ihre Landhäuser oder Küstenbäder entkommen, wo die Luft frisch und das Wasser sauber war. Die Energischeren unter ihnen konnten in den Schweizer Alpen wandern oder im oberen Hudsontal. Wenn sie wirklich abenteuerlustig waren, konnten sie Afrika »erforschen«, das innere Asien, den brasilianischen Dschungel oder die Ostindischen Inseln, und sie konnten große Regionen der Erde erleben, die von menschlicher Aktivität noch fast unberührt waren.

Um die Mitte unseres Jahrhunderts war die Weltbevölkerung auf 2,5 Milliarden gestiegen. Die Industrialisierung war noch stärker angewachsen, fast um das Dreifache, und sie reichte jetzt in sehr viel weitere Gebiete hinein: Osteuropa, die Sowjetunion, Australien, Japan, Indien und andere Teile Asiens. Neben dem enorm verstärkten Gebrauch von Kohle gab es eine noch spektakulärere Zunahme in der Verbrennung von Öl. Tausende von Flugzeugen und Schiffen und Millionen von Motorfahrzeugen bliesen ihre Emissionen in die Atmosphäre, während sie die verschiedenen Teile der Welt zusammenzogen und mehr und mehr Menschen in bisher ungeschädigte Regionen transportierten. Während Ruß und Asche die Luft um indische oder brasilianische Stahlwerke verschmutzten, fielen die Wälder im Hinterland unter dem menschlichen Angriff. Straßen wurden gebaut, Flughäfen, und der Wald wich für die Gewinnung von Nutzholz oder die Schaffung von Weideland. In vielen Entwicklungsländern wurde eine vielfältige (und relativ ausbalancierte) Ökologie durch gewaltige Flächen monokulturellen Fruchtanbaus ersetzt.

Jetzt, in den 90er Jahren, haben sich die Trends verstärkt. Die Weltbevölkerung hat sich seit den 1950ern mehr als verdoppelt, aber die wirtschaftliche Tätigkeit in der Welt hat sich sogar vervierfacht. Die Bevölkerungswelle in den Entwicklungsländern hat auf Dschungel, Feuchtgebiete und Weideland übergegriffen, da mehr und mehr Menschen die sie umgebenden natürlichen Ressourcen ausbeuten. Dieser Druck wird durch weitere Industrialisierung in Asien und anderswo noch verstärkt: Neue Fabriken, Montagehallen, Straßensysteme, Flughäfen, Wohnungskomplexe reduzieren nicht nur die Fläche an Naturlandschaft, sondern tragen auch zur Nachfrage nach mehr Energie (insbesondere Elektrizität), mehr Personen- und Lastwagen, besserer Infrastruktur, mehr Lebensmittel, Zement, Stahl und Erzen bei. Die ökologischen Folgen sind nicht zu übersehen: verschmutzte Flüsse und tote Seen, smogbedeckte Städte, industrieller Abfall, Bodenerosion und zerstörte Wälder auf der ganzen Erde. Allein seit der Mitte des Jahrhunderts hat die Welt fast ein Fünftel ihres Mutterbodens verloren, ein Fünftel ihres tropischen Regenwaldes und nach einigen Einschätzungen Zehntausende ihrer Pflanzen- und Tierarten.[1]

Obwohl die Konsequenzen dieses Angriffs auf die Natur mit wachsender Sorge beobachtet werden, ist es sehr schwierig, ihm auf lokaler Ebene Einhalt zu gebieten. Man betrachte zum Beispiel die Bemühungen eines nomadisierenden Viehhalters in Ostafrika, sich selbst und seine Familie zu ernähren. Alles hängt von seinem Vieh ab – es ist *das* Maß des Wohlstands in jener Gesellschaft – und daher von seiner Fähigkeit, die Tiere zu ernähren. Wenig Getreide oder anderes Viehfutter wird in seiner Region angebaut, und gäbe es sie, so wären sie zu teuer für ihn. Statt dessen müssen diese Viehhalter sich ganz auf die herkömmliche Weidung verlassen, was auf den ersten Blick nur natürlich erscheint. Die *Zahlen* indessen machen den Unterschied. Nach dem Worldwatch Institute lebten 1950 238 Millionen Afrikaner von 272 Millionen Stück Vieh, aber bis 1987 hatte sich die menschliche Bevölkerung auf 604 Millionen erhöht und das Vieh auf 543 Millionen Stück. »Auf einem Kontinent, wo es nur wenig Getreide gibt, ernähren sich 183 Millionen Stück Hornvieh, 197 Millionen Schafe und 163 Millionen Ziegen ausschließlich durch Weiden... Da das Weideland in seiner Qualität nachläßt, beschleunigt sich die Bodenerosion, was die Tragfähigkeit des Landes weiter vermindert und einen sich selbst verstärkenden Zyklus von ökologischer Verschlechterung und sich vertiefender menschlicher Armut in Gang setzt.«[2] Aber wie soll dieser Kreislauf durchbrochen werden – dadurch, daß man den Nomaden das Vieh nimmt? Soll man den Viehhalter und seine Familie einladen, in gemäßigtere klimatische Breiten wie Bayern oder Maryland umzuziehen? Beide Vorschläge sind gleichermaßen undurchführbar.

Und wie soll man verhindern, daß die Regenwälder weiter eingeschlagen werden, nicht nur durch landsuchende Kleinbauern, sondern auch von großen einheimischen Unternehmen, welche die Wälder roden wollen, um Platz für Weideland und Getreideanbau zu schaffen? Einiges davon wird illegal getan, aber das meiste geschieht in aller Öffentlichkeit. Ein großer Teil der Waldvernichtung in jüngster Zeit in Brasilien folgte einer Regierungsentscheidung auf dem Fuße, die Rodung in der Amazonasregion staatlich zu unterstützen.[3] Die Regierung von Indonesien erklärt in öffentlichen Anzeigen, daß »20 Prozent der Wälder des Landes in Plantagen für Teakholz, Gummi, Reis, Kaffee und andere Fruchtarten verwandelt werden müssen, da die 170 Millionen Einwohner des Landes dieselben Erwartungen haben wie jeder Bürger der Vereinigten Staaten«.[4] Ob nun die Waldvernichtung zentral organisiert ist oder das Ergebnis der individuellen Handlungen von Millionen von Bauern, die Folgen sind düster. Im Himalaya-Gebirge führte die Verdoppelung der Bevölkerung in den letzten Jahrzehnten zu einem erhöhten Bedarf an Feuerholz, Viehfutter und landwirtschaftlicher Fläche – was in einer massiven Waldvernichtung resultierte (die Hälfte des Waldes in dieser Gegend ging zwischen 1950 und 1980 verloren). Das führte zu einem enormen Anstieg der Bodenerosion. Empörte Inder behaupten wiederum, daß dies zu der Versandung der Flußläufe des Ganges und Brahmaputra beiträgt und zu Überschwemmungen in dichtbevölkerten Gegenden, Hunderte von Kilometern von der Ursache entfernt.[5]

Man muß auch feststellen, daß der Boden, der jetzt neu kultiviert wird, fast immer von marginaler oder nur zeitlich begrenzter Fruchtbarkeit ist – im Unterschied zur Erschließung der Großen

Ebenen im mittleren Westen der Vereinigen Staaten im 19. Jahrhundert. Die Gewinne sind daher sehr problematisch und kurzfristig, da sie durch Bodenerosion und geringen Niederschlag schnell wieder aufgehoben werden, während die Schäden permanent zu sein drohen.

Was bedeutet dies im globalen Ausmaß? Etwa ein Drittel des Landes der Erde (Wüsten, überbaute Flächen) läßt biologischem Leben wenig Raum, ein Drittel besteht aus Wäldern und Steppen, und ein Drittel ist fruchtbares Acker- und Weideland.[6] Die Weideflächen der Welt sind seit den mittleren 70er Jahren geschrumpft, da die Überweidung sie in Wüsten verwandelt; auch der Anteil bebauten Landes geht zurück, da der Boden erschöpft ist oder nichtlandwirtschaftlichen Zwecken zugeführt wird (Straßen, Städte, Flugplätze etc.). Vor allem aber werden die Regenwälder schneller gefällt als je zuvor. 1980 schätzte man, daß die Rate der jährlichen Waldvernichtung in den Tropen bei annähernd 11,4 Millionen Hektar lag; und eine sehr viel alarmierendere (und vielleicht unvernünftig hohe) Schätzung hob diese Zahl sogar auf 20,4 Millionen Hektar tropischen Waldes an – das entspricht der Größe von Panama.[7]

Das Verschwinden der Regenwälder (insbesondere in Lateinamerika, das 60 Prozent ihres Bestandes enthält) ist für die Umweltschützer aus verschiedenen Gründen eine große Sorge. Einer besteht in der Zerstörung der Lebensweise vieler unschuldiger Stämme. Auch besitzen diese Wälder den größten Vorrat an Pflanzen- und Tierarten – Panama allein beherbergt so viele Pflanzenarten wie ganz Europa –, und die Zerstörung dieses phantastischen Reichtums an biologischer Vielfalt wäre ein schwerer Schlag für das ständige Bedürfnis der Menschheit, krankheitsresistentes und produktives Saatgut zu entwickeln, zu erneuern und zu verbessern.[8] Der zur Waldvernichtung führende Bevölkerungsdruck könnte praktisch die Fähigkeit der Weltlandwirtschaft, sich zu erneuern und damit die Milliarden von zusätzlichen Menschen zu ernähren, vereiteln. Das wäre ein Schlag gegen die Fruchtbarkeit und die Faszination des Lebens selbst. Und all dies geschieht *so schnell*. In einem alarmierten Appell an die lateinamerikanischen Präsidenten behaupteten Gabriel Garcia Marquez und andere bekannte Unterzeichner im Juli 1991, daß »im Jahr 2000 drei Viertel von Amerikas Regenwäldern und 50 Prozent ihrer Spezies für immer verloren sein werden. Was die Natur im Laufe von Millionen von Jahren geschaffen hat, wird von uns in wenig mehr als vierzig Jahren zerstört sein.«[9]

Die steigende Verschmutzung der Erdatmosphäre ist ebenfalls ein Ergebnis des Bevölkerungswachstums und des Wunsches, den Lebensstandard zu erhöhen. In den Planwirtschaften der Sowjetunion und Osteuropas zum Beispiel war die politische Führung nach 1945 entschlossen, den Westen industriell einzuholen; daher wurde der Schwerindustrie – Eisen, Stahl, Zement, Maschinenbau – ohne Rücksicht auf ökologische Konsequenzen höchste Priorität gegeben. Nach der systematischen Vernachlässigung und Verschleierung durch die kommunistischen Regime ist das volle Ausmaß der Umweltzerstörung erst kürzlich klargeworden. Weite Gebiete von Polen, der Tschechoslowakei und Ostdeutschlands lagen jahrzehntelang unter dem schweren blauen Nebel industrieller Emissionen, Flüsse und Seen starben, die Donau wurde zu einer tödlichen Senkgrube, und die Gebäude vieler historischer Städte waren schwarz überzogen. Besonders die Wälder litten. Millionen von Bäumen starben oder wurden geschädigt. Auch wenn der Zusammenbruch der kommunistischen Regime und die Schließung vieler der veralteten Fabriken und Kraftwerke die Umweltzerstörung verlangsamen, sind die Ressourcen der neuen Regime auf absehbare Zeit der Aufgabe, den Prozeß umzukehren, nicht gewachsen.[10]

Ähnliche Schäden ergeben sich in den »Nachholerstaaten« der Entwicklungswelt, die ebenfalls darum bemüht sind, den Westen einzuholen. Auch hier gibt es wenige Kontrollen der Umweltverschmutzung, und die Betonung liegt auf Wachstum und nicht auf öffentlicher Gesundheit und Sicherheit. China hat seine Kohleförderung zwischen 1949 und 1982 um mehr als das Zwanzigfache erhöht, während sich in Indien die Emissionen von Schwefeldioxid aus der Kohle- und Ölverbrennung seit den frühen Sechzigern fast verdreifacht haben.[11] Nach Statistiken der Weltgesundheitsorganisation sind die Städte mit dem höchsten Anteil an Schwefeldioxid und anderen Schadstoffen in der Luft Neu-Delhi, Peking, Teheran und Shenyang. In Mexico City haben sieben von zehn Neugeborenen hohe Bleianteile im Blut. Berühmte Monumente wie das Taj Mahal und die Tempel, Wandgemälde und Megalithen der Mayas leiden unter der Luftverschmutzung.[12]

Die landwirtschaftliche und industrielle Entwicklung hat auch die Quantität und Qualität der Wasserreserven der Erde beeinträchtigt. Die Grundursache ist wiederum das Wachstum der Weltbevölkerung in diesem Jahrhundert von 1,6 Milliarden auf mehr als 6 Milliarden und der daraus folgende Anstieg im Wasserbedarf. In praktisch jeder Stadt der Entwicklungswelt hat die Kombination aus Überbevölkerung, rücksichtsloser Industrialisierung und ein fast vollständiger Mangel an Kanalisation und Klärung die frühere Reinheit des Wassers zerstört. Die Landwirtschaft reagierte auf den Anstieg der Weltbevölkerung mit massiven Investitionen in Bewässerungsmaßnahmen. Landflächen unter Bewässerung verdoppelten sich zwischen 1900 und 1950 und stiegen seitdem noch einmal um das Zweieinhalbfache an, sie betragen heute global etwa 250 Millionen Hektar. Ein großer Teil davon liegt in den Entwicklungsländern, wo die Bevölkerungsexplosion am gravierendsten ist und wo es große saisonale Niederschlagsschwankungen gibt. Nationen wie China, Ägypten, Indien, Indonesien und Peru gewinnen heute mehr als 50 Prozent ihrer Nahrungsmittelversorgung von bewässertem Land.[13]

Die Bewässerung ist für Millionen der Landwirte in der Welt und ihre Familien ein Segen gewesen, aber genau wie der Gebrauch von Pestiziden bringt die neue Technologie auch Nachteile. Jedes Jahr wird den Flüssen, Strömen und unterirdischen Wasseradern der Welt ein gewaltiges Maß an Wasser entzogen – man schätzt, daß es sechsmal so groß ist wie der jährliche Durchfluß des Mississippi. Im Laufe der Zeit hat dies zu Sümpfen und übersalzenem Boden geführt, zu erschöpften und verschmutzten Wasseradern, zum Absinken der Seen und Süßwassermeere, zur Zerstörung des Lebensraums von Wild und Fischen.[14]

Da alles Wasser gewisse Salzkonzentrationen erhält, bekommt ein Feld, das das ganze Jahr hindurch stark bewässert wird, beträchtliche Salzzufuhren pro Hektar. In Indien sind, so schätzt man, etwa 20 Millionen Hektar (36 Prozent allen bewässerten Landes) durch Versalzung in ihrer Fruchtbarkeit stark zurückgegangen, und zusätzliche 7 Millionen Hektar sind als übersalzene Wüste ganz aufgegeben worden. Was ursprünglich als eine Methode aufgegriffen wurde, die Ernten zu verbessern, führt letztendlich zu sehr unterschiedlichen Ergebnissen.[15]

Gigantische Unternehmungen wie Flußumleitungen ziehen ebenfalls Probleme nach sich. Eine der spektakulärsten dieser Art war das sowjetische Vorhaben, die landwirtschaftliche Produktion in den zentralasiatischen Republiken zu erhöhen, indem man das Wasser von zwei großen Flüssen (dem Amu Dar'ya und dem Syr Dar'ya) umleitete. Beide Flüsse speisen den Aralsee. Die Ergebnisse dieses Unternehmens schienen sehr klar: der größte Anteil der sowjetischen Baumwolle sowie Reis, Obst und Gemüse werden hier angebaut. Nach dreißig Jahren reduzierten Zuflusses ist indessen der Aralsee um vierzehn Meter abgesunken und um 27000 Quadratkilometer auf 40000 Quadratkilometer geschrumpft. Er hat also 40 Prozent seiner Fläche und 60 Prozent seines Volumens verloren. Mineralische Konzentrationen, insbesondere von Salz, haben sich verdreifacht und alles Seeleben vernichtet. Das jetzt entblößte Land hat sich in eine Salzwüste verwandelt, in deren Mitte die traurigen früheren Küstenstädte von Aralsk und Muinak wie gestrandete Schiffe liegen.[16]

Ein weiteres Beispiel ist der ehrgeizige Plan der saudiarabischen Regierung, die Wüste fruchtbar zu machen, um die Ökonomie zu diversifizieren und die Öleinkünfte zu investieren. Mit der Unterstützung kräftiger Subventionen und dem massivem Einsatz unterirdischer Wasserreserven wurde 1988 zwanzigmal soviel Land kultiviert wie noch 1975, und die Weizenernte hat sich um das Tausendfache erhöht. Verblüffenderweise ist Saudi-Arabien jetzt ein Überschußproduzent von Weizen, Eiern und Milchprodukten. Aber die Wasserreserven, die sich über Tausende von Jahren angesammelt haben, sind nicht erneuerbar. In weniger als einem Jahrzehnt haben sie sich um ein Fünftel vermindert, und nach einer Einschätzung werden sie im Jahre 2007 ganz erschöpft sein.[17]

Trotz völlig unterschiedlicher ideologischer Ansätze haben sich also die sowjetische und die saudiarabische Regierung einer Modernisierungspolitik verschrieben, welche eine natürliche Ressource zerstört. Dies trifft auf weite Bereiche der Entwicklungswelt zu, von Indien bis Nigeria, überall sind die Folgen dessen zu sehen, was dem Land, der Luft und dem Wasser durch menschliche Tätigkeit zugefügt worden ist. In einigen Fällen haben die betreffenden Regierungen angefangen, den Schaden zu beheben: Es gibt Vorschläge, wie man die Wassermenge im Aralsee wieder erhöhen kann, trotz der Kosten und der Tatsache, daß man wertvollem Land die Bewässerung entziehen muß. Und die Regierung der Saudis bemüht sich um teure Entsalzungsprogramme. Aber nur wenige andere Länder in der Entwicklungswelt haben die politische Macht oder das Geld, um ihre früheren Modernisierungen rückgängig zu machen – es sei denn, diese Mittel werden, was wir später diskutieren werden, als Teil eines größeren, globalen Tauschhandels bereitgestellt.

Allen diesen Umweltschäden in der Entwicklungswelt gingen vor langer Zeit natürlich die gleichermaßen unklugen Maßnahmen in den entwickelten Ländern voraus. Die heutigen Beschreibungen des Smogs, der über den chinesischen Städten hängt, und der ungesunden Arbeitsbedingungen der chinesischen Arbeiterschaft ähneln sehr den Schilderungen des Manchester des mittleren 19. Jahrhunderts. Noch 1952 forderte ein berüchtigter Londoner Smog 4000 Todesopfer und machte Zehntausende krank – er zog schließlich den britischen Clean Air Act nach sich. Die Anstrengungen der entwickelten Länder, die Auspuffgase der Autos zu verringern, sind noch sehr viel jünger. Selbst heute noch atmen mehr als 150 Millionen Menschen in den Vereinigten Staaten Luft ein, die von der Environmental Protection Agency als ungesund eingestuft wird. Öffentliche Gebäude von Bürgerkriegsdenkmälern in den USA bis zur Akropolis verwittern in der schlechten Luft. Der »saure Regen« wird vom Wind von Großbritannien und Deutschland nach Skandinavien getragen, oder vom Mittleren Westen der Vereinigten Staaten nach Kanada hinein, wo Zehntausende von Seen stark übersäuert sind. Und die Erschöpfung der arabischen Wasseradern ist durchaus mit dem zu vergleichen, was mit der gewaltigen Ogallala-Wasserreserve geschieht, die sich von Texas bis South Dakota erstreckt und ein Fünftel der bewässerten landwirtschaftlichen Fläche der Vereinigten Staaten stützt. Ihr Absinken hat viele Farmer dazu gebracht, ihr Land nicht mehr zu bewässern, und Teile der Landschaft fallen wieder in den Zustand zurück, in dem sie waren, bevor die Bewässerung begann – was ernste Fragen über die Zukunft dieser wichtigen landwirtschaftlichen Region aufwirft.[18]

Trotz all dieser Probleme hat der Aufstieg von umweltbewußten »grünen« Bewegungen in der entwickelten Welt – ob nun als politische Partei in Deutschland oder als öffentliche *pressure groups* wie Friends of the Earth oder Greenpeace – die alte Politik der Vernachlässigung herausgefordert. Anerkannte Körperschaften wie das World Resources Institute, populäre Schriften wie *State of the World*, zahllose wissenschaftliche Untersuchungen der Umwelteinflüsse, Kongreß-Hearings und parlamentarische Ausschüsse sowie Berichte von Regierungsbehörden haben eine bedeutende Auswirkung auf die Politik und Gesetzgebung in diesem Bereich gehabt. Flüsse und Gebäude werden gereinigt, die Emissionen von Fabriken werden kontrolliert, Aufforstungsprogramme sind im Gange, das Überfischen von Flüssen wird zunehmend verboten, chemischer und nuklearer Abfall wird behandelt, und das Recycling von gebrauchtem Material ist sehr viel verbreiteter geworden. Infolge all dieser Bemühungen sind viele Städte und Gegenden in Europa und Nordamerika heute von ihren Lebensbedingungen her sehr viel angenehmer, als sie es vor einem Vierteljahrhundert waren.

Wäre es dann für die Entwicklungsländer nicht möglich, diese Anstrengungen der entwickelten Welt nachzuahmen und ihre größten Umweltschäden zu beseitigen? Und wenn sie es nicht tun, warum sollte das die Bewohner von Wisconsin oder Jütland stören? Sicherlich, könnte man denken, wird der Schaden, der afrikanischen Savannen oder chinesischen Flüssen zugefügt wird, nur von den dort wohnenden Menschen empfunden werden, nicht etwa von Menschen, die 8000 Kilometer weit entfernt leben und die sich schließlich dazu entschieden haben, ihren Hinterhof aufzuräumen.

Wenn die Völker der Entwicklungsländer ihre Umwelt unbedingt ruinieren wollen, sollte man sie dann nicht einfach lassen?

Die Hauptgründe dafür, daß die sich entwickelnden Gesellschaften nicht plötzlich »grüne« Grundsätze in die Politik einführen können, sind offensichtlich ökonomischer und demographischer Natur. Es ist für besorgte Skandinavier relativ einfach, einen Anteil ihres hohen Pro-Kopf-Einkommens in nichtnukleare Elektrizität zu stecken oder dafür aufzuwenden, die Flüsse zu säubern. Aber das ist sehr viel schwieriger für Gesellschaften, deren Durchschnittseinkommen nur ein Hundertstel dessen von Schweden beträgt. Sie können weder das Kapital auftreiben noch das Personal finden, um eine umweltgerechte Politik umzusetzen. Da der Schaden entweder durch die Bevölkerungsexplosion oder durch industrielle Emissionen verursacht wird, ist der einzige Weg, ihn zu begrenzen, die Begrenzung des Bevölkerungswachstums, was in naher Zukunft weder in Südasien noch in Afrika oder Zentralamerika geschehen wird. Und die einzige Art, industrielle Emissionen zu verringern, wäre, die Industrialisierung rückgängig zu machen, was auch nicht geschehen wird, da viele der sich entwickelnden Gesellschaften sie als ihre einzige Chance betrachten, aus ihrer von der Demographie erzwungenen Armutsfalle zu entkommen. Wenn Malthus' England die frühen unangenehmen Nebenwirkungen einer industriellen Revolution ertragen mußte, um wohlhabend zu werden, wer kann von Mexiko oder Indien verlangen, nicht dasselbe zu unternehmen? Und wer könnte sie aufhalten? Die Antwort ist: Niemand – am wenigsten ein Einwohner der entwickelten Welt.

Wie ernst der lokale oder nationale Schaden, der von saurem Regen, Überweidung und Wassererschöpfung verursacht wird, auch ist, nichts von alledem kommt an das heran, was man als die größte Umweltbedrohung von allen bezeichnen muß: die Aussicht darauf, daß die wirtschaftliche Tätigkeit der Menschen einen gefährlichen »Treibhauseffekt« schafft, eine globale Erwärmung, welche Konsequenzen für das gesamte Ökosystem der Erde und für die Lebensweise sowohl reicher als auch armer Gesellschaften nach sich ziehen wird.[19] Eben weil diese Art von Schaden nicht länger lokal ist, betrifft sie Wisconsin und Jütland ebenso wie Bombay und Amazonien.

Die wissenschaftliche Theorie hinter der globalen Erwärmung ist relativ einfach und bezieht sich auf jene »dünne Materiehülle«, welche unseren Planeten umgibt. In thermodynamischen Begriffen ist die Erde ein geschlossenes System. Das heißt, keine Materie kann in dieses System eintreten oder es verlassen – außer der Strahlungsenergie der Sonne. Die einzigen Prozesse, die sich innerhalb dieses Systems abspielen, sind jene, in welchen Materie sich von einer Form in eine andere verwandelt. Das Verbrennen des Herbstlaubes zum Beispiel oder der Verbrauch eines Tanks Benzin auf einer längeren Autoreise *vernichtet* diese Materie nicht, sie führt sie lediglich in eine andere Form über. Wenn dieses geschlossene System also unendlich weiterlaufen soll, muß der Transformationsprozeß schließlich einem geschlossenen Kreislauf gleichkommen, so daß die Materie in ihre ursprüngliche Form zurückfindet: Neue Ressourcen werden zu nutzbarer Materie, die in Abfall verwandelt wird, der wiederum in das Ökosystem absorbiert wird, um zukünftiges Rohmaterial zu werden. Wenn das System richtig funktioniert, ist es ein schöner und wundervoller selbsterhaltender Lebenszyklus.[20]

Wenn es nicht richtig funktioniert, dann weil eine oder mehrere der aufeinanderfolgenden Stufen in dem Zyklus instabil geworden sind und auf diese Weise einen Engpaß oder Stau verursachen. In früheren Jahrhunderten traten diese Engpässe meistens ein, wenn die Bedürfnisse der Bevölkerung nach neuen Ressourcen wuchsen, die Bewohner des Systems aber nicht in der Lage waren, dieser Nachfrage zu entsprechen (was dann zu den Malthusschen »Hemmnissen« in der Bevölkerungsentwicklung führte). Später schufen technologische Innovationen im Gefolge der wissenschaftlichen und industriellen Revolution neue Formen der Konversion – die Dampfmaschine, den Verbrennungsmotor, die Elektrizität – und lösten die Engpässe weitgehend auf. Das trug zu der zunehmenden Geschwindigkeit des globalen Bevölkerungswachstums nach 1750 bei, welches wiederum unser gegenwärtiges Dilemma schuf. Denn je mehr Menschen man auf der Erde ernähren muß und je besser sie leben möchten, desto schneller muß der Prozeß der Materieverwandlung angetrieben werden: daher der enorme Zuwachs der wirtschaftlichen Tätigkeit auf der Erde in den letzten Jahrzehnten und die entsprechende Zunahme in der Verwandlung von Rohstoffen in Gebrauchsgüter. Das Problem liegt darin, daß nun, da wir das Ökosystem schneller und schneller laufen lassen, angetrieben durch Notwendigkeiten und unterstützt durch die Technologie, die Abfallbeseitigung der Engpaß geworden zu sein scheint. Treibt man das System in immer höhere Geschwindigkeiten, so wird der Abfall – CO_2-Emissionen, FCKW (Fluorchlorkohlenwasserstoffe), übersäuerte Wälder, verschmutzte Flüsse – zu einem wachsenden Problem. Überdies ist aus verschiedenen Gründen der Einsatz von Technologie zur Beseitigung dieses Engpasses sehr viel schwieriger, als das menschliche Wissen dafür einzusetzen, nützliche Energie zu schaffen oder Dinge herzustellen. Dampfmaschinen mit Kohle zu beheizen ist leichter, als CO_2-Emissionen in das Ökosystem zu verhindern.

Wie verhält sich das Problem der globalen Erwärmung zu diesem grundsätzlichen Verständnis der Erde als ein geschlossenes System? Im wesentlichen betrifft dies die Interaktion zwischen der Sonnenhitze und gewissen »Treibhausgasen« in unserer Atmosphäre. Die Sonnenenergie kommt durch Strahlung zu uns, aber fast alles von dieser Strahlungsenergie wird entweder reflektiert oder wieder in den Weltraum zurückgestrahlt; wenn das nicht so wäre, würde die Erde sich kontinuierlich aufheizen. Wenn es richtig funktioniert, ist es ein einzigartig ausbalanciertes System. Falls aber – was Wissenschaftler jetzt annehmen – die Zusammensetzung der Spurengase in unserer Atmosphäre durch menschliche Tätigkeit verändert wird, dann wird mehr rückgestrahlte Hitze eingefangen (wie unter der Kuppel eines Treibhauses), was nicht nur die atmosphärischen Gase aufheizt, sondern alles andere auch. Zur gleichen Zeit sorgen sich die Wissenschaftler auch um die Ozonschicht, welche die Erde und ihre Bewohner vor den gefährlichen kurzwelligen UV-Strahlen schützt. Die Abnahme der Ozonkonzentration wird wahrscheinlich durch chemische Emissionen wie die FCKW verursacht. Je weiter sich das »Ozonloch« ausdehnt, ob nun über der Antarktik oder Neuengland, desto mehr Menschen sind zum Beispiel dem Hautkrebs ausgesetzt.

Es ist wichtig zu verstehen, daß die globale Erwärmung *per se* immer dagewesen und daß sie für das Leben auf der Erde unverzichtbar ist. Ohne unsere Atmosphäre betrüge die Temperatur auf der Erde etwa –18 Grad Celsius, weit entfernt von der angenehmen Durchschnittstemperatur von 15 Grad, die wir jetzt genießen. Diese 33 Grad Unterschied sind die Ursache dafür, daß die Erde nicht kalt und tot wie der Mars ist, der – wenn er je eine Atmosphäre gehabt hat – sie vor langer Zeit verlor und leblos ist. Auf der anderen Seite ist die Venus, deren Atmosphäre zum größten Teil aus Kohlendioxid besteht, heißer als ein Backofen (450 Grad). Während der Mars also tiefgefroren und die Venus ein Schmelzofen ist, besitzt die Erde ihre dünne Materiehülle, welche die lebenswichtigen atmosphärischen Gase einschließt und das Leben möglich macht. Sollte sich die Zusammensetzung dieser Gase dramatisch ändern, würden wir in eine Eiszeit zurückfallen *oder* in einer sehr heißen Welt leben, eine Alternative von Katastrophen.[21]

Die letztere Möglichkeit ist der Fokus der gegenwärtigen Debatte über den »Treibhauseffekt«. Während der letzten Eiszeit war die Durchschnittstemperatur auf der Erde 9 Grad niedriger als heute, und der CO_2-Anteil betrug lediglich 190–200 ppm (*parts per million*). Bis zum frühen 19. Jahrhundert war der CO_2-Anteil langsam auf etwa 280 ppm angewachsen. Zu dem Zeitpunkt begann die Menschheit indessen, große Mengen von Kohle, Öl und Erdgas für Wärme, Treibstoff und Energie einzusetzen, was weit größere Mengen an Kohlenstoff in die Atmosphäre entließ. Das Schlagen, Roden und Verbrennen von Wäldern – um Wohnraum, Weiden, Anbauflächen zu schaffen und um Brennholz zu gewinnen – trugen in hohem Maße zu diesem Prozeß bei: Das Verbrennen von Waldflächen erhöht nicht nur die CO_2-Anteile in der Atmosphäre, es reduziert auch die Vegetation, die CO_2 binden kann.

Die CO_2-Konzentrationen in der Atmosphäre sind im Laufe des letzten Jahrhunderts um ungefähr 70 ppm gestiegen und betragen jetzt etwa 350 ppm. Mehr als die Hälfte dieses Zuwachses hat sich in den letzten dreißig Jahren zugetragen, was darauf hinweist, daß die steigende Weltbevölkerung am Ausmaß dieses Zuwachses beteiligt ist. Wenn sich die gegenwärtige Anstiegsrate von 0,3 oder 0,4 Prozent pro Jahr fortsetzt, dann, so sagen einige Wissenschaftler voraus, werden die Kohlendioxidanteile in der Atmosphäre bis zur Mitte des 21. Jahrhunderts auf 550 oder sogar 600 ppm steigen, was zu einer deutlichen Erhöhung der Durchschnittstemperatur auf der Erde führen wird.[22]

Angesichts der Komplexität unserer Biosphäre und der zahllosen Interaktionen zwischen Luft, Meer und Land auf der Erde gibt es nach wie vor große wissenschaftliche Unsicherheiten darüber, was dies für unsere Umwelt bedeutet. Die komplizierten Computer-Modelle und Simulationen der Atmosphäre sind auf den gesamten Globus ausgerichtet und wenig hilfreich dafür, Schlüsse für bestimmte Regionen der Erde zu ziehen. Der Meßvorgang selbst ist ein Problem: viele Meßstationen mögen durchaus durch »städtische Wärme« beeinflußt worden sein, da sich die Städte und Vorstädte ausdehnen. Überdies sind einzelne Elemente im Prozeß der globalen Erwärmung noch keineswegs voll erforscht. Würde eine größere Wolkendichte zum Beispiel die Erdtemperatur erhöhen oder sie abkühlen? Kann nicht auch eine Zunahme der Sonnenfleckenaktivität den Temperaturanstieg ausgelöst haben? Könnten nicht einige verschmutzende Elemente (zum Beispiel Sulfataerosole) die Sonnenstrahlung reflektieren und damit *gegen* die globale Erwärmung arbeiten? Wie werden die großen ozeanischen Strömungen von der Erwärmung betroffen? Würde die Verdoppelung des Kohlendioxids in der Atmosphäre tatsächlich zu einer Vergrößerung und erhöhten Fruchtbarkeit der Vegetation führen – was in kontrollierten Experimenten in Laboratorien geschehen ist –, oder wird es gefährliche Nebenwirkungen geben? Und wenn es zuträfe, würde dieses Wachstum der Vegetation nur kurzfristig sein und sich wieder zurückbilden, sobald die zunehmenden CO_2-Anteile zu überhöhten Temperaturen auf der Erde führten, welche schließlich die landwirtschaftliche Produktion einschränkten?

Diese Ungewißheiten haben zu einer weiten Streuung von Meinungen über die globale Erwärmung geführt. Besorgte Umweltschützer glauben, daß wir die Zusammensetzung der atmosphärischen Gase entscheidend verändern, daß ein Anstieg der globalen Durchschnittstemperatur unvermeidlich ist und daß drastische Veränderungen in unserem Lebensstil nötig sind, um die Emissionen in die Atmosphäre und den Schaden an unserem Ökosystem zu begrenzen. Diese Haltung wird von skeptischeren Wissenschaftlern und *Laissez-faire*-Ökonomen energisch angegriffen. Die letzteren insbesondere opponieren gegen die Begrenzung des Wirtschaftswachstums und wenden sich gegen jede Regierungseinmischung in Wirtschaft und Lebensstil. Wie die Debatte zwischen Neomalthusianern und jenen, die an den »Füllhorneffekt« der neuen Technologie glauben, ist ein großer Teil der Literatur über den Treibhauseffekt daher sehr ideologisch geworden, wobei jede Seite die andere anklagt, politische Interessen zu verfolgen.[23]

Eines aber schält sich aus allen unterschiedlichen Meinungen heraus: es gibt einen wissenschaftlichen Konsens, daß die Durchschnittstemperaturen auf der Erde um 0,3 bis 0,7 Grad wärmer sind als vor einem Jahrhundert. Das ist ein bescheidener Anstieg, aber die wirkliche Sorge gilt der wachsenden Geschwindigkeit des Temperaturanstiegs im *nächsten* Jahrhundert, insbesondere da die Weltbevölkerung und die wirtschaftliche Tätigkeit weiter anwachsen. Man schätzt, daß eine Verdoppelung der CO_2-Anteile eine Durchschnittssteigerung der Temperatur zwischen 1,5 und 4,5 Grad Celsius bis zur Mitte des 21. Jahrhunderts nach sich ziehen wird. Der Abstand zwischen der niedrigen und der hohen Einschätzung ist beträchtlich, aber selbst wenn man sich auf einen Kompromiß von 2,5 oder 3 Grad einläßt, meinen die meisten Wissenschaftler auf diesem Gebiet, daß dies ernsthafte Konsequenzen haben muß. Selbst wenn man die niedrigste Einschätzung von 1,5 Grad nimmt, warnt der Intergovernmental Panel on Climate Change, »würde die Veränderungsrate wahrscheinlich größer sein als jene, die sich zu irgendeiner Zeit auf der Erde zwischen dem Ende der letzten Eiszeit vor mehr als hunderttausend Jahren und heute abgespielt hat«.[24]

Wenn eine deutliche Erwärmung stattfindet, könnte sich der Meeresspiegel auf der Erde heben, einfach weil eine wärmere Flüssigkeit mehr Volumen hat als dieselbe Menge an kalter Flüssigkeit. Wenn sich der Ozean also erwärmt, muß er »überlaufen« und über die Ufer treten. Eine wärmere Erde würde auch einen Verlust an den Eiskappen um die Pole bedeuten. Von den Gletschern würde mehr Eis abschmelzen, als jedes Jahr durch den Schnee ersetzt wird. Während der Erwärmung nach der letzten Eiszeit stieg der Meeresspiegel mit der stupenden Rate von etwa 4 Metern pro Jahrhundert und überflutete weite Gebiete bis dahin trockenen Landes.[25]

Obwohl die Wissenschaftler noch darüber debattieren, was mit der alles entscheidenden antarktischen Eiskappe geschieht (sie enthält 90 Prozent des Eises auf der Erde), gehen die meisten wissenschaftlichen Studien davon aus, daß der Meeresspiegel mit den Temperaturen ansteigen wird – obwohl die Einschätzungen zum *Ausmaß* dieses Anstieges enorm auseinandergehen.[26] Aufgrund des Profils der Landmasse auf der Erde wäre indessen schon ein relativ kleiner Anstieg (von zum Beispiel bis zu einem Meter) bedeutungsvoll. Die Geometrie von Stränden und der Küste vorgelagerten Landstrichen und die Dynamik der Wellen würde dafür sorgen, daß ein um einen Meter gestiegener Meeresspiegel etwa 100 Meter trockenen Landes kosten würde. Stürme würden große Wassermassen ins Land schieben und bisher sichere Gegenden überfluten, und das Meereswasser würde weiter ins Land dringen, die Flüsse hinauf, und Frischwasserreserven versalzen.

Die globale Erwärmung könnte auch die Landwirtschaft und die Nutzung des Bodens beeinflussen, obwohl die wissenschaftlichen Schlußfolgerungen hier ebenfalls sehr kompliziert, unvollständig und manchmal verwirrend widersprüchlich sind. Wenn zum Beispiel die Erwärmung bedeutet, daß die Vegetation in Gebieten mit höheren Temperaturen zurückgeht, sich aber in Breiten, die früher zu kalt gewesen sind, besser entwickelt, bedeutet dies, daß es nur zu einer geographischen Umverteilung statt zu einer Nettoreduktion kommt? Und wenn der Übergang allmählich stattfindet, werden Bauern überleben können, indem sie Saatgut anbauen, das hitzeresistenter ist als jene, die sie ein Jahrzehnt zuvor angebaut haben? Werden sich landwirtschaftliche Plagen verschärfen, wenn die globale Erwärmung es bestimmten Schädlingsarten erlaubt, sich von den Tropen aus nach Norden auszubreiten, oder würden sie durch den höheren CO_2-Gehalt zurückgedrängt werden?[27] Könnte der Treibhauseffekt bedeuten, daß gewisse Fruchtsorten, durch den erhöhten CO_2-Anteil stimuliert, zu größeren Ernten kommen – und würden diese Gewinne ausreichen, um die Verluste an Vegetation und Nahrungsmitteln anderwärts aufzuheben? Auf all diese Fragen gibt es gegenwärtig keine klaren Antworten, obwohl die meisten Wissenschaftler wiederum in der Annahme einig sind, daß die Wirkungen der globalen Erwärmung im Ganzen eher schädlich als nützlich sein werden.

Dieser Schluß ist besonders für die Entwicklungsländer besorgniserregend. Wenn es im Laufe des nächsten Jahrhunderts zu signifikanten Erhöhungen des Meeresspiegels kommt, wird eine große Zahl von Entwicklungsländern schwer getroffen werden. Die 177000 Bewohner der Malediven zum Beispiel würden vollständig fortgeschwemmt werden, wenn es einen Zwei-Meter-Anstieg im Meeresspiegel gibt; dasselbe trifft auf viele Atolle im Pazifischen Ozean zu.

Wichtiger für unsere Zwecke, für das Durchdenken der politischen Implikation solcher Kräfte des globalen Wandels, ist das Schicksal von Ländern wie Ägypten, Bangladesch und Teile von China, wo große Bevölkerungsanteile in niedriggelegenen Flußdeltas leben. Ägypten hat bereits durch den reduzierten Nilwasserfluß aufgrund des Assuanstaudamms gelitten, da sich der Salzwasseranteil erhöht hat. Nur 3,5 Prozent seines Bodens sind landwirtschaftlich nutzbar. Ein Ein-Meter-Anstieg des Meeresspiegels würde zwischen 12 und 15 Prozent dieses Bodens kosten und fast 8 Millionen Menschen in Flüchtlinge verwandeln, während der Verlust an Nutzfläche zur Nahrungsmittelknappheit beitragen würde. Bei einem Ein-Meter-Anstieg des Meeresspiegels würde Bangladesch 11,5 Prozent seiner Landfläche verlieren, ein Gebiet, in dem zur Zeit 8,5 Millionen Menschen wohnen.[28] Dies schließt nicht die Landstriche ein, die bereits jetzt verheerenden Sturmfluten ausgesetzt sind. Die Wahrscheinlichkeit solcher Fluten würde sich erhöhen, einerseits aufgrund des höheren Meeresspiegels und andererseits möglicherweise durch stärkeren Monsunregen.*

Wie gewöhnlich verschärft die Armut das Problem. Ägyptens Pro-Kopf-Bruttosozialprodukt beträgt etwa 700 US-Dollar, das von Bangladesch bloße 170 Dollar, ein Hundertstel dessen von wohlhabenden europäischen und nordamerikanischen Ländern.[29] Sowohl Ägypten als auch Bangladesch befinden sich auf der Liste der Vereinten Nationen unter den zehn Ländern, die von einem Meeresspiegelanstieg am meisten bedroht sind. Die anderen acht sind Gambia, Indonesien, die Malediven, Mosambik, Pakistan, Senegal, Surinam und Thailand. Das bedeutet keineswegs, daß die entwickelten Länder sicher sind, denn das Wasser gefährdet reich und arm gleichermaßen, und Überschwemmungen sind genauso eine Bedrohung für die Häuser und die Industrie an der Bucht von Tokio und am Niederrhein wie für die Deltalandschaft von Bangladesch. Die UN-Liste enthält nur diese unterentwickelten Länder, weil sie besonders leiden würden, da sie nicht in der Lage sind, für Schutzmaßnahmen oder geplante Umsiedlungen zu bezahlen. Reichere Länder können die Gelder aufbringen, um ihre Küstenlinie zu sichern – eine Schätzung geht davon aus, daß man, allein um die der Küste vorgelagerten Inseln der Vereinigten Staaten vor einem Ein-Meter-Anstieg des Meeresspiegels zu schützen, mehr als 100 Milliarden Dollar einsetzen müßte.[30] Aber selbst dieser gewaltige Aufwand könnte sich als vergeblich erweisen.

Wie wir weiter oben gesehen haben, wird erwartet, daß sich die Bevölkerung von Ägypten und Bangladesch über die nächsten Jahrzehnte stark erhöhen wird, in Ägypten von 54 Millionen (1990) auf 94 Millionen (2025), in Bangladesch von 115 Millionen auf 235

* Die Hypothese, von der diese Theorie ausgeht, beruht darauf, daß die globale Erwärmung die heiße Luft über dem tibetanischen Gebirgsplateau weiter aufheizen würde. Die darauf beruhende Bewegung der Luftmassen könnte die Intensität des Monsuns erhöhen, was weitere Überschwemmung nach sich ziehen könnte. Allgemeiner gesprochen nehmen viele Wissenschaftler an, daß die globale Erwärmung zwar allmählich vonstatten gehen wird, die Veränderung in der Atmosphäre aber zu einer zunehmenden Sturmaktivität führen könnte, zu mehr »Freak«- Wetter usw. Wenn kritische Schwellen – die man im Vorgriff nicht kennt – überschritten werden, ist Instabilität sehr wahrscheinlich die Folge.

Millionen im Laufe derselben Periode.[31] Das Bevölkerungswachstum und die zunehmende wirtschaftliche Aktivität, die letztlich dem Treibhauseffekt zugrunde liegen, können also gerade an Orten zu einem Schrumpfen der Landfläche führen, die ohnedies mit einer demographischen Explosion zu kämpfen haben. Die sich daraus ergebenden Tragödien werden in ihrem Impakt kaum örtlich begrenzbar sein. Wenn Ägypten unter der Last einer wachsenden Bevölkerung und einer schrumpfenden Landbasis zusammenbricht, könnten die Nachwirkungen – sowohl politisch und militärisch als auch sozial – seine Nachbarn in Israel und Europa tief beeinflussen. Wenn Bangladesch durch Sturmfluten und Überschwemmungen verwüstet wird, könnten Millionen und Abermillionen von Flüchtlingen über die Grenzen in einige der dichtest besiedelten Provinzen Indiens strömen, was dort zu unlösbaren Problemen führen würde. Die Welt hat sich bereits an die Flut von Bürgerkriegsflüchtlingen gewöhnt. Wenn ganze Gesellschaften nach Naturkatastrophen zusammenbrechen, mag es bald eine sehr viel gewaltigere Flut von Umweltflüchtlingen geben. Bereits jetzt weisen zahlreiche Wissenschaftler auf die Signifikanz von »Umweltursachen als Ursachen für bewaffnete Konflikte« hin.[32]

Ein weiterer Grund zur Sorge ist der mögliche Effekt der globalen Erwärmung auf die Landwirtschaft in der Entwicklungswelt. Höhere Temperaturen werden den Wasserverbrauch steigern und die Probleme der Luftverschmutzung, der Überweidung und der Abholzung von Wäldern verschärfen. Wahrscheinlich werden sie auch die Abnahme der Artenvielfalt beschleunigen. Überdies wird eine Zunahme des CO_2-Gehalts verschiedene Fruchtsorten auf verschiedene Weise beeinflussen, sie wird Weizen oder Kartoffeln in gemäßigten Klimazonen begünstigen, den Anbau von Mais und Hirse aber benachteiligen, zwei Sorten, die für Afrika von kritischer Bedeutung sind. Die größte Sorge gilt dem Reis, dessen Fruchtbarkeit schnell absinkt, wenn die Tagestemperaturen 35 Grad überschreiten. In vielen Reis anbauenden asiatischen Ländern nähern sich die Durchschnittstemperaturen in der Reifezeit bereits dieser Grenze. Ein signifikanter Anstieg der globalen Temperaturen, zum Beispiel eine Zunahme von 4,5 Grad, welche am oberen Ende der meisten Schätzungen steht, würde die gegenwärtig eingesetzten Reissorten unmöglich machen und in großen Hungersnöten resultieren. Dies ist ein Dilemma für China, das die Wirkung des erhöhten CO_2-Gehalts durch seine Industrialisierung auf seine landwirtschaftliche Produktion langfristig genau betrachten muß. Höhere Temperaturen, geringere Bodenfeuchtigkeit und ein Absinken der Fruchtbarkeit des Reises sind verstörende Signale für politische Führer, die ein Land mit mehr als einer Milliarde Einwohner industrialisieren wollen.

Auf der anderen Seite hat unsere frühere Analyse der Wirkung der Biotechnologie auf die Landwirtschaft festgestellt, daß neue DNS-Kombinationen viele Möglichkeiten eröffnet haben, Fruchtsorten veränderten Umweltbedingungen anzupassen. Und israelische Wissenschaftler haben neue geniale Methoden entwickelt, gute Ernten mit geringem Wassereinsatz einzubringen. Dies sind keine trivialen Entwicklungen, und einige von ihnen sind wahrscheinlich die nützlichsten landwirtschaftlichen Forschungen auf diesem Gebiet. Aber die Tatsache bleibt, daß es sich hier um sehr teure Methoden handelt, die Biotech-Firmen in den entwickelten Ländern eher zugänglich sind als den armen Bauern in den Entwicklungsländern. Für die letzeren scheint die globale Erwärmung neue Bürden anzukündigen.

Wenn auch der potentielle Schaden, den die globale Erwärmung den reicheren Ländern zufügen könnte, weniger bedenklich erscheinen mag, so ist er sicherlich ernst zu nehmen. Die Schweiz und Montana werden unter einem Anstieg des Meeresspiegels nicht leiden, aber die Flachlandregionen von Louisiana, New Jersey, den Niederlanden und anderen Teilen der entwickelten Welt wären davon betroffen. Ein Meeresspiegelanstieg von einem Meter würde für die Vereinigten Staaten allein einen Verlust von 6000 Quadratkilometern an Feuchtgebieten und 7000 Quadratkilometern trokkenen Landes bedeuten – eine Fläche vom Ausmaß der Staaten Vermont oder Massachusetts –, wenn keine Schutzmaßnahmen eingeleitet werden.[33] Der Kampf um die Erhaltung Venedigs würde noch schwieriger, und andere wertvolle Städte an den Küsten wären bedroht. In vielen Fällen könnte man höhere Deiche bauen, was Hunderte von Milliarden kosten würde und natürlich nichts an den Ursachen der globalen Erwärmung änderte.

Die Auswirkungen auf die Landwirtschaft würden ebenfalls ernster Natur sein. Ein Anstieg von 1,5 bis 4,5 Grad Celsius gilt für die Erde als Ganzes, aber in den mittleren Breiten, wo die meisten wohlhabenden Länder liegen, könnten die Temperaturen sehr viel stärker ansteigen. Eine Anzahl von Studien geht davon aus, daß erhöhte Temperaturen die Bodenfeuchtigkeit in solchen Regionen wie den Großen Ebenen von Nordamerika, in Sibirien, Westeuropa und Kanada reduzieren würden. Eine frühere Schneeschmelze würde dort von stärkerer Verdunstung begleitet, wenn die Temperaturen im Sommer ansteigen; es mag auch weniger Frühlingsregen geben, mindestens in den Großen Ebenen.[34] Dies hätte globale Auswirkungen, da die Vereinigten Staaten, Kanada und Frankreich fast 75 Prozent der Getreideexporte der Welt produzieren und mit ihnen die Bedürfnisse von Mangelländern in der ganzen Welt auffangen sowie zugleich eine Notreserve für Hungerzeiten bilden. Sollte es ein Absinken der allgemeinen landwirtschaftlichen Produktion geben, würde dies die Überschußnationen nicht treffen – außer in ihrer Zahlungsbilanz. Es würde aber für Länder, die auf Importe angewiesen sind, ungeheuer viel bedeuten. Während ein reiches Land wie Japan die höheren Kosten von Getreide und Sojabohnen leicht aufbringen könnte, wäre dies für die armen Entwicklungsländer eine Katastrophe.[35]

Können Regionen, in denen höhere Temperaturen die landwirtschaftlichen Ernten verbessern, die Defizite in anderen Bereichen auffangen? Zum Teil ja. Ontario und Alberta in Kanada zum Beispiel könnten dann den Ertrag von Mais, Gerste, Sojabohnen und Heu steigern, obwohl die Nahrungsmittelproduktion in ihren südlicheren Abschnitten leiden würde.[36] Auch in Nord- und Westeuropa könnte der Ertrag sich verbessern. Das wird aber die Farmer von Oklahoma oder die Bauern in Süditalien nicht trösten, die sich auf wachsende Aridität ihres Landes einstellen müssen. Aber auch wenn es ein gewisses Ausmaß an Kompensation im *globalen* Sinne geben sollte, wird der Effekt kaum ausreichen, um die Verluste aufzufangen. Unglücklicherweise ist der Mutterboden in Sibirien und Nordkanada dünn und durch die Zersetzung der Koniferennadeln hoch versäuert – so daß es unwahrscheinlich ist, daß dort, wenn die Temperaturen anstiegen, Getreide so gedeihen würde wie in den reichen Böden von Iowa und der Ukraine. Die globale Erwärmung würde wahrscheinlich enorme Flächen an Permafrost-Böden auftauen, was weite Versumpfungen nach sich ziehen würde. Auch setzte dieser Prozeß riesige Mengen alten, vom Eis eingeschlossenen Methans und Kohlendioxids in die Atmosphäre frei – was wiederum den Treibhauseffekt beschleunigen und einen sich ständig verschlimmernden Kreislauf ökologischer Zerstörung in Gang setzen würde.[37]

All dies verweist auf die absolute Notwendigkeit von Reformen und, noch zuvor, von einem besseren Verständnis für das *Ineinandergreifen* der globalen Veränderungen, die augenblicklich unseren Planeten beeinflussen. Genauso wie wir begreifen müssen, daß die Erde im thermodynamischen Sinn ein geschlossenes System ist, so müssen wir verstehen, daß die demographischen, ökonomischen und gesellschaftlichen Entwicklungen ökologische Kettenwirkungen schaffen. Aufgrund der Bevölkerungsexplosion und des Strebens der Menschheit nach höherem Lebensstandard unterwerfen wir unser Ökosystem wahrscheinlich mehr Druck, als es aushalten kann; es zeigt in zunehmendem Maße Anzeichen der Überlastung, und es *bedroht* wiederum uns, ob reich oder arm, mit Konsequenzen, die wir selbst in Gang gesetzt haben.

Diese Konsequenzen – Anstieg des Meeresspiegels, erschöpfte Landwirtschaft, reduzierte Trinkwasserreserven, zunehmende Gesundheitsgefährdung (Hautkrebs, Smog), extreme Wetterlagen, gesellschaftliche Verwerfungen – deuten alle darauf, daß sowohl die entwickelten als auch die sich entwickelnden Nationen guten Grund haben, sich um die globale Erwärmung Sorgen zu machen. Die Regierung, die Landwirte und die Wissenschaftler haben in jüngster Vergangenheit die Neigung gezeigt, eine Politik der *Anpassung* zu bevorzugen, sie haben sich neuen hitze- und trockenheitsresistenten Getreidesorten zugewandt und ehrgeizige neue Bewässerungssysteme aufgebaut. Aber angesichts der Dimensionen des Problems sind solche Reaktionen keineswegs adäquat. Großunternehmungen wie Ableitungen von Flüssen der Rocky Mountains, um das Absinken der großen Ogallala-Wasserreserve aufzufangen, wären unglaublich teuer, und sie hätten unvorhersagbare Umweltkonsequenzen. Die ärmeren Länder können einfach das Geld für große Bewässerungsprojekte nicht aufbringen. Neuere, genetisch veränderte Getreidesorten sind für die meisten Bauern in der Welt zu teuer, und das grundlegende Problem – die Umweltbelastung – würde durch ihren Einsatz ohnedies nur umgangen.

Die einzige Art rationalen Handelns angesichts der Drohung einer globalen Erwärmung ist, sich präventiv zu verhalten, das heißt, unsere Lebensweise zu verändern. Einige Veränderungen sind bereits auf dem Wege, oder zumindest hat man sich auf sie geeinigt. Der Energieeinsatz – das Verhältnis von Energieaufwand zum realen Bruttoinlandsprodukt – ist in den fortgeschrittenen Ökonomien aufgrund größerer Effizienz gefallen. Viele Nationen haben sich auf einer Konferenz in Montreal im Jahre 1987 darauf geeinigt, die Produktion von FCKW bis zum Jahre 2000 einzustellen. Dabei haben sich die reicheren Länder darauf verpflichtet, im Prinzip die finanziellen Kosten ärmerer Länder für den Übergang auf neuere Technologien aufzubringen.[38] Es gibt im örtlichen Bereich Anstrengungen, die Methan-Emissionen zu reduzieren. Technisch bedeutet dies zum Beispiel, das Gas von Mülldeponien durch Ableitung aufzufangen, neue Reissorten zu entwickeln, die weniger Methan produzieren, geschlossene Stallsysteme für die Fütterung von Vieh zu schaffen. Gleichfalls haben viele Länder – oder sogar Gemeinden – Maßnahmen ergriffen, um die industrielle Emission zu reduzieren, Auspuffgase zu vermindern usw. Viele dieser Maßnahmen zielen lediglich auf örtlich begrenzte atmosphärische Probleme, aber einige der Reformen mögen durchaus dazu beitragen, den Prozeß der globalen Erwärmung zu verlangsamen.

Dennoch sind diese Anstrengungen sicher nicht ausreichend. Die Ersatzstoffe für die FCKW (HFCKW) bringen wiederum Probleme mit sich. Darüber hinaus ist die Rate der Kohlenstoffemissionen um etwa 3 Prozent jährlich angewachsen, was, wenn sich dies fortsetzt, ihre Konzentration in der Atmosphäre bis zum Jahre 2025 verdoppeln würde. Eine atmosphärische Konzentration von CO_2, die doppelt so hoch (oder höher) liegt wie in vorindustrieller Zeit, überschreitet sogar die düsterste »Spannweite« der Szenarien, die von Klimawissenschaftlern in Modellen aufgestellt worden sind. Ein besorgter Forscher hat dazu gesagt: »Eine erschreckend große Lücke liegt zwischen den projektierten Zuwachsraten der Kohlenstoffemissionen und dem Niveau, mit dem die Menschen, wie die Wissenschaftler glauben, klimatisch gerade noch leben können.«[39]

Die globale Erwärmung fordert die volle Zusammenarbeit zwischen reichen und armen Ländern, nicht nur weil jeder von ihr berührt werden wird, sondern weil praktisch jede Nation zur kollektiven Verschlechterung unserer Atmosphäre beiträgt. In den entwickelten Ländern geben Millionen von Personen- und Lastwagen, Kraftwerken, Flugzeugen und Industriewerken Kohlenstoffe in die Luft ab. In Entwicklungsländern wie China und Indien entspricht dem der starke Einsatz von Kohle. In den Tropenländern fügen Brandrodungen ihren Anteil hinzu. Überdies sind es nicht nur die Kohlendioxide, die in historisch hohen Proportionen in die Atmosphäre geblasen werden. Methan (C_4), das zwanzig- bis dreißigmal soviel Hitze absorbieren kann wie CO_2, kommt aus so unterschiedlichen Quellen wie Mülldeponien, überfluteten Reisfeldern und Rindermägen. Von Menschen gemachte FCKW, die seit den 30er Jahren in der Kühlung, in Klimaanlagen und bei der Isolation gebraucht werden, sind bis zu 16000mal so effektiv wie CO_2 in der Absorbierung von Hitze und tragen (bis sie eliminiert werden) bis zu 20 Prozent zu den von Menschen verursachten Belastungen der Atmosphäre bei.*

Wie aus der Tabelle 6-1 ersichtlich ist, trägt jedes Land auf verschiedene Weise zur globalen Erwärmung bei. Indien und China verbrennen große Mengen Kohle (was Kohlendioxid generiert), und sie besitzen große Mengen an Rindern oder Schweinen (was

* 50 Prozent stammen vom Kohlendioxyd und etwa 16 Prozent vom Methan. Zwei andere Quellen sind troposphärische Ozone (8 Prozent) und Stickstoffoxidul (6%).

Methan in die Atmosphäre entläßt), aber sie gebrauchen relativ wenige FCKW, insbesondere im Verhältnis zur Größe ihrer Bevölkerung. Brasilien, wo soviel Regenwald durch Brandrodung vernichtet wird, hat in den letzten Jahrzehnten riesige Mengen Kohlendioxid in die Atmosphäre geschickt, aber seine Anteile an Methan und FCKW sind sehr viel bescheidener, obwohl der Wald auch deshalb gerodet wird, um Platz für die Viehhaltung zu schaffen. Japan besitzt viele Automobile, aber wenig Vieh, und die Vereinigten Staaten sind in jeder Kategorie verschwenderisch.

Viele Studien haben darauf verwiesen, was geschehen muß.[40] Ein weltweites Programm der Aufforstung und Wiederbewaldung würde zur Absorbierung von großen Mengen Kohlenstoff führen – ein Wald mit neuen Bäumen bindet etwa 5,5 Tonnen Kohlenstoff pro Hektar, während er heranwächst –, was dazu beitragen würde, die durch Brandrodung freigesetzten Schadstoffe zu vermindern.* Alternative Energiequellen (Wind, Photovoltaik, Geothermik, Biomasse) könnten sehr viel breiter entwickelt werden; insbesondere die Photovoltaik sieht als eine unerschöpfliche und saubere Energiequelle ausgesprochen attraktiv aus, wenn die Umwandlungskosten weiter reduziert werden können. Vor allem aber ist es von kritischer Bedeutung, die 6 Milliarden Tonnen Kohlenstoff, die jedes Jahr in die Atmosphäre entweichen, zu vermindern. Dies ist nur durch weit energieeffizientere Technologien möglich, was von Glühbirnen bis zu Automobilmotoren und Industrieanlagen reicht. Entwicklungsländer brauchen dabei Hilfe durch den Transfer moderner Techniken, um einen »Nicht-Kohlenstoff-Pfad« zur Industrialisierung zu finden. Und die Industrienationen müssen spürbare Verringerungen in der Menge der Treibhausgase erreichen, die von ihren Fabriken, Häusern, Kraftwerken und Automobilen ausgestoßen werden.

Aber ist das möglich? Da reiche und arme Nationen gleichermaßen zur Luftverschmutzung beitragen, ist es politisch unvorstellbar – und vom Umweltschutz her ineffektiv –, daß auch nur einige von

---

* Im Moment werden indessen für jeden neugepflanzten Baum 10 tropische Bäume gefällt; in Afrika ist die Rate 1:29.

Tabelle 6-1

Die 25 Länder mit den höchsten Treibhausgas-Nettoemissionen, 1987

(in 1000 Tonnen Kohlenstoff)

Land	Rangfolge insgesamt	Treibhausgase Kohlendioxid	Methan	FCKW	Insgesamt	Anteil in Prozent
USA	1	540 000	130 000	350 000	1 000 000	17,6
UdSSR	2	450 000	60 000	180 000	690 000	12,0
Brasilien	3	560 000	28 000	16 000	610 000	10,5
China	4	260 000	90 000	32 000	380 000	6,6
Indien	5	130 000	98 000	700	230 000	3,9
Japan	6	110 000	12 000	100 000	220 000	3,9
Bundesrepublik Deutschland	7	79 000	8 000	75 000	160 000	2,8
Großbritannien	8	69 000	14 000	71 000	150 000	2,7
Indonesien	9	110 000	19 000	9 500	140 000	2,4
Frankreich	10	41 000	13 000	69 000	120 000	2,1
Italien	11	45 000	5 800	71 000	120 000	2,1
Kanada	12	48 000	33 000	36 000	120 000	2,0
Mexiko	13	49 000	20 000	9 100	78 000	1,4
Myanmar	14	68 000	9 000	0	77 000	1,3
Polen	15	56 000	7 400	13 000	76 000	1,3
Spanien	16	21 000	4 200	48 000	73 000	1,3
Kolumbien	17	60 000	4 100	5 200	69 000	1,2
Thailand	18	48 000	16 000	3 500	67 000	1,2
Australien	19	28 000	14 000	21 000	63 000	1,1
Deutsche Demokratische Republik	20	39 000	2 100	20 000	62 000	1,1
Nigeria	21	32 000	3 100	18 000	53 000	0,9
Südafrika	22	34 000	7 800	5 800	47 000	0,8
Elfenbeinküste	23	44 000	550	2 000	47 000	0,8
Niederlande	24	16 000	8 800	18 000	43 000	0,7
Saudi-Arabien	25	20 000	15 000	6 600	42 000	0,7

(Abgedruckt aus: *World Resources* 1990–91, S. 15)

ihnen die Treibhausgas-Emissionen reduzieren, während andere ihre Verantwortung ignorieren. Örtliche Maßnahmen sind gut und schön, aber global gesehen macht es nicht viel Sinn, wenn Kanada eine saubere Umweltpolitik durchführt, während die Vereinigten Staaten »dreckig« bleiben, oder wenn die Regenwälder von Kolumbien geschützt werden, während sie in Brasilien der Zerstörung anheimfallen, oder wenn Indien einer Kontrolle der Kohlendioxid-Emissionen zustimmt, während die Anteile Chinas weiterhin steigen. Die Opfer müssen global sein; mehr als das, sie werden auch so *gerecht* wie möglich sein müssen, das heißt, sie müssen auf unterschiedliche Einkommensverhältnisse Rücksicht nehmen. Arme Waldbauern in Indien oder afrikanische Viehhalter, deren Tiere die Savannen überweiden, werden kaum versucht sein, ihre Lebensweise zu ändern, wenn Gesellschaften, die Hunderte von Malen reicher sind, nicht entsprechende Opfer bringen und angemessene Hilfszahlungen leisten, um das verlorene Einkommen zu ersetzen. Warum in der Tat sollten sich die Entwicklungsländer um den Treibhauseffekt Sorgen machen, da sie aus ihrer Sicht sehr viel unmittelbareren Bedrohungen wie der Erosion, der Desertifikation, dem Mangel an sauberem Wasser, einer kolossalen Schuldenlast ausgesetzt sind? Wenn sich überdies die Industrieländer durch wachsenden Protektionismus gegen den Export aus ärmeren Ländern abschotten, wenn sie sich gegen einen adäquaten Technologie-Transfer wehren, ist auf Verständnis aus der Entwicklungswelt noch weniger zu hoffen. Wie viele verzweifelte Äthiopier oder Kaschmiri haben die Zeit, sich um die Erweiterung eines Ozonlochs über Nordamerika Sorgen zu machen?

Das bringt uns in das Reich der Politik, der Kultur, der Nord-Süd-Beziehungen zurück. Die globale Erwärmung zwingt in allen Bereichen zum Umdenken. Es geht darum, die Entwicklungsländer auf ein langfristiges Denken umzustellen, auf einen Abschied von traditionellen Wirtschaftsformen, vor allem auf internationale Kooperation.

Drei Beispiele illustrieren, wie sensibel die Politik der globalen Erwärmung sein wird. Das erste, das schon erwähnt wurde, betrifft die Ambitionen von China und Indien, ihre eigene industrielle Revolution durchzuführen. Angesichts ihrer Bevölkerung und ihrer ökonomischen Wachstumsrate können diese beiden Länder im frühen 21. Jahrhundert die beiden größten Verursacher von Treibhausgasen werden. Es ist daher von verzweifelter Wichtigkeit, den Anstieg der Emissionen zu bremsen oder besser noch das Niveau der Emissionen im Ganzen herabzusetzen. Da aber das Pro-Kopf-BSP beider Länder so niedrig ist, da ihre Regierungen mit einer

Bevölkerungsexplosion ringen und zugleich mit einem Anstieg der gesellschaftlichen und ökonomischen Erwartungen, und da die Industrialisierung als der Königsweg angesehen wird, die nationale Produktivität zu erhöhen, wie kann man von ihren Gesellschaften erwarten, ohne enorme Hilfe von anderen Ländern einen »Nicht-Kohlenstoff-Pfad« in das wirtschaftliche Wachstum einzuschlagen? Selbst wenn diese Hilfe stattfände – und viele entwickelte Länder sind keineswegs gewillt, ausreichend zum Montreal-Protokoll-Fonds beizutragen –, würden Neu-Delhi und Peking überhaupt eine solche Einschränkung ihrer ökonomischen Eigenständigkeit hinnehmen? Würden sie der Prämisse zustimmen, daß sie ökologisch verantwortlicher handeln müssen, als es Europa und Amerika bei ihrer Industrialisierung getan haben?

Das bringt uns zum zweiten Beispiel, dem der Zerstörung der lateinamerikanischen Regenwälder. Heute sind sich die meisten Menschen der düsteren Implikationen dieses Prozesses bewußt: die Abnahme der Artenvielfalt, der Anstieg der Kohlendioxid-Emissionen aufgrund der Brandrodungen, die Auswirkung auf die globale Erwärmung. Die Vernichtung findet in einem solchen Ausmaß statt, daß um das Jahr 2000 drei Viertel von Amerikas tropischen Wäldern gefällt sein können. Als Satellitenfotos im Jahre 1988 das Ausmaß der Brandrodungen zeigten und dem gleich darauf die Nachricht über die Ermordung des Gewerkschaftsmannes Francisco Mendez folgte (der versucht hatte, die Rancher daran zu hindern, den Wald zu zerstören), unterstützte der US-Kongreß Maßnahmen, Druck auf Brasilien auszuüben – zum Beispiel dadurch, daß man internationale Fonds für einen Straßenbau durch die Wälder sperrte. Das verschob die Streitfrage in die Nord-Süd-Politik. Brasilianische Offizielle wiesen zornig darauf hin, daß die Nordamerikaner die Vernichtung ihrer eigenen Wälder im Laufe der letzten drei Jahrhunderte keineswegs aufgehalten haben, daß Brasilien die Absicht habe, seine Ökonomie frei zu entwickeln, und daß ohnedies die US-Bürger fünfzehnmal so viel Energie verbrauchten wie die Brasilianer. Bevor sie anderen Vorschriften machten, sollten die Amerikaner selbst ein besseres Beispiel abgeben.[41] Immerhin finanziert die brasilianische Regierung keine Rodungen mehr, aber das Land und seine Nachbarn fordern noch immer eine übergreifende, mit finanziellen Kompensationen verbundene Nord-Süd-Vereinbarung über dieses Problem.

Das dritte Beispiel ist der disproportionale Anteil des Nordens an den Treibhausgas-Emissionen, insbesondere an Kohlendioxid. Nach einer Schätzung der US-Umweltbehörde (EPA) müßten die Kohlenstoffemissionen um 50 bis 80 Prozent reduziert werden, das heißt, auf das Niveau der 1950er Jahre zurückgeführt werden, wenn man die atmosphärischen Konzentrationen von CO_2 nur auf dem augenblicklichen Niveau halten wollte.[42] Wenn das nicht geschieht, gibt es wenig Aussicht, die globale Erwärmung zu vermeiden, egal, was in Brasilien oder China passiert. Das Hindernis sind hier weniger die industriellen Emissionen. FCKW- und CO_2-Emissionen von Fabriken und Supermärkten zu eliminieren, ist teuer und wird aus dem Grund oft von amerikanischen Firmen und der Regierung abgelehnt, aber eine Menge kann getan werden, und einiges wird getan. Das wirkliche Problem liegt aber darin, die Emissionen der Kraftwagenmotoren zu reduzieren. In dieser Hinsicht sind die Vereinigten Staaten besonders verschwenderisch. Sie besitzen nur 4 Prozent der Weltbevölkerung, verbrauchen aber ein Viertel oder mehr vom Brennstoff der Welt, und sie sind die Nummer eins in Treibhausgas-Emissionen. Da sie so viel von den Weltenergiereserven verbrauchen, würden die Amerikaner weit größere Einschnitte hinnehmen müssen als zum Beispiel die Norweger. Das hieße aber kräftige Erhöhungen im Benzinpreis, große Investitionen in kraftstoffsparende Motoren, spürbare Bußgelder für benzinfressende Automobile und die Entwicklung neuer öffentlicher Verkehrssysteme. So logisch solch eine Politik aus Umweltschutzgründen auch erscheint, sie ist sehr viel leichter in Ländern wie Holland oder auch Japan durchzusetzen als in den Vereinigten Staaten. Die Amerikaner haben sich, wenn man von den Ölschocks der 70er absieht, nie der Notwendigkeit gegenübergesehen, Energie zu sparen. Deshalb würden viele US-Bürger zornig reagieren, wenn sie auf diesem Gebiet plötzlich mit sehr spürbaren Einschränkungen leben müßten.

Das Wesen der amerikanischen Politik macht es einem sehr

schwer, sich vorzustellen, daß die Regierung in Washington entschieden auf die Probleme der globalen Erwärmung reagieren könnte.[43] Statt dessen gibt es die Tendenz, auf unterschiedliche wissenschaftliche Einschätzungen zu verweisen, die Angst vor dem Treibhauseffekt als übertrieben darzustellen und anzudeuten, daß es zu früh sei, um auf der Basis so unsicherer Information den Lebensstil zu ändern.[44] Und es gibt in der Tat skeptische Wissenschaftler und Ökonomen, die die bisherigen Einschätzungen anzweifeln.[45] All dies weckt *international* den Anschein, als seien die Vereinigten Staaten Umweltfragen gegenüber gleichgültig und nicht willens, mit den anderen industriellen Demokratien in dieser Frage zusammenzuarbeiten. Vor dem Gipfel der G-7-Nationen in London vom Juli 1991 zum Beispiel verlautete aus dem Weißen Haus, daß man sich die Sorge mache, die Europäer wollten Umweltschutzfragen zu viel Aufmerksamkeit schenken – was natürlich auf Vorwürfe an die US-Adresse hinauslaufen würde.

In der Theorie gibt es eine ganze Reihe von Maßnahmen, die sowohl in den reichen als auch in den armen Ländern durchgeführt werden könnten, um den Anstieg der Treibhausgas-Emissionen zu verlangsamen. Die UN-Konferenz für Handel und Entwicklung (UNCTAD) arbeitet an Vorschlägen für eine Forst-Konvention, eine Artenvielfalt-Konvention und eine Klimaveränderungs-Konvention. Kluge Artikel in den Publikationen des Worldwatch Institutes verweisen auf die verdienstvolle Haltung, das Automobil aufzugeben und sich dem Fahrrad zuzuwenden.[46] Viele solcher Vorschläge mögen exzentrisch oder Don-Quichottisch wirken, und die internationalen Vereinbarungen werden nur so viel Wirkung haben, wie die Unterzeichnerstaaten zulassen, aber hinter alldem steht die Sorge, daß es eine wirkliche langfristige Bedrohung unserer Atmosphäre gibt. Wenn die globale Erwärmung so ernst ist, wie einige der Einschätzungen andeuten, werden unsere Kinder und, wahrscheinlicher noch, unsere Enkel vor schweren Umweltproblemen stehen.

Und das ist ironischerweise das Haupthindernis der Reform. Die Umweltschützer fordern die Gesellschaft von heute in reichen und armen Ländern auf, drastische Veränderungen vorzunehmen – in ihrer ökonomischen Erwartung, in ihrer Lebensweise, in ihrem gesellschaftlichen Verhalten –, um Schäden abzuwehren, welche *zukünftige* Generationen treffen werden. Sie fordern sie auf, ihre Grundannahmen und ihren Lebensstil jetzt für ihre Nachkommen in dreißig oder fünfzig Jahren zu ändern. Da politische Führer in vielen Ländern es sehr schwierig finden, ihren Wählern überhaupt Opfer abzuverlangen (zum Beispiel um die Staatsschulden zu verringern oder landwirtschaftliche Subventionen abzuschaffen), werden sie sich kaum bereit finden, dramatische Maßnahmen gegen die globale Erwärmung zu treffen. Nach einer kürzlichen Schätzung von UN-Umweltschutzbehörden würden die Entwicklungsländer 125 Milliarden Dollar pro Jahr brauchen, um neue Umweltschutzprogramme bezahlen zu können – das sind 70 Milliarden Dollar mehr als *alle* finanzielle Hilfe, die sie jetzt bekommen. Die Forderung wurde schnell auf zusätzliche 5 bis 10 Milliarden Dollar im Jahr reduziert, um sie überhaupt in den Bereich des politisch Möglichen zu rücken.[47] Wahrscheinlich wird es daher nur eine Anzahl von internationalen Vereinbarungen auf Teilgebieten geben, insbesondere wenn weitere Dürreperioden und andere Anzeichen eines Anstiegs der Temperaturen sichtbar werden. Ob das die Vernichtung der Regenwälder oder die Erschöpfung der Wasserreserven aufhalten wird, ob es etwas am verschwenderischen Verbrauch des Mineralöls und allen unseren anderen gefährlichen Gewohnheiten ändern wird, erscheint mehr als fraglich – schlechte Aussichten für die zukünftigen Bewohner der dünnen Lebenshülle unserer Erde.

Kapitel 7

Diskurs: Die Zukunft des Nationalstaates

Die vorhergehenden Kapitel haben sich auf die in ihrem Wesen transnationalen Kräfte der Veränderung auf demographischem, ökologischem und technologischem Gebiet konzentriert. Die folgenden Kapitel werden sich mit den wahrscheinlichen Auswirkungen dieser Kräfte auf bestimmte Regionen und Nationen und deren Reaktionsmöglichkeiten auf solche Herausforderungen beschäftigen. Nicht nur sind diese Länder und Ländergruppen unterschiedlich in den Begriffen der Geographie (Größe, Lage, natürliche Ressourcen), ihre jeweiligen Bewohner unterscheiden sich auch sehr deutlich in den Begriffen der Geschichte (kulturelle Haltung, soziale Strukturen, ökonomische Kraft). Einige von ihnen sind daher besser als andere darauf vorbereitet, mit steigendem Meeresspiegel oder der Biotech-Revolution oder selbst der demographischen Veränderung fertigzuwerden. Die Ungleichheit unter den Nationen wird ein wichtiger Faktor bleiben.

Aber bevor wir uns mit den Aussichten verschiedener Kontinente auf ihrem Weg ins 21. Jahrhundert beschäftigen, müssen wir uns einem weiteren Problem zuwenden: Was bedeuten diese transnationalen Entwicklungen für die Zukunft des Nationalstaates selbst, der die ordnende Einheit ist, an die sich die Menschen normalerweise wenden, wenn sie von etwas Neuem herausgefordert werden? Sich direkt in die Kapitel über die relativen Fähigkeiten zum Beispiel des deutschen oder äthiopischen Staates, mit den globalen Veränderungen fertigzuwerden, zu stürzen, würde an einem wichtigen Punkt vorbeiführen: Die meisten dieser Trends sind so weitreichend, daß es vielleicht überhaupt keine Regierung mehr gibt, die gut gerüstet ist, mit ihnen umzugehen. Sind die wichtigsten Handlungsträger in der Weltpolitik heute nicht die global operierenden großen Firmen? Schafft die Technologie nicht Gewinner und Verlierer – in den Begriffen von Arbeit und Karriere –, egal wo man lebt? Haben nationale Körperschaften wie Kabinette oder Wirtschaftsministerien in einem Zeitalter, das von der weltweiten Finanzspekulation oder, was das betrifft, der globalen Erwärmung gekennzeichnet ist, überhaupt noch Relevanz? Und wenn das zutrifft, ist der Gedanke noch zulässig, daß Länder als Ganzes sich systematisch auf das vor uns liegende Jahrhundert vorbereiten können?

Für die meisten Bürger wäre der Gedanke, daß nicht nur bestimmte Industrien oder Wirtschaftstätigkeiten, sondern die Nationalstaaten selbst anachronistisch werden, tief verstörend. Es ist wahr, daß die Nationalstaaten, wie wir sie kennen, relativ junge Gebilde sind. Sie erschienen zuerst in Form der »neuen Monarchien« der Frühmoderne in Europa. Spanien, Frankreich und England zählten zu ihnen.[1] Angesichts des heutigen Arguments, daß die Menschen sich zunehmend von den nationalen Regierungen ab und transnationalen oder subnationalen Organen zuwenden, um ihre Ziele zu erreichen, liegt eine gewisse Ironie in der Feststellung, daß die frühmodernen Monarchien aus einem Flickenteppich von Herzogtümern, Fürstentümern, freien Städten und anderen Staatsgebilden (Burgund, Aragon, Navarra) hervorgingen, die sie dann später unterwarfen. Sobald sie die Macht nach innen konsolidiert hatten, behaupteten sich die Nationalstaaten gegen transnationale Institutionen wie das Papsttum, die Mönchs- oder Ritterorden oder die wirtschaftliche Macht der Hanse, welche in vieler Hinsicht eine Frühform des multinationalen Konzerns war.[2] So egoistische Staaten wie das England Heinrichs VIII. oder das Frankreich Ludwigs XIV. konnten weder Autoritäten über sich noch Unabhängigkeit unter sich tolerieren. Selbst in Fällen, wo die Macht im Inneren geteilt wurde – wie zwischen der englischen Krone und dem Parlament –, bleibt die Tatsache, daß beide nationale Institutionen waren.

Im Laufe der Entwicklung der modernen Nation nahm sie allmählich ihre grundlegenden Attribute an, die uns jetzt vertraut sind, die aber zu der Zeit von Gruppen bekämpft wurden, die durch diesen Prozeß der Staatsentwicklung an den Rand gedrängt oder entmachtet wurden. Der »Idealtypus« des Staates – denn es gab Ausnahmen wie das Vielvölkerreich der Habsburger mit seinen verstreuten Territorien – besaß eine zusammenhängende geographische Gestalt wie etwa Frankreich oder Schweden. Es hatte erkennbare nationale Grenzen, die im Laufe der Zeit zunehmend von staatlichen Stellen wie Zoll, Grenzpolizei und Einwanderungsbehörden kontrolliert wurden. Der Staat wurde zusammen mit anderen Nationalstaaten im internationalen Recht und in der Diplomatie als »souverän« anerkannt. Jeder Staat entwickelte Symbole (Fahne, Hymne, historische Gestalten und Ereignisse, besondere Feiertage), um das Bewußtsein einer nationalen Identität zu stärken. Seine Schulkinder lernten universelle Fächer wie Mathematik, Naturwissenschaften und Geographie, aber andere Teile des Stundenplans, insbesondere Geschichte, besaßen nationale Schwerpunkte, genau wie die Lehre selbst von einem nationalen Bewußtsein beeinflußt war. Die Nationalsprache überdeckte zunehmend regionale Sprachen (Bretonisch, Walisisch, Katalanisch), obwohl der Widerstand dagegen oft hartnäckig war.[3]

Sowohl institutionell als auch ökonomisch trat der Nationalstaat immer mehr ins Zentrum der Bühne. Junge Männer wurden für die Streitkräfte angeworben oder verpflichtet, die sich von privaten feudalen Aufgeboten in stehende nationale Institutionen verwandelten. Da die Staatsausgaben sich entsprechend den inneren und äußeren Notwendigkeiten erhöhten, entwickelten sich Finanzkörperschaften wie eine Nationalbank oder ein Schatzamt. Nationalversammlungen entstanden, um den jährlichen Haushalt zu billigen, ein nationales Steuersystem entwickelte sich, und nationale Währungseinheiten ersetzten ältere Zahlungsmittel. Das merkantilistische Wirtschaftssystem, das darauf zielte, die Kapitalreserven eines Landes zu erhöhen, war bewußt darauf ausgelegt, die Nation stark und selbstgenügsam zu machen.[4] Die Abhängigkeit von ausländischen Lieferungen von Textilien, Eisen, Getreide und anderen

Gütern wurde reduziert, indem man versuchte, sie im eigenen Land herzustellen, was wiederum Arbeitsplätze schuf und den Kapitalabfluß ins Ausland minderte. Navigationsakten suchten abzusichern, daß aller Seehandel in heimischen Schiffen getätigt wurde, die von Angehörigen der eigenen Nation geführt wurden. Praktisches Manufakturwissen wurde vor Ausländern geheimgehalten. All dies mußte aus der Sicht von Politikern wie zum Beispiel Pitt, Colbert und Friedrich dem Großen die Macht eines Staates und das Nationalbewußtsein stärken.

Neben der inneren Revolution bestand die einzige wirkliche Bedrohung des Nationalstaates in einem anderen Nationalstaat, der versuchte, seine Macht auszuweiten. Um die nationale Sicherheit zu erhöhen, stützten sich die Regierungen auf eine Mischung aus militärischen und diplomatischen Maßnahmen – sie unterhielten eine stehende Armee, sie bauten eine Flotte, sie schlossen Allianzen oder *Ententes* gegen einen gemeinsamen Rivalen. Wenn Kriege ausbrachen, konnten sie teuer werden, aber sie dienten auch dazu, die patriotischen Gefühle zu verstärken. Den »arroganten Ehrgeiz« Frankreichs oder die List des »perfiden Albion« zu denunzieren, war immer eine wirksame Art, die nationale Solidarität zu stärken.[5] Zu Beginn unseres Jahrhunderts wurden die Nationalgefühle durch erneute Rüstungswettläufe verstärkt, durch Rivalitäten in den Kolonien, durch die Agitation der Sensationspresse und durch chauvinistische Interessengruppen sowie die sozial-darwinistischen Ideen von einem internationalen »Kampf ums Überleben«. Es war daher kein Wunder, daß viele der Bürger der europäischen Mächte freudig in einen Krieg gingen, als diese Antagonismen sich 1914 entluden.[6]

Die stetige Verstärkung der Macht und Autorität des Nationalstaates lief nicht ohne gewisse Gegenkräfte ab. Trotz aller Versuche der Zentralregierung, eine nationale Einheit zu erzeugen, schwelten in Nordirland, im Elsaß, in Katalonien, in Südtirol, in Schlesien, in Bosnien und an vielen anderen Orten uralte ethnische Rivalitäten und lokale Patriotismen unter der Oberfläche weiter. Von Adam Smith' *The Wealth of Nations* (1776) an haben eine zunehmende Zahl von Ökonomen, Bank- und Geschäftsleuten argumentiert, daß es den Menschen in allen Staaten besser gehen würde, wenn sich die Hand des merkantilistischen, protektionistischen Staates von der Wirtschaft höbe und Kommerz und Investition sich nach Marktkriterien richteten statt nach den Wünschen der Regierung. Die kosmopolitische Ideologie des Liberalismus wurde bestätigt – und zugleich herausgefordert – von der später im 19. Jahrhundert entstehenden transnationalen Arbeiterbewegung, die sich Marxismus nannte. All diese Kräfte standen gegen die behauptete Autonomie des Nationalstaates. Dennoch, wann immer es eine ernste internationale Krise gab – wie im Jahre 1914 oder wieder 1939 –, wurden sie beiseite geschoben. Diplomatische Verträge (Versailles, Locarno, die Flottenverträge von Washington und London) und Institutionen (der Völkerbund, der Internationale Gerichtshof von Den Haag) waren ähnlich machtlos, wenn es darum ging, die egoistischen souveränen Staaten davon abzuhalten, in den Krieg zu ziehen.

Da die beiden großen Konflikte dieses Jahrhunderts »totale Kriege«[7] waren, ausgefochten von entwickelten Staatswirtschaften und organisiert von modernen Bürokratien, schien der Trimph des Nationalstaates vollständig. Selbst liberale Demokratien bestanden auf der Wehrpflicht. Die Staatstreue des Bürgers wurde vollständig in Anspruch genommen. Mit dem Feind Handel zu treiben, war Verrat, und alle Wirtschaftsbeziehungen aus der Vorkriegszeit wurden eingefroren. Die Industrie wurde unter Staatskontrolle gestellt und Streiks verboten, während der kriegführende Staat aus seinem Volk das Äußerste an Produktion herauszuholen suchte. Der Erste Weltkrieg brachte den Paß – einen Beweis für die Nationalität des Individuums, aber interessanterweise Eigentum der Regierung, die ihn einziehen konnte, wenn es ihr notwendig erschien. Der Zweite Weltkrieg schuf das Bruttosozialprodukt – einen Wirtschaftsindikator, der es dem Staat erlaubte, die produktive Tätigkeit des Volkes zu erfassen. In beiden Konflikten verschärften die Regierungen stetig die Kontrollen über Medien und Kommunikationsmittel. Selbst Kulturwerke wurden in den Dienst der Nation gestellt – was man in Oliviers Interpretation von Shakespeares *Heinrich V.* sehen oder in Schostakowitschs Achter Symphonie hören kann.

Nach 1945 schwächten sich diese Trends in der ökonomischen

Sphäre ab, aber sie setzten sich im politischen Leben fort. Internationale Finanz- und Handelsabkommen (IWF, Weltbank, GATT) stellten den Versuch dar, eine Wiederholung des Schadens, der durch den Protektionismus und die Autarkie-Bestrebungen in den Zwischenkriegszeiten verursacht worden war, abzuwenden. Der Außenhandel blühte auf, und die internationalen Investitionen erhöhten sich sprunghaft. Aber die steigenden Spannungen des Kalten Krieges kühlten das Klima in den Beziehungen zwischen den Blöcken ab und deuteten auf die unverminderte Bedeutung der »nationalen« Sicherheit. Die Vereinten Nationen, entworfen als eine verbesserte Version des Völkerbundes, litten dementsprechend, da die Supermächte einander in ihrem ständigen Streit durch Vetos lahmzulegen versuchten. Die Bedrohungsszenarien wurden von Nationalen Sicherheitsräten oder ähnlichen politischen Gremien untersucht; wo immer ein amerikanischer Präsident hinging – sogar in den Ferien –, sein nationaler Sicherheitsberater war an seiner Seite. Die nationale Sicherheit wurde gebraucht, um alles und jedes zu rechtfertigen, vom Bau eines Straßensystems bis zur Bereitstellung von Wissenschafts- und Technologiestipendien. Sie wurde auch negativ gebraucht, um zum Beispiel gewisse Informationen geheimzuhalten, bestimmten Einwanderern das Land zu verschließen, Handels- und Tourismusabkommen mit bestimmten Ländern zu unterbinden, Technologietransfers zu verhindern. Auf dem Gipfelpunkt des Kalten Krieges, als sowohl die UdSSR als auch die Vereinigten Staaten für ihre Verteidigung Hunderte von Milliarden Dollar aufwandten, fragten sich Beobachter, ob die beiden Länder nicht reine Sicherheitsstaaten geworden waren. Andere machten sich Sorgen über die massive Umleitung von Kapital, Forschung und Entwicklung, den Talenten von Wissenschaftlern, Ingenieuren und Technikern in die Rüstungsindustrie, fürchteten die Wirkung auf die langfristige nationale Konkurrenzfähigkeit.[8]

Auch heute ist die Macht dieser Denkweise keineswegs gebrochen. In den Zeiten des Kalten Krieges war es natürlich leicht zu argumentieren, daß die Bedrohung des eigenen Volkes primär militärischer Natur sei und daß der Nationalstaat in der Weltpolitik weiterhin die Hauptrolle spiele. Selbst jetzt, da dieser Konflikt vorüber ist, sind die Experten der nationalen Sicherheit und die Vertreter des Pentagons durchaus in der Lage, viele potentielle Bedrohungen der internationalen Stabilität auszumachen – und damit Gründe, starke Verteidigungskräfte aufrechtzuerhalten. Die Existenz von Zehntausenden von nuklearen Sprengköpfen in den Nachfolgestaaten der Sowjetunion und die Tatsache, daß ihre Kontrolle ungesichert ist; die Möglichkeit eines weiteren Zusammenbruchs in den arabisch-israelischen Beziehungen; unberechenbare Regime in Libyen, im Irak und in Nordkorea; das Auftauchen regionaler Großmächte wie Indien und China; die Verbreitung modernster Waffen in Krisenzentren überall auf der Erdkugel: All das wird zugunsten der ungebrochenen Notwendigkeit militärischer Macht angeführt.

Diese traditionellen Annahmen geraten allerdings zunehmend unter Druck, da niemand sich auf Dauer den Veränderungen in unserer Welt verschließen kann. Mit dem Ende des Kalten Krieges, so argumentieren viele Experten heute, werden militärische Rivalitäten und Rüstungswettläufe ersetzt durch den ökonomischen Wettstreit, den Kampf um einen Vorsprung in moderner Technologie und verschiedene andere Formen kommerzieller Kriegführung. Infolgedessen ist die Sprache, die benutzt wird, um den internationalen Handel und die Weltwirtschaft zu beschreiben, in ihrem Wesen immer militärischer geworden. Industrien werden »belagert«, Märkte werden »erobert« oder »aufgegeben«, und die Vergleichsraten der Ausgaben für Forschung und Entwicklung werden so eifrig untersucht wie die relativen Größen der Schlachtflotten vor 1914.[9] Selbst die Experten der nationalen Sicherheit geben heute zu, welch enorme Bedeutung die ökonomischen Dimensionen der Macht haben, und sie gestehen zu, daß traditionelle Machtinstrumente wie Armeen und Flotten gegen ökonomische Herausforderungen nicht viel auszurichten vermögen. Aber auch wenn das als neu erscheint, die alte Denkweise hat sich damit noch nicht erledigt: der Nationalstaat steht noch immer im Zentrum des Geschehens, er kämpft unaufhörlich um Vorteile gegenüber anderen Nationalstaaten. Eine neomerkantilistische Weltordnung ist noch immer in Kraft, selbst wenn der Krieg nicht länger als eine Option betrachtet wird.*

Wie wir indessen in den vorhergehenden Kapiteln gesehen haben, verweisen andere Experten auf Probleme ganz anderer Art und auf neuartige Bedrohungen der Sicherheit. Die Überbevölkerung in den ärmeren Ländern der Welt könnte Ressourcen-Kriege auslösen, ethnische Spannungen verschärfen, zu sozialen Unruhen beitragen und den Expansionismus antreiben. Eine Migrationsflut aus den ärmeren und von Schwierigkeiten geplagten Teilen der Erdkugel in die reicheren und friedlicheren würde nicht nur soziale Kosten verursachen, sie könnte auch verschärfte rassische Antagonismen mit sich bringen. Unterschiedliche Bevölkerungszuwachsraten ethnischer Gruppen innerhalb derselben nationalen Grenzen werden wahrscheinlich bereits existierende Spannungen erhöhen, wie es in Jugoslawien und im Libanon geschehen ist. Die Bevölkerungsexplosion zusammen mit der sich beschleunigenden Industrialisierung hat ökologische Folgen, welche durchaus eine Bedrohung von Nationen konstituieren könnten. Zusätzlich zu dem wachsenden Risiko von Ressourcen-Kriegen um absinkende Wasserreserven, um Weideland, um Holz und ähnliche Rohstoffe bedrohen die Umweltschäden die wirtschaftliche Prosperität und die öffentliche Gesundheit. Und wie wir gesehen haben, verringern diese Schäden die globale Nahrungsmittelproduktion gerade zu der Zeit, da die Weltbevölkerung fast um eine Milliarde pro Dekade wächst, was zu Hungersnöten in riesigen Maßstäben führen könnte. Dies wiederum würde natürlich zu den sozialen und politischen Instabilitäten beitragen und die ohnehin schlechter werdenden Beziehungen zwischen den reicheren und ärmeren Völkern der Erde weiter zerrütten.[10]

Der Nationalstaat und seine Sicherheit ist auch potentiell bedroht durch die neue internationale Produktions- und Arbeitsteilung. Die Logik des globalen Marktes schenkt der Frage, *wo* ein

---

* Außer in gewissen extremistischen Schriften: siehe zum Beispiel G. Friedman und M. Lebard, *The Coming War with Japan* (New York, 1991).

Produkt hergestellt wird, keine Aufmerksamkeit, aber die Verteidigungspolitiker in ihrem traditionellen Denken sind darüber sehr besorgt. Ist es nicht von entscheidender nationaler Bedeutung, so argumentieren sie, daß ein Land seine eigene Elektronik- und Computerindustrie aufrechterhält, daß es seine Transportkapazitäten nicht aufgibt, daß es die Luftfahrt fortführt, daß es in der Lage bleibt, seine eigene Software sowohl für militärische als auch für nichtmilitärische Zwecke herzustellen?[11] Auch auf indirektem Weg können unwillkommene ökonomische Trends eine Auswirkung auf nationale Macht haben. Ein Land könnte schwer geschädigt werden, wenn seine Milch- oder Rindfleischindustrie – vielleicht die Quelle großer Exportgewinne – durch das Aufkommen biotechnologischer Methoden der Nahrungsmittelproduktion anderwärts zerstört würde; oder wenn seine Automobilindustrie – eine wichtige Quelle nationalen Einkommens – durch die Invasion effizienterer ausländischer Konkurrenten auf dem Heimatmarkt ausgeschaltet würde; oder wenn Hightech-Produktionsfirmen in andere Länder ziehen und die Nation sich mit einer abbröckelnden industriellen Basis abfinden muß.

Die internationale Finanzrevolution bringt wieder andere Herausforderungen der angenommenen Souveränität des Nationalstaates mit sich. Die grenzenlose Welt bedeutet eine gewisse Aufgabe nationaler Kontrollen, sowohl über die eigene Währung als auch über die Finanzpolitik. Diese Aufgabe mag durchaus Prosperität mit sich bringen, aber wenn das internationale Finanzsystem instabil ist, gibt es keine Autorität, die mögliche massive Währungsabflüsse kontrollieren könnte. Angesichts des Volumens der täglichen Währungsspekulation, welches das Bruttosozialprodukt vieler Länder deutlich übersteigt, haben einzelne Regierungen und Finanzministerien sehr viel weniger Macht über das System als vor einem Vierteljahrhundert. Das Bewußtsein, daß der globale Markt gewisse Maßnahmen (wie die Erhöhung von Steuern) hart bestraft, kann sogenannte souveräne Regierungen von einem solchen Schritt abschrecken.

Obwohl sie in sich sehr unterschiedlich sind, haben diese verschiedenen Trends von der globalen Erwärmung bis zur internationalen Finanzspekulation gewisse Gemeinsamkeiten. Sie sind in ihrem Wesen *transnational*, sie überschreiten auf dem ganzen Erdball die Grenzen. Sie berühren auch ferne Gesellschaften, und sie erinnern uns daran, daß die Erde bei all ihren Teilungen eine einzige Einheit ist. Vor allem aber unterliegen sie nicht mehr der Kontrolle des traditionellen Nationalstaats, sowohl in dem direkten Sinne, daß die Länder hereinziehende Luftströmungen nicht abwehren können, als auch in dem indirekten Sinne, daß ein Verbot von Aktivitäten wie zum Beispiel der biotechnologischen Landwirtschaft, der Robotik oder der Währungsspekulation nur bedeuten würde, daß diese anderswo stattfinden. Schließlich sind diese Herausforderungen nicht durch militärische Macht zu bewältigen, was die traditionelle Methode war, mit der Staaten Bedrohungen ihrer Sicherheit bisher entgegengetreten sind. Spezielle Einsatzgruppen und gepanzerte Divisionen können durchaus nützlich sein; aber sie sind natürlich nicht in der Lage, die demographische Explosion auf der Erde zu verhindern oder den Treibhauseffekt zu stoppen. Sie können auch die Automation in Fabriken im Ausland nicht aufhalten oder biotechnologische Methoden in der Landwirtschaft verhindern.

Diese Entwicklung zusammen mit sekundären Herausforderungen wie dem internationalen Terrorismus und den Drogen haben einige politische Denker davon überzeugt, daß »neue« Bedrohungen der nationalen und internationalen Sicherheit an die Stelle der »alten« Gefahren der nuklearen Kriegführung und großer konventioneller Konflikte getreten sind. Sie meinen daher, daß die Regierungen sich von ihrer Besessenheit von militärischen Gefahren abwenden und sich statt dessen lieber auf Methoden konzentrieren sollten, um den neuen, ganz anders gearteten Herausforderungen des nationalen Wohlergehens zu begegnen.[12]

Solche Meinungen übertreiben wahrscheinlich das Ausmaß der Veränderungen in der Weltpolitik. Es ist sehr viel sinnvoller, davon auszugehen, daß diese neueren Kräfte des Wandels – mit ihrem Potential, unsere Lebensweise zu zerstören – *neben* die älteren und traditionelleren Bedrohungen der Sicherheit treten. Sie ersetzen sie nicht. Selbst wenn der sowjetisch-amerikanische Rüstungswettlauf seine Bedeutung verloren hat, gibt es immer noch eine riesige Anzahl von Nuklearwaffen auf diesem Planeten. Die Atommächte sind noch da, und wenn die Versuche, die Weiterverbreitung der Atomwaffen zu verhindern, keinen Erfolg haben, werden sich ihnen in der Zukunft andere anschließen, die vielleicht weniger zurückhaltend im Umgang mit diesen Waffen sind. Regionale Konflikte, von ihren eigenen sozio-ökonomischen, kulturellen oder ethnischen Faktoren angetrieben, werden wahrscheinlich nicht verschwinden, und in vielen Teilen der Welt könnten sie sich sogar verschärfen, da der Kampf um die Ressourcen intensiver wird. Die noch immer bestehende Relevanz der Nationalstaaten und ihrer militärischen Macht zeigte sich deutlich im Golfkrieg von 1990/91.

Es wird also weiterhin Streitkräfte geben, und sie werden gelegentlich eingesetzt werden. Aber diese traditionelle militärische Dimension der Sicherheit wird in zunehmendem Maße mit den nichtmilitärischen Dimensionen, die oben beschrieben wurden, koexistieren. Und das wird die Politiker und ihre Bürger dazu zwingen, ihre Begriffe neu zu definieren und ihre Grundannahmen zu überdenken. Bei manchen Anlässen kann man durchaus erwarten, daß die »neuen« und die »alten« Sicherheitsfragen eine Verbindung eingehen. Soziale Unruhen, die durch den Bevölkerungsdruck und die Erschöpfung der Ressourcen ausgelöst werden, könnten sich in Regionen (in Südwestasien zum Beispiel) abspielen, wo die Verbreitung von Waffen, ethnische Spannungen und Territorialdispute schon lange eine Bedrohung des Friedens darstellen.[13]

In diesem weiteren Sinne also wird die »nationale« Sicherheit zunehmend untrennbar von der »internationalen« Sicherheit, und beide nehmen eine viel breitere Definition an. Anstelle des engeren militärischen Konzeptes mag man durchaus dazu kommen, daß eine Bedrohung der nationalen Sicherheit alles bedeuten kann, was die Gesundheit eines Volkes, sein ökonomisches Wohlergehen, seine gesellschaftliche Stabilität und seinen politischen Frieden gefährdet.[14]

Das Problem einer solchen umfassenden Definition liegt indessen darin, daß ihr die Dramatik, die Klarheit und die Unmittelbarkeit einer militärischen Bedrohung der nationalen Sicherheit fehlt.

Wenn eine feindliche Armee einen Verbündeten überfällt oder angesichts des Wissens, daß das eigene Heimatland Ziel von Tausenden von Raketen ist, kann man die öffentliche Meinung leicht mobilisieren und einen nationalen Konsens beschwören. Aber vielen Menschen, die eine Bedrohung nur im traditionellen Sinne erkennen können, ist schwer zu vermitteln, daß es ökologische Bedrohungen gibt, die genauso ernst sind. Das macht es sehr viel schwieriger, angesichts der neuen Bedrohung Opfer zu verlangen, als in der Zeit des Kalten Krieges.[15]

Ein weiterer Faktor stellt die Legitimation des Nationalstaates selbst in Frage. Für viele Bevölkerungsgruppen scheint er die *falsche Art* von Einheit geworden zu sein, um unter den neuen Umständen agieren zu können. Für einige Probleme ist er zu groß, um effektiv operieren zu können; für andere ist er zu klein. Infolgedessen gibt es starke Tendenzen, eine »Verlagerung der Autorität« sowohl nach oben als auch nach unten zu erreichen, um Strukturen zu schaffen, die besser in der Lage sind, auf die heutigen und zukünftigen Kräfte des Wandels zu reagieren.[16]

Die Verlagerung der Autorität in Bereiche oberhalb und außerhalb des Nationalstaats hat dabei die größere Aufmerksamkeit der Beobachter gefunden. Dies bezieht sich nicht nur auf das Auftauchen von transnationalen Instanzen wie die großen Konzerne und Banken oder auf den Aufstieg eines globalen Kommunikationssystems, das sich der Kontrolle einzelner Regierungen entzieht. Es betrifft auch die Hinwendung zu internationalen Institutionen und Vereinbarungen. Die Argumentation, auf der diese Entwicklung basiert, geht natürlich dahin, daß die neuen globalen Herausforderungen nur im globalen Maßstab bewältigt werden können. Dies reicht von größerer Zusammenarbeit und Konsultation unter den führenden industriellen Demokratien (den G-7-Gipfeltreffen) bis zu Verträgen, welche den Gebrauch von FCKW verbieten, und zur Verstärkung der Rolle und der Ressourcen internationaler Körperschaften wie der Vereinten Nationen, der UNESCO, der Weltbank und des Internationalen Währungsfonds.

Es betrifft ebenso die Schaffung von supranationalen Organisationen regionaler Art, insbesondere für kommerzielle Zwecke. Wenn auch Prognosen über eine bevorstehende Aufteilung der entwickelten Welt in drei Handelsblöcke und ihre Satelliten etwas verfrüht sein mögen, so bedeutet doch die Schaffung der Nordamerikanischen Freihandelszone (Mexiko, USA, Kanada) eine Einschränkung der nationalen Selbstbestimmung; innerhalb der Grenzen dieser Zonen werden die nationalen Unterschiede verschwimmen. Dieser Prozeß ist in der Europäischen Gemeinschaft schon fortgeschrittener, da die nationalen Regierungen und Parlamente sich darauf eingelassen haben, große Bereiche traditioneller nationaler Souveränität aufzugeben, um eine ökonomische und politische Einheit zu schaffen. Und genau weil sie bereits so weit gegangen sind, gibt es tiefe politische Kontroversen zwischen Integrationisten und jenen, die sich gegen eine weitere Erosion der nationalen Macht stellen.*

Auch die Verlagerung der Autorität vom Nationalstaat auf kleinere Einheiten wird von ökonomischen und technologischen Entwicklungen vorangetrieben. Das Verschwinden der Grenzen in Europa zum Beispiel erlaubt die Entstehung (in manchen Fällen die Wiederentstehung) regionaler Wirtschaftszonen, die durch nationale Zollsysteme unmöglich gemacht worden waren. Während neue Handelsbeziehungen sich entwickeln, treten frühere zurück. Slowenien verstärkt seinen Handel mit Österreich und schränkt den mit Serbien ein, Elsaß-Lothringen kommt Baden-Württemberg allmählich näher als Paris, Norditalien entwickelt engere Bindungen an die Alpenländer als an Kalabrien oder Sizilien... Einzelne amerikanische Bundesstaaten, durch das mangelnde Interesse der Bundesregierung frustriert, eröffnen »Handelsmissionen« in Tokio oder Brüssel, um eine eigene Handelspolitik zu betreiben. Russische Städte wie St. Petersburg erklären sich zu Freihandelszonen, um ausländische Investitionen anzulocken.

Viele dieser Entwicklungen werden von liberalen Ökonomen willkommen geheißen, da sie meinen, der Handel müsse seinen eigenen natürlichen Gesetzen folgen. Aber diese Verlagerung der

* Siehe Kapitel 12: »Europa und die Zukunft.«

Autorität nach unten trägt auch das Risiko nationaler Auflösung in sich – zumindest in den Gesellschaften, wo ethnische Rivalitäten und umkämpfte Grenzen regionale Differenzen anheizen. Die spektakulärsten Beispiele dieses Verfalls des nationalen Zusammenhalts spielten sich jüngst in der Sowjetunion und in Jugoslawien ab. Aber es gibt in der Welt viele andere Beispiele. In großen Teilen von Afrika bricht das europäische Staatssystem zusammen, die Grenzen erweisen sich als unhaltbar, regionale und ethnische Rivalitäten verschärfen sich. Dieser Kampf des Zentrums gegen die Provinzen oder der Einheit gegen die Vielfältigkeit treibt auch die beobachtenden Nationen in verschiedene politische Positionen. Das kulturell homogene Deutschland mag geneigt sein, mit den Autonomiebestrebungen der Slowenen und Kroaten in Jugoslawien zu sympathisieren, während Regierungen mit eigenen regionalen bzw. ethnischen Problemen (zum Beispiel Spanien) verständlicherweise nervös auf separatistische Bewegungen in Europa reagieren. Durch all diese angespannten Debatten um internationale Interventionen – zum Beispiel in der Kurdenfrage – zieht sich die größere Streitfrage der Legitimität und Integrität des Nationalstaates.

Im Lichte der breiten globalen Trends, die in den vorhergehenden Kapiteln diskutiert wurden, wären wir nicht überrascht, wenn weitere innere und regionale Konflikte ausbrächen. Angesichts des sich steigernden Bevölkerungsdrucks in verschiedenen Teilen der Welt, des sich verschärfenden Kampfes um die Ressourcen und einer Kommunikationsrevolution, die oft eher ethnische Animositäten anzuheizen als Weltbürger hervorzubringen scheint, mögen die Herausforderungen der nationalen Autorität – besonders in den ärmeren Teilen der Welt – sich durchaus intensivieren. Vor zwei Jahrhunderten bemerkte Kant, daß die Natur zwei Mittel anwendet, um Völker voneinander zu trennen: »Unterschiede der Sprache und der Religion«, die beide dazu neigen, »gegenseitigen Haß und Vorwände für den Krieg« hervorzubringen. Im Laufe der Zeit, so hoffte Kant, würde der »Fortschritt der Zivilisation« schließlich zu einem friedlichen Ausgleich unter allen führen.[17] Vielleicht wird er das eines Tages, aber der Anschauungsunterricht, den wir in der Gegenwart erleben, verweist darauf, daß diese Zeit noch weit entfernt ist und daß der Fortschritt der »Zivilisation« mit jenen Trends nicht Schritt hält, die unseren Planeten umformen und unsere traditionellen politischen Ordnungen erschüttern. Ganz im Gegenteil scheinen fundamentalistische Bewegungen Kraft zu sammeln, um in die Vergangenheit zurückzumarschieren – vielleicht in Reaktion auf die Globalisierung in der Gegenwart. Und sogar in den Demokratien gewinnen nationalistische und fremdenfeindliche Tendenzen an Boden, was natürlich die langfristigen Chancen dieser Staaten, sich auf die Zukunft »vorzubereiten«, verschlechtert.

Dies alles stellt die Menschheit vor ein Dilemma. Trotz aller Diskussionen um die Verlagerung der Autorität und um Gruppenloyalitäten existieren die älteren Strukturen – und an manchen Orten klammern sich die Menschen sogar um so intensiver an sie. Es mag in der Tat eine gewisse Erosion in der Macht des Nationalstaats in den letzten Jahrzehnten gegeben haben, aber er bleibt immer noch der primäre Ort der Identität für die meisten Menschen. Gleichgültig, wer sein Arbeitgeber ist und was er tut, um seinen Lebensunterhalt zu verdienen, der individuelle Bürger zahlt immer noch Steuern an den Staat, ist seinen Gesetzen unterworfen, dient (wenn es nötig ist) in seinen Streitkräften und kann nur reisen, wenn er den Paß seines Landes hat. Und gerade wenn neue Schwierigkeiten auftauchen – ob es nun illegale Einwanderung oder die Biotech-Landwirtschaft ist –, wenden sich die Menschen instinktiv an ihre Regierungen, um Lösungen zu fordern. Die globale Bevölkerungsexplosion, die Luftverschmutzung und die von der Technologie getriebene Veränderung haben alle eine transnationale Dynamik; aber es sind die nationalen Regierungen und Parlamente, die entscheiden, ob sie Währungskontrollen aufheben, die Biotechnologie erlauben, Fabrikemissionen herabsetzen oder eine Bevölkerungspolitik einleiten. Das bedeutet nicht, daß sie immer Erfolg haben werden. Es ist in der Tat ein zentrales Argument dieses Buches, daß das Wesen der neuen Herausforderungen es den Regierungen sehr viel schwerer macht, die Abläufe zu kontrollieren. Aber sie sind immer noch die Hauptinstitutionen, durch welche die Gesellschaften versuchen werden, auf den Wandel zu reagieren. Und wenn es schließlich zu koordinierten Handlungen der Völker dieser Welt kommen sollte, um zum Beispiel die Zerstörung der tropischen Regenwälder zu beenden oder Methanemissionen zu reduzieren, dann erfordert das eindeutig internationale Einigungen, die von den teilnehmenden Regierungen ausgehandelt werden müssen.

Um es zusammenzufassen: Selbst wenn der Status und die Funktion des Staates durch transnationale Tendenzen untergraben wird, hat die Verlagerung der Autorität keinen adäquaten Ersatz geschaffen, der ihn als die Schlüsseleinheit in der Reaktion auf globale Veränderung ablösen könnte. Was der Nationalstaat tut und insbesondere, wie seine politische Führung handelt, um das Volk auf das 21. Jahrhundert vorzubereiten, behält seine zentrale Bedeutung, selbst wenn die traditionellen Instrumente der staatlichen Regierung ihre Unzulänglichkeiten immer deutlicher zeigen. Die Zukunft des Nationalstaats mag in Frage stehen, aber paradoxerweise ist seine Existenz notwendig, um einige Antworten zu liefern – weshalb es jetzt notwendig ist, die Aussichten einzelner Länder und Regionen in ihren Reaktionen oder Nicht-Reaktionen auf die Herausforderungen des kommenden Jahrhunderts zu betrachten.

TEIL II

REGIONALE AUSWIRKUNGEN

Kapitel 8

Der japanische »Plan« für eine Nach-2000-Welt

Wenn die Dimensionen unserer globalen Probleme, die oben umrissen wurden, auch nur ungefähr zutreffen, wie kann irgendein Volk dann hoffen, ohne Schaden davonzukommen? Selbst wenn die Weltwirtschaft drei immens mächtige und privilegierte Handelsblöcke schafft – die Triade Europa, Nordamerika, Japan –, können die sich, egal wie gut sie auf die Zukunft »vorbereitet« sind, von den Turbulenzen des globalen Wandels isolieren? Können sie als Wohlstandsinseln in einem Meer der Unzufriedenen existieren?

In unserem Versuch, die Aussichten verschiedener Länder und Regionen der Erde – in diesem Kapitel die Japans – zu bewerten, werden wir sehen, daß eine vollständige Abschottung gegen den »fall out« der globalen Trends unmöglich ist.[1] Aber Japan wird sich zweifellos bemühen, in der Auseinandersetzung mit den neuen Herausforderungen erfolgreicher zu agieren als die anderen fortgeschrittenen Ökonomien. Bereits jetzt sehen viele Experten Japan als das Land an, welches auf die technologiegetriebenen globalen Veränderungen des nächsten Jahrhunderts am besten vorbereitet ist. Auf der anderen Seite hat die Vorstellung von Japan als »Nummer eins« Kritik von Autoren auf sich gezogen, die mehr von Japans Schwächen als von seinen Stärken beeindruckt waren.[2] Sowohl die Stärken als auch die Schwächen sollen hier diskutiert werden – wie auch die anderer Länder und Regionen in den folgenden Kapiteln. Und während jede Region oder Nation für sich betrachtet wird, muß ihre Position in Beziehung auf andere Gesellschaften in die Bewertung einfließen.

Die Erfolgsgeschichte Japans dreht sich um die ökonomische Leistung des Landes. Es hat sich Jahrzehnt um Jahrzehnt in einer Geschwindigkeit entwickelt, mit der sich keine Großmacht (und sehr wenige kleinere Mächte) in der gesamten Ära nach 1945 messen können. Diese herausragende ökonomische Leistung ruht auf starken Fundamenten. Zu ihnen zählt das extrem hohe Maß an sozialer und rassischer Kohärenz des japanischen Volkes selbst, in dem es nur wenig Vermischung mit anderen ethnischen Gruppen gegeben hat und das eine lange Periode relativer Isolation von der internationalen Politik erlebt hat. Dieser Zusammenhalt äußert sich nicht nur in einem mächtigen Gefühl nationaler Identität und in der Beanspruchung kultureller Einzigartigkeit, sondern auch – und dies in westlichen Augen eindrucksvoller – in der Betonung sozialer Harmonie, des Bedürfnisses nach Konsens, der Achtung vor der älteren Generation und der Unterordnung individueller Wünsche unter den Gemeinnutz. Diese sozialen Normen, so lautet ein geläufiges Argument, haben dafür gesorgt, daß es in Japan weit weniger Morde oder andere Gewaltverbrechen, weit weniger Streiks, ein höheres Maß an Familienbindung über die Generationen hinweg und sogar eine im Durchschnitt höhere Lebenserwartung als in den meisten westlichen Gesellschaften gibt. Da sie ihre individualistischen Impulse stark zurückgedrängt haben, funktionieren die Japaner als Team oder, besser gesagt, als Mitglieder vieler Teams – der Familie, der Schule, der Firma und der Nation – einfach effektiver.[3]

Die Erziehung ist daher ein kritisches Element in Japans Gesellschaft. Sie wird in einem Maße betont wie sonst nur noch in den anderen konfuzianisch beeinflußten Gesellschaften Ostasiens. Der Erwerb von Wissen wird außerordentlich hoch eingeschätzt, aber noch wichtiger scheint die Gewöhnung an das Lernen als Gruppenaktivität – statt individuelle Exzellenz zu ermutigen, versuchen die Japaner vor allem sicherzustellen, daß alle Mitglieder einer Schulklasse das erforderliche Standardniveau im Lesen, Schreiben und Rechnen erreichen. Der Lehrerberuf ist in Japan hochangesehen, die Achtung vor den Lehrern ist stark ausgeprägt, und jedes Jahr gibt es sehr viel mehr hochqualifizierte Aspiranten für diesen Beruf, als Stellen vorhanden sind. Das Lernen in der Schule wird durch weitere Studien zu Hause oder im Nachhilfeunterricht (Juku) unterstützt. Wobei auch hier die Betonung auf der Erlernung von Fakten und nicht auf dem freien Fluß von Debatten oder Ideen liegt. Die Konkurrenz um die Aufnahme in Prestige-Universitäten ist intensiv, qualvoll für den Studenten und seine Familie, die ihn mit großem Ehrgeiz unterstützt. In den Standards ökonomischer Leistung gemessen, sind die Resultate beeindruckend.[4] Eine große Zahl von Schulabgängern mit hoher Kompetenz verlassen jedes Jahr die Schule. Ihr Werdegang hat sie ermutigt, sich der Firma, welche sie einstellt, ganz anzupassen, Mitglieder einer disziplinierten und hochausgebildeten Betriebsgemeinschaft zu werden, die sich ganz und gar den Zielen der Firma verpflichtet fühlen. Die Talentierteren unter ihnen werden in Karrieren gesteuert, auf denen die hochentwickelte Industrie des Landes basiert: Ingenieure aller Art, Wissenschaftler, Computer-Spezialisten, Forschungs- und Entwicklungspersonal – mit anderen Worten, Leute, die daran mitarbeiten, Dinge zu *machen*. Im Gegensatz dazu gibt es weniger Anwälte und Unternehmensberater, die Dienstleistungen anbieten und keine Waren produzieren.

Offizielle Statistiken bestätigen diesen Eindruck eines zielgerichteten, utilitaristischen Erziehungssystems. Das gesamte japanische Schulsystem, das aus ungefähr 1,3 Millionen Lehrern besteht, die 27 Millionen Schüler in etwa 66000 Schulen erziehen,[5] wird vom mächtigen Erziehungsministerium streng kontrolliert und reguliert; die Kurse, die Lehrbücher, die Lehrergehälter, sogar die Schulgebäude stehen unter seiner Aufsicht. Während dies eine Rigidität und Eintönigkeit schafft, die viele andere Gesellschaften bedrükkend finden würden, bleibt die wichtige Tatsache, daß es einen hohen allgemeinen Bildungsstandard gibt, den jeder zu erreichen sucht. Erstaunliche 92 Prozent der japanischen Kinder besuchen den Kindergarten, wo der frühe Sozialisierungsprozeß beginnt. Jedes Kind in Japan durchläuft dann mindestens neun Pflichtjahre Schule, wobei eine große Mehrheit auf das Gymnasium überwechselt. Dessen Abschlußzeugnis erreichen volle 90 Prozent oder mehr der Bevölkerung, eine Rate, die deutlich über denen in den Vereinigten Staaten, Großbritannien und den meisten anderen Ländern liegt. Daraus folgt, daß Japan im Moment eine Analphabetismusrate von verschwindenden 0,7 Prozent besitzt. Da überdies die japanischen Kinder die Schule an mehr Tagen im Jahr besuchen – ungefähr 220 (eingeschlossen halbtags am Sonnabend), verglichen mit nur 180 Tagen in den Vereinigten Staaten – und da sie an jedem Schultag länger arbeiten, hat ein vierzehnjähriges japanisches Kind so viele Schulstunden absolviert wie ein amerikanischer Schüler von siebzehn oder achtzehn. In internationalen Standardtests, die mathematische oder wissenschaftliche Fähigkeiten messen, haben japanische Kinder immer sehr gut abgeschnitten. Das ist vielleicht nicht überraschend, da die Schulbildung diese Fachrichtungen betont. Aber selbst bei allgemeineren Intelligenztests erzielt der *durchschnittliche* Schüler 117 Punkte verglichen mit etwa 100 für Amerikaner oder Europäer.[6]

In der akademischen Ausbildung ist der Druck sehr viel weniger intensiv, selbst an den besseren Universitäten, und da sind die japanischen Ergebnisse sehr gemischt. Die Universitäten in Japan bekommen einen kleineren Anteil am Bildungsetat als in anderen Industrienationen. Japanische Universitäten und Colleges haben traditionell nicht viel zur kreativen Forschung beigetragen. Bis 1987 hatte Japan lediglich vier Nobel-Preise in der Wissenschaft gewonnen, verglichen mit 142 für die Vereinigten Staaten. Dies mag sich ändern, da die Japaner der reinen Forschung größere Summen als in der Vergangenheit zubilligen, aber wahrscheinlich wird auch in Zukunft der größere Teil der Forschung und Entwicklung in Japan in den Laboratorien und Instituten der großen Firmen stattfinden, wobei »reines« Wissen im Ausland gekauft oder vom Ausland kopiert werden wird. Ein deutlicher Hinweis auf die Präferenz für das Praktische ist die Tatsache, daß Japan proportional die meisten qualifizierten Wissenschaftler und Ingenieure (etwa 60 000 pro 1 Million Menschen) auf der Welt besitzt. Und das Land beschäftigt fast 800 000 Menschen in Forschung und Entwicklung – das ist mehr als Großbritannien, Frankreich und Deutschland zusammengenommen.[7]

Die finanziellen und steuerlichen Strukturen in Japan tragen ebenfalls zum nationalen Ziel der Akkumulation von Vermögen bei. Nicht nur hat das Besteuerungssystem selbst traditionell immer das private Sparen ermutigt, die hohen Kosten für Häuser und Wohnungen und die Notwendigkeit, für die Altersversorgung zu sparen, sichern ein hohes Niveau persönlicher Ersparnisse. Dies hat die Banken und Versicherungsgesellschaften mit enorm viel Kapital versorgt, welches zu einem relativ günstigen Zinssatz an die japanische Industrie verliehen wurde und ihnen Kostenvorteile gegenüber ausländischen Konkurrenten verschaffte. Hinzu kommt, daß Banken und Konzerne in einem komplizierten Netz an gegenseitigem Anteilsbesitz Aktien an verwandten Unternehmungen besitzen, was die Manager der Konzerne in die Lage versetzt, langfristige Strategien zu entwickeln, um neue Produkte zu schaffen und den Marktanteil zu erhöhen. Solche Strategien werden durchgehalten, auch wenn sie zu Beginn große Kapitalinvestitionen bedeuten und wenig Aussicht auf schnellen Profit bieten. Diese Vorteile wurden, zumindest bis vor kurzem, durch eine Regierungspolitik verstärkt, die Importe erschwerte und den Wert des Yens niedrig zu halten suchte.[8]

Diese Kombination hat es vielen ausländischen Firmen sehr schwer gemacht, mit ihren japanischen Rivalen zu konkurrieren. Amerikanische Unternehmen zum Beispiel mußten mit weniger gut ausgebildeten und weniger fügsamen Arbeitskräften auskommen, mit höheren Kapitalkosten, mit der Abhängigkeit von Wallstreet-Investoren, die schnelle Profite sehen wollen, *und* mit den eingebauten Schwierigkeiten, den japanischen Markt zu durchdringen. Zusätzlich zu diesen äußeren Vorteilen profitierten die japanischen Firmen auch von der Qualität vieler ihrer Produkte und ihres Produktionssystems selbst. Die fanatische Aufmerksamkeit, die die Japaner den Kundenwünschen schenken, dem effizienten und schönen Design, der »schlanken Produktion« in der Fabrik, der Qualitätskontrolle und schließlich dem Service nach dem Verkauf, werden in Studie auf Studie betont.[9] Viel dieser Leidenschaft, so scheint es, verdankt sich dem enormen Konkurrenzdruck zwischen den rivalisierenden japanischen Firmen. Während Honda Toyota und Nissan herausfordert, während Olympus Optical sich mit Pentax und Ricoh herumschlägt, kämpfen Planer und Personal in jeder Firma mit größter Entschlossenheit darum, ihre Produkte zu den besten zu machen. Das ist natürlich das Ideal kompetitiven kapitalistischen Unternehmungsgeistes überall, aber in Japan wird das bis dicht an die äußerste Grenze getrieben.[10]

Das Ergebnis dieser ökonomischen Expansion – und in vieler Hinsicht ihre Triebkraft – ist das Entstehen einer Anzahl von riesigen japanischen Konzernen gewesen, die enormes Kapital besitzen und ihre Güter nach einer weltweiten Strategie herstellen und verkaufen. Die meisten von ihnen haben ihre großen Bankguthaben dazu benutzt, immer modernere und spezialisiertere Fertigungsmaschinen zu installieren, um ihren Export auch dann konkurrenzfähig zu halten, wenn der Yen stärker wird. In den vergangenen Jahren sind die Kapitalausgaben in Japan in *absoluten* Zahlen höher gewesen als in den Vereinigten Staaten, eine Tatsache, die jeden stutzig machen muß, wenn man bedenkt, daß die amerikanische Bevölkerung doppelt so groß ist.[11] Ehrgeizige Firmen durchkämmen mit ihrer »Industriespionage« die Welt nach neuen Produkten und Ideen, sie haben ausländische Firmen aufgekauft, Laboratorien und Forschungszentren in Europa und Nordamerika aufgebaut und die Forschung von Akademikern und Wissenschaftlern in ganz unterschiedlichen Teilen des Globus finanziert. Wenn ausländische Experten feststellen, daß Japan in einem gewissen Bereich (Luxusautos, Computer-Software, Supercomputer) Defizite hat, werden intensive Bemühungen eingeleitet, um diesen Rückstand aufzuholen.[12] In ähnlicher Weise haben Prognosen, daß in Europa der Protektionismus zunehmen werde, die japanischen Firmen sehr schnell dazu gebracht, hohe Investitionen in Europa vorzunehmen, um *innerhalb* der Grenzen der Europäischen Gemeinschaft zu produzieren, bevor weitere Integrationsschritte eine solche Möglichkeit verschließen.[13]

Die Ergebnisse von Japans Industriewunder haben nicht nur einfach den Bossen der Firmen und den Bankiers genützt, sondern dem Lande selbst. Das Bruttosozialprodukt, das 1951 noch ein Drittel dessen Großbritanniens und ein bloßes Zwanzigstel der Vereinigten Staaten betrug, ist jetzt etwa dreimal so hoch wie

Großbritanniens BSP und nähert sich zwei Dritteln des amerikanischen, wenn man es nach gegenwärtigen Währungsrelationen berechnet. Mehr noch, alle Prognostiker erwarten, daß die japanische Wirtschaft bis zur Jahrtausendwende schneller wachsen wird als die amerikanische, und wahrscheinlich auch schneller als die Europas.[14] Die Japaner genießen im allgemeinen einen sehr viel höheren Lebensstandard als vor dreißig Jahren, ein Anstieg, der sich nicht nur in ihrem gewachsenen Konsum widerspiegelt, sondern noch deutlicher in japanischen Einkäufen im Ausland und in ihren Reisen. Mit der Stärkung ihrer Wirtschaft hat sich auch die Kaufkraft ihrer Währung im Ausland erhöht; während Besucher in Japan angesichts der Kosten für Güter des täglichen Bedarfs und Dienstleistungen erblassen, finden die Japaner das Leben in anderen Ländern und den Kauf verschiedenster Güter dort (von Grund und Boden bis zu impressionistischen Gemälden) relativ billig. Wie die Schweiz und verschiedene nordeuropäische Länder ist Japan also eine Gesellschaft mit hohem Pro-Kopf-Einkommen geworden, was letztlich die ökonomische Belohnung für die Erhöhung der Gesamtproduktivität ist.

Während risikofreudige Firmen die japanische Wirtschaft vorwärtsgetrieben haben, wurde diese Expansion zweifellos durch die makroökonomischen und strukturellen Züge der japanischen Gesellschaft, die oben erwähnt wurden, gefördert – das Erziehungswesen, die hohe Sparquote, um zwei Beispiele zu nennen. Hinzu kommt, daß viele Firmen sich auf das berühmte Ministry for International Trade and Industry (MITI) stützen konnten. Dieses Ministerium identifizierte neue Produktbereiche, sammelte Informationen und finanzierte die wissenschaftliche Forschung.[15] Ein weiterer Vorteil war Japans praktisch demilitarisierter Status nach 1945. Im Schutz des amerikanischen strategischen und maritimen Schirms wandte Japan nur ein Prozent seines BSP für die Verteidigung auf (im Vergleich dazu reichten die amerikanischen Rüstungsausgaben von fünf bis zehn Prozent und manchmal darüber hinaus).[16] Die Gelder, die hier »gespart« wurden, gingen zum größten Teil in die kontinuierliche Modernisierung von Japans Industrie. Während das Land an *harter* Macht (Panzer, Flugzeuge) wenig besitzt, verfügt es über ein wachsendes Maß *weicher* Macht oder nichtmilitärischen Einflusses.[17] Das läßt sich an Japans gestärkter Position innerhalb des IWS und der Weltbank ablesen, an seiner Akquisition von Hollywood-Studios und europäischen Computer-Firmen, an der Größe und Bedeutung der Börse in Tokio und an der Tatsache, daß Japan heute am meisten Geld für die Auslandshilfe ausgibt, was viele Entwicklungsländer veranlaßt, in Tokio um Hilfe, Kredite und Investitionen nachzusuchen. Während Politiker aus den Entwicklungsländern nach Japan eilen, überschwemmt eine steigende Flut von japanischen Geschäftsleuten, Touristen, Industriellen und von japanischem Kapital viele Teile der Erdkugel in einer Form, die an Großbritanniens Expansionismus in seiner mittleren bis späten viktorianischen Phase erinnert.[18] In der Weltregion, wo sich die Wirtschaft am schnellsten entwickelt, am Rand des westlichen Pazifik und in Ostasien, geraten mehr und mehr Nationen in einen Handels- und Investitionsblock, der von Japan dominiert wird. Diese Tatsache hat zu Kommentaren geführt, daß Japan seine »großostasiatische Wohlstandssphäre« durch friedliche kommerzielle Mittel leichter erreicht hat, als es das jemals durch seine kriegerische Expansion der Dreißiger hätte schaffen können.[19] Wenn das Land in der Spanne von zwei Generationen so weit gekommen ist, wo wird es in den Kategorien von Wohlstand, Einfluß und Macht in vierzig Jahren stehen?

Während indessen Japans ökonomische Leistung unbestritten ist, scheint sie zu einem hohen Preis für die japanische Gesellschaft selbst erbracht worden zu sein. Die vielgerühmte gesellschaftliche Harmonie, glauben einige Beobachter, beruht auf einem Konformismus und einer Unterwürfigkeit, die an Repression grenzen. Statt Kreativität zu ermutigen, basiert die gesamte Erziehung auf dem Auswendiglernen von Fakten und auf »Gruppendenken« – Züge, die in der Fabrik und in der Firmenorganisation wiederkehren, wo eine unantastbare Harmonie herrschen soll. Das System ist rigide und hierarchisch (je wichtiger der Chef, desto tiefer verneigt man sich vor ihm), es billigt einer ausgesuchten Gruppe von *Männern* enorme Privilegien zu, Männer, welche die großen Konzerne besitzen, die Bürokratien leiten und die herrschende Liberale Partei führen. Im Gegensatz dazu muß die überwältigende Mehrheit der japanischen Bevölkerung mit engen Wohnungen, langen Arbeitsstunden, Gruppengymnastik und den Tröstungen des Nationalstolzes zufrieden sein. Von Frauen wird erwartet, daß sie den Haushalt führen, die Ersparnisse beaufsichtigen und die Nachschulerziehung der Kinder übernehmen.[20]

Darüber hinaus spiegelt die Betonung der Einzigartigkeit der japanischen Gesellschaft nicht einfach das Gefühl einer kulturellen Identität wider, sondern auch, was verstörender ist, einen tiefen Zug des Rassismus, was sich insbesondere in der japanischen Sicht der Koreaner, der Chinesen, der amerikanischen Schwarzen und vieler anderer ausländischer ethnischer Gruppen sowie der *Burakumin* (der »Geächteten«) im Lande manifestiert. Seine kulturelle Geschlossenheit macht es Japan schwer, anderen Völkern transzendente Werte zu bieten, wie es etwa Athen, das Renaissance-Italien oder (so wird zumindest behauptet) die modernen Vereinigten Staaten in ihrem Beitrag zur Weltzivilisation getan haben.[21]

»Japan Inc.« bedeutet auch eine systematische Anstrengung, die Regeln des internationalen Freihandels zu umgehen. Jahrzehntelang wurden im Ausland gefertigte Güter, die japanischen Produkten Konkurrenz machten, aus dem heimischen Markt herausgehalten, entweder durch diskriminierende Zölle oder (wenn das zu Protesten anderer Nationen führte) durch verschiedene weniger offensichtliche Hindernisse – im Vertriebssystem zum Beispiel oder durch illegale Absprachen bei Angeboten und Verträgen. Im Gegensatz zu jener anderen enorm erfolgreichen Exportnation, Deutschland, haben die Japaner bis vor kurzem nicht viel importiert, wenn man von den Rohmaterialien oder Gütern absieht, die sie nicht selber herstellten (Passagierflugzeuge, Luxusautos). Daraus erklärt sich der enorme Handelsüberschuß des Landes, insbesondere in bezug auf die Vereinigten Staaten. In Industrie auf Industrie, klagen amerikanische und europäische Kritiker, hat Japan ein Produkt, das woanders entwickelt wurde, ins Visier genommen, die ausländische Expertise eingekauft (ob nun in Form von MIT-Professoren oder Software-Ingenieuren), die gebraucht wurde, um die Technologie dieses betreffenden Produkts zu verstehen, hat seinen Herstellern jede Art von Protektion und Unterstützung gegeben, um ihnen ein Aufholen zu erlauben und hat erst dann den Freihandel auf diesem Sektor begünstigt. In anderen Fällen, so wird behauptet, hat die japanische Industrie Konkurrenten durch Dumping-Preise schwer geschädigt, während dieselben Produkte auf dem geschützten Heimatmarkt zu sehr viel höheren Preisen verkauft wurden.[22]

Das größte ausländische »Opfer« dieser japanischen Praktiken, zumindest gemessen am Lautstärkepegel der Beschwerden, sind die Vereinigten Staaten, welche in den letzten Jahren Handelsbilanzdefizite mit Japan von bis zu 40 bis 50 Milliarden Dollar pro Jahr auswiesen. Einige der amerikanischen Schlüsselindustrien sind von der japanischen Konkurrenz völlig in den Schatten gestellt worden, und Amerika hat mit wachsender Sorge darauf reagiert, daß Japan immer mehr amerikanische Vermögenswerte aufkauft. Dies ist nicht nur eine massive historische Ironie, da die amerikanische Besetzung Japans nach 1945 dafür sorgte, daß Japan seinen »Militarismus« zugunsten friedlicher kommerzieller Unternehmungen aufgab; es bleibt auch eine gegenwärtige politische Ironie, da die Vereinigten Staaten einem Alliierten strategische Sicherheit zubilligen, der zur gemeinsamen Verteidigung nur wenig beiträgt und zur selben Zeit Amerikas eigene industrielle Basis untergräbt. Infolgedessen klagen Abgeordnete des US-Kongresses regelmäßig über Japans Status als »Schwarzfahrer« und dringen auf einen größeren Beitrag zur internationalen Sicherheit, ein Feld, auf dem Japan eine unentschlossene und wenig beeindruckende Rolle gespielt hat, wenn man sie mit der mittlerer europäischer Mächte wie Großbritannien oder Frankreich vergleicht. Dies bestätigt jene, die der Politik Tokios kritisch entgegenhalten, daß die Japaner an nichts anderem interessiert seien, als Geld zu verdienen.*

* Auf der anderen Seite hat es immer viel Verwirrung darum gegeben, ob eine umfassende Verstärkung der japanischen Militärmacht, zusammen mit einer Reduktion der amerikanischen strategischen Präsenz im Pazifik, wirklich wünschenswert ist. Kritiker, die auf Japans »eindimensionale« Macht (das heißt, ökonomische Macht) hinweisen und darauf, wie es diese Position ausbeutet, sind zugleich unter den ersten, die davor warnen, die Streitkräfte des Landes auszubauen. Das heißt, Tokio wird gleichzeitig angeklagt, nicht genug für die nationale Sicherheit aufzuwenden, und davor gewarnt, seine Verteidigungskräfte zu ver-

Die populäre Vorstellung der alles erobernden und überaus erfolgreichen japanischen Konzerne übersieht indessen viele weniger beeindruckende Teile der japanischen Gesellschaft und Ökonomie. Die Tausende und Abertausende von kleinen Familienfirmen und »Tante-Emma-Läden« sind ineffizient, das Vertriebsnetz steckt voller Sonderinteressen, und die japanische Landwirtschaft ist nicht konkurrenzfähig, da sie nur aufgrund der staatlichen Protektion, welche die Lebensmittelpreise sehr viel höher hält als zum Beispiel in Nordamerika, überlebt hat. Das durchschnittliche Pro-Kopf-Einkommen des japanischen Volkes verdeckt daher die Tatsache, daß die reale Kaufkraft durch die hohen Kosten für Lebensmittel, Verbrauchsgüter, Boden und Häuser stark reduziert wird. Japan liegt auch in anderen Bereichen, insbesondere in öffentlichen Einrichtungen wie Abfallbeseitigung oder Erholungsgebieten, weit hinter anderen Nationen zurück. Der weltweite Triumph des japanischen Kapitalismus spiegelt sich noch nicht in der *Gesamt*produktivität der Nation wider – sie ist immer noch geringer als in Amerika – oder in der Lebensqualität der Menschen, verglichen mit der in gewissen anderen fortgeschrittenen Industriegesellschaften wie Dänemark oder Kanada.[23] In jedem Fall ist der japanische Reichtum in den vergangenen Jahren an außerordentlich hohen Immobilienpreisen und fast ebenso inflationierten Aktienwerten gemessen worden, das heißt, an Papierwerten, welche jederzeit in Gefahr stehen, tief abzustürzen, und die dennoch von den Banken als »Hebel« genutzt worden sind, um Japans Einkaufsausflug über den ganzen Globus zu finanzieren.

In letzter Zeit ist ein enormer Anteil des nominalen Wertzuwachses aus dem vorhergegangenen Jahrzehnt verlorengegangen, was insbesondere Immobilien und Aktien getroffen hat. Dies hat sofort zu der Spekulation geführt, ob Japan vielleicht gezwungen sein könnte, seine großen ausländischen Investitionen zu verkaufen, um die Liquidität zu Hause wieder zu erhöhen. Sollte dies alles in einem Crash enden, so wäre es nicht nur ein großer Einschnitt in den

---

stärken. Selbst als Japan große Geldsummen anbot, um den Golfkrieg von 1991 mitzufinanzieren, blieben viele Kritiker unbeeindruckt.

Wohlstand des Landes, der Zusammenbruch könnte auch das gesamte internationale Geld- und Kreditwesen schwer schädigen.

Schließlich beginnen sich viele der Faktoren, die für Japans Nachkriegserfolge verantwortlich sind, zu wandeln, was die japanischen Zuwachsraten vermindern könnte. Mit Abstand der bedeutendste dieser Faktoren ist die demographische Veränderung, deren Folgen weiter unten detaillierter besprochen werden. Weil Japan im frühen 21. Jahrhundert sehr viel mehr ältere Menschen beherbergen wird als jetzt, könnte die traditionell hohe Sparquote des Landes deutlich zurückgehen. Da sich das verfügbare Kapital dann reduzieren würde, könnten japanische Firmen sich nicht mehr auf niedrig verzinste Kredite stützen, um sich gegenüber ausländischen Konkurrenten einen Vorteil zu verschaffen. Hinzu kommt, daß ein weiterer Anstieg im Wert des Yen die japanischen Konzerne zwingen könnte, Fertigungsanlagen in Billiglohnländer zu verlagern. Wenn das geschieht, werden die Japaner – wie die Briten und die Amerikaner vor ihnen – mehr und mehr von ihrer »Industriekultur« verlieren, eine Entwicklung, die sich in der Zahl der talentierten jungen Leute abzeichnet, die bereits heute lieber ins Bankwesen gehen als in die Ingenieurberufe. Gefangen in der traditionellen Schere höherer Kosten im eigenen Land und wachsender Konkurrenz aus neuindustrialisierten Ländern, könnte »Japan Inc«. früher oder später feststellen, daß seine besonderen Vorteile verschwunden sind.[24]

Durch alle Kommentare über Japans Aussichten zieht sich eine grundlegende Frage: Ist Japan ein »spezielles«, ein »nicht normales« Land, wenn man es mit anderen fortgeschrittenen Industriegesellschaften vergleicht?[25] Schon in der Fragestellung liegt natürlich die Voraussetzung, daß es so etwas wie ein »normales« westliches oder amerikanisches System gibt, von dem die Japaner abweichen. Wenn man sich mit der Literatur über Japan auseinandersetzt, wird sehr schnell klar, daß die japanische Lebensweise eine Herausforderung insbesondere für die Amerikaner darstellt, die sich darum sorgen, ökonomisch an den Rand gedrängt zu werden, andererseits noch größere Befürchtungen haben, daß sie ihre Gewohnheiten werden ändern müssen, was Erziehung, Individualismus, die Rolle der Frauen betrifft – wenn sie die Japaner einholen wollen.[26] (Da ist es vielleicht sehr viel besser, die Japaner zu drängen, *ihre* Gewohnheiten zu ändern.) Die ganze Streitfrage der Einzigartigkeit Japans ist kompliziert, nicht nur wegen der unüberprüfbaren Behauptungen von japanischen Nationalisten, sondern auch aufgrund der unterschiedlichen Methoden, mit denen sich die ausländischen »Experten« der japanischen Frage nähern. Während Ausländer, die viele Jahre in Japan gelebt haben, im allgemeinen zu dem Schluß kommen, daß die Japaner in der Tat kulturelle Grundannahmen haben, welche die ökonomische Leistung beeinflussen, glauben klassisch ausgebildete westliche Ökonomen, daß sich die universellen Prinzipien der Wirtschaft früher oder später auf alle Länder auswirken werden, also auch auf Japan. Rationale Ökonomen haben immer ihre Schwierigkeiten gehabt, Kultur zu quantifizieren.[27]

Hinter dieser Debatte verbirgt sich eine größere historische Streitfrage: Ist Japan ein normales Land, das eines Tages seine gegenwärtigen Vorteile verlieren wird, oder hat es einen Weg gefunden, den Gesetzen der Schwerkraft in der internationalen Konkurrenz zu trotzen und damit das zu umgehen, was man als das spätviktorianische Schicksal bezeichnen könnte? Das letztere bezieht sich auf das Dilemma, dem sich die Briten vor einem Jahrhundert gegenübersahen, als sie ihre frühe industrielle Führung zu verlieren begannen, da andere Länder sie imitierten. Zumindest *in der Theorie* hätte Großbritannien das verhindern können. Seine Ökonomie hätte sich ständig selbst verbessern müssen, indem sie immer wieder in Produktionen mit höherer Wertschöpfung überwechselte und ältere Sektoren der Industrie den ausländischen Herstellern überließ. Aber das hätte wahrscheinlich irgendeine Form nationaler Planung gebraucht und eine Langzeitstrategie. Es wäre wohl auch nicht ohne eine ständige Verbesserung des Erziehungssystems in Großbritannien gegangen, eine erhöhte Zahl von Wissenschaftlern, Technikern und Ingenieuren und ein höheres Niveau der Investition in Forschung und Entwicklung. Weil die britische Gesellschaft sich nicht dazu entschloß, sich in dieser Weise selbst zu reorganisieren, wurde ihre spätviktorianische Wirtschaft Schritt um Schritt von anderen überholt, und Großbritannien verlor seine Position als Werkstatt der Welt.[28]

Einigen Ökonomen zufolge gibt es bereits Hinweise auf Japans eigenen langfristigen relativen Abstieg: in der Überalterung der Bevölkerung, im Konsum, im Tourismus und in der Verminderung der Gesamtsparquote; im Anstieg importierter Waren, in der Verlagerung der Produktion in andere Teile der Welt und in der Verringerung des Devisenbilanzüberschusses; in der strukturellen Verschiebung von der industriellen Produktion in die Dienstleistungen hinein; schließlich in der Entwicklung Tokios zum globalen finanziellen Zentrum – eine späte Version der City von London in viktorianischer Zeit, aber eine, die auf weniger sicheren (weil spekulativeren) Fundamenten ruht. Weitere Anzeichen der Krise sind die Unberechenbarkeit des Aktienmarktes, der in den letzten Jahren viel von seinem Wert verloren hat, Veränderungen in kulturellen Haltungen, in der Berufswahl, in der Rolle der Frau. Es gibt viele Hinweise auf einen tiefen nationalen Wertewandel. Die japanische »Sonne« mag im Moment noch hell scheinen, aber die Mittagsstunde ist vorüber, und sie beginnt sich zu neigen.[29]

Das ist die eine Sicht. Auf der anderen Seite gibt es auch Anhaltspunkte, daß Japan, während es gewisse deutlich sichtbare Veränderungen vornimmt, um heimische und ausländische Kritiker zu beschwichtigen (die Erhöhung heimischen Verbrauchs, die Reduzierung der Handelsüberschüsse), mitten in dem enormsten industriellen Umbau steckt, den die Welt je gesehen hat. Das Land hat neue Gebiete mit sehr hoher Wertschöpfung ins Visier genommen (siehe Tabelle 8-1) und beginnt sie so schnell wie möglich zu besetzen. Es verbessert ständig seine eigenen Produktionsmethoden und den Standard seiner Qualitätskontrollen. Überdies stammt ein großer Teil des vielgepriesenen Importanstiegs aus *japanischen* Fertigungsstätten in Übersee. Und auch wenn die japanischen Konzerne auf der ganzen Welt Akquisitionen vornehmen, um sicherzugehen, daß sie von kritisch wichtigen Weltmärkten nicht abgeschnitten werden, bleiben sie in ihrem Wesen sehr japanisch und wehren sich gegen jede ernsthafte »Aushöhlung« der industriellen Basis im

Heimatland. Im Gegensatz zum viktorianischen Großbritannien ruht sich Japan weder auf seinen Lorbeeren aus, noch verschwendet es das Geld, das sein »Empire« einbringt. Seine stetigen Zunahmen an Produktivität, nicht nur im industriellen Bereich, sondern auch in den Dienstleistungen, bedeuten, daß Japans ökonomische Macht noch immer expandiert.[30]

Tabelle 8-1

Der relative »Mehrwert« industrieller Güter

Produkt	Mehrwert ($/kg)
Satellit	20 000
Düsenjäger	2 500
Supercomputer	1 700
Flugzeugmotor	900
Jumbo-Jet	350
Videokamera	280
Computer	160
Halbleiter	100
U-Boot	45
Farbfernseher	16
Werkzeugmaschinen	11
Luxusautomobil	10
Standardautomobil	5
Frachtschiff	1

(Quelle: *The Economist*, »Japanese Technology«, 2. Dezember 1989, S. 4)

Zusammengefaßt verweist diese Debatte darauf, daß Japan und seine Menschen vor zwei Möglichkeiten stehen. Die erste hieße, fundamentale Veränderungen in ein System einzuführen, das für das unerschütterliche Streben des Landes nach ökonomischem Wachstum über die letzten vier Jahrzehnte verantwortlich war. Äußerem Druck und der inneren Nachfrage gehorchend, wird das Volk mehr ausgeben und weniger sparen, es wird im ganzen reicher sein und die Annehmlichkeiten des Lebens mehr genießen, die Gesellschaft wird kosmopolitischer sein, sich mehr um globale und ökologische Fragen (und Verantwortlichkeiten) kümmern, die Menschen werden weniger unterwürfig und hierarchisch sein und in dieser Hinsicht weniger »japanisch«. Wie James Fallow es ausgedrückt hat, wird Japan »mehr wie wir« sein – das heißt, mehr wie Amerikaner.[31] Auf der anderen Seite wird die japanische Wirtschaft gereift sein, die Sparquote wird sinken, die Neigung, ausländische Produkte einzuführen, wird wachsen, Japans industrielle Basis wird sich auf die Dienstleistungen verlagern, seine »Industriekultur« wird schwächer und seine Marktanteile von Korea, Taiwan und anderen Spätentwicklernationen reduziert werden. Die Japaner werden ein immens reiches Volk sein; aber wie die Generationen von erfolgreichen Römern, Briten oder Amerikanern vor ihnen werden sie sich mehr und mehr auf den *Verbrauch* statt auf die *Schaffung* von Vermögen verlegen.

Die Alternative hieße, daß die japanische Nation relativ unverändert bliebe. Sie würde weiterhin an der ständigen Innovation ihrer industriellen Basis arbeiten und einen weiterhin expandierenden globalen Marktanteil mit immer profitableren Produkten anstreben. Mit gewissen Einschränkungen bliebe das existierende System erhalten, mit seiner Betonung der Disziplin, der hohen Sparquote, mit einer fanatischen Verpflichtung auf Qualitätsprodukte, mit massiven Investitionen in Forschung und Entwicklung sowie einer strategischen Langzeitplanung der großen Konzerne (in Zusammenarbeit mit der Bürokratie). Das alles begleitet von einer aufrechterhaltenen Überzeugung der japanischen Sonderrolle. Die großen Firmen würden gewaltigen Reichtum akkumulieren, aber viel davon würde sofort wieder in Investitionen statt in den allgemeinen Konsum gesteckt. Einiges an diesem industriellen Wachstum würde den Lebensstandard zu Hause verbessern, aber es würde auch eine weitere und gnadenlose Durchdringung ausländischer Märkte von Ostasien bis Südeuropa bedeuten. Japan würde also im wesentlichen »eindimensional« bleiben, sehr unterschieden von Amerika und anderen Gesellschaften – mit der möglichen Ausnahme der Imitatoren Japans in Asien. Da es aber auf diese Weise »weniger wie wir« erscheinen würde, müßte sein ökonomisches und technologisches Fortschreiten internationale Ressentiments heraufbeschwören, welche für die Japaner nur unter äußersten Schwierigkeiten zu beschwichtigen wären. Mehr noch als heute würde das die Hilfe ausländischer Lobbyisten, Partner, Wissenschaftler und Publizisten[32] erfordern – zusammen mit großzügigen Spenden für philanthropische Zwecke, hohen Entwicklungshilfezahlungen und so weiter –, alles, um den internationalen Verdacht zu zerstreuen, daß Japans langfristige Intentionen eine Bedrohung darstellen.

Mit dieser letzten Alternative vor Augen wurde der Titel für das vorliegende Kapitel gewählt: Japans »Plan« für die Welt nach 2000. Da die japanische Wirtschaftsexpansion so zielbewußt und systematisch gewesen ist, haben die Kritiker das sichere Gefühl, daß eine kohärente Strategie existieren *muß*, eine Strategie, die von Managern und Bürokraten in Tokio formuliert und, bei gegebenem Anlaß, aktualisiert worden ist. Eine Strategie, welche die Möglichkeiten der japanischen Konzerne, Langzeitplanungen zu entwickeln, ausnutzt und, mehr noch, die Tatsache, daß viele andere Wirtschaftsordnungen (insbesondere die amerikanische) eine Industrie- oder Technologie-Politik *nicht* besitzen und sich noch immer naiv auf das Laissez-faire stützen.[33]

Japanische Experten weisen immer wieder darauf hin, daß Ausländer das MITI nicht als eine Art ökonomischer Entsprechung zum berühmten Preußischen Generalstab sehen sollten,[34] aber die Angewohnheit verschiedener Ministerien oder des Nomura-Forschungsinstituts, »Projektionen« oder »Visionen« der Zukunft herauszugeben, deutet doch darauf hin, daß es eine intensive Planung gibt, um sicherzugehen, daß Japan den neuesten Trend, wie immer er aussehen mag, nicht verpassen wird. Die alternative Sicht, daß Japans langfristige ökonomische Expansion nicht so sehr von Offiziellen in Tokio gelenkt als von der intensiven Konkurrenz der großen Firmen angetrieben wird, hat sich noch nicht weit verbreitet, scheint aber eine mindestens genauso plausible Erklärung zu sein.[35] In diesem Sinne haben Anspielungen auf einen »Plan« weniger mit einer nationalen Strategie zu tun als mit den langfristigen Ambitionen individueller japanischer Konzerne, die um globale Marktanteile kämpfen.

Die Hauptschwäche dieser Debatte um Japans zukünftige Rolle in der Welt liegt darin, daß sie die internationale Politik weitgehend ausspart und auch den Kräften des globalen Wandels, die in diesem Buch diskutiert werden, wenig Aufmerksamkeit schenkt. Im allgemeinen wird Japan entweder als »rationaler Spieler« auf der Weltbühne dargestellt, der intelligent auf neue wirtschaftliche Chancen reagiert, oder als ein Land, das denselben Niedergangstendenzen ausgesetzt ist wie frühere Gesellschaften. In der Literatur über »Japan Inc.« wird dagegen der Frage, wie der Inselstaat von den breiten globalen Kräften des Wandels betroffen sein wird, wenig Raum gegeben. Im allgemeinen nimmt man eine grundlegende Kontinuität der gegenwärtigen Konstellationen und Tendenzen an: ein halbwegs offenes Handelssystem, das dem globalen Kapitalismus ein normales Funktionieren erlaubt; ein wirkliches Ende des Kalten Krieges; sporadische Ausbrüche von regionalen Konflikten, mit denen Japan nicht direkt zu tun hätte (obwohl sie die Vereinigten Staaten durchaus betreffen könnten); kein Wiederauferstehen eines russischen Imperialismus; schwierige, aber nicht gänzlich zerrüttete Beziehungen zwischen Tokio und der Europäischen Gemeinschaft; ein ständig gefährdetes Verhältnis zu China, wobei das chinesische Mißtrauen bis zu einem gewissen Maße durch japanische Kredite beschwichtigt würde; die Intensivierung von Japans ökonomischem Einfluß in ganz Südostasien. Und die Erhaltung der japanisch-amerikanischen Beziehungen trotz gelegentlicher Differenzen auf dem Gebiet der Handels- und Sicherheitspolitik, wenn auch nur aus dem einfachen Grund, daß die Japaner die Notwendigkeit erkennen, den offenen Bruch mit Washington zu vermeiden und die amerikanische Macht im Pazifik zu stützen. Dies zumindest über das nächste Jahrzehnt, bis die Umrisse der internationalen Ordnung nach dem Kalten Krieg klarer werden.[36]

Sollte diese relativ stabile internationale Ordnung indessen zusammenbrechen, wären Japans Aussichten grundlegend verändert. Ein Bürgerkrieg in der früheren Sowjetunion, der Rückzug amerikanischer Dislozierungen in Übersee, ein wachsendes Selbstbewußtsein auf seiten Chinas, das Auftauchen Indiens als regionaler Supermacht und größere Rivalität zwischen den Besitzenden und den Habenichtsen der Welt – das alles könnte die Zukunft bringen. Wenn neue Bedrohungen der Sicherheit in einem Moment auftauchten, da der amerikanische strategische Schirm weniger verläßlich würde, könnte es durchaus sein, daß eine neue Generation von japanischen Politikern es als notwendig empfinden würde, die Verteidigungskräfte des Landes zu stärken. Ob das japanische Volk dem zustimmen würde, ist schwer zu sagen, aber das Land wäre *ökonomisch* weit eher in der Lage, moderne Streitkräfte zu schaffen als in den 30er Jahren, als sein Bruttosozialprodukt nur ein Zehntel des amerikanischen ausmachte. Um das Jahr 2000, wenn Japans BSP dem der USA wahrscheinlich entsprechen würde, und angesichts der formidablen technologischen Voraussetzungen des Landes, sähen die Dinge anders aus.[37]

In einem Zeitalter weitreichender demographischer und technologischer Veränderungen können indessen die nichtmilitärischen Bedrohungen ebenso ernst, wenn nicht ernster sein als die militärischen. Statt der stetig wachsenden ökonomischen Integration, welche von den Protagonisten der »grenzenlosen Welt« vorhergesagt wird, könnte es Finanzkräche, verstärkte Handelsrivalitäten in Landwirtschaft, Industrie und den Dienstleistungen und eine neue Welle des Protektionismus geben – was eine Nation wie Japan, die so stark von den Weltmärkten abhängt, hart treffen würde. In der nicht-ökonomischen Sphäre könnten transnationale Entwicklungen von der Bevölkerungsexplosion bis zum Treibhauseffekt sich zu Problemen entwickeln, die für Japan kaum kontrollierbar wären. Es ist nicht zu leugnen, daß Japan beträchtliche Stärken besitzt, wenn es darum geht, auf den globalen Wandel zu reagieren, der im ersten Teil dieses Buches umrissen worden ist. Um es zu wiederholen: Japan ist auf das 21. Jahrhundert wahrscheinlich besser vorbereitet als alle anderen Industriegesellschaften.[38] Aber all seine Stärken, die vor allem auf den Gebieten der Technologie, der Produktion und der Finanz liegen, könnten nicht ausreichen, um das Land aus Schwierigkeiten herauszuhalten.

Die Stärken liegen offensichtlich in Japans Fähigkeit, mit der Finanz- und Kommunikationsrevolution fertig zu werden, mit dem Aufstieg multinationaler Konzerne und, allgemeiner gesprochen, mit der Herausforderung, sich ständig neuen Technologien zu öffnen. Obwohl die Globalisierung hauptsächlich von Amerika ausging, hat sich Japan bemerkenswert schnell der neuen ökonomischen Ordnung angepaßt, und es profitiert enorm davon. 29 der 100 größten Banken der Welt sind nach einer Einstufung des *Wall Street Journal* vom September 1991 japanisch. Deutschland besitzt 12, Frankreich 10 und die Vereinigten Staaten und Italien jeweils 9 Banken auf dieser Liste. Dasselbe trifft auf die Versicherungsgesellschaften der Welt zu (4 der 5 führenden Institute sind japanisch).[39] Wenn der freie Kapitalfluß – für industrielle Investitionen, Takeover, Besitzerwerb, Anleihen und Aktien – die treibende Kraft hinter der sich entwickelnden globalen ökonomischen Ordnung ist, dann besitzt diese Gesellschaft große Stärken, zumindest solange sie ihre hohen Kapitalressourcen aufrechterhält.

Japan hat sich auch dadurch ausgezeichnet, daß es der Standort für viele der größten Aktiengesellschaften in der Welt geworden ist, der multinationalen Konzerne, die jetzt in der Weltökonomie einen so wichtigen Platz einnehmen. Toyota, Hitachi, Toshiba und weitere 34 der größten 100 Gesellschaften der Welt sind japanisch.[40] In ihren Kapitalreserven reicher als die meisten ihrer amerikanischen und europäischen Gegenspieler und weit weniger unter dem Druck ihrer Aktienbesitzer, kurzfristige Profite zu machen, sind Japans Firmen in der Lage, kontinuierlich in die Technologien der Zukunft zu investieren. Einer der signifikantesten Gradmesser der technologischen »neuen Weltordnung« ist die Zahl der bedeutenden Patente, die ein Land besitzt. Auch in dieser Hinsicht scheinen die japanischen Firmen ihre Konkurrenten auf Gebiet nach Gebiet zu überholen.[41]

Wenn Japans technologische und industrielle Erfolge des letzten Jahrzehnts ein Anhaltspunkt für die kommenden Jahre sind, dann könnten seine Durchbrüche in neueren Bereichen – in der Luft- und Raumfahrt, Software, Biotechnologie – schneller kommen, als seine Rivalen glauben. Zwischen 1980 und 1989 alleine sind Japans Anteile an den globalen Exporten in Schlüsselprodukten der Hochtechnologie dramatisch angestiegen, in einigen Fällen buchstäblich aus dem Nichts (s. Tabelle 8-2):

Da viele dieser Technologien (Mikroelektronik, Telekommunikationsausrüstung) die physischen Mittel für die globale Finanz-

Tabelle 8-2

Anteile an den Weltexporten von Hochtechnologie–Produkten, 1980 und 1989[42]

Mikroelektronik		Computer	
1980	1989	1980	1989
1 USA (18,3%)	1 Japan (22,1%)	1 USA (38,6%)	1 USA (24%)
2 Japan (13,2%)	2 USA (21,9%)	2 BRD (11,5%)	2 Japan (17,5%)
3 Singapur (10,1%)	3 Malaysia (8,9%)	3 Großbrit. (10,4%)	3 Großbrit. (9%)
4 Malaysia (8,9%)	4 Südkorea (7,4%)	4 Frankreich (8,6%)	4 BRD (6,9%)
5 BRD (8,4%)	5 BRD (5,8%)	5 Italien (6,6%)	5 Taiwan (5,8%)

Luft- und Raumfahrt		Telekommunikationsausrüstung	
1980	1989	1980	1989
1 USA (47,6%)	1 USA (45,8%)	1 BRD (16,7%)	1 Japan (24,7%)
2 Großbrit. (19,7%)	2 BRD (12,5%)	2 Schweden (15,3%)	2 BRD (9,5%)
3 BRD (9,1%)	3 Großbrit. (10,9%)	3 USA (10,9%)	3 USA (8,8%)
4 Frankreich (6,0%)	4 Frankreich (10,2%)	4 Japan (10,3%)	4 Schweden (8,1%)
5 Kanada (4,4%)	5 Kanada (4,4%)	5 Niederlande (9,3%)	5 Hongkong (6,3%)

Werkzeugmaschinen und Robotik		Wissenschaftliche und Präzisionsgeräte	
1980	1989	1980	1989
1 BRD (25,8%)	1 Japan (23,3%)	1 USA (28,3%)	1 USA (25,2%)
2 USA (14,1%)	2 BRD (20,8%)	2 BRD (18,1%)	2 BRD (18,5%)
3 Japan (11,3%)	3 USA (12,1%)	3 Großbrit. (9,4%)	3 Japan (12,9%)
4 Schweden (9,1%)	4 Italien (10%)	4 Frankreich (8,0%)	4 Großbrit. (9,6%)
5 Italien (8,7%)	5 Schweiz (8,4%)	5 Japan (7,1%)	5 Frankreich (5,6%)

Medizin und Biotechnik		Organische Chemikalien	
1980	1989	1980	1989
1 BRD (16,7%)	1 BRD (15,6%)	1 BRD (19,1%)	1 BRD (17%)
2 Schweiz (12,5%)	2 Schweiz (12,2%)	2 USA (13,9%)	2 USA (15,5%)
3 Großbrit. (12,0%)	3 USA (12,2%)	3 Niederlande (10,9%)	3 Frankreich (8,7%)
4 Frankreich (11,9%)	4 Großbrit. (11,8%)	4 Frankreich (10,7%)	4 Niederlande (8,1%)
5 USA (11,4%)	5 Frankreich (10,3%)	5 Großbrit. (8,4%)	5 Großbrit. (8,4%)

und Kommunikationsrevolution liefern, wird die weitere Entwicklung dieser Revolution in einer »Rückkopplungsschleife« der japanischen Industrie weiteren Anschub geben.

Während Japan in der Tat sehr gute Voraussetzungen zu haben scheint, um die heutige Technologie-Explosion zu bewältigen, mag es sehr viel weniger in der Lage sein, mit der eigenen demographischen Zukunft fertig zu werden. Wie viele Studien festgestellt haben, »begann Japan seinen demographischen Übergang von hohen zu niedrigen Geburtenraten und zu hoher Lebenserwartung sehr viel später als die Vereinigten Staaten und andere entwickelte Länder, beendete ihn aber mit Rekordgeschwindigkeit«.[43] 1925 belief sich die Lebenserwartung in Japan noch auf 45 Jahre, und Frauen hatten im Durchschnitt 5,1 Kinder. Heute ist die Lebenserwartung in Japan die höchste der Welt – 76 Jahre für Männer und 82 Jahre für Frauen (1987) –, aber die Geburtenrate ist auf weit unter die durchschnittlichen 2,1 Kinder pro Frau gefallen, die man braucht, um den Stand der Gesamtbevölkerung zu erhalten. 1989 lag sie nur noch bei dem Rekordtief von 1,57 Kinder pro Frau. Eindeutig hat der erhöhte Wohlstand zu diesem Trend beigetragen, wie er es in jeder anderen industrialisierten Gesellschaft getan hat, aber im Fall der Japaner scheint noch etwas anderes mitgespielt zu haben: Hochausgebildete japanische Frauen reagieren besonders scharf gegen die traditionellen Erwartungen, daß sie sich nach der Universitätsausbildung darauf konzentrieren sollten, Kinder aufzuziehen – und dies gewöhnlich in sehr engen Wohnungen.

Nur wenige Beobachter der japanischen Gesellschaft erwarten, daß dieser Trend sich umkehren wird. Ein prominenter Politiker, der 1990 tollkühn genug war, die Möglichkeit anzusprechen, daß die japanischen Frauen doch besser auf die Universitätsausbildung verzichten sollten, stritt nach dem darauf folgenden Aufruhr sehr schnell ab, ähnliches gesagt zu haben.[44] Aber wenn es keine Umkehrung des Trends gibt, wird Japan zwischen heute und 2025 »von der geringsten Rate der über 65jährigen im Verhältnis zur Gesamtbevölkerung (eins zu elf) zur höchsten (eins zu vier) unter den führenden Industrieländern überwechseln«.[45] Das hat Ökonomen dazu veranlaßt, düstere Projektionen über Japans langfristige Zukunft zu entwerfen: Mit immer weniger Beschäftigten, die immer mehr Rentner unterstützen, müssen Lohnsteuer und Sozialversicherungen entschieden nach oben gehen, was Japan von einem der am wenigsten besteuerten OECD-Länder in eines der am höchsten besteuerten verwandeln würde. Und die 30 Millionen oder mehr (im Jahre 2025) über 65jährigen werden ihre Kapitalreserven angreifen, was die alles entscheidende Sparquote des Landes reduzieren wird und damit auch das Kapital, das für Investitionen zur

Verfügung steht. Dies muß langfristig das ökonomische Wachstum verlangsamen. Während viele der relativ wohlhabenden japanischen Rentner auf manchen Gebieten (Tourismus, medizinische Versorgung) einen attraktiven Markt darstellen, werden sie nicht gerade dazu beitragen, dem Land zu dauerhafter technologischer Konkurrenzfähigkeit zu verhelfen.[46] Das könnte das Ende des »japanischen Wunders« bedeuten.

Es gibt natürlich eine naheliegende Lösung für die sich wandelnde Gewichtsverteilung zwischen der japanischen Arbeitnehmerschaft und den Rentnern und Rentnerinnen: Japan könnte die Einwanderungsbeschränkungen für die Zehntausende von Koreanern, Filipinos, Pakistani, Bangladeschi und andere, die sehr gerne in Japan Arbeit suchen würden, aufheben. Angesichts der bisherigen restriktiven Politik des Landes auf diesem Gebiet und seiner engen geographischen Bedingungen ist dies aber eine sehr unwahrscheinliche Spekulation. Während das Einwanderungsamt noch immer ausländische Wissenschaftler, Ingenieure und andere Akademiker in Japan willkommen heißt, hat es die Maßnahmen gegen die etwa 300000 illegalen Einwanderer sogar verschärft, droht den Arbeitgebern von Schwarzarbeitern mit Geldbußen oder Gefängnisstrafen und den Einwanderern selbst mit der Abschiebung. Trotz der Appelle des japanischen Nahrungsmittelverbandes, mehr Arbeitskräfte ins Land zu holen, und selbst der Handelskammer von Tokio, bis zu 600000 Gastarbeiter mit Zweijahresverträgen einzulassen, gibt es wenig Aussicht, daß Japan diese Art von »Lösung« für seine zunehmende Arbeitnehmerknappheit anstreben wird.[47] Taktlose Bemerkungen japanischer Politiker über die sozialen Schwächen von Amerikas multikultureller, multirassischer Bevölkerung deuten darauf hin, daß die Sorge um die Einzigartigkeit der japanischen Gesellschaft wahrscheinlich immer stärker sein wird als alle utilitaristischen Argumente zugunsten einer verstärkten Immigration.

Während der Wandel in Japans demographischer Struktur ohne Zweifel bedeutend ist, gibt es dennoch keine klaren Beweise, daß er ökonomische Stagnation ankündigt. Wie viele heimische Kritiker ausgeführt haben, spiegelt die nachgebende Geburtenrate in Wirklichkeit die Tatsache wider, daß die Politik es versäumt hat, jungen japanischen Paaren Anreize für eine größere Familie zu geben, zum Beispiel geräumigere und billigere Wohnungen. Die vorherrschenden japanischen Karrierenormen nutzen die Arbeitsreserve an Frauen keineswegs aus – der weibliche Anteil an der Arbeiterschaft ist sehr viel niedriger als in Großbritannien und den Vereinigten Staaten –, und ein beschäftigungspolitischer Kurswechsel auf diesem Gebiet könnte große Auswirkungen haben. Schließlich könnte man die Rentengesetze überdenken, da viele gesunde über 65jährige durchaus noch arbeiten könnten und auch Lust dazu hätten.[48] Wenn man also einerseits die Anreize für größere Familien erhöht und andererseits die Arbeitsbedingungen für Frauen verbessert, wären beide Probleme langfristig lösbar.

Überdies bewältigen die großen Firmen in Japan den Arbeitskräftemangel und die hohen Lohnstückkosten in Japan, indem sie sich in multinationale Unternehmen verwandeln. Was noch vor einem Vierteljahrhundert eine begrenzte Zahl von Überseeunternehmen war (vor allem Fertigungsanlagen in Korea), ist zu einem global organisierten Netz aus Industrieanlagen geworden. Automobilfabriken, Vertriebszentren, sogar Forschungsinstitute arbeiten nach den Plänen der Muttergesellschaft. Der Nutzen ist offensichtlich und vielfältig. Nicht nur haben viele der großen Konzerne einen Kostenvorteil dadurch, daß sie Arbeiterinnen in Thailand oder Mexiko Elektrowaren zusammenbauen lassen, statt sie in Japan selbst zu produzieren, die Verlagerung der Teileherstellung trägt dazu bei, die Ungleichgewichte im Handel mit Japans ostasiatischen Nachbarn zu verringern. Wenn diese im Ausland gefertigten, aber im Grunde japanischen Waren nach Japan reimportiert werden, können japanische Minister darauf verweisen, daß Japan viel unternimmt, um seinen Handelsbilanzüberschuß zu vermindern. Das wichtigste Element dieser Strategie liegt aber darin, daß die Ansiedlung von Fertigungs- und Herstellungsanlagen im Ausland den Zugang zu Schlüsselmärkten garantiert, auch wenn die betreffenden Länder protektionistische Maßnahmen ergreifen: Fabriken in Mexiko geben Japan freien Zugang zu den amerikanischen und kanadischen Märkten (und verschleiern wiederum die gewaltigen

Handelslücken zwischen den USA und Japan). Automobilfabriken in England und Wales schaffen eine europäische Basis für den Markt der EG. Wie auch immer, die Profite landen alle in den Truhen von Toyota und Mitsubishi und erhöhen das Gesamtvermögen der Japaner.

Ist dies also der Weg, den Japan einschlagen wird? Wird es eine Rentier-Ökonomie werden, unter der Bürde einer alternden Bevölkerung, die sich auf den Verdienst aus Investitionen und Produktion in Übersee stützt, um ihren Lebensstandard aufrechtzuerhalten und um Waren kaufen zu können, die nicht länger im eigenen Land produziert werden? Studieren deshalb die Japaner so ernsthaft den relativen ökonomischen Abstieg des spätviktorianischen Großbritanniens und sind sie deshalb von einigen ähnlichen Tendenzen, die es heute in Amerika gibt, so fasziniert? Fraglos machen sich japanische Politiker und Unternehmer Sorgen, daß der ungünstige demographische Trend im Zusammenspiel mit ökonomischen und sozialen Veränderungen zu einem langfristigen Abstieg des Landes führen könnte. Ein Volk, das sich einst auf Ezra Vogels *Japan As Number One* warf, ist heute, zwanzig Jahre später, angstvoll dabei, Bill Emmotts *The Sun Also Sets* zu lesen.

Theoretisch *könnte* Japan natürlich denselben Weg gehen wie einst Holland und Großbritannien. Dies wäre der Fall, wenn es gezwungen wäre, seine Industriekultur aufzugeben. Aber alle Hinweise aus den Wirtschaftskreisen Japans deuten in die entgegengesetzte Richtung. Die düsteren Prophezeiungen über die Auswirkungen einer alternden Bevölkerung auf die Wirtschaft übersehen alle, wie der *Economist* festgestellt hat, »den Effekt des technologischen Fortschritts auf den Produktivitätszuwachs«.[49] Das erklärt nicht nur die gewachsenen Investitionen in neue Fabrikanlagen, Werkzeugmaschinen und Hightech-Stahlwerke und Werften, sondern auch die Faszination für Automatisierung und Robotik, die oben diskutiert worden ist. Es ist kein Zufall, daß Japan heute fast drei Viertel der Roboter auf der Welt besitzt und die Heimat von mehr automatisierten Arbeitsplätzen ist als jedes andere Land der Erde. Denn, wenn sie das erfüllen, was sie versprechen, bieten Roboter einen wunderbaren Ausweg aus Japans Dilemma. Sie werden das

Land in der Avantgarde des industriellen Fortschritts halten *und* den wachsenden Arbeitskräftemangel kompensieren, ohne daß man der Notwendigkeit ausgesetzt wäre, Millionen von ausländischen Arbeitern und ihre Familien ins Land zu lassen. Die Technologie also liefert ein Gegengewicht zur Demographie. Indem sie diese weitere Stufe in der industriellen Revolution initiiert, bereitet sich die japanische Industrie auf das 21. Jahrhundert vor.

Die Herausforderungen, denen sich Japan angesichts der neuen landwirtschaftlichen Revolution gegenübersieht, sind im Vergleich dazu weniger umfassend, obwohl sie auch ernst genommen werden müssen.[50] Japan ist eine bergige Inselgruppe mit verzweifelt wenigen Ebenen fruchtbarer Landflächen. Dennoch gibt es Millionen von Vollzeit- und Teilzeitlandwirten, die auf kleinen Flächen von einem oder zwei Hektar arbeiten. Japan ist mit Abstand das am wenigsten autarke Land unter den OECD-Nationen, was die Nahrungsmittelproduktion angeht. Wegen des enormen Abstands zwischen der industriellen und der landwirtschaftlichen Produktivität (und den damit verbundenen Einkommen) wird die Landwirtschaft in Japan von gewaltigen Subventionen und bürokratischen Barrieren geschützt – zum Zorn der amerikanischen Landwirtschaftslobbies und zum Schaden des japanischen Verbrauchers. Trotzdem importiert Japan mehr Nahrungsmittel als jede andere fortgeschrittene Wirtschaft (gäbe es diese Importe nicht, wäre das Handelsbilanzplus sogar noch größer!). Schließlich hat das Land noch nie mächtige agrochemische Konzerne besessen, die ein natürliches Interesse an den neueren Formen der Nahrungsmittelproduktion hätten. Aus vielen Gründen könnte man daher annehmen, daß die Biotech-Revolution in Japan nur eine marginale Rolle spielt.

Dennoch deuten viele Anzeichen darauf hin, daß sich dies schnell ändert. Die japanischen Behörden versuchen, die Zahl der ineffizienten Kleinbetriebe zu verringern, während sie zur gleichen Zeit widerwillig den amerikanischen Forderungen auf eine weitere Öffnung des heimischen Nahrungsmittelmarktes Zugeständnisse machen. Angesichts der Millionen von Landwirten, die sich in den Ruhestand zurückziehen oder die aufgekauft werden, könnte man erwarten, daß Japan zunehmend von ausländischen landwirtschaftlichen Lieferungen abhängig würde. In Wirklichkeit kristallisiert sich allmählich ein harter Kern von etwa 500 000 professionellen Betrieben heraus, die alle größere Flächen bewirtschaften (ihre Milchbetriebe sind in etwa mit der Größe derer in der EG vergleichbar). Sie übernehmen rapide moderne Bewirtschaftungsformen, Mechanisierung, Fruchtwechsel und andere Methoden, um die Produktivität zu steigern. Nicht nur werden verbesserte Viehrassen im Lande gezüchtet, japanische Agrarunternehmen sind dabei, Viehzuchtfarmen in den Vereinigten Staaten zu kaufen und zu managen. Während die japanische Landwirtschaft sich selbst modernisiert, ermutigen die Behörden gleichzeitig Investitionen in die Biotechnologie, um Japans Schwächen in diesem Bereich zu kompensieren. Wie in anderen Industriezweigen bringt der Aufholprozeß häufig Joint-ventures oder den Aufkauf von amerikanischen Gesellschaften mit sich, die das Know-how auf diesem Gebiet besitzen.[51]

Obwohl die Biotech-Revolution in Japan noch in den Kinderschuhen steckt, sind die Implikationen dieser Anfangszüge sehr klar. Sie sollen dem Land einen Anteil an einem weiteren Industriezweig des 21. Jahrhunderts geben, während sie zur gleichen Zeit seine Abhängigkeit von ausländischen Zulieferern landwirtschaftlicher Erzeugnisse und damit verwandter Rohstoffe vermindert. All dies würde Japans existierenden Stärken entgegenkommen: dem leichten Zugang zur technischen Literatur des Westens, dem reichlichen Kapitalfluß, um Forscher, Laboratorien und Patente zu kaufen, der Unterstützung großer japanischer Konzerne, die ihre Produktbasis erweitern wollen, und der Hilfe aus den japanischen Ministerien. Die einzige Gegenstimme wäre vielleicht das Außenministerium, das sich der unangenehmen Vorstellung gegenübersieht, den US-Farmern und Kongreß-Abgeordneten zu erklären, warum das Land immer weniger Nahrungsmittel aus Übersee einführen wird...

Dies verweist darauf, daß Japan sich klug positioniert hat, um sowohl die neuen technologischen Trends auszunutzen, als auch den negativen Auswirkungen des demographischen Wandels auszuweichen. Zumindest auf den ersten Blick mag es so scheinen, als müsse sich Japan weniger Sorgen um den globalen Wandel machen als seine Konkurrenten. Diese Schlußfolgerung trifft wahrscheinlich zu, soweit es um Japans innere Restrukturierung mit Blick auf die Zukunft geht. Die wirklichen Probleme liegen jedoch im Bereich des Äußeren, der natürlich von Japan aus viel weniger kontrollierbar ist. Die demographische Schwierigkeit, eine adäquate Arbeitnehmerschaft (mit Hilfe von Robotern) aufrechtzuerhalten, ist eine Sache. Wie man mit Chinas 1,5 Milliarden Menschen fertig wird – ob nun zunehmend wohlhabend und mächtig oder arm und unzufrieden –, ist etwas ganz anderes. Wie wird es Japan in einem Asien ergehen, dessen Bevölkerung im Laufe der nächsten Jahrzehnte allen Prognosen nach von 3 auf 4,9 Milliarden ansteigt, während Japans Bevölkerung stagniert und altert? Kann es sich wirklich von den Auswirkungen der gewaltigen demographischen Verschiebungen in der Welt isolieren?

Und, weiter gefragt, kann sich ein Land, das so exportabhängig ist, wirklich auf den fortgesetzten freien Zugang zu den Märkten der Welt verlassen? Insbesondere, wenn seine eigenen Erfolge in Industrie, Wissenschaft und Technologie alle Importe ausländischer Waren und Güter überflüssig zu machen drohen? Automatisierte Fertigungsanlagen, die mit den Billiglohnländern in Südostasien konkurrieren können, erscheinen auf den ersten Blick wie ein technologisches Allheilmittel – ebenso wie der Einsatz der Gentechnik im Nahrungsmittelbereich. Aber würde eine solche Wirtschaftspolitik in der Praxis nicht weitere Ressentiments in anderen Ländern provozieren? Bei Konkurrenten, die schon jetzt überzeugt sind, daß Japan immer nimmt und selten gibt? Daß Japans »gemanagter Handel« immer zu Japans Gunsten »gemanagt« wird? Können die Japaner es sich leisten, den protektionistischen Neigungen in Europa und Nordamerika weiteren Auftrieb zu geben, insbesondere wenn die Märkte dort zunehmend gesättigt sind und die Weltwirtschaft in den kommenden Jahrzehnten nur noch moderat wächst? Selbst wenn die asiatischen Märkte an Bedeutung gewinnen, wird damit Japans Problem – die Ungleichgewichte im Handel und die stets gegenwärtige Drohung von Gegenmaßnahmen – nicht nur verschoben? Zusammenfassend kann man sagen, daß Japans weltwirtschaftliche Verletzbarkeit immer der Preis gewesen ist, den das Land für seine globalen Handelserfolge zahlen mußte. Und diese Verletzbarkeit ist eher noch gestiegen.

Dasselbe Paradox läßt sich in bezug auf die wachsenden Umweltprobleme beobachten. Die globale Erwärmung stellt für Japan ein Dilemma dar, wenn auch vielleicht kein unüberwindliches. Aufgrund seiner begrenzten Landfläche und seines relativ kleinen landwirtschaftlichen Sektors sieht sich das Land keinen unheilverkündenden Prognosen über eine Verschiebung riesiger Getreideanbaugebiete nach Norden gegenüber, was zum Beispiel für Kansas gilt. Wenn die globale Erwärmung, wie einige Wissenschaftler vorhersagen, zu einer größeren Unberechenbarkeit und zu Turbulenzen der Wetterverhältnisse führt, dann muß Japan sich auf stärkere Unwetter, Sturmfluten, Tornados einstellen. Aber das kann kaum als eine größere oder systematische Bedrohung seines Wohlergehens erscheinen, und die Nation könnte sich präventive Maßnahmen durchaus leisten. Ein Anstieg des Meeresspiegels würde niedriggelegene Landflächen gefährden, aber Japan ist reich genug, um für eine Verstärkung der Deiche zu sorgen, vielleicht sogar für eine Umsiedlung in den Küstengebieten. Das Land hat zum Beispiel bereits Hunderte von Millionen Dollar aufgewandt, um die winzige vorgelagerte Insel Okinotorishima zu schützen, da Japan Fisch- und Seebodenrechte verlieren könnte, wenn sie für immer überflutet würde.[52] Sollten schließlich internationale Vereinbarungen getroffen werden, die Kohlenstoffemissionen zu reduzieren oder die Energieeffizienz zu erhöhen, dann deutet die Umweltbilanz des Landes in den letzten beiden Jahrzehnten – die Weltbank nannte Japan vor kurzem »ein ökologisches Vorbild«[53] – darauf hin, daß es weniger Probleme haben wird, die neuen Zielsetzungen zu erfüllen als die meisten anderen Länder. Die globale Erwärmung würde auch für Japan Lasten mit sich bringen, aber das effiziente und reiche Land würde damit durchaus fertig werden.

Dennoch, sollte das nächste Jahrhundert große Umweltkatastrophen erleben – die sich wahrscheinlich mit der globalen Bevölkerungsexplosion und massivem sozialem Elend verbänden –, könnte Japan dann, so muß man sich fragen, eine Insel für sich bleiben? Könnte es eine technologisch geschaffene »grüne« Atmosphäre auf einem Kontinent bewahren, auf dem die unkontrollierte Industrialisierung von Milliardenvölkern das gesamte Ökosystem Asiens bedroht? Im Augenblick ist das unmöglich einzuschätzen, aber es wäre sicher unvorsichtig, sollten die Japaner zu dem Schluß kommen, daß Entwaldung und Luftverschmutzung das Problem anderer Völker seien.

Dies alles verweist darauf, daß Japan nur mit vorsichtigem Optimismus in das 21. Jahrhundert gehen kann. Die Bestsellerautoren, welche Japan eine glorreiche Zukunft voraussagen, haben gute Gründe für ihre Behauptungen: die Japan begünstigenden Kräfte des Wandels (Kapital, Kommunikation, Robotik, Biotechnologie) werden ausgenutzt, die bedrohlichen (demographisches Chaos, globale Erwärmung, Finanzkräche) sind entweder fern oder können wahrscheinlich in ihrer Wirkung eingedämmt werden. Wenige andere Nationen dürfen sich, besonders was den technologischen Wandel angeht, so sicher fühlen wie Japan.

Nichtsdestoweniger liegen beträchtliche Gefahren an Japans Weg in das nächste Jahrhundert. Wir haben auf die Möglichkeit bedrohlicher außenpolitischer Entwicklungen schon hingewiesen. Sie sind schwer vorauszusagen, aber man darf sie – besonders im Lichte der vielen politischen Umwälzungen des letzten Jahrzehnts allein – nicht außer acht lassen. Die Weiterverbreitung von Atomwaffen in Asien, außenpolitische Abenteuer von Regimen, die unter inneren Spannungen leiden, der Zuwachs der Macht Chinas, Konflikte auf der koreanischen Halbinsel oder im Südchinesischen Meer ... jede dieser Entwicklungen würde Japans strategische Verwundbarkeit bekräftigen. Und es könnte ernste Instabilitäten auf dem finanziellen Sektor geben, der sehr viel weniger abgesichert erscheint als die industrielle Basis des Landes.

Aber ironischerweise könnten sich die größten Herausforderungen gerade aus Japans Erfolgen ergeben. Wenn seine Wirtschaft weiter blüht, während ringsherum Stagnation herrscht, wenn es seine Zerstörung zum Beispiel der amerikanischen Automobilindustrie und der europäischen Elektronik fortführt, wenn es sicher und wohlhabend wirkt, jeden Nutzen aus dem internationalen System ziehend, aber nichts zu seiner Erhaltung beitragend, wenn es distanziert und wenig hilfreich in einer Welt auftritt, in der menschliche Katastrophen, regionale Konflikte, Massenelend, Migrationswellen sich häufen und der Abstand zwischen den Besitzenden und den Habenichtsen sich weitet – dann könnten die sich daraus ergebenden Ressentiments andere Nationen dazu bringen, Japan für seine selbstsüchtige Politik zu bestrafen.

Um aber eine solche Zukunft zu vermeiden und sinnvoll zur globalen Ordnung beizutragen, braucht Japan eine aufgeklärte und mutige politische Führung, Staatsmänner und Staatsfrauen, welche das Land auf die Bewältigung seiner inneren Veränderungen vorbereiten *und* zugleich größere internationale Beiträge leisten als im Augenblick. Aber es ist gerade die Qualität der politischen Führung, was als Japans größtes Defizit erscheint, ein Defizit, gegen das – im Gegensatz zu den Defiziten an Rohstoffen – das System kein Mittel gefunden hat. Wenn Studien über das »Rätsel« der japanischen Macht recht haben, stellt das »System« praktisch sicher, daß es *keinen* aufgeklärten Staatsmann an der Spitze des Staates geben wird.[54] Statt dessen wird weiterhin ein »old boy's network« (Absolventen der Tokyo Law School usw.) die Macht in den Bürokratien, im Big Business, in den Banken und in der Liberalen Partei *teilen*. Daher hat keine einzelne Körperschaft oder Person wirkliche Autorität oder Verantwortung – niemandem wird es in diesem System erlaubt, die Rolle eines amerikanischen Präsidenten oder eines britischen Premierministers zu spielen. Deshalb kann es eine »Führung«, wie westliche Gesellschaften diesen Begriff verstehen, nicht geben. Ausländische Beobachter sollten deshalb aufhören, in der japanischen Politik nach einer Gestalt zu suchen, welche die japanische Entsprechung zu Helmut Schmidt oder Margaret Thatcher sein könnte.

Das ist in vieler Hinsicht eine tiefe Ironie. Im Gegensatz zu den meisten anderen Gesellschaften, in denen politische Führung als ein (wenn nicht das) Schlüsselelement für die Aussichten einer Nation betrachtet wird, scheint Japan eine Maschine gebaut zu haben, die von alleine läuft: Sie besteht aus rigorosen, einheitlichen Erziehungsvorgaben, festen sozialen Kodices, was Gehorsam, Hierarchie und Achtung angeht, elitärer bürokratischer Führung, einer Verpflichtung auf hohe Sparquoten und Investitionen, einer fanatischen Konzentration auf die Qualität von Design und Service, einem Teamgeist, der entschlossen ist, sich gegen heimische und ausländische Konkurrenz durchzusetzen. All diese Eigenschaften haben Japan von seinem Tiefpunkt im Jahre 1945 dahin gebracht, wo es heute steht. Sie bilden auch beeindruckende Stärken in der Bewältigung der Zukunft. Aber in unserer zunehmend komplexen Welt auf ihrem Weg in das 21. Jahrhundert könnten sie sich als nicht zureichend erweisen, um die nichtmateriellen, politischen und moralischen Prüfungen zu bewältigen, die in der Zukunft liegen. Hochtechnisierte Roboter können eine Menge Probleme lösen. Was sie indessen nicht tun können, ist, Japan eine Vision für seine Zukunft in unserer globalen Gesellschaft von heute und morgen zu liefern.[55]

Kapitel 9

Indien und China

Bei jeder Diskussion, wie Japan, die Vereinigten Staaten oder europäische Länder sich am besten auf das 21. Jahrhundert vorbereiten können, ist die Bevölkerungsentwicklung (wenn auch sehr wichtig) nur einer von mehreren Trends, die Beachtung verdienen. Im Fall von Indien und China indessen überschattet der demographische Faktor alles andere. Er besitzt überdies Implikationen, die weit über diese beiden Gesellschaften hinausgehen. China und Indien sind die beiden bevölkerungsreichsten Länder der Erde, ihre Bevölkerungszahl von 1,135 Milliarden Menschen in China und 853 Millionen in Indien bilden zusammen über 37 Prozent der Gesamtbevölkerung der Welt. Wenn der mittlere Bereich der demographischen Schätzungen zutrifft, wird jede der beiden Nationen im Jahre 2025 um 1,5 Milliarden Menschen haben, was dann annähernd 35 Prozent der Weltbevölkerung ausmachen wird. Diese Bevölkerungszahlen werden notwendigerweise den weltweiten Nahrungsmittelbedarf, den Energieverbrauch und die Umwelt beeinflussen. China und Indien stehen jetzt zum Beispiel auf Platz 4 und 5 unter den Verursachern von Treibhausgasen.[1] Das erwartete Wachstum ihrer Bevölkerung und ihre Industrialisierungsrate werden sogar noch größere Auswirkungen auf die weltweite ökologische Entwicklung haben. Eine deutliche Expansion ihrer Wirtschaft, eine Erhöhung ihrer Lebensstandards könnten andererseits den Welthandel in enormem Maße stimulieren. Auch spielen China und Indien eine wichtige Rolle auf dem Gebiet der Außen- und Militärpolitik; was sie in der Zukunft tun, könnte die regionale Sicherheit in Ostasien und Südasien ebenso beeinflussen wie die Weiterverbreitung von Atomwaffen und die globale Abrüstung im allgemeinen.

Beide dieser asiatischen Giganten spielen bereits eine wichtige Rolle in der Weltpolitik, aber beide sind durch ihre relative Armut in ihrem Handlungsspielraum begrenzt. Chinas Pro-Kopf-BSP wird auf bloße 294 $ geschätzt (1987), und Indiens liegt nur bei etwa 311 $. Dies bedeutet, daß das Gesamt-BSP Indiens weniger als halb so groß wie das Italiens ist, und Chinas insgesamt nur zwischen einem Sechstel und einem Siebentel des BSP Japans beträgt.[2] Um es anders auszudrücken: wenn es beiden gelungen wäre, Südkoreas gegenwärtiges Pro-Kopf-BSP von etwa 5000 Dollar zu erreichen, würde China die größte Wirtschaft der Welt besitzen und die Indiens fast den Umfang der amerikanischen erreichen.[3] Ein solch enormer Zuwachs im Lebensstandard – schwer vorstellbar, aber theoretisch möglich – würde den Bürgern Chinas und Indiens nicht nur eine weit größere Kaufkraft schenken, sondern auch mehr Ressourcen für Forschung und Entwicklung, Wissenschaft und Technologie, für die Infrastruktur und die Erziehung – und auch für den Ausbau des Militärs.

Wie stehen die Chancen für diese beiden Nationen, das gegenwärtig niedrige Niveau des Durchschnittseinkommens anzuheben und das ökonomische Wachstum fortzusetzen, welches sie im Gegensatz zu Afrika und Lateinamerika im Laufe der 80er Jahre erlebten?

Tabelle 9-1

Zuwächse des Bruttoinlandproduktes von China und Indien, 1980–1989[4]

	1980–88 (Durchschnitt)	1988	1989
China	9,5	11,2	3,9
Indien	5,0	9,8	4,8

Wenn die durchschnittlichen jährlichen Zuwachsraten im Laufe der nächsten Jahrzehnte auf vergleichsweise hohem Niveau stabilisiert werden können – zum Beispiel auf realen 5 Prozent –, dann wäre der Fortschritt gesichert. Er mag nicht ganz mit den sehr viel schnelleren Zuwachsraten der ostasiatischen NICs (Newly Industrialized Countries) in den letzten Jahren vergleichbar sein, aber für das chinesische und indische Volk wären die Folgen sehr positiv. Denn obwohl China gegenwärtig arm ist, waren die Lebensbedingungen im Lande vor ein paar Jahrzehnten noch sehr viel schlechter. Ein jährlicher Durchschnittszuwachs des BIP von 9 Prozent im Verlauf der 80er hat die Realeinkommen verdoppelt, insbesondere unter der 800 Millionen Köpfe zählenden ländlichen Bevölkerung. Diese Entwicklung hat in vielen Bereichen die Armut reduziert, die Säuglings- und Kindersterblichkeit gedrückt und das Konsumniveau gehoben.[5] Selbst wenn die durchschnittlichen Zuwachsraten in den nächsten zwanzig Jahren nicht so hoch sein sollten, hätte ein stetiger Zuwachs willkommene Wirkung und könnte sogar einem überstürzten Wachstum, das oft Engpässe, Inflation und gesellschaftliche Unruhen hervorruft, vorzuziehen sein.

Aber dieser Fluchtweg aus der Malthusschen Falle wird von der Bevölkerungsexplosion in beiden Ländern bedroht. Könnte dieser Weise des 18. Jahrhunderts auf unseren Planeten zurückkehren, so könnte er in China und Indien Bedingungen erleben, die jenen, die er in seinem ersten Essay geschildert hat, verzweifelt ähnlich sehen. Fortschritte in der medizinischen Versorgung (insbesondere Schutzimpfungen) und Verbesserungen in der Lebensmittelversorgung in den letzten Jahrzehnten haben die Säuglingssterblichkeit scharf reduziert und für einen gewaltigen Bevölkerungszuwachs gesorgt. Der ist nun allerdings im Begriff, die verfügbaren Ressourcen zu überholen, was die Lebensbedingungen der Bevölkerung wiederum zu verschlechtern droht, statt ihre Hoffnung auf weitere Verbesserung zu erfüllen.

Dieses Problem ist so fundamental, daß beide politische Regime – das demokratische Mehrparteiensystem in Indien sowie die kommunistische Partei mit ihrem Machtmonopol in China – darum kämpfen, die Bevölkerung dahin zu bringen, die Familiengröße einzuschränken. Wie in Afrika, Zentralamerika und anderen Teilen der Entwicklungswelt indessen sieht sich diese Kampagne gewaltigen Hindernissen gegenüber: Da ist der in ländlichen Gesellschaften tief verwurzelte Glaube, daß Kinder die Arbeitskraft der Familie erhöhen und auf die Weise zusätzlichen Wohlstand bringen; da ist die Furcht, im Alter nicht versorgt zu werden, die Präferenz für ein Leben in der Großfamilie und auch kulturelle Grundannahmen über die Rolle der Frau. Schließlich gibt es weitverbreitete Vorurteile gegen die Empfängnisverhütung und Ressentiments gegen Regierungseingriffe in Familienangelegenheiten. Peking und Neu-Delhi haben in ihrer Furcht, daß die demographische Entwicklung die Ressourcen überfordern könnte, energische, oft aber auch plumpe und drakonische Maßnahmen ergriffen, um die Bevölkerungsexplosion zu bekämpfen.

Von den beiden hat dabei China sehr viel mehr Erfolg gehabt. Ohne Zweifel zieht es in dieser Hinsicht einen Vorteil aus seiner autoritären und zentralisierten politischen Struktur. Mao Zedong hatte sich zu seiner Zeit gegen alle Maßnahmen zur Bevölkerungskontrolle gewandt. Für ihn gab es die Furcht nicht, daß das Bevölkerungswachstum die Ressourcen übersteigen könnte. Er ging davon aus, daß eine sozialistische Ökonomie die wachsenden Zahlen verkraften werde. Da das erste Jahrzehnt der kommunistischen Herrschaft in der Tat einen Anstieg des Lebensstandards erlebte und auf die Einrichtung eines wenn auch primitiven Gesundheitswesens im ganzen Lande verweisen konnte, verbanden sich diese Trends mit den bereits bestehenden hohen Geburtenzahlen und sorgten für eine sprunghafte Zunahme der chinesischen Bevölkerung. Dem folgten indessen die Exzesse des »Großen Sprungs nach vorn« von 1957 bis 1961. Nach Maos Plan wurde die Bevölkerung in Gruppen von durchschnittlich 5000 Haushalten aufgeteilt, jede Gruppe mit ihrem eigenen Land, mit kommunalen Küchen, sogar mit »Hinterhofstahlöfen«. Chinas Wirtschaft wurde praktisch zerstört, was den Zusammenbruch der Nahrungsmittelproduktion und -verteilung nach sich zog. Es gab eine durch schlechte Ernten verschärfte gewaltige Hungersnot, das Desaster kostete mindestens 30 Millionen Menschen das Leben. Es war »wahrscheinlich die größte Hungersnot der Moderne«.[6] Die chinesischen Familien der 60er und 70er reagierten auf diese Verluste mit vermehrten Geburten, so daß die Geburtenrate wieder auf ein vorrevolutionäres Niveau von 33 bis 43 Geburten pro tausend Menschen anwuchs. Diese Bevölkerungsexplosion zwang die Regierung schließlich, einige der härtesten Gesetze zur Familienplanung in der Welt einzuführen: Die Chinesen durften erst spät heiraten (das heißt, erst wenn sie Mitte Zwanzig waren), jedes Paar durfte nur ein Kind haben. Die Regeln wurden von den staatlichen Organen mit großer Strenge durchgesetzt. Wer die Ein-Kind-Politik mißachtete, mußte mit Geldstrafen rechnen, dem Verlust der Arbeitsstelle und gesellschaftlicher Privilegien wie etwa dem Zugang zum Studium. Frauen wurden oft zu Abtreibungen gezwungen.[7] Politisches Ziel war die Stagnation der chinesischen Bevölkerung bei 1,2 Milliarden im Jahre 2000. Von diesem Niveau sollte sie auf 750 Millionen im Jahre 2050 zurückgeführt werden.

Die scharfe Abnahme der Geburtenzahlen pro Familie während der 70er und 80er sowie die früheren dramatischen Schwankungen zeigen sich in der folgenden Grafik der Gesamtgeburtenrate:

Tabelle 9-2

Gesamtgeburtenraten in China von 1945–1987[8]

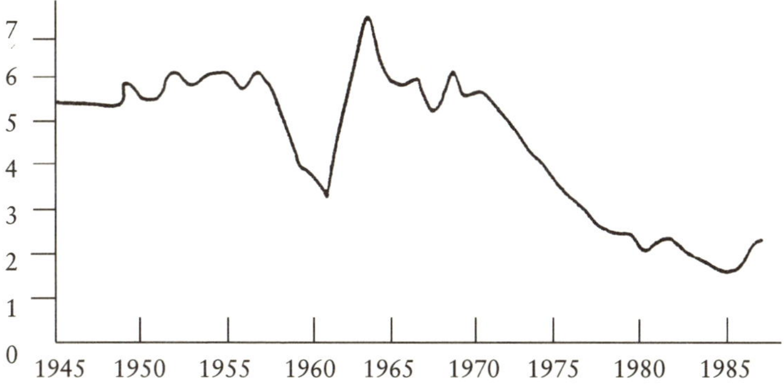

Die rigorose Durchsetzung dieses Plans in seiner frühen Phase – es gibt Berichte, daß allein im Jahre 1983 fast 21 Millionen Menschen im Rahmen der Ein-Kind-Politik sterilisiert wurden – verstärkte das Ressentiment im Volk. Eine schaurige Konsequenz war der starke Anstieg in der Zahl neugeborener Mädchen, die vor allem von ländlichen Eltern ermordet oder ausgesetzt wurden. Wenn ihnen schon nur ein Baby erlaubt war, wollten sie unbedingt einen Sohn haben.[9] Mitte der 80er Jahre indessen gingen die Behörden zu einer flexibleren Haltung über und verzichteten auf die ehrgeizigsten Ziele ihrer Familienplanung. Zur selben Zeit erreichten indessen die »Baby-Boom«-Kinder der 60er Jahre das Heiratsalter. Nicht nur gab es jetzt mehr Babys pro Familie (besonders in den ländlichen Gebieten, wo es leichter war, die Kontrollen zu umgehen), es gab auch mehr 25jährige, die Kinder bekommen konnten. Infolgedessen hat die Bevölkerung Chinas wieder stärker zugenommen, die Geburtenrate stieg von 17,8 pro tausend im Jahre 1985 auf 21,1 pro tausend im Jahre 1987. Im letzteren Jahr wurden 22 Millionen Babys geboren, während nur 7 Millionen Menschen starben – ein Nettozuwachs, der fast so groß ist wie die Gesamtbevölkerung von Australien oder der Tschechoslowakei.[10] Hätte es indessen die Familienplanung nicht gegeben, wären in den letzten zwei Jahrzehnten nach offiziellen Schätzungen 240 Millionen *mehr* Chinesen geboren worden.[11]

All dies stellt die chinesische Regierung vor ein entsetzliches Dilemma. Es gibt ein wachsendes Mißverhältnis zwischen Bevölkerung und Ressourcen. Je nach Schätzung kann Chinas Landwirtschaft zwischen 750 und 950 Millionen Menschen ernähren – Zahlen, die vor zwei bis drei Jahrzehnten bereits überschritten wurden. Das Land besitzt ein Fünftel der Erdbevölkerung, aber nur 7 Prozent des bebaubaren Landes, ein großer Teil von schlechter Qualität. Die Bevölkerungsdichte übersteigt den Weltdurchschnitt um das Dreifache, ohne daß es einen entsprechenden Anteil an den Ressourcen der Welt gäbe. Mit den Worten eines chinesischen Wissenschaftlers:

> Die Pro-Kopf-Landfläche eines Chinesen entspricht nur einem Drittel des Weltdurchschnitts; die landwirtschaftliche Nutzfläche einem Drittel, das Weideland einem Viertel, der Wald einem Neuntel und die Wasserreserven einem Viertel. Verglichen mit den Proportionen in den Vereinigten Staaten, sind sie noch niedriger: Die Nutzfläche pro Kopf in China entspricht nur einem Achtel dessen in der USA, die Waldfläche nur einem Zehntel. Ange-

sichts von Chinas gegenwärtigem Niveau der Produktivität und Technologie wird das exzessive Bevölkerungswachstum mit Sicherheit den schon jetzt zu hohen Druck auf die Umwelt und die Ressourcen weiter erhöhen.[12]

Für jene Politiker und Planer, die gehofft hatten, daß China an dem Boom der pazifischen Randstaaten teilhaben könnte, ist die Bedrohung gewachsen, daß alle ökonomischen Gewinne vom Bevölkerungswachstum einfach geschluckt werden.

Auf der anderen Seite ist eine streng durchgesetzte Politik eines Kindes pro Familie sehr unpopulär, eine Tatsache, welche die politische Führung nicht ignorieren kann. Denn für sie, wie für die Kaiser vor ihnen oder die russischen Zaren, wäre ein großer Bauernaufstand die ernsthafteste innenpolitische Herausforderung überhaupt. Überdies widerspricht die Bevölkerungspolitik der Nation dem Ziel, die individuelle Initiative in landwirtschaftlichen und industriellen Kleinunternehmen zu fördern. Wenn die individuelle Familie jetzt dafür verantwortlich ist, ihr eigenes Stück Land zu bestellen oder eine kleine Firma aufzubauen, gibt es ein zusätzliches Motiv – einen ökonomischen Grund –, mehr Kinder zu haben, damit das Geschäft expandieren kann. Die Begrenzung auf ein oder zwei Kinder pro Paar würde solche Unternehmungen ernsthaft behindern.[13]

Schließlich haben die Einschränkungen Implikationen für die zukünftige demographische Struktur Chinas, die wahrscheinlich auf ein wachsendes Ungleichgewicht zusteuert. Im Moment werden sehr viel mehr Kinder geboren, als die überdehnten Ressourcen des Landes ertragen können; aber selbst wenn die Regierung ihr Ziel eines Nullwachstums um die Jahrtausendwende erreichen sollte, was zugegebenermaßen unwahrscheinlich ist, stünde sie einem Altersprofil gegenüber, das durch die hohe Zunahme an Geburten in den 60ern und vielleicht auch durch die erhoffte Ein-Kind-pro-Familie-Politik in den 1990ern völlig verzerrt wäre. Nullwachstum im Jahre 2000, darauf hat ein Demograph hingewiesen, würde bedeuten, daß Chinas Bevölkerung im Jahre 2035 »zweimal so viele Personen in den 60ern wie in den 20ern enthalten würde, eine Alterszusammensetzung, die selbst die begeistertsten Anhänger der Tugenden älterer Menschen kaum befürworten könnten«.[14]

Obwohl Indien auch eine schnell wachsende Anzahl von älteren Menschen hat,[15] bleibt sein Schlüsselproblem die demographische Explosion, einfach weil die Wachstumsraten höher sind als in China. Zur Zeit der Unabhängigkeit lag die Lebenserwartung eines Mannes in Indien bei 32,5 Jahren, die einer Frau bei 31,7. In den späten 80er Jahren lag sie bei 58 Jahren für beide (und steigt immer noch). Das ist natürlich das Ergebnis einer verbesserten Gesundheitsfürsorge, besserer Ernährung, besserer sanitärer Einrichtungen und eines höheren Lebensstandards.[16] Im Gegensatz zur Situation in China indessen ist das Absinken der Sterberate nicht begleitet worden von einer ähnlichen Reduktion der Geburtenrate. Die indische Regierung hat sehr viel weniger Macht, eine Familienpolitik in den Dörfern des riesigen Landes durchzusetzen. Es gibt mehr Armut, mehr Analphabeten, eine höhere Kindersterblichkeit als in China, und das zusammengenommen führt zu dem Wunsch, mehr Kinder zu bekommen, um das Einkommen der Familie zu erhöhen. Diese Tendenzen sind in den späten 70ern negativ verstärkt worden, als eine mächtige öffentliche Reaktion sich gegen Sanjay Gandhis Zwangssterilisierungs-Programm wandte. Auch gibt es in Indien ein allgemeines Mißtrauen gegen das Beamtentum, gegen Geburtenkontrollzentren und gegen die ineffizienten oder gefährlichen Empfängnisverhütungsmittel.[17] Darüber hinaus existiert in Indien eine sehr viel stärkere kulturelle, religiöse und regionale Diversität als in China, so daß es, selbst wenn für alle adäquate Verhütungsmittel greifbar wären, wahrscheinlich völlig andere Reaktionen aus Mittelklassefamilien in Gujarat gäbe als von den Bergstämmen von Manipur.

Während die Geburtenrate in China bis zu der Periode 1985 bis 1990 auf 2,4 gefallen ist, eine der niedrigsten in Asien, ist sie in Indien hartnäckig bei hohen 4,3 stehengeblieben. Während Chinas Bevölkerung sich jedes Jahr um etwa 15 Millionen Menschen erhöht, stehen die indischen Planer weit größeren Zahlen gegenüber – jedes Jahr in der Periode von 1985 bis 90 kommen etwa 16,8 Millionen Menschen hinzu, bei einer Bevölkerung, die nur drei Viertel der Chinas ausmacht.[18] Da Indiens Säuglingssterblichkeit doppelt so hoch ist wie die in China, würden Verbesserungen auf dem Gebiet das Problem noch verschärfen. In dieser Hinsicht ähnelt Indiens Altersstruktur jener von

Ländern in Afrika und im Nahen Osten mehr als der Chinas. Die unter 15jährigen machen fast 40 Prozent der Gesamtbevölkerung aus. Da überdies Indiens Wirtschaft langsamer gewachsen ist als die Chinas und die Familieneinkommen sehr viel weniger gleichmäßig verteilt sind, hat der Bevölkerungsanstieg zu einer Verschärfung der Armut geführt, sowohl in ländlichen als auch in städtischen Bereichen. Man schätzt, daß gegenwärtig fast die Hälfte von Indiens 850 Millionen Menschen in Armut leben.[19] Sollten sich diese Trends fortsetzen, könnte Indien im Jahre 2025 eine ebenso große Bevölkerung haben wie China, aber unter diesen dann 1,5 Milliarden Menschen würde es eine viel höhere Zahl der unterbeschäftigten, unterernährten, unausgebildeten und teilweise obdachlosen Menschen geben, die bereits jetzt in Indien so sichtbar sind.[20]

Wenn das Wirtschaftswachstum auf lange Sicht fortgesetzt werden und Hungersnöte vermieden werden sollen, dann muß die Landwirtschaft – genau wie im Großbritannien des 18. Jahrhunderts – eine Schlüsselrolle spielen. Sie trägt fast 30 Prozent zu Indiens BIP bei, 10 Prozent weniger als 1965, aber signifikant höher als Koreas 11 Prozent oder Japans 2,8 Prozent.[21] Wichtig aber ist, daß Indiens Landwirtschaft überdies für 60 Prozent der Arbeitsplätze des Landes sorgt. In Chinas Wirtschaft ist der landwirtschaftliche Sektor sogar noch bedeutender, da vielleicht 80 Prozent der Bevölkerung in ihm oder in verwandten Berufszweigen arbeiten. Die Implikation ist offensichtlich: wenn die landwirtschaftliche Produktivität stagniert, wird das die gesamte Ökonomie in Mitleidenschaft ziehen (wie es in der UdSSR geschah). Wenn die Landwirtschaft aufblüht, was in China nach den Reformen von 1978 eintrat, wird die verstärkte Kaufkraft von Hunderten von Millionen von Kleinbauern der Wirtschaft des Landes enorme Schubkraft verleihen, was »Multiplikatoreffekte« auf die Produktion von Traktoren, Werkzeugen, Kunstdünger, Konsumgüter, Gebrauchsgüter, Dienstleistungen usw. nach sich ziehen wird.

In Indiens Fall hat es einen deutlichen Anstieg in der landwirtschaftlichen Produktion seit der Zeit der Unabhängigkeit gegeben, obwohl einige Beobachter glauben, daß er durchaus noch eindrucksvoller hätte sein können.[22] Die wichtigsten Zuwächse entstanden aus der sogenannten »grünen Revolution«, die in den 1960ern begann und die Erträge enorm erhöhte. Diese Verbesserungen betrafen viele Getreidesorten (Mais, Hirse), aber insbesondere Reis und Weizen. Der Einsatz von »Wunderreis-Sorten« ermöglichte sehr viel größere Ernten in den bewässerten semi-ariden Gegenden von Nordwestindien. Noch bedeutender war die Einführung von Zwergweizenarten, die im Klima von Nordzentral- und Nordwestindien gediehen und hohe Produktionszuwächse ermöglichten. Indiens Nahrungsmittelproduktion ist in den letzten Jahrzehnten stark angewachsen, und normalerweise verfügt das Land über genügend Vorräte, um Hungersnöte zu verhüten. In einigen Jahren sind Reis und gewisse andere Lebensmittel neben traditionelleren Handelsgütern wie Baumwolle, Tee und Jute sogar exportiert worden.

Gegenwärtig mehren sich indessen die Anzeichen, daß die grüne Revolution ausläuft. Ohnedies sind die Erfolge in der indischen Landwirtschaft nicht so einheitlich und die Ertragsverbesserungen weniger spürbar gewesen als in China. Die Hauptursache besteht darin, daß eingeführte Weizen- und Reissorten Kunstdünger und Bewässerung brauchen. In Staaten mit einem heißen, feuchten Monsunklima (Bengal, Orissa) wurden die traditionellen Methoden der Reiskultivierung fortgesetzt, da es kein wirkliches Motiv gab, neuere Sorten einzuführen. In den trockeneren Staaten hängt viel von der Verfügbarkeit von Wasser ab, was wiederum durch die Bewässerungspläne der Regierung beeinflußt wird. Die ertragreichen Weizensorten erfordern überdies die systematische Anwendung von Kunstdünger und den Gebrauch von Traktoren – so daß es ärmeren Bauern schwerfällt, die neuen Methoden zu übernehmen.[23] Sowohl die Zentralregierung als auch die staatlichen Verwaltungen in Indien haben sich weniger darum gekümmert, den massiven Ungleichheiten unter der ländlichen Bevölkerung zu begegnen – was schwierige Streitfragen des Besitzrechtes, der Kasten, der Privilegien aufwerfen würde –, als darum, die landwirtschaftliche Produktion im ganzen zu heben.[24] Auch die Zuwächse in der Milchwirtschaft gehen im allgemeinen auf mächtige Kooperativen mit guten Verbindungen zu ausländischen Kreisen zurück, die Entwicklungshilfe leisten, und nicht auf die Kleinbauern.[25] Während die landwirtschaftliche Entwicklung fortschreitet und das Nationaleinkommen steigt, wird das Gesamtbild von *unausgeglichenen* Gewinnen gekennzeichnet, die wahrscheinlich nicht ausreichen, um den Bevölkerungszuwachs aufzufangen.

In China ist der Anstieg der landwirtschaftlichen Produktion größer gewesen, hauptsächlich weil das System der kommunalen Bewirtschaftung, das vor 1987 bestand, aufgegeben wurde. Mit dem Eingeständnis, daß das Kollektivsystem zehn Jahre Stagnation in der Nahrungsmittelproduktion nach sich gezogen hatte, führte das Deng-Regime Reformen ein, welche den Bauern starke Anreize boten. Der Boden selbst verblieb im kollektiven Besitz, aber es wurde individuellen Familien erlaubt, ihn so zu bestellen, wie sie es für richtig hielten. Nachdem sie einen gewissen Anteil ihrer Ernte an die Kommune verkauft hatten, durften sie den Rest auf dem freien Markt anbieten. Einschränkungen des privaten Landbesitzes wurden aufgehoben, ebenfalls das Verbot, Landarbeiter anzustellen; die Preise für Lebensmittel wurden angehoben, um weitere Anreize zu schaffen.[26] Das Ergebnis war ein bemerkenswerter Anstieg in der landwirtschaftlichen Produktivität, insbesondere bei Getreide, was zu einem scharfen Kontrast zur Stagnation in der Sowjetunion stand (siehe Tabelle 9-3).

Andererseits stellte die Regierung durch Subventionen für Grundnahrungsmittel sicher, daß die städtischen Massen keinen untragbaren Preiserhöhungen ausgesetzt wurden. Das Gesamtergebnis war, daß es Chinas Hunderten von Millionen Kleinbauern besser ging denn je.[27] Überdies stimulierten die besseren Verhältnisse auf dem Land die Gesamtwirtschaft und verdoppelten das Pro-Kopf-Einkommen innerhalb eines Jahrzehnts.

Eine Zeitlang sah es daher so aus, als ob China landwirtschaftliche Autarkie erreicht hätte und in der Tat sogar ein großer Nahrungsmittelexporteur werden könnte. Gegen Ende der 80er indessen begann der Optimismus zu schwinden. Während die Produktion von besserverkäuflichen Erzeugnissen wie Obst und Gemüse sich weiterhin erhöhte – die Bauern konnten damit Profite machen –, entsprach die alles entscheidende Getreideernte nicht immer den staatlichen Vorgaben, was zu bedeutenden Getreideeinfuhren führte, welche Chinas Hartwährungsreserven reduzierten. Die Regierungspolitik zielt dar-

Tabelle 9-3

Getreideproduktion in der Sowjetunion und in China, 1950–1984[28]

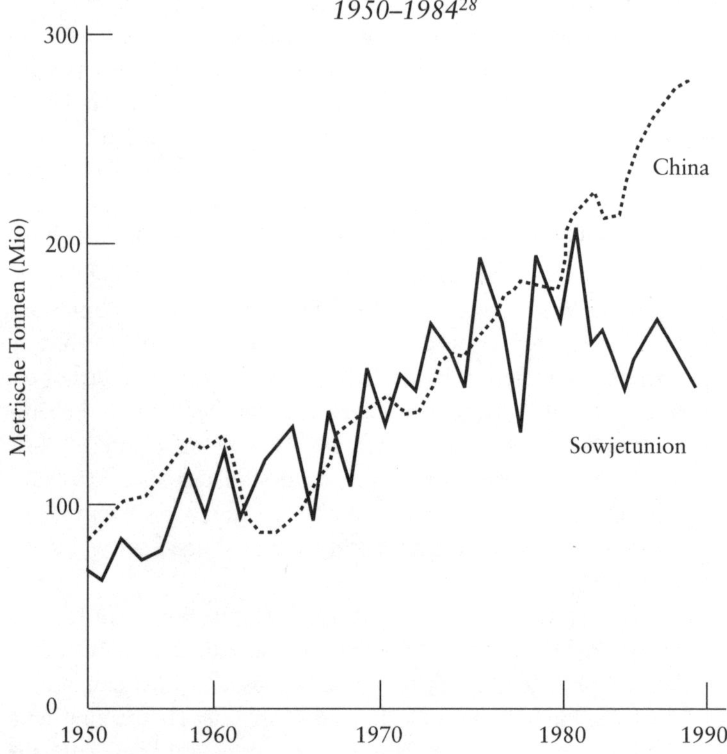

auf, die jährliche Getreideproduktion von 400 Millionen Tonnen (das gegenwärtige Niveau) bis zum Ende des Jahrhunderts auf 500 Millionen Tonnen zu erhöhen, um nicht länger von ausländischen Lieferungen abhängig zu sein.[29] Aber viele Landwirtschaftsexperten bezweifeln, daß dies erreicht werden kann. Es gibt wenig zusätzliches Land, das noch unter den Pflug genommen werden könnte; und da der Lebensstandard sich erhöht, essen die Menschen Lebensmittel höherer Güte (Gemüse, Geflügel), was die Nachfrage in die Höhe treibt. Während dieser Zeit wächst die Bevölkerung stetig weiter. Wenn das Regime die politischen und finanziellen Kosten einer Abhängigkeit von ausländischen Importen vermeiden will, muß es große Summen in die Bewässerung, Düngung, die Ausrüstung der Betriebe, in besseres Saatgut und effektivere Verarbeitung stecken, *und* sie müßte die Preise, die den Bauern gezahlt werden, sogar noch weiter anheben.[30] Dies würde die Getreideproduzenten gegenüber den Konsumenten begünstigen – es sei denn, man erhöhte die Nahrungsmittelsubventionen, was wiederum das Haushaltsdefizit der Regierung verschärfen würde. Auch würde es dringend gebrauchtes Investitionskapital von anderen Sektoren abziehen und das ökonomische Wachstum im allgemeinen beeinträchtigen, den Schlüssel zu Chinas Zukunft.

Das soll nicht heißen, daß die chinesische Landwirtschaftspolitik in eine Sackgasse geraten ist, aber es ist schwer zu erkennen, wie man die landwirtschaftliche Produktion immer weiter erhöhen will, um mit dem Bevölkerungszuwachs Schritt zu halten – wenn die Technologie nicht zu Hilfe kommt und eine neue Form der landwirtschaftlichen Revolution initiiert. So wie die Dinge im Moment liegen, erscheinen indessen die strukturellen Hindernisse für eine solche Revolution überwältigend.

Während die chinesischen und indischen Regierungen darum kämpfen, die Bevölkerung zu kontrollieren und die Nahrungsmittelproduktion zu erhöhen, müssen sie zugleich den industriellen und den Dienstleistungssektor verstärken, um das Pro-Kopf-Einkommen zu erhöhen und die vielen Millionen junger Leute zu absorbieren, die auf den Arbeitsmarkt drängen. Die Industrialisierung ist nicht nur deshalb attraktiv, weil sie den nationalen Wohlstand erhöht, sondern auch, weil durch ihre demographischen Folgen, zum Beispiel die Verstädterung eines Teils der Bevölkerung, die Geburtenrate gedrückt wird. Dies ist ein weiterer Wettlauf gegen die Zeit. Der Zug von Millionen aus Gegenden wie Sichuan in die Städte schafft bereits jetzt enorme Slum-Bezirke des São-Paulo-Typus.* Nach ungefähren Schätzungen werden in der chinesischen Landwirtschaft lediglich 200

* Aufgrund dieses Problems hat die chinesische Regierung die Abwanderung in die größeren Städte verboten. Allerdings dürfen Familien noch immer in bestimmte mittelgroße Orte ziehen.

Millionen Menschen gebraucht, aber die ländliche Arbeiterschaft beträgt im Moment 400 Millionen, was bedeutet, daß gewaltige Massen von Landarbeitern – zum Entsetzen der Behörden – im Lande herumwandern oder den Druck auf die Städte erhöhen. Wenn das wirtschaftliche Wachstum ins Stolpern gerät oder die Industrialisierung nicht mehr in der Lage ist, genug Arbeit für die neuen städtischen Massen zu schaffen, könnte die Zukunft düster aussehen.

Eine eigene industrielle Revolution zu schaffen, ist deshalb in Indiens und Chinas Plänen bei der Vorbereitung auf das 21. Jahrhundert immer zentral gewesen. Trotz einer gewissen Ehrfurcht vor Gandhis Idee einer bäuerlichen Ökonomie haben Indiens politische Führer die Industrialisierung gefördert, um die Verteidigung des Landes zu verstärken, die Abhängigkeit von ausländischen Herstellern zu vermindern und das Nationaleinkommen zu erhöhen. Der Weg, den sie dabei eingeschlagen haben, war weder die japanische Politik eines exportgetriebenen Wachstums noch das sowjetische Modell einer sozialistischen Wirtschaft, sondern etwas zwischen den beiden – was zweifellos dem Fabianismus vieler indischer Politiker entsprach. Wie manche lateinamerikanische Nationen versuchte Indien sich von Importen unabhängig zu machen und eine eigene Schwerindustrie aufzubauen. Eisen und Stahl, Zement, Lokomotiven, Automobile, Schiffsbau, der Verteidigungsbereich, Ingenieurwesen und Werkzeugmaschinenbau – alles wurde vom Staat unterstützt. Transport, Bergbau und Energieversorgung wurden ganz unter staatliche Regie genommen. Anderen Industrien wurden Subventionen, hohe Schutzzölle und öffentliche Aufträge zugebilligt. Die Folge war die Entstehung einer ganzen Anzahl von staatseigenen Großunternehmen – vom Stahl bis zur Petrochemie.[31] Wo die Industrialisierung durch innere Maßnahmen nicht zu erreichen war, sicherte man sich Entwicklungshilfe von außen – wie zum Beispiel im Fall der sowjetischen Hilfe beim Aufbau von Stahlwerken. Auf diesem Wege plante Indien, ein Industriegigant zu werden.

Verglichen mit jenen frühen Erwartungen sind die Resultate enttäuschend gewesen. Zwar wuchs die Wirtschaft zwischen den 50er und den 80er Jahren, aber nur in einem Maße, das einen knappen Vorsprung vor den eigenen Bevölkerungssteigerungen hielt. Das *Realein-*

kommen pro Kopf stieg von 1950 bis 1965 nur um 1,7 Prozent pro Jahr und um 1 Prozent pro Jahr in dem Jahrzehnt danach, was einige Beobachter dazu brachte, über diese »Hindu-Rate des Zuwachses« zu witzeln.[32] Infolgedessen stuften die Regierungsökonomen ihre Wachstumserwartungen immer wieder zurück, von einem Vierjahresplan zum nächsten.[33] Das enttäuschendste Einzelelement der indischen Wirtschaft ist dabei die Geschwindigkeit der Industrialisierung gewesen. 1950 kam die Industrie für 10,3 Prozent des Bruttoinlandsproduktes auf, bis zum Jahr 1979 war sie auf 15,8 Prozent gekrochen; bis 1989 stieg diese Zahl kaum noch, erreichte lediglich 16,1 Prozent (verglichen mit 31,6 Prozent in Korea).[34] Da die Industrie als ganze nur einen kleinen Teil von Indiens Bevölkerung beschäftigte,[35] trug dies dazu bei, daß das Land ökonomisch sogar wieder zurückfiel. 1955 war es noch die zehntgrößte Industriemacht der Welt, zwanzig Jahre später fand es sich auf dem 20. Platz wieder.[36] Noch 1965 war der Wert von Indiens Industrieexporten achtmal so hoch wie der Koreas, 1986 exportierte Korea im Wert 4,5mal so viel wie Indien.

Für diese industrielle Stagnation gibt es viele Ursachen. Sie reichen von einem Mangel an Stimulierung aus dem schwerfälligen landwirtschaftlichen Sektor bis zu politischen Gefälligkeiten, aufgrund derer sogar Stahl- oder Kraftwerke an völlig ungeeigneten Standorten gebaut wurden. Reformen wurden durch die weitverbreitete Korruption verhindert. Der wichtigste Grund war indessen wahrscheinlich Indiens Abschottung von den Weltmärkten. Ohne ausländische Märkte und ohne Konkurrenz verließen sich die staatlichen Firmen Indiens immer stärker auf Staatsaufträge und Steuergelder, und das bürdete der Ökonomie einen großen und überbesetzten öffentlichen Sektor auf, während die private Industrie mit einigen der kompliziertesten bürokratischen Regelwerken der Welt zu kämpfen hatte.[37] In der Theorie könnte man annehmen, daß eine so große heimische Wirtschaft nachhaltiges Wachstum generieren könnte, auch ohne auf den Weltmärkten zu konkurrieren, aber die Erfahrung in anderen Ländern (in der UdSSR, in Argentinien) deutet auf das Gegenteil. Gemahnt von der Weltbank und dem IWF und angetrieben von vielen der frustrierten Unternehmer im Lande, haben die jüngsten indischen Regierungen anerkannt, daß das Land eine Handelsliberalisierung und ein exportinduziertes Wachstum braucht – dies nicht zuletzt aufgrund des hohen Haushaltsdefizits und der Staatsverschuldung. Sobald das Land sich indessen einer solchen Politik zuwendet, wird es entdecken, wie weit es hinter einige seiner asiatischen Nachbarn zurückgefallen ist.

Chinas Industrialisierung in den 50er Jahren kopierte den sowjetische Weg der zentralen Planung und der Schwerindustrie und wurde dann durch Maos »Großen Sprung« in äußerste Konfusion gestoßen. Dies änderte sich dramatisch, als Deng Xiaoping in den Jahren 1978 und 79 seine Politik der ökonomischen Liberalisierung initiierte. Obwohl die größten Umstellungen in der Landwirtschaft vorgenommen wurden, machte man auch Fortschritte in der Industrie, im Handel, bei Konsumwaren und im Außenhandel. Die staatlichen Industriebetriebe wurden ermutigt, auf die kommerziellen Realitäten von Qualität, Preis und Nachfrage zu reagieren. Die Regierung ließ privat geführte Kleinunternehmen zu. Joint-ventures mit ausländischen Firmen wurden erlaubt, Sonderwirtschaftszonen an der chinesischen Küste aufgebaut und Exportkampagnen verkündet. Nachdem es Ostasiens ökonomischen Boom jahrzehntelang ignoriert hatte, entfernte sich China rapide von den marxistischen Dogmen und schloß sich dem Wettlauf zur freien Marktwirtschaft an. »Reich zu werden, ist ruhmreich«, mahnte Deng sein Volk, von dem viele nicht lange überzeugt zu werden brauchten.[38]

Statistisch waren die Ergebnisse ebenso überzeugend wie der visuelle Eindruck eines zu plötzlicher Geschäftigkeit erwachten Volkes. Überall schossen kleine Unternehmungen wie Pilze aus dem Boden – einer Quelle zufolge gab es 1989 bereits allein in den Küstenprovinzen 225 000 privat geführte Firmen, die Millionen von Menschen beschäftigten.[39] Provinzregierungen, die ebenso darauf aus waren, ihre Unabhängigkeit von Peking unter Beweis zu stellen, wie zusätzliches Einkommen zu verdienen, vereinbarten Joint-ventures mit den ausländischen Unternehmern, die in Schwärmen in das China der 80er Jahre einfielen. Neue Unternehmen beeilten sich, die aufgestaute Konsumnachfrage nach Fernsehapparaten, Waschmaschinen und Kühlschränken zu befriedigen. Da aber nur ein Teil dieses Bedarfs bedient werden konnte, blieben noch immer enorme private Ersparnisse, die investiert werden konnten. Während Importe nach wie vor streng kontrolliert wurden, förderte China den Export von Textilien, Haushaltswaren, Spielzeug, einfacher Elektrogeräte und anderer Low-Tech-Produkte. Industrielle Exporte, die 1980 im Wert nur 9 Milliarden Dollar ausgemacht hatten, sprangen bis zum Jahre 1989 auf 37 Milliarden, was doppelt soviel war wie der Wert aller Exporte Indiens. Tatsächlich ist Chinas Außenhandel seit 1987 im Jahr durchschnittlich um 13,5 Prozent gewachsen und entspricht fast einem Drittel des Nationaleinkommens. Das Land steht heute an 14. Stelle der Handelsnationen.[40] All dies brachte optimistische Beobachter dazu, darüber zu spekulieren, ob China bis zum frühen nächsten Jahrhundert sein Bruttosozialprodukt vervierfachen könnte.[41]

Trotz dieser bemerkenswerten Veränderungen ist Chinas Industriekampagne alles andere als einfach gewesen. Zunächst einmal hat das chaotische Wachstum die Lücke im Lebensstandard zwischen den günstig gelegenen Küstenregionen und den weniger entwickelten Provinzen im Land vergrößert. Es gibt nach wie vor reichlich traditionelle Vorbehalte gegen den Kapitalismus, und die Bürokratie übt noch immer beträchtliche Macht aus. Während Guangdong, das Hongkong benachbart ist, im Jahre 1987 seine Industrieproduktion um 70 Prozent erhöhte und 1988 um weitere 30 Prozent, um der ausländischen Nachfrage nachzukommen, beklagten sich im Land gelegene Nachbarprovinzen wie Hunan über die sich daraus ergebende Inflation, über den Abfluß von Lebensmitteln und Ressourcen, über offene Korruption und Verschwendung und die allgemeine Ungerechtigkeit des neuen Systems.[42] Solche Beschwerden stärkten natürlich jene Konservative in der Regierung und Partei, die einer freien Marktwirtschaft ohnedies mißtrauisch gegenüberstehen und bekräftigten die Ressentiments von Gruppen, deren feste Einkommen durch die hohe Inflation beeinträchtigt wurden, welche die Modernisierung begleitete.[43]

Das Problem in China besteht nicht einfach darin, daß sich die Regionen auseinanderentwickeln – wie Nord- und Süditalien –, es sind zwei vollständig unterschiedliche Systeme der Politökonomie entstanden. Das eine basiert auf den nach innen gerichteten Staatsunternehmen und auf zentralisierten Kontrollen, das andere arbeitet nach dem Vorbild des geschäftigen, nach außen orientierten Kapitalismus von Hongkong und Korea.[44] Tatsächlich besteht der größere Teil von Chinas Industrie noch aus staatseigenen Firmen, die stagnieren, weil sie keine Anreize haben, ihre Arbeit zu verbessern. Da sie überdies die Preise nicht selber festsetzen und unqualifizierte und ineffiziente Arbeiter nicht entlassen dürfen, keine Marketing- und Investitionsstrategien entwerfen und Devisen erwirtschaften können, sind sie in vieler Hinsicht behindert. Weil sich die Regierung den Problemen massenhafter Arbeitslosigkeit nicht aussetzen will, hat sie Milliarden von Dollar in die Staatsunternehmen geschaufelt und es ihnen erlaubt, von den Staatsbanken große Summen zu leihen, um ihre Defizite abzudecken. Trotz der gewaltigen Ressourcen, die diesen Industrien zugeschoben worden sind, bleibt ihre Leistung kläglich. In der teilweisen ökonomischen Erholung, die dem Massaker auf dem Tiananmen-Platz folgte, wuchs der staatliche Sektor um bloße 3 Prozent, die Kollektive um 9,4 Prozent und die privaten Unternehmen und Joint-ventures um bemerkenswerte 57,7 Prozent.[45] Ein Teil der chinesischen Wirtschaft ähnelt Bulgarien, und der andere Teil sieht mehr und mehr aus wie Taiwan. Da ist es nicht überraschend, daß ausländische Gesellschaften verwirrt sind und vor weiteren Investitionen zurückschrecken. Diese schizophrene ökonomische Situation geht natürlich auf den intensiven politischen Kampf zwischen den chinesischen Konservativen und den Liberalen in den letzten Jahren zurück. Die Deng-Reformen sollten eine ökonomische Liberalisierung ermutigen, ohne eine politische Liberalisierung zuzugestehen. Während diese Strategie in der Landwirtschaft erfolgreich gewesen sein mag, konnte sie unter Geschäftsleuten, Studenten, Intellektuellen und den Beamten in den Küstenregionen nicht funktionieren. Die ergriffen begeistert die Gelegenheit, die Spielräume wirtschaftlicher Freiheit auszunutzen, ins Ausland zu reisen und sich in zunehmendem Maße westliche Medien zugänglich zu machen. Daher die Protestwelle im Jahre 1989 – und die schwerfällige und harte Reaktion des Regimes.

Mehr noch als die indische also hat die chinesische Führung versucht, sich die Vorteile des Handelns in einer globalen Ökonomie zunutze zu machen, blickt jedoch zugleich voller Sorge auf die möglichen Konsequenzen für die Einheit des Landes. Es gibt aber darüber hinaus große technische Schwierigkeiten bei dieser Umstellung. Beide Länder brauchen zum Beispiel unbedingt ausländische Technologie, ausländische Waren und Dienstleistungen, um die Modernisierung weiter voranzutreiben, das aber verschlechtert natürlich ihre Devisenbilanz – in Indiens Fall in alarmierender Weise. Und während sie versuchen, ihre Exporte schlagartig zu erhöhen, ist es keineswegs klar, ob die entwickelte Welt diesen Anstieg an importierten Waren zulassen wird, den es, unter besseren globalen Voraussetzungen, Japan und den ostasiatischen NICs zugestand. Das größte Problem aber ist sozial und politisch: wie kann man alte und traditionelle Gesellschaften ausreichend verändern, um den Herausforderungen der Hightech-Revolution einer »grenzenlosen Welt« zu entsprechen, *ohne* soziale Belastungen, Ressentiments, politische Unruhen und regionales Chaos heraufzubeschwören. Dies alles unter den Bedingungen einer schwer zu bewältigenden Bevölkerungsexplosion.

Von ihrer schieren Größe einmal abgesehen, unterscheiden sich Indien und China von ihren benachbarten »Handelsstaaten« noch in einer anderen Hinsicht: in ihrem Ehrgeiz, die regionale Supermacht in Südasien, beziehungsweise Ostasien zu sein. Kaum jemand in Neu-Delhi oder Peking scheint von dem Heraufdämmern einer neuen internationalen Ordnung überzeugt zu sein. Beide Mächte erwarten statt dessen »eine Welt der Zukunft, die der Welt der Vergangenheit sehr ähnelt und in welcher reale Macht das letzte Wort hat«.[46] Indien steht Pakistan nach wie vor in bitterem Antagonismus über der Kaschmir-Frage gegenüber, sorgt sich um die langfristige chinesische Politik an der gemeinsamen Grenze beider Länder und glaubt daran, daß der »Indische« Ozean nicht nur ein geographischer Begriff ist, sondern Ausdruck zukünftiger strategischer Realitäten. Das »Reich der Mitte« hat mit den meisten seiner Nachbarn gestritten und gefochten (Vietnam, Indien, Grenzdispute mit der früheren UdSSR), und es steht Japan mit abgrundtiefem

Mißtrauen gegenüber, lehnt den »Hegemonismus« und den kulturellen Einfluß der Vereinigten Staaten ab und beansprucht Taiwan nach wie vor, von südlicheren Territorien wie den Paracel- und Spratly-Inseln ganz zu schweigen.[47]

Während China und Indien infolgedessen in den Begriffen des Pro-Kopf-Durchschnittseinkommens, der Volksbildung und des Gesundheitswesens relativ »unterentwickelt« erscheinen, rangieren sie auf der Skala militärischer Macht beträchtlich höher. Beide Staaten unterhalten riesige Landheere (China besitzt 2,3 Millionen Soldaten, Indien 1,1 Million). Sie haben beide eine große Anzahl von Kampfflugzeugen – und in Indiens Fall gibt es auch noch eine beträchtliche Hochseeflotte. China verfügt über landgestützte Interkontinentalraketen und hat nicht aufgehört, Nukleartests durchzuführen und sein Raketensystem zu erproben. Wenn Indien noch keine Atommacht ist, so hat es auf jeden Fall die technologische Kapazität, eine zu werden. Beide Staaten bemühen sich, die Verteidigungskosten unter Kontrolle zu halten, aber als aufsteigende Mächte, die sich der regionalen Herausforderungen bewußt sind, neigen sie auch keineswegs zu der Einsicht, daß militärische Macht anachronistisch sei.

Wie bei vielen Ländern in Afrika und im Nahen und Mittleren Osten ist es leicht möglich, daß alle Bemühungen, die indische oder chinesische Gesellschaft auf die nichtmilitärischen Herausforderungen des frühen 21. Jahrhunderts vorzubereiten, durch Ausbrüche von Grenzkonflikten und vielleicht weiteren regionalen Kriegen abgelenkt oder vereitelt werden. Überdies hat diese Konzentration auf militärische Stärke und der Glaube, daß das Land nicht von ausländischen Lieferungen abhängig sein darf, Indien und China dazu gebracht, große Ressourcen – nicht nur Geldmittel, sondern auch Wissenschaftler, Ingenieure, Forschungs- und Entwicklungsinstitutionen, Industrieanlagen – der militärischen Produktion zu unterstellen und nicht der Herstellung von kommerziellen Exportwaren zu widmen. Wie groß dieser militärische Anteil an den Ressourcen zum Beispiel in China ist, ist schwer zu sagen, aber ohne eine massive Konzentration seines begrenzten wissenschaftlichen und technologischen Know-hows hätte das Land kaum innerhalb von anderthalb Jahrzehnten zur drittgrößten Nuklearmacht der Welt werden können.*

In Indiens Fall wurde ein mächtiger und technologisch sehr fortgeschrittener militärisch-industrieller Komplex (mit mehr als 1700 Forschungsinstitutionen) aufgebaut. Die Ökonomen, welche diese »Indigenisierung« der Verteidigungsproduktion unterstützen, verweisen auf die stimulierende Wirkung, die dies auf die indische Wissenschaft und das Ingenieurswesen ausgeübt hat und auf den Nutzen für örtliche Zulieferer. Die Kritiker, deren Zahl sich zu erhöhen scheint, antworten, daß das System nicht nur teuer, sondern auch extrem ineffizient arbeitet. Vor äußerer und innerer Konkurrenz geschützt, allein von Staatsaufträgen abhängig, ohne Ambitionen und unter keinem Druck, ihre Produkte im Ausland zu verkaufen, existiert die Industrie fast in vollständiger Isolation vom Rest der Wirtschaft.[48]

Wie die großen Mächte in der entwickelten Welt – oder, was das betrifft, die traditionellen großen Mächte seit Jahrhunderten[49] – versuchen China und Indien heute ihren Wohlstand innerhalb der ökonomischen Ordnung zu verstärken *und* ihre Interessen in einem anarchischen internationalen System zu verteidigen. Ob man nun ihr Streben nach größerer militärischer Sicherheit als anachronistisch oder realistisch betrachtet, die Folge ist, daß weder Peking noch Neu-Delhi sich in der Lage fühlen, alle nationalen Energien darauf zu konzentrieren, Wohlstand zu schaffen. Kapital, Material und Arbeit muß auch in den Verteidigungsbereich gehen, was eine Verlagerung auf »nichtproduktive« Investition gerade zu einem Zeitpunkt bedeutet, da beide soviel wie möglich in langfristiges Wachstum investieren müßten, um ihre Nachbarn einzuholen.

Trotz solcher Nachteile besitzen China und Indien eine Ressource, in der sie potentiell sehr reich sind: menschliches Kapital. Aber die Existenz großer Menschenmassen ist ökonomisch gesehen nur dann nützlich, wenn eine Gesellschaft in der Lage ist, für die Ausbil-

* Chinas erste Atombombe wurde 1964 gezündet. Schon in den späten 70ern hatte das Land Frankreich und Großbritannien als Nuklearmacht überholt.

dung zu sorgen und das Unternehmertum zu ermutigen. Und wenn sie viele Facharbeiter, Ingenieure, Wissenschaftler, Technologen und Designer besitzt. Wie wir gesehen haben, kann eine schnell wachsende Bevölkerung die Wirtschaftsentwicklung behindern, wenn der Druck der Zahl die materiellen Ressourcen einer Nation überstrapaziert und die Talente der Menschen nicht ausgeschöpft werden. Es handelt sich hier um eine Gleichung, deren eine Seite – die Behinderung durch demographische Expansion – bereits diskutiert worden ist. Es ist die andere Seite – die Qualität der menschlichen Ressourcen eines Landes –, welche hier betrachtet werden soll.

In beiden Gesellschaften sind die Bildungsdefizite groß, sie laufen sogar Gefahr, sich weiter zu vergrößern. Und sie sind in ihren Implikationen für die langfristige Entwicklung wahrscheinlich schwerwiegender als andere Probleme wie Haushaltsdefizite. In beiden Ländern gibt es tapfere Bemühungen, die wißbegierigen Schüler und Schülerinnen zu versorgen. Die Schulen sind in den letzten Jahren verbessert worden, und gewisse wissenschaftliche und akademische Leistungen haben internationale Anerkennung auf sich gezogen. Aber trotz dieser positiven Anzeichen bleiben die Schwächen im Erziehungssystem beider Länder bestehen. Die Schulen sind von sehr unterschiedlicher Qualität, und der Zugang zu ihnen ist für viele in entlegeneren Gebieten lebende junge Leute äußerst schwierig. Beide Länder leiden unter der sehr niedrigen Zahl der Facharbeiter im Verhältnis zur ungelernten Arbeiterschaft.

Die grundlegendste Ausbildungsstatistik überhaupt, die Lese- und Schreibfähigkeit, zeigt das Ausmaß des Problems. China hat behauptet, daß 69 Prozent seiner Erwachsenen schreiben und lesen können. Auch wenn das zutrifft, bedeutet es, daß etwa 220 Millionen Menschen Analphabeten sind, davon drei Viertel Frauen – *das* Schlüsseldefizit auf dem Gebiet der Bildung in der ganzen Entwicklungswelt.[50] In Indien ist das Problem noch ernster. Dort können lediglich 43 Prozent der Bevölkerung lesen und schreiben, aber auch das verbirgt wiederum eine signifikante Geschlechterlücke, da über die Hälfte der Männer lesen und schreiben können, während nur etwa ein Viertel der erwachsenen indischen Frauen dazu in der

Lage sind.[51] Es gibt daher über 200 Millionen erwachsene Analphabeten im Land. Diese Zahlen werden sich im Laufe der Zeit verändern, da die Zahl der Schulkinder sich schnell erhöht; in China zum Beispiel gehen ungefähr 90 Prozent der Kinder im Schulalter in den Unterricht, aber die Frage bleibt offen, ob die Schulen, die auf einer sehr notdürftigen materiellen Basis existieren, noch höhere Zahlen verkraften können oder mehr zu vermitteln in der Lage sind als die rudimentärste Bildung.[52] Dies ist eine sogar noch größere Herausforderung im ländlichen Indien, wo es keine starke Bildungstradition gibt – 1981 hatte weniger als die Hälfte der 15- bis 19jährigen überhaupt eine Schule besucht[53] – und die sozio-ökonomischen Hindernisse enorm sind.

Die Statistiken zeigen auch, daß der Anteil der Schüler, die eine sekundäre Schulbildung durchlaufen, sehr gering ist. In China zum Beispiel besuchten 128 Millionen Schüler die Grundschule und weitere 54 Millionen eine Sekundarschule (die Zahlen stammen von 1987), aber weniger als 2 Millionen Studenten besuchten eine Universität, ein winziger Bruchteil der 20jährigen in der chinesischen Bevölkerung.[54] Obwohl in Indien der Anteil der Bevölkerung, der überhaupt eine Schulbildung durchläuft, soviel niedriger ist, gibt es dort mehr Studenten – nach einer Zählung über 5 Millionen[55] –, eine Diskrepanz, welche die weniger egalitäre Gesellschaftsstruktur des Landes und die Existenz einer verhältnismäßig großen Mittelklasse widerspiegelt.

Was genau sagen diese Statistiken aus? Einige Ökonomen meinen, daß Indien einen zu großen Anteil seiner begrenzten Ressourcen in die höhere Bildung mit ihren den Briten nachempfundenen Präferenzen (Recht, Ökonomie, Humanwissenschaften) steckt, und daß diese Gelder besser genutzt wären, wenn man sie in Primär- und Sekundarschulen, in Berufs- und technische Fachschulen investierte, die den grundlegenden Bedürfnissen des Landes eher entsprechen.[56] Auf der anderen Seite glauben Planer, die eher in Japan ein Vorbild für Indien sehen, daß Verbesserungen in der Dorfschule weniger wichtig sind als die Entwicklung der Industrie, des Designs, der Wissenschaft und der Technik. Nach diesem Kriterium besitzen weder China noch Indien genug Facharbeiter, um konkurrenzfähig zu sein. Indien zum Beispiel hat trotz einer Bevölkerung, die siebenmal so groß ist wie die Japans, weniger als ein Viertel der Zahl an wissenschaftlichem und technischem Personal, das sich mit Forschung und Entwicklung befaßt.[57] Wenn diese Lücke – eine 30:1-Disparität zugunsten Japans – nicht geschlossen wird, wie soll man Japan jemals nacheifern können?

Sowohl in China als auch in Indien sehen sich Bildung und Wissenschaft weiteren Hemmnissen gegenüber. Eines besteht darin, daß es für den Staat wie in den meisten Entwicklungsländern sehr schwierig ist, die Ausbildung zu finanzieren. Während die Vereinigten Staaten, Japan und europäische Länder etwa 6 Prozent ihres Bruttosozialprodukts dem Bildungswesen widmen, bedeutet es für China und Indien bereits eine Belastung, 3 bis 4 Prozent ihres sehr viel geringeren BSPs zur Verfügung zu stellen.[58] Zum zweiten haben beide Staaten ihre existierenden Geldreserven nicht sehr gut eingesetzt. Aus Gründen der nationalen Sicherheit haben Indien und China einen großen Teil des zur Verfügung stehenden Kapitals, der Wissenschaftler und der industriellen Fertigungskapazität dem Militär gewidmet. Im Gegensatz dazu sind die Möglichkeiten der kommerziellen Wissenschaft und Technologie noch immer relativ klein, was die ironische Folge hat, daß der winzige Teil der Bevölkerung, der eine Universitätsbildung hinter sich gebracht hat, nur schwer Anstellung findet. »In Indien besaßen mehr als die Hälfte der 3,3 Millionen Arbeitssuchenden im Jahre 1972 einen Hochschulabschluß irgendeiner Art.«[59] Infolgedessen emigrieren große Zahlen von Ökonomen, Ingenieuren und Wissenschaftlern in die entwickelte Welt. Einem weiteren Bericht zufolge schätzt man, daß in China »mehr als ein Drittel des wissenschaftlichen Personals aus Mangel an angemessener Arbeit zum Nichtstun verurteilt ist«.[60] Bis ein ausreichend großer Industriesektor entsteht, wird viel von diesem menschlichen Talent unterfordert bleiben.

Andererseits sind aufgrund der absoluten Größe ihrer Ökonomien und Bevölkerungen die wissenschaftlichen Bemühungen Chinas und Indiens in vielen Bereichen beträchtlich. Auch wenn zu viele Wissenschaftler und Techniker im Verteidigungskomplex konzentriert sind, existiert ein breites Spektrum von Industrieunternehmen, das dem Land nicht nur zu mehr technologischer Eigenständigkeit verhilft, sondern auch den Export einiger Produkte in verschiedenen Marktnischen erlaubt.[61] In Indiens Fall befinden sich diese Märkte vor allen Dingen in Entwicklungsländern, die weniger hochentwickelte Güter brauchen als zum Beispiel Deutschland, aber in manchen Fällen ist es auch möglich, Abnehmer in der entwickelten Welt zu finden. China seinereits hat eine Industriebasis für eine mittlere Technologie aufgebaut sowie eine kleine Anzahl von (vor allem militärischen) fortgeschrittenen Produkten wie Kommunikationssatelliten, Mittelstreckenraketen und ähnliches. Am bedeutendsten aber ist, daß beide Länder ein großes Interesse an der Forschung und Entwicklung – gefolgt von der Produktion – in Biotechnologie, Landwirtschaft, Forstwissenschaft, in der Viehzucht und Fischwirtschaft gezeigt haben, das heißt, in jenen Feldern, auf denen sie aus eigener Kraft ihre heimischen Ressourcen erhalten und erweitern können.

Da China und Indien gegenüber vielen sich entwickelnden Gesellschaften einen technologischen Vorsprung haben, könnte man mit einiger Hoffnung in ihre Zukunft sehen – wenn es nicht zwei bedeutende Zweifel gäbe: der erste und zugleich das zentrale Problem ist die Frage, ob das Potential für verbesserte Pro-Kopf-Lebensstandards nicht von den Millionenzuwächsen der Bevölkerung pro Jahr verschluckt werden wird. Die zweite, damit verwandte Frage, dreht sich um ein grausames Dilemma: Ist es wirklich weise, daß Länder, in denen zwischen einer halben Milliarde und einer Milliarde Kleinbauern leben, heute durch die »Stufen industriellen Wachstums« gehen, die zuerst von den mittelgroßen Nationen Westeuropas vor 150 Jahren durchlaufen wurden, oder versuchen, die Hightech-Revolution nachzuvollziehen, die aus den ganz anders gearteten sozio-ökonomischen Strukturen Kaliforniens und Japans hervorging? Und impliziert diese Fragestellung, daß China und Indien *nicht* versuchen sollten aufzuholen, eine Idee, die wahrscheinlich von allen Politikern und Planern heftig zurückgewiesen werden würde, da sie ihre Länder dazu verdammten, für immer hinter dem Westen zurückzubleiben?

Aber diese Frage einfach zugunsten eines technologisch-industriellen Wachstums zurückzuweisen, löst die Probleme nicht. Angesichts ihrer sozialen Strukturen muß man sich fragen, ob Indien oder China die Belastung aushalten kann, auf globalem Niveau konkurrenzfähige Hightech-Enklaven (welche wahrscheinlich dann auch die materiellen Vergünstigungen genießen würden, die sich aus ihren globalen Geschäften ergäben) mitten unter Hunderten von Millionen ihrer verelendeten Landsleute aufzubauen. Eine verbesserte Technologie hat angeblich einen »trickle-down effect«, aber funktioniert das auch, wenn die Zahl der Hochausgebildeten in Relation zu den Ungelernten in der Bevölkerung so enorm niedrig ist? Wären die Ressourcen, die man in die Computer-, Luft- und Raumfahrt- und die Kommunikationstechnologie steckt, besser eingesetzt, wenn man sie nutzte, um die Produktivität auf dem Lande zu erhöhen,[62] oder sie in die »weichen« Investitionen der Bildung, insbesondere der Frauen, leitete?[63] Zweifellos wäre es die beste Lösung, auf allen Ebenen voranzuschreiten – in der Hochschulausbildung, in den Sekundarschulen, in den ländlichen Gebieten; aber dafür gibt es nicht ausreichend Kapital, was bedeutet, daß die Regierungen von China und Indien sich weiterhin vor harte Entscheidungen gestellt sehen werden. Wie schon immer, heißt regieren zu wählen; und die Folgen einer falschen Wahl sind in diesem Fall enorm.

Das Problem des politischen Urteils bringt uns zu einer letzten Frage, was die Zukunft von China und Indien angeht: Besitzen sie die nationale Einheit und Zielstrebigkeit, um mit den Herausforderungen fertigzuwerden, die der schnelle globale Wandel aufwirft? Oder werden sie durch interne Fraktionskämpfe, regionale Spannungen und ein allgemeines Mißtrauen der Bevölkerung gegen die Regierenden behindert werden? In China ist dieses Problem grundlegend; wie kann die Regierung die Gesellschaft in das internationale Handelssystem führen und zugleich im Lande das politische und ideologische Monopol behalten? Der Tiananmen-Platz weist darauf hin, daß die Führung glaubt, sie könne das eine ohne das andere bekommen. Aber Pekings Machtpolitik ist weit davon entfernt, das Problem zu lösen, sie umgeht es einfach. Alle dem Massaker folgenden Berichte über »die tiefe Unzufriedenheit der Bevölkerung« machen deutlich, daß weitverbreitete Gefühle von Mißtrauen und Furcht – insbesondere in der städtischen Bevölkerung, den gebildeten Klassen, vielleicht auch in den Streitkräften – die ökonomische Erholung ins Stolpern bringen könnten. Auch wird eine solche Stimmung im Lande es äußerst schwierig machen, Chinas fragile Verbindungen mit der Außenwelt zu vertiefen.[64]

Die innere Verfassung Indiens ist sehr viel komplexer, aber genauso ernsthaft gefährdet. Indien ist ein Land von 850 Millionen Menschen, es gibt 25 unterschiedliche ethnische Identitäten, ein stratifiziertes Kastensystem, enorme Einkommensunterschiede zwischen den Eliten und den Armen, eine geschäftige Mittelklasse von mehr als 100 Millionen Menschen auf der einen Seite und kämpferische Gewerkschaften und marxistische Parteien auf der anderen, muslimische (75 Millionen) und Sikh-(13 Millionen)Minoritäten neben der Hindu-Majorität. Dieses Land wäre auch in den besten Zeiten schwer zu regieren. In den letzten Jahrzehnten sind Indiens relativ niedrige Raten realen Industriewachstums nur einigen der Menschen des Landes zugute gekommen, was die Sache nicht einfacher macht. Wichtiger noch, der extreme Fraktionalismus der indischen Politik – hastig gebildete Koalitionsregierungen, Streitereien zwischen der Zentralregierung und den Staaten, Korruption und Nepotismus, das Unterlaufen bürokratischer Entscheidungen, demagogische Appelle in Fragen der Kaste, der Rasse und der Klasse – hat in einigen politischen Beobachtern bereits die Überzeugung wachgerufen, daß sie Zeugen eines Schauspiels politischer Anarchie sind.[65] Aber eine autoritäre Herrschaft durch die indische Regierung – jene »Verwaltung ohne Politik« der Notstandsregierung von 1975 bis 77 – würde das Ende der empfindlichen, wenn auch chaotischen Demokratie des Landes bedeuten. Die gegenwärtige Tendenz zu einer schwachen Zentralregierung und exzessiven politischen Manövern hat indessen bedauerliche Konsequenzen. Sie kommt den Extremisten entgegen, die Kaste gegen Kaste und Hindus gegen Muslime aufhetzen und auf diese Weise blutige Gewalttätigkeiten heraufbeschwören, was die politische Atmosphäre in Neu-Delhi verdunkelt und immer mehr ethnische Gruppen dazu bringt, ihre Interessen mit Gewalt zu verteidigen.[66] Zweitens lenkt es die Aufmerksamkeit von entscheidend wichtigen Reformen der indischen Wirtschaft ab, die den Lebensstandard im ganzen erhöhen könnten.[67] Wie im Falle von China wird daher Indiens Zukunft sehr stark von der Qualität der politischen Führung abhängen, welche in den kommenden Jahrzehnten das Land beherrschen wird – und das wiederum hängt von niemand anderem ab als den Chinesen und den Indern selbst.

Angesichts der Stärken und Schwächen, welche diese beiden Länder besitzen, ist es evident, daß sie auf den Wandel im 21. Jahrhundert kaum vorbereitet sein können. Was die langfristigen Verschiebungen der globalen militärischen und ökonomischen Macht angeht – der traditionellen Art, den relativen »Aufstieg und Fall der großen Mächte« zu messen –, so sind beide Nationen dabei, als regionale Führungsmächte hervorzutreten. Das Ausmaß indessen, in welchem die nichtmilitärischen transnationalen Veränderungen der Wirtschaftsentwicklung in China und Indien beeinflussen werden, ist sehr viel weniger klar.

Man nehme zum Beispiel die Auswirkungen der Robotik-Revolution. Im Zuge von Indiens Modernisierung könnten sehr wohl Unternehmer, Elektronikfirmen und andere Gesellschaften auftauchen, die das technische Know-how, die finanzielle Kapazität und die politische Unterstützung besitzen, um eine automatisierte Produktion einzuführen. Das Land hat schließlich eine Werkzeugmaschinenindustrie, was die natürliche Grundlage für jede ernsthafte Hinwendung zur Robotik darstellt. Es besitzt viele ausgebildete Mathematiker und Ingenieure, und es ist sehr daran interessiert, Ostasiens Weg in die Hochtechnologie nachzuvollziehen. Vorausgesetzt, es entsteht eine bessere Infrastruktur, hat die Automatisierung in der industriellen Fertigung Indiens offensichtlich bessere Aussichten als in, sagen wir, Äthiopien. Das soll nicht heißen, daß Indien ein ernsthafter Herausforderer von Japans dominierender Stellung in der Robotik werden könnte, aber es hätte das Potential, ein mittlerer Mitspieler wie zum Beispiel Italien oder Großbritannien zu sein.

Auf der anderen Seite muß es eines der Hauptziele von Indiens politischen Planern sein, sehr viel *mehr* Arbeitsplätze in Montage und Herstellung zu schaffen, da die ländliche Bevölkerung zunehmend in die Städte abwandert. Aber die Automatisierung im FANUC-Stil hieße die Ersetzung von Arbeitern durch Maschinen. Wenn sich die Robotik in anderen Ländern oder auch in Indien selbst ausbreitete, würde dies Angebot und Nachfrage beeinflussen und könnte die Löhne drücken und den Lebensstandard senken. Da es die erste industrielle Revolution verpaßt hat, welche Arbeiter in die Fabriken brachte, wäre die Verbreitung einer Technologie, welche die Arbeiter *aus* den Fabriken herausnimmt, wahrlich das Letzte, was Indien gebrauchen kann. Die Automatisierung in anderen Ländern könnte überdies dazu führen, daß die Multis sich aus Billiglohnländern wie Indien ganz zurückziehen.

Das bevölkerungspolitische Argument gegen eine automatisierte Produktion ist in Chinas Fall vielleicht noch zwingender. Der industrielle Boom der 80er ging, wie oben gesagt wurde, vor allem auf die Liberalisierung der Küstenprovinzen zurück. Die »offenen Städte« und »Wirtschaftssonderzonen« lockten ausländisches Kapital an und produzierten Waren für den Export. Die Resultate sind spektakulär. Die Guangdong-Provinz hat seit 1979 eine reale Wachstumsrate von 12½ Prozent pro Jahr erlebt – wahrscheinlich die höchste in der Welt –, und die Hongkong benachbarte Stadt Shenzhen verwandelte sich von einer Kleinstadt mit 100 000 Einwohnern in ein Zwei-Millionen-Zentrum. Neben der Liberalisierung selbst ist der Schlüssel natürlich die Verfügbarkeit billiger, eifriger, hart arbeitender Arbeitskräfte. Aufgrund des Booms sind die Löhne in Shenzhen heute zehnmal so hoch wie anderswo in Guangdong, aber sie betragen immer noch nur ein Fünftel jener in Hongkong. In der benachbarten Fujian-Provinz betrug der durchschnittliche Fabrikarbeiterlohn im Jahre 1991 65 US-Dollar im Monat, ein Zehntel vergleichbarer Löhne in Taiwan.* Wahrschein-

* In der *New York Times* vom Januar 1992 wurde berichtet, daß das Pro-Kopf-Einkommen in der verarmten Anhui-Provinz im Durchschnitt »bei normalen Zeiten 74 Dollar im Jahr« betrug. Ist es ein Wunder, daß viele Millionen von Kleinbauern in die Städte abwandern?

lich ist das ein bloßes Dreißigstel oder Vierzigstel des durchschnittlichen japanischen Arbeitslohns.[68]

Angesichts solcher Ungleichheiten in den Lohnkosten soll hier nicht behauptet werden, daß die Robotik-Revolution in Japan (und später in Korea und Taiwan) eine *unmittelbare* Bedrohung der Arbeitsplätze in der Industrie Südchinas darstellt. Über mittlere bis längere Frist indessen wird die Entwicklung von zwei Faktoren beeinflußt werden: Der erste wird in weiteren Fortschritten bei der automatisierten Montage und Herstellung bestehen, was die Gesamtkosten der Roboter selbst drücken wird; der zweite Faktor wird im Anstieg der Einkommen liegen und damit in den Lohnkosten in jenen Provinzen, die im Moment den Boom erleben – bereits jetzt hat Shenzhen ein Pro-Kopf-BIP, das sich 2000 Dollar pro Jahr nähert, während Hongkong und Taiwan für einfache Fertigung sehr schnell zu teuer werden.[69] In der Theorie könnte dieser Anstieg der Lohnkosten in Chinas Küstenregion einen günstigen »Welleneffekt« haben, wenn er sich in das ärmere Binnenland und die inneren Provinzen ausbreitet (immer vorausgesetzt, Peking und die konservativen Behörden in der Region sind bereit, die ökonomische Liberalisierung zu erweitern...). Trotzdem muß man sich fragen, ob es genug Nachfrage aus dem Ausland und Bereitwilligkeit zu Importen gibt, um Hunderte von Millionen chinesischer Kleinbauern in Montagearbeiter zu verwandeln. Die Alternative wäre, daß sich die japanischen und taiwanesischen Multis, abgeschreckt von den physischen und politischen Hemmnissen einer Investition in den inneren Provinzen Chinas, Robotern zuwenden würden, um ihre Konkurrenzfähigkeit zu wahren. Tun sie das, wären Chinas Hoffnungen auf eine stetige, phasenweise Entwicklung zu einer modernen Wirtschaft mit hohem Pro-Kopf-Einkommen ernsthaft gefährdet.

Oberflächlich gesehen scheint die Biotech-Revolution in der Landwirtschaft für beide Länder vielversprechend zu sein. Angesichts der auslaufenden Produktivitätszuwächse der »grünen Revolution« und bei wenig geeigneten zusätzlichen Nutzflächen sowie der Bedrohung, daß der Bevölkerungszuwachs die Lebensmittelproduktion überholt, müssen die Regierungen von China und Indien alle nur denkbaren Methoden verfolgen, um die Erträge zu erhöhen. Wenn die Biotechnologie, einschließlich der Gentechnik, es der »Kraft der Erde« erlaubt, einen Vorsprung vor dem Bevölkerungszuwachs zu halten, dann könnte man viele der befürchteten Szenarien der Unterernährung, Hungersnöte und der sozialen Unruhen abwenden. Es ist von ganz offensichtlichem Vorteil, Getreidesorten zu schaffen, die in semi-ariden Bedingungen wachsen können, gegen Krankheiten resistenter sind oder auch einfach einen größeren Kaloriengehalt haben. Es wird daher niemanden überraschen, daß beide Länder der biotechnologischen Forschung und Praxis große Ressourcen widmen. Das reicht von der Züchtung neuer Getreidesorten über den Embryo-Transfer bei Vieh bis zur Energiegewinnung aus Biogas. Die Aktivitäten auf diesem Gebiet kommen den Stärken beider Länder entgegen: beide besitzen viele Wissenschaftler, die auf diesem Feld arbeiten (im Gegensatz zu den meisten afrikanischen Nationen), und die biotechnologischen Experimente sind nicht so kapitalintensiv wie andere Hightech-Unternehmungen.

Die Gefahren, die sich für Indien und China aus der Biotech-Revolution in der Landwirtschaft ergeben, überwiegen die potentiellen Chancen auf kurze Sicht keineswegs – aber trotzdem müssen sie ernst genommen werden. Die erste Gefahr könnte sich ironischerweise ergeben, wenn es tatsächlich zu jährlichen Erhöhungen der landwirtschaftlichen Erträge käme, welche die Quote des Bevölkerungswachstums signifikant überstiegen. Da arme Bauern die neuen Biotech-Methoden nicht bezahlen können, mag das im Moment eine sehr entfernte Möglichkeit sein; aber da wissenschaftliche Durchbrüche oft mit überraschender Geschwindigkeit geschehen, kann man sie nicht ganz beiseite schieben. In den ersten Jahren würde solch eine Produktivitätsverbesserung hochwillkommen sein; im Laufe der Zeit indessen könnte sie zu einer Krise landwirtschaftlicher Überproduktion führen, wie sie die amerikanische Landwirtschaft mehrfach im Laufe des letzten Jahrhunderts getroffen hat. Alles würde von der Geschwindigkeit der Veränderung abhängen: Es hat einhundert Jahre an Produktivitätsschüben gebraucht, um den Anteil der amerikanischen Landwirtschaft an der

Arbeitnehmerschaft des Landes aus einer deutlichen Mehrheit in die bloßen drei Prozent zu verwandeln, die er heute darstellt. Werden Indien und China, deren landwirtschaftliche Sektoren beinahe zwei Drittel beziehungsweise vier Fünftel ihrer Arbeitnehmerschaft beschäftigen, ausreichend Zeit haben, um den Wandel sozial zu bewältigen? Wenn nicht, könnte es Bauernunruhen geben, die sehr viel gewalttätiger wären als jene, die wir in Frankreich und Korea heute erleben.

Die zweite Gefahr könnte sich nicht aus einer Biotech-Anwendung ergeben, welche die »Kraft des Landes« erhöhte, sondern aus einer massiven Verstärkung der Nahrungsmittelproduktion in den Laboratorien der westlichen agro-chemischen und pharmazeutischen Multis. Es ist schwer einzuschätzen, wie dies China und Indien beeinflussen würde. Keines der beiden Länder ähnelt den Ökonomien Zentralamerikas, der karibischen Länder oder jener von Subsahara-Afrika, die traditionell Devisen durch den Export von Rohstoffen (Rohrzucker, Vanille, Gummi) verdient haben und nun feststellen müssen, daß diese Naturprodukte in einer neuen Konkurrenz mit synthetisch hergestellten Ersatzstoffen stehen. Für China und Indien ist die Landwirtschaft von entscheidender Bedeutung, um die *heimischen* Bedürfnisse zu befriedigen, während sich Industrie und Dienstleistungen auf die Außenmärkte konzentrieren. Dennoch werden beide Länder eine übermäßige Abhängigkeit von westlichen Biotech-Konzernen, die sich ihr patentiertes Wissen teuer bezahlen lassen, vermeiden wollen, denn das würde den bereits jetzt besorgniserregenden Abfluß von Kapital für Patente, technische Honorare usw. erhöhen. Sollten schließlich bei der im Laboratorium erzeugten Kunstnahrung zu einer Zeit Fortschritte erzielt werden, da die traditionelle Landwirtschaft riesige Überschüsse produziert, würde sich das Problem, den landwirtschaftlichen Sektor vorsichtig abzubauen, enorm verschärfen.

Es gibt sehr viel weniger Ähnlichkeiten zwischen China und Indien, wenn man die wahrscheinlichen Auswirkungen der globalen Finanz- und Kommunikationsrevolution betrachtet. Aus der Sicht von Chinas politischer Führung können phantasievolle Visionen einer »grenzenlosen Welt« nur Mißtrauen erregen. Und das nicht nur aufgrund uralter kultureller Haltungen gegenüber Ausländern. Ökonomisch nützt ein System des weltweiten Finanz- und Devisenhandels nur jenen Firmen und Gesellschaften, die im Bankwesen und in finanziellen Dienstleistungsbetrieben führend sind. Unter den augenblicklichen Voraussetzungen von Chinas Politökonomie erscheint wenig auf diesem Gebiet attraktiv oder auch nur relevant. Natürlich braucht man ausländische Bankiers, um Kredite für ein Joint-venture mit einer großen westlichen Baugesellschaft zu arrangieren oder um die Finanzflüsse, die sich aus Chinas Exportboom ergeben, zu bewältigen. Und natürlich hofft man, daß die Küstenprovinzen und Wirtschaftssonderzonen mit ihren niedrigen Lohnkosten weiterhin die Fertigungsanlagen ausländischer Multis anziehen werden. Aber das hat mit China selbst oder seinen staatseigenen Banken und Industrien wenig zu tun, denn sie werden sich kaum auf diesem internationalen Finanzmarkt engagieren.

Der zweite Grund, warum Chinas politische Führung dieser Welt des ungehinderten elektronischen Datenaustauschs mit Ablehnung gegenübersteht, liegt natürlich in der Tatsache, daß solche Entwicklungen das autoritäre politische System gefährden könnten. Fax-Maschinen, die chinesische Studenten mit ihren abtrünnigen Brüdern im Ausland verbinden, Satelliten, welche amerikanische oder japanische Programme auf die chinesischen Fernsehschirme strahlen, Zeitungen und Bücher, die brisante Themen untersuchen und das politische Monopol der Partei in Frage stellen – all das ist hochverdächtig, insbesondere nach der Rolle, welche die Medien in den Unruhen von 1989 spielten. Es lohnt sich offensichtlich, die ökonomische Modernisierung, wenn auch vorsichtig, zu unterstützen; der freie Austausch von Ideen mit seiner Tendenz, existierende Autoritäten und traditionelle soziale Normen zu erschüttern, ist für Peking indessen alles andere als attraktiv.

In dieser Hinsicht bietet Indien andere und faszinierende Möglichkeiten. Das Land besitzt, wie gesagt, eine große und geschäftige Mittelklasse. Es gibt überdies eine beträchtliche Zahl von kleinen bis mittelgroßen Unternehmen (zusätzlich zu den großen Firmen des staatlichen Sektors). Viele von ihnen sind Joint-ventures mit ausländischen Multis eingegangen. Und die indische Bevölkerung ist bekannt dafür, daß sie ausgezeichnete Mathematiker, Ingenieure und Ökonomen hervorbringt. Außerdem hat Indien den großen Vorteil, daß die gebildeten Kreise fließend Englisch sprechen, die Sprache der Weltfinanz, der Computer, der Kommunikation und des internationalen Business. Bereits jetzt sammeln sich Hightech-Unternehmen nach dem Vorbild von »Silicon Valley« um Städte wie Bangalore im Süden Indiens. Vorausgesetzt, die bürokratischen und gesetzlichen Hindernisse, die Indiens kommerzielles System so schwerfällig machen, werden weiter abgebaut, könnte eine Klasse von Unternehmern, Designern, Software-Ingenieuren, Unternehmensberatern, Anwälten und Kaufleuten entstehen, die auf dem globalen Markt mitspielen und ihre Profite machen könnten.

Wenn das geschieht, entsteht indessen ein großes soziales Problem. Wenn die gewaltigen Einkommensunterschiede schon in den Vereinigten Staaten für Unruhe sorgen, wieviel größer müßte die Auswirkung in Indien sein, wo ein Großteil der Nation noch nicht einmal eine industrielle Revolution durchgemacht hat, ganz zu schweigen von der noch sehr jungen Revolution auf den Finanzmärkten der Welt? Angesichts der sehr viel größeren Unterschiede in Einkommen und Lebensstil, die sich in Indien ergeben würden, wie könnte es eine Gesellschaft verkraften, wenige Inseln der Prosperität in einem Meer der Armut zu besitzen? Würden solche Firmen und ihre Angestellten, denen die Massen mit Ressentiment gegenüberstehen und die zunehmend weniger heimische Bindungen haben, nicht versucht sein, das Land zu verlassen?

Das Beste, was Indien und China passieren könnte – Unternehmern und Bauern, Technikern und Verkäuferinnen –, wäre ein stetiger Anstieg im realen Lebensstandard. Das würde die Pro-Kopf-Einkommen nicht auf westliches Niveau heben, denn der Abstand ist einfach zu groß; aber es wäre sicherlich eine immense Verbesserung, wenn das gegenwärtige entsetzlich niedrige jährliche Durchschnittseinkommen von 300 bis 350 Dollar auf das von Mexiko (Pro-Kopf-BSP 1825 Dollar) oder vielleicht sogar Ungarn (2237 Dollar) gehoben werden könnte.[70]

Unglücklicherweise würde ein solcher Anstieg im Lebensstandard schreckliche Konsequenzen für die Umwelt haben. Dies zumindest, wenn es auf dem Gebiet des Umweltschutzes keine neuen technologischen Durchbrüche gibt. Bereits jetzt zeichnet sich ab, welche Schäden das Bevölkerungswachstum und die Modernisierung in den beiden Ländern anrichten. Als China sich nach 1950 Hals über Kopf in die Industrialisierung stürzte, nahm man keinerlei Rücksicht auf die Luft, das Wasser oder die Landschaft im allgemeinen. Infolgedessen gibt es jetzt Industrieregionen, wo die Luft so verschmutzt ist, daß die Anlagen selbst bei wolkenlosem Wetter für Satelliten monatelang unsichtbar sind. Um die 5 Milliarden Tonnen Mutterboden gehen jedes Jahr verloren, 400 000 Hektar Ackerland fallen jährlich der Ausbreitung der Städte zum Opfer, Tausende von Kilometern Flußlauf sind durch Industrieabfälle verpestet, ein Drittel der Fischgründe vor der Küste wurden durch Verschmutzung ruiniert, und die Luft in Peking ist »16mal schmutziger als in New York und erstaunliche 35mal verpesteter als in London«.[71] Die regelmäßigen Überschwemmungen, unter denen China leidet, haben heute schlimmere Folgen, da infolge der Entwaldung mehr Mutterboden fortgeschwemmt wird.* Obwohl die chinesischen Behörden, wenn auch verspätet, diese Probleme erkannt haben und darauf mit der Schaffung von Nationalparks, Luftreinhalte- und Aufforstungsprogrammen reagieren, verschlechtert sich die Situation noch immer.[72]

In Indien ist es dieselbe Geschichte. Aufgrund des Bevölkerungswachstums hat das Land um Neu-Delhi im letzten Jahrzehnt allein 60 Prozent seines Waldbestandes verloren, hauptsächlich wegen des Brennholzbedarfs. Eine Analyse wies vor kurzem darauf hin, daß aufgrund der Armut, der fortgesetzten Vernichtung des Waldes, der negativen Auswirkungen der ökonomischen Entwicklung und schierer Gier die Umweltverschmutzung »bedrohliche Ausmaße« angenommen hat:

---

* Und der Schaden hat sich in der jüngsten Vergangenheit verschärft, da die jetzt auf eigene Rechnung arbeitenden Bauern begreiflicherweise weniger gewillt sind, sich zu Eindeichungsarbeiten abkommandieren zu lassen.

> Von den 304 Millionen Hektar des Landes sind 50 Prozent schwer belastet. Etwa 80 Prozent der Bevölkerung leben unter Substandard-Bedingungen. Die 14 wichtigsten Flüsse einschließlich des Ganges, der fast 85 Prozent des Trinkwassers liefert, sind alle verschmutzt... Menschliche Epidemien, die von kontaminierten oder Substandard-Lebensmitteln verursacht werden, haben sich in den letzten 30 Jahren verdoppelt. Über 80 Prozent aller (!) Krankenhauspatienten sind Opfer der Umweltverschmutzung.[73]

Es gibt zugegebenermaßen ein wachsendes Umweltbewußtsein, insbesondere in Kreisen der mittleren Klassen in Indien, und es existieren Pläne, die Flüsse zu säubern, die Wälder zu schützen, das Tierleben zu erhalten, illegale Bergbauunternehmen zu kontrollieren und die Luftverschmutzung herabzusetzen. Wenn aber wahr ist, was der frühere Premierminister Rajiv Gandhi behauptete, daß nämlich »die Massenarmut die Armen dazu zwingt, jene Umwelt zu schädigen, von der ihr Überleben abhängt«, dann wird dieser Erosionsprozeß nicht aufgehalten werden, bis die Armut und das Bevölkerungswachstum selbst überwunden sind.[74] Das Dilemma ist akut, und die einzige Chance, die Armut zu reduzieren, liegt in einer Beschleunigung der Industrialisierung, welche wiederum zu größeren ökologischen Schäden führen wird.

Die Umweltschäden haben natürlich Auswirkungen auf die Gesundheit der Völker von Indien und China sowie auf die Erdatmosphäre. Wie der *Economist* ausführt, bedeutet Deng Xiaopings »trügerisch einfaches Ziel«, Chinas Bruttoinlandsprodukt bis zum Jahre 2000 auf tausend Dollar pro Kopf anzuheben, daß die chinesische Wirtschaftsleistung sich verdreifachen müßte...

> Das wird natürlich nicht geschehen. Aber der Versuch, es auf einfachem Wege zu erreichen – welches der Weg ist, den die Chinesen einschlagen werden –, bedeutet, mehr Kraftwerke und Fabriken zu bauen. Diese werden sich vor allem auf Chinas eigene Kohlereserven stützen, die einen durchschnittlichen Aschegehalt von 27 Prozent und einen Schwefelgehalt von bis zu 5 Prozent aufweisen. Noch mehr Millionen in China werden unter Erkrankungen der Atemwege leiden, und eine Reihe weiterer Städte wird von den Satellitenfotos verschwinden.[75]

Der Treibhauseffekt wird wahrscheinlich auch beschleunigt werden, wenn die chinesische Regierung zum Beispiel ihren gutgemeinten Plan verwirklicht, daß jedes Haus bis zum Jahre 2000 einen Kühlschrank besitzen sollte.[76] Sollten Hunderte von Millionen Kühlschränke ihre FCKW in die Atmosphäre abgeben, wäre die Ausdünnung der schützenden Ozonschicht der Erde immens. Mit den Worten eines Journalisten »stellen Chinas industrielle Ambitionen ... eine Bedrohung des Planeten dar«.[77] Dies alles ist natürlich ein fast unlösbares Problem für China und Indien und für den Rest der Welt. Diese beiden Nationen befinden sich zur Zeit in einem Wettlauf gegen die Zeit, denn wenn ihre Bevölkerungsexplosion sich fortsetzt, wird sie die Gewinne in der landwirtschaftlichen und der industriellen Produktion auffressen, jede Erwartung eines Zuwachses im Realeinkommen zunichte machen, die regionalen Ungleichgewichte verschärfen und den sozialen Frieden zerstören. Zusammengefaßt heißt das, daß die Erde, sollten diese beiden Völker aus ihrer Malthusschen Falle nicht herausfinden, weiterhin Elend und Unterernährung eines großen Teils ihrer Bewohner sehen wird. Wenn andererseits China und Indien mit fast drei *Milliarden* Menschen es glücklich schaffen, ihren Lebensstandard zu verdreifachen (auf ein Niveau, welches der Westen noch immer unerträglich niedrig fände), würde dies nicht nur auf lokaler Ebene die Umwelt und die Gesundheit der Menschen schädigen, sondern die Lufthülle der Erde insgesamt bedrohen. Obwohl diese potentielle Gefahr in einigen Kreisen der entwickelten Welt bereits Alarm ausgelöst hat, wäre es unvorstellbar – und lächerlich –, daß der Westen auf China und Indien Druck ausübte, ihre Pläne eines ökonomischen Wachstums aufzugeben. Es wäre auch heuchlerisch, da die fortgeschrittenen Gesellschaften (vor allem die Vereinigten Staaten) *pro Kopf* der Erdatmosphäre viel mehr Schaden zufügen.

Die einzige logische Lösung, die bleibt, liegt daher darin, daß die entwickelte Welt versucht, ihr Kapital, ihre Technologie und ihr Denkvermögen einzusetzen, um diesen beiden gigantischen Völkern dabei zu helfen, der Armut zu entkommen, ohne sich selbst und den Planeten unwiderruflich zu schädigen. Der Westen muß technologische Lösungen finden, die zugleich einen Wandel im eigenen Energieverbrauch und im eigenen Lebensstil einschließen, um seinen eigenen, noch größeren Raubbau an der globalen Umwelt zu verringern.

Wie wahrscheinlich es ist, daß dieses Argument akzeptiert werden wird, muß weiter diskutiert werden. Es ist sicherlich nicht von der Art, die von amerikanischen und europäischen Politikern, welche sich ihre Wiederwahl zumeist von kurzfristigen Programmen versprechen, willig aufgenommen werden. Eines ist indessen bereits jetzt klar: Wenn die Tatsache nicht anerkannt wird, daß die reichen und die armen Nationen zusammen auf dem Raumschiff Erde reisen, werden die Schwierigkeiten, denen China und Indien gegenüberstehen, sich intensivieren – mit Folgen, die nicht lokal begrenzbar sein werden.

Kapitel 10

Gewinner und Verlierer in der Entwicklungswelt

Nichts illustriert die Verschiebungen, die sich unter den Entwicklungsländern abspielen, besser als die Tatsache, daß Südkorea in den 60er Jahren ein Pro-Kopf-Bruttosozialprodukt hatte, das dem Ghanas (230 US-Dollar) entsprach, während das Land heute 10- bis 12mal so wohlhabend ist.[1] Beide besaßen eine vorwiegend agrarische Ökonomie und durchlebten ein halbes Jahrhundert oder mehr kolonialer Herrschaft. Unabhängig geworden, standen beide zahllosen Handicaps in ihrem Versuch, den Westen »einzuholen«, gegenüber, und obwohl es eine größere historisch-kulturelle Kohärenz besaß, mögen Koreas Chancen sogar weniger vielversprechend erschienen sein, da das Land weniger Naturschätze (außer Wolfram) besaß und während des Krieges von 1950 bis 1953 schwer gelitten hatte. Jahrzehnte später indessen sind die westafrikanischen Staaten noch immer unter den ärmsten der Welt – das Pro-Kopf-BSP von Niger, Sierra Leone und Tschad beträgt gegenwärtig zum Beispiel weniger als 500 Dollar[2] – während Südkorea gerade dabei ist, in die Ränge der wohlhabenden Nationen einzutreten. Bereits jetzt der dreizehntgrößte Handelsstaat der Erde, plant Korea, eines der reichsten Länder im 21. Jahrhundert zu werden,[3] während die Nationen von Westafrika einer Zukunft entgegenblicken, die zumindest kurzfristig von chronischer Armut, Mangelernährung und Unterentwicklung gekennzeichnet ist. Während schließlich Koreas ansteigende Prosperität von einem Abnehmen des Bevölkerungswachstums begleitet wird, sehen sich die meisten afrikanischen Länder noch immer einer demographischen Explosion gegenüber, die jede Zunahme in der Produktion des Landes sogleich wieder verschluckt.

Diese Divergenzen sind nichts Neues, denn die Welt hat immer reichere und ärmere Gesellschaften besessen; die Wohlstandslücke im 17. Jahrhundert zwischen, sagen wir, Amsterdam und der Westküste von Irland, oder zwischen solch geschäftigen indischen Häfen wie Surat und Kalkutta[4] und den Einwohnern von Bergdörfern in Neuguinea muß enorm gewesen sein, wenn sie wahrscheinlich auch dem Abgrund zwischen reichen und armen Nationen heute nicht gleichkam. Der Unterschied zu früher liegt darin, daß die globale Kommunikationsrevolution des 20. Jahrhunderts solche Disparitäten weithin bekanntmacht. Dies kann zu Ressentiments unter den ärmeren Völkern gegen die wohlhabenden Gesellschaften führen, aber auch das Motiv liefern, sie nachzuahmen (wie Korea Japan nachgeahmt hat). Die Aufgabe liegt also darin, einen Habenichts in eine wohlhabende Nation zu verwandeln. Erfordert dies einfach nur die Imitation wirtschaftlicher Techniken oder berührt es auch solche schwer greifbaren Einflüsse wie Kultur, Sozialstruktur und die Haltung gegenüber ausländischen Einflüssen?

Die Diskrepanz in der Leistung zwischen Ostasien und Subsahara-Afrika beendet eindeutig die Brauchbarkeit des Begriffes »Dritte Welt«. Wie angebracht auch immer dieser Ausdruck in den 50er Jahren gewesen sein mag, als arme, neutrale und kürzlich dekolonisierte Staaten darum kämpften, von den beiden Blöcken der Supermächte unabhängig zu bleiben,[5] so machte der Aufstieg der superreichen ölexportierenden Länder ein Jahrzehnt später die Bezeichnung bereits zweifelhaft. Nun, da prosperierende ostasiatische Gesellschaften höhere Pro-Kopf-BSP aufweisen als Rußland, Osteuropa und selbst westeuropäische Staaten wie Portugal, erscheint der Begriff weniger angemessen denn je. Angesichts taiwanesischer oder koreanischer Konzerne, die Montagebetriebe in den Philippinen oder Vertriebsnetze in der Europäischen Gemeinschaft aufbauen, wird es notwendig, die Differenzen, die zwischen nichtwestlichen Ökonomien existieren, anzuerkennen. Einige Experten kategorisieren inzwischen *fünf* unterschiedliche Typen von »sich entwickelnden« Ländern,* um das unterschiedliche Potential der Gesellschaften in Asien, Afrika und Lateinamerika besser einschätzen zu können.[6]

Das relative nationale Wachstum in den 80ern bestätigt diese Unterschiede. Während die ostasiatischen Volkswirtschaften im Durchschnitt beeindruckende jährliche Zuwachsraten von 7,4 Prozent aufwiesen, schafften jene in Afrika und Lateinamerika lediglich 1,8 bzw. 1,7 Prozent[7] – und da ihre Bevölkerungen schneller wuchsen, war das Nettoresultat absolut und relativ eine Negativentwicklung. Die Unterschiede in der ökonomischen Struktur wuchsen in diesem Jahrzehnt ebenfalls an, die afrikanischen und andere rohstoffproduzierenden Länder waren natürlich an höheren Rohstoffpreisen interessiert, während die exportorientierten Industrieländer Ostasiens versuchten, die Rohstoffpreise niedrig zu halten. Die dramatischste Auseinanderentwicklung ergab sich in den jeweiligen Anteilen am Welthandel mit Industriegütern, ein Schlüsselindikator der ökonomischen Konkurrenzfähigkeit (siehe Tabelle 10-1).

Während also einige Experten noch immer von einer *dualen* Weltwirtschaft[8] sprechen, die sich aus reichen und armen Ländern zusammensetzt, ergibt sich in Wirklichkeit eine zunehmende Differenzierung. Der Rest dieses Kapitels untersucht, warum das so ist.

Die Entwicklungsländer, die sich am erfolgreichsten um ein Einholen des Westens bemühen, sind die Handelsstaaten des Pazifiks und Ostasiens. Außer den kommunistischen Regimen in dieser Region haben die pazifischen Randländer (einschließlich der westlichen Provinzen von Kanada und der pazifischen Staaten der USA sowie zum Teil Australiens) einen anhaltenden Industrie-, Handels- und

---

* Ravenhills Unterscheidungen (siehe Anmerkung 6 zu diesem Kapitel) sind: ölexportierende Länder mit hohem Einkommen; industrialisierende Ökonomien mit starker Staatsautorität und relativ niedriger Verschuldung (Taiwan etc.); industrialisierende Ökonomien mit schwachen Staatsapparaten oder Schuldenproblemen (Argentinien, Polen); potentielle neue industrialisierende Länder (Malaysia, Thailand); Rohstoffproduzierende Länder (Subsahara-Afrika, Zentralamerika).

Tabelle 10-1

Anteile am Welthandel mit Industriegütern[9]

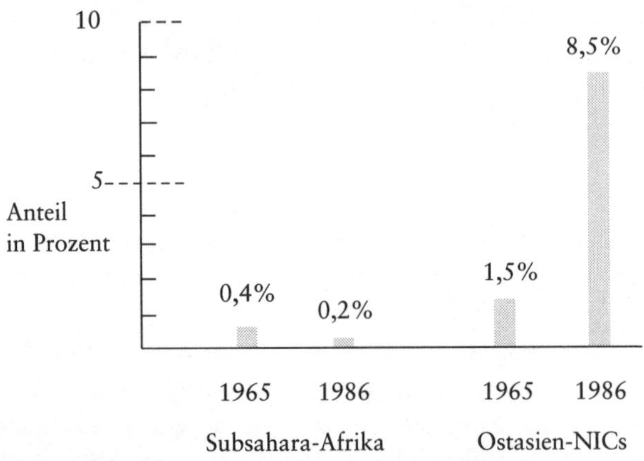

Investitionsboom erlebt. Aber das Zentrum des Booms liegt auf der *asiatischen* Seite des Pazifiks, vor allem angetrieben durch Japans eigenes spektakuläres Wirtschaftswachstum und dessen stimulierende Wirkung auf die benachbarten Wirtschaften und den Transpazifikhandel. Nach einer Quelle heißt dies:

> 1962 zeichnete der Westpazifik für etwa 9 Prozent des Weltbruttosozialprodukts verantwortlich, Nordamerika für 30 Prozent und Westeuropa für 31 Prozent. Zwanzig Jahre später war der Anteil des Westpazifik auf mehr als 15 Prozent angestiegen, während Nordamerikas Anteil auf 28 Prozent und Europas auf 27 Prozent gesunken war. Bis zum Jahre 2000 wird der Westpazifik etwa ein Viertel des Weltbruttosozialprodukts auf sich vereinigen, wobei die ganze pazifische Region ihren Anteil von etwas über 43 Prozent auf etwa 50 Prozent des Weltbruttosozialprodukts erhöhen wird.[10]

Der gegenwärtige Boom in Ostasien ist natürlich nicht einheitlich, und Fachleute unterscheiden zwischen den verschiedenen Phasen ökonomischer und technologischer Entwicklung in dieser riesigen Region. Die Unterteilungen sehen ungefähr so aus:

a) Japan. Das Land ist jetzt das größte Finanzzentrum der Welt und in zunehmendem Maße die innovativste Hightech-Nation auf nichtmilitärischem Gebiet.

b) Die vier ostasiatischen »Tiger« oder »Drachen«, die »Newly Industrialized Countries« (NICs) von Singapur, Hongkong, Taiwan und Südkorea, wobei die letzteren beiden größere Bevölkerungen und mehr Territorium besitzen als die beiden Hafenstadtstaaten. Alle vier haben in den letzten Jahrzehnten ein exportgetriebenes Wirtschaftswachstum erlebt.

c) Die größeren südostasiatischen Staaten Thailand, Malaysia und Indonesien, welche, stimuliert durch ausländische (vor allem japanische) Investitionen, sich zunehmend der Industrie, der Montage und dem Export zuwenden. Es ist zweifelhaft, ob die Philippinen in diese Gruppe gehören.

d) Und schließlich die zurückgebliebenen und verelendeten kommunistischen Gesellschaften von Vietnam, Kambodscha und Nordkorea sowie das isolationistische Birma, das seinen eigenen »Weg in den Sozialismus« verfolgt.

Aufgrund dieser abgestuften Ebenen der Entwicklung bemühen Ökonomen in Ostasien das Bild der »fliegenden Gänse«, wobei Japan der führende Vogel ist, gefolgt von den ostasiatischen NICs, den größeren südostasiatischen Staaten usw. Was Japan in einem Jahrzehnt produziert hat – relativ billiges Spielzeug, Küchengeräte, Elektrowaren –, wird in der nächsten Dekade von der folgenden Staffel von »Gänsen« nachgeahmt, dann, in dem Jahrzehnt danach, von der dritten Staffel. Wie präzise diese Metapher im einzelnen auch sein mag, das Gesamtbild ist klar: Diese Vögel fliegen zielbewußt vorwärts, auf eine attraktive Zukunft zu.

Unter diesen Staaten sind es die ostasiatischen NICs, welche das klarste Beispiel einer erfolgreichen Umwandlung geliefert haben. Obwohl entfernte Beobachter sie als ähnlich einstufen würden, gibt es bemerkenswerte Unterschiede in Größe, Bevölkerung*, Geschichte und im politischen System. Sogar die ökonomischen Strukturen sind unterschiedlich; Korea zum Beispiel, das seine Expansion mindestens ein Jahrzehnt später begann als Taiwan (und in seiner demokratischen Entwicklung sogar noch langsamer war),

* Während Korea eine Bevölkerung von etwa 43 Millionen besitzt und Taiwan etwa 20 Millionen, weist Hongkong lediglich 5,7 Millionen und Singapur bloß 2,7 Millionen Menschen auf.

besitzt eine Wirtschaft, die stark von einigen wenigen industriellen Konglomeraten oder *chaebol* abhängt. Von diesen erreichen die größten vier allein (Samsung, Hyundai, Lucky-Goldstar und Daewoo) Verkäufe, welche die Hälfte des Bruttosozialprodukts ausmachen. Im Gegensatz dazu wird Taiwan charakterisiert durch eine große Zahl kleiner Firmen, die sich auf ein oder zwei Produktbereiche spezialisiert haben. Während die Taiwanesen sich Sorgen machen, daß ihre Firmen nicht in der Lage sein könnten, gegen die ausländischen Giganten zu bestehen, fragen sich die Koreaner, ob die *chaebol* es schaffen werden, in Großindustrien wie der Petrochemie, der Halbleiterherstellung und dem Schiffsbau *zugleich* konkurrenzfähig zu bleiben.[11]

Trotz solcher struktureller Differenzen besitzen diese Gesellschaften gewisse grundlegende Züge, welche *zusammengenommen* erklären, warum sie Jahrzehnt um Jahrzehnt gewachsen sind. Der erste und vielleicht bedeutendste dieser Züge ist die Betonung der Ausbildung. Dies leitet sich aus konfuzianischen Traditionen des Respekts vor dem Lernen und der Gelehrsamkeit ab. Es erklärt das strenge Schulregime, das von der Mutter der Familie, die den Kindern bei den Hausarbeiten hilft, verstärkt wird. In westlichen Augen konzentriert sich diese Bildung – wie die Japans – zu sehr auf das Auswendiglernen, auf technische Fähigkeiten und auf die Betonung gesellschaftlicher Harmonie; vermißt wird eine Ermutigung der individuellen Begabung und die Bereitschaft, Autoritäten anzuzweifeln. Auch wenn einige ostasiatische Bildungspolitiker heute zugeben würden, daß diese Kritik zu Recht besteht, glauben die meisten nach wie vor, daß ihre Erziehungsmethoden soziale Harmonie und zugleich eine wohlausgebildete Arbeitnehmerschaft schaffen. Überdies schließt die Einheitlichkeit des Systems eine intensive individuelle Konkurrenz keineswegs aus. In Taiwan (wo übrigens zwölf Mitglieder des vierzehnköpfigen Kabinetts von 1989 ihren Doktor im Ausland gemacht haben) studiert nur das beste Drittel der 110 000 Schüler, die jedes Jahr die Zulassungsprüfung zur Universität ablegen.[12] Vielleicht die einleuchtendste Illustration dieser Betonung des Lernens ist die Tatsache, daß Korea (bei einer Bevölkerung von 43 Millionen) 1,4 Millionen Studenten an Universitäten und Fachhochschulen besitzt, verglichen mit 145 000 im Iran (bei einer Bevölkerung von 54 Millionen), 15 000 in Äthiopien (46 Millionen) und 159 000 in Vietnam (64 Millionen); oder auch die Tatsache, daß schon 1980 »ebensoviele Ingenieurstudenten von koreanischen Hochschulen abgingen wie in Großbritannien, Westdeutschland und Schweden zusammengenommen«.[13]

Der zweite gemeinsame Faktor ist eine hohe nationale Sparquote. Durch fiskalische Maßnahmen, welche die private Spartätigkeit ermutigten, standen große Mengen von niedrig verzinstem Kapital für Investitionen in Industrie und Handel zur Verfügung. Während der ersten Jahrzehnte des Wachstums war der private Konsum sehr zurückgenommen, und der Lebensstandard wurde kontrolliert – durch Einschränkungen des Kapitalabflusses ins Ausland und der Importe von ausländischen Luxuswaren –, um Ressourcen in das Industriewachstum zu leiten. Das Durchschnittseinkommen stieg zwar, aber der Großteil der finanziellen Ergebnisse des ökonomischen Erfolgs wurde reinvestiert, um eine weitere Expansion zu ermöglichen. Erst als der ökonomische »take-off« sicher im Gange war, begann das System sich zu wandeln; ein erhöhter Konsum, Auslandskäufe, Kapitalinvestitionen im Haus- und Wohnungsbau erlaubten es zusammengenommen der inneren Nachfrage, nun im Wirtschaftswachstum des Landes eine größere Rolle zu spielen. Unter solchen Umständen würde man normalerweise mit einem Absinken der Sparquote rechnen. Selbst in den späten 80er Jahren indessen wiesen die ostasiatischen NICs noch immer hohe Sparquoten auf:

Tabelle 10-2

Sparquoten im Vergleich, 1987[14]

Taiwan	38,8%
Malaysia	37,8%
Korea	37,0%
Japan	32,3%
Indonesien	29,1%
USA	12,7%

Der dritte gemeinsame Zug ist der politische Rahmen, innerhalb dessen das ökonomische Wachstum gefördert wurde. Während Unternehmertum und Privatbesitz begünstigt wurden, sind die »Tiger« niemals einem *Laissez-faire*-Modell gefolgt. Industriezweige, deren Wachstum der Staat anstrebte, wurden in verschiedenster Weise unterstützt – durch Exportsubventionen, Ausbildungsbeihilfen und Schutzzölle. Wie oben gesagt wurde, ist das fiskalische System darauf ausgerichtet, hohe Sparquoten zu erzielen. Die Gewerkschaften durften nur unter strengen staatlichen Auflagen arbeiten. Es konnte höchstens von einer »eingeschränkten« Demokratie die Rede sein. Der Gouverneur von Hongkong, dirigistische Regierungen in Singapur, die Militärregime in Taiwan und Korea ließen nur wenige demokratische Rechte zu. Erst in jüngster Zeit sind freie Wahlen zugestanden und Parteien zugelassen worden. Die Verteidiger dieser Systeme argumentieren, daß es notwendig gewesen sei, freiheitliche Impulse zu zügeln, während die Staaten sich auf das ökonomische Wachstum konzentrierten. Demokratische Reformen werden jetzt zu einer »Belohnung« für die Geduld des Volkes erklärt. Der entscheidende Punkt liegt darin, daß sich die Innenpolitik von der des Westens unterschied, *ohne* die wirtschaftliche Expansion zu beeinträchtigen.

Der vierte Zug war eine starke Betonung der Exportwirtschaft – im Gegensatz etwa zur Politik der Importsubstitution Indiens und der konsumgetriebenen Wirtschaftspolitik der Vereinigten Staaten. Für einen kleinen geschäftigen Handelsstaat wie Hongkong war dies eine traditionelle Politik, aber sie bedeutete grundlegende Umstrukturierungen in Taiwan und Korea, wo Manager und die Arbeitnehmerschaft zunächst dazu gebracht werden mußten, das zu produzieren, was die ausländischen Kunden wollten. In allen Fällen wurde der Kurs der Währung niedrig gehalten, um Exporte zu verbilligen und Importe zu verteuern. Überdies nützten die ostasiatischen NICs günstige globale Umstände aus; die Lohnkosten lagen weit unter denen in Nordamerika und Europa, und die offene internationale Handelsordnung, geschaffen und geschützt von den Vereinigten Staaten, begünstigte die »Tiger«, während sie zugleich ihre eigenen Industrien gegen ausländische Konkurrenz abschotteten. Im Laufe der Zeit führte dies zu großen Handelsbilanzüberschüssen und zu Vergeltungsdrohungen europäischer und amerikanischer Regierungen – was daran erinnert, wie sehr die NICs von dem gegenwärtigen internationalen Wirtschaftssystem abhängen. Wichtig ist indessen, daß sie ein vom Export getriebenes Wachstum in Fertigprodukten anstrebten, während andere Entwicklungsnationen sich weiterhin auf Rohstoffexporte stützten und auch kaum Anstrengungen machten, sich auf den Geschmack ausländischer Konsumenten einzurichten.[15] Angesichts dieser Konzentration auf den Handel kann es nicht überraschen, daß sieben der zwölf größten Häfen der Welt sich heute in Asien befinden.

Schließlich haben die ostasiatischen NICs ein benachbartes Modell vor Augen, Japan, was für den Jemen, Guatemala oder Burkina Faso nicht gilt. Seit vier Jahrzehnten haben die Völker von Ostasien den dramatischen Erfolg eines nichtwestlichen Nachbarn beobachten können. Einen Erfolg, der auf einem ausgezeichneten Bildungswesen und hoher technischer Befähigung beruhte, auf hohen Sparquoten, auf langfristigen, vom Staat gelenkten Strategien, was industrielle Entwicklung und ausländische Märkte anging, und schließlich auf der Entschlossenheit, die Weltmärkte zu erobern. Diese Bewunderung für Japan mischt sich allerdings heute mit einem gewissen Erschrecken darüber, daß man Mitglied eines Yen-Blocks werden könnte, der von Tokio beherrscht wird. So wichtig der Binnenmarkt von Japan für die ostasiatischen NICs auch sein mag und sosehr sie von japanischen Investitionen, Montageanlagen, Ingenieuren und japanischem Know-how profitieren, so wenig Lust haben sie, Teil einer Neuauflage der Groß-Ostasiatischen Wohlstandssphäre zu werden.[16]

Die positiven Effekte des ökonomischen Erfolgs spiegeln sich nicht nur in Ostasiens ständig steigendem Lebensstandard wider. Kinder sind im Durchschnitt 10 bis 12 cm größer als in den 40er Jahren, und sie wachsen in einigen der gesündesten Ländern der Welt auf:

> Ein Kind, das 1988 in Taiwan geboren wurde, hatte eine Lebenserwartung von 74 Jahren, nur ein Jahr weniger als ein amerikanisches oder westdeut-

> sches Kind und 15 Jahre mehr als ein taiwanesisches Kind, das 1952 geboren wurde. Ein südkoreanisches Kind, das 1988 zur Welt kam, konnte 70 Lebensjahre erwarten, während die Lebenserwartung im selben Land 1965 noch bei 58 Jahren lag. 1988 nahm jeder Taiwanese 50 Prozent mehr Kalorien am Tag auf, als sein Vorfahre es 35 Jahre früher getan hatte. Die Taiwanesen hatten 1988 zweihundertmal so viele Fernsehgeräte, Telefone und Autos; in Korea war dieser Anstieg sogar noch dramatischer.[17]

Dazu kommt, daß die ostasiatischen NICs einige der höchsten Alphabetisierungsraten der Welt haben, was wiederum bestätigt, daß sie im ganzen den Nationen der »Ersten« Welt näher sind als den armen Entwicklungsländern:

Tabelle 10-3

Lebensstandards im Vergleich[18]

	Lebenserwartung bei Geburt (Jahre), 1987	Erwachsenen-Alphabetisierungsrate (%), 1985	BSP pro Kopf, 1988 US-Dollar
Niger	45	14	300
Togo	54	41	310
Indien	59	43	340
Singapur	73	86	9070
Südkorea	70	95	5000
Spanien	77	95	7740
Neuseeland	75	99	10000

Wird dieser Fortschritt sich in das 21. Jahrhundert verlängern lassen? Politisch ist Hongkongs Zukunft völlig ungewiß, und viele Firmen verlegen ihre Hauptquartiere in andere Länder; Taiwan bleibt aufgrund von Pekings traditionellen Territorialansprüchen ein diplomatischer Paria; und Südkorea fühlt sich noch immer von dem unberechenbaren Militärregime im Norden bedroht. Die Zukunft Chinas – und Sibiriens – ist unsicher, was in vielen politischen Kreisen für Nervosität sorgt. Der Anstieg der Aktienkurse in Asien in den 80ern (angetrieben durch enorme Zuwächse der Geldmenge) war spekulativ und exzessiv, die Folgen sind heute zu sehen. Protektionistische Tendenzen in der entwickelten Welt bedrohen die Handelsstaaten stärker als der außenpolitische Druck, die Preissubventionen für die heimischen Landwirte aufzugeben. Der Wertzuwachs der koreanischen und taiwanesischen Währung hat die Exportprofite reduziert und zu einem Rückgang des Gesamtwirtschaftswachstums geführt. Einige japanische Hersteller haben ihre Produktion in Billiglohnländer wie Thailand oder Südchina verlegt. Starke Ölpreisschübe haben die Importausgaben erhöht. Hohe Lohnzuwächse (in Korea stieg der Durchschnittslohn 1988 um 14 Prozent, 1989 um 17 Prozent) beeinflussen die Lohnstückkosten und die Konkurrenzfähigkeit. Der soziale Frieden, in diesen jungen Demokratien immer gefährdet, wird durch Studenten- und Arbeiterunruhen beeinträchtigt.[19]

Dies mögen andererseits einfach Wachstumsstörungen sein. Die Sparquoten sind noch immer extrem hoch. Eine große Zahl junger Ingenieure und Techniker verlassen jedes Jahr die Colleges und Universitäten. Die erhöhte Kaufkraft der Arbeiter hat einen boomenden Binnenmarkt geschaffen, und die Regierungen investieren mehr in Wohnungen, Infrastruktur und öffentliche Einrichtungen. Da das Bevölkerungswachstum sich verlangsamt hat, wird die Arbeitnehmerschaft nicht mehr so schnell wie bisher anwachsen, aber sie wird besser ausgebildet sein und mehr Geld ausgeben.[20] Eine Zunahme der Investitionen in Übersee wird langfristig der Zahlungsbilanz zugute kommen. Da die bevölkerungsstarken Märkte von Indonesien, Thailand und Malaysia zweistellige Zuwachsraten aufweisen, gibt es für die Handelsstaaten reichlich zu tun. Die härter werdende Währung kann durch eine größere Konzentration auf Qualitätsexporte aufgefangen werden, durch hohe industrielle Investitionen und eine Verlagerung der Produktion auf neuere Hightech-Güter – nach dem Vorbild der japanischen Industrie im Laufe der 80er Jahre, als der Wert des Yen schnell anstieg. Nirgendwo sonst in der Welt würde man Wirtschaftswachstumsraten von »nur« 5 oder 6 Prozent als besorgniserregend ansehen oder als ein Symptom des Niedergangs. Läßt man die Möglichkeit eines Krieges in Ostasien beiseite und gibt es keinen massiven globalen Wirtschaftskollaps, dann deutet alles darauf hin, daß die vier »Tiger« bessere Voraussetzungen haben als die meisten anderen Länder, ihr Wachstum fortzusetzen.

Ein Blick auf die gegenwärtigen schwierigen Bedingungen in Lateinamerika, das in den 80er Jahren ebensoviel Boden verloren hat, wie Ostasien gewann, bekräftigt diese Feststellung. Auch hier muß man zwischen den verschiedenen Ländern auf dem Kontinent unterscheiden. Der Erdteil besitzt mehr als 400 Millionen Menschen auf einem Territorium von fast 10 Millionen Quadratkilometern, das sich vom Rio Grande bis zur Antarktis erstreckt, und er enthält eine große Spannbreite von politischen Kulturen und sozioökonomischen Strukturen. Argentinien, das schon um 1900 einen Lebensstandard genoß, der es zu einer »entwickelten« Volkswirtschaft machte, unterscheidet sich sehr von Honduras und Guyana. Was die Bevölkerungsstruktur angeht, kann man in Lateinamerika drei verschiedene Formen feststellen: die Nationen in Zentralamerika wie Bolivien, die Dominikanische Republik und Haiti, die hohe Geburtsraten und eine niedrigere Lebenserwartung haben; eine mittlere Gruppe, Brasilien, Kolumbien, Mexiko, Venezuela, Costa Rica und Panama, deren Geburtenraten zu sinken beginnen und deren Lebenserwartung steigt; und die Länder der gemäßigten Klimazone wie Argentinien, Chile und Uruguay, welche die demographischen Charakteristika entwickelter Länder aufweisen.[21]

Trotz dieser Unterschiede gibt es gute Gründe dafür, die Aussichten Lateinamerikas als Ganzes zu betrachten: Die Nationen der gesamten Region stehen ökonomischen Herausforderungen gegenüber, die sich ähneln; es gibt viele gemeinsame Züge in der Innenpolitik – insbesondere die Anfälligkeit der neu etablierten Demokratien; und alle werden durch ihre Beziehungen zur entwickelten Welt beeinflußt, insbesondere zu den Vereinigten Staaten.

Vor einigen Jahrzehnten schien Lateinamerikas Zukunft vielversprechend zu sein. Es hatte Anteil an dem Nach-1950-Welthandelsboom, profitierte von der Nachfrage nach Kaffee, Nutzholz, Rindfleisch, Öl und Mineralien, und es zog ausländische Investitionen in der Landwirtschaft, Industrie und Infrastruktur an. Der Kontinent schien auf dem Weg nach oben. In den dreißig Jahren nach 1945 stieg die Stahlproduktion um das Zwanzigfache, die Herstellung von Strom, die Produktion von Metall und Maschinen um mehr als das Zehnfache.[22] Das reale Pro-Kopf-Bruttoinlandsprodukt stieg im Laufe der 60er mit einem jährlichen Durchschnitt von 2,8 Prozent und spurtete in den 70ern auf einen Durchschnittszuwachs von 3,4 Prozent pro Jahr. Dann aber kehrte sich der Wachstumstrend radikal um, und zwischen 1980 und 1988 fiel Lateinamerikas reales Pro-Kopf-BIP stetig mit einem jährlichen Durchschnitt von 0,9 Prozent.[23] In einigen Staaten, wie zum Beispiel Peru und Argentinien, sank das Realeinkommen im Laufe der 80er Jahre um bis zu 25 Prozent. Mit sehr wenigen Ausnahmen (Chile, Kolumbien, der Dominikanischen Republik, Barbados, den Bahamas) weisen heute die meisten Länder Pro-Kopf-BIP auf, die niedriger sind als jene vor einem Jahrzehnt oder sogar vor zwei Jahrzehnten (siehe Tabelle 10-4).

Die Gründe für diese Umkehrung deuten auf einen auffallenden Kontrast zur Entwicklung in den ostasiatischen NICs. Statt ihre Industrien dazu zu ermutigen, Auslandsmärkte ins Visier zu nehmen und die Wirtschaft durch ein exportgetriebenes Wachstum zu stimulieren, verfolgten viele lateinamerikanische Regierungen eine Politik der Importsubstitution, schufen ihre eigenen Stahl-, Zement-, Papier-, Automobil- und Elektronikindustrien, die mit Schutzzöllen, Regierungssubventionen und Steuervergünstigungen unterstützt wurden, um sie von der internationalen Konkurrenz zu isolieren. Infolgedessen wurden ihre Produkte im Ausland immer weniger attraktiv.* Während es überdies relativ einfach war, eine grundlegende Eisen- und Stahlindustie aufzubauen, erwies es sich als sehr viel schwieriger, Hightech-Industrien wie Computer, Luftfahrt, Werkzeugmaschinen oder Pharmazie zu etablieren –, so daß der Hauptanteil der Importe der meisten Staaten Fertigprodukte bleiben, während die Exporte nach wie vor aus Rohstoffen wie Öl, Kaffee und Sojabohnen bestehen.[24]

Zweitens wurde das Wirtschaftswachstum begleitet von einer wenig rigiden Finanzpolitik und einer wachsenden Abhängigkeit

* Wie oben erwähnt wurde, versuchten auch Japan und seine ostasiatischen Nachahmer, die flüggewerdenden heimischen Industrien zu schützen, aber nur, um eine starke Basis zu schaffen, von der aus sie ihre Exportoffensiven unternehmen konnten – nicht, um eine ökonomische Festung zu erbauen, in der sich ihre Industrien bequem einrichten konnten.

Tabelle 10-4

Pro Kopf-BIP lateinamerikanischer Länder (1988, in US-Dollar)[25]

Land	1960	1970	1980	1988	Höchster Stand
Chile	1 845	2 236	2 448	2 518	
Argentinien	2 384	3 075	3 359	2 862	(< 1970)
Uruguay	2 352	2 478	3 221	2 989	(< 1980)
Brasilien	1 013	1 372	2 481	2 449	(< 1980)
Paraguay	779	931	1 612	1 557	(< 1980)
Bolivien	634	818	983	724	(< 1970)
Peru	1 233	1 554	1 716	1 503	(< 1970)
Ecuador	771	904	1 581	1 477	(< 1980)
Kolumbien	927	1 157	1 595	1 739	
Venezuela	3 879	4 941	5 225	4 544	(< 1970)
Guyana	1 008	1 111	1 215	995	(< 1960)
Surinam	887	2 337	3 722	3 420	(< 1980)
Mexiko	1 425	2 022	2 872	2 588	(< 1980)
Guatemala	1 100	1 420	1 866	1 502	(< 1980)
Honduras	619	782	954	851	(< 1980)
El Salvador	832	1 032	1 125	995	(< 1970)
Nicaragua	1 055	1 495	1 147	819	(< 1960)
Costa Rica	1 435	1825	2 394	2 235	(< 1980)
Panama	1 264	2 017	2 622	2 229	(< 1980)
Dominik. Republik	823	987	1 497	1 509	
Haiti	331	292	386	319	(< 1960)
Jamaika	1 610	2 364	1 880	1 843	(< 1970)
Trinidad & Tobago	3 848	4 927	8 116	5 510	(< 1980)
Barbados	2 000	3 530	3 994	4 233	
Bahamas	8 448	10 737	10 631	11 317	

von Auslandskrediten. Die Regierungen schleusten eine Flut von Geld nicht nur in die Infrastruktur und die Schulen, sondern auch in staatseigene Unternehmen, große Bürokratien und überdimensionierte Streitkräfte, für die sie bezahlten, indem sie Geld druckten und sich Kredite von westlichen (insbesondere amerikanischen) Banken und internationalen Körperschaften geben ließen. Das führte zu einem steil ansteigenden Anteil der öffentlichen Ausgaben am BIP, die Inflation beschleunigte sich und wurde weiter verschärft durch indizierte Zuwächse bei Gehältern und Löhnen. Die Inflation wurde so gewaltig, daß sie schwer zu verstehen und fast unmöglich zu bekämpfen war. »1989 zum Beispiel betrug die jährliche Inflation in Nicaragua mehr als 3400 Prozent; in Argentinien erreichte die Inflation 3700 Prozent, in Brasilien fast 1500 Prozent und in Peru fast 3000 Prozent. Ecuador erging es mit nur 60 Prozent Inflation relativ gut.«[26] Unter solchen Umständen nähert sich die Währung der Wertlosigkeit, und die Zielsetzung, die nationale Sparquote zu erhöhen, um langfristige Investitionen tätigen zu können, wird gegenstandslos.

Einige der lateinamerikanischen Länder wurden zu den größten Schuldnern der Welt:

Tabelle 10-5

Anwachsen der Verschuldung Lateinamerikas (ausgewählte Länder)[27]

Land	Gesamtauslandsverschuldung (in Milliarden US-Dollar)			Langfristige Staatsverschuldung in Prozent des Bruttosozialproduktes		
	1977	1982	1987	1977	1982	1987
Argentinien	8,1	32,4	53,9	10	31	62
Brasilien	28,3	68,7	109,4	13	20	29
Chile	4,9	8,5	18,7	28	23	89
Guyana	0,4	0,9	1,2	100	158	353
Honduras	0,6	1,6	3,1	29	53	71
Jamaika	1,1	2,7	4,3	31	69	139
Mexiko	26,6	78,0	93,7	25	32	59
Venezuela	9,8	27,0	29,0	10	16	52

Infolgedessen beträgt die lateinamerikanische Verschuldung jetzt etwa 1000 Dollar für jeden Mann, jede Frau und jedes Kind. Und dieses Geld wurde noch nicht einmal produktiv investiert, es versikkerte im Lande oder verschwand als Teil der »Kapitalflucht« auf private Konten in den Vereinigten Staaten oder Europa. Dies bedeutete, daß die meisten Länder noch nicht einmal in der Lage waren, die Zinsen für ihre Kredite zu zahlen. Nichtzahlung oder Zinsverzug führte dann zu einem Austrocknen des Kapitalflusses von westlichen Banken und zu einem Nettokapitalabfluß aus Lateinamerika gerade zu einer Zeit, als der Kontinent Kapital dringend brauchte, um das Wirtschaftswachstum wieder in Gang zu bringen.* Ohne ausländische Gelder und mit Währungen, die durch die Hyperinflation praktisch wertlos geworden sind, befinden sich viele Länder in einer sehr viel schlechteren Lage, als irgend jemand sich dies vor 25 Jahren hätte vorstellen können.[28] Eine Zeitlang mußte man sogar befürchten, daß die finanziellen Probleme der Region das internationale Bankensystem erschüttern würden. Jetzt scheint es so, als ob der Hauptschaden im Kontinent selbst liegen wird, wo 180 Millionen Menschen (40 Prozent der Bevölkerung) in Armut leben – ein Anstieg von 50 Millionen allein in den 80er Jahren.

Die offenbare fiskalische Verantwortungslosigkeit und Verschwendung solcher Politik und die Tatsache, daß das Weiße Haus in Washington in den 80ern von konservativen Präsidenten besetzt war, mußte dazu führen, daß Lateinamerika unter Druck geriet – von seiten der Weltbank, des IWS, der privaten Bankiers, durch Washington selbst. Die Forderungen, die öffentlichen Ausgaben herabzusetzen, die Inflation zu bekämpfen und die Schulden zurückzuzahlen, wurden immer lauter. Aber solche Rezepte waren unter den Umständen leichter auszusprechen als umzusetzen. Es gab Inseln der Demokratie (zum Beispiel Costa Rica), aber viele Staaten wurden von nationalistischen Militärdiktatoren oder Sozialrevolutionären regiert; Guerrillakriege, Militärcoups, Arbeiterunruhen waren an der Tagesordnung. Selbst als die Demokratie sich in den 80er Jahren zu behaupten begann, fanden sich die neuen politischen Führer in einer kaum zu bewältigenden Situation wieder: Sie hatten die massiven Staatsschulden der vorhergehenden Regime geerbt; Lohnsysteme, die durch Indices an die Inflationsspirale gekettet waren; sie waren Ziel des Ressentiments von Großgrundbesitzern oder von Guerrilla-Attacken; sie mußten sich mit überbesetzten und oft korrupten Bürokratien auseinandersetzen, und ihnen fehlte ausgebildetes Personal. Während sie mit diesen Problemen zu

* Im Jahre 1989 betrug der Nettotransfer von Kapital, das Lateinamerika verließ, etwa 25 Milliarden Dollar.

kämpfen hatten, entdeckten sie, daß die westliche Welt, die der Rückkehr zur Demokratie laut Beifall gespendet hatte, deshalb noch lange nicht bereit war, neue Kredite einzuräumen.

Zwei weitere Schwächen hemmen jede Erholung. Die eine besteht in der schlechten Qualität der Bildungssysteme. Dies liegt nicht am Fehlen von Schulen und Universitäten wie in Teilen von Afrika. Viele lateinamerikanische Länder haben ein breites öffentliches Erziehungwesen, Dutzende von Universitäten und hohe Alphabetisierungsraten; Brasilien zum Beispiel besitzt 68 Universitäten, Argentinien 41.[29] Das wirkliche Problem besteht in Vernachlässigung und zu geringen Investitionen. Vor kurzem beklagte ein Journalist den Zusammenbruch in Argentinien wie folgt:

> Die Erziehung, die den Analphabetismus seit mehr als einem Jahrhundert zurückgedrängt hatte, liegt in Trümmern. Die Universitäten sind ungeheizt, und viele Schulen haben ihre Fensterscheiben verloren. Im letzten Sommer (1990) verdiente ein Grundschullehrer mit zehnjähriger Erfahrung weniger als 110 Dollar pro Monat. Ein Assistenzprofessor an der Universität von Buenos Aires, der zehn Stunden die Woche lehrte, bekam 37 Dollar pro Monat. Das Gehalt eines Arztes an einem städtischen Krankenhaus belief sich auf 120 Dollar im Monat... In letzter Zeit sind Lehrer dazu übergegangen, sich im Unterricht abzulösen oder ihre Stundenzahl herabzusetzen, weil sie und ihre Schüler den Transport zur Schule nicht mehr bezahlen konnten.[30]

Wenn es Ressourcen gäbe, wäre es wahrscheinlich möglich, diese verfallenden Strukturen wiederzubeleben, was einer nationalen Erholung den Weg bereiten könnte. Aber wo dieses Kapital herkommen soll, ist unter den gegenwärtigen Umständen nicht zu sehen. In den bürgerkriegszerrissenen Ländern Zentralamerikas gibt es überdies nur ein Minimum an Schulbildung; die letzte Einschätzung über Guatemala sagte aus, daß 63 Prozent der über Zehnjährigen Analphabeten waren, während in Honduras die Analphabetismusrate auf 40 Prozent angestiegen war.[31] Unglücklicherweise sind es auch noch die lateinamerikanischen Länder mit dem rudimentärsten Erziehungswesen, in denen ein schnelles Bevölkerungswachstum alle Ressourcen aufzehrt.

Trotz dieser Nachteile haben kürzliche Berichte über Lateinamerika zumindest angedeutet, daß das »verlorene Jahrzehnt« der 80er von einer Periode der Erholung abgelöst werden könnte. Die Wiederkehr demokratischer Regierungen, die Kompromisse in den sich hinziehenden Umschuldungsgesprächen, harte ökonomische Reformen (Reduzierung der öffentlichen Ausgaben, das Abschaffen indizierter Löhne), um die Inflationsraten zu verringern, Liberalisierung der Wirtschaft und Privatisierung anstelle von Staatsprotektionismus,[32] die Verwandlung von Haushaltsdefiziten in Überschüsse ..., all dies hat zumindest die Inter-American Development Bank zu der Prognose veranlaßt, daß ein »entschiedener und echter *take off*« bevorstehe, vorausgesetzt, die neue Politik wird aufrechterhalten.[33] In Argentinien, Mexiko, Venezuela und Chile hat ein gewisses Wirtschaftswachstum eingesetzt – selbst Investment-Banker sollen auf den Kontinent zurückgekehrt sein. Ob diese Veränderungen ausreichen werden, bleibt ungewiß, insbesondere da die neugewählten Regierungen sich weitverbreiteten Ressentiments gegen die vorgeschlagenen Reformen gegenübersehen. Wie ein Kommentator es ausdrückte: »Ein Großteil von Lateinamerika ist mit einem Wettlauf zwischen ökonomischem Niedergang und politischem Fortschritt in die 90er hineingegangen.«[34] Während Spanien, Portugal und Griechenland sich unter den Bedingungen einer relativen Prosperität der Demokratie zugewandt haben, muß Lateinamerika (wie Osteuropa) diesen Wandel durchmachen, während ihre Volkswirtschaften erst versuchen, auf die Füße zu kommen. Das bürdet der politischen Führung immense Verantwortung auf.

Obwohl man sagen kann, daß die Zukunft der Region weitgehend in ihren eigenen Händen liegt, wird sie doch auch stark von den Vereinigten Staaten beeinflußt. In vieler Hinsicht ähneln die Beziehungen zwischen Lateinamerika und den Vereinigten Staaten denen zwischen Japan und den ostasiatischen NICs. Lateinamerika hängt von den USA als Hauptabsatzmarkt und Kapitalquelle ebenso ab wie die kleineren ostasiatischen Länder von Japan.[35] Diese Beziehung erschöpft sich aber nicht in Lateinamerikas ökonomischer Abhängigkeit von den Vereinigten Staaten. Das Bankensystem der USA hat unter der Überschuldung der lateinamerikanischen Länder schwer gelitten. Die Exporte der USA nach Lateinamerika, die zum Beispiel die amerikanischen Exporte nach

Osteuropa um das Fünfzigfache übersteigen, sind durch Lateinamerikas ökonomische Schwierigkeiten schwer getroffen worden und würden von einem Wiederanspringen des Wirtschaftswachstums profitieren. Die Umwelt auf beiden Kontinenten könnte durchaus durch die Abholzung der Regenwälder im Amazonas-Gebiet und Zentralamerika bedroht sein. Das schreckliche Drogenproblem in den USA wird zwar von der heimischen Nachfrage am Leben gehalten, zugleich aber nur durch die Lieferung aus Lateinamerika ermöglicht – mehr als 80 Prozent des Kokains und 90 Prozent des Marihuanas, das in die Vereinigten Staaten kommt, wird entweder in dieser Region produziert oder über sie transportiert. Und schließlich ändert sich die Bevölkerungszusammensetzung der USA durch die Migration aus Mexiko, der Karibik und Zentralamerika. Sollte es einen breiten sozio-ökonomischen Kollaps südlich des Rio Grande geben, werden die Nachbeben in den gesamten Vereinigten Staaten zu spüren sein. Weit entfernt davon, durch das Ende des Kalten Krieges marginalisiert worden zu sein, mag Lateinamerika Washington durchaus mit einer ganzen Serie von Herausforderungen konfrontieren – sozialen, ökologischen, finanziellen und letztlich politischen –, die an Bedeutung noch zunehmen werden.[36] Während also die Politiker und die Bevölkerung in dieser Region die Hauptverantwortung für die wirtschaftliche Erholung tragen, mag es durchaus im Interesse reicherer Nationen – insbesondere der Vereinigten Staaten – liegen, ihnen zu helfen.

Wenn diese Bemerkungen Leser in Brasilien oder Peru enttäuschen, sollten sie als düsteren Trost einen Blick auf die Welt des Islam werfen. Es ist eine Sache, sich dem Bevölkerungsdruck, der Ressourcenknappheit, Defiziten im Erziehungswesen und in der Technologie sowie regionalen Konflikten gegenüberzusehen, welche selbst die klügsten Regierungen zur Verzweiflung bringen könnten. Weit schlimmer aber ist es noch, wenn die Regime selbst sich ressentimentgeladen gegen die globalen Kräfte des Wandels stellen, statt (wie in Ostasien) selektiv auf solche Trends zu reagieren. Weit davon entfernt, sich auf das 21. Jahrhundert vorzubereiten, scheint ein Großteil der arabischen und muslimischen Welt Schwierigkeiten zu haben, sich mit dem 19. Jahrhundert auszusöhnen, mit seiner Erbschaft aus Säkularisierung, Demokratie, Laissez-faire-Ökonomie, transnationalen industriellen und kommerziellen Verbindungen, sozialem Wandel und intellektueller Skepsis. Wenn man ein Beispiel für die Auswirkung kultureller Haltungen auf die Reaktion einer Gesellschaft auf Herausforderungen suchte, der zeitgenössische Islam liefert es.

Bevor man darangeht, die besondere Rolle der islamischen Kultur zu analysieren, muß man darauf hinweisen, wie gefährlich es ist, einen so viele Unterschiede aufweisenden Bereich zu verallgemeinern. Schließlich ist es noch nicht einmal klar, welcher *Name* gebraucht werden sollte, um diesen Teil der Erde zu bezeichnen. Ihn als »Nahen« oder »Mittleren Osten«[37] zu bezeichnen, verrät ein atlantisch zentriertes Vorurteil und läßt nordafrikanische Staaten wie Libyen, Tunesien, Algerien und Marokko aus. Ihn als die »arabische Welt«[38] zu bezeichnen, hieße, den Iran (und natürlich Israel) ebenso wie die Kurden, die nichtmuslimischen Stämme des südlichen Sudan und Mauretaniens wie auch andere nicht zu berücksichtigen. Selbst der Begriff Islam oder Muslimische Welt verschleiert die Tatsache, daß Millionen in dieser Gegend Christen, Kopten und Juden sind, und daß sich islamische Gesellschaften von Westafrika bis nach Indonesien erstrecken.[39]

Hinzu kommt, daß die ungleiche Verteilung der Ölvorkommen im Mittleren Osten eine Dichotomie zwischen superreichen und entsetzlich armen Gesellschaften hervorgebracht hat, die in Zentralamerika oder im Subsahara-Afrika nicht ihresgleichen hat.* Länder wie Kuwait (2 Millionen Einwohner), die Vereinigten Arabischen Emirate (1,3 Millionen) und Saudi-Arabien (11,5 Millionen) genießen Pro-Kopf-Einkommen, die zur Weltspitze gehören, aber sie leben neben volkreichen Nachbarn, deren Nationaleinkommen nicht einmal ein Drittel des ihren beträgt (Jordanien, der Iran, der Irak) oder sogar nur ein Zehntel ihres Wohlstands aufwei-

* Die wenigen ölfördernden Länder in Afrika, wie Gabun oder Nigeria, haben noch immer relativ niedrige Pro-Kopf-Bruttosozialprodukte, wenn man sie mit den arabischen Golfstaaten vergleicht.

sen (Ägypten, Jemen). Der Unterschied wird durch die abweichenden politischen Systeme noch akzentuiert: In den Scheichtümern des Golfs herrschen konservative, antidemokratische, traditionalistische Regime; in Ländern wie Libyen, Syrien, dem Irak und dem Iran regieren demagogische, populistische und vom Militär beherrschte Systeme. Der irakische Angriff auf Kuwait von 1990 und die unterschiedlichen Reaktionen der Saudi-Elite auf der einen Seite und der Massen auf den Straßen von Amman oder Rabat auf der anderen illustrieren diese Wasserscheide zwischen den Besitzenden und den Habenichtsen in der muslimischen Welt. Die Präsenz von Millionen von ägyptischen, jemenitischen, jordanischen und palästinensischen Gastarbeitern in den Ölstaaten erhöhten die gegenseitigen Ressentiments, während die Gewohnheit der Saudis und der Emirate, Milliarden von Dollar an Hilfszahlungen zu leisten (zum Beispiel an den Irak während seines Kriegs gegen den Iran, an Ägypten, um ihm in seiner ökonomischen Notlage zu helfen), den Eindruck von reichen, aber gefährdeten Regimen verstärken, die versuchen, sich ihre Sicherheit zu erkaufen, ihre größeren, eifersüchtigen Nachbarn sozusagen zu bestechen.[40] Ist es ein Wunder, daß die arbeitslosen, schlecht untergebrachten städtischen Massen, die inzwischen an jedem weltlichen Fortschritt verzweifeln, sich von religiösen Führern oder potentiellen »starken Männern« angezogen fühlen, welche an den islamischen Stolz, ein Gefühl der Identität und des Widerstandes gegen ausländische Mächte und ihre örtlichen Lakaien appellieren?

So wird die Zukunft des Nahen und Mittleren Ostens und Nordafrikas mehr als die jeder anderen Entwicklungsregion von Kriegen und Konflikten geprägt. Diese Gegend enthält heute wahrscheinlich mehr Soldaten, Flugzeuge, Raketen und andere Waffen als jede andere in der Welt, wobei in den letzten Jahrzehnten Milliardenwerte an Rüstung vom Westen, den Sowjets und Chinesen geliefert worden sind. Angesichts der Reichweite und der Vernichtungskraft dieser Waffen wäre ein weiterer arabisch-israelischer Waffengang ein Alptraum, aber viele muslimische Staaten betrachten Israel nach wie vor mit äußerster Feindseligkeit. Selbst wenn der arabisch-israelische Antagonismus nicht existierte, besitzt die Region reichlich andere Rivalitäten, zum Beispiel zwischen Syrien und dem Irak, zwischen Libyen und Ägypten, zwischen dem Iran und dem Irak usw. Das Fehlen demokratischer Systeme – außer in Ägypten und (in gewissem Maße) Tunesien und Jordanien – macht einen rationalen Diskurs und Kompromisse in diesen Disputen noch schwieriger. Bösartige Ein-Mann-Diktaturen starren drohend auf die erzkonservativen, antidemokratischen, feudalen Scheichtümer. Fundamentalistische Regime existieren vom Iran bis zum Sudan. Terroristische Gruppen im Exil drohen damit, ihre Feinde zu eliminieren. Die politische Unruhe der Massen auf den Straßen läßt die Zukunft von Ägypten, Algerien, Marokko und Jordanien zweifelhaft erscheinen.[41] Das Schicksal des Libanon wird, statt als Warnung gegen jeden sektiererischen Fanatismus zu dienen, in der Gegend oft als eine Lektion in Machtpolitik betrachtet, als Illustration dessen, daß die Starken die Schwachen fressen werden.

Für den westlichen Beobachter, der in der Tradition der Aufklärung steht – oder, was das betrifft, für die ökonomischen Rationalisten, welche die Tugenden einer grenzenlosen Welt predigen –, wäre die Antwort auf die Probleme der muslimischen Nationen wahrscheinlich ein massives Programm der *Erziehung*, und zwar nicht nur im technischen Sinne der Aneignung von Fachwissen, sondern auch, um parlamentarische Formen einzuüben und den Pluralismus und eine säkuläre bürgerliche Kultur zu verbreiten. Das ist doch schließlich der Grund für die politische Stabilität und den ökonomischen Erfolg Skandinaviens oder Japans, oder?

Wenn das ein zutreffendes Argument ist, dann würde ein solcher Beobachter wenige dieser Züge im gegenwärtigen Islam finden. In den Ländern, wo der Fundamentalismus eine starke Rolle spielt, gibt es (offensichtlich) keine Aussichten auf Ausbildung oder Fortschritt für die weibliche Hälfte der Bevölkerung.* Wo es Ingenieure und Techniker gibt, ist ihr Wissen nur allzuoft für kriegerische Zwecke eingesetzt worden – wie zum Beispiel im Irak. Ägypten besitzt – tragischerweise – ein großes und lebhaftes Universitäts-

* Im Jahr 1985 konnten von den Frauen in der Jeminitischen Republik bloße 3 Prozent lesen und schreiben, in Saudi-Arabien 12 Prozent und im Iran 30 Prozent.

system, aber eine total unzureichende Anzahl von Arbeitsplätzen für Studienabgänger und Facharbeiter, so daß Millionen von ihnen unterbeschäftigt sind. Im Jemen ist der Zustand der weiterführenden Ausbildung katastrophal. Im Kontrast dazu haben die ölreichen Staaten massive Gelder in Schulen, technische Institute und Universitäten gesteckt, aber das allein reicht nicht hin, um eine »Unternehmerkultur« zu schaffen, die eine exportorientierte Industrie nach dem ostasiatischen Vorbild entwickeln könnte. Ironischerweise könnte der Besitz von gewaltigen Ölreserven ein *Nachteil* sein, da er den Anreiz reduziert, sich auf das Fachwissen und den Fleiß des Volkes zu stützen, was in Ländern mit geringen Naturschätzen (Japan, der Schweiz) geschehen ist. Diese im allgemeinen wenig ermutigenden Umstände erklären auch, warum viele gutausgebildete und unternehmende Araber emigriert sind.

Es ist schwierig zu entscheiden, ob die Gründe für die vielfältigen Schwierigkeiten der muslimischen Welt kultureller oder historischer Art sind. Westliche Kritiker, die auf die religiöse Intoleranz, den technologischen Rückstand und die feudale Mentalität verweisen, vergessen oft, daß der Islam vor der Reformation führend in der Mathematik, Kartographie, Medizin und in vielen anderen Wissenschaften war; daß es in der muslimischen Welt Bibliotheken, Universitäten, Observatorien gab, als weder Japan noch Amerika irgend etwas dieser Art besaß und auch in Europa wenig Vergleichbares existierte. Diese Entwicklung wurde später durch ein Wiederaufleben traditionalistischen Denkens und die Spaltung in zwei Sekten, Schiiten und Sunniten, zurückgeworfen, aber der Rückzug des Islam auf sich selbst – »der Austritt aus der Geschichte«, wie ein Historiker es nannte[42] – war wahrscheinlich auch eine Reaktion auf den Aufstieg eines erfolgreichen, expansionistischen Europa. Der Westen segelte die arabischen Küsten entlang, besiegelte das Ende des Moguln-Reiches, drang mit Hilfe von Eisenbahnen, Kanälen und Häfen an strategische Punkte vor, bewegte sich stetig nach Nordafrika, in das Niltal, den Persischen Golf, die Levante und dann nach Arabien selbst hinein, teilte den Nahen und Mittleren Osten als Teil eines großen diplomatischen Handels nach dem Ende des Ersten Weltkrieges auf, nutzte die amerikanische Macht, um die europäischen Einflüsse zunächst zu verstärken und dann zu ersetzen, pflanzte einen israelischen Staat in die Mitte der arabischen Völker und gab schließlich immer wieder zu erkennen, daß dieser Teil der Erdkugel nur aufgrund seiner Ölreserven interessant sei. Der Westen mag also eine weit größere Rolle dabei gespielt haben, die muslimische Welt zu dem zu machen, was sie heute ist, als Kommentatoren aus dem Ausland anerkennen wollen.[43] Sicher besitzt der Islam viele selbstverursachte Probleme. Aber wenn viel an seiner zornigen, aggressiven Haltung gegenüber der internationalen Ordnung von heute wirklich auf eine seit langem anhaltende Furcht davor zurückgeht, vom Westen geschluckt zu werden, kann man nicht viel Veränderung erwarten, bis diese Furcht zerstreut ist.

Der Zustand von Subsahara-Afrika – »die dritte Welt der Dritten Welt«, wie es einmal genannt wurde – ist sogar noch verzweifelter.[44] Wenn man nur wenige Jahre zurückliegende Entwicklungen wie die Perestroika in der Sowjetunion, die beginnende Integration Europas und das ökonomische Wunder in Japan und den ostasiatischen NICs betrachte, bemerkt ein früherer Präsident Nigerias, General Olusegun Obasanjo, und »dies alles gegen das hält, was in Afrika vor sich geht, ist es schwierig zu glauben, daß wir in derselben historischen Zeit leben«.[45] Neuere Berichte über die Bürden dieses Kontinents sind außerordentlich düster, sie beschreiben Afrika als »eine menschliche und ökologische Katastrophenlandschaft«, als »moribund«, »an den Rand gedrängt« und »dem Rest der Welt peripher«. Es gebe hier so viele unlösbare Probleme, daß einige Entwicklungshelfer den Kontinent aufgeben, um anderswo zu arbeiten. Aus der Sicht der Weltbank wird man bis zum Jahr 2000 an praktisch jedem Punkt der Erde Fortschritte bei der Bekämpfung der Armut machen, *außer* in Afrika, wo sich die Lage wahrscheinlich weiter verschlechtern wird.[46] »Subsahara-Afrika«, schließt ein Ökonom, »leidet unter einer Kombination aus ökonomischen, sozialen, politischen, institutionellen und ökologischen Handicaps, die bisher allen Entwicklungsanstrengungen durch die afrikanischen Länder selbst und durch die Spenderländer getrotzt haben.«[47] Wie, fragt eine sympathisierende Studie, kann Afrika überleben?[48]

Angesichts der enormen Unterschiede unter den 45 Staaten, welche Subsahara-Afrika ausmachen, ist die Einstimmigkeit dieser Kommentare bemerkenswert.* Neun dieser Staaten haben weniger als eine Million Einwohner, während Nigeria über 110 Millionen hat. Einige liegen in der Wüste, einige in tropischen Regenwäldern. Viele haben reiche Mineralvorkommen, andere besitzen nur Buschland. Während eine gewisse Zahl von ihnen (Botswana, Kamerun, der Kongo, Gabun, Kenia) seit ihrer Unabhängigkeit spürbare Verbesserungen im Lebensstandard erlebt haben, bleiben sie die Ausnahme – was andeutet, daß die Hemmnisse für ein Wachstum nach dem ostasiatischen Vorbild so tief verwurzelt sind, daß sie zum Scheitern aller »Entwicklungsstrategien« ausländischer Experten und/oder der eigenen politischen Führung geführt haben. Tiefe mentale Veränderungen mögen durchaus notwendig sein, um eine wirtschaftliche Erholung zustande zu bringen.

Dies war keineswegs die Stimmung vor dreißig Jahren, als die Völker von Afrika ihre Unabhängigkeit erkämpften. Sicher, es gab große ökonomische Rückstände, aber man nahm an, daß die von Jahrzehnten der Fremdherrschaft herrührten, die zur Abhängigkeit von einem einzigen zentralen Markt, zur Monokultur, zu fehlendem Kapital usw. geführt hatten. Nun, da die Afrikaner ihr Geschick selbst in die Hände nehmen konnten, würden sie Industrien entwickeln, Städte, Flughäfen und Infrastruktur aufbauen und ausländische Investitionen und Hilfe von entweder den westlichen Mächten oder der UdSSR und ihren Partnern auf sich ziehen. Der Welthandelsboom in den 1950ern und 1960ern und die hohe Nachfrage nach Rohstoffen verstärkten diesen Optimismus. Obwohl es einzelne Notstandsgebiete gab, konnte Afrika sich im ganzen selbst ernähren und sogar Nahrungsmittel exportieren. In der Außenpolitik spielten die afrikanischen Staaten eine zunehmend bedeutende Rolle bei den Vereinten Nationen und anderen Weltorganisationen.

Was ist da schiefgegangen? Die Antwort lautet unglücklicherweise: »Sehr vieles.« Der erste und wahrscheinlich der folgenreich-

* Wie sich aus dem Text ergeben wird, schließt diese Diskussion die Republik Südafrika nicht ein.

ste Faktor war die Tatsache, daß in den drei Jahrzehnten danach die Bevölkerungszahlen in die Höhe schossen, weil importierte medizinische Techniken und ein Zurückdrängen der von Moskitos übertragenen Malaria die Säuglingssterblichkeit drastisch reduzierten. Die Bevölkerung Afrikas war schon in den 60ern mit einer Durchschnittsrate von 2,6 Prozent pro Jahr gestiegen, der Anstieg sprang im Laufe der 70er auf 2,9 Prozent und erhöhte sich bis zum Ende der 80er Jahre auf über 3 Prozent, was eine Verdoppelung der Gesamtzahlen alle 22 Jahre bedeutete. Dies war die höchste Zuwachsrate irgendeiner Region auf der Welt.[49] In bestimmten Ländern war der Anstieg überwältigend. Zwischen 1960 und 1990 vervierfachte sich die Bevölkerung Kenias von 6,3 Millionen auf 25,1 Millionen, die der Elfenbeinküste sprang von 3,8 auf 12,6 Millionen, und die Nigerias wuchs von 62,3 Millionen auf vielleicht bis zu 113 Millionen. Insgesamt schnellte die Bevölkerung Afrikas – die nordafrikanischen Staaten eingeschlossen – von 281 auf 647 Millionen, und das in nur drei Jahrzehnten![50] Und obwohl die Mehrheit der Afrikaner noch immer in ländlichen Siedlungsgebieten leben, hat sich der Kontinent mit schwindelerregender Geschwindigkeit verstädtert. Riesige Slum-Siedlungen haben sich um die Hauptstädte der einzelnen Länder gelegt (Accra, Monrovia, Lilongwe), und alle Prognosen gehen davon aus, daß die Stadtbewohner bis zum Jahre 2025 55 Prozent der Gesamtbevölkerung Afrikas ausmachen werden.

Die schlimmste Nachricht dabei ist, daß sich der Bevölkerungszuwachs in der nahen Zukunft nicht vermindern wird. Obwohl die meisten afrikanischen Länder weniger als 1 Prozent ihres Bruttosozialprodukts für den Gesundheitsdienst ausgeben und infolgedessen die höchste Kindersterblichkeit in der Welt haben – in Mali zum Beispiel kommen auf 1000 Lebendgeburten 169 Säuglingssterbefälle –, sind diese Raten substantiell niedriger als vor einem Vierteljahrhundert und werden in der Zukunft noch weiter zurückgehen, weshalb Demographen voraussagen, daß die Bevölkerung Afrikas im Jahre 2025 fast dreimal so groß sein wird wie heute.[51] Ein weiterer Grund, warum dieser demographische Boom nicht so schnell zum Stehen zu bringen sein wird, liegt in traditionellen afrikanischen Glaubenssystemen, die sich um Fruchtbarkeit, Kinder, Ahnen und die Rolle der Frau drehen. Tief überzeugt von der unsichtbaren, aber durchgängigen Präsenz ihrer Ahnen, entschlossen ihre Linien fortzusetzen, Kinderlosigkeit oder kleine Familien als das Werk böser Geister fürchtend, suchen die meisten Afrikaner so viele Nachkommen wie möglich zu haben; Tugend und Nutzen einer Frau wird an der Zahl ihrer Kinder gemessen. »Erwünschte Familiengrößen« reichen nach Umfragen unter afrikanischen Frauen von fünf bis zu neun Kindern. Die gesellschaftlichen Bedingungen, die in Nordamerika, Europa und Japan dazu führen, daß die Frauen das Gebären von Kindern aufschieben – Bildung, Karriereambitionen, Streben nach Unabhängigkeit –, existieren in den meisten afrikanischen Gesellschaften nicht; wo sie auftauchen, scheitern sie schnell am Druck traditioneller Haltungen zur Familie.[52]

Wäre dieser Bevölkerungszuwachs mit einer entsprechenden Steigerung der Produktivität Afrikas einhergegangen, sähe das Bild besser aus. Tatsächlich aber sind die ökonomischen Trends fast ohne Ausnahme ungünstig gewesen. Im Laufe der 60er Jahre stiegen die Ernten um etwa 3 Prozent pro Jahr, hielten also mit der Bevölkerung Schritt, aber seit 1970 ist die landwirtschaftliche Produktion nur noch mit der Hälfte dieser Rate gewachsen. Ein Teil dieses Rückgangs muß der Trockenheit zugeschrieben werden, welche die Länder südlich der Sahara so schwer getroffen hat. Überdies wurden die vorhandenen landwirtschaftlichen Ressourcen einerseits durch die Überweidung – verursacht durch den schnellen Anstieg in der Anzahl von Rindern und Ziegen –, andererseits durch die Entwaldung – um Brennholz und Obdach für die wachsende Bevölkerung zu schaffen – schwer geschädigt. Wenn Regen fällt, spült das Wasser über die entblößten Felder hinweg und schwemmt den Mutterboden ab. Auch Veränderungen im Anbau trugen nicht zur Verbesserung der Lage bei. Bauern wurden ermutigt, Tee, Kaffee, Kakao, Palmöl und Gummi für den Export zu produzieren, statt etwas für die Lebensmittelversorgung im Lande zu tun. Nachdem sie zunächst von den hohen Rohstoffpreisen der 60er Jahre profitiert hatten, traf sie eine ganze Reihe von Rückschlägen. Hohe Besteuerung und erzwungene Vermarktung durch die Regierung zerstörten jeden Anreiz, die Erträge zu erhöhen; die Konkurrenz durch asiatische und lateinamerikanische Produzenten stieg; viele afrikanische Währungen waren überbewertet, was den Exporten schadete; und gegen Mitte der 70er Jahre fielen die Weltrohstoffpreise. Die Kosten von importierten Industriegütern und Nahrungsmitteln indessen blieben hoch, und die Vervierfachung des Ölpreises traf Subsahara-Afrika schwer.[53]

Diese Schläge erhöhten die Verschuldung Afrikas, und zwar in einer qualitativ anderen Weise als zuvor. Die frühen postkolonialen Kredite galten vor allen Dingen dem Versuch, die betreffenden Länder zu modernisieren, das Geld ging in den Aufbau von Zementfabriken, Stahlwerken, Flughäfen, Häfen, nationalen Luftlinien, in Elektrifizierungsprojekte und Telefonnetze. Viele dieser Unternehmungen litten unter bürokratischen Eingriffen, dem Mangel an Fachpersonal, unrealistischer Planung und unzureichenden logistischen Voraussetzungen, und sie liegen nun halb beendet oder (wo sie fertiggestellt wurden) ungepflegt da. Aber die spätere Aufnahme von Krediten, um für importiertes Öl zu bezahlen oder die Bevölkerung zu ernähren, bedeutet, daß die Verschuldung steigt, ohne daß diese Investitionen sich jemals bezahlt machen könnten. Infolgedessen stieg die Gesamtverschuldung Afrikas von 14 Milliarden Dollar im Jahre 1973 auf 125 Milliarden Dollar im Jahre 1987, während seine Fähigkeit, diese Schulden jemals zurückzuzahlen, weiter sank. Schon Mitte der 80er Jahre verschlang die Bedienung der Kredite etwa 50 Prozent von Afrikas Export-Einkommen, eine Proportion, welche selbst die der lateinamerikanischen Schuldnernationen übertraf. Nach wiederholten Umschuldungsabkommen haben die westlichen Banker – die von Anfang an wenig Begeisterung gezeigt hatten – praktisch aufgehört, Afrika private Kredite zuzugestehen.[54]

Infolgedessen ist Afrikas Wirtschaft heute in einer viel schlechteren Lage als zur Zeit der Unabhängigkeit, wenn man einmal Länder wie Botswana und Mauritius ausnimmt. Vielleicht die erschrekkendste Illustration dieser Situation ist die Tatsache, daß »die Nationen von Subsahara-Afrika, Südafrika ausgeschlossen, mit ihren

450 Millionen Menschen ein Gesamtbruttoinlandsprodukt haben, das nicht einmal das von Belgiens 11 Millionen Menschen erreicht«.[55] Afrikas Anteil an den Weltmärkten ist zusammengeschrumpft, während Ostasiens Anteil schnell wuchs. Modernisierungspläne werden nicht verwirklicht. Die industrielle Fertigung beträgt noch immer nur 11 Prozent von Afrikas wirtschaftlicher Tätigkeit – kaum höher als der 9-Prozent-Anteil von 1965; und nur 12 Prozent der Exporte des Kontinents bestehen aus Industriegütern (verglichen mit 90 Prozent in Korea). Statt dessen häufen sich die Symptome des Verfalls: eine zusammenbrechende Infrastruktur, Stromausfälle, nicht funktionierende Telefonnetze, aufgegebene Projekte und überall der Druck, die wachsende Bevölkerung zu ernähren. Bereits jetzt muß Afrika 15 Millionen Tonnen Mais pro Jahr importieren, um ein sehr niedriges Niveau der Nahrungsmittelversorgung aufrechtzuerhalten. Aber da seine Bevölkerung schneller zunimmt als die landwirtschaftliche Produktion, könnte diese Zahl sich im Laufe des nächsten Jahrzehnts vervielfachen – was eine noch größere Umlenkung von Geldern weg von Investitionen und Infrastruktur bedeutete.[56]

Zwei weitere Faktoren verschlechtern die Lage Afrikas. Der erste besteht in dem häufigen Ausbrechen von Bürgerkriegen, ethnischen Konflikten, Machtkämpfen usw. – politischer Instabilität also. Dies ist zum Teil ein Erbe der europäischen »Aufteilung« Afrikas. Koloniale Grenzen wurden ohne Rücksicht auf unterschiedliche Stämme und ethnische Gruppen gezogen, oder sie basierten auf früheren Eroberungen erfolgreicher Stämme, die sich benachbartes Territorium und Völker untertan gemacht hatten; Äthiopien zum Beispiel umfaßt angeblich 76 ethnische Gruppen und 286 Sprachen.[57] Während man allgemein akzeptiert, daß diese Grenzen nicht rückgängig gemacht werden können, sticht die Künstlichkeit vieler von ihnen ins Auge. Die Regierungen haben größte Mühe, sich die Loyalität ihrer Bürger zu erhalten (oft gelingt das nur bei mit den Herrschenden verwandten Stämmen), und ethnische Spannungen haben unzählige Bürgerkriege hervorgebracht – von Biafras Versuch, sich von Nigeria zu trennen, bis zu dem Konflikt zwischen dem arabischen Norden und afrikanischen Süden des

Sudan, vom eritreischen Kampf, sich von Äthiopien zu lösen, bis zu dem Tutsi-Hutu-Konflikt in Burundi. Es gab Zusammenstöße und grausame Unterdrückung sowie Guerrilla-Feldzüge von Uganda bis zur westlichen Sahara, von Angola bis Mosambik.[58]

Diese Antagonismen wurden oft durch den Kampf um Ideologien und Regierungsautorität verschärft. Die Herrscher vieler neuer afrikanischer Staaten gingen schnell entweder zu einer persönlichen Diktatur oder zu einem Ein-Parteien-Staat über. Sie übernahmen eine sowjetische oder maoistische Wirtschaftsform, verfügten Preiskontrollen, Produktionsziele, erzwungene Industrialisierung, die Verstaatlichung privater Unternehmen und andere Elemente des »wissenschaftlichen Sozialismus«, der – was sie natürlich nicht wußten – bereits zu der Zeit die Sowjetwirtschaft in ihre lange Krise stürzte. Die Landwirtschaft wurde vernachlässigt, die Bürokratie blühte auf. Das Resultat war das Verschwinden landwirtschaftlicher Überschüsse, wenig Aufmerksamkeit für die Nachfrage auf den Weltmärkten und die Ausweitung von Partei- und Regierungsbürokratien. Das alles konnte die Probleme der Region nur verschärfen.

Die zweite Schwäche war die total inadäquate Investition in die menschlichen Ressourcen und das Fehlen jedes Versuches, eine Unternehmenskultur, wissenschaftliche Neugier und technisches Können zu entwickeln. Einer Untersuchung zufolge hat Afrika weniger als einen Dollar im Jahr pro Kopf der Bevölkerung auf Forschung und Entwicklung verwandt, während die Vereinigten Staaten über 200 Dollar pro Kopf ausgaben. Infolgedessen hat die Anzahl an Wissenschaftlern in Afrika immer weit hinter dem Rest der Welt gelegen (siehe Tabelle 10-6).

In vielen afrikanischen Ländern – Malawi, Sambia, Lesotho, Somalia – sind die Staatsausgaben für das Bildungswesen gefallen, so daß heute, nach einigen Jahrzehnten des Fortschritts, wieder ein geringerer Anteil der Landeskinder die Schule besucht. Es gibt zweifellos einen großen Hunger nach Wissen, aber außer für eine kleine Minderheit kann er über die sekundäre Schulebene hinaus kaum befriedigt werden. Angola zum Beispiel hatte in den Grundschulen im Jahre 1982/83 2,4 Millionen Schüler, aber nur 153 000

Tabelle 10-6

Anzahl der Wissenschaftler und Ingenieure[59]
(pro Million der Bevölkerung)

Japan	3548
USA	2685
Europa	1632
Lateinamerika	209
Arabische Staaten	202
Asien (ohne Japan)	99
Afrika	53

besuchten sekundäre Schulen, und lediglich 4700 studierten.[60] Im Gegensatz dazu besaß Schweden mit einer nur wenig kleineren Gesamtbevölkerung 570000 Schüler in weiterführenden Schulen und 179000 Studenten in der Hochschulausbildung.[61] Unter den 5 Millionen Einwohnern von Burundi im Jahre 1984 gab es nur 218 Wissenschaftler und Ingenieure. Afrikanische Wissenschaftler haben immer wieder nach einer politischen Führung gerufen, die »Wissenschaft und Technologie als das Schlüsselelement für die Transformation der Gesellschaft« ansehen,[62] aber die Umstände, durch die so viele afrikanische Politiker an die Macht gekommen sind (häufig durch militärische Coups d'État), und die Energie, die sie aufwenden müssen, um ihre Länder auch nur zusammenzuhalten, macht eine politische Strategie, die zu mehr Wissenschaft und Technologie führt, sehr unwahrscheinlich.

Trotz dieser Schwächen behaupten einige Beobachter, daß sie Anzeichen einer Wende festgestellt haben. Mit der Ausnahme von einigen unbelehrbaren, traditionellen afrikanischen Sozialisten[63] versuchen viele politische Führer jetzt, Reformen einzuleiten. In Anerkennung ihrer »strukturellen Anpassungsmaßnahmen«, das heißt Maßnahmen, um das freie Unternehmertum zu fördern, haben bestimmte afrikanische Staaten zusätzliche Kredite von westlichen Nationen und der Weltbank erhalten. Die Weltbank hat Irrtümer der Vergangenheit (von denen viele auf ihr eigenes Konto gingen) anerkannt und ermutigt jetzt die afrikanischen Regierungen, ökonomische Reformen zu unternehmen. Mosambik, Ghana und Sambia beanspruchen heute, das negative Wachstum in ihren

Ländern umgekehrt zu haben, wenn auch unter beträchtlichen sozialen Kosten. Auch demokratische Prinzipien kehren auf den Kontinent zurück: der Abbau der Apartheid in Südafrika, der Waffenstillstand in Angola, die Unabhängigkeit Namibias, Botswanas Erfolge auf dem Weg zu Demokratie und Prosperität, die Rufe nach Reformen in Gabun, Kenia und Zaïre, die wachsende Kenntnis der Entwicklung in Ostasien unter afrikanischen Intellektuellen – das alles mag helfen, so wird argumentiert, die Haltung auf dem Kontinent zu verändern, was eine Voraussetzung für die Erholung wäre.[64] Überdies gibt es an der Basis im Lande selbst Beispiele ökonomischer Selbsthilfe, kooperative Unternehmen, um die Erosion zu stoppen und die Ernten zu erhöhen, sowie Verbesserungspläne auf Dorfebene.[65] Dies ist schließlich ein Kontinent mit enormen landwirtschaftlichen und Rohstoff-Ressourcen, vorausgesetzt, sie werden vernünftig ausgebeutet.

Aber trotz solch ermutigender Anzeichen wird die Lage sich wahrscheinlich kaum verbessern. Der Bevölkerungszuwachs, das Schrumpfen des Weidelands, das Zurückgehen der Ernten, die Bürden der Verschuldung, der Verfall der Infrastruktur und die Folgen reduzierter Ausgaben für das Gesundheitswesen und die Erziehung, die noch immer große Ausstrahlung animistischer Religionen und traditioneller Glaubenssysteme, die Macht korrupter Bürokratien und ethnischer Loyalitäten ... all dies lastet schwer auf den relativ wenigen politischen Führern Afrikas, auf Lehrern, Wissenschaftlern und Ökonomen, welche die Notwendigkeit eines Wandels erkannt haben.

Während Afrika darum kämpft, seine Verbindungen mit dem Rest der Welt aufrechtzuerhalten, deutet vieles – der Rückgang der Entwicklungshilfe, das Schrumpfen der Handels- und Investitionsflüsse, die geringere Medienaufmerksamkeit, das deutlich nachlassende Interesse der Supermächte –, darauf hin, daß der Kontinent an die Peripherie gerückt ist. Einige Fachleute argumentieren, das Disengagement der entwickelten Länder könne den positiven Effekt haben, die Afrikaner zu zwingen, eine selbstbestimmte Erholung in Gang zu setzen sowie den Mißbrauch der Entwicklungsgelder zu beenden.[66] Andere sind überzeugt, daß Afrika ohne den

Westen nicht überleben kann, allerdings müßten die Bevölkerung und die politischen Führer selbst die vorherrschenden Haltungen revidieren und die Entwicklungshilfe intelligenter anwenden.[67]

Welche Einschätzung auch die richtigere sein mag, das kommende Jahrzehnt wird für Afrika ein kritisches sein. Selbst eine partielle Erholung würde für neue Hoffnung sorgen. Ein zweites Jahrzehnt des Niedergangs indessen, das mit einem weiteren Anstieg der Bevölkerung zusammenfällt, würde zu einer Katastrophe führen.

Die Reaktionen der Entwicklungsländer auf die Kräfte des globalen Wandels werden ohne Zweifel sehr unterschiedlich sein. Während einige sich in den größten Schwierigkeiten befinden, durchleben andere einen Wirtschaftsboom – das ist auch nicht anders zu erwarten, wenn man sich Nationen ansieht, die von Singapur bis zu Burkina Faso reichen. Vieles spricht dafür, daß diese Lücke sich erweitern wird – denn die eine Gruppe profitiert von interagierenden positiven Trends, während andere unter miteinander vernetzten Schwächen und Defiziten leiden.[68]

Am klarsten ist dies der Fall in der Frage der demographischen Trends. Wie wir oben gesehen haben, schuf die Konzentration der ostasiatischen Handelsstaaten auf Bildung, Industrie *und* exportgetriebenes Wachstum einen stetigen Anstieg des Lebensstandards. Das wiederum erlaubte diesen Gesellschaften, den demographischen Übergang zu kleineren Familiengrößen zu bewerkstelligen. Aufgrund ganz anders gearteter kultureller Haltungen und sozialer Strukturen führten im Gegensatz dazu im Subsahara-Afrika ein verbessertes Gesundheitswesen und steigende Einkommen *nicht* zu einem Absinken im Bevölkerungswachstum, sondern bewirkten das Gegenteil. Die durchschnittliche kenianische Frau hatte zum Beispiel in der Zeit kurz vor der Unabhängigkeit von 1960 6,2 Kinder, während diese Zahl bis 1980 auf 8,2 gestiegen war[69] – und das in einer Periode, in der die ökonomischen Aussichten Afrikas immer schlechter wurden.

In Afrikas Fall ist der »globale Trend«, der alle anderen treibt, eindeutig die demographische Explosion. Sie wirkt in praktisch jeden anderen Bereich hinein – Überweidung, lokale Konflikte um Wasser und Holz, gewaltige ungeplante Verstädterung, Belastungen des Bildungswesens und der sozialen Strukturen, die Abhängigkeit von importierten Nahrungsmitteln (auf Kosten steigender Verschuldung), ethnische Spannungen, innenpolitische Unruhen, Grenzkriege... Nur mit Verspätung arbeiten jetzt einige afrikanische Regierungen darauf hin, die Familien zu überreden, ihre Kopfzahl einzuschränken; erst seit kurzem haben die Menschen in Afrika begriffen, daß Familienplanung und verbesserte Bildungschancen für Frauen eine deutliche Verringerung der Geburtenrate nach sich ziehen. Gegen solche positiven Symptome stehen die vielen Kräfte, die oben beschrieben wurden: kulturelle, geschlechtsgebundene, ökonomische Hemmnisse, welche weiterhin eine hohe Kinderzahl ermutigen; und dieses Beharrungsvermögen wird verstärkt durch Afrikas allgemeinen Mangel an Ressourcen. Somalias weibliche Alphabetisierungsrate (6 Prozent) auf die Südkoreas (88 Prozent) anzuheben, um einen demographischen Übergang zu bewirken, klingt gut, bis man sich in Erinnerung ruft, wie eine solche massive Reform durchgeführt und bezahlt werden soll. Nach allen Schätzungen wird sich die Bevölkerung Afrikas in den nächsten Jahrzehnten fast verdreifachen, wobei die einzige Einschränkung die rapide Ausbreitung von Aids ist.[70]

In vielen – wenn auch nicht allen – Teilen Lateinamerikas wird die demographische Explosion die Fähigkeit, mit den globalen Kräften des Wandels fertigzuwerden, ebenfalls beeinflussen. Zwar gibt es große Unterschiede in den Gesamtgeburtenraten zwischen den Ländern im gemäßigten Klima und jenen in den Tropen, aber das Gesamtbild sagt aus, daß Lateinamerikas Bevölkerung, die 1960 noch jener der Vereinigten Staaten und Kanadas entsprach, so schnell zunimmt, daß sie im Jahre 2025 mehr als das Doppelte der letzteren betragen wird.*[71] Obwohl die Geburtenraten sich jetzt in den größeren Ländern verringern, wird es noch immer enorme

* Die Gesamtbevölkerung der USA und Kanadas 1960 betrug 217 Millionen, was Lateinamerikas 210 Millionen etwa entsprach; bis zum Jahre 2025 wird dieses Verhältnis sich auf 332 Millionen im Norden zu 762 Millionen in Südamerika verändern.

Zuwächse geben. Mexikos Bevölkerung wird 2025 etwa 150 Millionen Menschen betragen und die Brasiliens bis zu 245 Millionen.[72] Was das in gesellschaftlichen und ökologischen Begriffen bedeutet, ist klar. Es wird eine massive Vermehrung des Kinderelends und der Unterernährung geben, weitere Belastungen der bereits jetzt inadäquaten Gesundheitsfürsorge und der Bildungseinrichtungen, Millionen von Menschen werden sich in ein Dutzend oder mehr »Megastädte« drängen, die Luftverschmutzung, die Verschlechterung des Weidelandes, die Abholzung von Wäldern und die Vernichtung anderer Naturressourcen werden zunehmen. In Mexiko zum Beispiel leben 44 Millionen Menschen ohne Klärwerke und 21 Millionen Menschen ohne Trinkwasser, was bedeutet, daß sich Epidemien (zum Beispiel die Cholera), wenn sie auftreten, sehr schnell verbreiten können.[73] Dies sind alles andere als starke Fundamente, auf welchen man die relative Prosperität der Region und ihren Stand in einer zunehmend kompetitiven internationalen Wirtschaftsordnung verbessern könnte.

In dieser Hinsicht befinden sich viele muslimische Staaten in einer ähnlichen oder schlechteren Lage; es gibt kein arabisches Land, in welchem sich die Bevölkerung um weniger als 2 Prozent pro Jahr vermehrt,[74] und in den meisten liegt die Rate noch beträchtlich höher. Die Gesamtbevölkerung der Region von mehr als 200 Millionen Menschen wird sich in weniger als 25 Jahren verdoppeln, und die Stadtbevölkerung wächst zweimal so schnell wie der nationale Durchschnitt. Das übt einen enormen Druck auf die knappen Lebensmittel, auf die Wasser- und Landressourcen aus, und es bringt eine stark unausbalancierte Bevölkerungsstruktur hervor. Bereits jetzt sind in diesen Ländern zumindest 4 von 10 Menschen unter 15 Jahre alt – das klassische Rezept für gesellschaftliche Unruhen und politische Revolutionen. »Man gehe an jedem beliebigen Arbeitstag die Avenue Habib Burguiba, die Hauptstraße von Tunis, entlang, und man wird die Cafés überfüllt von gelangweilten jungen Männern vorfinden; bis zu 40 Prozent der Tunesier sind arbeitslos. Das schläfrige Casablanca ist zu einer Stadt von 3 Millionen Seelen geworden, mit einem anschwellenden Slumgürtel. Lebensmittelaufstände brachen 1984 in Marokkos nördlichen Städten aus. Groß-Kairo ist die Heimat von 13 Millionen Menschen, von denen Hunderttausende auf Friedhöfen wohnen, in Papphütten, Gassen und Hauseingängen ...« Einer von fünf ägyptischen Arbeitern ist beschäftigungslos, einer von vier Algeriern.[75] Die Bevölkerungsentwicklung macht also in einer Region, die im allgemeinen als die turbulenteste der Welt angesehen wird, zukünftige politische Unruhen praktisch unvermeidlich. Sogar der israelisch-palästinensische Konflikt ist zu einer Frage der Demographie geworden, wobei die Einwanderung sowjetischer Juden gebraucht wird, um der größeren Fruchtbarkeit der Palästinenser entgegenzuwirken.

Es gibt überdies nur eine geringe Wahrscheinlichkeit, daß das Bevölkerungswachstum in der näheren Zukunft sinken wird, da die Säuglingssterblichkeit in vielen muslimischen Ländern noch immer hoch ist:

Tabelle 10-7

Säuglingssterblichkeit im Vergleich[76]
(Säuglingssterbefälle pro 1000 Lebendgeburten)

	1965–70	1985–90
Algerien	150	74
Ägypten	170	85
Sudan	156	108
Jemen	186	116
Saudi-Arabien	140	71
Kuwait	55	19
Irak	111	69
Japan	16	5
USA	22	10
Schweden	13	6

Das heißt, daß weitere Verbesserungen in Hygiene und Gesundheitsfürsorge für einen Anstieg der Geburtenrate sorgen werden, was zur Zeit in den Golfstaaten und in Saudi-Arabien geschieht.

Wie auf anderen Gebieten greift auch hier die Politik ein. Viele Regime ermutigen bewußt die Frauen, große Familien zu gründen.

Das Argument lautet, daß dies die militärische Macht des Landes verstärke. »Gebäre ein Kind«, verkünden Plakate im Irak, »und Du schießt einen Pfeil ins Auge des Feindes.«[77] Länder wie der Irak und Libyen bieten viele Anreize für größere Familien, und das tun auch die Golfstaaten und Saudi-Arabien, die darauf hinarbeiten, ihre ölreichen Länder mit den eigenen Leuten zu füllen und nicht mit Gastarbeitern. Nur in Ägypten gibt es Propagandakampagnen, um die Familiengrößen einzuschränken, aber selbst wenn das Erfolg hat – trotz des Widerstandes zum Beispiel der Moslem-Bruderschaft –, sind die gegenwärtigen Zahlen alarmierend. Mit einer augenblicklichen Bevölkerung von über 55 Millionen Ägyptern, wobei 6 von 10 unter ihnen jünger als 20 sind, und mit einer Million Neugeburten alle acht Monate ist das Land in Gefahr, im Laufe der nächsten Jahrzehnte aus den Nähten zu platzen.

Aus ziemlich den gleichen Gründen können wir eine unterschiedliche Erfolgsrate unter den Entwicklungsländern in ihrer Auseinandersetzung mit ökologischen Herausforderungen erwarten. Auch hierbei werden die ostasiatischen NICs weit vor den anderen liegen. Das heißt nicht, daß man beachtliche lokale Pläne, die Ökologie zu verbessern, welche in Afrika eingeleitet worden sind, und die interessanten Vorschläge für eine »nachhaltige Entwicklung« anderswo in der Entwicklungswelt ignorieren,[78] oder daß man vergessen sollte, daß die Industrialisierung ökologische Konsequenzen auch in Ostasien gehabt hat – von verstopften Straßen bis zu geschädigten Wäldern. Dennoch bleibt es eine Tatsache, daß Nationen mit ihren Ressourcen (Kapital, Wissenschaftler, Ingenieure, Technologie) besser in der Lage sind, mit Umweltbedrohungen fertigzuwerden als Länder ohne Geld, Technik und Personal. Auch gibt es eine »Rückkopplungsschleife« zwischen einem hohen Bildungsniveau, verstärktem Umweltbewußtsein und der Bereitschaft, Umweltschäden zu verhindern, welche darauf verweist, daß Ostasien auf diesem Gebiet schneller und erfolgreicher reagieren wird. Im Gegensatz dazu fällt es den ärmeren, mit vielen Nachteilen beladenen Gesellschaften (Ägypten, Bangladesch, Äthiopien) natürlich sehr viel schwerer, auf Stürme, Überschwemmungen, Dürren und andere Naturkatastrophen zu reagieren. Ihre verelendeten Bevölkerungen werden also die Millionenheere der Flüchtlinge und Migranten vermehren. Sollte die globale Erwärmung tatsächlich einen ernsthaften Anstieg des Meeresspiegels und zunehmend extreme Wetterlagen hervorbringen, werden große Inselbevölkerungen von der Karibik bis zum Pazifik auf die Kontinente geschwemmt werden.[79]

Schließlich ist die Bevölkerungsexplosion Lateinamerikas, Südasiens und Afrikas die Hauptursache für die Überweidung, Bodenerosion und Abholzung sowie Brandrodung der tropischen Regenwälder, welche einerseits zur globalen Erwärmung beitragen und andererseits auch die Bevölkerung vor Ort belasten und die regionalen Machtkämpfe verschärfen. Anderswo, im Nahen und Mittleren Osten zum Beispiel, stellen die Wasserreserven die größte Sorge dar, insbesondere angesichts des wachsenden demographischen Drucks. Bereits jetzt verbraucht der durchschnittliche Jordanier nur ein Drittel der Wassermenge, die ein Israeli benutzt, und es gibt wenig Hoffnung auf eine Verbesserung der Wasserversorgung. Dabei erwartet man, daß sich die Bevölkerung Jordaniens in den nächsten zwanzig Jahren verdoppeln wird.[80] Da alle Regierungen in dieser Gegend darum bemüht sind, die landwirtschaftliche Produktion zu erhöhen und Hungersnöte und Unruhen unter der Landbevölkerung fürchten, wird die Suche nach gesicherten Wasserreserven die Innen- und Außenpolitik sowie die Finanzen dieser Länder beeinflussen. Ägypten sorgt sich darum, daß entweder der Sudan oder Äthiopien den Nil stauen könnte, um die Bewässerung zu verbessern. Syrien und der Irak sind über den neuen Atatürk-Damm der Türkei alarmiert, weil dieser die Wassermengen, die der Euphrat führt, kontrollieren kann. Jordanien, Syrien und Israel streiten sich um die Wasserrechte in den Litani-, Yarmuk- und Jordan-Tälern, und dasselbe tun die Araber und Juden, was die Brunnen auf dem besetzten Westufer betrifft. Saudi-Arabiens Ambitionen, Weizen anzubauen, erschöpfen seine unterirdischen Wasserreserven, und Libyens gigantische Planungen, das Wasser unter der Sahara anzuzapfen, werden ähnliche Folgen haben.[81] Da mehr und mehr Völker um dieselben – und nachgebenden – Wasserreserven kämpfen, erscheint es fast irrelevant, sich große Gedanken um die Vorbereitung auf das 21. Jahrhundert zu machen; *dieses* Jahrhundert zu überleben, steht auf der Tagesordnung.

Auf der anderen Seite ist die Revolution in der biotechnologischen Landwirtschaft von großer Bedeutung für die Entwicklungsländer, selbst wenn die Folgen sehr gemischt sein werden. Verbessertes Saatgut und raffiniertere Pestizide und Kunstdünger könnten potentiell die Erträge in der Entwicklungswelt verbessern, den Ländern ihre landwirtschaftliche Selbstgenügsamkeit zurückgeben, die Zahlungsbilanz verbessern und den Lebensstandard erhöhen. Da ein großer Teil der neuen Biotechnologie keine teuren Unternehmungen erfordert, könnte es zu landwirtschaftlichen Genossenschaften kommen, die mit neuem Saatgut, verbesserten Zuchttechniken, regionalen Gen-Banken und anderen Entwicklungen experimentieren. Wie oben bereits erwähnt, ist es ebenso möglich, daß große pharmazeutische und agro-chemische Firmen in der »Ersten« Welt viel dieses Wissens monopolisieren – und die Profite einstecken. Globale Nahrungsmittelüberschüsse, hervorgerufen durch die Biotech-Revolution, könnten dazu benutzt werden, der Unterernährung zu begegnen. Sie könnten aber auch die Rohstoffpreise drücken und Gesellschaften schädigen, in denen ein großer Bevölkerungsanteil in der Landwirtschaft arbeitet. Die künstliche Nahrungsmittelherstellung könnte landwirtschaftliche Gesellschaften geradezu zerstören, weshalb einige Biotech-Experten ernsthafte Planung auf dem Gebiet der »landwirtschaftlichen Konversion« fordern, wobei sie unter Konversion die Umstellung auf andere ökonomische Tätigkeiten verstehen.[82]

Alles hängt, wie gesagt, davon ab, ob die neue Technologie im wesentlichen dazu gebraucht wird, traditionelle Formen der Nahrungsmittelherstellung zu verbessern, und ob sie Bauern in der Entwicklungswelt zugänglich gemacht wird (durch internationale Körperschaften usw.), oder ob sie auf die *In-vitro*-Produktion und die Verarbeitung in den Laboratorien agro-industrieller Multis zuläuft, was die traditionelle Landwirtschaft obsolet machen würde. Sollte sich der letztere Trend als der stärkere erweisen, wird sich ein Hightech-Land mit einem zurückgehenden landwirtschaftlichen Sektor (zum Beispiel Korea) leichter anpassen können als eine

Gesellschaft, die sich ganz auf Rohstoffexporte stützt (zum Beispiel Gambia, die Elfenbeinküste, Costa Rica).

Die Biotechnologie ist in sich relativ divers, was auf die Robotik und die automatisierte Herstellung nicht zutrifft. Die Voraussetzungen für eine einheimische Robotik-Industrie – Kapital, ein fortgeschrittener Elektroniksektor, hochqualifizierte Ingenieure, eine Knappheit an Facharbeitern – verweisen darauf, daß Länder wie Taiwan und Korea Japans Beispiel aus der Sorge heraus folgen könnten, daß die Automatisierung in Japan ihre eigenen Produkte konkurrenzunfähig machen könnte. Auf der anderen Seite stellen automatisierte Fabriken, welche Industriegüter schneller, gleichmäßiger und sparsamer als Menschen herstellen, eine Herausforderung für die Volkswirtschaften mittlerer Lage (Malaysia, Mexiko) dar, deren relative Vorteile sie untergraben würden. Was die Länder ohne jede industrielle Basis angeht, ist schwer zu erkennen, daß die Robotik-Revolution für sie irgendeine Bedeutung haben würde – außer daß sie die eine Ressource, welche sie im Überfluß besitzen, die Massen von verarmten und schlechtausgebildeten Menschen, weiter abwerten würde.

Schließlich drohen die globale Finanz- und Kommunikationsrevolution sowie das Auftauchen der multinationalen Konzerne den Abstand zwischen reicheren und ärmeren Ländern zu vergrößern, sogar in der Entwicklungswelt. Da die industriellen Konglomerate Koreas sich nun auf den Weg machen, multinational zu werden, und die ostasiatischen NICs im allgemeinen bereits in der Lage sind, die Vorteile einer Weltwirtschaft auszunutzen (was an ihren Handelsbilanzen, Aktienmärkten, Elektronik-Industrien, strategischen Vermarktungsallianzen usw. deutlich wird), ist dies für sie ein weiteres Feld, auf dem Gewinne gemacht werden können. Wenn überdies die grenzenlose Welt Unternehmer, Designer, Börsenmakler, Patentbesitzer, Juristen und Dienstleister begünstigt, dann wird Ostasiens traditionelle Stärke auf dem Gebiet der Bildung, Wissenschaft und Technologie der Region sehr zustatten kommen.

Im Gegensatz dazu macht es ein relativer Kapitalmangel, das weitgehende Fehlen von Hightech-Wissenschaftlern und Facharbeitern, die Schwäche ihrer exportorientierten Industrie anderen Entwicklungsländern sehr schwer, sich einen Anteil an der Kommunikations- und Finanzrevolution zu sichern, obwohl einige der stärkeren Staaten (Brasilien, Indien) offensichtlich hoffen, dies zu tun. Einige der pessimistischeren Prognosen sagen aus, daß die Entwicklungswelt sogar noch mehr an den Rand gedrängt werden wird, zum Teil wegen der sinkenden Bedeutung materieller Arbeit, der Rohstoffe und Nahrungsmittel, zum Teil auch, weil die fortgeschrittenen Gesellschaften sich auf den wachsenden »wissensorientierten« Handel untereinander konzentrieren werden.

Gibt es irgendeinen Weg, diese Tendenzen umzukehren? Offensichtlich wird eine Gesellschaft, die von fundamentalistischen Mullahs mit ihrer Ablehnung jeder Modernisierung stark beeinflußt ist, kaum in der Lage sein, sich der internationalen Wirtschaft anzuschließen. Und sie *muß* ja auch nicht in die grenzenlose Welt eintreten, wenn ihre Menschen in der Mehrheit glauben, daß es geistig, wenn schon nicht ökonomisch, gesünder wäre, draußen zu bleiben. Auch sollten wir nicht erwarten, daß Länder, welche von selbstsüchtigen, autoritären Eliten dominiert werden, denen es nur um die Verstärkung ihrer militärischen Macht geht – die Entwicklungsländer gaben im Jahre 1988 allein fast 150 Milliarden Dollar für Waffen und Streitkräfte aus –, sich nun beeilen werden, Japan oder Singapur nachzuahmen.

Aber was ist mit jenen Gesellschaften, welche ihr Los verbessern wollen, aber durch die Umstände daran gehindert sind? Es gibt schließlich *so* viele Entwicklungsländer, und die überwiegende Mehrheit von ihnen hängt vom Export von Nahrungsmitteln und Rohstoffen ab. Da Dutzende von armen Ländern verzweifelt versuchen, ihren Zucker oder ihre Bananen, ihr Nutzholz oder ihren Kaffee auf dem Weltmarkt zu verkaufen, wird der Preis gedrückt, und ihre Lage verschlechtert sich weiter.[83] Obwohl viel internationale Hilfe in die Entwicklungsländer geht, ist es eine Tatsache, daß *aus* den verarmten Ländern Afrikas, Asiens und Lateinamerikas sehr viel mehr Geld heraus und *in* die reicheren Wirtschaften Europas, Nordamerikas und Japans fließt – der Unterschied beträgt mindestens 43 Milliarden pro Jahr.[84] Dieser Abfluß, der sich aus Zinszahlungen, zurücküberwiesenen Profiten, Kapitalflucht, Honoraren, Zahlungen für Patente und Informationsdienste zusammensetzt, macht es für die ärmeren Länder schwierig, auf die Beine zu kommen. Und selbst wenn sie in der Lage wären, ihre Industrieproduktion zu erhöhen, könnte das Resultat ein massiver Anstieg in »den Kosten technologischer Abhängigkeit« sein.[85] Ebenso wie die zunehmende Flut von Nahrungsmittellieferungen und medizinischer Hilfe hat dies für die ärmeren Nationen eine weitere Abhängigkeit geschaffen.

Die strukturelle Unterentwicklung erstreckt sich auch auf die Welt der Kommunikation. Viele Entwicklungsländer haben die reicheren Nationen angeklagt, sie durch die Kontrolle der Kommunikationsmittel kulturell zu dominieren. Sie behaupten, daß die internationalen Nachrichtenagenturen einerseits Vorurteile verbreiten und andererseits die kulturellen Leistungen ihrer Länder unterbewerten. Sie beklagen die Macht ausländischer Werbeagenturen, internationaler Zeitungsketten sowie Fernseh- und Radiogesellschaften, die in das Land hinein senden.[86] Es trifft zu, daß *keine* Regierung heutzutage die Kommunikationsrevolution kontrollieren kann, aber es bleibt dennoch politisch bedeutend, wessen Perspektive (zur freien Marktwirtschaft, zu den Nord-Süd-Beziehungen, zu kulturellen und religiösen Streitfragen) die neuen globalen Medien begünstigen. Wie, wird gefragt, sollen die ärmeren Länder von der Kommunikations- und Finanzrevolution in irgendeiner Weise profitieren, wenn sie unter den »alles überschwemmenden Effekten dieser riesigen Maschinerie« leiden, welche traditionelle Kulturen unterdrückt und ihnen keine Stimme auf der Weltbühne zubilligt?[87]

In der Summe scheinen die entwickelten Wirtschaften des Nordens auf dem Weg ins nächste Jahrhundert alle Trumpfkarten in Händen zu halten: Kapital, Technologie, Kontrolle der Kommunikationsmedien, Nahrungsmittelüberschüsse und die mächtigen multinationalen Konzerne.[88] Und diese Vorteile vermindern sich keineswegs, im Gegenteil, sie *nehmen zu*, da die Technologie den Wert von Arbeit und Rohstoff, die Aktivposten der Entwicklungsländer, untergräbt. Obwohl seit der Entkolonisierung nominell selbständig, hängen sie wahrscheinlich heute stärker von Europa und den Vereinigten Staaten ab als vor einem Jahrhundert. Ironischerweise sind die Versuche vor drei oder vier Jahrzehnten, ihr Schicksal selbst in die Hände zu nehmen – durch die Verstaatlichung westlicher Gesellschaften, die Gründung von Rohstoffkartellen, die Subvention einheimischer Industrie, den Kampf um eine neue Weltordnung und die Umverteilung des Wohlstands –, alle gescheitert. Der »Markt«, gestützt durch die Regierungen der entwickelten Länder, hat sich als zu stark erwiesen, und der Kampf gegen ihn hat die Entwicklungsländer weiter geschwächt, außer jenen (wie Korea und Taiwan), die sich ihm angeschlossen haben.

Der Abstand zwischen reich und arm in der Welt von heute ist erschütternd. Aber jene, die an diesen Strukturen etwas ändern wollten, haben nur allzuoft einem schwerfälligen Staatsinterventionismus und einem Rückzug aus der offenen Konkurrenz das Wort geredet, welche auf kurze Sicht die heimische Produktion geschützt, aber sie auf längere Sicht gegen die Marktkräfte weniger effizient gemacht haben. »Der wissenschaftliche Sozialismus für Afrika« mag für einige Intellektuelle noch immer reizvoll sein,[89] aber indem er ganze Gesellschaften dazu verführt hat, nur nach innen zu blicken, hat er sie schlecht darauf vorbereitet, sich der Weltmarktkonkurrenz bei höherwertigen Gütern zu stellen. Und eine neue »Weltordnung der Kommunikation«, wie sie vor ein paar Jahren von der UNESCO vorgeschlagen wurde, um die Dominanz des Westens zurückzudrängen, klingt oberflächlich attraktiv, würde aber sehr wahrscheinlich eher eine Marionette von bürokratischen und ideologischen Interessen werden als eine objektive Instanz der Nachrichtenvermittlung. Auf der anderen Seite ignorieren die Vertreter der »freien Marktkräfte« oft die massiven politischen Schwierigkeiten, denen sich Regierungen in Entwicklungsländern gegenübersehen würden, wollten sie Preiskontrollen abschaffen, verstaatlichte Industrien privatisieren und Lebensmittelsubventionen reduzieren. Sie vergessen auch, daß die spektakuläre Erfolgsgeschichte Japans und der ostasiatischen NICs in Staaten ablief, welche den Laissez-faire-Gedanken ablehnten. Statt also entweder das sozialistische oder das freie Marktsystem nachzuahmen, mögen die Entwicklungsländer durchaus Ostasiens »gemischte Strategien« ausprobieren, welche Staatskontrollen und privates Unternehmertum miteinander kombinieren.[90]

Obwohl der Gedanke einer gemischten Strategie interessant erscheint, wie können west- oder zentralafrikanische Länder Ostasien nachahmen, wenn sie weder einen »starken« Staatsapparat noch eine Tradition der Zusammenarbeit zwischen Regierung und Unternehmen besitzen, wenn sie überdies unter einem sehr viel geringeren Bildungsniveau leiden und völlig unterschiedliche kulturelle Haltungen zur Familienplanung oder auch zur Weltökonomie aufweisen? Überdies ist es heutzutage weit schwieriger, sich als Neuankömmling auf der globalen Bühne durchzusetzen, als vor einigen Jahrzehnten, so daß es sehr viel unwahrscheinlicher ist, daß heute Entwicklungsländer denselben Erfolg haben könnten wie die ostasiatischen NICs, die ihren »Take off« vor einem Vierteljahrhundert erlebten.[91] Selbst wenn man von dem ökonomischen Wunder ausginge, daß die ärmsten fünfzig Nationen der Welt den koreanischen Weg einer exportgetriebenen Industrialisierung beschritten, würden sie nicht eine ähnliche Krise der Überproduktion hervorrufen, wie sie auf den Rohstoffmärkten heute herrscht?

Wie viele Entwicklungsländer in der Lage sein werden, dem Vorbild des ostasiatischen Wirtschaftswachstums zu folgen, ist unmöglich vorherzusagen. Der Weltentwicklungsbericht von 1991 spricht in einer optimistischen Prognose von möglichen bedeutenden Fortschritten auf der ganzen Welt, vorausgesetzt, die ärmeren Nationen übernehmen »eine marktfreundliche« Politik, und die reicheren Nationen enthalten sich des Protektionismus.[92] Wollten die größeren Staaten Südostasiens Taiwan und Korea folgen und ihnen wiederum Südasien und eine Anzahl lateinamerikanischer Länder, so würde dies die Nord-Süd-Teilung verwischen und die internationale ökonomische Kräfteverteilung stark auflockern. Sollte es überdies Beispiele einer nachhaltigen, erfolgreichen Industrialisierung unter Entwicklungsländern *außerhalb* Ostasiens geben, könnte das Nachahmung anderswo stimulieren. Im Moment indessen weist das übliche Bündel von Faktoren, welche die relative ökonomische Leistungsfähigkeit beeinflussen – kulturelle Haltungen, Bildung, politische Stabilität, die Fähigkeit, langfristige Planungen durchzuhalten – darauf hin, daß sich eine kleine, aber wachsende Zahl von Ländern von Habenichtsen zu Besitzenden wandelt, eine weit größere Zahl indessen zurückbleibt. Das alte Bild von den Gewinnern und Verlierern der Geschichte wird sich daher fortsetzen, nur daß diesmal die modernen Kommunikationsmittel uns die wachsenden Unterschiede vor Augen halten werden.

Kapitel 11

Die frühere UdSSR und ihr auseinandergefallenes Reich

In ihren Analysen der Staaten, welche die frühere Sowjetunion ausmachten, stehen die Beobachter denselben Problemen gegenüber, die sie schon 1918 in Verlegenheit stürzten: Nicht nur ist es schwer einzuschätzen, wohin die Region treibt, es ist auch unklar, wie weit die Auflösung des einst vereinigten Reiches in zersplitterte Unterteilungen gehen wird. So ernst und komplex ist die Krise, daß die Existenz unzählbarer Ungewißheiten die einzige Gewißheit darstellt. Dies macht es ungewöhnlich schwierig, die Fähigkeit der Region, sich auf das 21. Jahrhundert vorzubereiten, einzuschätzen. Die politische Führung ist praktisch nur damit beschäftigt, das gegenwärtige Chaos zu überleben, und die Menschen werden von der bloßen täglichen Aufgabe, die grundlegendsten Bedürfnisse zu befriedigen, ganz in Anspruch genommen. Unter solchen Umständen bleibt wenig Gelegenheit oder Energie, um über globale Trends nachzudenken, ganz zu schweigen von der Vorbereitung auf neue Herausforderungen.

Trotz der augenblicklichen sozio-politischen Krise darf man nicht übersehen, daß die Nachfolgestaaten der UdSSR einen Reichtum an Rohstoffen und Ressourcen besitzen. Ihr Ausmaß ist enorm: Die Sowjetunion bestand aus 22,4 Millionen Quadratkilometern, was einem Sechstel der Landfläche der Erde entspricht. Strategisch verlieh ihr das eine bemerkenswerte Resistenz gegen äußere Angriffe, was fremde Kriegsherren von Karl XII. von Schweden bis zu Hitler zu ihrem Schaden feststellen mußten. Ökonomisch bedeutete diese Größe die Existenz eines großen Binnenmarktes und eine unterdurchschnittliche Abhängigkeit vom Außenhandel – was auch auf andere große Länder wie China oder die Vereinigten Staaten zutrifft. Das Gebiet hat eine potentiell enorme landwirtschaftliche Basis, mit einer Nutzfläche, die jener der Vereinigten Staaten und Kanadas zusammen entspricht. Ihre 10000 Kilometer breite Landmasse enthält der Welt größte Rohstoffreserven. Vor der gegenwärtigen Krise war die Sowjetunion die größte Produzentin von Eisen, Nickel, Blei, Öl und Erdgas sowie die drittgrößte Produzentin von Kohle. Sie war die zweitgrößte Quelle von Gold und Chrom und eine führende Produzentin von Silber, Kupfer und Zink. Sowjetische Wissenschaftler behaupteten stolz, daß das Land »58 Prozent der Weltkohlevorkommen, 58,7 Prozent des Öls, 41 Prozent des Eisenerzes, 76,7 Prozent des Apatits, 25 Prozent aller Wälder, 88 Prozent des Mangans, 54 Prozent der Kalisalze und fast ein Drittel der Phosphate der Welt« enthalte.[1] Solche statistische Akkuratesse erscheint außerordentlich zweifelhaft, aber die Gegend ist offensichtlich mit Rohstoffen reich gesegnet.

Die Ausbeutung dieser Ressourcen von Stalins erstem Fünfjahresplan (1928) an schuf eine massive industrielle Basis. Bis zur Mitte des Zweiten Weltkrieges und trotz riesiger territorialer Verluste wurde ihre Wirtschaft die zweitgrößte in der Welt, nach der Amerikas. Vor ein paar Jahren beanspruchte Moskau, in der Produktion von Stahl, Roheisen, Koks, Öl, Werkzeugmaschinen, Diesel- und Elektrolokomotiven, von Zement, Kunstdünger, Traktoren, Textilien, Schuhen und vorgefertigten Betonbauteilen die Nummer eins in der Welt zu sein.[2] Neben extensiven Schienen- und Luftverkehrsnetzen gab es eine sehr beträchtliche Handelsmarine und die größte Hochseefischereiflotte der Welt.

Auf dem riesigen Territorium leben (nach dem Stand von 1982) 288 Millionen Menschen. Sie genießen, so wurde jedenfalls behauptet, eines der umfassendsten Erziehungssysteme der Welt. Die Schulbildung zwischen dem Alter von 7 und 17 ist kostenfrei, Millionen kleinerer Kinder gehen in Kindergärten, und es gibt viele Teilzeit-, Korrespondenz- und Berufskurse für jene, die nicht die Fachhochschulen und Universitäten besuchen. Nach offiziellen Statistiken lernten in den frühen 80er Jahren mehr als 100 Millionen Menschen in Schulen, Fachhochschulen, Universitäten und in Umbildungs- und Korrespondenzkursen, was über 44 Millionen Schüler in 145 000 Primär- und Sekundarschulen, 4,6 Millionen Studenten auf den 4380 technischen Hochschulen und 5,2 Millionen Studenten auf den 883 Universitäten und Instituten der Nation einschloß.[3] Das Erziehungssystem war stark an ökonomischer Verwertbarkeit ausgerichtet, dies spiegelte sich in der gewaltigen Zahl an Ingenieuren in der Sowjetunion wider – sie machten etwa 40 Prozent der Universitätsabgänger aus. Im ganzen behauptete das Land, 14,9 Millionen »ökonomisch aktive Wissenschaftler und Ingenieure« zu besitzen, die von weiteren 17,4 Millionen »in der Wirtschaft tätigen Technikern« unterstützt wurden.[4] Die UdSSR besaß einen 70 000 Menschen starken medizinischen Forschungsstab, zusammen mit 960 000 Ärzten und Zahnärzten – mehr praktizierende Ärzte, in anderen Worten, als jedes andere Land der Welt.[5] Angesichts der Zahlen in der Wissenschaft, Technologie und im Ingenieurwesen sowie der Leistungen der Nation auf mathematischem und wissenschaftlichem Gebiet ist es nicht überraschend, daß die Sowjetunion große Stärken auf vielen Gebieten proklamierte, von der Kältephysik bis zur botanischen Forschung.[6]

Aus der Sicht ihrer eigenen Führer war es zumindest bis vor kurzem die größte Leistung der Sowjetunion, eine der beiden militärischen Supermächte auf der Welt zu werden, mit Streitkräften und Waffenkapazitäten, denen nur die weit reicheren Vereinigten Staaten gleichkamen. Die sozialen und ökonomischen Kosten dieser Anstrengung waren groß, aber Stalin und seine Nachfolger hatten nie Zweifel an der Bedeutung machtvoller Streitkräfte, sowohl um die kapitalistischen Länder von einer Aggression abzuschrecken, als auch um, in der zweiten Phase, Einfluß auf die Weltpolitik zu gewinnen.[7] Infolgedessen besaß die Sowjetunion eine erstaunliche Phalanx von Waffensystemen, nuklear und konventionell, und eine gewaltige Truppenstärke. Handbuch auf Handbuch zählte das Aufgebot von Interkontinentalraketen, Unterseebooten, Kriegsschiffen, Panzern, Artillerie, Bombern, Kampfflugzeugen, Flugabwehrraketen usw. auf.[8] Selbst als Gorbatschows

Initiativen zu beträchtlichen Reduktionen an Waffen und Truppenstärke führten, blieben der Sowjetunion die größten Raketenarsenale der Welt, die zweitgrößte Armee (nach China), die zweitgrößte Marine (nach der US-Navy), die größte Luftwaffe und die meisten gepanzerten Kräfte. Sollte militärische Macht im frühen 21. Jahrhundert noch zählen, würde ein Nachfolgestaat der UdSSR – oder sogar Teilstaaten wie Rußland und die Ukraine – davon reichlich besitzen.

Bei solchen materiellen Vorteilen sollte die Region, zumindest in der Theorie, besser als viele weniger gut ausgestattete Nationen gerüstet sein, die Herausforderungen nach der Jahrtausendwende zu bestehen. Aber all dies Potential wird geschwächt durch tiefe, ineinandergreifende Schwächen, die selbst das bloße Überleben bedrohen. Wie bei den großen Reichen der Vergangenheit werden territoriale Ausdehnung und Ressourcen allein einen Zusammenbruch nicht verhindern, wenn das System nicht mehr operabel ist.

Im Herzen des sowjetischen Problems lag eine dreifache Krise, wobei jeder dieser Krisenherde einen anderen verschärfte und den allgemeinen Verfall beschleunigte. Eine Krise in der *politischen Legitimität* des sowjetischen Systems interagierte mit einer Krise in der *ökonomischen Produktion und sozialen Versorgung*, und beide wurden durch eine Krise in den *ethnischen und kulturellen Beziehungen* verschärft. Das Resultat war eine gefährliche und letztlich unüberwindbare Mischung von Herausforderungen.

Das schiere Ausmaß des ökonomischen Zusammenbruchs ist erst vor kurzem erkannt worden, teilweise weil der Kreml eine strikte Geheimhaltung betrieb, teilweise, weil der Westen die Effizienz der Sowjetwirtschaft überschätzte. Jetzt ist es evident, daß es seit Jahren eine Verlangsamung des Wachstums gegeben hat, lange vor der gegenwärtigen Krise (siehe Tabelle 11-1).

Aller Wahrscheinlichkeit nach verschleiern auch diese Zahlen noch den realen Abstieg;[9] aber der entscheidende Punkt ist, daß die sowjetische Ökonomie, welche das ganze mittlere Drittel des 20. Jahrhunderts hindurch expandiert war, im letzten Drittel stagnierte. Das frühere Wachstum ging auf massive »Inputs« wie

Tabelle 11-1

Das Absinken der Wachstumsrate des sowjetischen BSP[10]

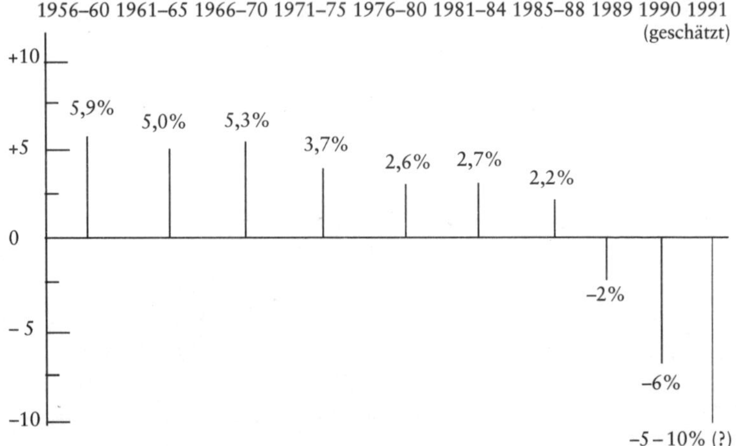

Arbeit, billige Energie und andere Rohstoffe zurück, die für den Aufbau einer klassischen Schwerindustrie-Ökonomie der 30er Jahre und des Nachkriegsaufbaus der späten 40er und 50er Jahre ideal waren. So wurden nach zentraler Planung Eisen und Stahl, Zement und Lokomotiven, Werkzeugmaschinen, Traktoren, Textilien und Gebäude aus Fertigteilen in großer Anzahl produziert. Solange die Planziele erreicht wurden, schenkte die sozialistische Planung den Kosten wenig Aufmerksamkeit, schützte das Management gegen Konkurrenz und die Arbeiter gegen Beschäftigungslosigkeit. Dem Verbraucher galt überhaupt kein Augenmerk. Die einzigen »Verbraucher«, die wirklich bekamen, was sie wollten, waren die sowjetischen Streitkräfte.

Als die Weltindustrie ihren Schwerpunkt von den 60ern an zu verschieben begann, weg von den traditionellen Schwerindustriegütern hin zu den auf Wissen basierenden und verbrauchergetriebenen Industrien – Computer, Elektronik, Automobile, Zivilflugzeuge, Pharmaprodukte, Kommunikationsmittel –, war die Sowjetunion nicht in der Lage zu folgen. Die Wirtschaft in eine von der Verbrauchernachfrage angetriebene zu verwandeln, wie in den Vereinigten Staaten, hätte den Abbau der zentralen Planung bedeutet, während eine wissensorientierte Gesellschaft das Ende der Zensur, der gesellschaftlichen Kontrollen, der Parteiorthodoxie und des Machtmonopols bedeutet hätte.[11] Investitionen in neue Industriesektoren hätten den Abzug von Mitteln aus der Landwirtschaft, der Schwerindustrie und vor allem dem Militär bedeutet. Im Gegenteil, die Zuteilungen für diese Bereiche stiegen weiter an, was keine Mittel für die Modernisierung älterer Industrien und die Reparatur der verfallenden Infrastruktur übrigließ, ganz zu schweigen von neuen Technologien. Die Sowjetökonomie verfing sich also in einer Zeitfalte, sie war in einem ökonomischen »Langzeitzyklus« tiefgefroren, an die Industrien und »Inputs« der 30er Jahre gefesselt:[12]

Tabelle 11-2

Der lange Zyklus der sowjetischen Ökonomie[13]

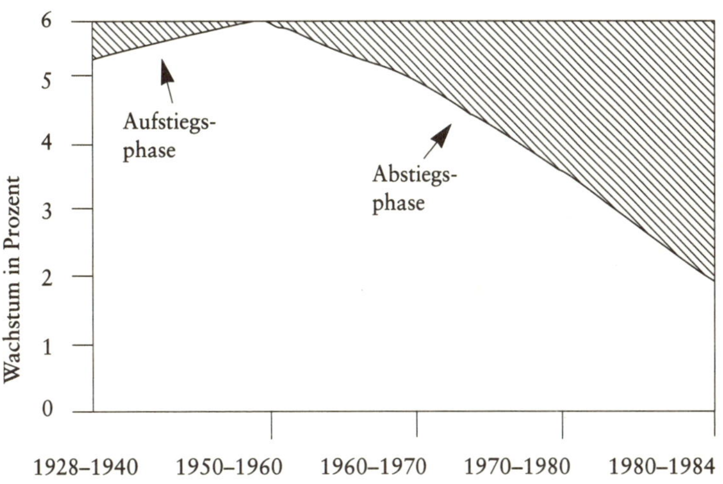

Durchschnittliche Wachstumsrate des jährlichen BSP in diesen Zeiträumen

Wie um das Problem zu verschärfen, verminderten sich die Reserven der klassischen »Inputs« von Boden, Energie, Rohstoffen und Arbeitskräften, und die Kosten begannen zu steigen. Früher hatten billige Reserven an Öl und Erdgas die Industrialisierung ermöglicht, und sie hatten überdies harte Devisen eingebracht. Während es indessen noch immer große Reserven gibt, liegen die meisten von ihnen in größerer Tiefe oder in Permafrost-Regionen. Nach einer Schätzung stiegen die Kosten der Ölförderung in dem Jahrzehnt von 1975 bis 1985 um 70 Prozent und haben sich danach stetig weiter erhöht.[14] Infolgedessen war die Ölförderung bereits im Absinken begriffen – zum ersten Mal seit dem Zweiten Weltkrieg –, bevor die Arbeiterunruhen und Transportschwierigkeiten der folgenden Jahre die Lage verschärften. Hinzu kamen die bekannten Schwierigkeiten des systematischen Mißbrauchs und der Verschwendung von Energie in der ganzen Sowjetindustrie, die Ineffizienz der Manager und die Gleichgültigkeit der Arbeiter. Die sowjetischen Wirtschaftsplaner hatten gehofft, die Lage durch den Aufbau von Atomkraftwerken zu verbessern, aber die Katastrophe von Tschernobyl und das öffentliche Mißtrauen gegen die Atomkraft zerstörten diese Hoffnungen. Auf dem ganzen Energiesektor sind enorme Kapitalsummen erforderlich – um bestehende Kraftwerke zu modernisieren, um die Atomkraftwerke zu säubern und sicherer zu machen und um neue Erdgas-Pipelines zu bauen –, aber die Ressourcen reichen für alldies nicht hin.[15] Zugleich trifft, wie wir unten sehen werden, dieses Versiegen billiger Energiequellen auf eine parallele Entwicklung in der Verfügbarkeit von Arbeitskräften.

Wenn ein zukünftiges ökonomisches Wachstum sich nicht länger auf billige Rohmaterialien und eine wachsende Arbeitnehmerschaft stützen kann, muß es logischerweise den Einsatz der vorhandenen Ressourcen verbessern und die Arbeitsproduktivität erhöhen. Solch eine Betonung von *Qualität* statt *Quantität* läuft indessen der russischen Praxis zuwider, die seit der Zeit Peters des Großen immer die Quantität in den Vordergrund gestellt hat, ob es sich nun um Kavallerie, Panzer, Stahl oder Zement handelte. Überdies hätte die Umstellung auf Qualitätsproduktion in einer Gesellschaft unternommen werden müssen, auf der nun ein schlecht funktionierendes und ineffizientes Industriesystem lastet. Siebzig Jahre Erfahrung haben längst nachgewiesen, daß der zentralisierte »wissenschaftliche Sozialismus« nicht funktioniert. Verantwortung und Entscheidungsbefugnis wurden mehr und mehr von enormen Bürokratien unter der letztlichen Kontrolle des Politbüros an sich gezogen. Neue Ideen und Vorschläge mußten permanent die Prüfung ideologischer Orthodoxie bestehen, so daß für viele Menschen in der Sowjetunion der Gehorsam die umsichtigste Verhaltensweise wurde. Während Zuversicht und Selbstvertrauen der Bevölkerung gegen den Nullpunkt sanken, vervielfältigte sich die Ineffizienz des Systems. In der sowjetischen Wirtschaft häuften sich die »Widersprüche«, eine gigantische Ironie, da Marx dieses Wort gebraucht hatte, um den schließlichen Kollaps des Kapitalismus vorauszusagen. Sowohl Japan als auch Deutschland – die »Verlierer« von 1945 – wiesen bald größere Bruttosozialprodukte auf als die Sowjetunion, die vom zweiten auf den vierten Platz in der Welt sank, schon bevor ihre ökonomische und konstitutionelle Auflösung eintrat. Eine kürzliche Untersuchung schätzt das jährliche Pro-Kopf-Einkommen im Lande auf bloße 1780 Dollar, was eine Gesamtproduktion von etwa 500 Milliarden Dollar andeuten würde – weit weniger als die Italiens oder Großbritanniens.[16]

In der Landwirtschaft haben Jahrzehnte der Kollektivierung alle Anreize unter der Landarbeiterschaft zerstört; gewaltige Subventionen hielten die Lebensmittelpreise niedrig, verzerrten aber die Gesetze von Angebot und Nachfrage. Und Bürokraten, nicht die in der Landwirtschaft Tätigen selbst, entschieden, was wann angebaut wurde. Zugegebenermaßen stand die sowjetische Landwirtschaft auch anderen Problemen gegenüber – vom harten Klima bis zu einer staatlichen Infrastruktur, die so schlecht war, daß große Teile der Ernte nie eingefahren werden konnten oder auf dem Weg zum Markt verrotteten. Die meisten landwirtschaftlichen Gebiete waren kollektiviert, bürokratisiert und in ihren Entscheidungen vom Moskauer Zentrum abhängig. Bemerkenswerterweise produzierten die kleinen privaten Flächen, die lediglich 4 Prozent von Rußlands Nutzfläche beanspruchten, 25 Prozent des Gesamtertrags. Vor der kommunistischen Revolution war das Land einer der größten Nahrungsmittelexporteure der Welt gewesen; im Moment ist es der größte Importeur der Welt – unter enormen Kosten an harter

Währung und Gold.[17] Je weniger Lebensmittellieferungen schließlich die Läden erreichen, desto mehr wird gehortet, und desto stärker werden die Spannungen zwischen Stadt und Land, was die allgemeine Lähmung in der Gesellschaft wieder ein Stück vorantreibt. Dies mag in der Zukunft durch die langen Pachtverträge, die Boris Jelzin in seiner Russischen Republik den Bauern zugestehen will, gemildert werden, aber wahrscheinlich werden sie profitable Dinge wie Obst und Gemüse anbauen, *nicht* das letztlich für die Ernährung der Bevölkerung entscheidende Getreide, das nach wie vor Verantwortung der kollektiven Betriebe bleibt.[18]

Vieles davon trifft auch auf die gegenwärtig daniederliegende Industrie zu. Unter Energie- und Facharbeiterknappheiten leidend, durch bürokratische Planung und die übermäßige Konzentration auf traditionelle Industrien behindert, gleichgültig gegenüber Verbraucherwünschen und geschützt vor internationaler und innerer Konkurrenz, ist die Industrie immer weiter verknöchert. Mehr Stahl oder Zement als jede andere Nation zu produzieren, war keine Hilfe, wenn ein großer Anteil der Produktion auf Abstellgleisen der Eisenbahn vor sich hin rostete oder zerfiel. Mehr Ingenieure als jedes andere Land zu besitzen, war eine zweifelhafte Auszeichnung, wenn deren kreative Talente brachlagen. Der Begriff Management selbst war ein Widerspruch in einer sowjetischen Fabrik, da die Produktionsziele ganz woanders festgeschrieben und keine Abweichungen vom Plan erlaubt wurden.

Es ist nicht schwer, im einzelnen immer weitere Probleme aufzuzählen, welche die gegenwärtige Krise hervorriefen. Die *Infrastruktur* des Landes war schlecht, erschwerte es in hohem Maße, Lebensmittel auf den Markt zu bringen, Zement zu Baustellen, gefällte Bäume zu Sägemühlen usw. Die *Währung* war in noch schlechterer Verfassung; da wenig Konsumgüter zum Kauf standen, gab es »erzwungene Sparleistungen« von Milliarden fast wertloser Rubel, einen gewaltigen schwarzen Markt und einen stetigen Rückfall in den Tauschhandel – was die Menschen natürlich auf eine zukünftige Konvertibilität des Rubels nicht gerade vorbereitete. Ohne eine konvertible Währung aber wird die Wirtschaft des Landes immer am Rande des internationalen Handels, der Investition und Produktion stehenbleiben. Der Zustand des *öffentlichen Gesundheitswesens* zerfiel aufgrund niedriger Standards von Sanitär- und Hygieneeinrichtungen, des Nachlassens in der Krankenhauspflege, der beengten Wohnverhältnisse und der Verbreitung des Alkoholismus. Dies führte dazu, daß die Sowjetunion die einzige »fortgeschrittene« Industriegesellschaft war, in der die Säuglingssterblichkeitsrate anstieg und die durchschnittliche Lebenserwartung des Mannes fiel.[19] In dieser Lage wurde die große Anzahl von Ärzten, die in den sowjetischen Statistiken auftauchte, bedeutungslos. Hier waren eine Wirtschaft und eine Gesellschaft, die immer mehr Anzeichen dessen erkennen ließ, daß sie sich der sogenannten »Dritten Welt« näherte, statt die »Erste« einzuholen.

Diese ökonomische Notlage wäre schon schlimm genug ohne die beiden anderen Elemente in der dreifachen Krise der Sowjetunion gewesen, dem Mangel an politischer Legitimität und dem Wiedererwachen des Nationalitätenproblems. Es ist deutlich, daß diese Elemente einander wechselseitig verschärften. Wenn die Wirtschaft gut funktioniert hätte, wäre zum Beispiel die Qualität der politischen Führung sehr viel weniger angezweifelt worden. Wie die Dinge lagen, stand der tägliche Anschauungsunterricht von schäbigen Waren in den Schaufenstern, schlechten Wohnungen und mangelhaftem Gesundheitswesen im Gegensatz zu den Behauptungen des Regimes, daß sein System das überlegene sei. Die Leere solcher Ansprüche rief eine weitverbreitete Entfremdung hervor, nicht nur von der täglichen Schufterei, sondern auch von der marxistischen Rhetorik der jede Intelligenz beleidigenden amtlichen Medien. Aufgrund der rigorosen KGB-Aktionen gegen Dissidenten nahm diese Entfremdung im Laufe der 70er und 80er Jahre keine revolutionäre Form an; aber sie schuf einen zersetzenden Zynismus, was die Politik anging, einen persönlichen Rückzug in die eigenen Gedanken, einen totalen Mangel an Motivation in der Fabrik und im Büro, eine Gleichgültigkeit gegenüber der eigenen Arbeit, die auf die Produkte in allen Bereichen ausstrahlte ... Eine stotternde Wirtschaft und eine schäbige politische Ideologie trugen auf diese Weise dazu bei, ihren eigenen Zerstörungsmechanismus zu schaffen, eine allgemeine Malaise, welche die relative Position der Sowjetunion in der Welt Jahr um Jahr verschlechterte.[20]

Die *Perestroika* war im Grunde die Erkenntnis des neuen Regimes, daß dieser Abstieg sowohl in seiner ökonomischen als auch in seiner politischen Dimension beendet werden mußte. Angesichts des gegenwärtigen Chaos indessen gibt es keine Garantie, daß es in der Tat eine Erholung geben wird. Satiriker in Rußland haben sich darüber lustig gemacht, daß es zwar relativ einfach ist, einen Fisch in einen Fischbrei zu verwandeln (das heißt, eine Marktwirtschaft in eine sozialistische Ökonomie zu verwandeln), daß aber niemand wirklich weiß, wie man diesen Prozeß umkehrt. Dazu kommt die Schwierigkeit, ein autoritäres System in einen liberalen, demokratischen Rechtsstaat zu verwandeln. Nach 1945 gelang das, als die alliierten Sieger die Achsenmächte reformierten; aber ob eine solche Transformation mitten in einem ökonomischen Chaos von der politischen Führung des eigenen Landes durchgeführt werden kann, ist vollständig ungewiß. Andere Beispiele liefen unter ganz anderen Bedingungen ab.* Es reicht nicht aus, freie parlamentarische Wahlen und unabhängige Parteien zuzulassen, es müssen auch Schritte getan werden, um die Instrumente der zentralen Kontrolle zu beseitigen – die staatliche Beherrschung der Medien, den KGB und andere Behörden, die im Sinne des Sozialismus ausgebildete Richterschaft usw. All das ist leichter gesagt als getan, selbst wenn der Fehlschlag des Putsches vom August 1991 das alte System weiter diskreditiert hat.

Die Gefahr liegt natürlich darin, daß die früheren politischen, konstitutionellen und exekutiven Strukturen zerfallen, *bevor* neuere, die von der Bevölkerung angenommen werden, an ihre Stelle treten können. Zwischen Radikalen, die sich beklagen, daß die Reformen zu langsam sind, und Konservativen, die protestie-

---

* In Polen, der Tschechoslowakei und Ungarn zum Beispiel war die kürzliche Demokratisierung eine Rückkehr zum Zwischenkriegszustand, und die kommunistischen Diktaturen könnten als eine »unnatürliche«, von außen aufgezwungene Ordnung beschrieben werden. Die Demokratisierung von Portugal, Spanien und Griechenland geschah in Gesellschaften, die nie eine kommunistische Wirtschaft zu überstehen hatten.

ren, sie würden zu hastig durchgeführt, mit konstitutionellen und politischen Veränderungen, die sich in Debatten über kontroverse ökonomische Vorschläge (zum Beispiel einer Preisreform) verfangen, kann selbst die intelligenteste Reformführung in einen Belagerungszustand geraten. Die Idee, eine prosperierende, demokratische freie Marktwirtschaft (oder soziale Marktwirtschaft) zu schaffen, mag vorhanden sein, aber die ist nicht mit einem kurzen Sprung erreichbar. Die Gewißheiten des alten Systems (garantierte Beschäftigung, Lebensmittelsubventionen) müssen aufgegeben werden, bevor der Nutzen des neuen Systems (der versprochene höhere Lebensstandard) recht sichtbar wird. Verloren zwischen dem Verfall dessen, was ihnen vertraut war, und der Ungewißheit dessen, was auf sie zukommt, werden die Menschen ängstlich. Intellektuelle mögen solche Zeiten lieben, aber Hausfrauen, Fabrikarbeiter, Bauern und entlassene Soldaten werden sie wohl eher erschreckend finden.[21]

Die dritte Dimension der dreifachen Krise dieser Region und vielleicht die ernsteste und am wenigsten lösbare ist das Ausmaß der ethnischen Differenzen und die Stärke der Nationalismen innerhalb der »Union«. Historisch gesehen bildeten der russische und dann der sowjetische Staat eines der heterogensten multinationalen Reiche auf der Erde. Verfaßt war es als eine Föderation von fünfzehn nominal unabhängigen Unionsrepubliken, jede das Heimatland einer größeren nationalen Gruppe. Aber innerhalb dieser Republiken gab es viele ethnische Untergruppen, die oft wiederum ihre untergeordneten administrativen Einheiten besaßen. Offiziell existierten 53 ethnisch definierte, politisch-administrative Einheiten in der Sowjetunion, aber da es ungefähr 100 separate ethnische Gruppen im Lande gab, fehlte der Hälfte dieser Nationalitäten eine eigene Einheit.[22] Viele dieser Gruppen sind klein, außerhalb ihrer Heimat nur Sprachwissenschaftlern bekannt – Tschetschenen, Osseten, Burjaten, Karakalpaken, Inguschen, Laken usw.;[23] andere, wie die Weißrussen, Usbeken und Kasachen haben große Bevölkerungen, die Ukraine zählt sogar über 50 Millionen Einwohner – größer als Spanien oder Polen. Jede Republik hat eigene ethnische Minoritäten, einschließlich Rußland selbst mit seinen Tataren,

Baschkiren und weiteren dreißig unterschiedlichen Nationalitäten. Wie der Rußland-Experte Edward Keenan vor kurzem formulierte: »Nur wenige der fünfzehn ehemaligen Sowjetrepubliken sind auch nur annähernd so homogen wie Nordirland oder Jugoslawien...«[24]

Das kritische Moment dabei war nicht die große Vielfalt aus Sprachen und Kulturen, sondern die Spannung so vieler Gruppen mit der Metropole einerseits und mit ihren Nachbarn andererseits. Hunderte von Jahren der Rivalität zwischen unterschiedlichen Gruppen von Nomaden, Bergvölkern und Bewohnern der Ebenen und aufeinanderfolgende Wellen der Migration und der Eroberung erwiesen sich als stärker als der wissenschaftliche Sozialismus. Rassische und sprachliche Unterschiede vereinigten sich oft mit religiösen, wie bei den Konflikten um Nagornij Karabach.[25] In gewissen Gegenden entstanden Rivalitäten aus Umsiedlungen (der Wolgadeutschen, der Tataren, der Don-Kosaken) und Grenzverschiebungen (Moldawien) unter Stalin.[26] Jahrzehntelang wurden die ethnischen Spannungen durch die Gründlichkeit und Härte des sowjetischen Polizeistaates im Zaum gehalten. Die offizielle Propaganda, daß die sowjetischen Völker sich gegen den faschistischen und kapitalistischen Feind vereinen müßten, trug auch dazu bei, die ethnischen Risse zu übertünchen. Aber als die deutsche Bedrohung verschwunden war, die Spannungen des Kalten Krieges nachließen, die sozialistische Ideologie diskreditiert wurde, in Moskau selbst die Rede von *Glasnost* und *Perestroika* war und die Freiheit der osteuropäischen Länder wiederhergestellt wurde, löste sich der »Mörtel«, welcher die unterschiedlichen Rassen der Sowjetunion zusammengehalten hatte, restlos auf.

Auch die Spannung zwischen Zentrum und Peripherie ist leicht zu verstehen. Sie ist die natürliche Folge der vierhundertjährigen Expansion der Russen aus dem moskowitischen Kernland. Obwohl viele Millionen von Russen umgesiedelt wurden, in die baltischen Staaten, die südlichen Republiken und die Pazifikgebiete, blieb die grundlegende Dichotomie erhalten: die Peripherie der Sowjetunion war ethnisch nichtrussisches Land, oft weit entfernt vom russischen Zentrum.

> Nichtrussisches Land erstreckt sich in einem riesigen Bogen von den Küsten der Ostsee im Nordwesten (Estland, Lettland und Litauen); nach Süden entlang der westlichen Grenze (Weißrußland, Ukraine und Moldawien); östlich über den Kaukasus (Armenien, Georgien und Aserbaidschan); weiter nach Zentralasien hinein (die Gebiete, die von Turkmenen, Usbeken, Tadschiken und Kirgisen bewohnt werden) in die Steppe von Kasachstan; und schließlich über Asien hinweg an den Pazifischen Ozean (die Heimat der Burjaten, Tuwinen, Altais, Khakas und anderer Völker).[27]

Diese ethnischen Minoritäten, die nun zum Teil unabhängig geworden sind, stehen im Konflikt mit den 25 bis 28 Millionen umgesiedelten Russen, die – wie die französischen *Colons* in Algerien in den 1950ern – unbedingt ihre Beziehung zum Zentrum aufrechterhalten wollen. Zu ihrem Entsetzen haben die Folgen von Gorbatschows Politik zum ersten Mal seit 1917 bis 1920 die Gefahr heraufbeschworen, daß sie von den volkreicheren, nichtrussischen Völkern aufgesogen werden. Viele Fachleute erwarten, daß diese Spannung zwischen der Minderheit und der einheimischen Mehrheit jene Art von blutigen Auseinandersetzungen nach sich ziehen werden, die unser Jahrhundert nur allzuoft erlebt hat – in Algerien zum Beispiel, in Palästina, Nordirland, auf den Fidschi-Inseln und anderswo, wo Bevölkerungsteile unter einem vergangenen Regime umgesiedelt worden waren, um nach der Entkolonisierung zurückzubleiben.[28]

Das Anwachsen solcher zentrifugaler Kräfte muß eine Reaktion im »Zentrum« auslösen. Konservative Stimmen in der Gesellschaft, im Militär und in den Nachfolgeorganisationen der Kommunistischen Partei rufen nach der Wiederherstellung von Gesetz und Ordnung und klagen die Reformer an, einen völligen Zusammenbruch der Gesellschaft heraufzubeschwören. Bereits jetzt gibt es Warnungen aus Moskau an die Ukraine, die 12 Millionen starke russische Minorität nicht zu diskriminieren. Es gibt auch noch den alten russischen Nationalismus, der von Jahrzehnten der Ressentiments gegen die Minoritäten gespeist ist. Aus seiner Perspektive sind die nichtrussischen Völker Bürden, die man so schnell wie möglich und mit einigen Grenzberichtigungen loswerden sollte. Da Rußland selbst so viele Bodenschätze besitzt (Öl, Erdgas, Mineralien, Holz, Diamanten), würden die undankbaren Minderheiten dabei nur verlieren. Boris Jelzin selbst scheint eine gemäßigte Version dieser Haltung zu vertreten, er arbeitet auf eine lose Konföderation oder eine Art »Commonwealth« der neuen unabhängigen Staaten hin.[29] Nach dem Fehlschlag des konservativen Putsches von 1991 sah es eine Zeitlang so aus, als ob es zu dieser Konföderation kommen könnte. Viele Republiken hüten jedoch eifersüchtig ihre neugewonnene Souveränität. Aber für sie bringt die Unabhängigkeit ein Bündel von Schwierigkeiten, besonders in der wirtschaftlichen Sphäre, da die stalinistische Wirtschaftsplanung bewußt so ausgerichtet war, daß keine Republik sich selbst versorgen konnte.[30] Jeder dieser Staaten hat daher die Macht, andere zu schädigen, auch wenn er in diesem Prozeß selber Schaden erleidet.

Wohin diese neuen Staaten treiben werden, ist unmöglich vorherzusagen. Auch nach der Unabhängigkeit müssen viele von ihnen irgendeine Art funktionierender wirtschaftlicher Beziehung zu Moskau aufbauen. Aufgrund der Existenz der ethnischen Minderheiten könnte die Unabhängigkeit zu Umwälzungen führen, ähnlich jenen, die sich auf dem indischen Subkontinent 1947 ereigneten. In Kasachstan und Kirgisien zum Beispiel sind die dort ursprünglich ansässigen ethnischen Gruppen nur knapp in der Mehrheit, während in der Ukraine Millionen von Russen ihre Arbeitsplätze verlieren könnten, wenn es zu einer »Modernisierung« im Bergbau und in den Fabriken kommt – etwas, das der IWF und andere internationale Wirtschaftsorganisationen wahrscheinlich von der Ukraine als Eintrittskarte für die Mitgliedschaft verlangen werden. Wie die Briten früher in diesem Jahrhundert entdeckt haben, wird es, wenn man sich einmal auf die Umwandlung eines multinationalen Reiches in ein Commonwealth geeinigt hat, immer schwieriger, diesen Prozeß zu kontrollieren. Die Ergebnisse sind oft dramatischer und weiterreichend als ursprünglich geplant.[31]

Als es im Laufe der 80er Jahre immer deutlicher wurde, daß die Sowjetunion in eine Periode innerer und äußerer Schwäche geraten war, wiesen insbesondere die Konservativen im Westen oft darauf hin, daß die Sowjetunion noch immer über eine enorme bewaffnete

Macht verfügte, die unter welchen Umständen auch immer, in der Welt der Machtpolitik weiterhin eine entscheidende Rolle spielen würde.[32] Aber sogar diese hocheingeschätzten militärischen Kapazitäten wurden von den nichtmilitärischen Entwicklungen, die oben angedeutet worden sind, negativ beeinflußt. Der verlorene Wettlauf auf dem Gebiet fortschrittlicher Technologien mit dem Westen und Japan verminderte die Militärmacht der Sowjets, versetzte sie immer weniger in die Lage, mit den hochtechnisierten Waffensystemen anderer Länder Schritt zu halten. Noch mehr der Ressourcen des Landes in die Rüstung zu stecken, wäre ökonomisch kontraproduktiv gewesen und äußerst unpopulär. Auch demographische Trends hatten spürbaren Einfluß auf die sowjetischen Streitkräfte, da ein wachsender Anteil der Armeerekruten aus ethnischen Gruppen kam, die dem russischen Kernland mißtrauisch gegenüberstanden und die russische Sprache nicht beherrschten. Lange vor der Auflösung der UdSSR gab es weitverbreitete Weigerungen, in der sowjetischen Armee zu dienen – besonders in den baltischen und den südlichen Republiken. Die Ukraine bestand darauf, daß »ihre« Truppen nicht dazu eingesetzt wurden, nationalistische Bewegungen zu unterdrücken. Selbst die Rote Armee, so schien es, war den Zentrifugalkräften nicht gewachsen.[33] Was immer an militärischer Macht unter den gegenwärtigen Rüstungskontrollvereinbarungen und freiwilligen Abrüstungsmaßnahmen noch existieren mag, es ist völlig unklar, welche Rolle sie in der Auseinandersetzung mit Bedrohungen spielen kann, die im wesentlichen ökonomischer, sozialer und ökologischer Natur sind.

Auf der anderen Seite ist das Schicksal der Streitkräfte und der Waffensysteme der früheren UdSSR von großer Bedeutung, nicht nur für die Nachfolgestaaten selbst, sondern auch für ihre Nachbarn, Europa und die Vereinigten Staaten. Die Berichte sind alles andere als beruhigend: Rußland und die Ukraine streiten sich über die Aufteilung der Kriegsflotte; die Ukraine und Kasachstan lehnen es ab, ihre strategischen Atomwaffensysteme zu demobilisieren; einzelne militärische Befehlshaber, Republiken und selbst Städte verkaufen Panzer, Kampfflugzeuge und Raketen – oft an die Armeen kleinerer Republiken und an paramilitärische Gruppen (zum

Beispiel die Armee der Dnjestr-Republik); Millionen von unbezahlten und unzufriedenen Ex-Soldaten verlieren ihre Wohnungen, ihren Sold, ihre Karriere... Der Westen hat allen Grund zu befürchten, daß die Implosion der sowjetischen Macht *und* die Existenz all dieser militärischen *hardware* zu einer Katastrophe führen könnte.

Im Grunde sind sich alle einig, daß die gegenwärtige Krise nicht für immer weitergehen kann, aber die strukturellen Probleme sind so tief verwurzelt, daß jede vorgeschlagene Lösung, ob nun liberal oder konservativ, Gegenargumente heraufbeschwört. Die Auflokkerung der zentralen Kontrollen einer kränkelnden Wirtschaft könnte die Produktion von Industriegütern und Nahrungsmitteln stimulieren und das Unternehmertum im allgemeinen ermutigen; sie könnte auch zu schweren Unruhen angesichts höherer Preise, weitverbreiteter Arbeitslosigkeit, regionaler Unterschiede und des Zusammenbruchs des Handels zwischen den Republiken führen. Eine Rückkehr zur Kommandowirtschaft und den Prinzipien des Sozialismus hieße indessen, die Konkurrenzfähigkeit der gesamten Region auf Dauer zu verschlechtern. Eine Unterdrückung der demokratischen Neuanfänge in irgendeinem der Staaten könnte nur zu völliger Hoffnungslosigkeit des Volkes, noch größeren wirtschaftlichen Schwierigkeiten und inneren Unruhen, insbesondere zwischen Nationalisten und dort wohnenden Russen, führen. Ein Putsch gegen die Führung in einem dieser Staaten würde ihn wahrscheinlich spalten, was 1991 in Georgien zu geschehen drohte.

Angesichts dieser Ungewißheiten haben westliche Experten jetzt begonnen, ein ganzes Spektrum möglicher Resultate in ihre Berechnungen einzubeziehen.[34] Nur wenige von ihnen erwarten, daß es für die dreifache Krise eine »gute« Lösung geben wird. Eine verhalten optimistische Perspektive erwartet die Bildung eines wirklichen »Commonwealth«, die Aufnahme ernsthafter ökonomischer Reformen, um die Marktwirtschaft in Gang zu bringen, was sicher zu gemischten Resultaten führen, aber einen totalen Kollaps vermeiden würde. Hinzu käme eine Fortsetzung der politischen Auseinandersetzung, aber keine kriegerischen Konflikte. Dies würde der gesamten Region kaum erlauben, einen schnellen Wirtschaftsaufschwung zu erleben, aber es würde sie wahrscheinlich über Wasser halten. Man kann sich auch weniger optimistische Szenarien vorstellen – die vom Ausbruch eines Bürgerkriegs bis zu weiteren konservativen Versuchen eines Staatsstreiches reichen. Einige Experten gebrauchen bereits den Begriff »russisches Weimar«, was impliziert, daß eine verbitterte und zerstrittene Bevölkerung sich zunehmend einer extremen Politik gegen innere Feinde und verschiedene ethnische Gruppen zuwenden könnte.[35]

Wie immer es den Nachfolgestaaten der Sowjetunion ergehen wird, sie sind ganz deutlich schlecht auf die neueren Kräfte des globalen Wandels vorbereitet. Im Gegenteil, jede Entwicklung, die in Teil I dieser Studie diskutiert wurde, wird einer schon jetzt ungeheuer belasteten Region neue Schwierigkeiten bringen.

Die unausgeglichene demographische Zukunft der Erde zum Beispiel, mit all ihren potentiellen sozialen und politischen Konsequenzen, spiegelt sich in dieser Region schon allein deshalb wider, weil das territoriale Ausmaß der ehemaligen UdSSR sie zugleich »nördlich« und »südlich« macht. Schon in den frühen 80er Jahren wies die demographische Zukunft der Sowjetunion ein solches Bündel von Problemen auf, daß die Fachleute sie zunehmend in den düstersten Farben schilderten. So zum Beispiel:

> Auf welcher Basis auch immer, kurzfristig oder langfristig, die Aussichten für die Entwicklung der sowjetischen Bevölkerung und ihrer menschlichen Ressourcen bis zum Ende des Jahrhunderts sind sehr schlecht. Vom Absinken der Geburtenrate bis zu dem unglaublichen Anstieg in den Sterberaten über alle vernünftigen Erwartungen hinaus; vom Abnehmen des Zuflusses junger Leute zur Arbeitnehmerschaft, welches durch die ungleiche regionale Distribution verschärft wird, bis zur relativen Überalterung der Bevölkerung – für die sowjetische Regierung bergen diese Trends wenig Hoffnung.[36]

Während der 1970er zum Beispiel kamen 22 Millionen junger Leute zur Beschäftigtenzahl hinzu. In den 80ern fiel diese Zahl auf 7,7 Millionen; und in den 1990ern wird sie wahrscheinlich noch weiter sinken, auf etwa 5,7 Millionen.[37] Sollten sich soziale und ökonomische Bedingungen verschlechtern – so daß es noch weniger Anreiz gibt, große Familien zu gründen – oder sollte die Massenemigration zugelassen werden, könnte sich der Rückgang beschleunigen.

Schlimmer noch, diese demographische Verlangsamung ist keineswegs einheitlich, sondern trifft in disproportionalem Ausmaß die slawischen Völker im Norden. Was gegenwärtig geschieht und sich allen Erwartungen nach in die Zukunft hinein fortsetzen wird, ist eine Art »demographischer Rache« der kolonisierten Völker – insbesondere jener in den südlichen muslimischen Republiken, deren Geburtenraten jenen im Nahen und Mittleren Osten ähneln. Das durchschnittliche jährliche Bevölkerungswachstum in den südlichen Gebieten reicht von 2,5 bis 3,5 Prozent, was *drei- bis fünfmal* so hoch ist wie die jährliche Durchschnittszuwachsrate von 0,7 Prozent unter der russischen Bevölkerung.[38] Nach einer Schätzung* stellen die Russen weniger als die Hälfte der Gesamtbevölkerung in diesem ganzen riesigen Territorium. Schon vor Gorbatschows Zeiten also wurde Moskaus Herrschaft fortschreitend demographisch untergraben.

Angesichts der schieren Größe und geographischen Bedingungen dieser Region würde sie natürlich in jeder Weise durch ökologische Veränderungen berührt werden. Die globale Erwärmung zum Beispiel, sollte sie signifikant werden, könnte den Getreideanbau in den halbtrockenen Gegenden sogar noch schwieriger machen und die Anbauzonen nordwärts verschieben – dies könnte Rußland begünstigen und die neuen Staaten im Süden in große Schwierigkeiten bringen. Flache Küstenregionen, von denen es viele gibt, würden von einem Anstieg des Meeresspiegels schwer getroffen werden. Aber die ernsthafteste Folge höherer Temperaturen könnte sehr wohl ein Auftauen der Permafrost-Zone sein, was Methan freisetzen und Überschwemmungen verursachen würde. Überdies würden solche Veränderungen in Regionen fallen, die finanziell denkbar schlecht gerüstet sind, angemessen darauf zu reagieren.

---

* In der Volkszählung von 1979 stellten die Russen 52,4 Prozent der gesamten Bevölkerung der UdSSR, aber nach Bernstam (in Rowen und Wolf, Hg., The Future of the Soviet Empire, Seite 209) schloß das Mitglieder ethnischer Minoritäten, die in der russischen Republik lebten, ein, und die richtige Zahl belief sich auf 50,9 Prozent. Bis 1984 war der russische Anteil auf 49,9 Prozent gesunken.

Gegenwärtig, da das ganze Ausmaß und die Konsequenzen des Treibhauseffektes noch von den Wissenschaftlern diskutiert werden, mögen diese Gefahren theoretisch scheinen – und viel weniger dringend als jene Probleme, denen sich Rußlands Politiker und seine Bevölkerung gegenübersehen. Denn es gibt sehr viel unmittelbarere Umweltprobleme, die sowohl von den unfähigen und willkürlichen Entscheidungen der Staatsplaner seit Stalins Zeit als auch durch die Konzentration auf breite Industrialisierung ohne Rücksicht auf die Konsequenzen verursacht wurden. Wie im Osten Mitteleuropas haben Kohlenstoffe und andere Emissionen die Luft verpestet, die Wälder schwer geschädigt und die Gesundheitsgefahren für viele Einwohner erhöht, die keine Mittel besaßen, die Politik Moskaus zu stoppen. Flüsse und Seen sind durch industrielle Abfälle, das Auslaufen von Öl und den Abfluß von überdüngten Feldern stark beeinträchtigt. Grandiose Pläne, Wasser zur Stromerzeugung zu stauen oder umzuleiten, haben zur Erosion oder (wie in der Nähe von St. Petersburg) gefährlicher Verschlammung geführt. Solche Probleme existieren überall in der früheren Sowjetunion, und viele von ihnen sind erst kürzlich bekanntgeworden. Im Gegensatz dazu kennt die Welt die entsetzlichen Nachwirkungen der Tschernobyl-Katastrophe: die Verstrahlung Tausender von Menschen, die Vergiftung von Flüssen und Seen, die Verluste in der örtlichen Landwirtschaft. Das alles sind schwere Schläge für eine Gesellschaft, auf der bereits so viele andere Desaster lasten.

Darüber hinaus verschärfen diese neuen Herausforderungen die demographischen, ethnischen, politischen und ökonomischen Elemente der dreifachen Krise der russischen Gesellschaft. Ein gutes Beispiel ist das Austrocknen des Aralsees, das oben schon diskutiert wurde. Da die Flüsse, die den Aralsee speisten, stark für Bewässerungszwecke in Anspruch genommen wurden, hat das daraus folgende Absinken des Wasserspiegels eine massive Versalzung nach sich gezogen, hat Hafenstädte auf dem Trockenen zurückgelassen und die Desertifikation verstärkt. Die einzige Art, diese Entwicklung umzukehren, wäre der Verzicht auf jeden Wassergebrauch im ganzen riesigen Wasserscheidengebiet *für die nächsten drei Jahrzehnte*. Das ist der ökologische Aspekt. Der politisch entscheidende

Punkt besteht darin, daß 33 Millionen Menschen (Kasachstan ausgenommen) in Zentralasien von diesem Flußwasser abhängig sind; Usbekistans Baumwollproduktion, seine wichtigste Einkommensquelle, stammt von bewässerten Böden, die bereits jetzt Anzeichen der Versalzung aufweisen. Die Bewässerung aufzugeben, wäre ein tödlicher Schlag. Die Wasserknappheit ist die Hauptursache für die Armut der Region – der Lebensstandard in Zentralasien beträgt nur die Hälfte des nationalen Durchschnitts, und viele Kleinkinder verhungern. Es ist eine grausame Ironie, daß gerade hier das Bevölkerungswachstum am stärksten ist. Etwa 40 Prozent der Menschen sind unter 18 Jahren, und innerhalb der nächsten zwei Jahrzehnte wird sich die Gesamtbevölkerung auf beinahe 60 Millionen Menschen verdoppelt haben.[39] Wie in Nordafrika und im Nahen und Mittleren Osten ist es daher sehr wahrscheinlich, daß es hier zu Ressourcenkriegen kommen wird, da die Wasserreserven und die landwirtschaftliche Produktion zu einer Zeit schrumpfen, da die Bevölkerung stark anwächst.

Bis vor kurzem teilte das Wasserministerium in Moskau jeder der zentralasiatischen Republiken einen Anteil des verfügbaren Wassers zu und zwang sie zugleich sicherzustellen, daß eine bestimmte Wassermenge (keineswegs genug) den Aralsee erreichte. Mit dem Zusammenbruch des sowjetischen Staates und der Abschaffung des Wasserministeriums werden diese Vereinbarungen nicht mehr beachtet. In dem verzweifelten Versuch, ihre Lebensform zu erhalten, fordern – und nehmen sich – Bauern in den Tälern am Oberlauf der Flüsse mehr Wasser, was weniger für jene am Unterlauf, in Usbekistan, bedeutet. Und währenddessen schrumpft der Aralsee immer weiter.[40]

Könnte die Biotech-Revolution in der Landwirtschaft hier zur Rettung werden? Auf den ersten Blick erscheint dies wie eine attraktive Option; gentechnisch manipuliertes Saatgut, das gegen aride Bedingungen resistent ist, *In-vitro*-Produktion und synthetische Lebensmittelherstellung, um den Druck auf das Land zu vermindern, verstärkter Einsatz von Biomasse, um die Energienachfrage zu befriedigen, und eine allgemeine Ausweitung der landwirtschaftlichen Produktion klingen wie die Antwort auf viele

Gebete. Auch gibt es hier keinen Mangel an Wissenschaftlern und Technikern, die in diesen Disziplinen arbeiten. Es wäre indessen für die verarmten Regionen schwierig, die Patente und andere Kosten, welche die neue Technologie mit sich bringt, zu bezahlen. Ganz zu schweigen von dem Aufbau moderner Laboratorien, Fabriken und Produktionsanlagen für die Massenherstellung. Wer würde diese Unternehmungen und die damit verbundenen Investitionen in Bildung und Infrastruktur finanzieren? Gewiß nicht die macht- und mittellose Regierung in Moskau, die mit ihren eigenen Problemen reichlich zu tun hat und immer weniger Bindungen an die asiatischen Republiken besitzt. Und selbst wenn eine tapfere westliche Firma es unternähme, die Biotech-Landwirtschaft in, zum Beispiel, Usbekistan zu entwickeln, und alle anderen Hindernisse überwände, würde dies noch immer nicht die Wasserkrise lösen.

Während es allgemeiner gesprochen vorstellbar ist, daß einige Sektoren durch den Einsatz der Biotechnologie verbessert werden könnten, verweist der erbärmliche Zustand der russischen Landwirtschaft im ganzen darauf, daß unmittelbare strukturelle Reformen (Entkollektivierung, realistische Lebensmittelpreise, verbesserte Infrastruktur) im Moment wichtiger sind. Wenn diese Reformen durchgeführt würden und sich die landwirtschaftliche Produktion in dem Maße erhöhte wie zum Beispiel in China und demzufolge der Lebensstandard anstiege, bliebe noch immer ein entscheidendes Hemmnis für die Anwendung der Biotechnologie; denn ihre verbreitete Übernahme könnte gewaltige soziale und regionale Konsequenzen in Gebieten haben, in denen ein so hoher Prozentsatz der Arbeitnehmerschaft in der Landwirtschaft beschäftigt ist.

Die Annahme liegt nahe, daß man ähnliches über die Bereitschaft der Staaten der früheren UdSSR sagen kann, sich der Automatisierungsrevolution zu stellen, die aus Ostasien kommt. Trotz der hohen Zahl von Ingenieuren und Technikern und dem Gebrauch einfacher Roboter in gewissen staatseigenen Industrien ist es schwer vorstellbar, daß Rußland jene ökonomischen Vorteile aus ihnen ziehen könnte, die Japan genießt. Während Japan sich der Automatisierung aufgrund der Facharbeiterknappheit zuwendet und seine Firmen die Arbeiter, die wegen der neuen Maschinen ihre Stellen verlieren, bereitwillig umschulen und ihnen neue Beschäftigungen zuweisen, besitzen Rußland und die anderen Republiken im Moment einen Überschuß an Arbeitern und ein System chronischer Unterbeschäftigung, welches sich durch die Automatisierung nur erweitern würde.

Außerdem hängt der Umbau der Wirtschaft in Richtung auf die glückliche neue Welt der Roboter, der Biotechnologie, der Laser, der Telekommunikation usw. stark von einer florierenden Computer-Industrie ab. Diese Industrie aber ist so unterentwickelt und die Anzahl der Maschinen so klein – im Jahre 1987 gab es in der gesamten UdSSR nur 100000 Personal Computer verglichen mit einer *jährlichen* US-Produktion von mehr als 5 Millionen[41] –, daß man enorme Kapitalsummen bräuchte, um eine Informationsgesellschaft zu schaffen. Ein solcher Wandel würde eine ungeheure Einfuhr von ausländischen Maschinen und technologischem Know-how erfordern, die bezahlt werden müßte; und er würde eine extensive Umschulung der Beschäftigten erfordern, *plus* der Produktion angemessener Software, *plus* eines effizienten Service-Netzes, damit die Maschinen überhaupt richtig benutzt werden können. Noch während die russischen Planer und die ausländischen Berater mit dem Problem kämpfen, wie und wo dieser Prozeß in Gang gesetzt werden soll, gibt es auf beiden Seiten des Pazifik eine Flut von neuen Erfindungen und Durchbrüchen, welche die Lücke zwischen den Hightech-Gesellschaften und dem Rest der Welt erweitern und die Aufholjagd immer schwieriger machen.

Schließlich würde jede Entwicklung auf eine Hightech-Ökonomie zu sich jenem Bündel von Problemen gegenübersehen, die den Kollaps der UdSSR überhaupt erst verursacht hat. Der russische Akademiker Andrej Erschew, der mit Begeisterung davon spricht, sein Land bis zum frühen 21. Jahrhundert in eine Informationsgesellschaft zu verwandeln, gesteht zugleich die »offensichtliche Absurdität« solcher Pläne zu:

> Die mäßigen Lebensbedingungen, welche die Folge einer primitiven Gleichmacherei in den Löhnen sind, die Schwierigkeiten, die Menschen zu ernähren

> und ihnen Obdach zu geben, die Überlastung und alarmierende Verschlechterung unserer Energie- und Transportstrukturen sowie der exorbitant hohe Anteil von ungelernter Arbeit in unserer Ökonomie – alle diese Dinge sind das »wirkliche Leben«, und sie erfordern sofortiges Handeln sowie die unmittelbare Konzentration aller verfügbaren Ressourcen.[42]

Unter solchen Umständen, schließt er, erscheinen Gespräche über ein langfristiges Programm für eine zukünftige russische Informationsgesellschaft als bloßes Philosophieren, Welten entfernt von der realen Rückständigkeit des Landes.[43]

Solange ihre Wirtschaften nicht vollständig umstrukturiert sind, können die Republiken auch kaum eine Rolle in der Finanz- und Kommunikationsrevolution spielen oder am Aufstieg der multinationalen Konzerne teilhaben – außer vielleicht als Zulieferer von billiger Fabrikarbeit wie Mexiko und Thailand. Es war die Unfähigkeit des Sowjetregimes, mit der Verbreitung von Ideen und Bildern über die neueren Kommunikationsmittel fertigzuwerden – oder sie ganz zu unterdrücken –, welche zumindest zum Teil dazu führte, daß dieser Staat zusammenbrach. Autoritäre Nachfolgeregime, die sich in bestimmten Republiken, zum Beispiel Georgien, durchgesetzt haben, werden wahrscheinlich dieselben Schwierigkeiten haben, die Information zu kontrollieren. Aber selbst dort, wo *Glasnost* noch immer herrscht, ist es sehr schwer, sich das Auftauchen zum Beispiel eines kasachischen Äquivalents zum CNN oder zum BBC vorzustellen oder einen ukrainischen Rivalen für McKinsey. Da den Republiken eine konvertible Währung fehlt, internationale Banken, Börsen und alle anderen Handelsinstitutionen, wird ihnen die grenzenlose Welt des 24-Stunden-Finanzhandels noch auf lange Zeit irrelevant erscheinen.

Vor einigen Jahren erlaubte sich der *Economist* die Bemerkung, daß »das imperiale Rußland 1913 ein Realprodukt pro Arbeitsstunde besaß, das dreimal so groß war wie das Japans, das Land aber seine fast siebzig sozialistischen Jahre dazu verwandt hat, auf vielleicht ein Viertel von Japans heutiger Rate zurückzufallen«.[44] In vieler Hinsicht wurde die kollabierende Sowjetunion die Antithese zu Japan; gewaltig an Fläche und reich an Bodenschätzen, verglichen mit dem überbevölkerten, ressourcenarmen Inselstaat; ein

Gemisch von Völkern, verglichen mit einer der bewußt homogensten Rassen auf der Welt; sozial auseinanderbrechend, verglichen mit der kohärenten, anpassungsfähigen Bevölkerung Japans; rückständig in Hightech und in der »Dematerialisierung« der Produktion, verglichen mit einem Japan, das auf diesen Gebieten führend ist; trotz der sozialistischen Betonung der Planung ironischerweise unfähig, sich effizient auf die Zukunft vorzubereiten, verglichen mit Tokios offensichtlich zielgerichtetem Marsch in das 21. Jahrhundert. Wie einige Beobachter schon früh bemerkt haben, war das chaotische, industriell rückständige, heterogene russische Reich einer der am wenigsten geeigneten Orte der Welt, eine marxistische Gesellschaft zu schaffen.[45] Aus denselben Gründen scheinen seine Nachfolgestaaten nicht besonders gut gerüstet zu sein, mit den aktuellen globalen Kräften des Wandels fertigzuwerden. Alles spricht dafür, daß die Republiken, in welcher Form sie auch immer in das 21. Jahrhundert eintreten werden, sich auf einen langen Kampf mit ihrer relativen Rückständigkeit vorbereiten müssen.

Diese Schlüsse könnten sich natürlich als zu pessimistisch erweisen. Im Augenblick sehen wir nur Chaos, Kampf, ökonomischen Kollaps, ethnische Desintegration – genauso wie es die Beobachter von 1918 taten. Hätten sie damals vorhersehen können, daß die UdSSR ein Jahrzehnt oder so später bereits begonnen haben würde, Chemikalien, Flugzeuge, Lastwagen, Panzer, Werkzeugmaschinen zu produzieren – und das mit einer schnelleren Zuwachsrate als jede andere industrialisierte Gesellschaft?[46] Und, um das weiterzuführen, wie hätten die westlichen Bewunderer von Stalins zentralisierter Wirtschaft in den 30ern wissen können, daß genau dieses System bereits den Keim seines Niedergangs in sich trug? Wie bei jeder anderen Gesellschaft auf dieser Erde ist es theoretisch möglich, daß die Nachfolgestaaten der Sowjetunion plötzliche Fortschritte erleben könnten, statt unter einem weiteren Niedergang und sozialen Wirren zu leiden. Angesichts der existierenden Bedingungen indessen und der neueren Herausforderungen, denen sie gegenüberstehen, ist es allerdings sehr schwer zu glauben, daß ihnen eine rosige Zukunft bevorsteht.

Ost- und Mitteleuropa

Was immer mit den Nachfolgestaaten der UdSSR geschehen wird, die Politik von *Glasnost* und *Perestroika* haben für die früheren sowjetischen Satelliten in Ost-Mitteleuropa enorme Konsequenzen gehabt. Freie Wahlen, das Ende der meisten kommunistischen Parteien (oder zumindest ihr Verlust des Machtmonopols), die Entwicklung auf eine freie Marktwirtschaft hin, der Fall des Eisernen Vorhangs, der Kollaps des Warschauer Pakts, die Eingliederung der Deutschen Demokratischen Republik in ihren größeren westdeutschen Nachbarn, der Beginn von Gesprächen über eine ungarische oder tschechische Mitgliedschaft in der Europäischen Gemeinschaft: All diese außerordentlichen Entwicklungen, die noch vor wenigen Jahren unvorstellbar gewesen wären, wurden möglich durch den Zerfall des Regimes in Moskau.[47] Was immer die ursprünglichen Motive für den Beginn dieser Liberalisierung gewesen sein mögen, die politische und strategische Geographie Europas vom Thüringer Wald bis zur Donaumündung ist durch sie verändert worden. Ein halbes Dutzend Nachfolgeregierungen und ihre Völker kämpfen mit den neuen Bedingungen.

Unter den Bevölkerungen, die von diesen Veränderungen betroffen sind, genießt die in der früheren DDR einen Status, der sich von dem der anderen Länder unterscheidet. Obwohl die Ostdeutschen es nicht leicht haben, sich der kapitalistischen Lebensform anzupassen, und obwohl die Infrastruktur, die Umwelt und die industrielle Basis so verfallen sind, daß enorme Kapitalsummen gebraucht werden, um sie auf westdeutsches Niveau zu bringen, sind dies Schwierigkeiten mittelfristiger Natur. Zum Glück für die Bevölkerung schließt sie sich mit einem Staat zusammen, der aufgrund jahrzehntelanger Zahlungsbilanzüberschüsse finanziell zu einem solchen Kraftakt in der Lage ist.[48]

Überdies liefert der Wiederaufbau einen massiven Keynesschen »Anstoß« für die westdeutsche Industrie. Selbst wenn er zu sprunghaft erhöhten Haushaltsdefiziten führt, geht dies vor allem auf verstärkte *investive* Ausgaben zurück, die ökonomisch langfristig nützlich sind.

Während den Ostdeutschen auf diese Weise ein Freifahrtschein in die reiche westliche Gemeinschaft geschenkt worden ist, werden ihre Nachbarn damit zu kämpfen haben, für die Reise zu bezahlen.* Einige von ihnen haben offensichtlich bessere Aussichten als andere; ein Ungarn, das seit Jahren mit vorsichtiger Verwestlichung experimentierte, ist Welten von einem Rumänien entfernt, das unter einer totalitären Diktatur und den ökonomischen Verzerrungen des Ceausescu-Regimes zu leiden hatte. Was immer aber auch die Unterschiede sein mögen, jedes dieser Regime steht vor der Aufgabe, seine Ökonomie und Gesellschaft von einem System auf ein anderes umzustellen, ohne unter dieser Anstrengung zusammenzubrechen.

Die Etablierung demokratischer Regierungen mit einer sicheren politischen Legitimation wird in einigen Nationen leichter zu erreichen sein als in anderen. Aufgrund seiner kulturellen und religiösen Einheit und seiner tiefen Identität genießt Polen in dieser Hinsicht die beste Ausgangslage. Ähnliche Stärken sollten Ungarn helfen. In der Tschechoslowakei wird wahrscheinlich auch die Freude über die Rückkehr zur Demokratie ein Auseinanderfallen des Staates nicht verhindern können. Selbst wenn sich die Demokratie in all diesen Ländern durchsetzt, wird der Prozeß wahrscheinlich chaotisch und schmerzlich sein, mit immer neuen sich bildenden und aufbrechenden Koalitionen, mit bitteren Debatten über die Kirchenpolitik oder die Wirtschaft, mit einem immer latenten autoritären Hintergrund, mit Bauernparteien, die sich gegen die Radikalen wenden, mit Vereinen oder Parteien der früheren Kommunisten... Mit anderen Worten: es wird eine Wiederholung der chaotischen und schmerzlichen politischen Zustände von zum Beispiel dem Frankreich oder Italien der späten 40er und 50er sein, als sie aus ihren Kriegsregimen auftauchten und um die Modernisierung zu kämpfen hatten. Nichtsdestoweniger haben die mitteleuropäischen

* »Es ist nicht fair«, sagte ein polnischer Journalist einem westlichen Besucher im Frühjahr 1991. »Warum gibt es kein Westpolen, das dem armen Ostpolen zu Hilfe kommt? Warum gibt es kein Westpolen, das die schlechten Zlotys übernimmt, die schlechten Autos, die schlechten Pässe, und uns die guten gibt?« Zitiert in W. R. Mead: »Dark Continent«, *Harper's Magazine* (April 1991), S. 52.

Staaten bessere Aussichten, eine politische Legitimität zu erreichen als Rumänien und Bulgarien, wo demokratische Traditionen viel schwächer sind. Auch gibt es dort große Zahlen von »Ex- und Nicht-so-ex-Kommunisten«[49], die noch immer Einfluß haben.

Politische Legitimität zu erreichen, wird sehr viel schwieriger, wenn, wie in der zusammengebrochenen UdSSR, ethnische Spannungen wieder auftauchen. Auch hier hat Polen wiederum einen gewissen Vorsprung, da seine Bevölkerung sehr homogen ist und Deutschland alle Ansprüche auf von Polen bewohnte Territorien aufgegeben hat. Dasselbe trifft auf Ungarn zu, das zu 93 Prozent von Magyaren bewohnt ist; das Problem aus der Sicht Budapests liegt in den ungarischen Minoritäten *jenseits* der Grenze – 600 000 Menschen in der südlichen Slowakei, über 400 000 im ehemaligen Jugoslawien und bis zu 2 Millionen in Rumänien, die bereits in Auseinandersetzungen mit der rumänischen Mehrheit stehen.[50] In Jugoslawien sind die ethnischen Differenzen bereits in offene Kampfhandlungen umgeschlagen. Das Land ist einer 60jährigen Geschichte als Konföderation miteinander rivalisierender Kulturen, Sprachen und Religionen nie entkommen. Neben dem zentralen Konflikt zwischen den dominierenden Serben (36 Prozent der ehemaligen jugoslawischen Bevölkerung) und den Kroaten (20 Prozent) gibt es enorme Probleme um die Zukunft nicht nur Bosniens, sondern auch Mazedoniens und des Kosovo.[51]

Obwohl die Spannungen anderswo noch nicht in blutige Konflikte umgeschlagen sind, haben die meisten Nachbarländer tiefverwurzelte Minderheitenprobleme geerbt. Die Spaltung der Tschechoslowakei ist eine Tatsache.[52] Die Rumänen stehen der Agitation der ungarischen Minderheit mit Ressentiments gegenüber, während die letzteren unter der rumänischen Herrschaft unruhig werden.[53] Die Türkei klagt über die harte bulgarische Behandlung der türkischsprachigen Minderheit, während Griechenland den Türken die Besetzung Nordzyperns nicht verzeihen kann. Alle beobachten Mazedonien sehr aufmerksam. In den ersten Jahrzehnten dieses Jahrhunderts blickten politische Beobachter mit besorgtem Auge auf die ethnischen Konflikte auf dem Balkan, die zu Instabilität und Krieg zu führen drohten. Es wäre ein trauriger

Kommentar zur Lernfähigkeit der Menschen, wenn im letzten Jahrzehnt diese Ängste wieder an die Oberfläche trieben – und gerechtfertigt wären.

All diese Spannungen könnten durch einen gewissen Wohlstand aufgehoben werden, aber die Produktivität und der Lebensstandard der Region hinken weit hinter denen des Westens her. Nach einer Schätzung lag das Pro-Kopf-Einkommen der Tschechoslowakei im Jahre 1939 zehn Prozent über dem Österreichs, aber jetzt ist es 35 Prozent *niedriger*;[54] die letztere Schätzung ist wahrscheinlich noch zu optimistisch, aber dennoch ist der tschechische Lebensstandard dem anderer Staaten weiter im Osten deutlich überlegen. Angesichts der Kombination aus industriellem Verfall, schlechter Infrastruktur, dem Mangel an technischem und Vertriebswissen, nichtkonvertibler (und zunehmend entwerteter) Währungen sowie massiver Umweltschäden wird es einigen dieser Gesellschaften sehr schwerfallen, den »Sprung« in eine freie Marktwirtschaft zu bewältigen. Wenn sie Preissubventionen abschaffen, den staatseigenen Unternehmen die Unterstützung entziehen und die Bürokratien abbauen, wie es der IWF und die Weltbank empfohlen haben, werden selbst Staaten wie Ungarn und Polen, die noch am ehesten zu einer schnellen Anpassung in der Lage wären, das Risiko einer hohen Arbeitslosigkeit eingehen müssen. Es wird Zusammenbrüche und Pleiten geben und starke Ressentiments gegen Preiserhöhungen und ausländische Einmischung. Viele dieser Länder erwarten, daß ihr bereits nachgebendes Bruttosozialprodukt noch einmal 10 Prozent sinken wird, bevor die Anpassung überstanden ist (siehe Tabelle 11-3).

Jede Erholung wird durch die Schwierigkeiten innerhalb der früheren Sowjetunion selbst noch problematischer gemacht. Jahrzehntelang haben sich diese Länder auf sowjetisches Öl gestützt, das sie unter Weltmarktpreisen erstehen konnten. Ost-Mitteleuropa leidet nun unter massiven Brennstoffmängeln und muß für Ölimporte mit Dollars bezahlen. Der Mangel an harter Währung könnte durch wachsende Exporte nach Rußland ausgeglichen werden – aber das setzt eine funktionierende Wirtschaft dort voraus und macht überdies die Aufgabe, die Produktion an den *westlichen*

Tabelle 11-3

Anpassung an die ökonomische Reform in Ost-Mitteleuropa[55]

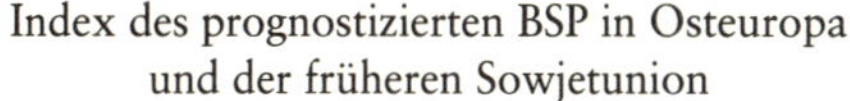

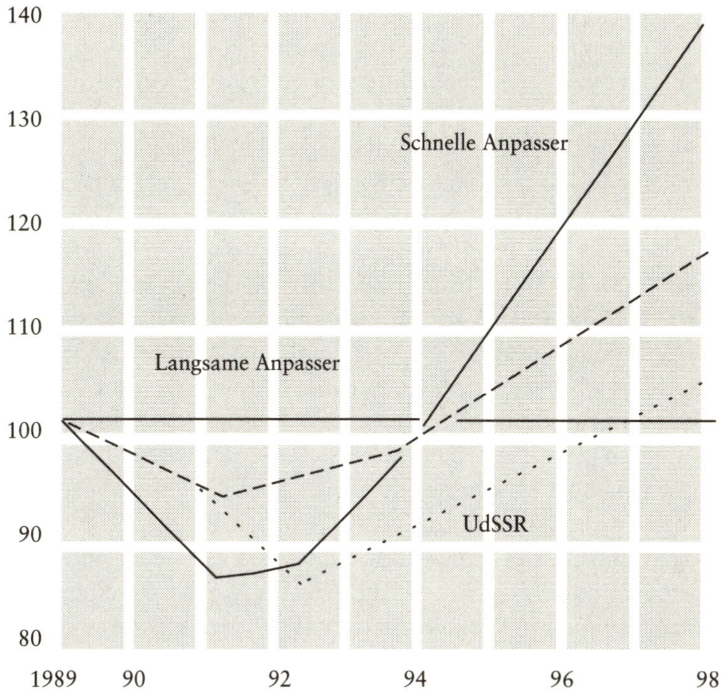

Schnelle Anpasser:	Langsame Anpasser:
Ungarn	Rumänien
Tschechoslowakei	Bulgarien
Ostdeutschland	Jugoslawien
Polen	Albanien

Märkten zu orientieren, schwieriger.[56] Auch wecken die sich verschlechternden Bedingungen in der UdSSR und Rumänien Ängste vor einem Massenexodus nach Westen, was die bereits überbeanspruchten sozialen Einrichtungen in diesen Staaten weiter belasten würde. Daher werden jetzt Zäune entlang der *östlichen* Grenzen der mitteleuropäischen Staaten aufgebaut, was einen neuen »Eisernen Vorhang« schafft, der die früheren Sowjetrepubliken von ihren Nachbarn trennt.[57] Unter all den Ironien in dieser Region könnte das die größte sein.

Mit einem Wort, die Gesellschaften von Ost-Mitteleuropa haben bereits genug zu tun, ohne gezwungen zu sein, die globalen Veränderungen zu bewältigen, die sich aus der modernen Technologie, den ökologischen Trends und dem demographischen Wandel ergeben.[58] Sie wissen, daß Umweltschäden bereits ihre Gesundheit und ihren Lebensstandard schwer beeinträchtigt haben und daß immense Summen nötig sein werden, um diesen Schaden zu beheben *und* alternative Brennstoffe, veränderte Lebensformen und Arbeitsweisen einzuführen. Viele von ihnen beziehen ihre Energie aus sowjetisch gebauten Atomkraftwerken, die gefährlich sind, die abzuschalten aber enorme Störungen des Energiehaushalts nach sich ziehen würde. Sorgen um die Umweltschäden und die ökonomische Ungewißheit führen offensichtlich dazu, daß die Geburtenraten in allen ost-mitteleuropäischen Ländern – und in der Ukraine – weit unter die Ersatzrate gefallen sind.[59] Auf der anderen Seite können demographische Veränderungen auch ethnische Spannungen innerhalb von Ländern verschärfen (wenn Albaner zum Beispiel weit höhere Geburtenraten aufweisen als Serben) und die Möglichkeit großer grenzüberschreitender Wanderungsbewegungen vergrößern. Wie in Rußland brauchen die Landwirte dieser Regionen die Entkollektivierung, Investitionen und offene Weltmärkte – *nicht* die Herausforderung einer biotechnologisch veränderten Landwirtschaft. Sie brauchen auch zahlungsfähige und ihnen offenstehende Exportmärkte in Westeuropa, was zu Spannungen mit den Landwirten der Europäischen Gemeinschaft führen wird.[60]

Was die Nationen von Ost-Mitteleuropa indessen besitzen, ist die wichtigste Ressource von allen: einen Reichtum an begabten und ehrgeizigen Menschen, eine im Grunde gesunde Bildungsinfrastruktur, eine lange Tradition industrieller Exzellenz (die Tschechoslowakei) oder mathematischen und wissenschaftlichen Denkens (Ungarn), dazu – zum ersten Mal seit mehr als fünfzig Jahren – Zugang zu neuen Ideen, Unternehmungen, Anreizen ... Angesichts der Aufgaben, die vor ihnen liegen, insbesondere auf kurze bis mittlere Sicht, mögen solche Talente nicht ausreichen, um den Westen einzuholen, geschweige denn, sich gut auf das 21. Jahrhundert vorzubereiten. Aber zumindest sind sie aus ihrem Gefängnis heraus und besitzen die Freiheit zu entscheiden, in welche Richtung ihre Reise gehen soll.

Kapitel 12

Europa und die Zukunft

Verglichen mit den Problemen, denen die Länder Zentralasiens und Nordafrikas gegenüberstehen, müssen die Nationen der Europäischen Gemeinschaft (EG) als weit besser gerüstet erscheinen, auf die globalen Trends zu reagieren. Reich an Kapital, Infrastruktur und ausgebildeten Fachkräften sowie im Genuß eines hohen Lebensstandards, haben die Europäer unzählige Vorteile gegenüber den mit ihren Schwierigkeiten kämpfenden Völkern des Ostens und des Südens. Zusammen mit Japan und Nordamerika hat sich die EG als eines der drei großen Zentren ökonomischer, technologischer und politischer Macht in einer sonst zersplitterten Welt herausgebildet. Ohne Zweifel steht Europa Problemen gegenüber, zum Beispiel auf dem Gebiet der Außenpolitik, in der Definition seiner Verteidigungspolitik in einer Welt nach dem Kalten Krieg. Auch muß der Kontinent Wege finden, seine Vereinigung voranzutreiben. All dies ist schwierig, aber, so scheint es, durchaus zu bewältigen.

Viel weniger gewiß indessen erscheint die Frage, ob die Europäer in der Lage sein werden, ihren komfortablen Lebensstil zu genießen, ohne von den globalen Entwicklungen betroffen zu werden. Können Europas relativ reiche Gesellschaften sich von dem demographischen Druck isolieren, der sich anderswo aufbaut, oder auch von einschneidenden Klimaveränderungen? Kann die EG mit der Globalisierung fertig werden, während sie gleichzeitig um weitere Integration kämpft? Kann es die zentrifugalen politischen Tendenzen bewältigen, die wachsenden Ressentiments gegen ethnische Nachbarn und neue Einwanderer, den neuen Tribalismus? In einigen Teilen der Welt, hat der Journalist Thomas Friedman vor kurzem geschrieben, bauen Roboter Luxuswagen zusammen. In anderen Teilen (zum Beispiel in Sarajevo) sterben Kinder im Artilleriefeuer, weil sie einer anderen Kultur und Religion angehören.[1] Sowohl technologische Veränderungen als auch historische Antagonismen haben Wirkungen, welche die nationalen Grenzen überschreiten, sie sind auch noch in einiger Entfernung spürbar; und dasselbe trifft auf andere transnationale Kräfte zu. Wenn es schon unwahrscheinlich ist, daß selbst Japan eine privilegierte Enklave inmitten der Probleme der Welt bleiben kann, wie könnte dann Europa – das den Unruheregionen so viel näher ist, das in sich viel gespaltener ist – erwarten, davon nicht berührt zu werden? Und werden die politischen Führer des Kontinents in der Lage sein, »alte« Tagesordnungspunkte (die Zukunft der NATO, die Gemeinsame Landwirtschaftspolitik) in Ordnung zu bringen, noch während sie sich neueren, weniger vertrauten Problemen zuwenden müssen?

All dies ist so schwer zu beantworten, weil Europa im Gegensatz zu seit langem integrierten Ländern wie Japan und den Vereinigten Staaten oder Australien im Moment versucht, eine neue konstitutionelle Form zu schmieden, ein Prozeß, der einen Großteil seiner politischen Energien schluckt. Zumindest in dieser Hinsicht haben EG-Politiker und die der früheren UdSSR etwas gemeinsam. Während die eine Region auf die Integration zustrebt, kämpft die andere darum, den Prozeß der Desintegration in den Griff zu bekommen; und die politischen Führer in beiden Regionen haben wenig Zeit für Fragen, die ihnen gewiß als weniger dringlich erscheinen. Im Denken der Planer in Brüssel und vielleicht auch in den zwölf Mitgliedsstaaten, die im Augenblick die EG ausmachen,* hat die Debatte über die Zukunft Europas Vorrang vor solchen Dingen wie dem globalen Bevölkerungswachstum, der Robotik und dem Treibhauseffekt.

Aber wenn auch die Politik der europäischen Integration die

* Deutschland, Frankreich, Italien, die Niederlande, Belgien, Luxemburg, Großbritannien, Dänemark, Irland, Spanien, Portugal, Griechenland.

Auseinandersetzung mit globalen Trends überschattet, können die letzteren nicht einfach ignoriert werden. Die Regierung und die Völker Europas sehen sich der doppelten Herausforderung gegenüber, die zukünftige Gestalt des Kontinents zu formen und zur selben Zeit auf die Kräfte des globalen Wandels zu reagieren. Aufgrund dessen verweist der Titel dieses Kapitels »Europa und die Zukunft« auf eine Doppelbedeutung:

a) Welche Organisationsform wird Europa auf seinem Weg ins 21. Jahrhundert annehmen?

b) In welcher Form auch immer, wie wird es der Region in ihrem Kampf mit den transnationalen Veränderungen, die in Teil I dieses Buches beschrieben wurden, ergehen?

Das sind zwei verschiedene Fragen, aber sie greifen natürlich ineinander. Wenn die Europäer sich vereinigen, erhöht sich die Chance, eine gemeinsame Politik zur globalen Erwärmung, zur Immigrationsfrage, zu den Nord-Süd-Beziehungen und zur Sicherheit zu formulieren. Die Staatengemeinschaft kann dann auch leichter technologische Großprojekte (zum Beispiel den Airbus) finanzieren. Und nicht zuletzt hat die Tatsache, daß die Welt sich verändert – in den strategischen Gewichten, in ihren ökonomischen Wachstumsmustern, angesichts des Aufstiegs von Ostasien und der veränderten Position der Supermächte –, schon immer gewichtigen Anteil an dem Argument für eine größere europäische Einigung gehabt. Von den frühen Ideen Monnets und Schumans bis zu den heutigen Vertretern einer enger zusammengeschlossenen EG ist die Begründung einfach gewesen. Wenn Europa die relative Bedeutung in der Welt, welche es um 1900 besaß, zurückerobern soll, muß es Krieg zwischen seinen Mitgliedsstaaten verhindern, die ökonomischen Regeln harmonisieren und gemeinsame politische Grundlagen entwickeln, einschließlich der Außen- und Verteidigungspolitik. Sosehr sie darum gekämpft haben, individuelle europäische Nationen sind nicht in der Lage gewesen, ihre frühere internationale Position zurückzugewinnen. Nur indem sie sich zusammenschließen, können sie einen Block europäischer Völker bilden, der wohlhabender und vielleicht sogar mächtiger wäre als jeder andere Staat der Welt.[2]

Im Augenblick ist Europa weit von einer solchen Vision entfernt, obwohl es seit der Zersplitterung von 1945 große Fortschritte gemacht hat. Seit den späten 40er Jahren liegt die Verteidigung Europas in den Händen der Nordatlantischen Verteidigungsgemeinschaft (NATO), der die USA nuklear-strategisches Gewicht geben sowie durch die Stationierung konventioneller Kräfte auf europäischem Boden Abschreckung verleihen. In der ökonomischen Sphäre existiert die locker strukturierte Europäische Freihandelsgemeinschaft (EFTA), zusammengesetzt aus kleineren neutralen Staaten, die sich auf den Freihandel mit Industrieprodukten geeinigt haben. Sehr viel bedeutender indessen ist die Europäische Gemeinschaft (EG) selbst, die gewöhnlich gemeint ist, wenn Kommentatoren den Begriff »Europa« gebrauchen. Etabliert durch die römischen Verträge vom Jahre 1957, besitzt die EG eine Europäische Kommission, welche als zentrale Planungsexekutive agiert, ein Europäisches Parlament und sogar einen Europäischen Gerichtshof. In dem Sinne hat es in der EG schon immer das konstitutionelle »Skelett« für einen föderalen Staat gegeben.

Keine dieser Organisationen indessen erfaßt alle europäischen Länder. Der NATO gehören auch nichteuropäische Länder wie Kanada und die Vereinigten Staaten an, aber (natürlich) nicht die europäischen neutralen Staaten. Die EFTA wurde als eine Alternative zur EG von Staaten entwickelt, die sich gegen die Harmonisierung der landwirtschaftlichen, sozialen und fiskalischen Politik wandten, ganz zu schweigen von der politisch-konstitutionellen Integration. Heute scheint die EFTA vor der Auflösung zu stehen, da sich viele EFTA-Länder um Aufnahme in die EG bewerben. Die Türkei ist in der NATO, aber nicht in der EG (obwohl sie sich beworben hat); Irland ist in der EG, aber nicht in der NATO; Norwegen ist in der NATO und fragt sich nach wie vor, ob seine Entscheidung von 1972, sich nicht der EG anzuschließen, richtig war. Die Veränderungen in Mitteleuropa und der früheren UdSSR haben in einer ganzen Reihe von Ländern zu dem Wunsch geführt, in die EG aufgenommen zu werden. Das betrifft sogar Rußland selbst, das auch schon darüber nachgedacht hat, Mitglied der NATO zu werden!

Trotz dieser Komplikationen könnte Europa bald eine bedeutendere Rolle in der Weltpolitik spielen. Vor ein paar Jahren hat Professor Samuel Huntington geschrieben, daß »der Stab der Weltführung« im nächsten Jahrhundert von Amerika nicht auf Japan, nicht auf China oder Rußland – sondern auf eine europäische Föderation übergehen könnte:

> »Sollte die Europäische Gemeinschaft sich politisch zusammenschließen, hätte sie die Bevölkerung, die Ressourcen, den ökonomischen Wohlstand, die Technologie und die potentielle militärische Stärke, die herausragende Macht des 21. Jahrhunderts zu werden. Japan, die Vereinigten Staaten und die Sowjetunion sind hochspezialisierte Länder: Japan in der Investition, die Vereinigten Staaten im Konsum und die Sowjetunion in der Bewaffnung. In Europa sind diese drei Elemente ausbalanciert. Es investiert weniger seines Bruttosozialprodukts als Japan, aber mehr als die Vereinigten Staaten und sehr wahrscheinlich viel mehr als die Sowjetunion. Es konsumiert weniger seines BSP als die Vereinigten Staaten, aber mehr als Japan und die Sowjetunion. Es rüstet weniger als die Vereinigten Staaten und die Sowjetunion, aber mehr als Japan.
>
> Man kann sich auch eine europäische ideologische Ausstrahlung vorstellen, welche der amerikanischen vergleichbar wäre. In der ganzen Welt stehen Menschen vor den Türen amerikanischer Konsulate Schlange, die um Einwanderungsvisa nachsuchen. In Brüssel stehen ganze Länder Schlange, die der Europäischen Gemeinschaft beitreten wollen. Eine Union von demokratischen, wohlhabenden, sozial unterschiedlichen Gesellschaften mit gemischten Wirtschaften wäre eine mächtige Kraft auf der Weltbühne. Wenn das nächste Jahrhundert kein amerikanisches mehr sein sollte, dann wahrscheinlich ein europäisches.«[3]

Dies mag dem Leser als übertrieben optimistisch erscheinen, da es Europas frühere Konflikte und gegenwärtige Schwierigkeiten ignoriert. Selbst ein Vierteljahrhundert nach dem Vertrag von Rom ist die EG, mit den Worten eines Kritikers, »ein Labyrinth von Grenzkontrollen« geblieben. »Es wimmelt von Regierungssubventionen für nationale Industriezweige«, fährt er fort, »von geschlossenen Systemen der Auftragsvergabe auf dem militärischen und anderen Schlüsselsektoren. Von nationalen Regelungen industrieller Standards, des Copyrights, des Transports, des Bankwesens, des Versicherungswesens, es gibt die unterschiedlichsten Hygienevorschriften für den Import von Lebensmitteln.«[4] Wie wird es Europa dann auf den sehr viel komplizierteren und kritischeren Gebieten gemeinsamer Einwanderungsgesetze, einer gemeinsamen Währung und Zentralbank, integrierter (oder zumindest föderaler) Streitkräfte und einer gemeinsamen Außen- und Verteidigungspolitik ergehen? Ist es nicht utopisch, sich vorzustellen, daß zwölf oder fünfzehn Nationen, jede mit einer langen Tradition der Souveränität, sich jemals in die Vereinigten Staaten von Europa verwandeln könnten? Ist es nicht praktikabler, sich mit bescheidenen Reformmaßnahmen zu begnügen (zum Beispiel mit der Harmonisierung des Patentrechts, der Gewichte und Maße), und sich mit einer lockeren Föderation von Völkern zufriedenzugeben, die enge kulturelle Bindungen besitzen? Hieße alles andere nicht, viel Energie an ein Traumbild zu verschwenden?

Jene, die sich ein »starkes« Europa wünschen, würden wahrscheinlich zugestehen, daß die volle Einheit im Moment unmöglich zu erreichen ist. Aber sie würden auf die zwingende Notwendigkeit verweisen, eine ökonomische Harmonisierung herzustellen und nach einer gemeinsamen Außenpolitik zu streben. Im Gegensatz dazu unterstützen jene, die ein »schwaches« institutionelles Zentrum vorziehen, einen erweiterten gemeinsamen Markt für Güter und Dienstleistungen, schrecken aber vor bürokratischen Kontrollen im Geschäftsleben, vor den Verzerrungen der Gemeinsamen Landwirtschaftspolitik (CAP), den Kosten einer Harmonisierung der Sozialpolitik, dem Verlust fiskalischer Souveränität durch eine gemeinsame Währung und eine europäische Zentralbank und der Übertragung parlamentarischer Macht auf paneuropäische Körperschaften zurück. Zwischen diesen Polen gibt es eine Streuung von mittleren Positionen, jeweils abhängig von dem betreffenden Mitgliedsstaat: Einige wollen die Macht des Europäischen Parlaments stärken, andere den Einfluß des Ministerrats erhöhen; einige wollen die volle Integration der Verteidigung, andere fürchten, das könnte die NATO schwächen, und wieder andere wollen neutral bleiben.[5] Selbst die Stimmen für die Integration haben sehr unterschiedliche Motive, von italienischen Automobilbossen, die einen einzigen kontinentalen Markt haben wollen, bis zu deutschen Intellektuellen, die ihr neu vereinigtes Land in europäische Strukturen »einbetten« wollen.[6]

Jede Untersuchung der Möglichkeiten eines integrierten Europa wird sich nicht nur auf die bereits verabschiedete Beseitigung aller inneren Grenzen für den Austausch von Gütern und Dienstleistungen konzentrieren müssen, sondern auch auf umstrittenere Maßnahmen wie eine gemeinsame Währung, vergrößerte Befugnisse für das Europäische Parlament und eine koordinierte Verteidigungspolitik. Auf diesen Gebieten liegt sowohl das größte Potential, Europa in etwas ganz anderes zu verwandeln, als es der heutige geographische Begriff aussagt, als auch das größte Bündel von Hindernissen auf diesem Weg. Sollten die Hindernisse überwunden werden, mag die EG durchaus die Rolle in der Weltpolitik spielen, welche die Föderalisten sich vorstellen. Werden sie nicht überwunden, könnte Europa das bleiben, als was es ein angeekelter belgischer Minister während des Golfkriegs von 1991 bezeichnete: »Ein ökonomischer Gigant, ein politischer Zwerg und ein militärischer Wurm.«[7]

Es gibt viele Organisationen in der Welt, die sich eine verbesserte regionale Kooperation zum Ziel gesetzt haben, aber keine besitzt die wirtschaftliche Bedeutung oder zieht ein vergleichbares intellektuelles und politisches Interesse auf sich wie die EG. Ein Drittel des Welthandels findet in ihrem Rahmen statt. Zusammengenommen sind ihre finanziellen Ressourcen enorm, da sie viele der größten Banken, Versicherungsgesellschaften und Finanzinstitutionen der Welt besitzt. Von den zehn führenden Handelsnationen der Welt sind sieben europäisch.[8] In Industriezweigen wie dem Automobilbau, der Pharmazie und dem Maschinenbau produzieren die EG-Länder zusammen mehr als jedes andere Land der Welt.[9] Bis der nordamerikanische Freihandelsblock aus Mexiko, den USA und Kanada voll etabliert ist, bleibt die EG der größte Markt der Welt. Angetrieben von der japanischen und amerikanischen Konkurrenz, steckt er große Summen Geldes in Hightech-Industrien wie die Luft- und Raumfahrt, die Supercomputer, Magnetbahnen und ähnliches. All diese industrielle und kommerzielle Tätigkeit wird unterstützt von einer enormen Breite an kulturellen Institutionen, Fachbibliotheken, wissenschaftlichen Zentren, Universitäten und Fachhochschulen, die ihrerseits auf die Industrie zurückwirken. Und natürlich gibt es in Europa Millionen von Studenten und hochqualifizierten Facharbeitern.*

Europas Ressourcen sind indessen auf 26 souveräne Nationalstaaten verteilt, von Griechenland bis Norwegen und von Finnland bis Portugal. Das ökonomische Argument für eine Harmonisierung der Zölle, des Handels, der Steuern, der Verkehrsgesetzgebung und ähnlicher Einrichtungen dieser Länder ist einfach überwältigend. Ein Lastwagen, der von der Nordspitze Großbritanniens bis zum Süden des Landes 900 Kilometer in 36 Stunden zurücklegen könnte, bräuchte auf der anderen Seite des Kanals 58 Stunden, um dieselbe Entfernung von Calais bis Mailand hinter sich zu bringen – wegen all der Grenzaufenthalte. Ein Bürger »Europas«, der von einem Land zum nächsten reiste und bei jedem Aufenthalt sein Geld tauschte, würde nach einer Reise durch ganz Europa feststellen, daß etwa die *Hälfte* der ursprünglichen Summe von den Wechselkosten geschluckt worden wäre.[10] Man füge dem die gewaltige Vielfalt der unterschiedlichen nationalen Standards hinzu – vom elektrischen Stecker bis zu ganzen Telekommunikationssystemen –, und es ist leicht zu verstehen, warum Geschäftsleute immer wieder darauf gedrungen haben, einen wirklich gemeinsamen Markt für Waren und Dienstleistungen zu schaffen. Eine solche Standardisierung würde, behauptet man, Europas ökonomischem Wachstum einen enormen Schub geben. Und sie würde dafür sorgen, daß der Kontinent flexiblere und effizientere ökonomische Strukturen besäße, um sich in der Konkurrenz des frühen 21. Jahrhunderts erfolgreich zu schlagen.[11] Nach dem jüngsten Cecchini-Report sind »die Kosten für Nicht-Europa«, das heißt, die Lasten der EG-Ökonomien, falls sie sich nicht vereinigen, erschreckend; auf der anderen Seite würde die Einrichtung eines wirklichen gemeinsamen Marktes Ersparungen in der Größenordnung von 200 bis 300 Milliarden US-Dollar erbringen und das Gesamtbruttosozialpro-

* Zugegebenermaßen existieren gewaltige Ressourcenunterschiede zwischen Ländern wie Deutschland und Portugal – 1984 besaß Deutschland zum Beispiel siebenmal so viele Wissenschaftler und Ingenieure in der Forschung und Entwicklung pro eine Million Einwohner wie Portugal, aber die Bemerkungen hier gelten der EG als Ganzes.

dukt der EG um 4 bis 7 Prozent erhöhen.[12] Europa kann diese Möglichkeit entweder ergreifen, argumentiert der Report, oder hinter Japan und Amerika zurückfallen.

Infolge dieser und anderer Agumente der Europäischen Kommission einigte man sich auf den freien Verkehr von Gütern, Dienstleistungen, Kapital und Menschen in der Gemeinschaft. Die Maßnahmen treten nach dem 31. Dezember 1992 in Kraft. Da dies der ursprünglichen Absicht der römischen Verträge entsprach, war es nicht so kontrovers wie zum Beispiel die Planung einer Europäischen Zentralbank oder die Formulierung einer gemeinsamen Verteidigungspolitik. Aber noch 1985 sagte ein »Weißbuch« von Lord Cockfield, dem EG-Kommissar für den Binnenmarkt, viel über den Abstand zwischen Theorie und Realität aus. Es verwies auf über dreihundert Bereiche, in denen Maßnahmen für eine Harmonisierung ergriffen werden müßten. Das reichte von Banklizenzen bis zu Kapitalkontrollen, von der Zivilluftfahrt bis zu Steuergesetzen, von ökologischen Fragen bis zum Verbraucherschutz.[13]

Viele dieser Maßnahmen sind inzwischen in die Tat umgesetzt worden, und die Verwirklichung anderer steht bevor. Die Aussicht auf einen wirklichen gemeinsamen Markt hat zu einer Welle von Fusionen geführt, zu ausländischen Investitionen, Take-overs und Vertriebsvereinbarungen, da sich die europäischen Industriellen, Finanzinstitutionen und Mediengiganten darauf vorbereiten, daß sie sich in den 1990ern in offeneren, aber auch sehr viel rauheren Gefilden wiederfinden werden. Die Deutsche Bank und Morgan Grenfell, Siemens und Plessey, Hennessy and Guinness, Volvo und Renault... in den späten 80ern weckten Berichte von solchen Allianzen den Eindruck, daß praktisch jeder Konzern sich neu strukturierte, um auf diesem kolossalen Markt überleben zu können. Die Welle von Akquisitionen zusammen mit den häufigen Presseberichten über die bevorstehende »Festung Europa« brachten wiederum amerikanische und japanische Multis dazu, Niederlassungen innerhalb der EG aufzubauen. Auch das betraf weltbekannte Namen – Ford und Jaguar, Philip Morris und Suchard, IBM und Siemens, Fujitsu und ICL, Honda und Rover, Mitsubishi und Daimler-Benz; niemand, so schien es, wollte draußen bleiben.[14]

Dennoch steht uns ein völlig offener EG-Markt nicht ins Haus. Dies liegt vor allen Dingen an den Rückzugsgefechten etablierter Interessen, welche von einem ungefesselten *Laissez-faire* getroffen würden. Einer Finanzfirma die Tätigkeit in London, Frankfurt und Mailand zu erlauben, ist eine Sache; aber ein offener Konkurrenzkampf zum Beispiel unter deregulierten Luftlinien ist etwas ganz anderes, da die europäischen Regierungen ihre »nationalen« Linien schützen wollen. Auch sind einflußreiche Automobilbauer wie Peugeot und Fiat, die bei ihren Regierungen Einschränkungen japanischer Automobilimporte durchgesetzt haben, über den Aufbau japanischer Autofabriken innerhalb der EG (vor allem in Großbritannien) sehr besorgt. Sie kämpfen mit allen Mitteln für die Fortschreibung der Importquoten. Auf den ersten Blick ist das eine offene Verletzung des Freihandelsprinzips, die weniger effiziente Hersteller begünstigt. Aber die französischen und italienischen Autohersteller sehen das ganz anders. In ihren Augen sollte die europäische Wirtschaftseinheit die *europäischen* Konzerne und ihre Arbeitnehmer begünstigen, nicht die Multis aus einem Land wie Japan, das in den letzten vierzig Jahren die raffiniertesten Formen der Importkontrolle entwickelt hat.

Hinzu kommt, daß dieses Fieber der Fusionen und Aufkäufe in ganz Europa vielen Kritikern als sozial unausgewogen erschien. In ihren Augen kam es lediglich den Vorständen, Aktionären, Juristen und anderen in diesen Firmen zugute, tat aber wenig für die Menschen in Europa. Es gibt eine tiefsitzende kulturelle Überzeugung in Europa, daß der Kontinent nicht so werden sollte wie die USA, und das hat wiederum zu einer starken sozialen Komponente in der politischen Planung geführt. Wie jeder sehen kann, hat die auf viele Nationen aufgeschlüsselte Struktur Europas zu einer großen Anzahl länderspezifischer Industrien geführt – Luftlinien, Telefongesellschaften, Automobilbauern, Computer-Herstellern, Banken, Rüstungsbetrieben. Verglichen mit der in etwa ähnlichen Marktgröße der Vereinigten Staaten wird Europa deutlich *zu viele* Luftlinien, Elektronikkonzerne und Automobilhersteller haben, wenn die Grenzen verschwinden. Und die weniger effizienten werden entweder zusammenbrechen oder (was wahrscheinlicher ist) übernommen werden – es sei denn, die jeweiligen Regierungen würden sie – gegen den Geist der Integration – weiterhin schützen. Die »Harmonisierung« der europäischen Wirtschaft wird daher sehr wahrscheinlich Regionen mit hoher Erwerbslosigkeit produzieren, selbst wenn es im ganzen zu einer Stimulierung des Wachstums kommt. Überdies spielt sich die ökonomische Vereinigung auf einem Kontinent mit sehr unterschiedlichen Einkommens- und Sozialstrukturen ab: Das Pro-Kopf-BSP in Deutschland zum Beispiel ist drei- bis viermal so hoch wie das in Portugal und Griechenland,[15] und der Abstand in den Sozialleistungen ist wahrscheinlich noch größer. Da ein wahrer gemeinsamer Markt es einem Hersteller erlauben würde, seine Waren überall innerhalb der Grenzen der Gemeinschaft zu produzieren, wird es eine starke Motivation geben, neue Investitionen – oder existierende Produktionsanlagen – in die ärmeren Regionen zu verlegen, um Lohn- und Nebenkosten zu sparen. Das macht schließlich auch eine US-Gesellschaft, die ihre Fertigung von Connecticut nach Mississippi verschiebt, oder eine japanische Firma, die eine Fabrik in Thailand aufbaut. In Europa indessen gibt es gegen solche Verlagerungen aufgrund der unterschiedlichen politischen Kultur mit ihrer Betonung der Sozialgesetzgebung und angesichts der Macht der Gewerkschaften (insbesondere in Deutschland) sehr viel größere Widerstände. Deshalb wächst der politische Druck, die Löhne in den ärmeren Regionen Europas denen in den wohlhabenderen Ländern anzunähern. Auch wird der Umbau der Sozialgesetzgebung nach dem Modell der reicheren Gesellschaften angestrebt. Trotz der Proteste aus der Wirtschaft und von seiten der britischen Regierung gegen die Kosten dieser Maßnahmen scheint die EG fest entschlossen, ihre »Sozialcharta« auf alle Länder auszudehnen. Zusammengenommen dreht es sich bei dem europäischen »gemeinsamen Markt« nicht nur um eine Freihandelszone (wie bei dem mexikanisch-amerikanisch-kanadischen Handelsblock), sondern um die Harmonisierung vieler anderer Elemente; und genau in diesen nichtökonomischen Sphären der Vereinigung liegen die größeren politischen Probleme.

Auch die Gemeinsame Landwirtschaftspolitik (CAP) entspricht

nicht der Logik des globalen Marktes und scheint sogar wie eine beträchtliche »Bremse« des Welthandels und des internationalen Wirtschaftswachstums zu wirken. Die Landwirtschaftspolitik der EG hat einen gemeinsamen Schutzzoll etabliert, um die Landwirte der Gemeinschaft gegen Nicht-EG-Produzenten mit niedrigeren Kosten zu schützen; sie setzt nicht nur Mindestpreise für die Schlüsselerzeugnisse fest, sondern sie garantiert auch die Abnahme von landwirtschaftlichen Produkten, wenn die Preise unter diese Ebene fallen; sie vergibt großzügige Exportsubventionen, so daß Überschußerzeugnisse in Übersee verkauft werden können. Auf diese Weise hat Europas Gemeinsame Landwirtschaftspolitik Angebot und Nachfrage der Weltlandwirtschaft verzerrt.* Auch treibt diese Politik die Lebensmittelpreise in die Höhe. Über 70 Prozent der EG-Ausgaben gehen in die Landwirtschaft und die Fischerei, was wenig für soziale und regionale Entwicklung übrigläßt, die weit größeren Bevölkerungsanteilen nützen würde;[16] und die Gelder gehen in unverhältnismäßiger Höhe an die Großbetriebe in Nordfrankreich oder East Anglia statt zum Beispiel an die Kleinbauern der Apenninen. Dies hat die EG in einen Großexporteur von Nahrungsmitteln verwandelt, was anderen Exporteuren landwirtschaftlicher Waren Drittmärkte genommen und die landwirtschaftlichen Subventionen in der Welt in die Höhe getrieben hat. Und es belastet die Beziehungen zu den Vereinigten Staaten, Kanada, Argentinien und Australien. 1990 kostete die Unterstützung der Landwirte die EG-Regierungen und -Verbraucher 133,4 Milliarden Dollar, verglichen mit Subventionen von 74,1 Milliarden in den Vereinigten Staaten und 59 Milliarden in Japan.[17]

Für die Anhänger einer europäischen Einheit bleibt die CAP nichtsdestoweniger notwendig. Aus ihrer Sicht ist der europäische gemeinsame Markt nicht nur für die Industrie da. Er muß auch die

---

* Ein industrielles Äquivalent dazu wäre die (fiktive) Bereitschaft der US-Regierung, den Ankauf aller *unverkauften*, in den USA hergestellten Automobile zu einem bestimmten Preis zu garantieren und dann den Verkauf dieser Fahrzeuge in Übersee zu subventionieren. Dies würde ohne Zweifel den US-Automobilfirmen und ihren Arbeitern helfen, aber man kann sich vorstellen, welche Verzerrungen dies auf dem globalen Automobilmarkt nach sich zöge.

wachsende Lücke im Lebensstandard zwischen hochindustrialisierten Volkswirtschaften auf der einen Seite (Deutschland) und den agrarisch dominierten Ökonomien auf der anderen Seite (Griechenland, Italien) sowie die Einkommensunterschiede *innerhalb* einer Nation kompensieren. Wenn die Landwirtschaft den Großteil des EG-Haushalts verbraucht, ist dies auch ein Weg, Ressourcen von den reicheren Nationen der Gemeinschaft auf jene Mitglieder zu übertragen, in deren Ländern eine hohe Anzahl von Bauernfamilien mit geringem Pro-Kopf-Einkommen leben. Die Landwirtschaft einem uneingeschränkten Freihandel auszusetzen, hieße, regionale Sozialprobleme überall von Sizilien bis Galway zu schaffen oder zu verschärfen. Zu viele mächtige Parteien (darunter die CDU in Deutschland) hängen zu sehr vom Wahlverhalten der Landwirte ab. Schließlich gibt es das ästhetische, emotionale und kulturelle Argument: Viel zu viele Regionen und Städte von großer Schönheit und hervorragender historischer Bedeutung haben bereits unter Landflucht und Abwanderung gelitten.[18] Es muß irgendeine Art an Unterstützung für die Landwirtschaft geben, wenn man lebendige Gemeinden in Gegenden wie der Auvergne, Kalabrien und Kastilien erhalten will.

Ebenso klippenreich ist die Absicht, eine gemeinsame europäische Währung zu schaffen, die beim Maastrichter Treffen der EG-Regierungschefs von 1991 verkündet wurde. Dies ist nur konsequent, denn eine Zollunion, in deren Rahmen zwölf oder mehr Währungen gelten, ist ein Widerspruch in sich. Jeder Geschäftsmann oder Reisende – außer den Währungshändlern selbst –, behauptet man, würde von einer gemeinsamen Währung profitieren. Angesichts der Unberechenbarkeit des US-Dollars in den letzten Jahrzehnten könnte überdies das internationale Finanzsystem als Ganzes von einer Weltwährung auf so breiter Basis gewinnen. Da die EG-Länder sich bereits darauf geeinigt haben, Währungsschwankungen innerhalb eines relativ engen Korridors, der durch das Europäische Währungssystem (EWS) etabliert wurde, zu koordinieren, warum sollte man nicht den nächsten Schritt tun und eine einzige Währung schaffen? Die Antwort ist natürlich, daß die Währungsunion ein weit größerer Eingriff in die nationale Souveränität ist als alle Pläne für die Harmonisierung von Industriestandards oder Maßnahmen zum Schutz landwirtschaftlicher Einkommen. Die Freiheit einzelner Regierungen und Parlamente, Zinssätze zu ändern, Geld zu drucken oder auch Defizite auf sich zu nehmen, wäre beendet. Denn wenn jede Nationalbank die Möglichkeit hätte, Ecus zu drucken, und wenn jede Regierung (darunter fiskalisch so schlampige Administrationen wie in Athen und Rom) massive Haushaltsdefizite in der neuen Währung aufbauen und ihre Staatsverschuldung mit der Geschwindigkeit anschwellen lassen könnte wie im Laufe der 80er Jahre, wäre das Resultat ein Fiasko – was natürlich der Grund dafür ist, warum die fiskalisch konservative Deutsche Bundesbank darauf besteht, daß allein eine europäische Zentralbank die neue Währung herausgeben darf – eine Zentralbank, die so unabhängig von politischen Kontrollen wäre wie die Deutsche Bundesbank selbst. Aufgrund der starken deutschen Wirtschaft und weil seine Nachbarn ihre Wechselkurse und Zinssätze an die Deutschlands gebunden haben, ist die Bundesbank bereits eine Art europäischer Zentralbank geworden, und diese schon bestehenden stillen Arrangements könnte man in der Zukunft formalisieren. Das hieße, daß eine »Eurofed Bank« Ecus in der Weise ausgäbe wie die Bundesbank heute die Deutsche Mark.

Diese Kettenwirkung steckt hinter dem, was Margaret Thatcher dem britischen Unterhaus im Winter 1990 sagte: »Wenn Sie das Pfund Sterling weggeben, geben Sie die Macht dieses Parlaments an Europa.«[19] Wenn die Währungseinheit ein Faktum ist, wird es für ein einzelnes Land unmöglich, seine Wirtschaft durch die Veränderung der Zinssätze zu »steuern«. Was für einen Sinn hätte es zum Beispiel für die Bank von Frankreich, den Diskontsatz um 2 Prozent zu erhöhen, wenn Banken und Firmen dieselbe Währung außerhalb Frankreichs zum alten Satz bekommen könnten? Obwohl natürlich der Nationalstolz aus solchen Ablehnungen spricht, ist es ironisch, daß die konservativen Regierungen Großbritanniens zu den lautesten Kritikern der Währungsunion zählen, da eine europäische Bundesbank, die so handelte wie die Deutsche Bundesbank, in ihrer antiinflationären Politik eine extrem konservative Körperschaft wäre. Und die Währungsunion würde wahrscheinlich für Frankreich (wo die Bank von Frankreich stark vom Finanzministerium abhängt) oder jene mediterranen Länder, die hohe Haushaltsdefizite aufweisen, größere Schwierigkeiten schaffen als für Großbritannien.

Auch in seinen nichtökonomischen Aspekten untergräbt der Trend zur europäischen Einheit die nationale Souveränität – trotz aller Versuche verschiedener politischer Gruppen, dies nicht zuzulassen. Aus Sicht der Kommission schreitet die wirtschaftliche Integration so schnell voran, daß es »sehr gefährlich für den Zusammenhalt der Gemeinschaft« wäre, sollten die politischen Beziehungen dahinter zurückbleiben.[20] Dies heißt nicht, daß es zu einer schnellen und stetigen Annäherung in den Fragen einer politischen Union kommen wird. Europas Zersplitterung und Uneinigkeit angesichts des Golfkrieges oder Dänemarks Referendum von 1992 *gegen* die Vereinbarungen von Maastricht sind deutliche Erinnerungen daran, daß es auf dem Weg Europas zu einer größeren politischen Einheit immer wieder Rückschläge geben wird.

Wenn es indessen eine weitere Harmonisierung geben soll, werden Veränderungen in den Funktionen und Zuständigkeiten der bestehenden EG-Institutionen wahrscheinlich unvermeidlich sein. Zur Zeit ist die treibende Kraft der Integration die Kommission, deren Mitglieder angehalten sind, unabhängig von nationalen Interessen und im Sinne der Gemeinschaft als ganzer zu handeln. Während jeder Kommissar ein Ressort und einen Haushalt verwaltet – Landwirtschaft, Binnenmarkt und Industrie, Regionales –, arbeiten sie alle darauf hin, die verschiedenen EG-Verträge zur Harmonisierung nationaler Regelungen umzusetzen.

Trotzdem ist die Kommission nicht die Arena, in der die *politischen* Entscheidungen fallen. Dies ist der Ministerrat, wobei mit den Ministern jene der Nationalstaaten selbst gemeint sind. Für verschiedene EG-Länder, besonders für Frankreich, ist dies auch genau die Runde, in der die politische Macht liegen sollte, da diese Politiker demokratisch gewählt sind (die Kommissare sind das nicht). Überdies, so das französische Argument, wird Europa nur Fortschritte machen, wenn alle Mitgliedsländer sich in der Planung einig sind. Bisher wurden Entscheidungen im Ministerrat nur bei Zustimmung aller Mitgliedsländer getroffen. Dieses Prinzip der Einmütigkeit mag in der Zukunft etwas eingeschränkt werden, um zu verhindern, daß ein oder zwei Staaten etwas blockieren, was alle anderen Mitgliedsländer wollen. Aber die französische Konzeption einer verstärkten politischen Einheit in Europa besteht im Wesen in einer verstärkten Rolle des Ministerrats: die Regierungschefs der einzelnen Nationen treffen sich und entscheiden die großen Fragen.

Solche Vorstellungen spiegeln den Wunsch Frankreichs wider, Europa zu einem bedeutenden Faktor in der Weltpolitik zu machen, *ohne* Frankreichs geliebte nationale Identität zu gefährden. Aber diese Betonung der Rolle des Ministerrats hat unter den echten Föderalisten Europas Sorge ausgelöst.[21] Für sie steht weit eher im Vordergrund, die Zuständigkeit und Macht des Europäischen Parlaments zu erweitern, einer Versammlung von 518 Mitgliedern, die in ihren Regionen auf Fünf-Jahres-Perioden gewählt werden. Die Föderalisten glauben, daß dieses Parlament ein Äquivalent des amerikanischen Repräsentantenhauses werden sollte, mit der Macht, den Haushalt zu verabschieden, und der Fähigkeit, über Gesetze zu entscheiden, die von der Exekutive vorgeschlagen werden. Im Augenblick indessen wird das Parlament durch mächtige und eifersüchtige Autoritäten überschattet: durch die Kommission, die fürchtet, daß ihre eigene paneuropäische Planung im Parlament von einer Koalition lokaler Interessen blockiert werden könnte; von den Regierungschefs beziehungsweise dem Ministerrat, unter denen viele der Idee abgeneigt sind, einem Parlament Macht zuzugestehen, in dem ihre Landsleute in einer deutlichen Minderheit vertreten wären;* und schließlich von den nationalen Parlamenten und Versammlungen selbst, von denen die meisten nicht gewillt sind, ihre Zuständigkeiten aufzugeben. Die Rechte des Parlaments sind daher nur langsam erweitert worden, und die Versammlung von Straßburg besitzt noch immer »nur schwache Kompetenzen in der Gesetzgebung«.[22] Sie kann die Kommission entlassen und den

* Selbst die größeren EG-Länder können nur 81 Mitglieder in das 518 Köpfe starke Europäische Parlament entsenden.

Haushalt ablehnen, aber das sind dramatische Schritte, die man nur in einer Notlage ergreifen würde; in der Praxis binden viele ihrer Entscheidungen weder den Rat noch die Kommission.

Es hat daher auch immer neue Vorschläge für eine stärkere Integration der EG gegeben. Im Moment wird der Gedanke erwogen, eine zweite Kammer oder einen »Senat« in Straßburg zu etablieren. Oder ein Gremium *nationaler* Parlamentsmitglieder, um die EG-Gesetzgebung zu kontrollieren; und es gibt, wie oben gesagt, konkurrierende Überlegungen, entweder den Ministerrat (was die Franzosen bevorzugen) oder das Parlament (die deutsche Präferenz) zu stärken, während andere Länder (insbesondere Großbritannien) allen diesen Ideen mit großem Mißtrauen gegenüberstehen. Trotz aller Aufregung in den Medien um »Europa 1992« wird es nicht einfach sein, die politische Einheit herbeizuführen.

Dennoch, trotz allen Hemmnissen und allen Umständlichkeiten hat es tatsächlich eine Art dialektischen Fortschritts gegeben, so daß das »Europa« von 1992 sich von dem von 1980 unterscheidet, genau wie das Europa von 1973 anders war als das von 1957. Ob nun angetrieben durch das Insistieren der Wirtschaft auf einem vollen gemeinsamen Markt oder durch solche äußeren Entwicklungen wie den Aufstieg Japans, die Bewegung auf mehr Integration zu läßt sich in der Regel nicht auf lange Zeit bremsen. Meinungsverschiedenheiten auf einem Gebiet (Landwirtschaft oder Währungsreform) hat Übereinstimmung auf anderen Gebieten nicht verhindert (Regionalpolitik oder Entwicklungshilfe). Da sind einfach zu viele Kräfte am Werk, als daß alles zum Stillstand gebracht werden könnte. Langsam, aber sicher »wird die Gemeinschaft weniger eine Sammlung von Nationalstaaten und mehr eine zusammenhängende Einheit, welche der Rest der Welt als eine Macht in sich anerkennt«.[23]

Wenn das aber zutrifft, dann muß Europa auch in den schwierigen Bereichen der Außen- und Verteidigungspolitik eine »zusammenhängende Einheit« werden. Aus vielen Gründen konnte Europa nach dem Zweiten Weltkrieg keine unabhängige Haltung in diplomatischen und strategischen Fragen entwickeln. Die Tradition nationaler Rivalitäten, die Zerstörung der Wirtschaft, die Ungewißheit, wie man mit Deutschland umgehen sollte, und der wachsende Druck der Sowjetunion auf die östlichen Grenzen – das alles zusammengenommen bedeutete, daß die Sicherheit Westeuropas nur innerhalb einer »nordatlantischen« Verteidigungsstruktur gewährleistet werden konnte, die von Washington dominiert wurde. Einige Jahrzehnte später indessen begannen die Dinge sich zu ändern. Europa näherte sich nicht nur in seinem Wohlstand den Vereinigten Staaten, sondern wurde auch ökonomisch sehr viel stärker als die stagnierende Sowjetunion. Amerikas Produktivitäts- und Wachstumsraten verlangsamten sich, und sein wachsendes Bundesdefizit sorgte unter Bankiers und Kongreß-Abgeordneten gleichermaßen für Unruhe. Auf beiden Seiten des Atlantiks erhoben sich daher Stimmen, die auf eine Veränderung drängten. Vor allem sollte Europa einen zunehmenden Anteil an seiner eigenen Verteidigung auf sich nehmen, vielleicht sogar eine eigene Verteidigungspolitik entwickeln.[24]

In der Theorie sprach natürlich viel für die Schaffung einer gemeinsamen europäischen Verteidigung. Wenn Europa 4 bis 5 Prozent seines Bruttosozialprodukts für Rüstungszwecke bereitstellte, reichte das aus, um strategische und konventionelle Streitkräfte zu schaffen, die an jene der Supermächte heranreichten. Die wissenschaftlichen und industriellen Strukturen – und der militärisch-industrielle Komplex – waren bereits da; und wenn die Landstreitkräfte von Deutschland, Frankreich, Großbritannien und Italien allein zusammengelegt wurden, ergab das eine der größten und bestausgerüsteten Armeen der Welt – wenn auch vielleicht eine mit Kommunikationsproblemen. Da diese Lösung durchaus umsetzbar war und ist, warum sollte Europa nicht »erwachsen werden« und sich zunehmend weniger auf die Vereinigten Staaten stützen? Schließlich könnte die transatlantische Beziehung – aufgrund der ökonomischen und kulturellen Bindungen – durchaus aufrechterhalten werden, selbst wenn es zu einer allmählichen Auflösung der NATO kommen sollte.

Mit dem Zusammenbruch der Sowjetunion hat die Debatte über Europas Verteidigung einen vollständig neuen Kurs eingeschlagen.

Ganz sicher hat das Ende des Kalten Krieges zunächst für immense Erleichterung gesorgt. Die Gefahr einer nuklearen Vernichtung scheint gebannt zu sein, und das hat die politische und strategische Landschaft schlagartig verändert. Völlig unerwartet hat es »eine tiefe, vieldimensionale Verschiebung der Macht nach Westen«[25] gegeben, gewaltige Veränderungen der Landkarte Europas – und das alles ohne großen Krieg. Aber wenn das den Druck auf die westlichen Verteidigungskräfte vermindert – und zu beträchtlichen Einschnitten in die Verteidigungsausgaben geführt hat –, konfrontiert es die Planer auch mit Ungewißheiten bisher unbekannten Ausmaßes. Natürlich war der erste Gedanke in dieser Situation, die großen Arsenale des europäischen Kontinents so schnell wie möglich aufzulösen. Dafür sorgte eine Serie von ineinandergreifenden Ost-West-Verhandlungen: die Konferenz für Sicherheit und Zusammenarbeit in Europa (KSZE), eine Folgeorganisation des Helsinki-Abkommens von 1975, die alle 35 Staaten von Europa und Nordamerika versammelt hatte, um weitere »vertrauensbildende Maßnahmen« zu beraten; die Wiener Verhandlungen über die konventionellen Streitkräfte in Europa (CFE); weitere Gespräche über gegenseitige Luftüberwachung, über die Reduktion und schließliche Abschaffung chemischer Waffen und über Präventivmaßnahmen in Krisensituationen.[26]

Wird dieser komplizierte Prozeß nicht unterbrochen, dann werden sich die Politiker im Westen langfristig darüber Gedanken machen müssen, ob die NATO selbst fortbestehen sollte. Geschaffen, um den außerordentlichen Umständen in den späten 40er Jahren zu begegnen, hat die Allianz ihre Aufgabe mit großem Erfolg erfüllt, aber da nun der Kalte Krieg vorüber ist – da sogar russische und ukrainische Politiker ab und zu erklären, daß ihre Staaten sich der NATO gerne anschließen würden –, kann nicht überraschen, daß es Stimmen gibt, die dazu raten, die NATO durch etwas anderes zu ersetzen, etwas Allgemeineres, Politischeres, weniger Amerikanisches. In einer solchen Periode schneller Veränderung ist eine ganze Reihe von Optionen betrachtenswert. Das Europäische Konzert des 19. Jahrhunderts, das heißt, ein »Club« von Großmächten, um die anderen Länder zu kontrollieren, ist als ein mögliches

Modell vorgeschlagen worden. Die Konferenz über Sicherheit und Zusammenarbeit in Europa ist ein weiteres von vielen empfohlenes Forum, zum Teil weil niemand in Europa ausgeschlossen ist (selbst San Marino, der Vatikan, Liechtenstein sind dabei), und weil sie eine breite politische Tagesordnung hat, die über Abrüstung und friedenserhaltende Maßnahmen hinausgeht.[27]

Die Suche nach neuen Strukturen für Europas künftige Sicherheit ist durch das Wiederauftauchen der sogenannten deutschen Frage kompliziert worden, das heißt, durch die Frage, wie man eine dauerhafte harmonische Beziehung zwischen der bevölkerungsreichsten, ökonomisch produktivsten, technologisch fortschrittlichsten und (in der Vergangenheit) militärisch effizientesten Nation in Europa und ihren kleineren, weniger mächtigen Nachbarn schaffen kann. Diese Frage hat einen tiefen historischen Nachhall, der aus einer Zeit noch vor Bismarck herrührt.[28] Während die deutsche Frage durch die Teilung Europas nach 1945 »beantwortet« zu sein schien, erwies sich dies nur als eine zeitweise Lösung. Antideutsche Kreise in Europa und den Vereinigten Staaten hegen nach wie vor den Verdacht, daß diese große Nation, in Fläche und Bevölkerung gestärkt, versucht sein wird, politisch, vielleicht sogar militärisch zu großen Einfluß zu beanspruchen.[29] Angesichts der Gründlichkeit der »Entnazifizierung« und Bonns Angst davor, in bewaffnete Konflikte hineingezogen zu werden, ist es indessen sehr schwer vorstellbar, daß Sorgen über deutsche Aggressivität im Moment irgendeine Berechtigung haben.

Sehr viel plausibler ist es, daß die ökonomische Bedeutung Deutschlands dem Land ein zunehmendes Gewicht innerhalb der EG und im Umgang mit Mittel- und Osteuropa geben wird. Das französisch-deutsche »Duopol«, das die EG-Politik der letzten Jahrzehnte bestimmt hat, wird wahrscheinlich so nicht mehr funktionieren. Wenn Deutschland in der Außenpolitik entschlossen vorangeht (zum Beispiel bei der Anerkennung eines unabhängigen Kroatiens), werden seine Nachbarn kaum umhinkönnen, sich ihm anzuschließen. Es ist auch möglich, sich eine deutsche Dominanz in der zukünftigen Verteidigungsorganisation Europas vorzustellen, insbesondere in der Anschaffung von Panzern, Kampfflugzeugen und ähnlichem. Unterdessen ist eine *penetration pacifique* Deutschlands auf dem kommerziellen und finanziellen Sektor in Mittel- und Osteuropa wahrscheinlich unvermeidlich. Das liegt zum einen an der Geographie und zum anderen an der Komplementarität der Handelsbeziehungen mit Ländern wie Ungarn und Rumänien. Sobald sich der Eiserne Vorhang hob, war eine Wiederaufnahme dieser Verbindungen praktisch sicher. Auch wenn besorgte Polen darauf hinweisen, daß es nicht gut ist, wenn ausländische Investitionen in Polen »in der Mehrheit deutsch sind«[30], wird sich das nur ändern, wenn andere westliche Länder größere Gelder dorthinlenken; tun sie das nicht, dann sind deutsche Investitionen sicherlich besser als gar keine...

Ob dieses Unbehagen über Deutschlands Zukunft anachronistisch ist oder nicht, es existiert in einigen Kreisen und hat dazu geführt, daß auch die deutschen Politiker eine feste Einbindung Deutschlands in paneuropäische Strukturen fordern. Im allgemeinen unterstützt die deutsche Politik die »starke«, integrierte europäische Lösung. Weit davon entfernt, sich von seinen westlichen Nachbarn zu distanzieren, hat Deutschland seinen Wunsch nach engeren Beziehungen immer betont. Es wünscht, mit Thomas Manns Worten,«nicht ein deutsches Europa, sondern ein europäisches Deutschland«.[31] Ohne Zweifel ist dies ehrlich gemeint, aber löst es wirklich das Problem der ungleichen nationalen Größen (und des daraus folgenden ungleichen Gewichts) in einem vereinigten Europa? Vor 1989 hatte die EG, als sie aus vier Nationen mittlerer Größe und weiteren acht kleineren Nationen bestand, große Schwierigkeiten, zu Vereinbarungen zu kommen. Wird das in der Zukunft einfacher sein, wenn die EG aus einer großen Nation (Deutschland), drei oder vier Nationen mittlerer Größe (Frankreich, Großbritannien, Italien, Spanien) und, sagen wir, zehn bis fünfzehn Ländern geringerer Größe besteht? Zugegebenermaßen bestehen solche territorialen Unterschiede auch zwischen Kalifornien und Delaware und Rhode Island; aber dies ist die »Alte«, nicht die »Neue« Welt, und man muß abwarten, ob die Jahrhunderte europäischen Nationalismus ohne Bitterkeit den neuen Strukturen Europas untergeordnet werden können.

Ob man also die Frage einer einheitlichen Währung oder die Probleme der Verteidigung anspricht, das Dilemma der EG ist überall dasselbe. Die »starke« und integrierte europäische Lösung ist in der Theorie extrem attraktiv, zumindest für entschiedene Föderalisten, aber in der Praxis birgt sie zahllose Probleme. Wenn Europa indessen die »schwache« und locker organisierte Lösung behält, steht es ebenfalls Problemen gegenüber. Es wird in der Weltpolitik außer in wirtschaftlichen Begriffen marginal bleiben, und selbst dort würde sein massives Potential durch die fortgesetzte Uneinigkeit eingeschränkt bleiben. Weit davon entfernt, die Dinge gelöst zu haben, indem man sich auf eine begrenzte Harmonisierung auf wirtschaftlichem Gebiet einigt, stünde man sehr schnell den Widersprüchen zwischen einer zunehmend integrierten, gesamteuropäischen Wirtschaft auf der einen Seite und inadäquaten politischen Strukturen auf der anderen gegenüber. Aus diesem Grunde schlagen einige Mitglieder der Gemeinschaft, die eine schnellere Integration wünschen (die Benelux-Länder, Deutschland, Italien) gelegentlich eine Lösung »zweier Geschwindigkeiten« vor. Sie wollen voranschreiten und es weniger begeisterten Mitgliedern (Großbritannien, Griechenland und anderen) offenlassen, ihnen zu folgen, wann sie wollen. Aber das würde wiederum, so glauben einige Experten, neue Probleme aufwerfen, wenn man sich die praktischen Konsequenzen vor Augen führt.[32]

Werden diese inzwischen vertrauten Fragen – der Währungsharmonisierung, der Reform der Landwirtschaftspolitik, des Machtzuwachses des Europäischen Parlaments, der Verbesserung der Verteidigungskoordination, der Verhandlungen um die Zulassung solcher qualifizierter Kandidaten wie Österreich und der Schweiz in die EG, dem Unbehagen über die Unfähigkeit der Gemeinschaft, eine einheitliche Außenpolitik zum Beispiel gegenüber dem Nahen Osten zu formulieren – auch die Hauptprobleme auf der Tagesordnung europäischer Politiker sein, während sie und ihre Länder sich auf das nächste Jahrtausend zubewegen? Wird insbesondere Europa der Luxus erlaubt werden, sich auf seine eigene besondere Debatte zu konzentrieren – weit entfernt von den globalen Trends und den möglichen globalen Turbulenzen, die in Teil I dieses Buches diskutiert wurden? Die Antwort muß sicherlich »nein« lauten. Tatsächlich werden die Mitgliedsstaaten der EG und ihre Bürger bereits jetzt von demographischen Trends, von Migrationen, ökologischen Fragen, der Globalisierung der Industrie und dem Auftauchen neuer Technologien tief beeinflußt. Und dieser Einfluß wird in den nächsten Jahrzehnten eher wachsen. Obwohl zweifellos wohlhabend und verglichen mit dem Rest der Welt gut gerüstet – in diesem Sinne eher »Gewinner« als »Verlierer« –, wären die Europäer töricht, sollten sie annehmen, daß die Auswirkungen von Demographie und Technologie auf der Erde an ihnen vorübergehen könnten.

Dies ist also die »doppelte Tagesordnung« für europäische Politiker: Sie müssen die zukünftige Gestalt der EG schmieden und *zur selben Zeit* mit den allgemeinen Trends fertig werden, welche jede Gesellschaft auf diesem Planeten berühren werden. Ob die inneren Konflikte die Vorbereitungen auf die transnationalen Veränderungen behindern werden oder ob der globale Wandel die europäische Einheit eher stimuliert, ist dabei die Schlüsselfrage.

Die demographischen Trends werden eindeutig eine immer bedeutendere Rolle für die europäischen Politiker und ihre Planer spielen. Bis vor kurzem lag die Betonung auf dem »Ergrauen« Europas. Heute gibt es zum Beispiel unter Frankreichs 55 Millionen Menschen 10 Millionen, die über 60 sind. Dieser Anteil wird bis 2020 auf 15 Millionen angestiegen sein.[33] Wegen der Rückgänge der Geburtenrate – insbesondere in Deutschland und Italien, aber auch in den meisten anderen Ländern Europas – scheinen die Bevölkerungen auf ein absolutes Absinken zuzusteuern. In der Tat besitzt nur Irland eine Geburtenrate von über 2,1 Kindern pro Mutter, dem natürlichen Substitutionsniveau. Von Westdeutschland, dessen Bevölkerungszahl nach Prognosen von 1989 von 61 Millionen auf 45 Millionen (bis zum Jahr 2030) fallen sollte, sagte man, daß es geradezu »Selbstmord beging«. Derselbe Bericht sagt aus, daß, wenn die Trends sich fortsetzen, »Europas vielgepriesener Markt von 220 Millionen Menschen im Jahre 2000 seinen Höhepunkt erreichen wird – und dann bis zum Jahre 2100 auf weniger als 200 Millionen zurückfallen wird«.[34] Ökonomen, Demographen und andere Planer verwiesen auf die ökonomischen und sozialen Implikationen dieses Niedergangs: Schulen in ländlichen Gegenden und in den Innenstädten würden schließen müssen, es würde eine ausgeprägte Facharbeiterknappheit geben. Die Folgen wären eine Erhöhung der Mobilität in der ganzen EG, höhere Investitionen in die Ausbildung, stark erhöhte Ansprüche an Sozial- und Gesundheitsdienste, da ein größerer Anteil der Bevölkerung über 65 sein würde.[35] Vielleicht wird sich dieses demographische Muster umkehren, wie es das in Schweden und anderen nordeuropäischen Ländern in den letzten Jahren getan hat, aber die allgemeine Tendenz läuft auf eine kleinere Bevölkerung zu.

Im besonderen Falle Westdeutschlands änderte sich der absinkende Bevölkerungstrend in den späten 80er Jahren, weil das politische Tauwetter in der Sowjetunion und Osteuropa eine wachsende Zuwanderung ethnischer Deutscher erlaubte. 1986 kamen 50000 Menschen, 1987 schon 200000 und 1989, dem Jahr des Zusammenbruchs der DDR, 380000. Viele dieser Einwanderer waren jüngere Menschen, die ausgebildet werden konnten.[36] Die deutsche Vereinigung veränderte die Lage noch einmal, da viele ältere Ostdeutsche hinzukamen, so daß die deutsche Regierung nun wieder den zuvor bestehenden langfristigen demographischen Entwicklungen gegenübersteht – nur dieses Mal mit einer Bevölkerung von 78, nicht 61 Millionen.

Wenn dies die Dimensionen des demographischen Problems der EG wären, könnte man sie wahrscheinlich lösen, entweder durch bessere Unterstützung für junge Paare (um die Geburtenrate zu erhöhen) oder – in Deutschlands Fall – durch Maßnahmen, um die Neuankömmlinge aus Rußland, Ungarn und anderswo auszubilden, so daß sie in die Arbeitnehmerschaft eingereiht werden können. Aber die Gesamtlage könnte durch Umstände *außerhalb* der EG-Grenzen grundlegend verwandelt werden. Die Auflösung der UdSSR und der Zusammenbruch ihrer aufgezwungenen Ordnung in den früheren Warschauer-Pakt-Staaten beschwört die Möglichkeit ethnischer Spannungen, neuer Grenzkriege, sozialer Unruhen und der Massenmigration von Flüchtlingen herauf. Das schreckliche Beispiel der »ethnischen Säuberung« in Bosnien und in großen Teilen Kroatiens im Sommer 1992 trieb Millionen von obdachlos gewordenen verzweifelten Menschen auf die Straßen nach Norden und Westen... Überdies vermehren ökonomische Verwerfungen in ganz Osteuropa und der früheren Sowjetunion die Flut jener, die Arbeitsplätze, Obdach und Sicherheit suchen. Sollte es zu einem vollständigen ökonomischen Kollaps kommen – oder auf der anderen Seite zu einem signifikanten Wiederaufbau von Industrie und Landwirtschaft auf effizienterer Basis, was den Verlust von Millionen von Arbeitsplätzen in veralteten Fabriken und kollektiven Landwirtschaftsbetrieben nach sich zöge –, wird sich die Versuchung, in die EG auszuwandern, erhöhen. Bereits jetzt fühlen sich Deutschland, Österreich und Ungarn von Flüchtlingsfamilien belagert.[37]

Für Frankreich, Spanien und Italien liegt dagegen das größere demographische Problem im Süden – in den schnell wachsenden Bevölkerungen der Staaten Nordafrikas. Bereits jetzt leben in Frankreich mehrere Millionen Einwanderer, vor allem aus den früheren afrikanischen Kolonien des Landes, und etwa eine Million Nordafrikaner arbeiten in Italien (zählt man die illegale Einwanderung mit, könnte die Zahl beträchtlich höher liegen).[38] Diese Neuankömmlinge übernehmen Aufgaben – Obst ernten, Fabrikarbeit, Transportdienste, Putzarbeiten –, nach denen sich die Europäer nicht mehr drängen. Aber ihre Anwesenheit hat das Ressentiment der eingeborenen Bevölkerung ansteigen lassen, was zu gelegentlichen Ausbrüchen geführt hat, zu Wahlerfolgen für rechte Parteien, welche die Abschiebung der Ausländer fordern, und zu besorgten Diskussionen in Regierungskreisen. Die größte Sorge ist, daß dies lediglich der Anfang sein könnte und daß die Bevölkerungstrends und die ökonomische Entwicklung in Afrika in Zukunft Massenmigrationen auslösen könnten, die nur mit militärischen Mitteln abzuwehren wären. Da Algeriens Bevölkerung sich zwischen heute und 2025 von 25 auf 50 Millionen verdoppeln, die Ägyptens von 55 auf 59 Millionen ansteigen wird, wie sollten viele dieser neuen Arbeitssuchenden Lohn und Brot finden, *außer* indem sie sich ihren Vettern anschließen, die bereits auf der anderen Seite des Mittelmeeres leben? Einfach aufgrund dieser Zahlen und der Geographie hat der italienische Minister Gianni De Michelis vor kurzem »einen schrecklichen demographischen Druck in den nächsten zehn bis fünfzehn Jahren« vorausgesagt.[39]

Diese Ängste machen es den europäischen Föderalisten natürlich sehr viel schwerer, für die Reisefreiheit innerhalb der EG-Grenzen zu werben (und sie erklären, warum die Europäische Kommission dem Antrag der Türkei auf Mitgliedschaft so zögernd gegenübersteht und keinen großen Eifer zeigt, Österreich, Ungarn und ihre Nachbarn zuzulassen). Wenn einige EG-Regierungen sich schon jetzt gegen die Erleichterung von Grenzkontrollen auf Flughäfen und in Häfen wenden – mit dem Hinweis auf Terroristen, Drogenhändler und illegale Einwanderer –, wieviel besorgter werden sie sein, wenn eine vergrößerte Europäische Gemeinschaft das Ziel von Millionen und Abermillionen osteuropäischen, russischen, nahöstlichen und afrikanischen Flüchtlingen wird? Anders als die Vereinigten Staaten betrachten sich die europäischen Länder nicht als »Schmelztiegel-Gesellschaften«. Daher ist das Argument, daß Europa Einwanderer *braucht*, um einen zukünftigen Arbeitskräftemangel zu verhindern, keineswegs populär. Selbst jene Länder, die das liberale Schengener Abkommen unterschrieben, in dem Belgien, Frankreich, die Niederlande, Luxemburg und Westdeutschland übereingekommen waren, alle Formalitäten an ihren Grenzen abzuschaffen, suspendierten ihre Pläne für eine gewisse Zeit, als die DDR zusammenbrach und die Angst vor einer Flut von ostdeutschen Einwanderern umging. Dies war unter anderem auch eine Warnung, daß die Abschaffung der Grenzen innerhalb der EG durchaus auf große Schwierigkeiten stoßen könnte.[40]

Mit anderen Worten, die globalen demographischen Trends, weit davon entfernt, etwas zu sein, das Europa einfach ignorieren kann, haben das Potential, die soziale Ordnung zu beeinflussen, die Öffnung der inneren Grenzen der EG zu verzögern (oder sogar rückgängig zu machen) und die Außenpolitik zu beeinflussen. In den nächsten Jahrzehnten könnte die Migration zum bedeutendsten Aspekt des Verhältnisses der EG zur muslimischen Welt werden; und wenn gewisse europäische Staaten schließlich Millionen von

Arabern beherbergen, wird das nicht die europäische Haltung zum Nahost-Konflikt beeinflussen? Wenn die europäischen Nationen bereits Schwierigkeiten haben, zu einer gemeinsamen Außenpolitik gegenüber dem Bürgerkrieg im benachbarten Bosnien zu kommen, wie wahrscheinlich ist es, daß sie zu einer geschlossenen Haltung gegenüber zukünftigen Unruhen in der Ukraine oder Nordafrika gelangen? Wie könnten die europäischen Politiker den Anstieg einheimischer Reaktionen gegen Immigranten aus Afrika und Asien kontrollieren, wenn neue Unruhen zum Beispiel in Algier dazu führten, daß eine wachsende Anzahl von weltlichen Mittelklassealgeriern sich überlegten, nach Frankreich zu ziehen, während dieselben Berichte einen Anstieg der Popularität von rechten Nationalisten wie Le Pen provozieren? Wie wollen die europäischen Städte ihren Charakter und ihren Reiz erhalten, wenn im Laufe der nächsten Jahrzehnte große Zahlen von armen Einwanderern unterprivilegierte Massenghettos in ihren Zentren bilden? Und können die sozialen Einrichtungen in der EG diese Belastungen aushalten? Sollte eine strikte Einwanderungspolitik eingeschlagen werden, müßte Europa sich in eine »Festung« verwandeln – was auch bedeutete, die Streitkräfte einzusetzen, um illegale Einwanderungen über Land, See oder Luft zu verhindern. Aber würde das wirklich das größere Problem lösen, welches darin besteht, daß die Bevölkerung in Europa stagniert, während jene auf den Nachbarkontinenten sich bis zum frühen nächsten Jahrhundert wahrscheinlich verdoppeln und verdreifachen werden?

Derselbe Schluß – daß Europa nämlich durch Entwicklungen außerhalb seiner Grenzen verletzbar ist – kann durchaus auch auf andere transnationale Trends zutreffen. In der Auseinandersetzung mit ökologischen Fragen ist Europa zum Beispiel auf die gleichen Erfahrungen gestoßen wie andere entwickelte Gegenden der Welt. Das Bevölkerungswachstum und die Industrialisierung im Laufe dieses Jahrhunderts haben zur Luftverschmutzung, zu verdreckten Flüssen und Meeren und zu geschädigten Wäldern geführt. Dies wiederum hat eine grüne Bewegung hervorgebracht und große Bemühungen, die Schäden zu reparieren, zunächst auf nationaler Basis und dann durch internationale Vereinbarungen. Wie nicht anders zu erwarten, führt jeder Versuch, die Deutschen zu überreden, Geschwindigkeitsbeschränkungen auf ihren Autobahnen zu akzeptieren, ebenso zu Streitigkeiten wie Bemühungen, Großbritannien dazu zu bringen, die Emissionen, die nach Norwegen getragen werden, strenger zu kontrollieren. Aber in Nord- und Westeuropa sind die Flüsse und die Luft weniger verschmutzt als vor einem Vierteljahrhundert, und selbst in den mediterranen Ländern gibt es ein wachsendes Umweltbewußtsein. Schließlich sind Nordwesteuropa und Skandinavien reich genug, um für eine umweltfreundliche Wirtschaft zu bezahlen, sie besitzen eine durchsetzungsfähige Mittelklasse, die diese Fragen ernst nimmt,und sie haben eine Tradition der staatlichen Intervention für den Gemeinnutzen. Daher ist die Durchsetzung von Umweltschutzmaßnahmen für sie so etwas wie frühere Bemühungen um die Sicherheit am Arbeitsplatz oder der Kinderschutz. Schon dringt die EG-Kommission auf höhere Energie-Steuern und weist mit Nachdruck darauf hin, daß Europa weit eher willens ist, die Kosten für eine Reduzierung der CO_2-Emissionen auf sich zu nehmen als Amerika.[41]

Die Wirkungen der globalen Erwärmung auf die europäischen Länder sind wahrscheinlich – zumindest örtlich – aufzufangen. Einige Studien weisen darauf hin, daß Westeuropas Klima trockener werden könnte, wobei die abnehmende Bodenfeuchtigkeit die Getreideerträge beeinflussen würde[42] – was allerdings sehr wohl durch erhöhte Erträge aus der Biotech-Landwirtschaft, die unten diskutiert wird, ausgeglichen werden könnte. Wie in den Vereinigten Staaten könnten höhere Temperaturen dazu führen, daß gewisse Sorten nach Norden wandern, was einigen europäischen Landwirten schaden würde, während andere davon begünstigt würden. Ein Ansteigen des Meeresspiegels könnte bestimmte Gegenden wie die Niederlande und die Fenlands von Großbritannien schädigen, aber die meisten dieser Gesellschaften haben das Ingenieurswissen und die finanziellen Ressourcen, um ihre Küste zu schützen. Kompetente Eingriffe könnten wahrscheinlich auch verhindern, daß Venedig sein oft vorhergesagtes Schicksal trifft. Der stärkste Impakt der globalen Erwärmung in Europa könnte in einer Reduzierung der Wasserreserven liegen, wenn das Meerwasser weiter in die Flußmündungen und niedriggelegene Küstenregionen eindringt.

Die größte ökologische Sorge der Europäer liegt außerhalb der EG-Grenzen, in Osteuropa. Wie vorher ausgeführt, hat die plumpe Industrialisierung der COMECON-Länder eine schreckliche Erbschaft von vergifteten Seen und Flüssen, chemie- und metallverseuchten Böden, unsicheren Kraftwerken, zerstörten Wäldern und industrieller Luftverschmutzung hinterlassen. Mit dem Zusammenbruch des Kommunismus hat dies ein Ende genommen, und jetzt kann mit den Reparaturarbeiten begonnen werden. Angesichts des Ausmaßes der Schäden und der Größe der Aufgabe, die industriellen Strukturen von Osteuropa zu verbessern, ist es aber zweifelhaft, ob selbst die reiche EG in der Lage sein wird, all dies im Laufe des nächsten Jahrzehnts in Ordnung zu bringen, insbesondere, wenn die allgemeine Wirtschaftskonjunktur Schwächen zeigt.

Ebenso besorgniserregend im Hinblick auf den Umweltschutz ist das massive Anwachsen der Bevölkerung rund um das Mittelmeer (insbesondere in der Türkei, Syrien und den nordafrikanischen Staaten) und die Landflucht aus den Dörfern im Inland in die überfüllten, wasserknappen Küstensiedlungen. In Algerien zum Beispiel zwängen sich 53 Prozent der schnell wachsenden Bevölkerung in 3 Prozent der Landfläche, und deren Abwässer werden nicht geklärt – ebensowenig übrigens wie in Athen, auf Sizilien und in anderen Teilen der Nordküste des Mittelmeers. Hinzu kommen die Verschmutzung des Meeres durch eine Myriade von kleinen Öllecks, die Trockenlegung von Feuchtgebieten an seinen Küsten, die Tatsache, daß das Wasser des Mittelmeeres (da es praktisch von Land eingeschlossen ist) sich nicht schnell erneuern kann, und schließlich der Tourismus-Boom an seinen überfüllten Küsten. Der sich aus all dem ergebende ökologische Druck ist ungeheuer. Es gibt einen »Blauen Plan«, um den Schäden Einhalt zu gebieten, aber noch ist völlig ungeklärt, woher die Dollarmilliarden kommen sollen, die ihn allein realisieren könnten. Und all diese Reformmaßnahmen befinden sich in einem verzweifelten Wettlauf mit dem Bevölkerungswachstum. Im Gegensatz dazu haben die weniger bevölkerungsreichen und sehr viel wohlhabenderen Anrainer der

Ost- und Nordsee eine einfachere »Säuberungs«-Aufgabe vor sich als die Mittelmeerländer.[43]

Die meisten Gesellschaften in Nordwest-Europa und Skandinavien zeigen, relativ gesprochen, durchaus Interesse für die Entwicklungsländer und die globale Erwärmung, wahrscheinlich weil sie gebildete Bevölkerungen mit einer liberalen humanistischen Kultur besitzen. Ein Teil dieser Sorge – zumindest im Falle Frankreichs – mag auch den Wunsch widerspiegeln, gewissen Einfluß auf frühere Kolonien aufrechtzuerhalten. Wie auch immer, einige europäische Staaten haben erkannt, daß das Schicksal der Entwicklungsländer ihre Aufmerksamkeit, technische und finanzielle Hilfe erfordert, und sie tragen zu diesem Zweck mehr bei als die ins Auge gefaßten 0,7 Prozent des jährlichen Bruttosozialprodukts, auf die sich die OECD-Nationen geeinigt haben.

Tabelle 12-1

Entwicklungshilfe und Nationaleinkommen[44]

(nicht-militärische Hilfe, 1987)

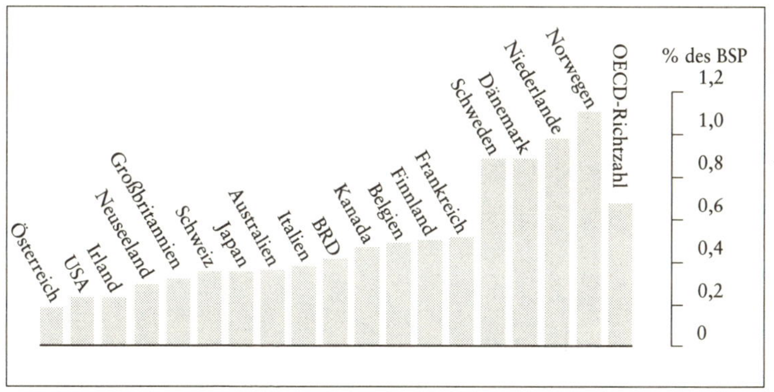

In absoluten Zahlen mag natürlich das eine Prozent Norwegens oder Schwedens nicht viel ausmachen; aber es bietet ein Beispiel, das, sollte es je von größeren Volkswirtschaften wie Großbritannien, Deutschland, Japan und (insbesondere) den Vereinigten Staaten übernommen werden, den Fluß von Ressourcen von reich zu arm massiv verstärken könnte. Auf der anderen Seite mag selbst die Zuteilung von einem Prozent des Bruttosozialprodukts eines Tages im Rückblick als eine total unzureichende Anstrengung im Kampf um globale Stabilität erscheinen.

Ein sehr viel gemischteres Bild ergibt sich, wenn man Europas Vorbereitung auf die technologiegetriebenen globalen Veränderungen betrachtet. Die Biotech-Revolution in der Landwirtschaft und der Lebensmittelherstellung zum Beispiel mag zunächst als eine für Europa günstige Entwicklung erscheinen: die Region besitzt die größten Chemiekonzerne der Welt, und sie produziert ein Drittel des Weltausstoßes an Chemikalien. Sie besitzt Hunderte von Instituten, Universitätsfakultäten und Privatfirmen, die in der Nahrungsmittelforschung, Agrarwissenschaft, der Biotechnologie, der Meeresbiologie usw. tätig sind; und sie besitzt nationale Regierungen (sowie die EG-Kommission selbst), die darauf hinarbeiten, die Konkurrenzfähigkeit der europäischen Länder auf diesem Gebiet zu erhöhen. Aber die Biotechnologie verwandelt sich aufgrund der sozialen Struktur der europäischen Landwirtschaft und der Funktionsweise der EG-Landwirtschaftspolitik sehr schnell in ein politisches Minenfeld. Verglichen mit den Vereinigten Staaten, besitzt die EG sehr viel mehr Landwirte, insbesondere Kleinbauern mit zum Teil winzigen Flächen; in Griechenland und Portugal zum Beispiel ist die durchschnittliche Betriebsgröße nur 4,3 Hektar, und der Durchschnitt in der Gemeinschaft beträgt lediglich 13 Hektar. Dann gibt es da die besondere Art, in welcher die EG die Landwirtschaft stützt. Sie wurde von dem *Economist* als »das idiotischste System ökonomischen Mißmanagements« beschrieben, »das die reichen westlichen Länder jemals entwickelt haben«.[45] Aber es bleibt eine Tatsache, daß dieses System nicht so schnell verschwinden wird, weil 10 Millionen Bauern enormes politisches Gewicht haben und Europas Tendenz zur Isolation verstärken.

Die Biotech-Revolution in der Landwirtschaft bedroht dieses bereits jetzt völlig überlastete System auf vielfältige Weise. Zunächst verspricht sie große Zuwächse in der Produktion pro Einheit, ob dies nun Milch, Rindfleisch oder Getreide betrifft; der durchschnittliche Milchertrag pro Kuh in den Niederlanden zum

Beispiel soll nach allen Vorhersagen von den 5000 Kilogramm der späten 80er Jahre auf 8000 bis 8500 Kilogramm im Jahre 2000 steigen.[46] Dies wird die existierende Struktur der Preisgarantien wahrscheinlich überfordern; da die Kommission im Moment versucht, die Gesamterträge zu *reduzieren*, würde ein Anstieg im Ertrag wahrscheinlich zu größerer Lagerung (Milchpulver, Butter) führen, mehr Vieh müßte aus der Produktion herausgenommen werden, mehr Bauern müßten die Landwirtschaft verlassen. Während man sich nun vorstellen könnte, daß die Länder mit großen Viehherden (der Durchschnitt in Großbritannien ist 57 Kühe pro Betrieb, in den Niederlanden 40) davon mehr profitieren würden als jene mit kleinen Herden (der Durchschnitt in Griechenland ist 3 Kühe pro Betrieb, in Italien 7), sieht das Quotensystem von 1984 eine maximale Produktion für jedes Land vor, so daß die Produktivitätszuwächse »Landwirte dort aus dem Markt zwingen werden, wo die Zuwächse am *höchsten* sind«.[47] Angesichts der Struktur der EG-Finanzhilfen und der sozialen und politischen Implikationen der niedergehenden Landwirtschaft in vielen Teilen der EG mag es durchaus dazu kommen, daß die Ausgaben auf diesem Sektor nicht fallen, sondern ansteigen werden, wenn die Biotech-Landwirtschaft im Laufe der nächsten Jahrzehnte Fortschritte macht.

Studien über die Biotech-Revolution weisen darauf hin, daß viele Landwirte in zunehmendem Maße von gigantischen agrochemischen Konzernen abhängig werden dürften. Dies wird in einer Laissez-faire-Ökonomie wie den Vereinigten Staaten ziemlich schnell vor sich gehen, aber in Europa gibt es die bereits beschriebene Tradition staatlichen Schutzes der herkömmlichen Landwirtschaft. Die Entscheidung der britischen Regierung von 1988, das Wachstumshormon BST für Rinder nicht zuzulassen, vorgeblich aus Gründen der öffentlichen Gesundheit, gewiß aber auch aus ökonomischen Motiven; die Opposition der EG gegen Isoglucose, das Verbot von genetisch veränderten Tomaten und andere Kontrollen bestimmter Richtungen der Biotech-Forschung – dies alles verlangsamt die Ausbreitung neuer Produkte in Europa, wenn man es mit anderen Teilen der entwickelten Welt vergleicht. Das wird die weitere Forschung der Biotech-Konzerne nicht aufhalten, aber ein großer Teil dieser Forschung wird in nordamerikanischen und nicht in europäischen Laboratorien vor sich gehen.[48]

Verbote indessen werden den Vormarsch der Biotechnologie nicht aufhalten. Wachstumshormone zu verbieten, ist eine Sache; aber eine ganze Serie von Verbesserungen des Saatguts, Fortschritte auf dem Gebiet der Viehzüchtung, erhöhte Proteinanteile in Pflanzen usw., sind bereits gebilligt worden, und sie erhöhen die Durchschnittserträge auf all diesen Gebieten signifikant. Da jeder Sektor inzwischen mit der Überschußproduktion zu kämpfen hat, bietet die Biotechnologie überdies einfallsreiche Methoden (durch Fermentierung, Fragmentierung, Proteinerhöhung), ein Produkt in ein anderes zu verwandeln. Stärke zum Beispiel, die früher aus Mais und Kartoffeln gewonnen wurde, wird in zunehmendem Maße aus Überschußweizen gemacht; Milchproteine werden durch Gemüseproteine ersetzt. Infolgedessen könnte sich Europas landwirtschaftliche »Lobby« in einander bekriegende Fraktionen auflösen, von denen jede in einem Zeitalter zunehmend austauschbarer Rohstoffe um ihren Marktanteil zu kämpfen hat.[49]

Ein Ausweg aus dieser Krise könnten anwachsende landwirtschaftliche Exporte sein sowie eine fast vollständige Substitution der Importe. Einige Berechnungen zeigen, daß es technisch möglich wäre, alle Tierfutterimporte der EG (über 20 Millionen Tonnen pro Jahr) ebenso zu ersetzen wie Öl und Gemüsefett (über 4 Millionen Tonnen pro Jahr) *und* die Importe von Holzprodukten (über 120 Millionen Kubikmeter pro Jahr) zu vermindern.[50] Ob das mit allen von Europas zukünftigen Überschüssen aufräumen würde, ist unklar, aber eine Politik verstärkter Exporte und verminderter Importe würde mit Gewißheit enorme Streitereien mit den Vereinigten Staaten und anderen großen nahrungsmittelexportierenden Nationen provozieren, wie auch die Landwirte in den Entwicklungsländern schädigen.[51] Vielleicht der einzige Lichtblick ist das Potential von Europas landwirtschaftlichen Flächen, Biomasse zu produzieren – bis zu einer Höhe von vielleicht 100 Millionen Tonnen SKE im Jahr.[52] Im Augenblick indessen bleiben die Überschüsse, und die Forderungen nach EG-Geldern wachsen.

Angesichts der Schwierigkeiten des existierenden landwirtschaftlichen Systems in der EG kann man verstehen, wie sehr der Gedanke der Mitgliedschaft von Nationen Mittel- und Osteuropas die Kommission alarmieren muß. Schon hat die Eingliederung der DDR Milliarden von Dollar gekostet und die Gesamterträge auf dem landwirtschaftlichen Sektor weiter erhöht, weil die Bauern in Deutschlands Ostprovinzen natürlich auf die hohen Garantiepreise mit vergrößerten Anstrengungen reagierten. Dasselbe kann man anderwärts in Osteuropa erwarten, wo die Landwirtschaft sehr produktiv sein könnte, sobald sie nicht mehr durch die Kollektivierung behindert wird. Die Erträge könnten sich ebenfalls erhöhen, wenn die osteuropäischen Bauern die effizienteren Techniken des Westens übernähmen. Sollten also die osteuropäischen Länder in die EG aufgenommen werden, würden die Ernten dort über die EG-Landwirtschaftspolitik weitere Geldmittel erfordern. Überdies würde die Landwirtschaft in Ost-Mitteleuropa bei einer Modernisierung viele Arbeitskräfte freisetzen, was die Regionalfonds der Gemeinschaft belasten würde.* Dies also ist ein weiteres Beispiel dafür, wie Europas existierende Probleme durch transnationale Entwicklungen und neue Technologien berührt werden könnten.[53]

Die Robotik-Revolution wird die europäischen Gesellschaften ebenfalls vor Probleme stellen, aber sie wird wahrscheinlich nicht so politisch kontroverse und komplizierte Folgen haben wie die Fortschritte in der Biotechnologie. Die Automatisierung der Produktion ist ein langfristiger Prozeß, und er läuft meistens in dezentralisierter Form ab, von Fabrik zu Fabrik. Auch hat die Robotik bisher nur wenige europäische Industriezweige (Automobilmontage, Lackierung etc.) berührt; und die Roboter sind vor allem in schmutzigen und gefährlichen Arbeitsprozessen eingesetzt worden, so daß sie weniger Widerstand aus den europäischen Gewerkschaften auf sich gezogen haben, als man hätte erwarten können. Schließlich hat die Robotik-Industrie selbst zusammen mit der computerisierten Werkzeugmaschinenindustrie Arbeitsplätze für

* In den späten 80er Jahren arbeiteten etwa 13 Prozent der Beschäftigten Osteuropas in der Landwirtschaft – in Rumänien 24 Prozent. Das muß man vergleichen mit 2,6 Prozent in der EG und 0,8 Prozent in den USA.

eine beträchtliche Zahl von hochausgebildeten und gutbezahlten Arbeitnehmern geschaffen.

Es ist daher wahrscheinlich, daß es einen stetigen, aber undramatischen Zuwachs an Robotern in der europäischen Industrie, insbesondere in Deutschland, geben wird. Die Installationsgeschwindigkeit könnte sich erhöhen, falls japanische Fabriken *innerhalb* Europas mit deutlich höherer Geschwindigkeit automatisieren, da dies auf europäische Firmen in demselben Industriezweig Druck ausüben würde. Auch im Gesundheitswesen könnte sich der Einsatz von intelligenten mobilen Robotern stetig ausweiten, da es zu wenig Krankenpfleger für eine schnell alternde Bevölkerung gibt. Schließlich ist es vorstellbar, daß die Automatisierung in die Debatte um die Einwanderung aus Entwicklungsländern geraten könnte. Könnten nationalistische Politiker, die beobachten, was in Japan geschieht, darauf dringen, ein ähnliches Niveau der Automatisierung im Lande einzuführen, damit nicht mehr Gastarbeiter hereingeholt werden müssen? Und werden jene Firmen und Dienstleistungsindustrien, die arbeits-, aber nicht kapitalintensiv sind, statt dessen für eine fortgesetzte Einwanderung plädieren? Werden »weiße« Gewerkschaften ihre Mitglieder lieber neben Robotern sehen als neben Arabern?

Im ganzen wird Europa wahrscheinlich Japans systematischer Einführung der Automatisierung einfach deshalb nicht folgen, weil es im Moment einen allgemeinen Arbeitskräftemangel nicht gibt. Zugegebenermaßen existieren Knappheiten an Facharbeitern in spezifischen EG-Industrien und -Regionen. Aber Politiker, Geschäftsleute und Gewerkschaften glauben im allgemeinen, daß die korrekte Antwort darauf eine verbesserte Ausbildung der Arbeitnehmerschaft und eine Ermutigung der Mobilität innerhalb der EG ist.[54] Angesichts der strukturellen Erwerbslosigkeit in vielen EG-Nationen – die durch die Aufnahme osteuropäischer Staaten weiter erhöht würde – gäbe es wahrscheinlich weitverbreiteten Widerstand, wenn die Automatisierung zu Arbeitsplatzverlusten in der Industrie führte. Roboter mögen in zunehmendem Maße in den reicheren EG-Ländern eingesetzt werden, aber auf selektiver Basis, sie werden wahrscheinlich neben Menschen arbeiten statt sie *en masse* zu ersetzen. Ob dies der europäischen Industrie erlauben wird, mit ihren hypereffizienten, vollautomatisierten japanischen Rivalen zu konkurrieren – oder ob sie sich statt dessen lieber weiterhin auf die staatliche Protektion verlassen werden –, ist weit weniger klar.

Eine größere Herausforderung für die europäischen Gesellschaften sind die Finanz- und Kommunikationsrevolutionen und das Auftauchen der wahrhaft multinationalen Konzerne. Diese transnationalen Entwicklungen sind auf vielen Gebieten zum Teil Europas eigene Leistung. Seine Bankiers haben es gelernt, ihre Geschäfte zu globalisieren und im 24-Stunden-Finanzhandel mitzumischen. Seine großen Konzerne haben genau wie ihre amerikanischen und japanischen Gegenstücke Montagefabriken, Forschungslaboratorien und Vertriebszentren in den großen Weltmärkten aufgebaut. Seine Unternehmensberater, Ingenieure und Merchant-Banker bieten ihre Dienste auf jedem Kontinent an. Seine kapitalkräftigen Medienkonzerne kaufen ausländische Zeitungen und Buchverlage auf. Seine Luftlinien (British Airways, Lufthansa, SAS) umspannen den Globus. Während Europa beträchtliche ausländische Investitionen auf sich zieht, vor allem von amerikanischen und japanischen Multis, die vor 1992 Stützpunkte in der EG aufbauen wollten, exportiert es auch enorme Kapitalsummen, um Land, Firmen, Aktien und Anleihen in Übersee zu kaufen und Joint-ventures zu finanzieren. Europa ist daher im ganzen gesehen sehr wohl in der Lage, aus der Globalisierung des Finanzhandels, der Industrie und des Warenhandels Nutzen zu ziehen, vorausgesetzt natürlich, daß es keine weltweiten Turbulenzen gibt.

Zwei ernste Probleme indessen bleiben. Zunächst könnte die Entwicklung auf eine unbegrenzte Globalisierung zu jenen sozialen Graben schaffen, den Robert Reich in den Vereinigten Staaten festgestellt hat; das heißt, die Herausbildung einer oberen Schicht von Managern, Juristen, Ingenieuren, Beratern und Analysten, welche für die multinationalen Konzerne arbeiten, während die unteren vier Fünftel der Gesellschaft zunehmend auf Gedeih und Verderb von den Konzernentscheidungen abhängig sind, welche die Produktion in bestimmte Regionen hinein und aus anderen Regionen heraus verlagern. Dennoch mögen die sozialen Konsequenzen, welche Reich diskutiert, in Europa nicht mit der Härte eintreten wie in den Vereinigten Staaten.[55] Eine stärkere Tradition der Firmenverwurzelung und die größere Interventionsneigung der europäischen Regierungen könnte Verschiebungen der Produktion von einem Land in ein anderes verhindern. Auf jeden Fall ist die Verlagerung von Anlagen in andere Teile der EG wenig sinnvoll, sobald die »Harmonisierung« der Sozialgesetzgebung, der Mindestlöhne und des allgemeinen Lebensstandards abgeschlossen ist; wenn die Produktion in ein Land *außerhalb* der EG verlagert wird, könnten die Waren wahrscheinlich nicht auf Europas geschützte Märkte zurück eingeführt werden. Schließlich würde das bessere »Netz« der sozialen Sicherheit in der EG die Folgen von Fabrikschließungen für die Arbeitnehmer mildern.

Die zweite Frage lautet: In welchem Maße widerspricht das Entstehen einer »grenzenlosen Welt« dem Ziel der EG, seine ökonomische und politische Einheit zu vertiefen? Wie bereits festgestellt, hat es immer eine Spannung zwischen jenen gegeben, die ein starkes Europa wollen, und jenen, die eine weniger zentralisierte Föderation anstreben. Für die ersteren sollte Europa stetig die Diskriminierungen zwischen den Mitgliedsstaaten beseitigen (Zölle, Kapitalkontrollen, nationale Subventionen, Einwanderungsschranken) und sich auf die Integration zubewegen, *während es die Barrieren zwischen Europäern und Nichteuropäern aufrechterhält und in mancher Hinsicht sogar erhöht.* Schließlich machte es wenig Sinn, ein vereinigtes »Europa« zu schaffen, wenn praktisch jeder seine Privilegien genießen könnte. Die letzteren ziehen im Gegensatz dazu ein weniger exklusives Europa vor, weil sie Mauern zwischen ihnen und nichteuropäischen Staaten oder Staatenbünden (dem Commonwealth, den Vereinigten Staaten) nicht wollen.

Im ganzen und trotz solcher Rückschläge wie dem dänischen Referendum gegen Maastricht haben die Integrationisten weiter an Boden gewonnen. Das hat wichtige Konsequenzen für Europas Zukunft und die internationale Wirtschaft. Die Theorie einer grenzenlosen Welt impliziert, daß ein »souveräner« europäischer Kunde völlig frei sein sollte, lieber amerikanisches Rindfleisch zu kaufen als französisches, oder ein japanisches Auto einem italienischen vorzuziehen, wenn der Preis stimmt.[56] Im Gegensatz dazu zielt die EG-Landwirtschaftspolitik darauf, daß der Kunde europäisches Rindfleisch verzehrt, während viele Politiker und Unternehmer eindeutig beabsichtigen, daß Europas Industriezölle und Quoten den Kunden davon abschrecken sollten, ein japanisches Auto anstelle eines europäischen zu kaufen. Das heißt im Grunde, daß man weit davon entfernt ist, nationale Grenzen abzuschaffen, sie werden nur um eine größere Einheit gelegt – die EG, eine nordamerikanische Freihandelszone, einen Yen-Block –, wobei die Weltwirtschaft in zunehmendem Maße durch drei enorme regionale Handelsblöcke dominiert würde. Dies würde die Länder, die draußen blieben, von den größten Märkten fernhalten und ihre ohnedies schwierige Lage weiter verschlechtern. Es würde ohne Zweifel auch die Erwerbslosigkeit in diesen Ländern erhöhen und damit die Zahlen derer, die nach Europa einwandern wollen, um dort Arbeit zu finden, sprunghaft ansteigen lassen.

Bedeutet das dann nicht, daß ein grundlegender Widerspruch besteht zwischen dem, was die EG werden will, und dem, wozu sich die globale Ökonomie entwickelt? Wie wir gesehen haben, besteht diese Dialektik zwischen nationalen Zielen und transnationalen Veränderungen in allen Ländern; aber der Widerspruch ist in diesem Fall vielleicht größer, weil die europäischen Nationen gerade zu einem Zeitpunkt auf die Integration in einem neuen »Super-Staat« zugehen, da die Trends in der Technologie und in der Kommunikation Staatskontrollen auflösen, Grenzen sinnlos machen und unsere traditionelle Konzentration auf nationale und regionale Identitäten in Frage stellen. Um es radikal auszudrücken, drohen die Trends in der Technologie, genauso wie in der Demographie, gerade jene traditionellen Ziele redundant zu machen, welche den Brennpunkt der EG-Politik in den letzten vier Jahrzehnten gebildet haben.

Europäische Integrationisten leugnen oft, daß sie ihre Länder vom Rest der Welt abgrenzen wollen; aber sie mögen in der Zukunft sehr viel stärker gezwungen sein, sorgfältiger als bisher zu analysieren, was die Politik einer vertieften europäischen Einheit *in der Praxis* für andere bedeutet. Große Teile der Welt sorgen sich darum, daß der Zugang zu Märkten in den fortgeschrittenen Gesellschaften eingeschränkt werden wird. In politischen und wirtschaftlichen Kreisen in Japan und (insbesondere) in den Vereinigten Staaten existiert beträchtliches Mißtrauen, was den europäischen Protektionismus betrifft.[57] Zusammenfassend kann man sagen, daß es ein verbreitetes internationales Gefühl gibt, die EG sei weniger an einer Stärkung des weltweiten Handels durch die Öffnung von Märkten interessiert als am Schutz seiner eigenen Landwirte und Industriearbeiter – sogar auf Kosten sich verschlechternder Handelsbeziehungen mit der entwickelten Welt und schlechterer Aussichten für die Entwicklungsländer. Diese Sorge mag ungerechtfertigt sein, und die Voraussagen eines »Handelskrieges«, der an die Stelle des Kalten Krieges treten würde (was besonders in der amerikanischen Presse Schlagzeilen machte), könnten sich ebenfalls als übertrieben herausstellen. Dennoch, der Rest der Welt beobachtet die Integration Europas genau – und nicht ohne Sorge, was sie für die anderen bedeuten wird.

Aber man sollte Europas Zukunft nicht nur aus ökonomischen Gründen größte Aufmerksamkeit schenken. Der Kontinent steckt mitten in einem politischen Experiment von hoher Bedeutung. Es geht dabei um nichts Geringeres als die Frage, wie menschliche Gesellschaften sich selber und ihre Beziehungen zu anderen sehen. Wie viele politische Experten bereits ausgeführt haben, scheinen wir in unserer Zeit einen Niedergang der traditionellen Loyalitäten, Strukturen und Bindungen zu erleben, welche *Nationen* zum Bezugspunkt politischer und ökonomischer Identität gemacht haben. Statt dessen gibt es jene zunehmende »Verschiebung von Autorität«, die bereits diskutiert wurde. Diese Verschiebung geht in Richtung auf sowohl größere (transnationale) und kleinere (regionale, ethnische) Einheiten, da Politiker und Völker in Größenordnungen streben werden, die in der Gegenwart und in der Zukunft am besten funktionieren. Wenn ein zivilisiertes und gebildetes Volk wie die Dänen sich gegen weitere Maßnahmen der europäischen Integration ausspricht, ist die Frage berechtigt, ob es jemals eine Zeit geben wird, in der eine Organisation wie die EG in den Augen ihrer Völker als ebenso legitim erscheinen wird wie früher die nationalen Regierungen. Und wie wird eine solche Organisation in sinnvolle Beziehungen zu regionalen Einheiten wie Wallonien, die Toskana, das Rheinland, Südwales eintreten? Sind die Verschiebungen der Autorität nach oben und nach unten widersprüchlich – oder komplementär? Wie wir festgestellt haben, wird die Welt des späten 20. Jahrhunderts von zwei Strömungen bewegt. Die eine tendiert, angetrieben von der Technologie, von Kommunikation und Handel, zu immer größerer ökonomischer Integration. Die zweite ist die wiedererwachte Tendenz zum ethnischen Separatismus. Sie wird gegenwärtig durch den Zusammenbruch eines transzendenten Glaubens (des Kommunismus), den Aufstieg des religiösen Fundamentalismus und durch die zunehmende innere Infragestellung nationaler Grenzen, die von Kroatien bis Somalia den Völkern oft von außen aufgezwungen wurden, verstärkt.

In beiden Beziehungen hat Europa historisch eine entscheidende Rolle gespielt. In der ersten Hälfte dieses Jahrhunderts hat der Kontinent entsetzliche Beispiele dafür geliefert, daß ein exzessiver Nationalismus, ethnische Vorurteile und die Sucht nach territorialer Eroberung auch sogenannte zivilisierte Gesellschaften in Kriege stürzen können. Nach 1950 indessen haben die Europäer aus vergangenen Fehlern zu lernen versucht, und sie haben eine Struktur geschaffen, welche die ökonomische Integration schaffen und nationale Unterschiede zurücktreten lassen könnte. Sieht man sich die konfliktreichen Beziehungen zwischen Staaten in anderen Weltgegenden an (Ostasien, der Nahe Osten, Zentralafrika, Südasien), dann ist Europas Marsch auf die Einheit zu trotz aller Makel bemerkenswert gewesen und bietet für alle kriegszerrissenen Regionen ein Beispiel. Wenn die führenden Politiker von Deutschland und Frankreich nun einen dauerhaften Frieden untereinander wünschen und ihre Staaten nach Jahrhunderten des Konflikts in größere transnationale Einheiten einbetten wollen, könnte das nicht auch in Zukunft bei Ländern in anderen Weltgegenden geschehen – von Südasien bis Lateinamerika? Und täte es das, wäre das nicht ein großer Fortschritt gegenüber den regionalen Zerrissenheiten von heute?

Natürlich hat Europa noch einen langen Weg vor sich, und es gibt auf diesem Weg unzählige Hindernisse. Nicht die geringsten liegen in den globalen Kräften, die alle Gesellschaften herausfordern und vielleicht sogar besondere Probleme für die EG in dieser Phase ihrer Entwicklung aufwerfen. Aber andererseits sollte gerade wegen dieser globalen Kräfte das Denken der Integrationisten über jene siegen, die lediglich eine große Freihandelszone errichten wollen. Im Lichte all dessen, was in der Weltpolitik geschieht – das Verschwinden der UdSSR und die Möglichkeit regionaler Konflikte in den Nachfolgestaaten, der Aufstieg der ökonomischen Macht Ostasiens, das Auftauchen nuklear bewaffneter regionaler Großmächte (Indien, China), die hartnäckigen sozialen und ökonomischen Schwierigkeiten der Vereinigten Staaten, die drohenden Bevölkerungsungleichgewichte zwischen Nord und Süd, die langfristigen ökologischen Gefahren –, hat Europa zu weiteren Schritten in die Einheit keine reale Alternative. Es sollte versuchen, eine einflußreiche und verantwortungsvolle Einheit zu schaffen, die in der Lage ist, diese Herausforderungen in einer Weise anzunehmen, die zwölf oder zwanzig separaten Nationalstaaten nicht zur Verfügung stehen. Niemand wird abstreiten, daß die Aufgabe enorm ist, insbesondere angesichts der Spannung zwischen einer »Vertiefung« der Gemeinschaft und einer »Erweiterung« der Mitgliedschaft. Aber der internationale Wandel erfordert neues Denken und neue Strukturen, und das sollte die Position jener stärken, die dafür eintreten, daß Europa einfach nicht stehenbleiben darf.

Während die Logik historischen Wandels die Integrationisten begünstigt, müssen sie ihrerseits mit Phantasie auf die Herausforderung und auch die Gelegenheit, die sich ihnen bietet, antworten. Im Moment ist viel zuviel von der Rhetorik über das Schicksal Europas begleitet von eigensüchtigen politischen Manövern, bürokratischen Nahkämpfen, kaum verhüllten Bemühungen, ökonomische Ineffizienz zu schützen, nationalen Interessen, nach innen gerichteten Tendenzen. All das bestätigt die schlimmsten Befürchtungen der Anti-Integrationisten und anderer Länder. Auch die typische Tagesordnung der EG-Politik – das Abtragen von »Butterbergen« zum Beispiel oder die Vereinheitlichung von Buchhaltungspraktiken –

erscheint als exzessive Erbsenzählerei und angesichts der enormen demographischen und technologischen Kräfte, welche die Welt verändern, ausgesprochen kurzsichtig. Ob überhaupt irgendein Land oder irgendeine Gruppe von Ländern effektiv auf die neuen transnationalen Entwicklungen reagieren kann, ist unklar. Einige dieser neuen Entwicklungen könnten sich in sehr schneller und unvorhersagbarer Form zeigen. Aber wenn die europäischen Politiker so viel Zeit damit verbringen, über die Integration zu diskutieren, daß kaum etwas übrigbleibt, um sich auf abgestimmte Reaktionen auf demographische Trends, die Migration, die globale Erwärmung und den Impakt der neuen Technologien zu einigen, dann werden sie ihre Länder kaum auf die Bewältigung der vor uns liegenden Herausforderungen vorbereiten können. Selbst jetzt, in den frühen 90ern, ist es klar, daß Europa sich nicht aus den Problemen der restlichen Welt heraushalten kann. Wieviel klarer wird das im Jahre 2010 oder 2030 sein?

Zusammengefaßt heißt dies, daß es an den europäischen Föderalisten ist, Pläne zu entwerfen, die eine blühende vereinigte Gruppe von Ländern schaffen, welche eine verantwortungsvolle globale Rolle übernehmen kann, ohne hinter Zollwällen zu verschwinden, selbstsüchtige Strategien zu verfolgen und gegen die Trends der Globalisierung anzugehen. Es müßten Pläne sein, welche die innere Entwicklung der EG fördern und zugleich mit den globalen Veränderungen fertigwerden – was auch heißt, daß man ärmeren Nationen dabei hilft, sie zu bewältigen. Sollte Europa tatsächlich in der Lage sein, diese beiden Zielsetzungen miteinander zu versöhnen, wird es vielleicht herausfinden, daß das nächste Jahrhundert den Kontinent freundlicher behandeln wird, als es das gegenwärtige getan hat. So wie die Dinge im Augenblick liegen indessen, ist es eher unwahrscheinlich, daß das vor Europa liegende Bündel von Problemen gelöst wird – in dem Fall würden sowohl Europa als auch der Rest der Welt die Konsequenzen zu tragen haben.

Kapitel 13

Das amerikanische Dilemma

Obwohl es Debatten über die Zukunft dieses und jenes Landes überall auf der Welt von Frankreich bis Japan gibt, sind sie nirgendwo so verbreitet wie in den Vereinigten Staaten. In dieser großen, dezentralisierten, medienreichen Gesellschaft werden alle Arten von Kontroversen von der Abtreibung bis zum »Ende der Geschichte«, von Rassenfragen bis zur Erziehung, in Büchern, Zeitungen, im Radio, Fernsehen, von sogenannten »pundits«, Lobbys, Leitartikelschreibern und Vortragsreisenden energisch debattiert. Die Kontroverse über die Zukunft Amerikas wird natürlich auch durch ideologische Differenzen angeheizt: Die meisten (aber gewiß nicht alle) Konservativen betonen die Leistungen der Nation – den »Sieg« im Kalten Krieg, den Erfolg des Kapitalismus –, während liberale Kritiker auf eine wachsende Erbschaft von Problemen hinweisen: Verschuldung, der Verfall der Gesellschaft, die Krise des Bildungswesens, der Niedergang des Lebensstandards der Mittelklasse, das Nachlassen der Wirtschaftskraft und eine aufgeblähte Militärpräsenz in Übersee.[1] Da die Debatte über den amerikanischen »Niedergang« oder die amerikanische »Erneuerung« sich stark politisiert hat, ziehen die Kämpfer beider Seiten unterschiedliche Vergleichsparameter heran und verweisen auf unterschiedliche Aspekte der Ökonomie oder der Gesellschaft, um ihre Positionen abzustützen[2] – was die Dinge stark kompliziert.

Die Diskussion über die Zukunft der Vereinigten Staaten ist auch deshalb so intensiv, weil sie in einem Volk geführt wird, das geglaubt hatte – schon bevor Henry Luce den Begriff zum ersten Mal im Jahre 1941 gebrauchte –, daß dies das »amerikanische Jahrhundert« sei.[3] Wie zutreffend auch immer dieser Ausdruck zukünftigen Historikern erscheinen mag, er besaß eine immense psychologische und kulturelle Macht und gab dem amerikanischen Volk eine emotionale Unterfütterung seiner politischen Rolle. Die Amerikaner hatten das Gefühl, »etwas Besonderes« zu sein, sogar anderen überlegen; und wenn sich solche Gefühle erst einmal durchgesetzt haben, ist es sehr schwierig, sie wieder aufzugeben. Es war daher vorhersagbar, daß das Erscheinen von Büchern mit Titeln wie *The End of the American Century*, *Beyond American Hegemony* und *America as an Ordinary Power*[4] Antworten provozieren würde, die Titel trugen wie *The Myth of American Decline*, *America's Economic Resurgence*, *Bound to Lead* und *The Third Century: America's Resurgence in the Asian Era*.[5] Jede neue Studie wird von einer der beiden Denkschulen willkommen geheißen – »eine zeitgemäße und kraftvolle Antwort auf die Apokalyptiker« usw. usw.[6] –, und die Debatte setzt sich fort. Ob diesen Ergüssen durch natürliche Erschöpfung bald ein Ende gesetzt werden wird, ist schwer vorherzusagen. Sie weisen aber darauf hin, daß sich die Stimmung der Nation seit den Zeiten Trumans oder seit dem Sputnik-Schock sehr gewandelt hat.[7] Die Vereinigten Staaten machen sich deutlich mehr Sorgen über ihre Zukunft als vor ein oder zwei Generationen.

Was sind die Stärken und Schwächen der Vereinigten Staaten und wie gut sind sie darauf vorbereitet, sich den globalen Herausforderungen zu stellen, die in den ersten Kapiteln umrissen wurden? Im traditionellen Bereich der »harten« oder militärischen Macht stehen sie unangefochten an der Spitze. Rußland und China besitzen größere Landheere, aber deren Qualität ist sehr zweifelhaft. Ohnedies sind Zahlen längst nicht so wichtig wie Moral und Ausbildung, Ausrüstung und die Fähigkeit, Streitkräfte schnell an entfernte Schauplätze zu bringen; in all diesen Aspekten sind die Vereinigten Staaten weit überlegen und haben ihren Vorsprung im Laufe der 80er Jahre eher noch erhöht. Strategisch gesehen besitzen sie eine Kombination von Luft-, Land- und Unterseeboot-gestützten Raketensystemen, die jede andere Macht davon abschrecken würde, die Vereinigten Staaten und ihre Alliierten anzugreifen.

Technologisch sind ihre Streitkräfte ausgerüstet, sogenannte »smart wars« zu führen. Über Satelliten, Aufklärungsflugzeuge und ein extensives ozeanisches Überwachungssystem sind die amerikanischen Militärs in der Lage, jede Aktivität potentieller Rivalen zu kontrollieren.[8]

Schließlich sind die Vereinigten Staaten das einzige Land mit wahrhaft globaler »Reichweite«, mit Flotten und Luftwaffenbasen und Landstreitkräften in jedem strategisch bedeutenden Teil dieses Planeten, plus der Kapazität, diese Positionen im Ernstfall schnell zu verstärken. Die amerikanische Antwort auf die Invasion Kuwaits durch den Irak im Jahre 1990 demonstrierte die Flexibilität und das Ausmaß dieser Fähigkeiten; mit der Entsendung von über 1500 Flugzeugen und 500000 Mann (einschließlich gepanzerter Einheiten) nach Saudi-Arabien innerhalb von Monaten und indem sie das Mittelmeer, den Persischen Golf und den Indischen Ozean mit Flugzeugträger-Kampfgruppen füllten, stellten die Vereinigten Staaten eine militärische Macht zur Schau, die in jüngerer Zeit keine Parallele hat. Vielleicht ist das einzige moderne historische Äquivalent Großbritanniens Entsendung von über 300000 Soldaten in den Burenkrieg in Südafrika zu Beginn dieses Jahrhunderts.

Nun, da der Kalte Krieg vorüber ist, werden Stärke und Ausmaß amerikanischer Truppenstationierungen in Übersee deutlich zurückgenommen; aber es ist unwahrscheinlich, daß das Land zu seiner »Vor-1941-Politik« zurückkehrt, als keine amerikanischen Militäreinheiten außerhalb der USA und der von ihnen abhängigen Inselstaaten stationiert waren. Die Existenz von Regimen wie jene im Irak oder in Libyen hilft dem Pentagon bei der Begründung seiner Forderung, beträchtliche und flexible Streitkräfte aufrechtzuerhalten.[9] Was immer an Reduktion der Militärmacht in den kommenden Jahren stattfinden wird, die amerikanischen Streitkräfte werden mit Sicherheit weiterhin eine weit größere Kapazität haben als die mittlerer Länder wie Frankreich und Großbritannien, und sie werden ihren deutlichen technologischen Vorsprung gegenüber den chinesischen und russischen Streitkräften behalten.

Während indessen diese militärische Machtposition die Rolle der Vereinigten Staaten in der Weltpolitik stärkt, muß das nicht unbedingt ein Segen für die Nation als Ganzes sein. Die Verteidigungskosten haben einigen ökonomischen Schaden angerichtet, und Amerikas Fähigkeit, mit nichtmilitärischen Bedrohungen umzugehen, ist sehr eingeschränkt. Der Kalte Krieg lieferte den politischen »Mörtel«, eine Mehrheit von Amerikanern, Republikaner wie Demokraten, an hohe Verteidigungshaushalte und weltumspannende Allianzen zu binden. Da die sowjetische Bedrohung zurückgetreten ist, könnte dieser Konsens auseinanderfallen; zumindest wird es für amerikanische Präsidenten nun sehr viel schwerer werden, eine weltweite militärische Präsenz zu rechtfertigen. Während einige strategische Denker debattieren, ob die Streitkräfte nicht aus Europa zurückgezogen und auf lokale Bedrohungen in der Entwicklungswelt konzentriert werden sollten, bezweifeln andere die Zweckmäßigkeit militärischer Macht überhaupt, da Amerika nun nicht mehr durch nukleare Waffen, sondern durch Umweltgefahren, Drogen und den Verlust ökonomischer Konkurrenzfähigkeit bedroht wird.[10]

Infolgedessen wird die Erleichterung darüber, die Sowjetunion nicht länger zum Feind[11] zu haben, überschattet von Ungewißheiten über die Rolle der Vereinigten Staaten in der Welt. Für die Traditionalisten ist es von Bedeutung, daß Amerika seine Präsenz in Europa, im Pazifik und anderswo aufrechterhält, damit es keine Rückkehr zu den anarchischen Bedingungen der 30er Jahre gibt.[12] Den Kritikern zufolge lastet das Argument, daß die Vereinigten Staaten »zum Führen verurteilt sind«, dem Land große Bürden auf, zieht Ressourcen von heimischen Bedürfnissen ab und entfernt die amerikanische Demokratie immer weiter von ihren ursprünglichen Prinzipien.[13] Solch eine Debatte ist jedem Historiker bekannt. Immer schon hat die führende Macht nach internationaler Stabilität gestrebt, um das System zu erhalten, in welcher sie Einfluß und Wohlstand genießt. Gewöhnlich trägt sie an einer großen Erbschaft von Allianzen und Verträgen, hat Verpflichtungen gegenüber fernen Verbündeten und die Verantwortung, die Seewege der Welt offenzuhalten. Aber eine bestimmte Führungsrolle auszufüllen, bringt immer die Gefahr mit sich, der Polizist der Welt zu werden, Bedrohungen von »Gesetz und Ordnung« zu bekämpfen, wo immer sie entstehen mögen und auf diese Weise immer mehr »unsichere Grenzen« auf dem ganzen Globus zu entdecken, die Schutz erfordern.[14] Nichts spricht dafür, daß die Debatte über die Zukunft der amerikanischen Außenpolitik bald beendet sein wird.

Solch eine Debatte kann man nicht von innenpolitischen Belangen trennen, einfach weil die Aufrechterhaltung der weltweiten Position der Vereinigten Staaten einen hohen Preis hat. Dreihundert Milliarden Dollar pro Jahr erkauften militärische Sicherheit für die Vereinigten Staaten, aber sie lenkten auch Ressourcen – Kapital, das Personal der Streitkräfte, Materialien, Facharbeiter, Ingenieure und Wissenschaftler – von der nichtmilitärischen Produktion ab. 1988 zum Beispiel wurden über 65 Prozent der Forschungs- und Entwicklungsgelder des Bundes der Verteidigung zugeteilt, verglichen mit nur 0,5 Prozent für den Umweltschutz und 0,2 Prozent für industrielle Entwicklung. Während sich Amerika mit der Sowjetunion einen teuren Rüstungswettlauf lieferte, mußte es mit Alliierten wie Japan und Deutschland um Anteile am Weltmarkt konkurrieren. Diese beiden Länder steckten weit kleinere Prozentsätze ihrer nationalen Ressourcen in das Militär, setzten auf diese Weise Kapital, Personal, Forschung und Entwicklung für kommerzielle Unternehmungen frei, die Teile der amerikanischen Industriebasis untergruben. Wie nicht anders zu erwarten, hat dies amerikanische Forderungen provoziert, die Alliierten sollten mehr zur gemeinsamen Verteidigung beitragen. Andere Stimmen in Amerika forderten eine Beschneidung der Rüstungsausgaben zugunsten heimischer Bedürfnisse.[15]

Obwohl diese Kontroverse sich gewöhnlich auf die Frage konzentriert, ob hohe Verteidigungsausgaben eine ökonomische Verlangsamung verursachen, ist die Frage nicht ganz so einfach.* Sehr

* In einigen Fällen können Militärausgaben das Wirtschaftswachstum antreiben, wie die Vereinigten Staaten während des Zweiten Weltkrieges entdeckten. Eine Reduktion der Verteidigungsausgaben wird auch dann wenig oder nichts bewirken, wenn die »gesparten« Gelder in eine Gesellschaft zurückwandern, welche sie in importierten Automobilen, Luxusgütern und Videorekordern anlegt; wenn indessen dieselben Summen in produktive Investitionen gesteckt werden, könnten die ökonomischen Ergebnisse sehr viel besser sein.

viel entscheidender ist die Struktur einer Wirtschaft, welche hohe Verteidigungsausgaben trägt. Wenn diese Wirtschaft schnell wächst, eine blühende industrielle Basis besitzt, bei neuen Technologien führend ist, einen breiten Nachwuchs an Facharbeitern, Wissenschaftlern und Technologen hat, stark in Forschung und Entwicklung investiert, einen Handelsbilanzüberschuß aufweist und keine internationale Schuldnernation ist, dann ist sie weit besser *strukturiert*, 3, 6 oder sogar 9 Prozent des Bruttosozialprodukts für die Verteidigung auszugeben, als wenn sie diese Vorteile nicht besitzt.[16]

Tatsächlich ist es angesichts der Größe und der Kompliziertheit der amerikanischen Ökonomie unmöglich, sie als entweder hoffnungslos schwach oder immens stark zu kennzeichnen; sie ist eine Mischung aus Stärken und Schwächen.

Das wichtigste Einzelfaktum der amerikanischen Wirtschaft liegt darin, daß die Wachstumsraten im letzten Drittel dieses Jahrhunderts verglichen mit dem mittleren Drittel beträchtlich gesunken sind:

Tabelle 13-1[17]

Wachstumsraten des US-Bruttoinlandsprodukts
(jährlicher Durchschnitt)

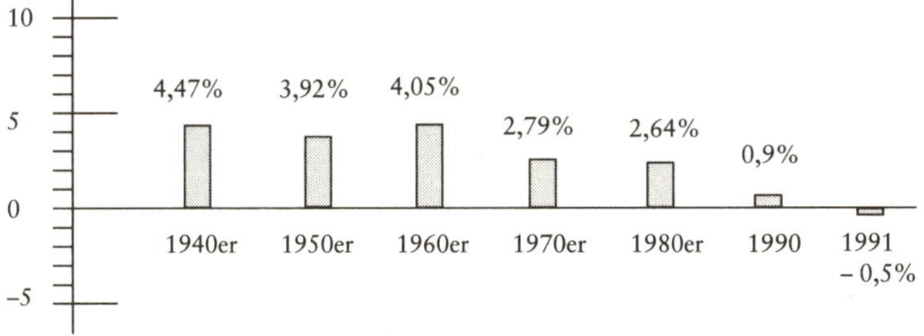

Was immer die Erklärung für diese Verlangsamung sein mag, die Konsequenzen sind für die Vereinigten Staaten mit ihren inneren und äußeren Verpflichtungen äußerst ernst zu nehmen. Mit einem hohen, relativ gerecht verteilten Lebensstandard, einem ausgeglichenen Haushalt und ohne Auslandsverpflichtungen kann ein Land wie etwa die Schweiz durchaus eine lange Periode mäßigen Wirtschaftswachstums durchstehen, ohne daß die Ergebnisse allzu ernst sein müssen. Aber die Vereinigten Staaten sind die einzige verbliebene militärische Supermacht, und sie haben Verpflichtungen in der ganzen Welt; ihr Reichtum ist beträchtlich, aber ungleichmäßig verteilt, was immense soziale Probleme im Lande nach sich zieht; sie haben gewaltige Haushaltsdefizite und schieben große Auslandsschulden vor sich her. Unter diesen Umständen verschärft eine längere Periode geringen Wachstums die existierenden Probleme und macht es unwahrscheinlich, daß die Vereinigten Staaten zugleich dasselbe Niveau militärischer Sicherheit aufrechterhalten können *und* ihre sozialen Bedürfnisse befriedigen *und* ihre Schulden zurückzahlen können. Ein Land, in dem das Realeinkommen seit 1973 stetig gefallen ist, wird immer weniger geneigt sein, auch nur die vordringlichsten sozialen Mißstände zu beseitigen.

Ein solches Dilemma wird dann intensiviert, wenn andere Nationen schneller wachsen, was zu Veränderungen in den ökonomischen Beziehungen führt. Die führende Großmacht kann einfach ihren Status nicht unendlich aufrechterhalten, wenn ihre Wirtschaft sich in einem relativen Abstieg befindet.[18] Da überdies dieser Abstieg stufenweise und allmählich vor sich geht, wirkt er schleichend, nicht dramatisch. Wie ein Wirtschaftshistoriker bemerkt hat: »... ein Land, dessen Produktivitätszuwachs über ein Jahrhundert hinweg ein Prozent hinter anderen Ländern zurückbleibt, kann sich, wie es Großbritannien tat, vom unumstrittenen industriellen Führer der Welt in die mittelmäßige Ökonomie verwandeln, die es heute ist.«[19] Es hat sich auch von einer Macht der ersten Klasse in eine Mittelmacht verwandelt. Wahrscheinlich stand eine ähnliche Argumentation hinter Margaret Thatchers kürzlicher Erklärung, daß es ein »Desaster« wäre, wenn die amerikanische Wirtschaft im Laufe der 1990er langsamer wachsen sollte als die Japans.[20] Realistisch gesehen würde das Amerikas Position in der Welt schwächen und eine weitere Verschiebung der Gewichte von Washington nach Tokio bewirken.* Dies weist deutlich darauf hin, daß die

---

* Statistisch ist das relativ einfach zu berechnen: Wenn man annimmt, daß die

Vereinigten Staaten es sich zu einer fundamentalen strategischen Zielsetzung machen sollten, ihre Pro-Kopf-Produktivität im Sinne langfristigen Wachstums zu verbessern. In den letzten Jahren indessen hat die amerikanische Produktivität eher Anlaß zur Sorge gegeben. Seit dem 19. Jahrhundert haben sich die Vereinigten Staaten der höchsten Arbeitsproduktivität in der Welt erfreut, weshalb das Nationaleinkommen der Amerikaner und ihr »Kriegspotential« so viel größer waren als das jeden anderen Landes.[21] Im Augenblick ist die amerikanische Gesamtproduktivität noch immer höher als die Japans oder Deutschlands, andere Nationen haben aber ihre Produktivität seit den 60ern schneller erhöht, was den Abstand zu den Amerikanern stark verringert hat.

Überdies haben die Verbesserungen in der amerikanischen Arbeitsproduktivität in den letzten Jahren vor allen Dingen auf dem Gebiet der industriellen Fertigung gelegen, während die amerikanische Ökonomie in zunehmendem Maße von den Dienstleistungen abhängt*, deren durchschnittliche Wertschöpfung pro Beschäftigtem verglichen mit der Industrie oder der Landwirtschaft niedrig ist. Daher übersetzt sich ein jährlicher Zuwachs in der Fertigungsproduktivität von drei Prozent wahrscheinlich nur in ein Prozent nationaler Zuwachsrate. Außerdem stammte ein Großteil der erhöhten Produktivität der amerikanischen Industrie in den 80er Jahren nicht – wie in Japan – von einer höheren Produktion pro *existierendem* Arbeiter, sondern resultierte aus der Schließung von Fabriken und der Verringerung der Arbeitnehmerschaft. Denn die Produktivität kann durchaus während einer Rezession schneller wachsen, wenn viele Arbeitsplätze verlorengehen, als in einer Pe-

amerikanische Wirtschaft von 4,8 Billionen Dollar (1988) über den Rest des Jahrhunderts mit einer Durchschnittssteigerung von 2 Prozent pro Jahr wächst, würde sie im Jahr 2000 inflationsbereinigte 6,1 Billionen Dollar erreichen. Wenn die japanische Wirtschaft, die 1988 2,8 Billionen Dollar umfaßte, ein durchschnittliches jährliches Wachstum von 4 Prozent über den Rest des Jahrhunderts aufwiese, würde sie 2000 etwa 4,56 Billionen Dollar betragen. Diese einfache Fortschreibung berücksichtigt nicht eine potentielle Wertsteigerung des Yen, was die Lücke wahrscheinlich noch schneller schließen würde.

* Vor ein paar Jahren stellte der Dienstleistungssektor ungefähr 68 Prozent des Bruttosozialprodukts und 71 Prozent der Arbeitsplätze.

riode des Wachstums, wenn die Kostenfrage weniger dringlich erscheint; und Produktivitätszuwächse begleiten oft tatsächliche Reduktionen in der Gesamtfertigung.[22]

Amerikas wachsende Verschuldung, die Anfälligkeit des Finanzsystems und die hartnäckigen Defizite in der Handels- und Leistungsbilanz könnten ebenfalls durch eine erhöhte Produktivität behoben werden. Die Verschuldung liegt auf verschiedenen Ebenen. Auf nationaler Ebene resultiert sie aus der Weigerung der US-Regierung und des Kongresses, mit zusätzlichen Steuern für die wachsenden Kosten der Verteidigung und der Sozialprogramme zu bezahlen, ein Trend, der sich bereits in den 60ern zeigte und sowohl von demokratischen als auch republikanischen Administrationen fortgesetzt wurde. Dieser Trend wurde von der Reagan-Administration enorm beschleunigt, als sie beschloß, die Besteuerung zu vermindern und die Verteidigungsausgaben zu erhöhen. 1960 belief sich das Bundesdefizit auf 59,6 Milliarden, die Staatsverschuldung auf 914,3 Milliarden Dollar.[23] Trotz aller Selbstverpflichtungen des Weißen Hauses und des Kongresses, die Ausgaben »unter Kontrolle« zu bringen, schoben 1991 zusätzliche Ausgaben – für die Säuberung nuklearer Anlagen, für das Auffangen von Bankpleiten im Lande – das Defizit weit über 300 Milliarden, während die Staatsverschuldung selbst sich den vier *Billionen* näherte. Die letztere Zahl schließt Verpflichtungen der Bundesregierung in Höhe von rund 6 Billionen Dollar *nicht* ein, die verschiedenen Programmen (Preisgarantien für die Landwirtschaft, Kredite an Bauern und Studenten, Versicherungsprogramme) gelten. Die Zinszahlungen für die Staatsverschuldung allein betragen 300 Milliarden Dollar im Jahr und beanspruchen etwa 15 Prozent der gesamten Regierungsausgaben. Wie ein Wirtschaftsredakteur des *Wall Street Journal* bemerkt hat, übertreffen diese Zinszahlungen inzwischen »die Summen, welche die Regierung für die Gesundheit, Wissenschaft, Raumfahrt, Landwirtschaft, den Wohnungsbau, den Umweltschutz und die Justizverwaltung zusammengenommen aufwendet«. Nicht nur werden sich diese Bürden wahrscheinlich auf Kosten anderer Regierungsausgaben noch erhöhen, sondern ein steigender Anteil der Zinszahlungen geht an *ausländische* Besitzer von staatlichen Schuldverschreibungen, was Amerikas Wohlstand weiter reduziert. Sollte sich schließlich das schleppende Wirtschaftswachstum durch die 90er Jahre fortsetzen, wird das Defizit weiter ansteigen, da die Bundeseinnahmen nicht so schnell wachsen werden wie die Ausgaben.[24]

Nicht nur die Staatsverschuldung stieg im Laufe der 80er in die Höhe, sondern auch jede andere Form von Verschuldung. Fast alle Staats- und Stadtverwaltungen haben von 1986 an mit Defiziten gelebt – ein Trend, der durch Reduzierungen der Bundeszahlungen an die Regionen verschärft wurde. Die private Verschuldung, angetrieben durch die Angebote »billigen Geldes«, erreichte 4 Billionen Dollar, und die Rückzahlungen vermindern das persönliche Einkommen. Die Unternehmensverschuldung war sogar noch schlimmer: »Mit dem Beginn der 90er Jahre gingen etwa 90 Prozent des Nach-Steuern-Ergebnisses der US-Firmen in die Zinszahlungen auf ihre Schulden.« Alles zusammengenommen entsprach die staatliche und private Verschuldung etwa 180 Prozent des Bruttosozialprodukts – ein Niveau, das es seit den 30er Jahren nicht mehr gegeben hat.[25]

Die Defizite im Haushalt und in der Zahlungsbilanz stellten eine weitere Veränderung gegenüber den 50er und 60er Jahren dar, als Amerika in der Handels- und Leistungsbilanz große Überschüsse verzeichnete.[26] Seit 1971 – als die Vereinigten Staaten ihr erstes Defizit im Warenhandel seit über einem Jahrhundert verzeichneten – haben sie ständig mehr gekauft als verkauft. 1987 erreichte das Handelsdefizit unglaubliche 171 Milliarden Dollar, und obwohl der Wertverlust des Dollars die Gesamtsumme im Laufe der späteren 80er Jahre verringerte, wurden noch immer Defizite von über 100 Milliarden Dollar pro Jahr ausgewiesen. Wenn die amerikanische Wirtschaft in der Lage wäre, ihr »sichtbares« Handelsdefizit durch Einkünfte auf dem »unsichtbaren« Sektor der Dienstleistungen, der Investitionseinkommen und des Tourismus abzudecken, wie Großbritannien das vor 1914 tat, wäre ihre Situation weniger gefährdet. Aber Amerikas unsichtbare Einkünfte reichen nicht aus, um die Lücke zu schließen. Infolgedessen finanzieren die Vereinigten Staaten ihren Lebensunterhalt nun über Auslandskredite, die etwa 100 Milliarden Dollar pro Jahr betragen. Einst der Welt größter Gläubiger, sind die Vereinigten Staaten innerhalb eines Jahrzehnts zur größten Schuldnernation der Welt geworden.[27] Je länger sich dies fortsetzt, desto mehr amerikanischer Besitz – Aktien, Land, Industriefirmen, Staatsanleihen, Medienkonzerne, Laboratorien – geht in die Hände von ausländischen Investoren über.

Der Kern des Handelsdefizitproblems liegt in der langfristigen Erosion von Amerikas relativer industrieller Position, was zunächst merkwürdig erscheinen mag, da so viel der amerikanischen Wirtschaft sich mit Dienstleistungen befaßt. Aber es liegt im Wesen vieler Dienstleistungen (Tourismus, Hotel- und Restaurantwesen, öffentlicher Transport), daß sie nicht exportiert werden können, und selbst wenn die Einkünfte aus den Dienstleistungen beträchtlich sind (zum Beispiel auf dem Gebiet der Anwaltsarbeit, der Patente, des Bankenwesens), kann die Gesamtsumme nicht für die Güter und Dienstleistungen aufkommen, die jedes Jahr importiert werden.* Die industrielle Fertigung ist auch aus anderen Gründen entscheidend: Sie trägt praktisch alle Forschung und Entwicklung, welche von der amerikanischen Industrie bezahlt wird, und eine blühende und konkurrenzfähige industrielle Basis ist noch immer »unverzichtbar für die nationale Sicherheit«.[28]

Jeder Versuch, die gegenwärtige Verfassung und die zukünftigen Aussichten der amerikanischen Industrie zusammenzufassen, sieht sich indessen ihrer außerordentlichen Diversität gegenüber. Einige ihrer größten Konzerne (IBM, Boeing) sind führend in der Welt, und viele kleinere Firmen (zum Beispiel in Computer-Software) überragen alle Konkurrenz. Andere indessen drohen unter der ausländischen Überlegenheit zusammenzubrechen, und ihr Los ist der Gegenstand von zahllosen Kommissionen, Studien, Kongressen und Kongreßanhörungen. Das Studium der amerikanischen »Konkurrenzfähigkeit« ist selbst zu einer Industrie geworden, die aber leider nicht erheblich zur Produktivität oder zur Verbesserung der

* Der Gesamtwert von Gütern und Dienstleistungen, die zum Beispiel im Jahre 1987 eingeführt wurden, betrug 550 Milliarden, während der Bruttoexport von Dienstleistungen nur etwa 57 Milliarden Dollar ausmachte.

Handelsbilanz beiträgt.[29] Das Gesamtbild aus all diesen Studien ist das einer industriellen Struktur, die zwar viele Stärken aufweist, aber keineswegs mehr die unumstrittene Position innehat, in der sie sich in den ersten beiden Nachkriegsjahrzehnten befand.

Das soll nicht heißen, daß das Bild ein uneingeschränkt apokalyptisches ist, aber der Aufstieg der ausländischen Konkurrenz in Industriezweig nach Industriezweig muß offensichtlich in Amerika Sorgen um die Zukunft wecken. Wie die folgende Tabelle zeigt, erwirtschafteten in den späten 80er Jahren von acht Schlüsselsektoren der Industrie nur die Chemie und die Zivilluftfahrt einen Außenhandelsüberschuß (siehe Tabelle 13-2).

Diese Defizite erstrecken sich über einen ganzen Bereich von Industrien, von Produkten mit geringer Pro-Kopf-Wertschöpfung wie Textilien bis zu Hightech-Gütern wie computergesteuerten Werkzeugmaschinen und Luxusautomobilen. Dies deutet nicht auf eine Wirtschaft hin, die sich zielbewußt aus der Produktion mit geringer Wertschöpfung verabschiedet und sich in höherwertige Sektoren hineinbewegt, wie einige Ökonomen behauptet haben, sondern auf eine Industrie, die auf allen Ebenen zu kämpfen hat.

Es wird niemanden überraschen, daß die Debatte über die amerikanische »Konkurrenzfähigkeit« keineswegs einmütig verlaufen ist. Schwererschütterte Industriezweige appellieren an Washington, protektionistische Maßnahmen zu ergreifen. Dagegen opponieren jene, die Vergeltungsmaßnahmen auf Exportmärkten fürchten. Die Laissez-faire-Ökonomen sind ohnedies gegen jede Einschränkung. Den Klagen darüber, daß die Ausländer »Amerika aufkaufen«, steht das Argument gegenüber, daß die japanischen und europäischen Konzerne Arbeit und hochwillkommenes Kapital ins Land bringen. Die »Buy American«-Kampagnen werden von jenen abgelehnt, die daran glauben, daß jeder Kunde die Freiheit haben sollte, Waren zu kaufen, egal woher sie kommen. Rufe nach einer staatlichen Industriepolitik stehen dem weitverbreiteten Glauben gegenüber, daß Regierungseingriffe amerikanischen Traditionen zuwiderliefen und ohnedies ineffizient blieben. Einige führen den relativen ökonomischen Abstieg auf eine einzige Ursache zurück, während andere viele verschiedene Gründe anführen, von schlech-

Tabelle 13-2

Handelsbilanzen in acht US-Industrien[30]

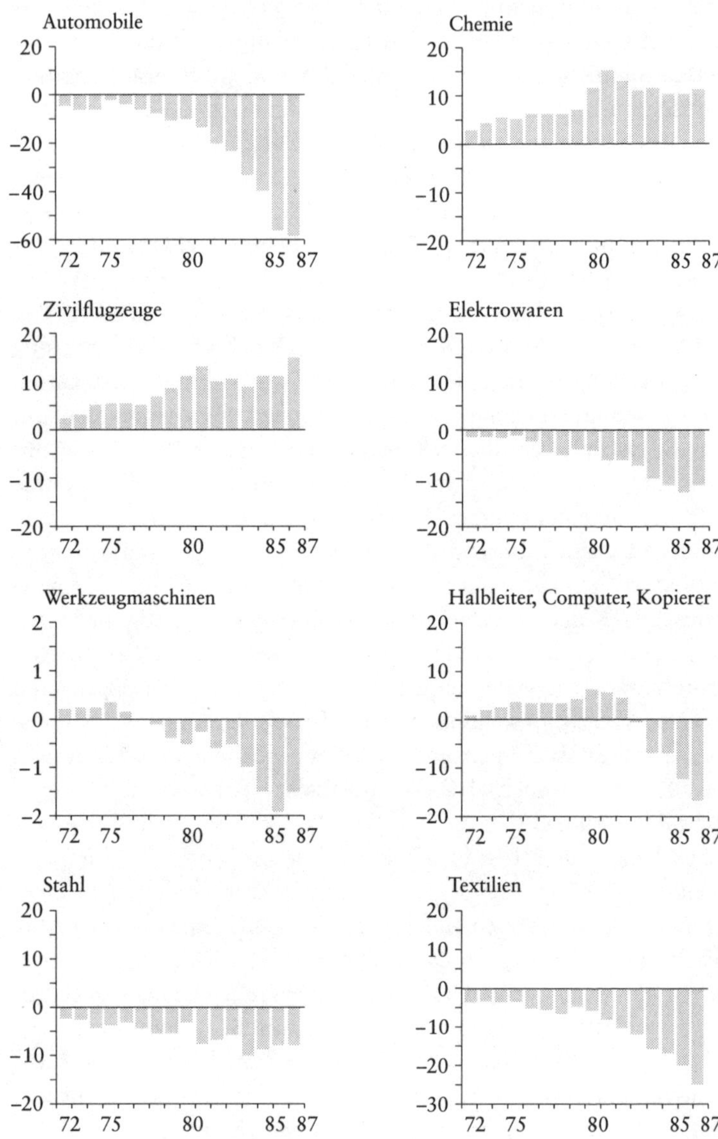

tem Management bis zu einem niedrigen Investitionsniveau, von unzureichenden technischen Fähigkeiten bis zu übertriebenen staatlichen Regulierungen. Die Debatte wirkt wie das Echo einer Auseinandersetzung, die vor einem Jahrhundert in Großbritannien stattfand, als eine »National Efficiency«-Bewegung gegründet wurde, um den Tendenzen entgegenzuwirken, die Großbritannien die führende Stellung in der Industrie gekostet hatten.[31]

Die gegenwärtige Sorge um den Zustand der amerikanischen Wirtschaft wird durch ein breiteres Unbehagen intensiviert, das den Implikationen für die nationale Sicherheit, für die Macht und die Position des Landes in der Weltpolitik gilt. Was, wenn Ausländer ein Monopol an Industrien besitzen, die strategische Produkte für das Pentagon bauen, oder wenn eine wichtige, militärisch relevante Technik nur noch im Ausland zu bekommen ist? Was, wenn das Land zunehmend von ausländischem Kapital abhängig wird – muß es dafür eines Tages nicht nur einen finanziellen, sondern auch einen politischen Preis zahlen? Was, wenn die industrielle Basis weiter untergraben wird, während das Land Militärausgaben zu tragen hat, die sechs- oder zehnmal höher sind als die anderer Länder? Setzen sich die Vereinigten Staaten dem Risiko imperialer Überdehnung aus, oder ist diese Phase bereits erreicht?[32] Was geschieht, wenn die Wirtschaft im nächsten Jahrzehnt nur halb so schnell wächst wie die Japans oder die der Europäischen Gemeinschaft? Werden die produktiven Machtverhältnisse sich nicht weiter verschieben, so daß die Vereinigten Staaten nicht länger die Nummer eins sein können?* Diese Sorgen mögen manchen Ökono-

* J. Zysman: »US-Macht, Handel und Technologie«, *International Affairs*, Band 67, Nr. 1 (Januar 1991), Seite 90, stellte die folgenden Verschiebungen fest:

US-Produktion im Prozentsatz der Produktion in den folgenden Ländern:

	1970	1975	1980	1986	1987
Japan	495	317	254	214	188
Deutschland	547	371	330	469	401
Frankreich	706	462	409	576	507
Großbritannien	820	673	502	764	649
Japan und Frankreich	291	188	156	167	137
Japan und Deutschland	260	173	144	147	128

men altmodisch erscheinen – in ihrer Sicht sind sie ein Zeichen »gestrigen Denkens« in einem Zeitalter, in dem der Nationalstaat nicht länger von zentraler Bedeutung ist und die Schlüsselfragen sich um die Lebensqualität drehen und nicht um den Rang in einer globalen Hackordnung[33], aber man hat doch den hartnäckigen Verdacht, daß die Zukunftsängste im amerikanischen Volke tief empfunden werden.

Was soll man aus dieser Kontroverse machen? Für die Optimisten ist das, was geschehen ist, vollkommen verständlich. In den Nachkriegsjahrzehnten hatten die Vereinigten Staaten eine künstlich unangefochtene Position in der Weltpolitik inne, da die anderen Mächte durch den Konflikt schwer in Mitleidenschaft gezogen worden waren. Als sie sich erholten, mußte der amerikanische Anteil an der Weltproduktion, an der Fertigung von Hightech-Gütern, an finanziellen Reserven und selbst an militärischer Kapazität zurückfallen. Dennoch sind die Vereinigten Staaten die bedeutendste Nation der Welt geblieben, sowohl in den Begriffen ökonomischer und militärischer Macht als auch im Bereich diplomatischen Einflusses und politischer Kultur, obwohl gewisse innere Reformen notwendig sind.[34] Die amerikanische Industrie war auf die Intensität der ausländischen Konkurrenz schlecht vorbereitet – und mußte dafür einen hohen Preis bezahlen –, aber seit den 80er Jahren ist sie schlanker und leistungsfähiger geworden, die Produktivität ist in die Höhe geschossen, und sie bewegt sich in neue Technologien und Produkte hinein, für die sie aufgrund ihres hochqualifizierten Forschungspersonals unerreichte Voraussetzungen hat. Die Vorteile solcher Konkurrenten wie Japan werden nicht lange anhalten. Angesichts der geringeren Bewertung des Dollars und der kontinuierlichen Verbesserung der amerikanischen Fertigung wird die Wirtschaft schon bald eine neue Wachstumsperiode erleben, die Defizite

---

	1970	1975	1980	1986	1987
EG	158	113	93	131	104
EG und Japan	113	77	64	77	67

Obwohl der kurzlebige Anstieg im Wert des Dollar (siehe die 1986-Zahlen) für eine Erholung sorgte, ist der Gesamttrend unübersehbar und wäre noch ausgeprägter, wenn die Statistik bis 1992 weitergeführt worden wäre.

in Überschüsse umwandeln und die zeitweiligen Schwierigkeiten hinter sich lassen.[35]

Für die Pessimisten ist eine solche Argumentation ein Zeichen, daß viele Amerikaner den Ernst des Problems noch immer nicht verstanden haben. Für sie geht es nicht um den relativen ökonomischen Abstieg des Landes in den beiden Jahrzehnten nach 1945, da dies nur das »natürliche« Resultat des Wiederaufbaus anderer Wirtschaften war; es geht vielmehr um die Tatsache, daß sich die amerikanische Position in Relation zu anderen Nationen auf den Gebieten neuer Technologien und Patente, Schlüsselindustrien, finanziellen Reserven und der Leistungsbilanz sowie der internationalen Kaufkraft *seit* den 60ern weiter verschlechtert hat. Die meisten Pessimisten würden sich ohne Zweifel freuen, wenn sie von den Fakten widerlegt würden, und sie genießen es nicht, »Defätisten« oder »Declinists« genannt zu werden. Aber sie stehen dem vagen Argument, daß Amerikas »Besonderheit« oder »Genius« oder seine »Fähigkeit, auf Herausforderungen zu reagieren« irgendwie die Position des Landes wiederherstellen werden, mit Skepsis gegenüber. In solcher Rhetorik sehen sie denselben ethnozentrischen Stolz, welcher schon frühere Gesellschaften daran gehindert hat, sich den Abstieg einzugestehen und auf ihn zu reagieren. Während sie über die Zukunft schreiben, haben die Pessimisten die Vorbilder der Vergangenheit vor Augen und sorgen sich darum, daß die Gleichgültigkeit der politischen Führung gegenüber den Prozessen des globalen historischen Wandels Amerikas langfristige Chancen verschlechtern könnte.[36]

Ein Großteil der Kontroverse um Amerikas »Abstieg und Erneuerung« konzentriert sich natürlich auf die Wirtschaft, aber im Gespräch sind auch die Schwächen des Erziehungssystems, die sozialen Probleme, der abnehmende Wohlstand der Mittelklasse, sogar die politische Kultur im ganzen – sehr wahrscheinlich aus der Angst heraus, daß die Ursachen für die fehlende Konkurrenzfähigkeit tiefer liegen könnten als zum Beispiel in einer unzureichenden Sparquote. Charakteristisch für diese Denkweise ist die Annahme, daß das amerikanische Volk irgendwann den falschen Weg eingeschlagen hat. Der populäre Fernsehreporter John Chancellor hat es so ausgedrückt:

> Die Kraft ist da, aber sie wird durch eine Kombination von Schwächen abgelenkt – tausend Wunden, die schwer zu heilen sind. Wir haben uns selbst geschwächt durch die Art, wie wir Politik betreiben, unsere Unternehmen managen, unsere Kinder unterrichten, unsere Armen unterstützen, für unsere Älteren sorgen, wie wir unser Geld sparen, unsere Umwelt schützen und unsere Regierungsgeschäfte wahrnehmen.[37]

Chancellor schließt daraus, daß viele Veränderungen nötig sind, bevor die Vereinigten Staaten in ihren früheren, besseren Zustand zurückkehren können.[38] Aber wie wahrscheinlich eine solche Erholung sein würde – selbst wenn die Öffentlichkeit in großer Breite auf solche Appelle reagierte –, ist völlig unklar.

Der täglichen Leserschaft von Amerikas Zeitungen ist die Liste der Gebrechen bis zum Überdruß vertraut: eine Gesundheitsfürsorge-»Industrie« zum Beispiel, welche die Zahl ihrer Angestellten in den 80er Jahren verdoppelt – und auf diese Weise die Gesamtarbeitsproduktivität gedrückt hat. Sie verbraucht etwa 12 Prozent des Bruttosozialprodukts, mehr als das Doppelte der Verteidigungsausgaben, aber sie schafft es keineswegs, eine anständige Gesundheitsfürsorge für die Bürger des Landes zu schaffen. Tatsächlich haben etwa 37 Millionen Amerikaner überhaupt keine Krankenversicherung und leiden dementsprechend. Gegen Ende der 80er stieg die Zahl armer Menschen mit Gesundheitsproblemen stetig an. In der Schwarzengemeinde, wo die Hälfte der Kinder unter sechs unterhalb der Armutsgrenze leben, sind die Gesundheitsprobleme enorm und werden durch die Armut verschärft. Da die Vereinigten Staaten kein nationales Gesundheitssystem besitzen, »steht das Land auf dem letzten Rang unter den bedeutenden Industrieländern … in Kindessterblichkeit, Lebenserwartung und Arztbesuchen«, obwohl es wahrscheinlich die meisten Politiker in der Welt hat, die über »Familienwerte« sprechen.[39] Während die Lebenserwartung für ältere weiße Männer und Frauen angestiegen ist (ein großer Teil des Kostenanstiegs der Gesundheitsfürsorge ist an jene über 75 gegangen), ist die für schwarze Frauen und insbesondere für schwarze Männer zurückgegangen.*[40] Aufgrund dieser weitverbreiteten Ar-

* Das einzige andere Beispiel eines solchen Rückgangs in der Lebenserwartung in einer entwickelten Gesellschaft ist, wie oben erwähnt, die unter russischen Män-

mut, erklärte Oxfam America – das für seine Entwicklungshilfe berühmt ist –, daß es sich nun, im Jahre 1991, zum ersten Mal überhaupt auch auf die Vereinigten Staaten konzentrieren würde.

Diese unausgeglichene Gesundheitsfürsorge spiegelt die Wohlstands- und Einkommensstrukturen im zeitgenössischen Amerika wider, wo ein durchschnittlicher Manager über 90mal so viel verdient wie ein Industriearbeiter (noch 1980 war es nur 40mal so viel), wo aber 30 Prozent der Afro-Amerikaner und 20 Prozent der Hispano-Amerikaner so wenig verdienen, daß sie unter die offizielle Armutsgrenze fallen und in Slums leben müssen. Verschärft wird die Situation durch den hohen Drogenkonsum in den Vereinigten Staaten; nach einer Schätzung konsumiert die amerikanische Bevölkerung – die nur 4 bis 5 Prozent der Weltbevölkerung ausmacht – 50 Prozent des Kokains in der Welt. Die Suchtabhängigkeit belastet die Gesundheitsdienste, und das nicht nur in der Behandlung von Erwachsenen; im Jahre 1989 allein wurden 375 000 Amerikaner *geboren*, die drogenabhängig waren, hauptsächlich von Kokain und Heroin.[41]

Drogen ihrerseits speisen die Kriminalität, die in den USA bedeutend höher ist als irgendwo sonst in der entwickelten Welt. Dank der politischen Macht der National Rifle Association haben die Amerikaner praktisch freien Zugang zu tödlichen Waffen, und sie gebrauchen sie in einem Grade, der ausländische Beobachter erstaunt. Die Amerikaner besitzen geschätzte 6 Millionen Handfeuerwaffen und 120 Millionen Gewehre, und sie bringen einander mit einer Rate von etwa 19 000 pro Jahr um, hauptsächlich mit Handfeuerwaffen. Die Mordraten pro Kopf sind vier- oder fünfmal höher als in Westeuropa, Vergewaltigung liegt siebenmal und Raub vier- bis zehnmal höher.[42] Experten verweisen darauf, daß diese Gewalttätigkeit kulturelle Wurzeln besitzt und nicht einfach auf die Armut zurückgeführt werden kann. Die Mordrate in New York ist sehr viel höher als die in den Slums von Kalkutta zum Beispiel, und im reichen Seattle – vor kurzem zur »lebenswertesten« Stadt in den

nern. Ist es nur ein Zufall, daß dies bei den beiden militärischen Supermächten der Welt geschah?

Vereinigten Staaten gewählt – ist die Mordrate siebenmal so hoch wie im englischen Birmingham.[43] Auch geht die Gewalttätigkeit nicht auf mangelnde Polizeipräsenz oder Abschreckung zurück; nach der letzten Schätzung saßen über eine Million verurteilte Verbrecher in den amerikanischen Gefängnissen, das ist ein höherer Anteil der Bevölkerung als selbst in Südafrika oder der früheren UdSSR.* Dreitausend von je hunderttausend schwarzen amerikanischen Männern sitzen im Gefängnis, während Südafrika es schaffte, die Apartheid aufrechtzuerhalten, indem es 729 schwarze Männer pro hunderttausend einsperrte.[44]

Die Verdoppelung der Zahl von Menschen hinter Gittern im Laufe der 80er Jahre ist im Hinblick auf ihre gesellschaftliche Wirkung nicht besonders effektiv gewesen. Die Auflösungserscheinungen in Amerikas Sozialordnung sind nur schwer zu bekämpfen, weil Reformen in einer politisch dezentralisierten, libertären Gesellschaft kaum durchzusetzen sind.[45] Jeder Versuch, die Obdachlosigkeit und Armut in den Stadtzentren – und im ländlichen Süden – zu mildern, würde sehr viel Geld kosten und einen Transfer von Ressourcen von den Wohlhabenderen (die wählen) auf die Ärmeren (die das nicht tun) bedeuten. Seit der Boston-Tea-Party haben Mittelklasseamerikaner eine tiefe Aversion gegen das Zahlen von Steuern behalten – mit einiger Rechtfertigung, da sie im Gegensatz zu den Europäern keine Gegenleistungen wie zum Beispiel eine freie Universitätsausbildung, Gesundheitsfürsorge, subventionierte Kultur oder effiziente Verkehrssysteme bekommen[46]. Da Politiker, die für höhere Steuern eintreten, in den Wahlen bestraft werden, ist die Versuchung oft unwiderstehlich, neue Geldforderungen, wie sie sich zum Beispiel aus dem Sparkassen- und Bankenkrach oder den wachsenden Zinszahlungen auf die Staatsverschuldung ergeben, durch neue Kredite zu befriedigen und nicht durch Steuererhöhungen. Und das heißt auch, daß diese Politiker immer darauf hinwei-

* Die Vereinigten Staaten schicken Verbrecher mit einer Rate von 426 pro 100 000 der Bevölkerung ins Gefängnis. Die Rate in Australien beträgt 72, in den Niederlanden nur 40. Die sowjetische Rate lag bei 268 pro 100 000. Schwarze, die 12 Prozent von Amerikas Bevölkerung bilden, stellen beinahe die Hälfte seiner Gefängnisinsassen.

sen werden, daß für Sozial- und Gesundheitsreformen kein Geld da ist, wie unabweisbar diese auch sein mögen. Gesellschaftliche Reformen wären sicher leichter zu bewerkstelligen, wenn die Produktivität und das Realwachstum der Wirtschaft stiegen; da das aber nicht der Fall ist, sind die Verteilungsprioritäten schwer umzustellen, da jene Gruppen, die etwas zu verlieren drohen, jede Veränderung blockieren werden.[47]

Aber die Amerikaner sind durchaus willens, viel Geld in die Ausbildung zu investieren. Im Jahre 1989 wurden über 350 Milliarden Dollar für die staatliche und private Erziehung ausgegeben, um 45 Millionen Schüler in Primär- und Sekundarschulen sowie fast 13 Millionen College- und Universitätsstudenten zu unterstützen. In absoluten Begriffen gibt nur die Schweiz mehr Geld pro Schüler aus; relativ gesehen, widmen die Vereinigten Staaten 6,8 Prozent des Bruttosozialprodukts der Erziehung, was dem Anteil in Kanada und den Niederlanden entspricht und über dem in Japan, Frankreich oder Deutschland liegt.[48]

Dafür könnten die Vereinigten Staaten mit einiger Rechtfertigung behaupten, eines der besten Systeme höherer Bildung in der Welt zu besitzen. Neben vielen exzellenten Colleges gibt es staatliche Universitätssysteme (in Kalifornien zum Beispiel oder in Wisconsin), die eine beeindruckende Anzahl von Studenten ausbilden. Vor allem aber besitzt das Land der Welt größtes Angebot an Forschungsuniversitäten und wissenschaftlichen Instituten, mit Professoren, die aus allen Ländern der Erde nach Amerika kommen und eine unverhältnismäßig hohe internationale Anerkennung genießen, was sich zum Beispiel an der Zahl der nach Amerika vergebenen Nobel-Preise zeigt. Studenten aus vielen Ländern gehen in die Vereinigten Staaten, um dort zu studieren. Die Ressourcen von intellektuellen Kraftwerken wie Harvard, Yale und Stanford – mit ihrer Ausstattung an Milliarden von Dollar – entsprechen ihrer hohen Leistung und ihrer weltweiten Reputation. Sie produzieren die wissenschaftlichen Eliten, von denen die amerikanische Wirtschaft abhängt.

Sieht man indessen von der höheren Bildung ab, ist das Bild sehr viel weniger günstig. Viele Amerikaner sorgen sich darum, daß offensichtlich das *allgemeine* Niveau der staatlichen Schulausbildung relativ mittelmäßig ist. Seit den frühen 60ern sind die Ergebnisse von schulischen Eignungstests – was immer die wert sein mögen – beträchtlich gefallen. Trotz der Möglichkeiten, welche das kostenfreie staatliche Schulsystem bietet, verlassen die Schüler es in Rekordzahlen; zwischen 600000 und 700000 gehen jedes Jahr vorzeitig von der High School ab, was einem Fünftel aller High-School-Schüler gleichkommt (in den Schulen der Stadtzentren nähert sich der Anteil 50 Prozent).[49] Obwohl der staatliche Zensus von 1980 von einem Alphabetisierungsniveau von fast 100 Prozent berichtete, behaupten verschiedene Studien, daß Millionen von Amerikanern – die Zahlen reichen von 23 bis 48 (!) Millionen – praktisch illiterat sind. Nach einer Studie können 25 Millionen Erwachsene nicht gut genug lesen, um ein Etikett auf einer Medikamentenflasche zu verstehen, und 22 Prozent der Erwachsenen sind nicht in der Lage, einen Brief korrekt zu adressieren.[50]

Was heißt dies im internationalen Vergleich? In einem kürzlichen standardisierten Wissenschaftstest, der Neuntkläßlern in siebzehn Ländern vorgelegt wurde, schlossen die amerikanischen Schüler hinter denen von Japan, Südkorea und jedem westlichen europäischen Land ab, hinter ihnen lagen nur noch die Schüler aus Hongkong und den Philippinen. In einem Mathematiktest von 1988 lagen amerikanische Achtkläßler fast am Ende der Skala. Andere Tests enthüllen, daß die amerikanischen Leistungen sich *verschlechtern*, wenn die Kinder älter werden – obwohl ironischerweie über zwei Drittel der High-School-Schüler glaubten, daß sie in Mathematik »gut« seien, während weniger als ein Viertel der Südkoreaner (die tatsächlich viel besser abschnitten) das für sich beanspruchten.[51] Nur 15 Prozent aller High-School-Schüler lernen *irgendeine* fremde Sprache, und winzige 2 Prozent tun das auf mehr als zwei Jahre.[52] Überprüfungen von durchschnittlichen High-School-Schülern auf grundlegendes Geschichtswissen sind auf große Ignoranz gestoßen (zum Beispiel wußten nur wenige, was die Reformation bedeutet). Überboten wurde das nur noch von der geographischen Unwissenheit der Amerikaner. Einer von sieben Erwachsenen, die in den letzten Jahren einen Test machten, konnte nicht einmal sein eigenes Land auf einer Weltkarte finden, und 75 Prozent waren nicht in der Lage, den Persischen Golf zu lokalisieren – obwohl viele von ihnen in den späten 1980ern dafür waren, US-Truppen dorthinzuschicken.[53] Die National Commission on Excellence in Education schrieb in ihrem vielbeachteten Bericht von 1983, *A Nation at Risk*: »Wenn eine feindlich gesonnene ausländische Macht versucht hätte, Amerika den mittelmäßigen Erziehungsstandard aufzuzwingen, der heute existiert, hätten wir das wahrscheinlich als einen kriegerischen Akt angesehen.«[54]

Trotz der vielen Studien, die diesem Problem gewidmet sind, ist die eigentliche Ursache noch immer nicht klar. Gewisse Experten warnen davor, aus den schlechten Testergebnissen zu strenge Schlüsse zu ziehen. Sie erinnern daran, daß die Vereinigten Staaten einen sehr viel größeren Anteil ihrer Bevölkerung länger erziehen als vor vierzig Jahren; aus dem Grunde mag es ein falscher Ansatz sein, das Wissen des durchschnittlichen amerikanischen High-School-Schülers mit dem von Kindern in selektiveren Systemen in Übersee zu vergleichen.[55] Es mag auch in die Irre führen, die Erziehungsstandards einer »Schmelztiegel«-Gesellschaft an demographisch stabilen und ethnisch homogenen Ländern wie Schweden und Japan zu messen.

Prosaischer ausgedrückt könnte man feststellen, daß die Proportionen von Amerikas Bildungsausgaben anders sind als in anderen Ländern. Unverhältnismäßig hohe 40 Prozent gehen an die höhere Bildung (was erklären mag, warum die amerikanischen Universitäten international so hohen Rang genießen), während der Anteil, der an die primäre und sekundäre Erziehung geht, dem in anderen Ländern unterlegen ist.*[56] Auch besuchen die amerikanischen Schüler die Schule an beträchtlich *weniger* Tagen im Jahr (175 bis 180 Tage ist das normale Maß) als Schüler in Westeuropa (200 Tage und mehr) oder Japan (220 Tage). Wenn der durchschnittliche Japaner oder Südkoreaner im Alter von achtzehn Jahren die Ent-

* Die Vereinigten Staaten geben 4,1 Prozent des Bruttosozialprodukts für die primäre und sekundäre Erziehung aus, während die Schweiz dafür 5,8 Prozent aufwendet, Japan 4,8 Prozent und Deutschland 4,6 Prozent.

sprechung von drei oder vier Jahren mehr Schule als der durchschnittliche Amerikaner hinter sich hat, ist es dann überraschend, daß er mehr Mathematik und Physik beherrscht?[57] Schließlich sind die Vereinigten Staaten eine der wenigen entwickelten Gesellschaften, die keine national geregelten Erziehungsstandards haben. Dies ist der Hauptgrund, warum eine National-Research-Council-Untersuchung über den Mathematikunterricht feststellte, daß »die von oben nach unten durchorganisierten Systeme uns klar geschlagen haben«.[58] Aber jeder Vorschlag, andere Demokratien nachzuahmen, stößt auf den Widerstand von Eltern und Lehrern, Schulbehörden, Lehrergewerkschaften und all jenen, welche die dezentralisierten Traditionen des Landes hochhalten.

Für andere Experten sind technische Reformen weniger signifikant als die gesellschaftliche Kultur, innerhalb der die amerikanische Erziehung sich zu bewähren hat. Mit allen Anzeichen einer Sehnsucht nach angeblich besseren Tagen, als die Schüler härter arbeiteten und besser abschnitten, haben einige Kritiker die Meinung vertreten, daß »die Krise nicht in den Schulen liegt, sondern in uns. Die Gesellschaft, die wir geschaffen haben, hat uns die Erziehung gegeben, die wir verdienen.«[59] Die »Trivialisierung« der amerikanischen Kultur, womit die Betonung des Konsums, der Popkultur, der Comics, des Lärms, der Farbe, der Unterhaltung gemeint ist, wird als eine selbst geschlagene Wunde dargestellt. Offenbar hat das durchschnittliche amerikanische Kind 5000 Stunden Fernsehen hinter sich, bevor es auch nur eine Schule betritt, und bis zur Graduierung wird diese Gesamtzahl auf fast 20000 Stunden anwachsen. Die weitverbreitete antiintellektuelle Jugendkultur findet kaum noch ein Gegengewicht in der Familie, da sie, insbesondere unter den Afro-Amerikanern, wo so viele Mütter allein erziehen, zunehmend zerfällt. Auch der Anstieg der berufstätigen Frauen trägt dazu bei, da auf diese Weise die »erste Erzieherin«, die Mutter, ein Großteil des Tages nicht zu Hause ist. Sieht man von gewissen Gruppen ab (Juden, asiatischen Amerikanern), welche den Wert der Erziehung noch immer stark betonen, übernimmt das durchschnittliche amerikanische Kind angeblich das Wertesystem einer flachen Unterhaltungsindustrie statt die moralischen Grundsätze, die Disziplin und intellektuelle Neugier, die einen Menschen zum Lernen befähigen. Von den Schulen, insbesondere jenen in den Stadtzentren, zu erwarten, daß sie diese soziale und kulturelle Krise bekämpfen, ist einfach zuviel verlangt.[60]

Diese Deutung des amerikanischen Erziehungswesens mag einem fair urteilenden Leser als zu düster erscheinen. Schließlich sind die Erziehungssysteme in *anderen* Ländern auch nicht frei von Problemen. Aber es ist eine Tatsache, daß diese Untersuchungen und Interpretationen existieren und daß sie die nationale Debatte über die Zukunft Amerikas beeinflussen. Wenn der durchschnittliche Amerikaner nur eine mangelnde Bildung erhält, trägt das nicht auch zu einer Trivialisierung der Wahlkampagnen bei, in denen einfältige Slogans wie »read my lips«, »make my day« und »morning in America« vorherrschen? Führt ein inadäquates Schulsystem zu einer Verflachung der demokratischen Debatte, um das Bedürfnis des Fernsehens nach schnellen Antworten zu befriedigen? Gehen deshalb weniger und weniger Bürger zur Wahl?[61] Wenn der durchschnittliche Amerikaner wenig Interesse an ausländischen Kulturen hat und den Persischen Golf auf einer Landkarte nicht finden kann, wie soll sie oder er die Frage eines militärischen Eingreifens in Übersee erwägen können? Wie die Notwendigkeit einer Erhöhung der Entwicklungshilfe? Wie die globalen Veränderungen? Soll diese Art von Wissen einer Minderheit überlassen bleiben, sagen wir 15 Prozent der Bevölkerung, wie zur Zeit der Gründerväter? Einer Minderheit von akademischen Familien, deren Mitglieder auf die richtigen Schulen und Colleges gingen und deren Lebensstandard, deren Auslandsreisen und deren Zugang zu Informationen sich im Laufe der 80er Jahre noch erhöht haben?[62]

Trotz dieser besorgniserregenden Tendenzen betonen viele Kommentatoren die positiven Züge ihrer lebensvollen, vielfältigen Gesellschaft. Die Vereinigten Staaten besitzen noch immer die größte Wirtschaft der Welt (solange man die Europäische Gemeinschaft nicht als Ganzes gelten läßt). Noch immer zieht das Land Millionen von Immigranten pro Jahr an, und viele mehr, die nicht hineingelangen. Seine populäre Kultur ist in der ganzen Welt unübersehbar, seine Sprache dominiert die Wirtschaft, die Wissenschaft und die

Unterhaltung. Seine Verpflichtung auf Freiheit und Demokratie hat unterdrückte Völker von China bis zur Tschechoslowakei inspiriert. Es ist das Exemplum des kapitalistischen Systems, das von seinen ideologischen Feinden herausgefordert wurde und das in diesem Kampf gesiegt hat. Aufgrund seiner gewaltigen militärischen Macht und seines diplomatischen Einflusses wenden sich alle Augen gewöhnlich nach Washington, wenn eine internationale Krise aufbricht. Folgt man den uneingeschränkten Optimisten, so sollten die Amerikaner ihren Triumph feiern, ihre Kultur, ihre Ideologie, ihre Lebensweise, ihren »Weg als Nation, welcher der universal attraktivste unserer Ära ist...«[63] Auch wenn sie zugestehen, daß innenpolitische Reformen notwendig sind, argumentieren die Optimisten, die Hauptgefahr liege darin, daß die Amerikaner *glauben*, ihr Land wäre arm und ohnmächtig, da es doch tatsächlich reich und mächtig ist. Wenn es nur in der Lage wäre, seine gegenwärtige Stimmung abzuschütteln und gewisse Anpassungen vorzunehmen, werde es im 21. Jahrhundert die führende Nation der Welt bleiben, genauso wie sie es in den vergangenen fünfzig Jahren gewesen ist.[64]

Aber die Ängste halten sich hartnäckig. Wenn ein konservativer Kolumnist wie George Will gegen Armut und Kriminalität protestiert und feststellt, »daß es ein nagendes, wachsendes Gefühl dafür gibt, daß Barbarei und Zweitrangigkeit sich in Amerika durchsetzen«,[65] ist klar, daß die Debatte über die Zukunft des Landes nicht länger eine zwischen rechts und links ist, wie in den Jahren des Vietnam-Krieges, sondern daß sie traditionelle Partei- und Ideologiegrenzen durchbricht.[66] Diskussionen um eine »Industriepolitik« oder die Schulreform oder den Protektionismus enthüllen neue Gruppierungen und Allianzen, die auf ihre Art ein Gegenstück zur sich wandelnden, ungewissen Struktur internationaler Politik bilden. Die bloße Tatsache, daß nach Umfragen in den späten 1980ern eine Mehrheit der Amerikaner glaubte, die ökonomische Herausforderung der Amerikaner durch die Japaner sei eine größere Gefahr als die militärische Bedrohung durch die Sowjets, löste eine Debatte über finanzielle und politische Prioritäten aus.

All das stellt die Vereinigten Staaten vor ein Dilemma. Mit der

Ausnahme von einigen wenigen unbelehrbaren Optimisten wie George Gilder oder Ben Wattenberg, die behaupten, das Land bewege sich mühelos aufwärts, haben die meisten Bürger laut Umfragen das Gefühl, es sei abwärts gegangen – mit dem Sozialnetz, den Beziehungen zwischen den Rassen, der staatlichen Bildung, der Wirtschaftsleistung, den Lebensbedingungen der durchschnittlichen amerikanischen Familie – und werde für ihre Kinder und Enkel weiter abwärts gehen. Dies hat zu weitverbreiteten Forderungen nach Veränderungen geführt: Einige wollen das Besteuerungssystem ändern, andere wollen die Schulen reformieren oder das Gesundheitswesen umbauen, einige sind für grundlegende Veränderungen in der Industriepolitik, andere für einen Generalangriff auf die Armut oder auf das Verbrechen; viele Amerikaner wollen alles zusammen. Aber da die meisten Reformen einen Transfer von Ressourcen bedeuten und einige von ihnen sogar eine Veränderung im Lebensstil erfordern würden (ein längeres Schuljahr zum Beispiel oder sehr viel höhere Energiesteuern), provoziert jede einzelne Reform Opposition.

Reformen, die bestehende Arrangements bedrohen, sind in einer Demokratie nie einfach, aber die amerikanische politische Struktur insbesondere bietet die wunderbarsten Gelegenheiten, Veränderungen zu hintertreiben. Die konstitutionelle Gewaltenteilung bedeutet, daß dem Präsidenten die Autorität zum Beispiel des britischen Premierministers fehlt, eine Gesetzesvorlage schnell durchzuziehen. Der relative Mangel an Parteidisziplin macht jeden einzelnen Kongreßabgeordneten selbständiger und freier, aber die hohen Kosten der Wahlkampagnen machen ihn auch abhängiger von seinen Förderern und Interessengruppen (den Political Action Committees). Ihm droht immer, daß eine mächtige Lobby – die Pro-Israel-Koalition, die National Rifle Association, Pro- und Antiabtreibungsbewegungen, die Gruppen, welche pensionierte Amerikaner repräsentieren – sich gegen ihn wendet, wenn sie seine oder ihre politische Richtung nicht mögen. Infolgedessen versinken alle Anstrengungen, das Haushaltsdefizit zu beseitigen oder die Kosten im Gesundheitswesen zu reduzieren oder die Waffenverkäufe einzuschränken, gewöhnlich im Sumpf der Washingtoner Politik.[67] Ein fragmentiertes politisches System im Rahmen einer Sozialkultur, die von dem Grundsatz ausgeht, daß jeder sein eigener Herr sein sollte, ist keine ideale Voraussetzung für erfolgreiche Reformbemühungen. Schon die Idee, die amerikanische Gesellschaft zu reformieren oder neu zu strukturieren, um sie konkurrenzfähiger *zu machen*, ist ein Widerspruch zum Laissez-faire-Ethos.

Angesichts dieser Stagnation scheinen viele frustrierte Bürger bereit zu sein, eine drastische Veränderung zu riskieren. Das war zum Beispiel an der Welle der Unterstützung für Ross Perots populistische Politik im Sommer 1992 abzulesen. Andere Kritiker rufen nach irgendeiner Form einer nationalen Schocktherapie. John Chancellor hat es so ausgedrückt: »Was das Land braucht, ist ein Friedens-Pearl-Harbor, um es aufzurütteln, damit die Amerikaner begreifen, in welchen Schwierigkeiten sie stecken. Das würde ihre Energie und ihren Arbeitswillen wachrufen.«[68] Aber obwohl oft behauptet wird, daß die Vereinigten Staaten sich in einem kommerziellen »Krieg« mit rivalisierenden Ländern befinden, überzeugt die militärische Analogie nicht. Einzelne Amerikaner ziehen Nutzen daraus, Japan Dinge zu verkaufen, die Produkte jenes Landes zu erwerben und Kapital aus ihm zu beziehen. In jedem Fall ist das, was mit Amerika »schiefgegangen ist«, ein stetiger und schleichender Prozeß gewesen, etwas vollkommen anderes als der dramatische Luftangriff auf Pearl Harbor. Man muß sich auch fragen, ob eine wirkliche große nationale Krise – eines der beliebtesten Szenarien ist ein Bankenkrach oder ein Börsen-Crash – zu kühnen Strukturreformen im staatlichen Erziehungswesen, in der Armutsbekämpfung oder bei den Investitionen in Forschung und Entwicklung führen würden.

Wie wird die amerikanische Gesellschaft in ihrer gegenwärtigen Lage auf die Kräfte des globalen Wandels, die in Teil I beschrieben wurden, reagieren? Wie gut sind die Vereinigten Staaten auf das 21. Jahrhundert vorbereitet?

Eindeutig werden die Vereinigten Staaten in vieler Hinsicht von den demographischen Trends getroffen werden. Während ihre Bevölkerung allen Prognosen nach in den nächsten Jahrzehnten stetig anwachsen wird,* werden sich signifikante Umschichtungen *innerhalb* dieser Bevölkerung ergeben. Es wird zum Beispiel am Anfang des 21. Jahrhunderts sehr viel mehr ältere Menschen geben. Während es im Jahre 1960 nur 16,6 Millionen Amerikaner gab, die 65 und älter waren, hat sich diese Zahl auf annähernd 31 Millionen verdoppelt (1990). Nach einem langsamen Anstieg über die nächsten zwei Jahrzehnte wird sie dann allen Prognosen nach bis zum Jahr 2020 auf 52 Millionen springen, und dann bis 2030 sogar auf 65,5 Millionen – es wird dann im Lande mehr ältere Menschen als Kinder geben![69] Die Zahl von Menschen über 75 und sogar über 85 – bei denen die Gesundheitspflegekosten unverhältnismäßig hoch sind – wird am schnellsten von allen anwachsen. Dies bedeutet nicht nur, daß die politische Macht der Rentnerorganisationen größer sein wird, sondern auch, daß es eine weitere Umverteilung von Ressourcen zugunsten der Älteren geben könnte** – Ressourcen, die, zumindest ökonomisch gedacht, besser darauf verwandt wären, die Kinderarmut zu beseitigen oder die Infrastruktur zu verbessern.[70]

Auf lange Sicht indessen liegt die ernsthafteste Konsequenz darin, daß der Sozialfürsorge-Fonds – der im Moment noch Überschüsse aufweist und dazu beiträgt, das wirkliche Ausmaß des Bundesdefizits zu verschleiern – einfach erschöpft sein wird, was nicht nur eine Krise in der Gesundheitspflege für den durchschnittlichen älteren Amerikaner heraufbeschwören wird, sondern auch eine Krise im gesamten Steuersystem. Die Politiker, die dann im Amt sind, werden sich einem Bundesdefizit gegenübersehen, das durch die Verluste auf dem Gebiet der Sozialfürsorge verschärft wird. Sie stehen dann verschiedenen unangenehmen Möglichkeiten gegenüber: sie könnten die Sozialfürsorgezahlungen weiter redu-

---

* Nach *World Resources 1990–91*, Seite 254, wird die Bevölkerung Amerikas von 249 Millionen (1990) bis zum Jahre 2025 auf 301 Millionen zunehmen. Viel hängt dabei natürlich von dem jährlichen Zustrom legaler und illegaler Immigranten im Laufe der nächsten 30 Jahre ab.

** Bereits jetzt (Angaben aus dem Jahre 1987) gibt der Kongreß 10010 Dollar *pro Kopf* für die älteren Menschen und lediglich 854 Dollar pro Kind aus. (Nach R. D. Lamm: »Again, Age Beats Youth«, *The New York Times*, 2. Dezember 1990, S. E19.)

zieren oder bei anderen Bundesausgaben sparen; oder sie können die Steuern der relativ kleiner gewordenen Zahl »produktiver« Amerikaner enorm erhöhen, um für die anschwellenden Kosten der Altenpflege zu zahlen. Die einzige andere Alternative wäre, gewaltige Bundesdefizite zu riskieren, was schließlich zu ernsthafter finanzieller Instabilität führen müßte.

In der Zeit bis dahin wird sich die ethnische Zusammensetzung der Vereinigten Staaten ebenfalls verändern. Obwohl die Prognosen immer wieder korrigiert werden – viele frühere Voraussagen über die zukünftigen Bevölkerungsanteile in den Vereinigten Staaten sind notorisch ungenau gewesen –, sind die Demographen sich diesmal ziemlich sicher, daß zumindest das weiße, kaukasische Bevölkerungssegment weiterhin schrumpfen wird. Dies geht zum Teil auf die Erwartung fortgesetzter massenhafter Immigration zurück, sowohl in legaler als auch in illegaler Form. Die meisten Zuwanderer werden aus Lateinamerika und Asien kommen, denn für die meisten Familien aus den »Habenichts«-Ländern dieser Region ist Amerika das erstrebenswerteste *und* das zugänglichste Ziel unter den besitzenden Gesellschaften. Der zweite Grund sind die unterschiedlichen Geburtenraten zwischen weißen und nichtweißen ethnischen Gruppen, die sozio-ökonomische Ursachen haben, aber auch von unterschiedlichen Geschlechterrollen, Erwartungen der Frauen und Zugang zu höherer Bildung beeinflußt werden. Infolgedessen sprechen einige Demographen von dem »browning« Amerikas bis 2050, da weiße Kaukasier zu einer Minorität werden.[71]

Andere Experten sagen voraus, daß dieser Bevölkerungswandel weniger schnell vor sich gehen wird, da im Laufe der Zeit Einwanderer und Minoritäten sich der weißen Geburtenrate anpassen werden.[72] Nichtsdestoweniger werden diese Trends eines gleichzeitigen »Ergrauens« und »Erbraunens« Amerikas weitreichende Konsequenzen haben. Einige Fachleute sorgen sich darum, daß die älter werdenden Vereinigten Staaten ökonomisch stagnieren könnten, und sie rufen nach einer verstärkten Einwanderung. Sie erinnern ihre Leser daran, daß die aufeinanderfolgenden Einwanderungswellen der Vergangenheit den Aufstieg des Landes begründet haben. Dieses Argument wird oft von düsteren Prognosen über die langfristigen Aussichten Europas und Japans begleitet, die beide mit niedrigen Geburtenraten zu kämpfen haben, aber dennoch versuchen, die Einwanderung in engen Grenzen zu halten. Andere indessen verweisen mit Unbehagen auf die Tatsache, daß die neuesten Einwanderer nach Amerika ein relativ niedriges Niveau an Bildung und fachlichem Können aufweisen, daß sie sich in den Zentren der großen Städte sammeln – nur wenige von ihnen tragen dazu bei, die sinkenden Bevölkerungszahlen der Kleinstädte in den Großen Ebenen zu kompensieren – und den Sozial- und Ausbildungsdiensten für die ärmsten Teile der amerikanischen Gesellschaft zusätzliche Lasten aufbürden. Da einige Demographen vorhersagen, daß die nächsten dreißig Jahre hindurch in jedem Jahrzehnt vielleicht 15 Millionen Einwanderer ins Land kommen werden, gibt es jetzt auch Stimmen, die dazu aufrufen, »die Tür zu verriegeln«.[73]

Der demographische Wandel kann auch ethnische Spannungen verschärfen, wie zum Beispiel zwischen afrikanischen und hispanischen Amerikanern (um Arbeitsplätze) oder zwischen asiatischen und afrikanischen Amerikanern (über den Zugang zum Erziehungswesen). Er kann die rassischen Ängste armer Weißer erregen. Auf lange Sicht könnte die Tendenz der amerikanischen Bevölkerung zur Überalterung und zum verstärkten Zufluß farbiger Immigranten eine massive Auseinandersetzung über die Prioritäten bei den Sozialausgaben zwischen vorwiegend weißen Älteren und nichtweißen Kindern, Müttern und Arbeitslosen auslösen.* Wie nicht anders zu erwarten, fordern nun auch einige Kommentatoren eine Debatte über die Implikationen der Ausbildung und Berufstätigkeit weißer amerikanischer Frauen, die weniger und weniger Kinder bekommen.[74]

---

* Kalifornien, dessen Bevölkerung allein in den 1980ern um 30 Prozent anstieg, ist noch immer das beliebteste Ziel von Millionen südlich der Grenze. Als Folge der höheren Geburtenraten und der fortgesetzten Einwanderung werden dort den Prognosen zufolge 50 Prozent aller Kinder bis zum Jahre 2030 hispanisch sein. Weiße werden zu diesem Zeitpunkt 60 Prozent der älteren Bevölkerung ausmachen – ein besorgniserregendes Mißverhältnis.

Das Resultat dieser Debatte ist im Moment rein hypothetisch. Die politischen und ökonomischen Konsequenzen von Amerikas demographischem Wandel indessen sind leichter einzuschätzen. Einfach aufgrund der Verteilung der regionalen Wahlkreise (zum Beispiel in Hinsicht auf den Anteil an Sitzen im Repräsentantenhaus) wird sich der Bevölkerungswandel auch politisch ausdrükken. Sehr wahrscheinlich wird es eine weitere Verschiebung in der Wählerzahl vom Norden und Osten zum Süden und Westen geben, von weißen zu nichtweißen Distrikten, von westlichen politischen Themen zu lateinamerikanisch/pazifischen Streitfragen. Die Exekutive, Judikative und Legislative, die alle im Moment nur im Ausnahmefall nichtmännliche, nichtweiße Mitglieder in ihren Reihen haben, werden eine Verwandlung hin zu Körperschaften, die sehr viel mehr Frauen und Angehörige von Minoritäten enthalten, kaum verhindern können. Schulen und Colleges, die bereits jetzt mit den Forderungen nach mehr »multikulturellem« Unterrichtsstoff zu kämpfen haben, werden wahrscheinlich unter weiteren sozialen und kulturellen Druck geraten, während die demographische Flut voranschreitet.[75]

Der demographische Wandel wird auch die amerikanische Wirtschaft beeinflussen, sowohl in der Zusammensetzung ihrer Arbeitnehmerschaft als auch in der weiterreichenden Frage amerikanischer Konkurrenzfähigkeit. Die Zukunft, so behaupten ökonomische Prognostiker, wird von wissensorientierten Gesellschaften beherrscht werden. Nach einer verbreiteten ökonomischen Theorie stiegen die Vereinigten Staaten zur Weltspitze auf, weil sie über gewaltige, leicht zugängliche Rohstoffreserven (Öl, Eisen, Kohle) und riesige landwirtschaftliche Flächen verfügten, was dem Land einen Vorsprung gegenüber den ressourcenarmen Japan und Europa verschaffte. Nun da große Mengen von Rohstoffen und Nahrungsmitteln überall auf dem Erdball produziert werden, ist dieser Vorsprung zusammengeschrumpft; und mit der »Dematerialisierung« der Produktion und den vielen Veränderungen in der Fertigungsweise mag er zunehmend kleiner werden. Überdies wird die sich fortsetzende Explosion des wissenschaftlichen Fortschritts am besten von jenen Gesellschaften ausgebeutet werden können, welche ihr *Gesamt*bildungsniveau, ihr technisches Können und die Fähigkeiten ihrer Facharbeiterschaft stetig erhöhen. In Amerika findet das nicht statt.[76]

Seit den 70er Jahren hat sich die Zusammensetzung der Arbeitnehmerschaft signifikant verändert. Während in der Industrie viele Arbeitsplätze, die relativ gut bezahlt wurden, wegfielen, schuf der »Boom« in den Dienstleistungen immer mehr schlechtbezahlte Jobs für Ungelernte (Kellner, Fahrer, Arzthelfer, im Tourismus Beschäftigte usw.), von denen die meisten weniger als 15 000 Dollar im Jahr verdienten.[77] Der andere Trend war der Zuwachs von Angestellten, hauptsächlich in der Technik und auch auf dem Informations- und Forschungssektor der Wirtschaft. Die Beschäftigung dort setzt Ausbildung und Universitätsabschluß voraus. Nach einer Untersuchung des Hudson-Instituts, *Workforce 2000*, werden gegen Ende dieses Jahrhunderts vielleicht bis zu 52 Prozent aller *neuen* Arbeitsplätze zumindest irgendeine Art von College-Abschluß zur Voraussetzung haben.[78]

Aber ob es so viele College-gebildete Menschen geben wird, ist sehr zweifelhaft. Schon seit Jahren ist die Anzahl von amerikanischen Mathematikern und Ingenieuren (und der Lehrkräfte, die sie ausbilden) nicht mehr zureichend. Das mag ein weiteres Symptom einer niedergehenden Industriekultur sein, aber der Mangel kann noch durch die Beschäftigung ausländischer Graduierter und Professoren kompensiert werden. Andererseits aber hat die amerikanische Industrie neuerdings Schwierigkeiten, Arbeitnehmer für Stellen zu finden, die keine College-Erziehung erfordern. Der Geschäftsführer der Xerox-Corporation hat erklärt, daß das Facharbeiterniveau der amerikanischen Gesellschaft »alle Anzeichen einer Naturkatastrophe« besitzt, während New York Telephone berichtet, daß das Unternehmen unglaubliche 57000 Bewerber testen mußte, um 2100 Menschen zu finden, die die Anfangsanforderungen eines Jobs in ihren Reihen erfüllten. Während die Privatwirtschaft immer mehr für die Ausbildung ausgibt (die Gesamtsumme mag inzwischen 50 Milliarden Dollar pro Jahr überschreiten), greift die Sorge um sich, daß die Bildungsdefizite in Amerika die ökonomische Konkurrenzfähigkeit weiter reduzieren könnten.[79]

Demographische Trends deuten an, daß das Schlimmste erst noch kommt. Ein Teil des Wirtschaftswachstums seit dem Zweiten Weltkrieg war einfach das Resultat von Zuwächsen in der Gesamtbevölkerung und dem Prozentsatz, der jährlich zu der Beschäftigtenzahl insgesamt hinzukam. In den 90er Jahren wird die Zahl der Neuzugänge zur Arbeitnehmerschaft indessen sehr viel niedriger ausfallen als in den vergangenen Jahrzehnten[80] – es sei denn, sie würde durch einen großen Zustrom von Einwanderern verstärkt. Der Punkt ist hier nicht Rasse *per se*, sondern Zugang zu Bildung. Von den Neuzugängen werden weiße Männer – zur Zeit der am besten gebildete Sektor der Bevölkerung, insbesondere in Wissenschaft, Technologie und Ingenieurswesen – nur 15 Prozent ausmachen, und der Rest wird aus Frauen, Angehörigen von Minderheiten und Einwanderern bestehen.[81] Da die letzteren beiden Kategorien im allgemeinen schlechtbezahlte ungelernte Jobs übernommen haben, ergibt sich ein potentiell enormes Mißverhältnis zwischen dem Bildungsniveau und der prognostizierten Nachfrage nach fortgeschrittener technischer oder höherer Bildung. Im Unterschied zu Deutschland, Schweden oder Japan besitzen die Vereinigten Staaten indessen kein Berufsausbildungssystem, sondern ziehen es vor, ihre eher zufälligen Laissez-faire-Methoden aufrechtzuerhalten.[82]

Es ist sehr unwahrscheinlich, daß es in der nahen Zukunft durchdachte bundespolitische Maßnahmen in Hinsicht auf dieses Problem geben wird. Den Städten und Staaten im Südwesten müßten zusätzliche Gelder zugestanden werden, damit sie die Flut der Einwanderer absorbieren können, auch den Staaten im Mittelwesten und in den Appalachen müßte geholfen werden, um eine weitere Landflucht zu verhindern. Vor allem aber müßte es einen bundesweiten Plan geben, Ausbildung, einen zweiten Bildungsweg, Lehrstellen und anderes für die Millionen von schlechtausgebildeten Einwanderern und Schulkindern der Minoritäten, die einen ständig größeren Anteil der Arbeitnehmerschaft stellen werden, zu finanzieren. So wie es aussieht indessen, werden die Städte selbst und die örtliche Privatwirtschaft die Hauptverantwortung und den größten Teil der Kosten tragen – wenn überhaupt irgend etwas geschieht.

Demographische Trends beeinflussen auch die langfristige amerikanische Antwort auf die Robotik und auf die automatisierte Fertigung. Während intelligente Roboter für spezielle Einsätze entworfen werden (für die Raumfahrt, den unterseeischen Bergbau, die Sondermüllvernichtung), hat die Industrie als Ganzes sehr viel weniger Grund, die Produktion zu automatisieren, als die in Japan. Obwohl man sich vorstellen könnte, daß das »Ergrauen« der weißen Männer unter der amerikanischen Bevölkerung die Automatisierung vorantreiben würde, liefert der gleichzeitige Trend zu höherer Einwanderung aus dem Süden ein billiges Arbeitnehmerpotential für viele Arbeitsplätze mit repetitiver Tätigkeit. Genau wie die Relation der Kosten manueller Fertigung zur automatisierten Produktion Amerikas ursprüngliche Führungsstellung in der Robotik umgekehrt hat, so werden wahrscheinlich die Demographie und die ethnische Zusammensetzung der Arbeitnehmerschaft den Fortschritt auf die automatisierte Fertigung hin verlangsamen.

Diese allgemeine Feststellung mag nicht auf gewisse Sektoren der Industrie zutreffen, zum Beispiel auf die amerikanischen Fabriken, die von japanischen Multis betrieben werden, oder die Konzerne, die unter dem Druck ostasiatischer Konkurrenz stehen *und* in der Lage sind, das Kapital aufzutreiben, um große Investitionen für die Automatisierung vorzunehmen. Es mag auch Firmen geben, die Roboter schlechtausgebildeten Arbeitern vorziehen. Aufgrund des Zusammenbruchs von Amerikas heimischer Roboterindustrie indessen sind 75 bis 80 Prozent der Roboter, die jedes Jahr von amerikanischen Firmen gekauft werden, importiert, und das verschlechtert die Handelsbilanz mit Japan. Wenn überdies die Investition in Roboter nicht begleitet wird von Umschulungsmaßnahmen für die freigesetzten Arbeiter, entweder von seiten des Konzerns selbst (wie in Japan) oder von seiten des Staates (wie in Schweden), dann würde der Verlust an gutbezahlten Facharbeiterstellen sich beschleunigen; überdies müßten die verbleibenden Arbeiter für die Arbeit mit Robotern ausgebildet werden, da sonst die Produktionszuwächse weit unter dem erwarteten Niveau blieben.

Auch die amerikanische Landwirtschaft wird sich den neueren globalen Kräften des Wandels zu stellen haben. Dies trifft gewiß auf die Biotechnologie und vielleicht auch auf die globale Erwärmung zu. Wie schon vorher ausgeführt, bietet die Biotech-Revolution in der Landwirtschaft und in der Nahrungsmittelherstellung verlokkende Aussichten für die großen pharmazeutischen und agrochemischen Konzerne, die enorme Summen in die Forschung und Produktion auf diesem Feld investiert haben und große Fabrikkomplexe oder »Raffinerien« aufbauen, welche im wesentlichen den traditionellen landwirtschaftlichen Betrieb ersetzen werden. Da sie sich zunehmend mit gigantischen Lebensmittelvertreibern und Ladenketten verbinden, entstehen Konglomerate, die jeden mit der Nahrungsmittelherstellung und dem Lebensmittelvertrieb verbundenen Schritt kontrollieren, von Saat und Kunstdünger (oder den *In-vitro*-Hormonen und Genen) zu den Dosen und Tüten im Supermarkt.

Für die amerikanischen Farmer selbst – und ihre Gemeinden – sind diese Trends verstörend. Ein Überfluß an landwirtschaftlicher Produktion machte die Vereinigten Staaten das ganze letzte Jahrhundert hindurch zum Reserve-»Brotkorb« der Welt. Die Landwirtschaft verdiente große Mengen an ausländischer Währung. Aufgrund ihrer verbesserten Technologie wird sie Jahr um Jahr *noch* effizienter. Nach einer Einschätzung des US Office of Technology Assessment (OTA) haben die Vereinigten Staaten die Kapazität, »nicht nur die heimische Nachfrage zu befriedigen, sondern auch signifikant zur Weltnachfrage in den nächsten 20 Jahren beizutragen«, und dies sogar in einem Maße, um die erwarteten 1,8 Prozent jährliches Wachstum der Weltbevölkerung aufzufangen.[83] Diese Prognose würde allerdings von Umweltgruppen angefochten werden, die glauben, daß die langfristigen Aussichten der amerikanischen Landwirtschaft durch Überweidung, Erosion, Absinken der Wasserreserven, übermäßigen Gebrauch von Kunstdünger und andere kurzsichtige Methoden, welche nur zeitweilig die Erträge erhöhen,[84] herabgesetzt werden. Aber es ist nicht zu bestreiten, daß die momentane Produktivität pro Hektar beeindruckend ist. Das kann indessen auch zum Problem werden.

Die Herausforderungen, denen die amerikanische Landwirtschaft sich gegenübersieht, sind weitreichender und struktureller Natur. Selbst wenn heute nur drei Prozent der Gesamtbevölkerung in der Landwirtschaft tätig sind, wird sehr viel mehr erzeugt, als im Lande verbraucht werden kann. Um eine Überproduktionskrise zu vermeiden – von denen es seit dem späten 19. Jahrhundert mehrere gegeben hat –, haben die Landwirte Druck auf die US-Regierung ausgeübt, Überseemärkte zu erschließen. Im Moment indessen ist eine solche Lösung bedroht durch die chronischen Ungleichgewichte im globalen Spiel von Angebot und Nachfrage für landwirtschaftliche Erzeugnisse. Dutzende von armen Ländern würden einen fortgesetzten Fluß amerikanischer Nahrungsmittel in ihr Land willkommen heißen, haben aber kein Geld, um sie zu bezahlen. Auch die frühere UdSSR und einige ihrer einstigen osteuropäischen Satellitenstaaten brauchen Nahrungsmittel, um ihre landwirtschaftlichen Mängel zu kompensieren. Aber wenn sich keine internationale Hilfsorganisation bereit findet, dafür zu bezahlen, wird daraus nichts werden. Diese Länder selbst können die Devisen dafür nicht aufbringen. (Sollten sie es schließlich schaffen, ihre Landwirtschaft wieder aufzubauen, könnten alle von ihnen durchaus Überschußproduzenten werden.) Anstrengungen, die Zollbarrieren gegen amerikanische Lebensmittelimporte zum Beispiel nach Japan oder Korea herunterzusetzen oder zu beseitigen, provozieren gewalttätige Reaktionen von den einheimischen Landwirten.

Unterdessen hat die Gemeinsame Landwirtschaftspolitik der EG, die Millionen von Bauern subventioniert und schützt, den Anteil der amerikanischen Agrarexporte sowohl in Europa als auch auf dritten Märkten beschnitten – was die US-Regierung gezwungen hat, ihre eigenen Landwirte finanziell zu unterstützen. Selbst wenn eine Einigung erzielt würde, all solche Subventionen und Preisgarantien zurückzuschrauben und schließlich abzuschaffen – was sehr unwahrscheinlich ist –, würden die größten Nutznießer wahrscheinlich Länder wie Australien, Neuseeland und Argentinien sein, deren Landwirte effizient genug arbeiten, um sich dann auf den Märkten durchzusetzen. Während die Konsumenten sich sicher über die niedrigen Lebensmittelpreise freuen würden, bedeutete dies das Absterben vieler amerikanischer Landgemeinden.

Bei nur begrenztem Zugang zu ausländischen Märkten und angesichts allgemein niedriger Lebensmittelpreise kämpfen die amerikanischen Farmer mit steigenden Kosten für Energie und Ausrüstung bei hohen Zinsen und gedrückten Bodenpreisen: all dies in einer Situation, in der viele landwirtschaftliche Flächen auf Kunstdünger und oft auch auf künstliche Bewässerung angewiesen sind. Den Farmern in Amerika werden jetzt ständig verbessertes Saatgut, neue Getreidesorten und Gemüse angeboten, wirkungsvollere Kunstdünger, alles, um die Erträge zu erhöhen – was aber den makroökonomischen Effekt hat, die nationalen Nahrungsmittelüberschüsse weiter zu verschärfen.

Auf diesen landwirtschaftlichen Sektor, der sich bereits in großen Schwierigkeiten befindet, treffen nun die Innovationen der Biotechnologie. Angesichts der Tatsache, daß künstliche Süßstoffe im letzten Jahrzehnt bereits einen Teil des amerikanischen Zuckermarktes erobert haben, und angesichts von Prognosen, daß der Einsatz von Wachstumshormonen bei Rindern, um den Milchertrag zu erhöhen, bis zum Jahr 2000 zu einer fünfzigprozentigen Reduzierung in der Zahl der Milchviehbetriebe führen könnte, ist es nicht überraschend, daß einige Farmergruppen bereits jetzt gegen die neuen Technologien zu Felde ziehen. Solange indessen nicht zweifelsfrei festgestellt wird, daß diese Innovationen gesundheitsschädlich sind oder ein Risiko für die Umwelt darstellen – und daher von Bundesbehörden verboten werden –, wird es auf sie wahrscheinlich eine gemischte Reaktion geben. Gutkapitalisierte Farmen können sich durchaus für neue »Designer«-Sorten, die herbizidresistent sind, interessieren, sowie für die ganze neue Technologie, da sie hoffen könnten, daß ihnen höhere Erträge auch über die niedrigen Preise bei einer Überschußproduktion hinweghelfen würden. Dies könnte für viele Großfarmen ein Überlebensrezept werden.

Was würde das in den Gesamtzahlen bedeuten? Eine Studie des US Office of Technology Assessment schätzt, daß die neue Biotechnologie von mehr als 70 Prozent der größten landwirtschaftlichen Betriebe in den Vereinigten Staaten übernommen werden könnte, aber nur von 40 Prozent der mittleren Betriebe und ungefähr 10 Prozent der kleinen Farmen. Viele der 2 Millionen kleinen Höfe in Amerika werden von Leuten geführt, die ein weiteres Einkommen aus einer anderen Tätigkeit beziehen, so daß der Impakt hier weniger hart sein könnte. Für die Vollzeit-Landwirte mit mittleren Farmen, traditionell das Rückgrat amerikanischer Landwirtschaft, wären die Folgen indessen ernst. Bis zum Jahre 2000 könnte die Zahl dieser Betriebe auf 75 000 zusammengeschrumpft sein, verglichen mit noch 180000 im Jahre 1982. Im Gegensatz dazu erwartet man, daß die größten Betriebe an Fläche und Effizienz noch zunehmen, und gegen Ende des Jahrhunderts könnten bloße 50000 von ihnen etwa drei Viertel aller landwirtschaftlichen Erzeugnisse hervorbringen.[85] Ob sie dann noch als Farmen betrachtet würden oder einfach als die Produktionsanlagen von nahrungsmittelherstellenden Konzernen, mit Lohnarbeitern, die von Managern überwacht werden, ist eine offene Frage.[86] Wie auch immer, der traditionelle Stil der Landwirtschaft ist weder in den USA noch im ländlichen Frankreich gut auf das nächste Jahrhundert vorbereitet.

Angesichts dieser Prognosen kann man nur hoffen, daß der Treibhauseffekt nicht zu den Temperaturanstiegen führt, die in den pessimistischeren Studien über die globale Erwärmung vorausgesagt werden, denn das würde den Druck auf jene Farmer erhöhen, deren Lebensweise und Lebensunterhalt bereits durch die Biotech-Revolution gefährdet wird. Man betrachte zum Beispiel die Herausforderungen, denen Farmen gegenüberstehen, die jetzt auf den südlichen Großen Ebenen Futtergetreide anbauen. Nicht nur werden sie sich mit dem Entstehen von Agrarkonzernen auseinandersetzen müssen, sie stehen auch der Erschöpfung der Wasserreserven der Ogallala-Ader gegenüber und den möglichen Effekten einer globalen Erwärmung – eine frühere und schnellere Schneeschmelze in den Bergen sowie weniger Wasser führende Flüsse, höhere Verdampfungsraten und trockenere Böden zusammen mit einer Nordwanderung der Anbaugebiete. Obwohl sie sich in ihrer Form unterscheiden, gehen sowohl die Erschöpfung der Wasserreserven als auch der Anstieg von CO_2 in der Luft auf den übermäßigen Gebrauch einer »geteilten Ressource« zurück, und sie tragen beide zur Austrocknung der Großen Ebenen bei.[87]

Aber nicht nur die Wasserreserven und die Anbauflächen der amerikanischen Staaten in den Großen Ebenen würden durch einen Anstieg der Temperatur beeinflußt werden. Meeresgeologen, Ingenieure und Hydrologen nehmen an, daß das Zurückgehen der Küstenlinie, das aus verschiedenen Gründen bereits jetzt im Gange ist, durch den ansteigenden Meeresspiegel beschleunigt werden wird. Nach einer örtlichen Studie könnte Massachusetts bis zum Jahre 2025 zwischen 1500 und 5000 Hektar Küstenland verlieren. Da die höheren Schätzungen von einem Meeresspiegelanstieg von etwa 50 Zentimenter im Laufe der nächsten Jahrzehnte ausgehen und dieselbe Studie schätzt, daß Massachusetts bis 2100 einen Anstieg des Meeresspiegels zwischen 1,60 Meter und 2,40 Meter (!) erleben wird, deutet alles auf einen weiteren Rückgang der Küstenlinie.[88] In anderen, niedriger liegenden Küstenregionen, von South Carolina bis New Jersey, würde der Verlust an Land natürlich proportional höher sein. Während überdies Steilküsten von höheren Wellen und häufigeren Sturmfluten untergraben werden, wird das Salzwasser sich weiter stromaufwärts schieben und in die Süßwasserträger an der Küste eindringen, was die Wasserreserven gerade zu einer Zeit versalzen würde, da höhere Durchschnittstemperaturen für einen größeren Wasserbedarf sorgen.[89] Einige Ökologen sagen, daß es eine Verschwendung von Zeit und Ressourcen sei, die Küstenerosion (durch Deiche, Wellenbrecher, die Verstärkung der Grundmauern von Häusern an der Küste usw.) zu bekämpfen, aber die örtlichen Gemeinden und Grundbesitzer werden dem natürlich nicht folgen und auf teure Schutzmaßnahmen dringen.

Es sind nicht nur die Getreidesorten, die in Reaktion auf die globale Erwärmung nach Norden wandern könnten. Sollten sich die Kohledioxid-Anteile in der Luft im Laufe des nächsten Jahrhunderts verdoppeln, sagen einige Wissenschaftler voraus, daß bestimmte Bäume (Buche, Birke, Hemlock und Ahorn) 500 Kilometer nach Norden wandern würden, um einen angemesseneren Lebensraum zu finden, so daß die Buchenwälder aus dem Südosten der Vereinigten Staaten verschwinden würden. Noch größere Sorge herrscht unter Biologen, die den Impakt auf das Tierleben untersuchen, insbesondere auf seltene Vögel und Tiere, die besondere Biotope brauchen. Menschen können eine Umsiedlung planen, Pflanzen und Tiere können das nicht; und obwohl bekannt ist, daß sich die Wachstumszonen von Bäumen bereits früher verschoben haben (zum Beispiel in der Erwärmung nach der letzten Eiszeit), geschah dies über Tausende von Jahren, nicht in dem Jahrhundert oder halben Jahrhundert, das in den Modellen für die globale Erwärmung, die vor uns liegt, angenommen wird.*[90] Eines ist klar: Während einige landwirtschaftliche Gebiete unter diesen Verschiebungen leiden würden, wären andere – in den nördlicheren Staaten – begünstigt. Auch würden Farmer in den betroffenen Gebieten versuchen sich anzupassen, indem sie andere Getreidesorten mit größerer Trockenheitsresistenz anbauten. Da der Prozeß der globalen Erwärmung allmählich abläuft – obwohl er, wie manche Forscher behaupten, von wachsender Unberechenbarkeit und extremen Wetterlagen begleitet wäre –, könnte die amerikanische Landwirtschaft *im ganzen* sich ebenso an eine neue Lage anpassen wie die amerikanische Industrie.[91] Aber für einige Regionen und viele traditionelle Farmer wird die Anpassung einfach nicht möglich sein – aus finanziellen wie aus ökologischen Gründen.

Umweltveränderungen *jenseits* der Grenzen werden die amerikanische Gesellschaft ebenfalls berühren. Die kürzliche Flut von Flüchtlingen aus Haiti zum Beispiel mag unmittelbar von politischen Unruhen ausgelöst sein, aber eine tiefliegendere und bedeutendere Ursache liegt darin, daß die Grundbesitzer die Wälder der Insel schlagen ließen (nur 2 Prozent des Landes sind noch bewaldet), und der darauf folgende Raubbau und Verlust des Mutterbodens haben in einigen Gegenden bis zur Freilegung des felsigen Untergrunds geführt. Auf diese Weise sind die Anbauflächen (ohnedies nur 11 Prozent der Insel) weiter geschrumpft, die Geburtsraten indessen sind noch immer sehr hoch, und es gibt kaum eine Familienplanung. Eine wachsende Bevölkerung, die bereits zu den ärmsten der westlichen Hemisphäre gehörte, mußte mit weniger und weniger Ressourcen auskommen. Angesichts der Massenarbeitslosigkeit von bis zu 30 Prozent kann es nicht überraschen, daß viele

* Am Ende des Pleistozäns, vor circa 10000 bis 12000 Jahren, als die Gletscher zurückgingen und die Temperaturen um 3 bis 5 Grad stiegen, wanderten die Buchenwälder etwa 20 Kilometer pro Jahrhundert, weit weniger als die 500 Kilometer, die in den Klimamodellen für das nächste Jahrhundert vorausgesagt werden.

von ihnen in die Vereinigten Staaten zu entkommen suchen und jede Repatriierung wie ein Todesurteil fürchten. Es überrascht aber auch nicht, daß sie, sobald sie in Florida und New York angekommen sind, eine weitere Bürde für die bereits bis zum äußersten angestrengten Schul- und Sozialsysteme der Großstädte werden. Im Mikrokosmos ist dies ein Beispiel für das Ineinandergreifen von demographischem Wachstum, Umweltschaden, sozialer und ökonomischer Katastrophe und schließlich der Massenmigration.

Während sie sich mit solchen Herausforderungen auseinandersetzen müssen, wird von den Bürgern der Vereinigten Staaten erwartet, daß sie sich der grenzenlosen Welt der 24-Stunden-Finanzströme, des elektronischen Handels und der Globalisierung von Kommerz und Kommunikation anpassen. Da die amerikanische Gesellschaft als der Pionier in all diesen Entwicklungen betrachtet wird und ihre sozio-ökonomischen Implikationen bereits diskutiert wurden, brauchen wir die Schlüsse daraus hier nicht im Detail zu wiederholen.

Der allgemeine Eindruck ist, daß Amerika massive Vorteile in der Form gigantischer Multis und Banken, Handelshäuser und Dienstleistungsindustrien genießt. Hinzu kommt die Dominanz der englischen Sprache und des US-Dollars, eine Unternehmenskultur und zahlreiche hochqualifizierte Wissenschaftler, Ingenieure, Designer, Juristen und andere »symbolische Analysten«, deren Fähigkeiten sich weltweiter Nachfrage erfreuen. Auf der anderen Seite verweisen die Verlagerung von Industriezweigen ins Ausland, die wachsende Redundanz vieler Berufsgruppen und das unzulängliche Bildungsniveau vieler Arbeitnehmer in Hinsicht auf Hightech-Beschäftigung darauf, daß die unteren vier Fünftel (oder mehr) der Amerikaner die oft gefeierten Vorzüge der Globalisierung nicht werden genießen können. Wenn die demographischen Trends zu einem relativen Nachgeben der Zahl von Amerikanern mit hohen wissenschaftlichen Fähigkeiten führen, wenn die US-Multis in einen immer härteren Konkurrenzkampf gegen ausländische Rivalen mit größeren Kapitalreserven und besser ausgebildeten Arbeitskräften geraten, und wenn die amerikanischen Banken, Medienkonzerne, Software-Firmen und Forschungs- und Entwicklungsinstitutionen weiter an Konzerne aus Übersee verkauft werden, wird der ökonomische Trend zunehmend gegen Amerika laufen.

Wenn die obige Analyse im allgemeinen zutrifft, dann werden die Vereinigten Staaten zwar angesichts der globalen Veränderungen kein »Verlierer« sein, aber aufgrund ihrer sozialen und ökonomischen Struktur – der sich wandelnden demographischen Zusammensetzung, der Umweltprobleme, der Erziehungs- und Gesellschaftsdefizite, der politisch-konstitutionellen Stagnation, der fiskalischen Probleme – würden sie auch alles andere als ein klarer »Gewinner« sein. Statt dessen ergibt sich ein gemischtes Bild. Einige Industriezweige steigen auf, während andere einen Niedergang erleben, traditionelle Farmen verlieren, was agrochemische Konzerne gewinnen, Consultant-Firmen blühen auf, während der Facharbeiter weniger Möglichkeiten vorfindet, so daß das langsame Wachstum im Bruttosozialprodukt pro Kopf die breiter werdende Lücke zwischen jenen, die noch gebraucht werden, und jenen, die nicht mehr gebraucht werden, kaum überdeckt.

Obwohl verschiedene Reformbewegungen ihre Sorgen über die Implikationen der globalen und inneren Trends für die Vereinigten Staaten ausgedrückt haben und trotz der Möglichkeit einiger korrektiver Maßnahmen, die hier und dort im Laufe der 90er Jahre unternommen werden könnten, macht das Wesen der amerikanischen Gesellschaft und Politik es unwahrscheinlich, daß so etwas wie ein nationaler »Plan« für das 21. Jahrhundert auftauchen könnte – wie vielleicht in Frankreich oder Japan. Statt dessen wird es sehr differenzierte Reaktionen und örtliche Initiativen geben – in der traditionellen amerikanischen Weise: Einzelstaaten und Regionen werden ihre eigenen Projekte vorantreiben; die Gemeinden werden mit den örtlichen Umweltproblemen kämpfen; Klein- und Großstädte werden auf ihre Weise versuchen, mit dem Problem der städtischen Armut fertig zu werden; einige Regionen werden von neuen ausländischen Investitionen profitieren, andere werden leiden, da amerikanische Konzerne wahrscheinlich die Produktion weiterhin nach Übersee verlegen werden; in der Geschäftswelt insbesondere wird die »Vorbereitung auf das 21. Jahrhundert« als

Sache individueller Firmenstrategie angesehen werden, nicht als Resultat eines Plans, der von Washington formuliert wird.

Nicht wenig spricht für diese Art der differenzierten, dezentralisierten, individualistischen Reaktionen auf den Wandel: Sie entspricht der Tradition des amerikanischen freien Unternehmertums und der freiheitlichen Kultur des Landes; und die Nation ist an diese Art Reaktion gewöhnt. Die Vereinigten Staaten sind schließlich ein Halbkontinent, nicht ein kleines Land wie Japan, das soziale Harmonie und gesellschaftliche Organisation betonen muß, damit ein reibungsloses Zusammenleben auf dieser gebirgigen, übervölkerten Inselkette möglich wird. Amerika ist im Gegensatz dazu die Heimat jener, die vor den Zwängen anderswo geflohen sind, es hat den unzufriedenen Menschen eine offene Grenze geboten; und seine schiere Größe, seine »eskapistische« Kultur sowie das Fehlen einer ernsthaften äußeren Bedrohung haben zusammengenommen eine Abneigung gegen eine straff organisierte zentrale Regierungsinstanz geschaffen. Dieses kulturelle Erbe bedeutet, daß die Vereinigten Staaten in ihrer Auseinandersetzung mit den breiten Kräften globalen Wandels sehr wahrscheinlich differenziert, dezentralisiert und individualistisch reagieren werden. Sie werden sich eher »durchwursteln« – keinen koordinierten, zentralisierten Angriff auf die Probleme unternehmen. Schließlich hat sich ein Land wie Großbritannien seit sehr langer Zeit »durchgewurstelt«.

Das aber führt uns auf die historische Analogie und auf den Kern des amerikanischen Dilemmas zurück. Vor einhundert Jahren befand sich Großbritannien, das zu der Zeit allgemein als die Nummer eins betrachtet wurde, in einer ähnlichen Debatte über seine Zukunftsaussichten. Die britische Gesellschaft unterschied sich natürlich sehr stark von der amerikanischen heute und besaß eine völlig unterschiedliche geographische Lage. Sie war das Inselzentrum eines weltweiten Reiches, während Amerika eine ressourcenreiche kontinentale Landmasse ist. Nichtsdestoweniger stand Großbritannien damals dem Dilemma gegenüber, in dem die Vereinigten Staaten sich heute befinden. Beide waren führende Weltmächte, deren ökonomische Konkurrenzfähigkeit und allgemeine internationale Position gegen Ende des Jahrhunderts weniger gesichert schien als fünf Jahrzehnte zuvor. In beiden Ländern riefen alarmierte Bürger nach Veränderungen, um die nationale Konkurrenzfähigkeit zu stärken und sich auf das nächste Jahrhundert »vorzubereiten«. Die Schwierigkeit lag indessen darin, daß die vorgeschlagenen Reformen viele fest etablierte Interessen bedrohten. Großbritanniens Ausgabe-Prioritäten, sein staatliches Bildungssystem, die Effizienz seiner Industrie, sein Umgang mit der armen Bevölkerung, sein Investitionsniveau, selbst die Karriereentscheidungen seiner jungen Leute (mehr Ingenieure, weniger Juristen und Bankiers) hätten geändert werden müssen, um der neuen globalen Konkurrenz entgegentreten zu können.

Während die Reformer im Großbritannien der Jahrhundertwende die Notwendigkeit harter Entscheidungen predigten und Kulturpessimisten die Anzeichen von »Niedergang und Verfall« beklagten, hatte die Mehrheit der Bevölkerung wenig Lust, soziale Veränderungen auf sich zu nehmen. Das hätte den Verlust vertrauter Institutionen und Arbeitsgewohnheiten bedeutet, den Aufbruch in eine ungemütlichere und wenig gesicherte Welt. Es hätte bedeutet, daß man nationale Traditionen aufgeben mußte, um ausländische nachzuahmen. Es widersprach mächtigen etablierten Interessen und versprach nur Ungewißheit. Es bedeutete Kosten oder sogar eine Umverteilung der nationalen Ressourcen zu einer Zeit, da das ökonomische Wachstum nur mäßig war. Außerdem gab es viele andere »Experten«, Journalisten und Ökonomen, die behaupteten, daß alles nach wie vor in Ordnung sei, daß die Abstiegstheoretiker sich ohne Grund erregten, daß Großbritannien durchaus noch die Energien und Ressourcen besäße, seine führende Stellung zu behaupten. All das leuchtete einem Volk ein, dem man lange beigebracht hatte, daß es historisch einzigartig und ein glänzendes Beispiel für andere sei. Zusammengenommen ergab das eine verständliche und tiefverwurzelte Antipathie gegen die Idee, daß große Reformen notwendig seien, insbesondere wenn sie schmerzlich oder kostspielig zu werden versprachen. Das britische Volk entschied sich gegen die Aufrufe zur Veränderung und glaubte, es sei besser, sich »durchzuwursteln«.[92] Warum sollte Amerika heute etwas anderes tun?

Alle Anzeichen deuten in der Tat darauf hin, daß die Vereinigten Staaten sich weiterhin durchwursteln werden, wobei die Debatte über Niedergang oder Erneuerung weitergehen wird. Aber die langfristige Implikation des Durchwurstelns ist ein langsamer, stetiger, relativer *Niedergang* – im Lebensstandard, im Bildungsniveau, in fachlichen Fähigkeiten, in der Sozialfürsorge, in der industriellen Führungsstellung und letztlich in *nationaler Macht* – genau wie im Falle Großbritanniens. Die Briten mögen unangenehmen Entscheidungen aus dem Wege gegangen sein, aber dieses Ausweichen kostete sie letztlich ihre Stellung in der Welt.

Während eine beeindruckende Zahl von amerikanischen Individuen, Firmen, Banken, Investoren, Think-Tanks, Unternehmern und anderen wirklich darum kämpfen, sich auf das 21. Jahrhundert vorzubereiten, tun die Vereinigten Staaten als Ganzes dies nicht – und können es auch nicht, ohne ein anderes Land zu werden. Vielleicht würde ein ernsthaftes Reformprogramm im Lande unternommen, gäbe es einen ausreichenden Schock wie einen Börsenkrach oder eine deutliche äußere Bedrohung, um die herrschende Gleichgültigkeit zu durchbrechen. Aber selbst wenn es einen solchen Katalysator gäbe, würde dies keine kohärente Reaktion der Vereinigten Staaten nach sich ziehen, wenn die politische Führung – insbesondere der Präsident – nicht die größeren Herausforderungen erkennt, denen das Land gegenübersteht, und wenn er nicht den Mut und die Fähigkeit hat, die öffentliche Meinung so weit zu mobilisieren, daß sie auch unangenehme Veränderungen akzeptierte. Das wiederum würde eine Führung erfordern, die sich sehr von der unterscheidet, die in letzter Zeit vom Weißen Haus ausgegangen ist – ob es nun das Haushaltsdefizit oder die globale Bevölkerungsentwicklung oder Umweltfragen betrifft. Man wird also abwarten müssen, ob die traditionellen Methoden das amerikanische Volk erfolgreich in das 21. Jahrhundert tragen werden – oder ob es einen hohen Preis für den Glauben bezahlen wird, die Dinge könnten im Lande so bleiben, wie sie sind, während die Welt draußen sich schneller wandelt als je zuvor.

TEIL III

SCHLUSSFOLGERUNG

Kapitel 14

In Vorbereitung auf das 21. Jahrhundert

Wiederaufnahme des Problems

Dieses Buch begann mit einem historischen Beispiel von vor 200 Jahren – Malthus' Sorge um Englands Bevölkerungsexplosion im 18. Jahrhundert –, um den Leser auf Themen einzustimmen, die sich durch den Rest der Studie ziehen würden. Dieses letzte Kapitel beginnt mit einem jüngeren Beispiel, das sowohl die Kontinuitäten als auch die Veränderungen in den Bedingungen unserer modernen Welt beleuchten mag. Im Oktober 1930, ein Jahr nach dem großen Crash an der Wall Street, aber vor dem Mandschurischen Zwischenfall und der Machtergreifung der Nazis, gab der Londoner *Economist* einen recht düsteren Überblick der globalen Probleme und schloß:

> Die vordringlichste Schwierigkeit unserer Generation... ist es, daß unsere Leistungen auf der ökonomischen Ebene unseren Fortschritt auf der politischen Ebene in einem solchen Maße überholt haben, daß unsere Ökonomie und unsere Politik ständig und weit auseinanderfallen. Auf der ökonomischen Ebene ist die Welt inzwischen zu einer einzigen, alles umfassenden Einheit des Handelns geworden. Auf der politischen Ebene ist sie nicht nur noch immer in sechzig oder siebzig souveräne Nationalstaaten aufgeteilt, sondern die nationalen Einheiten sind stetig kleiner und zahlreicher geworden, und das Nationalbewußtsein ist noch angewachsen. Die Spannung zwischen diesen beiden antithetischen Tendenzen hat eine Serie von Erschütterungen und Verwerfungen und Zerstörungen im gesellschaftlichen Leben der Menschheit erzeugt... [1]

Wie sich herausstellte, sollte der Zweite Weltkrieg mit seinem gesteigerten Nationalismus und seinen enormen Forderungen an die Völker überall die Spannung zwischen diesen beiden »antithetischen Tendenzen« zugunsten des Nationalstaates lösen, zumindest temporär. Das folgende halbe Jahrhundert des Kalten Krieges, plus zahlreicher Regionalkonflikte, betonte gleichfalls den politischen Nationalismus auf Kosten des ökonomischen Kosmopolitismus. Zur gleichen Zeit bedeutete der Zusammenbruch der westlichen Kolonialreiche und – in jüngerer Zeit – das Auseinanderfallen der UdSSR, daß die nationalen Einheiten in der Tat »kleiner und zahlreicher« wurden, so daß in den frühen 90er Jahren fast dreimal soviel Staaten existierten wie sechzig Jahre zuvor. Ob diese neuen Einheiten nun eine frühere Sowjetrepublik oder eine französische Kolonie in Westafrika waren, der neue Staat etablierte ohne Ausnahme all die üblichen Attribute der Souveränität: nationale Regierungen, Streitkräfte, Grenzen und Grenzkontrollen, Haushalte, eine eigene Währung und so weiter.

Dieses Wiederaufleben des Nationalismus im Zuge des Zusammenbrechens alter Reiche änderte indessen nichts an der Tatsache, daß der lange Frieden zwischen den großen Mächten nach 1945 aufs neue »eine einzige, alles umfassende Einheit des Handelns« unter dem Schutz einer von den Vereinigten Staaten geführten Koalition nach sich zog. Die Geschwindigkeit ökonomischer Integration im Handel, in den Finanzen und in der Technologie nahm von Jahr zu Jahr zu. Infolgedessen steht die globale Gesellschaft von heute – mehr noch als ihre Vorgängerin vor sechzig Jahren – vor der Aufgabe, den technologischen Wandel und die ökonomische Integration mit traditionellen politischen Strukturen, mit dem Nationalbewußtsein, mit sozialen Bedürfnissen, institutionellen Einrichtungen und den Gewohnheiten der Menschen zu versöhnen.

Darüber hinaus werden alle Versuche, die ökonomischen und politischen Strukturen zu harmonisieren, mit Trends zu kämpfen haben, die vor drei Generationen kaum sichtbar waren, die aber heute nicht nur die Beziehungen zwischen Gesellschaften, sondern vielleicht sogar die langfristige Existenz der Menschheit selbst bedrohen.[2]

Der erste und bedeutendste dieser Trends ist der Anstieg der Erdbevölkerung und mit ihm die wachsenden demographischen Ungleichgewichte zwischen reichen und armen Ländern. Als der *Economist* 1930 seinen Überblick der Weltlage veröffentlichte, zählte die Gesamtbevölkerung 2 Milliarden Menschen. Europa, Nordamerika und solche kaukasischen Ableger wie Australien vereinigten einen beträchtlichen Anteil der Weltbevölkerung (vielleicht ungefähr ein Drittel) auf sich, und ihre Geburtenraten lagen deutlich über dem Substitutionsniveau.* Die Bevölkerungen von Asien, Afrika und Lateinamerika wuchsen auch, aber ihre höheren Geburtenraten wurden durch hohe Kindessterblichkeit und geringe Lebenserwartung ausgeglichen. All das hat sich jetzt verändert: Die Weltbevölkerung hat die fünfte Milliarde bereits hinter sich gelassen und mag bis zur Mitte des nächsten Jahrhunderts auf die 10 Milliarden oder mehr zusteuern; der Großteil dieses Zuwachses spielt sich in den ärmsten Regionen der Welt ab, während die entwickelten Gesellschaften langsam wachsende oder sogar zurückgehende Bevölkerungen haben, die überdies einen ansteigenden Anteil älterer Menschen aufweisen. Das Resultat ist ein wachsendes Mißverhältnis zwischen Regionen, in denen die Reichtümer der Welt, die Technologie, gute Gesundheitssysteme und andere Vorzüge konzentriert sind, und jenen Regionen, welche die am schnellsten wachsenden Bevölkerungen besitzen. Eine Bevölkerungsexplosion auf einem Teil der Erdkugel und eine Technologieexplosion auf einem anderen ist kein gutes Rezept für eine stabile internationale Ordnung.

Unterdessen bringt die Bevölkerungsexplosion auch ökologische Herausforderungen hervor, die sich von jenen von vor sechzig Jahren qualitativ unterscheiden. Natürlich gab es damals schreckliche Luftverpestung in den industriellen Zentren Europas und Nordamerikas, die Kohlendioxid-Anteile in der Luft stiegen an, und Trockenheiten verwandelten amerikanisches Agrarland in die berühmten »dust-bowls«. Aber im Laufe des letzten halben Jahr-

* Frankreich mit seinem bekannt geringen Bevölkerungswachstum im 19. und im frühen 20. Jahrhundert mag hier eine Ausnahme sein.

hunderts hat es in den industriellen Emissionen einen gewaltigen Zuwachs gegeben, insbesondere in den neuentwickelten Ländern, die sich ganz auf das schnelle Wachstum ihrer Industrien konzentriert haben; das Trockenlegen von Feuchtgebieten und die Überbeanspruchung der Wasserreserven, der Angriff auf die tropischen Wälder und die Überweidung von Ebenen und Savannen sind heute weit extensiver; und viel spricht dafür, daß ein »Treibhauseffekt« die Ökologie der Welt in vieler Hinsicht beeinflussen könnte. Wenn das Klima sich verändert und der Meeresspiegel ansteigt, werden auch die in ökologischer Hinsicht verantwortungsvollsten Gesellschaften schwer getroffen werden. Es ist unvorstellbar, daß die Erde eine Bevölkerung von 10 Milliarden Menschen aushalten könnte, welche Ressourcen in dem Maße konsumieren, wie die reicheren Gesellschaften es heute tun. Weit bevor die Gesamtweltbevölkerung dieses Niveau erreicht, wird es irreparable Schäden an Wäldern, Wasserreserven, der Artenvielfalt von Tieren und Pflanzen gegeben haben, und viele entscheidende ökonomische Schwellen werden überschritten sein.

Ein weiterer Trend, der heute sehr viel ausgeprägter ist als in der Zeit unserer Großeltern, ist die Verdrängung traditioneller Arbeitsweisen durch die Technologie. Vollständig neue Produktionssysteme entstehen. Dies ist in sich nicht unbedingt eine schlechte Entwicklung; die ökonomische Geschichte der Welt und die des wachsenden Wohlstands der Menschheit entspringt der Erfindung neuer, verbesserter Formen, Dinge herzustellen – von der Dampfmaschine bis zum Computer. Aber einige Veränderungen sind umfassender als andere; und im Laufe der kommenden Jahrzehnte ist es durchaus möglich, daß die Biotech-Revolution die traditionelle Landwirtschaft redundant machen wird, während die Robotik-Revolution eine Art der Fertigung und eine Struktur industrieller Beschäftigung verändern wird, die seit zwei Jahrhunderten existiert hat.

Der Wandel der Landwirtschaft und der Industrie, wie wir sie kennen, wird nicht in einem Vakuum stattfinden, denn dieser Prozeß wird mit einer demographischen Explosion zusammenfallen, in der Hunderte von Millionen von Menschen Arbeitsplätze suchen werden, welche durch die Biotech-Landwirtschaft und eine automatisierte Fertigung gerade überflüssig gemacht werden. Er wird auch zu einer Zeit ablaufen, da multinationale Konzerne, die sich von ihren örtlichen und nationalen Wurzeln freigemacht haben, zunehmend um globale Marktanteile konkurrieren und jedes Mittel einsetzen werden – die Verlagerung der Produktion, die Automation, die Übernahme neuer, im Laboratorium geschaffener Technologien –, um dieses Ziel zu erreichen. Solche Konzerne handeln einfach nach den »Regeln« des Laissez-faire-Kapitalismus; der entscheidende Punkt ist dabei, daß die Städte und Regionen in der entwickelten Welt und ganze Gesellschaften in der Entwicklungswelt es sehr schwer haben werden, die Logik des globalen Marktes zu akzeptieren, wenn sie zu ihrem Nachteil ausschlägt. Statt daß diese Entwicklungen zu jener alles umfassenden Einheit des Handelns, der grenzenlosen Welt, führen, welche der *Economist* zitierte, könnten sie Handelskriege und soziale Unruhen auslösen.

Die globalen Finanz- und Kommunikationsrevolutionen von heute sind intensiver als in jener früheren Ära, obwohl es auch damals zu ernsten Währungskrisen und massiven Kapitalrückflüssen kam (zum Beispiel als die US-Dollars in den späten 1920ern aus Europa zurückgerufen wurden), was zur Instabilität und Unruhe auf den Märkten und in den internationalen Beziehungen führte. Heute ist unklar, ob unsere weiterentwickelten staatlichen Kontrollen mit dem Risiko finanzieller Turbulenzen Schritt gehalten haben, die im internationalen elektronischen Handel mit Summen liegen, die das Bruttosozialprodukt der meisten Länder weit übersteigen. Die größere Veränderung hat sich indessen auf dem Gebiet der globalen Kommunikation zugetragen. Vor fünfzig oder sechzig Jahren begannen das Radio und das Fernsehen gerade, ihre ersten Auswirkungen zu zeigen, dies aber nur unter relativ wenigen reichen Gesellschaften. Jetzt, am Ende unseres Jahrhunderts beeinflussen sie die Menschen, insbesondere die jüngeren Generationen, auf der ganzen Erdkugel. Während es überdies früher so schien, als sollten die neuen Medien die Macht der Regierungen verstärken (wie Orwell zum Beispiel in seinem Roman *1984* argumentierte), ist ihre Wirkung in den letzten Jahrzehnten das Gegenteil gewesen: Sie haben das Staatsmonopol auf Information aufgebrochen, sie überschreiten nationale Grenzen und erlauben den Menschen, zu Zeugen der Entwicklungen in anderen Ländern zu werden. Vor allem haben die Medien sowohl in den reicheren als auch in den ärmeren Ländern ein Bewußtsein der Wohlstandslücke zwischen den beiden geschaffen. Dies war vor einem halben Jahrhundert noch unmöglich und hat jetzt die legale und illegale Migration stimuliert.

Infolge dieser Veränderungen scheinen Gruppen und selbst ganze Länder weniger und weniger Kontrolle über ihr eigenes Geschick zu haben. Traditionelle Machtstrukturen stehen solchen Erscheinungen wie den sinkenden Geburtenraten, der illegalen Einwanderung und den massiven Währungsspekulationen hilflos gegenüber; sie haben entweder wenig zufriedenstellende oder überhaupt keine Antworten auf die Bedrohung weitverbreiteter Beschäftigungslosigkeit in der Landwirtschaft und Industrie. Sie haben kaum Möglichkeiten, Konzerne daran zu hindern, ihre Fertigungsstätten in andere Regionen zu verschieben, oder die Informationen des transnationalen Fernsehens und Radios einzuschränken; sie scheinen kaum in der Lage, mit den Implikationen der globalen Erwärmung fertigzuwerden. Und da die etablierten Machtinstanzen angesichts dieser Herausforderungen so hilflos erscheinen, reagieren die Menschen mit Resignation (die sich zum Beispiel in der immer weiter abnehmenden Beteiligung bei vielen amerikanischen Wahlen abzeichnet), mit der Suche nach neuen Strukturen (vom EG-Experiment bis zum Zerbrechen der UdSSR und Jugoslawiens), mit der Forderung auf Schutz vor den globalen Kräften des Wandels (was sich zum Beispiel im politischen Druck der französischen Landwirte und der amerikanischen Textilarbeiter ausdrückt) und mit zornigen Reaktionen gegen die jeweils jüngste Einwanderungswelle. Zusammengefaßt stehen wir wieder jener »Serie von Erschütterungen und Verzerrungen und Zerstörungen im gesellschaftlichen Leben der Menschheit gegenüber«, die der *Economist* feststellte; und es ist mehr als wahrscheinlich, daß diese Schocks sich in die Zukunft hinein fortsetzen werden.

Existiert angesichts der Geschwindigkeit und Komplexität dieses Wandels überhaupt irgendeine soziale Gruppe, die wirklich auf das

21. Jahrhundert »vorbereitet« ist? Natürlich gibt es Konzerne (von der Pharmazie bis zur Luft- und Raumfahrt) und Individuen (insbesondere Akademiker in hochwertigen Dienstleistungsbereichen), die von den gegenwärtigen sozio-ökonomischen Entwicklungen profitieren und die in der Lage sind, sich für die Zukunft so zu positionieren, daß ihnen weitere Vorteile zuwachsen. Ihre Aussichten sind die Grundlage vieler optimistischer Arbeiten zum Beispiel von Kenichi Ohmae, George Gilder, Ben Wattenberg und anderen, die der Menschheit eine ständig wachsende Prosperität vorhersagen. Auf der anderen Seite gibt es Milliarden von verelendeten, unausgebildeten Menschen in den Entwicklungsländern und Millionen von ungelernten Arbeitern in der entwickelten Welt, deren Aussichten schlecht sind und sich in vielen Fällen eher noch weiter verschlechtern werden. Ihrer Lage gelten die pessimistischen Schriften über die demographische Explosion und die Umweltkatastrophen der Ehrlichs, des Worldwatch Institute und anderer, und sie hat auch Studien über zukünftige Berufstrends und ihre gesellschaftlichen Implikationen ausgelöst, wie zum Beispiel die Arbeiten von Reich. Auf den ersten Blick mag es scheinen, als ob nur eine Denkrichtung in ihren Voraussagen korrekt sein könnte, aber es ist durchaus möglich, daß beide lediglich verschiedene Aspekte eines einzigen Phänomens untersucht haben, daß also die Optimisten sich mit den »Gewinnern« der Welt befassen, während die Pessimisten sich um das Schicksal der »Verlierer« sorgen. Aber wenn beide recht haben, wird die Kluft zwischen reich und arm sich stetig erweitern, während wir uns auf das 21. Jahrhundert zubewegen. Und das muß nicht nur zu sozialen Unruhen innerhalb der entwickelten Länder führen, sondern auch zu wachsenden Nord-Süd-Spannungen, zu Massenmigration und zu Umweltschäden, denen auch die »Gewinner« nicht entkommen werden.

Während viele Individuen und Firmen für das 21. Jahrhundert gut positioniert zu sein scheinen, trifft das auf nur relativ wenige Nationen zu. Von denen, die in diesem Überblick behandelt wurden, scheinen Japan, Korea und gewisse andere ostasiatische Handelsstaaten, Deutschland, die Schweiz, einige der skandinavischen Staaten und *vielleicht* die EG als Ganzes die günstigsten Voraussetzungen zu haben. Was diese mehr oder weniger gemeinsam haben, sind hohe Sparquoten, beeindruckende Investitionsniveaus, was neue Fertigungsstätten und Maschinen angeht, ausgezeichnete Bildungssysteme (insbesondere für jene jungen Leute, die *keine* Universität besuchen), eine gutausgebildete Arbeitnehmerschaft und effiziente Umschulungssysteme, eine Industriekultur mit mehr Ingenieuren als Juristen, eine auf den globalen Markt ausgerichtete Produktionsstruktur und einen Handelsbilanzüberschuß in »sichtbaren« Gütern. Diese Staaten genießen eine weitgehende kulturelle Homogenität und ethnische Einheitlichkeit; aber das mag auch gar nicht ein so bedeutender Faktor sein, da kulturelle und sprachliche Homogenität auch in Gesellschaften existiert, welche ökonomisch weniger erfolgreich sind.*

Aber selbst technologisch besser vorbereitete Länder stehen gewaltigen Schwierigkeiten gegenüber, wenn es darum geht, mit gewissen Kräften des globalen Wandels fertigzuwerden: dem Absinken der Geburtenraten; unausgewogenen Bevölkerungsstrukturen; der globalen Erwärmung; der Unberechenbarkeit der Finanzspekulation; der Notwendigkeit, die landwirtschaftlichen Gemeinden vor dem Absterben zu schützen... Die Tatsache, daß sie große Geldreserven haben, um für die Umschulung von Arbeitern oder für den Schutz der Umwelt zu zahlen, ist ein großer Vorteil, dennoch ist es unwahrscheinlich, daß das Geld jede Schwierigkeit überwinden wird. Natürlich sind aber Gesellschaften, die technische und finanzielle Reserven, ein gutes Erziehungswesen und kulturelle Solidarität besitzen, besser auf das nächste Jahrhundert vorbereitet als Gesellschaften, denen alle diese Stärken fehlen.

* Und in der Schweiz, die man immerhin als eines der bestvorbereiteten Länder bezeichnen kann, leben drei Sprachgruppen.

Die Schwierigkeiten der Reform

Was muß geschehen? Wie können sich Nationen besser auf das vor uns liegende Jahrhundert vorbereiten? Bevor wir versuchen, diese Frage zu beantworten, sollten wir die beiden größten Schwierigkeiten umreißen, die jedes Programm systematischer Reform bedrohen. Die erste liegt in der offensichtlichen Unvermeidbarkeit der weltweiten demographischen und ökologischen Trends. Macht es angesichts der Tatsache, daß in jedem Jahrzehnt eine Milliarde Menschen zur Weltbevölkerung hinzukommen, wirklich etwas aus, ob es 100 Millionen mehr oder weniger sind, ob es im Jahre 2050 9 Milliarden Menschen auf dem Planeten gibt statt 10 Milliarden? In beiden Fällen werden die Konsequenzen enorm sein. Und da die atmosphärischen Emissionen von Jahr zu Jahr ansteigen und sich aufgrund der wachsenden Industrialisierung und der steigenden Weltbevölkerung weiter erhöhen werden, müssen auch die CO_2-Anteile in der Atmosphäre zunehmen. Deshalb verbinden sich die meisten Reformen nur mit der Hoffnung, den Anstieg bei den Treibhausgasen zu verlangsamen, nicht etwa, ihnen selbst Einhalt zu gebieten, was weithin als unmöglich betrachtet wird. Um nur ein Beispiel zu nennen: Wenn das Bevölkerungswachstum in Indien bereits zum Verlust von über zwei Dritteln seiner Wälder im Laufe dieses Jahrhunderts geführt hat, sollten wir dann nicht angesichts der gegenwärtigen demographischen Entwicklung damit rechnen, daß auch der Rest des Waldes verschwinden wird, wie es in Äthiopien und Haiti passiert ist?*

Die globalen Trends scheinen also weniger Anreiz für präventives Handeln als Anlaß zur Verzweiflung zu bieten. Da es unwahrscheinlich ist, daß an diesen Trends viel geändert werden kann, sollte sich die Menschheit nicht auf eine Politik der Reaktion und Anpassung konzentrieren – was im Fall der reicheren, entwickelten Gesellschaften die grausame, wenn auch notwendige Politik ein-

---

* Heute sind nur 14 Prozent von Indiens Landfläche von Wald bedeckt, verglichen mit 50 Prozent im letzten Jahrhundert. Vor vierzig Jahren hatte Äthiopien noch eine Bewaldung von 30 Prozent seiner Landfläche, was jetzt auf bloß 1 Prozent geschrumpft ist.

schließt, die ansteigende Migrationsflut aus überbevölkerten, verelendeten Ländern zu blockieren?

Die zweite Schwierigkeit liegt sowohl im Zeitpunkt als auch in der Umsetzbarkeit der vorgeschlagenen Reformen – aus der Perspektive praktischer Politik. Selbst wenn man in den kommenden Jahren darangeht, die Ursachen für die globale Erwärmung zu bekämpfen – durch ein Verbot von Automobilen mit hohem Benzinverbrauch, durch eine Kontrolle der Industrie-Emissionen, durch Maßnahmen gegen weitere Abholzung und Brandrodung usw. –, liegt das Problem darin, daß all diese Reformpläne *jetzt* umgesetzt werden müssen, um Auswirkungen in 25 oder 40 Jahren zu verhindern. Außer wenn es darum geht, Geld für das Alter anzusparen, sind Menschen im allgemeinen nicht willens, kurzfristige Opfer zu bringen, um ein fernes (und ungewisses) Ziel zu erreichen – und die Perspektiven der meisten Politiker sind noch kurzfristiger. Im Gegensatz zu den traditionellen Bedrohungen der nationalen Sicherheit sind diese Gefahren viel weniger offensichtlich und daher weniger geeignet, eine breite und entschlossene Reaktion hervorzurufen. Überdies stoßen die gewöhnlichen Mechanismen, mit denen Nationalstaaten auf Bedrohungen reagieren, angesichts der ökologischen Herausforderungen ins Leere. Um die globale Erwärmung aufzuhalten, bedarf es der internationalen Zusammenarbeit, während die Einführung von Robotern die Aufgabe einzelner Firmen ist; in beiden Fällen ist der Nationalstaat entweder zu klein oder zu groß.

Aber selbst wenn diese neueren Kräfte des globalen Wandels die Möglichkeiten des traditionellen Nationalstaates übersteigen, wissen wir, daß die Staaten für die meisten Menschen auf der Erde der Beziehungspunkt von Autorität und Loyalität geblieben sind. Sie erheben und verteilen einen großen Teil der Einkünfte einer Gesellschaft. Sie besitzen ein parlamentarisches System, um politische Entscheidungen zu überdenken, sowie ein Exekutivsystem, um sie durchzusetzen. Sie stellen politische Prioritäten auf. Nur Staaten haben die Autorität, internationale Vereinbarungen einzugehen, welche darauf zielen, die CO_2-Emissionen zu reduzieren und die Biotech-Landwirtschaft zu regulieren. Wenn überdies eine Gesellschaft ihre Zukunftschancen verbessern will – durch erhöhte Ausgaben im Erziehungswesen oder durch die Herabsetzung (oder Steigerung) der Geburtenraten –, besitzen keine anderen Strukturen die *potentielle* Effektivität des Staates.* Eine aktive Vorbereitung auf die Zukunft, wie Korea oder Singapur sie unternommen haben, oder die Laissez-faire-Methoden, die in den Vereinigten Staaten vorherrschen, sind Entscheidungen nationaler Regierungen und ihrer Bevölkerungen – schon deshalb sollte man keine einheitlichen Antworten auf die transnationalen Herausforderungen erwarten, sondern eine Mischung aus verschiedenen Reaktionen; während einige Staaten fieberhaft versuchen, ihre Chancen zu verbessern, sind andere nicht willens oder nicht in der Lage, viel zu tun.

Angesichts der Schwierigkeiten der Reform wird sich wahrscheinlich die instinktive Scheu der Menschheit vor unangenehmen Veränderungen und ihre Bevorzugung möglichst bequemer Anpassungen durchsetzen. Dennoch könnten Gesellschaften, die willens sind, sich auf das 21. Jahrhundert vorzubereiten, eine Reihe von Maßnahmen diskutieren. Die meisten von ihnen sind auf den Typ des Landes zugeschnitten – Botswana hat offensichtlich andere Bedürfnisse als Großbritannien –, aber andere erfordern internationale Zusammenarbeit. Solche Reformen werden Geld kosten und daher eine Debatte über Ausgabenprioritäten auslösen, aber die Summen, um die es hier geht, werden wahrscheinlich bei weitem unter jenen bleiben, die in das Wettrüsten des Kalten Krieges gingen.

Da dieses Buch sich als eine Studie versteht, die zum Verständnis des globalen Wandels beitragen soll, *nicht* als ein technisches Lehrbuch über Reaktionen auf sie, wird es darauf verzichten, die vielen Untersuchungen aufzuzählen, welche konkrete Reformprogramme im Detail umreißen. Organisationen wie das Worldwatch Institute zum Beispiel haben eine ganze Reihe von Reformmaßnahmen empfohlen, um den wachsenden Umweltschäden Einhalt zu gebieten:

---

* *Potentielle* Effektivität muß es heißen, weil es natürlich Unterschiede zwischen starken Staaten (Frankreich) und schwächeren (Äthiopien) gibt. Die obige Diskussion setzt einigermaßen starke und fähige Gesellschaften voraus, die sich für oder gegen Veränderungen entscheiden können.

die Reduzierung von Industrie-Emissionen durch effizienteren Energieeinsatz, durch bessere Filtersysteme und Rauchwaschanlagen; weitere Maßnahmen sind Investitionen in öffentliche Verkehrsmittel, die Entwicklung alternativer Brennstoffe für Automobile und andere Maßnahmen, um die Abhängigkeit vom Mineralöl zu verringern; Sparsamkeit im Umgang mit den Wasserressourcen, eine Verstärkung des internationalen Technologie-Transfers auf Entwicklungsländer; schließlich der Abschluß eines Paktes zwischen reichen und armen Ländern, unter dem die letzteren ihre Wälder im Austausch gegen erhöhte Hilfe und garantierten Zugang zu den Märkten schützen würden.[3] Einige der Vorschläge der Umweltschutz-Lobby mögen nicht praktikabel sein,[4] aber andere erscheinen vollkommen vernünftig und sind überdies billig; mit der »angemessenen Technologie« eines simplen Solarofens zum Beispiel können Familien in der Entwicklungswelt die meisten Mahlzeiten ohne die tägliche Suche nach Feuerholz kochen, die in so hohem Maße für die Entwaldung verantwortlich ist.[5]

Es gibt auch keine Notwendigkeit, auf diesen Seiten die Ergebnisse zahlloser Werke zu wiederholen, die darauf eingehen, wie sich eine Gesellschaft technologisch und industriell im Zeitalter globalisierter Produktion konkurrenzfähig halten kann. Jede Studie der Konkurrenzfähigkeit in den Vereinigten Staaten, wo die Streitfrage breit debattiert wird, schließt mit praktisch derselben Agenda: Man erhöhe die nationale Sparquote und vermindere die Haushaltsdefizite, die Gelder von der produktiven Investition abziehen; man erhöhe das Niveau der *kommerziellen* Forschung und Entwicklung; man vermeide die Umlenkung zu großer Ressourcen auf das Militär; man verändere (aber wie?) eine Unternehmenskultur, die zu stark von Wall Streets Erwartungen kurzfristiger Profite abhängig geworden ist; man konzentriere sich auf die Herstellung von hochqualitativen Produkten mit gutem Design für die anspruchsvollsten Märkte der Welt; man verbessere die Ausbildung unter den Beschäftigten im ganzen und biete ihnen Möglichkeiten für gründliche Umschulung; und man erhöhe das Niveau des Bildungswesens, insbesondere für jene, die nicht studieren.[6] Implizit oder explizit wiederholen sich ungünstige Vergleiche mit Japan und Deutschland in diesen Studien. Diese beiden Länder werden als die führenden Beispiele für Gesellschaften mit hochausgebildeten Beschäftigten und einer starken technologischen Basis betrachtet. Ihnen billigt man im allgemeinen im nächsten Jahrzehnt die besten Aussichten zu.

Schließlich würde ein detaillierter Vorschlag für den Umgang mit der demographischen Explosion in den Entwicklungsländern lediglich wiederholen, was zahlreiche Studien von internationalen Körperschaften bereits beschrieben haben: Der einzige praktische Weg, um zu einer Abnahme der Geburtenrate und damit zu einer Verminderung des Bevölkerungswachstums zu kommen, ist die Einführung von billigen und verläßlichen Formen der Empfängnisverhütung – wie es zum Beispiel in Brasilien geschehen ist, wo die Geburtenrate von 4,7 Kindern pro Frau in der Periode von 1970 bis 1975 auf 3,5 Kinder pro Frau in der Periode von 1983 bis 1986 fiel.[7] Gleiches läßt sich an anderen Entwicklungsländern feststellen, in denen es eine aktive Familienplanung gegeben hat. Eine solche Lösung steht offensichtlichen Schwierigkeiten gegenüber – den örtlichen kulturellen und sittlichen Gewohnheiten, der Mißbilligung des Vatikans, der Opposition konservativer Regierungen – aber das ändert nichts an der Tatsache, daß in Gesellschaften, wo es wenig Familienplanung gibt, das Bevölkerungswachstum gefährlich hoch ist, daß es aber in Ländern mit einer Geburtenkontrollpolitik abebbt. Sicher tragen auch Elemente wie die Verstädterung und die sich wandelnde Rolle der Frau zur demographischen Veränderung bei, aber die schnellste Art, die Familiengröße zu stabilisieren – und der Bedrohung einer Verdoppelung der Weltbevölkerung in den nächsten paar Jahrzehnten zu begegnen –, sind breitangelegte Verhütungsmaßnahmen.

Man kann also sagen, daß es nicht an Lösungen für diese transnationalen Herausforderungen fehlt, sondern an einer Öffentlichkeit und an Politikern, welche in der Lage sind, Veränderungen durchzusetzen, die kurzfristig Opfer verlangen, aber langfristig allgemeinen Nutzen versprechen. In vielen Fällen ist ein solches Zögern durchaus verständlich. Es mag zum Beispiel den umweltbewußten und gutausgebildeten Schweden möglich sein, sich für drastisch reduzierte CO_2-Emissionen, höhere Kraftstoffsteuern, die Abschaffung von Atomkraftwerken und eine Erhöhung der Entwicklungshilfe einzusetzen; angesichts der relativen Vorteile ihres Landes wären die Kosten wahrscheinlich zu tragen. Aber es ist politisch eine weitaus schwierigere Sache, die Farmer im Süden der Großen Ebenen, die bereits durch die Biotech-Landwirtschaft und die globale Erwärmung bedroht sind, dazu zu bringen, die Wasserreserven nicht weiter zu erschöpfen, energiesparende Anlagen zu kaufen oder sogar vom Automobil auf das Fahrrad umzusteigen. Es wäre auch zuviel verlangt, von diesen Farmern eine politische Unterstützung erhöhter Entwicklungshilfe zu erwarten, welche die armen Länder in die Lage versetzen würde, ihre landwirtschaftliche Produktion zu erhöhen. Auch sind sich alle westlichen Liberalen einig, daß die Lage der Frauen in den muslimischen und afrikanischen Ländern seit langem verbesserungswürdig ist, aber solch ein Wandel bedeutet eine große Herausforderung für die traditionellen, männlich dominierten Kulturen dieser Länder und wird wahrscheinlich auf starken Widerstand stoßen. Da es kontraproduktiv wirken würde, wenn die reicheren Nationen versuchten, solche gesellschaftlichen Veränderungen zu erzwingen, wird die Streitfrage innerhalb der sich entwickelnden Gesellschaften selbst entschieden werden müssen – und alle Anzeichen deuten auf einen bevorstehenden Zusammenstoß zwischen Säkularisten und Fundamentalisten auf diesen empfindlichen Gebieten hin.[8] Ob Reformen akzeptiert oder abgelehnt werden, wird vom gesellschaftlichen Rahmen abhängen, nicht von abstrakter Logik.

Schließlich ist es, auch wenn dieses Buch keine Anleitung für technische Lösungen globaler Entwicklungen sein will, wichtig, drei Schlüsselelemente in jedem *allgemeinen* Versuch, die globale Gesellschaft auf das 21. Jahrhundert vorzubereiten, zu betonen: die Rolle der Erziehung, die Lage der Frauen und die Notwendigkeit politischer Führung.

Die Rolle der Erziehung und die Lage der Frau

Wenn die Analyse dieses Buches ungefähr korrekt ist, sind die Kräfte des Wandels, denen sich die Welt gegenübersieht, so weitreichend und komplex und interagierend, daß sie nichts Geringeres als eine Neu-Erziehung der Menschheit erfordern. Dies ist kein neuer Schluß. Soziale Theoretiker von Wells bis Toynbee haben wiederholt argumentiert, daß sich die globale Gesellschaft in einem Wettlauf zwischen Erziehung und Katastrophe befinde; das, was bei diesem Wettlauf auf dem Spiel steht, hat sich gegen Ende des Jahrhunderts erhöht, einfach weil sich der Druck des Bevölkerungswachstums, die Umweltgefahren und die Fähigkeit der Menschheit, massive Schäden anzurichten, enorm verstärkt haben.

Eine stärkere Rolle der Erziehung impliziert viele Dinge, sowohl in philosophischer als auch in praktischer Hinsicht. Da zum Beispiel die technologische Innovation neue Arbeitsplätze schafft, während sie alte zerstört, werden entwickelte Länder, die kein staatliches System für die Ausbildung *und* Umschulung besitzen – wie zum Beispiel Deutschlands Lehrlingswesen oder Schwedens Umschulungsmethoden –, wahrscheinlich nachteilige Folgen zu spüren bekommen. Nicht nur die ökonomische Produktivität, sondern auch der gesellschaftliche Zusammenhalt selbst leidet unter zum Beispiel Großbritanniens inadäquaten Ausbildungsformen oder den noch weniger organisierten amerikanischen Methoden. Aber die Systeme, die in dieser Hinsicht funktionieren, stützen sich auf Planung und Zusammenarbeit unter Schulen, Unternehmen und Regierung, die Laissez-faire-Politkulturen ablehnen und die ärmere Länder sich nicht leisten können.

Dennoch ähneln die Probleme, denen sich Nationen wie Großbritannien oder Italien gegenübersähen, wollten sie ihr Erziehungssystem reformieren, in keiner Weise jenen, die den Entwicklungsländern bevorstehen. In Somalia, wo die erwachsene Alphabetismusrate 18 Prozent und die weibliche lediglich 6 Prozent beträgt, befinden sich nur 37000 Schüler in weiterführenden Schulen (Zahlen von 1986); von den sehr wenigen akademisch ausgebildeten Menschen waren einige Hunderte Ärzte und sehr wahrscheinlich nur eine Handvoll Ingenieure, Computer-Spezialisten und andere, die gebraucht würden, um Somalia Anschluß an die moderne Welt gewinnen zu lassen.[9] In Südkorea dagegen, wo die männlichen und weiblichen Alphabetismusraten 96 bzw. 88 Prozent betragen und wo 5 Millionen Schüler in der sekundären und 1,3 Millionen Studenten in der Universitätsausbildung stehen, tritt eine große Zahl von Akademikern jedes Jahr in die produktive Wirtschaft ein.[10] Eindeutig können jene Entwicklungsländer, die es schaffen, Koreas Weg zu folgen, in eine hellere ökonomische Zukunft blicken. Aber nur sehr wenige ärmere Gesellschaften sind, wie wir gesehen haben, in der Lage, das zu tun. Die Rückständigkeit hat viele Ursachen, aber eine führende unter ihnen ist die Tatsache, daß Bildung in vielen Kulturen sehr viel weniger Geltung hat als in Ostasien.

Indessen bedeutet Bildung im breiteren Sinne mehr als die technische »Neuausrüstung« der Beschäftigten oder die Herausbildung akademischer Schichten oder selbst die Ermutigung einer Industriekultur in den Schulen und Universitäten, um eine produktive Basis zu schaffen. Sie impliziert auch ein tiefes Verständnis für die Gründe der Veränderungen in unserer Welt. Dieses Verständnis muß sich auf die Kenntnis anderer Völker und Kulturen erstrecken, auf deren Haltung zu jenen Veränderungen, auf das, was wir alle gemein haben, und auch auf das, was Kulturen, Klassen und Nationen entzweit. Da wir alle Mitglieder des Weltbürgertums sind, müssen wir uns mit einem ethischen System ausrüsten, mit Gerechtigkeitsgefühl *und* einem Empfinden für Verhältnismäßigkeit, wenn wir die verschiedenen Methoden betrachten, mit denen wir uns kollektiv oder individuell auf das 21. Jahrhundert vorbereiten.[11] In Gesellschaften, wo Fundamentalisten Untersuchungen und offene Debatten blockieren; in Nationen, wo Politiker sich zugunsten von etablierten Interessen gegen Ausländer oder ethnische Minoritäten wenden; in Ländern, wo kommerzialisierte Massenmedien und eine populäre Kultur wichtige Fragen marginalisieren, ist die Möglichkeit, daß die Bildung ein tieferes Verständnis der globalen Trends durchsetzt, stark beschränkt.

Eine Verstärkung der Rolle der Bildung ist untrennbar mit einem noch größeren Problem verbunden, nämlich der Lage der Frauen sowohl in den sich entwickelnden als auch in den entwickelten Ländern. In den Entwicklungsländern ist die Verbindung zwischen dem unterdrückten Status der Frauen und der Bevölkerungsexplosion, dem Elend und der ökonomischen Rückständigkeit, eindeutig.* Wie die Statistiken der Population Division der Vereinten Nationen zeigen, gibt es in Land auf Land eine starke inverse Korrelation zwischen der erwachsenen weiblichen Alphabetismusrate und der Geburtenrate:

Tabelle 14-1

Weibliche Alphabetismusrate und Gesamtgeburtenrate in ausgewählten Ländern[12]

Land	Weibliche Alphabetismusrate	Gesamtgeburtenrate
Afghanistan	8%	6,9
Oman	12%	7,2
Arab. Republik Jemen	3%	7,0
Honduras	58%	5,6
Burkina Faso	6%	6,5
Sudan	14%	6,4
Singapur	79%	1,7
Kanada	93%	1,7
Chile	96%	2,7
Ungarn	98%	1,8
Thailand	88%	2,6

Zu dieser Regel gibt es ein paar interessante Ausnahmen – die Mongolei beansprucht eine weibliche Alphabetismusrate von 88 Prozent und eine Gesamtgeburtenrate von 5,4 –, aber die Zahlen weisen ansonsten in überwältigender Form darauf hin, daß die durchschnittliche Familiengröße sich scharf verringert, wenn den Frauen Bildung offensteht. Die offensichtliche Erklärung dafür – höheres Heiratsalter, die Verschiebung der Mutterschaft aufgrund

* Wobei die einzigen Ausnahmen wahrscheinlich gewisse ölreiche arabische Staaten sind, wo der Status der Frauen schlecht ist, das Pro-Kopf-Bruttosozialprodukt indessen hoch – was aber eher auf einen geologischen Zufall als auf einheimische kreative Energien zurückgeht.

der Berufstätigkeit – wird von einem ganzen Satz von Statistiken über die Beziehung zwischen der Bildung der Mutter und der Zahl ihrer Kinder in Entwicklungsländern erhärtet:

Tabelle 14-2

Durchschnittliche Kinderzahl in Relation zu den Ausbildungsjahren der Mütter in ausgewählten Ländern[13]

Land	keine Ausbildung	Sieben und mehr Jahre Ausbildung
Benin	7,4	4,3
Sudan	6,5	3,4
Haiti	6,0	2,8
Ecuador	7,8	2,7
Jordanien	9,3	4,9
Pakistan	6,5	3,1
Portugal	3,5	1,8

Im allgemeinen heiraten Frauen in Entwicklungsländern, die sieben oder mehr Jahre Ausbildung genossen haben (und wahrscheinlich den wohlhabenderen Klassen angehören), annähernd vier Jahre später als jene ohne jede Ausbildung, sie benützen Verhütungsmittel in höherem Maße und weisen geringere Mutter- und Kindersterblichkeitsraten auf.[14] Dies heißt, daß ein Wandel im Status der Frauen das Bevölkerungswachstum in den Entwicklungsländern reduzieren würde. Aber wie wahrscheinlich ist das in jenen Teilen von Südasien, Afrika und der muslimischen Welt, wo die geschlechtlichen Einschränkungen so ausgeprägt sind?

In der entwickelten Welt, wo meist ältere Männer die niedrige Geburtenrate beklagen und fragen, warum »kluge, gutausgebildete Frauen« weniger Kinder (oder überhaupt keine) bekommen, ist die Herausforderung anderer Natur – aber auch sie berührt die Stellung der Frauen in der Gesellschaft. Wenn man voraussetzt, daß es *nicht* gut ist, wenn die Bevölkerungszahl eines Landes zurückgeht – wenn auch nur aufgrund der Belastungen, die mit der Zunahme älterer Menschen verbunden ist –, dann mögen Politiker, die sich über solche Trends Sorgen machen, ihre eigenen kulturellen und sozialen Normen überdenken müssen. In Japan zum Beispiel weist alles darauf hin, daß die gegenwärtige Generation gebildeter Frauen der traditionellen Erwartung mit Widerwillen gegenübersteht, daß sie nach dem College Vollzeit-Hausfrauen werden und die Kinder in sehr beengten Umständen aufziehen sollen, während ihre Gatten vom frühen Morgen bis zum späten Abend abwesend sind.[15] Ein ähnliches Ressentiment existiert wahrscheinlich in Italien und Spanien, wo die Gesamtgeburtenraten in den letzten Jahren scharf abgesunken sind. Zweifellos könnten die sich daraus ergebenden Arbeitskräftemängel durch den wachsenden Gebrauch von Robotern aufgefangen werden – zumindest in Japan. Falls Japan aber zu Geburtenraten zurückkehren möchte, welche die jetzige Bevölkerungszahl stabilisieren, dann reicht technischer Einfallsreichtum nicht hin. In dieser Hinsicht sollten sich japanische und italienische Politiker vielleicht mit dem Fall Schwedens beschäftigen, wo die Geburtenrate nach Jahrzehnten einer demographischen Verlangsamung von 1,6 (1983) wieder auf 2,1 (1990) gestiegen ist.[16] Erste Untersuchungen dieser interessanten Entwicklung – die sich auch in verschiedenen anderen nordeuropäischen Ländern zeigt – deuten darauf hin, daß die Ursache in einer Mischung aus hervorragenden Sozialmaßnahmen (bezahlter Mutterschafts- *und* Vaterschaftsurlaub, Kindesversorgung, Kindergärten, angemessene Wohnraumversorgung) und einem hohen Maß an allgemeiner Gleichberechtigung – die sich zum Beispiel in der Zahl der Politikerinnen und Kabinettsministerinnen ausdrückt – liegen könnte.

Will die Welt also zu einer besseren demographischen Balance kommen – die Geburtenraten in ärmeren Gesellschaften herabsetzen und sie in den reicheren erhöhen –, scheint der Schluß aus all dem ironischerweise zu sein, daß die afrikanischen Staaten und die Länder des Nahen und Mittleren Ostens die Ausbildung ihrer Frauen auf ein koreanisches Niveau bringen müssen, während Länder wie Japan, Portugal, Spanien und Italien die skandinavische Praxis imitieren müssen. Beides bedeutet eine Veränderung in den Geschlechterrollen und ein ganz unterschiedliches Bündel von Herausforderungen.

Die Frage der politischen Führung

Es mag seltsam erscheinen, daß dieses Werk mit einer Diskussion politischer Führung abschließt, da doch die demographischen Trends und neuen Technologien oft so unwiderstehlich erscheinen. Es geht hier aber weniger um ihre Unvermeidlichkeit, sondern mehr um die Schwierigkeit, eingefahrene Strukturen und Ideen zu verändern, und um die Gefahr, angesichts der Veränderung der globalen Gesellschaft kulturell blind zu bleiben. Schließlich gibt es in vielen Ländern weitverbreitete Sorgen über die Entwicklung der Welt im allgemeinen – und der jeweiligen Nation im besonderen. Technologische Herausforderungen, geschlechtsspezifische Fragen, Migrationen, die Zukunft der Landwirtschaft, Umweltschäden, die Implikationen der Globalisierung und die Auswirkung all dieser Entwicklungen auf die Politik, auf die Finanzprioritäten, sogar auf gesellschaftliche Werte und die Kultur sind Gegenstand intensiven Interesses von Frankreich bis Japan, von Kansas bis Kairo. Sie erklären zumindest teilweise die Suche nach neuen transnationalen und subnationalen politischen Strukturen, die zahllosen Komitees, welche die nationalen Erziehungssysteme untersuchen, die Aufrufe zur Zusammenarbeit angesichts der globalen Erwärmung oder der Fragen der Entwicklungshilfe, die besorgten Debatten über offene Märkte oder protektionistische Maßnahmen.

Der Mann und die Frau auf der Straße wissen, daß ihre Welt sich ändert, und sie machen sich Sorgen darüber. Vor allem dieses Unbehagen über gegenwärtige oder bevorstehende Veränderungen steckt hinter dem weitverbreiteten Mißtrauen gegen die politische Führung, ob nun in fortgeschrittenen Industrienationen wie den USA, Frankreich oder Japan, in existierenden oder vor kurzem gestürzten marxistischen Regimen, in großen Teilen Lateinamerikas und Afrikas, bei den asiatischen Giganten Indien und China, oder, was das betrifft, in der muslimischen Welt, wo sich die unzufriedene Jugend fundamentalistischen Vorstellungen zuwendet. Viel dieser Unruhe wird in autoritären Staaten unterdrückt, aber sowohl in den älteren als auch in den neueren Demokratien ist die Nachfrage nach politischen *Antworten* auf die neuen Herausforderungen immens.

Solche Antworten können oft reaktionäre sein. Protektionismus, ausländerfeindliche Politik, die Blockierung neuer Technologien, die Suche nach neuen Feinden, um die des Kalten Krieges zu ersetzen, sind weitverbreitete Reaktionen zu einer Zeit der »Erschütterungen und Verzerrungen und Zerstörungen im gesellschaftlichen Leben der Menschheit«. Eines ist klar, eine bessere Vorbereitung auf das 21. Jahrhundert ist nicht ohne Opfer zu erreichen. Das gilt sowohl für die Industrie eines Landes als auch für ihre Infrastruktur, es betrifft viele etablierte Interessen, alte Gewohnheiten und vielleicht sogar die Strukturen der Regierung selbst. Die Verwirklichung dieser Dinge aber setzt eine langfristige Vision zu einer Zeit voraus, da die meisten Politiker – sowohl in den reichen als auch in den armen Ländern – kaum in der Lage sind, mit den kurzfristigen Problemen fertigzuwerden; und es bedeutet ein politisches Risiko, da viele der vorgeschlagenen Reformen in den Kreisen, welche die etablierten Interessen vertreten, sehr unpopulär wären. Neben den Stimmen, die nach Veränderung rufen, existieren große Wählergruppen, die wollen, daß die Dinge so bleiben, wie sie sind. Überdies gibt es sehr viele wissenschaftliche Meinungsverschiedenheiten über kritische Streitfragen: Kann die Welt 8 bis 10 Milliarden Menschen aushalten? Kann die Lebensmittelversorgung mit einer solchen Bevölkerung Schritt halten? Wie schnell, wenn überhaupt, wird es zur globalen Erwärmung kommen? Ist eine politisch gesteuerte Industrie besser als das *Laissez-faire*-System? Sollte die Globalisierung der Wirtschaft ungezügelt voranschreiten? Da es bei all diesen Fragen so viele differierende Urteile gibt, warum sollte man sich in kontroverse Veränderungen stürzen?

Da die meisten Politiker, insbesondere in Ländern wie Japan, den USA, Frankreich, Italien und Deutschland, durch einen Prozeß des Kompromisses, der Allianzen, der Konfliktvermeidung an die Spitze gekommen sind, werden sie kaum bereit sein, heute eine kontroverse Politik zu betreiben, deren Ertrag erst in zwanzig Jahren eintreten würde – insbesondere wenn es Experten gibt, die nach wie vor argumentieren, daß es keinen Grund zur Aufregung gibt (zum Beispiel über die zukünftige Welternährung) oder daß weitere Studien vonnöten sind. Wie die »Füllhorn«-Theoretiker seit Godwin und Cordorcet vor zwei Jahrhunderten nachgewiesen haben, waren Malthus' Voraussagen über die Zukunft Großbritanniens falsch, weil die Menschheit die Fähigkeit besitzt, neue Ressourcen durch Technologien zu entwickeln. Wenn seine Voraussagen für das 19. Jahrhundert falsch waren, warum sollte man den alarmierenden Aufschreien der heutigen »Neomalthusianer« mehr Aufmerksamkeit schenken?[17] Es ist überdies erst zwei Jahrzehnte her, seit die letzte Welle düsterer Voraussagen (der »Club of Rome«-Report und ähnliches) weitverbreitete Sorge auslöste und sich dann verlief.

Vielleicht sollten wir hier zwischen Reformern unterscheiden, die für umsichtige Maßnahmen in der nahen Zukunft eintreten, vor allen Dingen um die Bevölkerungsentwicklung zu kontrollieren und die Automobilemissionen zu begrenzen, und »Apokalyptikern«, die behaupten, daß alles verloren ist, wenn nicht sofort eine grundlegende Veränderung menschlichen Verhaltens eintritt.[18] Indem sie die letzteren als Schwarzseher und Panikmacher denunzieren, neigen einige Konservative dazu, alle Reformdenker in dasselbe Lager zu schieben. Es ist aber richtig, den Unterschied zwischen gemäßigten und radikaleren Reformvorschlägen festzuhalten, insbesondere, da es die ersteren sind, welche weitaus bessere Aussichten haben, die Politiker zu beeinflussen.

Trotz aller Kontroversen darüber, wohin unsere Welt sich entwickelt, sollten die Gesellschaften die Herausforderung einer Vorbereitung auf das 21. Jahrhundert aus drei Hauptgründen ernst nehmen. Der erste betrifft die relative Konkurrenzfähigkeit. Obwohl ökonomisches Wachstum kaum die alleinentscheidende Frage sein kann, ist es sicherlich wahr, daß ein anständiger Lebensstandard eine Grundlage für vieles andere darstellt, was Gruppen und Individuen für wichtig halten – Gesundheit, Bildung, Freizeit und so weiter. Der Lebensstandard aber ergibt sich aus technologischer Innovation und wirtschaftlichem Wachstum. Er ist die Belohnung für erfolgreiche Gesellschaften. Eine Ökonomie, die nicht in der Lage ist, mit den neuen Technologien Schritt zu halten, wird ihren Lebensstandard langfristig nicht halten können und damit auf die Veränderungen im globalen Maßstab schlechter vorbereitet sein. Ein Verzicht auf Umdenken, Umschulung und Modernisierung mit

Blick auf die Zukunft wird also langfristig eine Gesellschaft unter die einreihen, die zu den Verlierern der Geschichte gehören.

Der zweite Grund besteht in der Notwendigkeit, auf die demographischen und ökologischen Herausforderungen zu antworten, statt einfach darauf zu hoffen, daß sich eine Lösung von allein ergeben wird.[19] Der Verbrauch der Ressourcen der Erde ist heute weit größer als in Malthus' Tagen – oder selbst als in den 60er Jahren. Infolgedessen hat sich die *Geschwindigkeit* des menschlichen Angriffs auf die Natur stark erhöht: »Ganze Länder mögen in wenigen Jahrzehnten entwaldet sein; ein Großteil des Mutterbodens einer Region kann innerhalb einer Generation verschwinden; und eine kritische Ozonverminderung mag sich in einer so kurzen Zeit wie zwanzig Jahren abspielen.«[20] Mit anderen Worten, die Pessimisten vergangener Jahrzehnte mögen sich in ihren Zeitvorstellungen getäuscht haben, ihre Argumente indessen, was die Umweltschäden an unserem Planeten angeht, erweisen sich zunehmend als richtig und sollten nicht ignoriert werden. Und schließlich sollte hier noch einmal die einfache Tatsache wiederholt werden, daß die anpassungsfähigsten Gesellschaften (wie Malthus' England vor einem Jahrhundert oder Japan heute) jene mit Kapital, wissenschaftlichen Grundlagen, technischem Fachwissen, gutausgebildeten Beschäftigten sind, während die Länder, die in der heutigen Welt den ernsthaftesten Problemen gegenüberstehen, sehr viel weniger gut gerüstet sind.

Die Sorge um die Umwelt impliziert natürlich nicht, daß *alles* wirtschaftliche Wachstum gestoppt werden sollte, denn dies würde die ärmeren Gesellschaften am meisten schädigen und in jedem Fall dem Argument für eine verstärkte Konkurrenzfähigkeit widersprechen. Statt dessen sollten die Politiker und ihre Wähler jene Vorschläge für ein »nachhaltiges Wachstum«, das Entwicklungsexperten formuliert haben, sehr viel ernster nehmen.[21]

Der dritte und letzte Grund für die Reformen unserer existierenden globalen Ordnung ist ein sehr traditioneller: Wir sollten diese Reformen durchführen, um die Gefahr politischer Instabilität und kriegerischer Auseinandersetzung zu vermindern. Zugegebenermaßen sind viele dieser Gefahren schwer vorherzusehen. Da wir vor fünf Jahren unmöglich das Ausmaß des Blutvergießens und der Gewalt, das Jugoslawien zerrissen hat, ahnen konnten, wie können wir hoffen, die Tumulte und Kriege in einem Jahrzehnt voraussehen zu können? Vielen sozialen Explosionen indessen, wie dem Ausbruch der Französischen oder Russischen Revolution, geht ein stetiger Aufbau des Drucks voraus, verwandt vielleicht den anwachsenden Spannungen an den Rändern tektonischer Platten, bevor ein Erdbeben ausbricht. Auch Umweltkatastrophen scheinen diesem Muster zu folgen, wenn wachsende Schäden einmal eine bestimmte Schwelle passiert haben. Während es gewöhnlich unmöglich ist, genau zu wissen, wo oder wann der Ausbruch stattfinden wird, können Wissenschaftler doch die plausible Voraussage machen, daß eine Explosion eines Tages unvermeidlich wird, wenn der Aufbau des Drucks sich fortsetzt. Der Analogieschluß liegt nahe, daß bei steigendem Druck innerhalb menschlicher Gesellschaften – durch schnelles Bevölkerungswachstum, verminderte Ressourcen, Arbeitslosigkeit, Verstädterung und Landflucht, mangelhaftes Bildungswesen – soziale und politische Explosionen wahrscheinlicher werden, insbesondere wenn die Umweltursachen akuter Konflikte mit traditionellen Streitigkeiten über Grenzen, Wasserreserven, Weiderechten usw. zusammentreffen.[22]

Bürgerkriege oder äußere Konflikte zählen mit ihren schweren Verlusten genau wie Hungersnöte und Epidemien zu den Malthusschen Gegengewichten einer Bevölkerungsexplosion, sie waren in dieser Hinsicht vielleicht die effektivsten, da sie Menschen in großen Zahlen in der Blüte ihrer Jahre umbrachten. Solche Turbulenzen sind nicht nur von örtlicher Bedeutung. Heute könnten Konflikte in Regionen stattfinden, in denen ambitionierte oder auch bedrohte Regime herrschen, die zugleich Zugang zu hochmodernen Waffen wie Mittelstreckenraketen mit chemischen, biologischen oder nuklearen Gefechtsköpfen haben. Die Implikationen solcher Kriege wären weit davon entfernt, lokal zu sein.

Der Zustand unseres Planeten ist auch deshalb so besorgniserregend, weil wir nicht nur eine neue Agenda von Sicherheitsrisiken wie die globale Erwärmung oder die Massenmigration vor Augen haben, sondern auch, weil diese Phänomene mit älteren Bedrohungen der internationalen Stabilität wie regionalen Kriegen, ethnischen Spannungen und territorialen Streitigkeiten interagieren. Während die neueren transnationalen Kräfte des globalen Wandels auf einer anderen Ebene zu liegen scheinen als die traditionellen Probleme der Nationalstaaten – wie sie zum Beispiel in *Aufstieg und Fall der großen Mächte* analysiert worden sind –, stellen sie doch zugleich zusätzliche Ursachen für soziale Konflikte dar.

Angesichts dieses gewaltigen Aufgebots an Problemen mag es unvorstellbar erscheinen, daß unsere lediglich menschliche politische Führung viel tun kann. Viele meinen, daß wir uns statt dessen auf eine Fortsetzung der Erschütterungen und Verzerrungen und Zerstörungen im gesellschaftlichen Leben der Menschheit vorbereiten müssen – und dies in einem zunehmend globalen Ausmaß. Wenn das wahr ist, wäre es für jedes Land – oder soziale Klasse – töricht anzunehmen, daß man sich von den zukünftigen Veränderungen isolieren könnte. Sollten sich indessen – was unwahrscheinlich ist – Regierungen und Gesellschaften entschließen, sich in Vorbereitung auf das nächste Jahrhundert zu reformieren, so muß man auch dann sehen, daß unsere Bemühungen vielleicht nur einen marginalen Effekt auf die tiefgehenden Triebkräfte der heutigen Welt haben mögen. Wir sollten uns auch dessen bewußt sein, daß alle Eingriffe neue, unvorhergesehene und unbeabsichtigte Folgen nach sich ziehen können. Nichts ist gewiß außer der Tatsache, daß wir zahllosen Ungewißheiten gegenüberstehen; aber die einfache Anerkennung dieser Tatsache liefert einen entscheidenden Ansatzpunkt, der natürlich weit besser ist als Blindheit gegenüber dem Wandel unserer Welt.

Daher ist es trotz der Ausmaße und der Komplexität der globalen Herausforderungen zu einfach und zu früh, um resignierend zu schließen, daß nichts getan werden kann. Selbst Malthus beschloß seinen *Essay on Population* mit dem Hinweis, daß die erstaunlichen technischen Fortschritte seiner Tage trotz der unheilverkündenden demographischen Trends einen positiven Einfluß auf die moralischen und politischen Dimensionen der Gesellschaft haben könnten. Die Wissenschaft, so glaubte er, habe immerhin eine Chance, konstruktive Reaktionen und veränderte soziale Gewohnheiten hervorzubringen.[23] Er mag diese Möglichkeit als unwahrscheinlich betrachtet haben, aber er war zumindest bereit zuzugestehen, daß die Menschheit *theoretisch* ihre Lebensweise verändern und ihrem scheinbar unvermeidlichen Schicksal ausweichen könnte. Das ist heute genauso wahr.

Viele frühere Versuche, in die Zukunft zu blicken, schlossen entweder in einem Ton ungezügelten Optimismus oder düsterer Ahnung oder (wie in Toynbees Fall) mit einem Aufruf zu spiritueller Erneuerung. Vielleicht sollte auch dieses Buch in einer solchen Tonlage schließen. Aber es bleibt die hartnäckige Tatsache, daß es, einfach weil wir nicht in die Zukunft sehen können, unmöglich ist, mit Gewißheit zu sagen, ob die globalen Trends zu schrecklichen Katastrophen führen oder durch erstaunliche Fortschritte menschlicher Anpassung aufgefangen werden können. Klar ist in diesen Tagen, da der Kalte Krieg zurücktritt, daß wir keiner »neuen Weltordnung« gegenüberstehen, sondern auf einen problembeladenen und zerrissenen Planeten blicken, der die ernsthafte Aufmerksamkeit der Politiker und der Völker verdient. Die Kraft und die Komplexität der Kräfte des Wandels sind enorm und einschüchternd; dennoch mag es noch immer intelligenten Männern und Frauen möglich sein, ihre Gesellschaften in die komplizierte Aufgabe der Vorbereitung auf das vor uns liegende Jahrhundert zu führen. Stellt die Menschheit sich indessen diesen Herausforderungen nicht, so wird sie sich die Katastrophen, die vor ihr liegen könnten, ausschließlich selbst zuzuschreiben haben.

ANHANG

MENSCHLICHER ENTWICKLUNGSINDEX

Die folgende Tabelle, von dem UN-Entwicklungsprogramm zusammengestellt, vergleicht drei Faktoren – die Lebenserwartung bei der Geburt, die Alphabetisierungsrate bei Erwachsenen und das Pro-Kopf-BSP – miteinander, um eine Rangordnung von 130 Ländern unter dem Aspekt »menschliche Entwicklung« aufzustellen. Die Rangordnung folgt einem aufsteigenden Prinzip, d.h. Niger hat z. Zt. den niedrigsten Stand und Japan den höchsten. Diese Zahlen basieren auf Statistiken aus Mitte bis Ende der 80er Jahre, was bedeutet, daß sich die Position der einzelnen Völker, z. B. Südkorea auf der einen Seite, die ehemalige Sowjetunion auf der anderen, seither entscheidend verändert hat.

	Lebenserwartung bei der Geburt (Jahre), '87	Alphabetisierungsrate bei Erwachsenen (%), '85	Pro-Kopf-BIP 1987 in US-$	HDI	Pro-Kopf-BSP Index	Rang nach HDI
Niger	45	14	452	0,116	20	1
Mali	45	17	543	0,143	15	2
Burkina Faso	48	14	500	0,150	13	3
Sierra Leone	42	30	480	0,150	27	4
Tschad	46	26	400	0,157	4	5
Guinea	43	29	500	0,162	31	6
Somalia	46	12	1 000	0,200	23	7
Mauretanien	47	17	840	0,208	40	8
Afghanistan	42	24	1 000	0,212	17	9
Benin	47	27	665	0,224	28	10
Burundi	50	35	450	0,235	18	11
Bhutan	49	25	700	0,236	3	12
Mosambik	47	39	500	0,239	10	13

	Lebenserwartung bei der Geburt (Jahre), '87	Alphabetisierungsrate bei Erwachsenen (%), '85	Pro-Kopf-BIP 1987 in US-$	HDI	Pro-Kopf-BSP Index	Rang nach HDI
Malawi	48	42	476	0,250	7	14
Sudan	51	23	750	0,255	32	15
Rep. Zentralafrika	46	41	591	0,258	29	16
Nepal	52	26	722	0,273	8	17
Senegal	47	28	1068	0,274	43	18
Äthiopien	42	66	454	0,282	1	19
Zaire	53	62	220	0,294	5	20
Ruanda	49	47	571	0,304	26	21
Angola	45	41	1000	0,304	58	22
Bangladesch	52	33	883	0,318	6	23
Nigeria	51	43	668	0,322	36	24
Arab. Rep. Jemen	52	25	1250	0,328	47	25
Liberia	55	35	696	0,333	42	26
Togo	54	41	670	0,337	24	27
Uganda	52	58	511	0,354	21	28
Haiti	55	38	775	0,356	34	29
Ghana	55	54	481	0,360	37	30
Volksdemokrat. Rep. Jemen	52	42	1000	0,369	39	31
Elfenbeinküste	53	42	1123	0,393	52	32
Kongo	49	63	756	0,395	59	33
Namibia	56	30	1500	0,404	60	34
Tansania	54	75	405	0,413	12	35
Pakistan	58	30	1585	0,423	33	36
Indien	59	43	1053	0,439	25	37
Madagaskar	54	68	634	0,440	14	38
Papua Neuguinea	55	45	1843	0,471	50	39
Kambodscha	49	75	1000	0,471	2	40
Kamerun	52	61	1381	0,474	64	41
Kenia	59	60	794	0,481	30	42
Sambia	54	76	717	0,481	19	43
Marokko	62	34	1761	0,489	48	44
Ägypten	62	45	1357	0,501	49	45
Laos	49	84	1000	0,506	9	46

	Lebenserwartung bei der Geburt (Jahre), '87	Alphabetisierungsrate bei Erwachsenen (%), '85	Pro-Kopf-BIP 1987 in US -$	HDI	Pro-Kopf-BSP Index	Rang nach HDI
Gabun	52	62	2068	0,525	93	47
Oman	57	30	7750	0,535	104	48
Bolivien	54	75	1380	0,548	44	49
Burma	61	79	752	0,561	11	50
Honduras	65	59	1119	0,563	53	51
Simbabwe	59	74	1184	0,576	45	52
Lesotho	57	73	1585	0,580	35	53
Indonesien	57	74	1660	0,591	41	54
Guatemala	63	55	1957	0,592	63	55
Vietnam	62	80	1000	0,608	16	56
Algerien	63	50	2633	0,609	91	57
Botsuana	59	71	2496	0,646	69	58
El Salvador	64	72	1733	0,651	56	59
Tunesien	66	55	2741	0,657	70	60
Iran	66	51	3300	0,660	97	61
Syrien	66	60	3250	0,691	79	62
Dominikan. Rep.	67	78	1750	0,699	51	63
Saudi-Arabien	64	55	8320	0,702	107	64
Philippinen	64	86	1878	0,714	46	65
China	70	69	2124	0,716	22	66
Libyen	62	66	7250	0,719	103	67
Südafrika	61	70	4981	0,731	82	68
Libanon	68	78	2250	0,735	78	69
Mongolei	64	90	2000	0,737	57	70
Nicaragua	64	88	2209	0,743	54	71
Türkei	65	74	3781	0,751	71	72
Jordanien	67	75	3161	0,752	76	73
Peru	63	85	3129	0,753	74	74
Ecuador	66	83	2687	0,758	68	75
Irak	65	89	2400	0,759	96	76
Ver. Arab. Emirate	71	60	12191	0,782	127	77
Thailand	66	91	2576	0,783	55	78
Paraguay	67	88	2603	0,784	65	79

	Lebenserwartung bei der Geburt (Jahre), '87	Alphabetisierungsrate bei Erwachsenen (%), '85	Pro-Kopf-BIP 1987 in US -$	HDI	Pro-Kopf-BSP Index	Rang nach HDI
Brasilien	65	78	4307	0,784	85	80
Mauritius	69	83	2617	0,788	75	81
Nordkorea	70	90	2000	0,789	67	82
Sri Lanka	71	87	2053	0,789	38	83
Albanien	72	85	2000	0,790	61	84
Malaysia	70	74	3849	0,800	80	85
Kolumbien	65	88	3524	0,801	72	86
Jamaika	74	82	2506	0,824	62	87
Kuwait	73	70	13843	0,839	122	88
Venezuela	70	87	4306	0,861	95	89
Rumänien	71	96	3000	0,863	84	90
Mexiko	69	90	4624	0,876	81	91
Kuba	74	96	2500	0,877	66	92
Panama	72	89	4009	0,883	88	93
Trinidad und Tobago	71	96	3664	0,885	100	94
Portugal	74	85	5597	0,899	94	95
Singapur	73	86	12790	0,899	110	96
Südkorea	70	95	4832	0,903	92	97
Polen	72	98	4000	0,910	83	98
Argentinien	71	96	4647	0,910	89	99
Jugoslawien	72	92	5000	0,913	90	100
Ungarn	71	98	4500	0,915	87	101
Uruguay	71	95	5063	0,916	86	102
Costa Rica	75	93	3760	0,916	77	103
Bulgarien	72	93	4750	0,918	99	104
Sowjetunion	70	99	6000	0,920	101	105
Tschechoslowakei	72	98	7750	0,931	102	106
Chile	72	98	4862	0,931	73	107
Hongkong	76	88	13906	0,936	111	108
Griechenland	76	93	5500	0,949	98	109
DDR	74	99	8000	0,953	115	110
Israel	76	95	9182	0,957	108	111
USA	76	96	17615	0,961	129	112

	Lebenserwartung bei der Geburt (Jahre), '87	Alphabetisierungsrate bei Erwachsenen (%), '85	Pro-Kopf-BIP 1987 in US-$	HDI	Pro-Kopf-BSP Index	Rang nach HDI
Österreich	74	99	12386	0,961	118	113
Irland	74	99	8586	0,961	106	114
Spanien	77	95	8989	0,965	105	115
Belgien	75	99	13140	0,966	116	116
Italien	76	97	10682	0,966	112	117
Neuseeland	75	99	10541	0,966	109	118
BRD	75	99	14730	0,967	120	119
Finnland	75	99	12795	0,967	121	120
Großbritannien	76	99	12270	0,970	113	121
Dänemark	76	99	15119	0,971	123	122
Frankreich	76	99	13961	0,974	119	123
Australien	76	99	11782	0,978	114	124
Norwegen	77	99	15940	0,983	128	125
Kanada	77	99	16375	0,983	124	126
Niederlande	77	99	12661	0,984	117	127
Schweiz	77	99	15403	0,986	130	128
Schweden	77	99	13780	0,987	125	129
Japan	78	99	13135	0,996	126	130

ANMERKUNGEN

1. Prolog: Alte und neue Herausforderungen

1 Siehe die Schätzungen auf S. 30 in: G. T. Trewartha: *A Geography of Population: World Patterns*, New York 1969.
2 N. Tranter: *Population Since the Industrial Revolution: The Case of England and Wales*, New York 1973, S. 41–42.
3 Siehe die Diskussion in W. H. McNeill: *Plagues and Peoples*, New York 1976, Kap. 6; und in P. E. Razzell: »Population Growth and Economic Change in Eighteenth- and Early Nineteenth-Century England and Ireland«, in: E. L. Jones und G. E. Mingay (Hg.): *Land, Labour and Population in the Industrial Revolution*, London 1967, S. 260–281.
4 T. R. Malthus: *An Essay on the Principle of Population as It Affects the Future Improvement of Society*, London 1798, S. 13 – neu aufgelegt und mit Anmerkungen von J. Bonar, New York 1965.
5 Ebenda, S. 22.
6 R. L. Heilbroner: *The Worldly Philosophers*, New York, 1986, S. 77–78.
7 P. Mathias: *The First Industrial Nation*, London 1969, S. 452; W. D. McIntyre: *Colonies Into Commonwealth*, London 1966, S. 345.
8 Eine gute kurze Beschreibung findet sich in: Mathias: a.a.O., S. 64–80; siehe auch J. D. Chambers und G. E. Mingay: *The Agricultural Revolution 1750–1880*, New York 1966.
9 D. S. Landes: *The Unbound Prometheus: Technological Change and Industrial Development in Western Europe from 1750 to the Present*, Cambridge 1969, S. 1.
10 P. Kennedy: *Aufstieg und Fall der großen Mächte*, Frankfurt 1989, S. 211–12; und siehe den allgemeiner gefaßten Diskurs in C. M. Cipolla: *The Economic History of World Population*, Harmondsworth, Mddsx., 7. Aufl. 1978, S. 70 ff., 115; W. H. McNeill: *Population and Politics Since 1750*, Charlottesville, VA 1990.
11 Mathias: a.a.O., Tabelle 15, S. 466.
12 Zitiert in: R. Hyam: *Britain's Imperial Century 1815–1914*, London 1975, S. 47.
13 Das ist das Thema von: Landes: a.a.O.
14 T. S. Ashton: *The Industrial Revolution, 1760–1830*, Oxford 1968, S. 129.
15 Diese Zahl stammt aus: P. Bairoch: »International Industrialization

Levels from 1750 to 1980«, *Journal of European Economic History*, 11 (1982), S. 294.

16 Ashton: a.a.O., S. 129.

17 Zu diesem Argument siehe W. H. McNeill: *The Pursuit of Power*, Chicago, IL 1983, Kap. 6.

18 Siehe insbesondere E. L. Jones: *The European Miracle: Environments, Economies and Geopolitics in the History of Europe and Asia*, Cambridge, MA 1981; und C. M. Cipolla (Hg.): *The Economic Decline of Empires*, London 1970.

19 So argumentiert K. Mendelssohn: *Science and Western Domination*, London 1976.

20 Für einen kurzen Eindruck dieser Sorge, siehe J. Fallows: *More Like Us*, New York 1989; D. Burstein: *Yen! Japan's New Financial Empire and Its Threat to America*, New York 1988; R. Rosecrance: *America's Economic Resurgence*, New York 1990; S. Schlossstein: *The End of the American Century*, New York 1989.

2. Die demographische Explosion

1 C. M. Cipolla: a.a.O., der H. Brown: *The Challenge of Man's Future*, New York 1954, S. 3 zitiert.

2 Diese allgemein anerkannten Zahlen sind abgedruckt in: H. Thomas: *A History of the World*, New York 1979, S. 49–50. Siehe auch W. W. Rostow: *The World Economy: History & Prospects*, Austin, TX 1978, S. 3–7. Die Zahl von 1990 stammt aus: *World Population Prospects, 1988* (U.N. Population Division), New York 1989, S. 28.

3 Ebenda; und siehe auch N. Sadik: *The State of the World Population* (U. N. Population Fund, 1), New York 1990.

4 *Population Today*, Bd. 16, Nr. 1 (Januar 1988), S. 3; »World Population Pace Quickens«, *Wall Street Journal*, 14. Mai 1991, S. A18.

5 *World Population Prospects, 1988*, S. 27–32. Die Gesamtbevölkerungszahlen der Länder, auf die verwiesen werden, wurden *World Resources, 1990–91*, New York/Oxford 1990, S. 254–55 entnommen.

6 *World Population Prospects, 1988*, S. 37, Tabelle 2.5.

7 Ebenda; M. Sontheimer: »Die Erde ist voll«, *Die Zeit* (Dossier), 28. Dezember 1990, S. 13.

8 Cipolla: a.a.O., 1987, S. 89–90; und siehe auch die Diskussion in McNeill: a.a.O., 1976, passim.

9 *World Resources, 1990–91*, S. 254, 258.

10 Ebenda, S. 254.

11 Ebenda, S. 254–55.

12 J. Axelbank: »The Crisis of the Cities«, *Populi*, Bd. 15, Nr. 4 (1988), S. 28–35; Sadik: a.a.O., S. 9. Für die »Zentren des Wohlstands ... Zentren

der Armut«-Behauptung siehe R. Wright und D. MacManus: *Flashpoints*, New York 1991, S. 168.

13 Sadik: a.a.O., S. 8.

14 T. J. Goliber: »Africa's Expanding Population: Old Problems, New Policies«, *Population Bulletin*, Bd. 44, Nr. 3 (November 1989), S. 18.

15 T. C. Quinn u. a.: »AIDs in Africa: An Epidemiological Paradigm«, *Science*, 234 (November 1986), S. 955–58; K. Hunt: »Scenes from a Nightmare«, *New York Times Magazine*, 12. August 1990, S. 24–26, 50–51.

16 L. K. Altman: »W.H.O. Says 40 Million Will Be Infected with AIDs Virus by 2000«, *New York Times*, 18. Juni 1991, S. C3.

17 »AIDs in Africa«, *Economist*, 25. November 1989, S. 16.

18 Goliber: a.a.O., S. 22 weist auf ein unveröffentlichtes AAS-Protokoll von J. Bougaarts: »Modelling the Demographic Impact of AIDs in Africa« hin.

19 Siehe die vergleichenden Statistiken auf S. 244–63 in *World Resources, 1990–91*. Für Analysen des Ostasien-»Booms« siehe S. B. Linder: *The Pacific Century*, Stanford, CA 1986; J. W. Morley (Hg.): *The Pacific Basin*, New York 1986; M. Smith u. a.: *Asia's New Industrial World*, London 1985.

20 R. Rosecrance: *The Rise of the Trading States*, New York 1985, behandelt diesen Aspekt der Geschichte *und* der aktuellen Tendenzen ausführlich.

21 Siehe A. J. Coale und E. M. Hoover: *Population Growth and Economic Development in Low-Income Countries*, Princeton, NJ 1958; als auch die Argumente in: D. H. Meadows u. a.: *The Limits to Growth*, New York 1972; P. R. Ehrlich: *The Population Bomb*, New York 1968; und H. E. Daly: *Steady State Economics*, San Francisco 1977.

22 J. L. Simon: *The Ultimate Resource*, Princeton, NJ 1981, S. 6 und passim. Siehe auch die mehr technischen Anmerkungen von D. A. Ahlburg: »The Impact of Population Growth on Economic Growth in Developing Nations: The Evidence from Macroeconomic-Demographic Models«, in: D. G. Johnson und R. D. Lee: *Population Growth and Economic Development: Issues and Evidence*, Madison, WI 1987, S. 479–522.

23 P. R. Ehrlich und A. E. Ehrlich: *The Population Explosion*, New York 1990, S. 134. Die Darstellungen über den Ölverbrauch stammen aus: M. L. Wald: »America Is Still Demanding a Full Tank«, *New York Times*, 12. August 1990, S. E3.

24 Abgesehen von Ehrlichs *Population Explosion* und *Population Bomb* siehe auch L. R. Brown u. a.: *State of the World, 1990*, New York 1990, passim; *World Resources, 1990–91*; und *Our Common Future* (World Commission on Environment and Development), Oxford 1987.

25 Simon: a.a.O., passim.

26 Siehe M. S. Teitelbaum und J. M. Winter: *The Fear of Population Decline*, Orlando, FL/London 1976, Kap. 2.

27 G. D. Foster: »Global Demographic Trends to the Year 2010: Implications for U.S. Security«, *Washington Quarterly*, 12 (Frühling 1989), S. 10.
28 Siehe z.B. K.R. Andrews: *Elizabethan Privateering*, Cambridge 1964, passim; W. H. McNeill: a.a.O., S. 185 ff.
29 B. J. Wattenberg: *The Birth Death*, New York 1987, passim.
30 *Wall Street Journal*, 5. Juni 1991, S. A10.
31 *World Resources, 1990–91*, S. 257.
32 Ebenda, S. 256–57.
33 »Ten Billion Mouths«, *Economist*, 20. Januar 1990.
34 Teitelbaum und Winter: a.a.O., passim.
35 Ein gutes Beispiel bringt G. R. Searle: *Eugenics and Politics in Britain, 1900–1914*, Leydon 1976, passim; aber viele mehr sind zu finden in: Teitelbaum und Winter: a.a.O.
36 Teitelbaum und Winter: a.a.O., bes. die Kapitel 5–7. Siehe auch K. Davis u. a. (Hg.): *Below-Replacement Fertility in Industrial Societies*, Beilage zu Bd. 12 von *Population and Development Review*, 1986.
37 Foster: a.a.O., passim; und N. Eberstadt: »Population Change and National Security«, *Foreign Affairs*, Bd. 70, Nr. 3 (Sommer 1991), S. 115–131; dies sind die besten Abhandlungen hierzu.
38 G. V. Scammell: *The World Encompassed: The First European Maritime Empires, c. 800–1650*, Berkeley, CA 1981; J. H. Parry: *The Age of Reconnaissance*, London, 2. Aufl. 1966.
39 Cipolla: a.a.O., 1978, S. 120.
40 T.H. Von Laue: *The World Revolution of Westernization*, New York/ Oxford 1987, passim.
41 »The Would-Be European«, *Economist*, 4. August 1990, S. 14–15.
42 Diese Kommentare beruhen auf der Grundlage von McNeill: a.a.O., 1990, S. 60–71; Teitelbaum und Winter: a.a.O., passim; siehe die Essays in W. Alonso (Hg.): *Population in an Interacting World*, Cambridge, MA 1987; S. Castles u. a.: *Here for Good: Western Europe's New Ethnic Minorities*, London 1984. Siehe auch T. Horwitz und C. Forman: »Immigrants to Europe from the Third World Face Racial Animosity«, *Wall Street Journal*, 14. August 1990, S. A1, A8.
43 *World Resources, 1990–91*, S. 254–55. Die Hochrechnung für Australien erscheint schon jetzt zu vorsichtig; in Anbetracht der hohen Bevölkerungswachstumsraten dieses Landes: siehe C. Young: »Australia's Population: A Longterm View«, *Current Affairs Bulletin*, 65 (Mai 1989), S. 4–11.
44 Eberstadt: a.a.O., S. 125.
45 D. Johnston: »Rise in Crossings Spurs New Actions to Seal U.S. Border«, *New York Times*, 9. Februar 1992, S. 1, 30; A. Riding: »France Unveils Strict New Rules on Immigration«, dies., 11. Juli 1991, S. A5.
46 »One Sign of Our Times: World's Refugee Flood«, *New York Times*, 12. August 1990, S. 16.

47 McNeill: a.a.O., 1990, S. 69.
48 Eberstadt: a.a.O., S. 128.
49 Ebenda, S. 129.

3. Die Kommunikations- und Finanzrevolution

1 Beide im Text aufgeführten Statistiken und die Tabelle stammen aus: P. Bairoch: a.a.O., S. 273.
2 M. Moynihan: *Global Consumer Demographics*, New York 1991, S. 28.
3 *World Resources, 1990–91*, S. 244–45.
4 *World Development Report 1990* (The World Bank), Washington, DC 1990, S. iii.
5 R. Aggerwal: »The Strategic Challenge of the Evolving Global Economy«, *Business Horizons* 32 (Juli/August 1987), S. 38–44; W. B. Wriston: »Technology and Sovereignity«, *Foreign Affairs*, Bd. 67, Nr. 2 (Winter 1988/89), S. 71. Für weitere Kommentare zu diesen Umwälzungen siehe B. C. Resnick: »The Globalization of World Financial Markets«, *Business Horizons*, 32 (November/Dezember 1989), S. 34–41; »The Stateless Corporation«, *Business Week*, 14. Mai 1990, S. 98–105; H. B. Malmgren: »Technology and the Economy«, in: E. W. Brock und R. D. Homats (Hg.): *The Global Economy: America's Role in the Decade Ahead*, New York/London 1990, S. 92–119. Für eine allgemeinere Darstellung siehe den wichtigen Artikel von P. Drucker: »The Changed World Economy«, *Foreign Affairs*, Bd. 64 (Frühling 1989), S. 768–91.
6 Siehe nochmals Resnick: a.a.O., passim; »International Banking«, *Economist* (Survey), 25. März 1989; K. Pierog: »How Technology Is Tackling 24-Hour Global Markets«, *Futures*, Bd. 17, Nr. 6 (Juni 1989), S. 68–74; G. A. Keyworth II: »Telecommunications and Computing«, *Vital Speeches of the Day*, 1. April 1990, S. 358–61.
7 C. F. Bergsten: *America in the World Economy: A Strategy for the 1990s*, Washington, DC 1988, S. 59–60.
8 K. Ohmae: *The Borderless World: Management Lessons in the New Logic of the Global Marketplace*, New York/London 1990, passim. Siehe auch Wriston: »Technology and Sovereignty«.
9 J. N. Rosenau: »The Relocation of Authority in a Shrinking World« (unveröffentlicher Aufsatz von 1990).
10 A. W. Pessin: »Communications and Revolution: 1989, The Year Communications Got a Good Name«, *Vital Speeches of the Day*, 1. Mai 1990, S. 425.
11 Ohmae: a.a.O., S. 3.
12 Ebenda.
13 R. B. Reich: *The Work of Nations*, New York 1990, S. 3–4, 8–9.
14 Ebenda, S. 115–16, 126.
15 Ohmae: a.a.O., S. 170.

16 S. Strange: »Finance, Information, and Power«, *Review of International Studies*, Bd. 16, Nr. 3 (Juli 1990), S. 274. Für einen warnenderen Standpunkt siehe E. Helleiner: »States and the Future of Global Finance«, *Review of International Studies*, Bd. 18, Nr. 1 (Januar 1992), S. 31–49.

17 Zur zunehmenden Unsicherheit des Systems vor 1914 siehe z. B. M. de Cecco: *Money and Empire: The International Gold Standard, 1890–1914*, Oxford 1974. Siehe auch R. P. Gilpin: *The Political Economy of International Relations*, Princeton, NJ 1987, Kap. 4 und 9.

18 Ich habe diese Aussage dem Kommentar meines Lektors Jason Epstein zu dem ersten Entwurf des Manuskripts für dieses Buch entlehnt.

19 Der Firmenchef war von Colgate-Palmolive: siehe Reich: a.a.O., S. 141, zit. n. Louis Uchitelles wichtigem Artikel: »U.S. Businesses Loosen Link to Mother Country«, *New York Times*, 28. Mai 1984.

20 Das Danville/Portland-Beispiel ist Reich: a.a.O., S. 295–96 entnommen. Das Arlington/Ypsilanti-Beispiel stammt aus: C. Harlan und J. Mitchell: »Rage, Relief and Warning to UAW Mark GM Decision on Closing Plant«, *Wall Street Journal*, 25. Februar 1992, S. A8; und G. A. Patterson: »How GM's Car Plant in Arlington, Texas, Hustled to Avoid Ax«, *Wall Street Journal*, 6. März 1992, S. A1, A4.

21 Reich: a.a.O., S. 295–98, gibt viele Beispiele für diese Konkurrenzen an.

22 Ebenda, S. 213. Reichs Buch beinhaltet eine sehr klare Analyse dieser gesellschaftlichen und beruflichen Tendenzen.

23 Siehe Anmerkung 8 oben.

24 Ohmae: a.a.O., S. xii.

25 Rosenau: a.a.O., passim.

4. Landwirtschaft und die biotechnologische Revolution

1 *State of the World, 1990*, S. 5.

2 B. Johnstone: »Fading of the Miracle« und »Snowing for the Future«, *Far East Economic Review*, 1. Dezember 1988, S. 72–75.

3 Diese Ursachen sind erörtert in: L. R. Brown und J. E. Young: »Feeding the World in the Nineties«, Kap. 4 in: *State of the World, 1990*; und in: P. R. Ehrlich und A. H. Ehrlich: a.a.O., 1990, Kap. 4–5. Zu einer Kritik dieser »Schwarzmalerei« siehe D. T. Avery: »Mother Earth Can Feed Billions More«, *Wall Street Journal*, 19. September 1991; und P. Simon: *Population Matters*, New Brunswick, NJ 1990, Teil 2.

4 Johnstone: »Fading of the Miracle«, passim.

5 Zahlen aus: *World Resources, 1990–91*, S. 86.

6 Diese Zahlen sind zu finden in: *State of the World, 1990*, S. 65, und *World Resources 1990–91*, S. 87.

7 *World Resources, 1990–91*, S. 87; und N. Calder: *The Green Machines*, New York 1986, S. 109–118.

8 Johnstone: »Snowing for the Future«, S. 72.
9 *Technology, Public Policy, and the Changing Structure of American Agriculture* (U.S. Congress; Office of Technology Assessment), Washington, DC, März 1986, S. 4.
10 Zu Beschreibungen dieser Techniken siehe »Biotechnology Survey«, *Economist,* 30. April 1988. Siehe auch J. L. Marx (Hg.): *A Revolution in Biotechnology*, Cambridge 1989; S. Prentis: *Biotechnology: A New Industrial Revolution*, New York 1984; R. Teitelman: *Gene Dreams*, New York 1989; B. D. Davis (Hg.): *The Genetic Revolution: Scientific Prospects and Public Perceptions*, Baltimore/London 1991.
11 »Biotechnology Survey«, *Economist*, 30. April 1988, S. 6; *Agricultural Biotechnology: The Next Green Revolution?* (The World Bank, Technical Paper, Nr. 133), Washington, DC 1991.
12 Zum oben Erwähnten siehe S. Browlee: »The Best Banana Bred«, *Atlantic Monthly*, 264 (September 1989), S. 22, 24, 28; K. Schneider: »Betting the Farm on Biotech«, *New York Times Magazine*, 10. Juni 1990, S. 26–28, 36, 38–39; J. M. Nash: »A Bumper Crop of Biotech«, *Time Magazine*, 1. Oktober 1990, S. 92–94; »The Tomatoes of the Tree of Knowledge«, *Economist*, 14. Juli 1990, S. 83; D. E. Hanke: »Seeding the Bamboo Revolution«, *Nature*, 22 (22. März 1990).
13 *Science*, 16. Juni 1989, S. 1281.
14 J. Doyle: »Sustainable Agriculture and the Other Kind of Biotechnology«, S. 173; Aussage zu: *Reform and Innovation of Science and Education: Planning for the 1990 Farm Bill* (U.S. Senate: Committee on Agriculture, Nutrition, and Forestry), Washington, DC 1989; M. Mellon: »An Environmentalist Perspective«, in: Davis (Hg.): a.a.O., S. 60–76. Zum Problem der biologischen Vielfältigkeit vs. genetischer Gleichförmigkeit siehe R. E. Rhoades: »The World's Food Supply at Risk«, *National Geographic*, 179 (April 1991), S. 74–105.
15 L. Busch u. a.: *Plants, Power, and Profit: Social, Economic, and Ethical Consequences of the New Biotechnologies*, Oxford 1991, S. 186 (Busch bezieht sich auf Balandrin u. a.).
16 Siehe nochmals Schneider: »Betting the Farm on Biotech«, passim.
17 Busch u. a.: a.a.O., S. 184.
18 Dies ist eine Paraphrase von J. Doyle: »DNA – It's Changing the Whole Economy«, *Christian Science Monitor*, 30. September 1987; und »Who Will Gain from Biotechnology?« in: S. M. Gendel u. a.: *Agricultural Bioethnics*, Ames, IA 1990, S. 185 – ein bemerkenswerter Artikel. Siehe auch M. Kenney: *Biotechnology: The University-Industrial Complex*, New Haven 1986, Kap. 10.
19 D. S. G. Goodman u. a.: *From Farming to Biotechnology: A Theory of Agro-Industrial Development*, Oxford 1987, S. 138 und passim; E. Yoxen: *The Gene Business*, New York 1983, bes. S. 140–48.

20 Die Berechnung stammt von G. Junne und J. Birman: »The Impact of Biotechnology on European Agriculture« in: E. Yoxen und V. di Martino: *Biotechnology in Future Society*, Luxemburg 1989, S. 79.

21 »Biotechnology Survey«, *Economist*, 30. April 1988, S. 17.

22 Siehe K. Schneider: »Biotechnology Enters Political Race«, *New York Times*, 21. April 1990; G. Gugliotta: »Bovine Growth Hormone Stirs a Debate in Wisconsin«, *Washington Post* (National Weekly Edition), 2.–8. Juli 1990, S. 39; und die Briefe in der *New York Times* vom 19. Mai und 12. Juni 1990.

23 D. Dickson: »German Biotech Firms Flee Regulatory Controls«, *Science*, 248 (16. Juni 1990), S. 1251–52.

24 Wie behauptet in: Busch u. a.: a.a.O., S. 175, 178.

25 »Yesterday's Farming«, *Economist*, 20. August 1988, passim; M. L. LaGanga: »U.S. Agriculture, Biotech Firms Cut Good Deals with Japanese«, *Los Angeles Times*, 9. April 1990, S. D3; H. Yamaguchi: »Biotechnology: New Hope for Japan's Farmers«, *Business Japan* (April 1987), S. 36–40.

26 Siehe nochmals Dickson: a.a.O., passim.

27 A. Gibbons: »Biotechnology Takes Root in the Third World«, *Science*, 248 (25. Mai 1990), S. 962.

28 C. Juma: *The Gene Hunters: Biotechnology and the Scramble for Seeds*, London/Princeton, NJ 1989, S. 117–124 – eine hervorragende Darstellung.

29 *State of the World, 1990*, S. 71.

30 Ebenda.

31 J. Kloppenberg: »The Social Impacts of Biogenetic Technology in Agriculture: Past and Future«, in: G. M. Berardi und C. C. Geisler (Hg.): *The Social Consequences and Challenges of New Agricultural Technologies*, Boulder, CO 1984, S. 318.

32 Busch u. a.: a.a.O., S. 172, 175, 181–82, führen diese Beispiele und Statistiken in ihrer sehr guten Analyse des Problems auf.

33 Ebenda, S. 183–85. Siehe auch den fortlaufenden Kommentar in J. R. Kloppenburg: *First the Seed: The Political Economy of Plant Biotechnology, 1492–2000*, Cambridge 1988.

34 Siehe zum Beispiel Brown's »Re-examining the World Food Prospect«, *State of the World, 1989*, S. 41–58; und D. T. Avery: »The Green Revolution Is Our Real Food Security«, (Hudson Institute, Briefing Paper 112), Indianapolis, IN 1989 – zwecks Gegenüberstellung. Siehe auch die verschiedenen Artikel in Davis (Hg.): a.a.O.

5. Robotik, Automatisierung und industrielle Revolution

1 Landes: a.a.O., S. 41.
2 Kennedy: *Aufstieg und Fall der großen Mächte*, S. 206–225.
3 Harmerow u. a.: *Restoration, Revolution, Reaction: Economics and Politics in Germany, 1815–1871.*
4 P. B. Scott: *The Robotics Revolution*, Oxford/New York 1984, S. 10.
5 Ebenda; und hierzu bes.: W. B. Gevarter: *Intelligent Machines*, Englewood Cliffs, NJ 1985, S. 161.
6 Siehe den Zusammenbruch der Industriezweige, die Roboter benutzen, dargestellt in *Annual Review of Engineering Industries and Automation, 1988*, Bd. 1 (U.N. Economic Commission for Europe), New York 1989, S. 53.
7 *Robotics Technology and Its Varied Uses* (U.S. Congress: Hearing Before the Subcommittee on Science, Research, and Technology), 25. September 1989, Washington, DC 1989, Aussage von K. G. Engelhardt; siehe auch Engelhardts Artikel »Innovations in Health Care: Roles for Advanced Intelligent Technologies«, *Pittsburgh High Technology Journal*, Bd. 2, Nr. 5 (1987), S. 69–72.
8 *Robotics Technology and Its Varied Uses*, S. 15, 19, 24.
9 J. Baranson: *Robots in Manufacturing*, Mt. Airy, MD 1983, S. 67.
10 Ebenda, S. 39–41, 111–127; *Robotics Technology and Its Varied Uses*, S. 76; P. T. Kilborn: »Brave New World Seen for Robots Appears Stalled by Quirks and Costs«, *New York Times*, 1. Juli 1990, S. 16.
11 Kilborn, »Brave New World ...«.
12 Baranson: a.a.O., S. 86.
13 *Robotics Technology and Its Varied Uses*, S. 172.
14 *Annual Review of Engineering Industries and Automation*, S. 53.
15 »Japan's New Idea: Technology for the 21st Century«, *Industry Week* (Special Report), 5. September 1990, S. 42.
16 »Bodybuilding without Tears«, *Economist*, 21. April 1990, S. 138.
17 FANUCs Arbeitsabläufe sind in zahllosen Artikeln beschrieben worden; z. B. in: F. L. Schodt: »In the Land of Robots«, *Business Month*, 132 (November 1988), S. 67–75; mehr von der technischen Seite her von: D. F. Urbanials: »The Unattended Factory«, *13th International Symposium on Industrial Robots, and Robots 7: Conference Proceedings*, Bd. 1, Dearborn, MI 1983, S. I–18 bis I–24.
18 Siehe den außergewöhnlich anregenden Artikel von M. J. E. Cooley: »Robotics – Some Wider Implications«, *Aspects of Robotics*, S. 95–104.
19 Siehe nochmals den Artikel von Schodt (Anmerkung 17 oben).
20 Siehe Tabelle 10-6.
21 M. Carnoy: »High Technology and International Labour Markets«, *International Labour Review*, Bd. 124, Nr. 6 (1985), S. 649.
22 Ebenda, S. 650.

23 Ebenda, S. 653.
24 »Japan's New Idea«, *Industry Week*, S. 69.
25 Siehe die Argumentation in Kap. 3 oben.

6. Die Gefahren für unsere natürliche Umwelt

1 Dieser erste Teil basiert auf den folgenden Schlüsselwerken: *World Resources, 1990–91*, S. 1–10; *State of the World, 1990*, bes. Kap. 1, S. 3–16; M. Oppenheimer und R. H. Boyle: *Dead Heat: The Race Against the Greenhouse Effect*, New York 1990, Kap. 2; und W. W. Rostow: a.a.O., bes. Teil 1 und Teil 6.
2 *State of the World, 1990*, S. 6.
3 S. Hecht und A. Cockburn: *The Fate of the Forest: Developers, Destroyers and Defender of the Amazon*, London/New York 1989, passim; K. Maxwell: »The Tragedy of the Amazon«, *New York Review of Books*, 7. März 1991, S. 24–29.
4 *World Resources, 1990–91*, S. 106.
5 Siehe die Diskussion in J. D. Ives und B. Messerli: *The Himalayan Dilemma: Reconciling Development and Conservation*, London/New York 1989, Kap. 1.
6 *State of the World, 1990*, S. 5.
7 *World Resources, 1990–91*, S. 101–102.
8 Gut erklärt in: W. V. Reid und K. R. Miller: *Keeping Options Open: The Scientific Basis for Conserving Biodiversity*, Washington, DC 1989, passim.
9 »A Latin American Ecological Alliance« (bezahlte Anzeige), *New York Times*, 22. Juli 1991, S. A11.
10 F. Painton: »Where the Sky Stays Dark«, *Time Magazine*, 28. Mai 1990, S. 40–41.
11 *State of the World, 1990*, S. 100.
12 Ebenda, S. 109.
13 Für eine Zusammenfassung der verschiedenen Studien zu diesem Thema siehe Kap. 10 »Freshwater« in: *World Resources, 1990–91*.
14 *State of the World, 1990*, S. 43, aus dem Kap. »Saving Water for Agriculture«; dies ist eine hervorragende Einführung in dieses Problem.
15 Ebenda, S. 44–45.
16 *World Resources, 1990–91*, S. 171, »The Dying Aral Sea«.
17 Ebenda, S. 176–77.
18 S. Postel: *Water: Rethinking Management in an Age of Scarcity*, Worldwatch Papier 62 (Dezember 1984), besonders S. 20–22; und die witzige Analyse in: M. Reisner: *Cadillac Desert*, New York 1986, passim.
19 Der Grund, warum die weltweite Erwärmung als *das* Umweltproblem angesehen werden muß, wird verdeutlicht in: *World Resources, 1990–91*,

Kap. 2, S. 11–31; P. H. Gleick: »Climate Change and International Politics: Problems Facing Developing Countries«, *Ambio*, 18 (1989) S. 333–339; ders.: »The Implications of Global Changes for International Security«, *Climatic Change*, 15 (1989), S. 309–25.

20 Dieser Abschnitt und der folgende stützen sich stark auf einen Brief (30. 1. 1992) von Kenneth Keller vom Council on Foreign Relations.

21 S. H. Schneider: *Global Warming*, San Francisco, CA 1989, bes. S. 18–19. Siehe auch »Under the Sun – Is Our World Warming?«, *National Geographic*, Bd. 178, Nr. 4 (Oktober 1990), S. 73 – ein hervorragender Artikel zur Einführung.

22 *World Resources, 1990–91*, S. 14.

23 S. Shulman: »Hot Air – Or What?«, *Nature*, 345 (14. Juni 1990), S. 4562; D. L. Wheeler: »Scientists Studying ›The Greenhouse Effect‹ Challenge Fears of Global Warming«, *Journal of Forestry*, 88, Nr. 27 (1989), S. 34–36; W. K. Stevens: »Carbon Dioxide Rise May Alter Plant Life, Researchers Say«, *New York Times*, 18. September 1990, S. C1, C9. Für kritische Kommentare zu diesem Standpunkt siehe die Gesamtausgabe des Magazins *Climatic Change*, Bd. 6. Beachte auch D. T. Avery: a.a.O. – ein nachhaltiger Angriff auf Lester Browns Worldwatch Institute; Simon: a.a.O., 1990, passim; und W. Tucker: *Progress and Privilege*, New York 1982.

24 Zu diesem »Konsens« siehe den Bericht des U.S. National Research Council: *Changing Climate*, Washington, DC 1983; J. Hansen u. a.: »Global Climate Changes as Forecast by the Goddard Institute for Space Studies Three-Dimensional Model«, *Journal of Geophysical Research*, 93 (1988), S. 9341–64 – eine sehr theoretische Arbeit; und R. A. Kerr: »New Greenhouse Report Puts Down Dissenters«, *Science*, 249 (3. August 1990), S. 481–82, eine vorausgreifende Zusammenfassung des Berichts vom Oktober 1990 des International Panel on Climate Change.

25 D. Goleman: »Antarctica Sheds Ice and Scientists Wonder Why«, *New York Times*, 14. August 1990, S. C1, C8.

26 Das Intergovernmental Panel on Climate Change glaubt anscheinend, daß, »wenn strenge Kontrollen der Treibhausgas-Emissionen unterlassen werden, der Meeresspiegel bis zum Jahr 2030 zwischen 8 und 29 Zentimeter steigen wird«, was ein eher maßvoller Anstieg ist (Kerr: a.a.O., S. 481). Als Gegensatz hierzu berechnet eine Studie der National Academy of Sciences, »die ein zunehmendes Schmelzen des Polareises für möglich hält, den Anstieg auf ungefähr 50 bis 105 Zentimeter innerhalb des nächsten Jahrhunderts voraus«, was eine ganz andere Sache ist (Goleman: a.a.O., S. C8). Siehe auch die Tabelle auf S. 97 in S. Hoffman: »Estimates of Future Sea Level Rise«, in: M. C. Barth und J. G. Titus (Hg.): *Greenhouse Effect and Sea Level Rise*, New York 1984.

27 Siehe E. D. Fajer u. a.: »The Effects of Enriched Carbon Dioxide Atmos-

pheres on Plant-Insect Herbivores Interactions«, *Science*, 243 (1989), S. 1198–1200. Dies jedoch betrifft nur eine einzelne Wechselwirkung zwischen Pflanze und Insekt.

28 J. Broadus u. a.: »Rising Sea Level and Damming of Rivers: Possible Effects in Egypt and Bangladesh«, in: J. G. Titus (Hg.): *Effects of Changes in Stratospheric Ozone and Global Climate*, Bd. IV: *Sea Level Rise*, Washington, DC 1986.

29 Zahlen aus: *World Resources, 1990–91*, S. 244–45.

30 J. Hoffman u. a.: *Projecting Future Sea Level Rise: Methodology, Estimate to the Year 2000, and Research Needs*, Washington, DC 1983, passim.

31 *World Resources, 1990–91*, S. 244–45.

32 T. F. Homer-Dixon: »On the Threshold: Environmental Changes as Causes of Acute Conflicts«, *International Security*, Bd. 16, Nr. 2 (Herbst 1991), S. 76–116; Gleick in: *Climatic Change*, passim.

33 Hoffman u. a.: a.a.O.

34 Siehe zum Beispiel S. Manabe und R. T. Wetherald: »Large-Scale Changes of Soil Wetness Induced by an Increase in Atmospheric Carbon Dioxide«, *Journal of Atmospheric Sciences*, 44 (1987), S. 1211–35.

35 Gleick in: *Climatic Change*, passim.

36 G. D. V. Williams: »Estimated Bioresource Sensitivity to Climate Change in Alberta, Canada«, *Climatic Change*, 7 (1985), S. 55–69; B. Smit u. a.: »Sensitivity fo Crop Yields and Land Resource Potential to Climate Change in Ontario, Canada«, *Climatic Change*, 14 (1989), S. 153–74.

37 Siehe die Illustrationen und Aussagen auf S. 86–87 aus: »Under the Sun – Is Our World Warming?«, *National Geographic*, a.a.O.

38 »Energy and the Environment«, *Economist* (Survey), August 1991; M. W. Browne: »93 Nations Agree to Ban Chemicals That Harm Ozone«, *New York Times*, 30. Juni 1990, S. A1.

39 C. Flavin: »Slowing Global Warming«, in: *State of the World, 1990*, S. 21.

40 Das Folgende basiert auf J. MacNeill u. a.: *Beyond Interdependence*, New York/Oxford 1991, Kap. 4–5; Flavin: a.a.O., S. 17–38; *World Resources, 1990–91*, S. 24–30; Oppenheimer und Boyle: a.a.O., passim; Schneider: a.a.O., S. 260 ff.; siehe Y. Hamakawa: »Photovoltaic Power«, *Scientific American*, 256 (April 1987), S. 87–92.

41 *World Resources, 1990–91*, S. 105.

42 *State of the World, 1990*, S. 20.

43 Eine wichtige Ausnahme ist hier Al Gore: *Wege zum Gleichgewicht. Ein Marshallplan für die Erde*, Frankfurt/M. 1992 – ein hervorragender Überblick über die Umweltkrise.

44 Siehe die in Anmerkung 23 oben erwähnten Artikel; und »How to Find an Ozone Hole«, *Wall Street Journal*, 28. Februar 1992, S. A14.

45 W. D. Nordhaus: »Global Warming: Slowing the Greenhouse Express« (Cowes Foundation Paper, Nr. 758), Hale 1990, passim.

46 M. D. Lowe: »Cycling Into the Future«, *State of the World, 1990*, Kap. 7.
47 P. Lewis: »Balancing Industry with the Ecology«, *New York Times*, 2. März 1992, S. A3.

7. Diskurs: Die Zukunft des Nationalstaates

1 C. Tilly (Hg.): *The Formation of National States in Western Europe*, Princeton, NJ 1975; J. H. Shennan: *The Origins of the Modern European State, 1450–1725*, London 1974; H. Lubasz (Hg.): *The Development of the Modern State*, New York 1964.
2 Für Einzelheiten siehe P. Dollinger: *La Hanse*, Paris 1964, und die kürzere Analyse in: G. V. Scammell: a.a.O., Kap. 2.
3 Siehe V. G. Kiernan: »State and Nation in Western Europe«, *Past and Present*, 31 (1965), S. 20–38; und bes. D. Kaiser: *Politics and War: European Conflict from Philip II to Hitler*, Cambridge, MA 1990, Kap. 2.
4 Für ein gutes Beispiel siehe C. Wilson: *Profit and Power: A Study of England and the Dutch Wars*, London 1957; und allgemeiner Kennedy: a.a.O., 1989, Kap. 2 und 3.
5 O. Ranum (Hg.): *National Consciousness, History and Political Culture in Early-Modern Europe*, Baltimore/London 1975; C. Jones (Hg.): *Britain and Revolutionary France: Conflict, Subversion and Propaganda* (Exeter Studies in History, Nr. 5), Exeter 1983; L. Colley: »The Apotheosis of George III: Loyalty, Royalty and the British Nation 1760–1820«, *Past and Present*, 102 (Februar 1984), S. 94–129.
6 M. Howard: *The Lessons of History*, New Haven, CT 1991, Kap. 4–7; J. Joll: *The Origins of the First World War*, London/New York 1984, Kap. 4–5, 7–8.
7 Dies ist gut behandelt in: A. Marwick: *War and Social Change in the Twentieth Century*, London 1974; und A. Calder: *The People's War*, London 1969.
8 G. Adama: *The Iron Triangle*, New York 1981; R. W. DeGrasse: *Military Expansion, Economic Decline*, Armonk, NY 1985; L. Thurow: »How to Wreck the Economy«, *New York Review of Books*, 14. Mai 1981, S. 3–8; M. Kaldor: *The Baroque Arsenal*, London 1982; R. Cohen und P. A. Wilson: *Superpowers in Economic Decline*, New York/London 1990.
9 J. Joffe: »Germany After NATO«, *Harper's Magazine*, 281 (September 1990), S. 31; E. N. Luttwak: »From Geopolitics to Geo-Economics«, *National Interest*, 20 (Sommer 1990), S. 19; N. Munro: »Atwood: New Power Found in Economies«, *Defense News*, 4. Dezember 1989, S. 18 (Munro berichtet von einer Rede des amerikanischen Vizeverteidigungsministers Donald Atwood); C. V. Prestowitz u. a. (Hg.): *Powernomics: Economics and Strategy After the Cold War*, Lanham, MD 1991.
10 Siehe die Artikel in A. H. Westing: *Global Resources and International*

Conflict, Oxford/New York 1986; siehe auch die sehr spezielle Fallstudie von J. R. Starr und D. C. Stoll: *The Politics of Scarcity: Water in the Middle East*, Boulder, CO 1988.

11 T. H. Moran: »International Economics and National Security«, *Foreign Affairs*, Bd. 65, Nr. 5 (Winter 1990/91), S. 80–82; ders.: »The Globalization of America's Defense Industries: Managing the Threat of Foreign Dependence«, *International Security*, 15 (Sommer 1990), S. 57–100.

12 Siehe sowohl die Hinweise in Anmerkung 9 oben als auch T. C. Sorensen: »Rethinking National Security«, *Foreign Affairs*, Bd. 69, Nr. 3 (Sommer 1990), S. 1–18; W. Greene: »An Idea Whose Time Is Fading«, *Time Magazine*, 28. Mai 1990, S. 90 (über die sich wandelnde Auffassung von nationaler Sicherheit).

13 Siehe S. Hassan: »Environmental Issues and Security in South Asia«, *Adelphi Papers*, 262 (Herbst 1991), passim; und allgemeiner die Essays in: Westing (Hg.): a.a.O.

14 Siehe die umfassendere Diskussion in J. T. Mathews: »Redefining Security«, *Foreign Affairs*, Bd. 68, Nr. 2 (Frühling 1989), S. 174–77; und die Artikel in: *State of the World, 1990*, passim.

15 Moran: a.a.O., S. 90.

16 Diese Absätze beruhen auf Rosenaus Diskussion über »the relocation of authority« (Hinweis darauf in Kap. 3, Anm. 9 oben).

17 I. Kant: *Zum Ewigen Frieden*, Stuttgart 1954, S. 49 (Auf dieses Zitat wurde ich in: H. W. Smith: *Nationalism and Religious Conflict in Imperial Germany, 1887–1914*, New Haven 1991, S. 1–2, aufmerksam.).

8. Der japanische »Plan« für eine Nach-2000-Welt

1 Siehe H. Kahn: *The Emerging Japanese Superstate*, London 1971; E. F. Vogel: *Japan as Number One; Lessons for America*, New York 1980; ders.: »Pax Nipponica«, *Foreign Affairs*, Bd. 64, Nr. 4 (Frühling 1986), S. 752–67; D. Burstein: a.a.O.; T. R. Zengage und C. T. Ratcliffe: *The Japanese Century*, Hongkong 1988. Eine weitere gute Analyse findet sich in: R. M. Morse: »Japan's Drive to Pre-Eminence«, *Foreign Policy*, 69 (Winter 1987/88), S. 3–21.

2 J. S. Nye, Jr.: *Bound to Lead*, New York 1990, S. 154–170; K. E. House: »Though Rich, Japan Is Poor in Many Elements of Global Leadership«, *Wall Street Journal*, 30. Januar 1989, S. 1, 9; R. Taggert Murphy: »Power without Purpose«, *Harvard Business Review*, 66 (März/April 1988), S. 71–83; J. Fallows: a.a.O.; K. van Wolferen: *The Enigma of Japanese Power*, London/New York 1989; B. Emmott: *The Sun Also Sets: The Limits to Japan's Economic Power*, New York 1989.

3 Siehe die Kapitel 3–9 in: Vogel: a.a.O., 1980.

4 Für das Folgende siehe Vogel: a.a.O., 1980, Kap. 7; T. P. Rohlen: *Japan's*

High Schools, Berkeley, CA 1983, passim; R. P. Dove und M. Sako: *How the Japanese Learn to Work*, London 1989; M. White: *The Japanese Educational Challenge*, New York 1989. Für eine einfühlsame Darstellung des Systems siehe auch den interessanten Artikel von M. und J. Sayle: »Why We Send Our Children to Japanese School«, *Tokyo Journal* (August 1990), S. 78–83; und »Why Can't Little Taro Think?«, *Economist*, 21. April 1990, S. 21–24, der viel kritischer ist.

5 Zu den Statistiken für 1987 siehe: *Education in Japan* (Foreign Press Center), Tokyo 1988, S. 17.

6 Zu diesen Zahlen siehe Dove und Sako: a.a.O., S. 1 (Prozentsatz in der Schule); *Education in Japan*, S. 18–19 (Anzahl an Schultagen); *Fortune*, 6 (November 1989), S. 88 (Ergebnisse der Wissenstests); »Why Can't Little Taro Think?«, S. 23 (Ergebnisse der Intelligenztests).

7 Für diese Zahlen siehe *UNESCO Statistical Yearbook, 1989*, Tabelle 5.15 und 5.17; und Kennedy: a.a.O., 1989, S. 685–86. Für Anzeichen einer japanischen Wende zu wissenschaftlicher Innovation siehe G. Bylinsky: »Trying to Transcend Copycat Science«, *Fortune*, 115 (30. März 1987), S. 42–46; und »Who Are the Copycats Now?«, *Economist*, 20. Mai 1989, S. 91–94. Ebenfalls sehr wichtig ist der Überblick mit vielen ergänzenden Statistiken in: »Japanese Technology«, *Economist*, 2. Dezember 1989.

8 Dies ist gut erfaßt in: Burstein: a.a.O.; Emmott: a.a.O.; und van Wolferen: a.a.O. Siehe auch »The New Global Top Banker: Tokyo and Its Mighty Money«, *New York Times*, 27. April 1986, S. 1, 16.

9 Siehe zum Beispiel J. Womack u. a.: *The Machine That Changed the World*, London 1990, passim; »Japan's New Idea«, Besonderer Bericht zu *Industry Week*, 3. September 1990, S. 34–69; B. Bowonder und T. Miyake: »Technology Development and Japanese Industrial Competitiveness«, *Futures*, Bd. 22, Nr. 1 (Januar/Februar 1990), S. 21–45.

10 Dieses ›Ideal‹ ist gut dargestellt in: M. Porter: *The Competitive Advantage of Nations*, New York 1990, bes. Kap. 5.

11 Laut U.S. Council on Competitiveness belief sich 1989 die japanische Investition in Fabrikanlagen und Ausstattung mit Maschinen auf 549 Milliarden Dollar, im Vergleich zu der amerikanischen Gesamtsumme von 513 Milliarden: *New Haven Register* (Associated Press), 24. Juni 1990, S. A9. Zum Yen:Dollar-Wechselkurs siehe: »The Joy of High Costs«, *Economist*, 4. März 1989, S. 66.

12 Siehe insbesondere die Abhandlung in Zengage und Ratcliffe: a.a.O., Kap. 2; und »Japanese Technology», *Economist* (Survey), 2. Dezember 1989.

13 P. Revzin: »Japanese Systematically Invest in Europe Prior to 1992 Changes«, *Wall Street Journal*, 10. Dezember 1990, S. A7 A.

14 Siehe die Tabelle in Linder: *The Pacific Century*, S. 12, zit. n. der Studie: *Japan in the Year 2000*; C. F. Bergsten: »The World Economy After the Cold War«, *Foreign Affairs*, Bd. 69, Nr. 3 (Sommer 1990), S. 96.

15 Die klassische Studie hierzu bleibt C. Johnson's *MITI and the Japanese Miracle*, Stanford, CA 1982; aber siehe auch van Wolferens negative Stellungnahme zu MITI in: a.a.O., Kap. 5.

16 Siehe O.E. Olsen: *U.S. – Japanese Strategic Reciprocity*, Stanford, CA 1985; G. Segal: *Rethinking the Pacific*, Oxford 1990, S. 242–45.

17 So auch H. W. Maull: »Germany and Japan: The New Civilian Powers«, *Foreign Affairs*, Bd. 69, Nr. 5 (Winter 1990/91), S. 92.

18 Siehe R. Robinson und J. Gallagher: *Africa and the Victorians*, London 1961, Kap. I.

19 J. Steingold: »Japan Builds East Asia Links, Gaining Labor and Markets«, *New York Times*, 8. Mai 1990, S. A1, D18; Segal: a.a.O., S. 365; die Artikel in: *Far East Economic Review*, 3. Mai 1990, S. 46–55; »The Yen Block«, *Economist* (Survey), 15. Juli 1989; »Japan Builds a New Power Base«, *Business Week*, 20. März 1989, S. 18–23. Ich habe ebenfalls profitiert von: R. P. Cronin: »Japan's Expanding Role and Influence in the Asia-Pacific Region: Implications for U.S. Interests and Policy« (Congressional Research Service Paper), Washington, DC, September 1990.

20 Siehe nochmals van Wolferen: a.a.O., passim; Fallows: a.a.O., passim; J. Taylor: *Shadows of the Rising Sun: A Critical View of the »Japanese Miracle«*, New York 1984; S. Kamata: *Japan in the Passing Lane*, New York 1984.

21 D. Moisi: »If Japan Is So Successful, Where Are Its Imitators?«, *International Herald Tribune*, 24. Oktober 1990, S. 7; Nye: a.a.O., S. 166–69. Für Kommentare zum Rassismus siehe van Wolferen: a.a.O., passim; und I. Buruma: *Behind the Mask*, New York 1984.

22 Dies ist am systematischsten behandelt in: C. Prestowitz: *Trading Places: How We Allowed Japan to Take the Lead*, New York 1988; aber siehe auch die Argumentation in van Wolferen: a.a.O., S. 393 ff.

23 »Pity Those Poor Japanese«, *Economist*, 24. Dezember 1988; »Japan's Silent Majority Starts to Mumble«, *Business Week*, 23. April 1990, S. 52–54.

24 Dies ist bes. gut dargelegt in: Emmott: a.a.O.; aber siehe auch »Tokyo Sings the Blues«, *Economist*, 24. November 1990, S. 31; und »Can Japan Cope?«, *Business Week*, 23. April 1990, S. 46–51. Die demographischen Veränderungen sind behandelt in: L. G. Martin: »The Graying of Japan«, *Population Bulletin*, Bd. 44, Nr. 2 (Juli 1989). Der pessimistischste von allen Berichten ist: B. Reading: *Japan: The Coming Collapse*, London 1992.

25 Dies ist die Stoßrichtung von van Wolferens Argument in: a.a.O.; und in: »The Japan Problem«, *Foreign Affairs*, Bd. 65, Nr. 2 (Winter 1986/87), S. 288–303.

26 Siehe D. Halberstam: »Can We Rise to the Japanese Challenge?«, *Parade*, 9. Oktober 1983; und Fallows: a.a.O.

27 R. M. Morse: a.a.O., beinhaltet einige interessante Kommentare zu den Mißverständnissen nicht japanisch sprechender Experten. Siehe auch van Wolferen: »The Japan Problem Revisited«, *Foreign Affairs*, Bd. 69, Nr. 4 (Herbst 1990), S. 42–55.

28 Zur Diskussion dieses Problems siehe M. L. G. Balfour: *Britain and Joseph Chamberlain*, London/Boston 1985, S. 17–19, 207–210, 298–300; und P. Kennedy: *The Realities Behind Diplomacy*, London 1980, S. 22–24.

29 Siehe nochmals Emmott: a.a.O. Zu Japans finanziellen Schwierigkeiten siehe »Japanese Finance: Falling Apples«, *Economist* (Survey), 8. Dezember 1990.

30 »Japan's New Idea«, *Business Week*, 3. September 1990; Vogel: a.a.O., 1986, passim; Zengage und Ratcliffe: a.a.O.; R. M. Morse: a.a.O., passim; »Japanese Technology«, *Economist* (Survey), 2. Dezember 1989; »Japan, at Your Service«, *Economist*, 20. Oktober 1990, S. 83–84.

31 Siehe nochmals Fallows: a.a.O. (obgleich man vermerken muß, daß sich sein Argument hauptsächlich auf die Notwendigkeit eines Wandels in den USA stützt).

32 Für Beispiele hierzu in den USA siehe P. Choate: *Agents of Influence*, New York 1990.

33 van Wolferen, a.a.O., 1989, S. 403–405, äußert die bemerkenswerte Beobachtung, daß, »obwohl es keinen überzeugenden Grund gibt, anzunehmen, daß die japanischen Administratoren einen Gesamtplan zur Erreichung der industriellen Überlegenheit auf der Welt ausgearbeitet haben, ihr Verhalten denselben Effekt hat, als gäbe es einen solchen Plan«. Zengage und Ratcliffe: a.a.O., verweisen häufig auf den japanischen »Spielplan«; siehe S. 192–93. Siehe auch T. H. Whites »alarmistischen« Artikel: »The Danger from Japan«, *New York Times Magazine*, 28. Juli 1985.

34 »Reconsider Japan«, *Economist*, 26. April 1986, S. 19–22.

35 Siehe nochmals Porter: a.a.O.

36 Dies wird behauptet in: R. M. Morse: a.a.O. Ich habe ebenfalls von O. Hisahikos Papier »The Restructuring of the U.S.-Japan Alliance«, 29. Juli 1989, einer englischen Übersetzung seines *Bungei Shinju*-Artikels über dasselbe Thema vom Juli 1988, profitiert.

37 Siehe Burstein: a.a.O., Kap. 11; D. S. Zakheim: »Japan's Emerging Military-Industrial Machine«, *New York Times*, 27. Juni 1990, S. A23; und G. R. Packard: »The Coming U.S.-Japan Crisis«, Foreign Affairs, 66 (1987/88), S. 356–57. Ebenfalls hilfreich ist: F. C. Iklé und T. Nakanishi: »Japan's Grand Strategy«, *Foreign Affairs*, Bd. 69, Nr. 3 (Sommer 1990), S. 81–95.

38 Siehe nochmals R. M. Morse: a.a.O., passim; »From Superrich to Superpower«, *Time Magazine*, 4. Juli 1988, S. 28–31. Eine sehr hilfreiche Analyse der Zukunftsalternativen Japans gibt K. B. Pyle: »Japan, the World, and the Twenty-first Century«, in: T. Inoguchi und D. I. Okimoto (Hg.): *The Political Economy of Japan*, Stanford, CA 1988, Bd. 2, S. 446–86.

39 »Rankings«, *Wall Street Journal* (World Business Report), 20. September 1991, S. R8–R9.

40 Ebenda.

41 W.J. Broad: »In the Realm of Technology, Japan Looms Ever Larger«, *New York Times*, 28. Mai 1991, S. C1, C8.

42 *CIA Handbook of Economic Statistics, 1990*, Washington, DC 1990.

43 Martin: a.a.O., S. 7.

44 D. E. Sanger: »Tokyo Official Ties Birth Decline to Education«, *New York Times*, 14. Juni 1990; ders.: »Minister Denies He Opposed College for Japanese Women«, *New York Times*, 19. Juni 1990.

45 »The Silvering of Japan«, *Economist*, 7. Oktober 1989, S. 81.

46 Ebenda; »The Dwindling Japanese«, *Economist*, 26. Januar 1991, S. 36; Martin: a.a.O.; und R. S. Jones: »The Economic Implications of Japan's Aging Population«, *Asian Survey*, Bd. 28, Nr. 9 (September 1988), S. 958–69 – eine ausgezeichnete Zusammenfassung.

47 »No Way to Treat a Guest«, *Economist*, 2. Juni 1990, S. 36; »Revised Immigration Law Is Criticized as Foreign Workers Wait to Be Deported«, *Japan Times*, 11.–17. Juni 1990, S. 3.

48 Sanger: »Minister Denies...«, passim (zitiert K. Inoguchi); R. S. Jones: a.a.O., S. 969; »The Dwindling Japanese«.

49 »The Dwindling Japanese«.

50 Für das Folgende siehe M. Maruyama: »Japan's Agricultural Policy Failure«, *Food Policy*, 12 (Mai 1987), S. 123–26; »Yesterday's Farming«, *Economist*, 20. August 1988, S. 58–59; »Here Comes Farmer Giles-san«, *Economist*, 8. Juni 1991, S. 35–36.

51 M. L. LaGanga: »U.S. Agriculture, Biotech Firms Cut Good Deals with Japanese«, *Los Angeles Times*, 9. April 1990, S. D3; H. Yamaguchi: a.a.O., S. 36–40.

52 F.J. Gable und D. G. Aubrey: »Changing Climate and the Pacific«, *Oceanus*, 32, Nr. 4 (Winter 1989/90), S. 72–73.

53 M. Prowse: »Japan Deserves a Little Respect«, *Financial Times*, 7. Mai 1991, S. 38.

54 van Wolferen: a.a.O., 1989, passim; House: »Though Rich, Japan Is Poor in Many Elements of Global Leadership«, passim.

55 C. Johnson: »Japan in Search of a ›Normal Role‹«, *Institute on Global Conflict and Cooperation* (U.C., San Diego), Policy Paper Nr. 3 (Juli 1992), stellt eine sehr hilfreiche Zusammenfassung über Japans Dilemma dar.

9. Indien und China

1 *World Resources, 1990–91*, S. 345.
2 Ebenda, S. 244–45. Da dies nationale Durchschnittswerte sind, ergibt sich daraus, daß Millionen mit weniger als 100 Dollar pro Jahr leben.
3 *Trends in Developing Countries, 1990* gibt Koreas Pro-Kopf-BSP für das Jahr 1989 mit 4400 Dollar an, woraus sich vermuten läßt, daß es in den vergangenen zwei Jahren des Wachstums auf nahezu 5000 Dollar gestiegen ist. Eine Berechnung auf der Grundlage der Tabelle über Chinas und Indiens Bevölkerung (siehe Anmerkung 1 oben) aus *World Resources, 1990–91*, würde bei einem Pro-Kopf-BSP von 5000 US-Dollar ein Gesamteinkommen von 5,6 Billionen Dollar für China und 4,2 Billionen für Indien ergeben.
4 *Trends in Developing Countries, 1990*, S. 113–269.
5 Ebenda, S. 108.
6 A. J. Coale: »Fertility and Mortality in Different Populations with Special Attention to China«, *Proceedings of the American Philosophical Society*, Bd. 132, Nr. 2 (1988), S. 186. Angang und Ping (siehe Anmerkung 14) geben die Gesamtsumme mit »mehr als 15 Millionen« an, S. 13.
7 »China: The Mewling That They'll Miss«, *Economist*, 13. August 1988, S. 31; Yi: »Population Policies in China: New Challenge and Strategies«, S. 61–62, in: J. M. Eekelaar und D. Pearl (Hg.): *An Aging World: Dilemmas and Challenges for Law and Social Policy*, Oxford 1989.
8 Ebenda, S. 63.
9 »Peasants' Revolt«, *Economist*, 30. Januar 1988, S. 27.
10 »China: The Mewling That They'll Miss«.
11 S. WuDunn: »China, with Even More to Feed, Pushes Anew for Small Families«, *New York Times*, 16. Juni 1991, S. 12.
12 Yi: a.a.O., S. 65.
13 Coale: a.a.O., S. 189.
14 Coale: a.a.O., S. 188; und siehe bes. N. Ogawa: »Aging in China: Demographic Alternatives«, *Asia-Pacific Population Journal*, Bd. 3, Nr. 3 (September 1988), S. 21–64. Im vorangegangenen Abschnitt habe ich von: Hu Angang und Zou Ping: *China's Population Development*, Beijing 1991, profitiert.
15 M. Tain und R. Menon: »The Graying of India«, *India Today*, 30. September 1991, S. 24–33.
16 Die Zahlen über die Lebenserwartung zur Zeit der Unabhängigkeit stammen aus: B. L. C. Johnson: *Development in South Asia*, Harmondsworth, Mddsx. 1983, S. 169; für die späten 1980er aus: *World Resources, 1990–91*, S. 257.
17 B. Crossette: »Why India Is Still Failing to Stop Its Population Surge«, *New York Times*, 9. Juli 1989, S. 3.

18 Statistiken aus: *World Resources, 1990–91*, S. 255, 257.
19 McCormick: a.a.O., S. 251.
20 Dies sind die Kategorien, die überprüft werden in Johnson: a.a.O., Kap. 12: »Levels of Living and the Plight of the Poor«.
21 *World Resources, 1990–91*, S. 245 (Zahlen für 1987).
22 Zum Folgenden siehe Johnson: a.a.O., Kap. 5–8; McCormick: a.a.O., S. 246–48; B. H. Farmer: »Perspectives on the Green Revolution in South Asia«, *Modern Asian Studies*, 20 (1986), S. 175–99.
23 Siehe insbesondere die detaillierte Analyse von P. S. Mann: »Green Revolution Revisited: The Adoption of High Yielding Variety Wheat Seeds in India«, *Journal of Development Studies*, Bd. 26, Nr. 1 (Oktober 1989), S. 131–44.
24 Johnson: a.a.O., Kap. 6–7.
25 L. Kaye: »The White Revolution«, *Far Eastern Economic Review*, 24. März 1988, S. 112.
26 J. McMillan u. a.: »The Impact of China's Economic Reforms on Agricultural Productivity Growth«, *Journal of Political Economy*, Bd. 97, Nr. 4 (1989), S. 781–85; N. R. Lardy: »Agricultural Reforms in China«, *Journal of International Affairs*, 39 (Winter 1986), S. 91–104.
27 *The Economist World Atlas and Almanac, 1989*, London 1989, S. 222.
28 Diese Zahl, ursprünglich vom US-Ministerium für Landwirtschaft übernommen, ist ebenfalls abgedruckt auf S. 652–54 in: Kennedy: a.a.O., 1989.
29 Y. Yang und R. Tyers: »The Economic Costs of Self-Sufficiency in China«, *World Development*, Bd. 17, Nr. 2 (1989), S. 234.
30 Dies ist ein Diskussionspunkt in Yang und Tyers: ebenda.
31 Für diese Liste siehe Johnson: a.a.O., S. 141; und K. Marton: *Multinationals, Technology and Industrialization*, Lexington, MA 1986, Kap. 10.
32 »Asia«, *Economist*, 23. Juni 1990, S. 27.
33 A. Vaidyanathan: »Indian Economic Performance and Prospects«, S. 10–11, in: P. K. Ghosh (Hg.): *Developing South Asia*, Westport, CT 1984.
34 Die Zahlen für 1950 und die für 1978–79 sind aus: Johnson: a.a.O., S. 136; die Zahl für 1989 aus: *Trends in Developing Economies, 1990*, S. 264.
35 *Trends in Developing Economies, 1990*, S. 269 gibt den Anteil der Industrie an der gesamten Arbeiterschaft mit 13,2 Prozent für 1980 an, was darauf hinweist, daß der Anteil der in der Produktion Tätigen weniger als 10 Prozent sein könnte. Siehe auch *The Statesman's Yearbook, 1990–91*, London/New York 1990, S. 644, worin festgestellt wird, daß 1984 nur 7,4 Millionen in der Produktion arbeiteten, von einer Arbeitnehmerschaft von 222,5 Millionen.
36 »Asia«, *Economist*, 23. Juni 1990, S. 27.

37 I. J. Ahluwalia: »Industrial Growth in India: Performance and Prospects«, *Journal of Development Economics*, 28 (1986), S. 8; »Asia«, *Economist*, 23. Juni 1990, S. 27.
38 Einen lebhaften Bericht über diese Umwandlung gibt: O. Schell: *To Get Rich Is Glorious: China in the 80s*, New York 1985.
39 J. P. Sterba: »Long March«, *Wall Street Journal*, 16. Juni 1989, S. A4.
40 »China«, *Economist*, 20. Oktober 1990, S. 40; *Trends in Developing Economies, 1990*, S. 454–58.
41 Für eine optimistische Einschätzung: Kennedy: a.a.O., 1989, S. 670–77.
42 »Rich China, Poor China: The Gap Keeps Growing«, *Business Week*, 5. Juni 1989, S. 40–41; »Amid the Sourness, a Portion of China That Is Still Sweet«, *Economist*, 19. August 1989, S. 21–22. Für weitere Details siehe auch E. F. Vogel: *One Step Ahead in China: Guangdong Under Reform*, Cambridge, MA 1990; und D. S. G. Goodman: *China's Regional Development*, London 1989.
43 »When the Reforming Spirit Flags«, *Economist*, 1. April 1989, S. 29–30; J. P. Sterba: »How the Twisting Path of China's Reform Led to Guns of Tiananmen«, *Wall Street Journal*, 16. Juni 1989, S. A1, A4.
44 »China Begins a New Long March«, *Business Week*, 5. Juni 1989, S. 38–46.
45 »China's Economy: Joyless Christmas Tidings«, *Economist*, 24. November 1990, S. 32–33; und N. D. Kristof: »At the Businesses Owned by Beijing: The Ink Is Red«, *New York Times*, 18. November 1990, S. 2.
46 P. H. B. Goodwin: »Soldiers and Statesmen: Chinese Defense and Foreign Policies in the 1990s«, in: S. S. Kim (Hg.): *China and the World*, Boulder, CO 1989, S. 192.
47 Detaillierter in G. Segal: *Defending China*, Oxford 1985; ders.: a.a.O., 1990, Kap. 12–13; Keegan und Wheatcroft: *Zones of Conflict*, New York 1978, Kap. 15; G. Chaliand und J. P. Rageau: *A Strategic Atlas*, New York 1985, S. 67, 143–50; R. Delfs: »A Two-Front Threat: China Sees Danger from Japan, Soviet Union«, *Far Eastern Economic Review*, 13. Dezember 1990, S. 28–30.
48 Zu diesen kritischen Bemerkungen siehe die Reihe von ähnlichen Artikeln von J. Clad: »Power Amid Poverty: India Puts National Pride Before Defense Efficiency«, *Far Eastern Economic Review*, 7. Juni 1990, S. 47–51; und A. Gupta: »The Indian Arms Industry: A Lumbering Giant«, *Asian Survey*, Bd. 30, Nr. 9 (September 1990), S. 847–61.
49 Siehe die Argumentation in Kennedy: a.a.O., 1989, bes. S. 789 ff. Ein gutes Beispiel für dieses traditionelle Denken kann man finden in: A. Prakosh: »A Carrier Force for the Indian Navy«, *Naval War College Review*, Bd. XLIII, Nr. 4 (Herbst 1990), S. 58–71.
50 Statistiken aus: »Development Brief«, *Economist*, 26. Mai 1990, S. 81; *The Statesman's Yearbook, 1990-91*, S. 364.

51 »Development Brief«, ebenda; *The Statesman's Yearbook, 1990–91,* S. 650 gibt die männliche Alphabetismusrate mit 47 Prozent und die weibliche mit 25 Prozent an (Erhebung von 1981), wobei beide Zahlen möglicherweise während der 1980er ein wenig angestiegen sind.

52 Siehe die Details in N. Kristof: »In Rural China, Road to School Is All Uphill«, *New York Times,* 3. Dezember 1990, S. A1, A15.

53 *UNESCO Statistical Yearbook, 1989,* Paris 1989, Tab. 1: »Educational Attainment«.

54 Ebenda; siehe auch *The Statesman's Yearbook, 1990–91,* S. 364.

55 *UNESCO Statistical Yearbook,* 1989, Tabelle 3.11: »Third Level: Teachers and Institutions by Type of Institution«.

56 Johnson: a.a.O., S. 213–215.

57 *UNESCO Statistical Yearbook, 1989,* Tabelle 5.3: »Scientific and Technical Personnel in R & D«.

58 *UNESCO Statistical Digest, 1987,* Paris 1987, S. 188 (China) und S. 196 (Indien).

59 Johnson: a.a.O., S. 214.

60 D. Ernst und D. O'Conner: *Technology and Global Competition* (OECD), Paris 1989, S. 53.

61 K. Marton: a.a.O., S. 236. Siehe auch S. Lall: *Developing Countries as Exporters of Technology: A First Look at the Indian Experience,* London 1982, S. 19 (Tabelle 3.1), in dem Details zu dem geographischen Ziel von Maschinenexporten angegeben werden; und *World Link,* Bd. 3, Nr. 9/10 (September/Oktober 1990), das ein spezielles ›Raumprofil‹ für Indien beinhaltet, angefüllt mit Erklärungen zu Liberalisierung und Wettbewerbsfähigkeit.

62 Siehe nochmals Johnson: a.a.O., zur Überlegung, welche Technologie Indiens Entwicklungsstadium entsprechen könnte.

63 Siehe die Kommentare von S. Pitroda (Rajiv Gandhis Wissenschaftsberater), die ›weiche‹ Investition der weiblichen Ausbildung eher zu unterstützen als die Hardware der Stahlwerke – wie berichtet in: Crossette: »Why India Is Still Failing to Stop Its Population Surge«.

64 Siehe insbesondere J. Polumbaum: »Dateline China: The People's Malaise«, *Foreign Policy,* 20 (Winter 1990/91), S. 163–81; L. W. Pye: »China: Erratic State, Frustrated Society«, *Foreign Affairs,* Bd. 69, Nr. 4 (Herbst 1990), S. 56–74.

65 M. P. Singh: »The Crisis of the Indian State«, *Asian Survey,* Bd. 30, Nr. 8 (August 1990), S. 815; B. Weinraub: »India Peers at Its Future with a Sense of Gloom«, *New York Times,* 14. Juli 1991, S. E2.

66 B. Crossette: »As Violent Year Ends, India Pleads for Peace«, *New York Times,* 1. Januar 1991, S. A5; A. S. Abraham: »The Failure of India's Fling with V. P. Singh«, *Wall Street Journal,* 14. November 1990, S. A16.

67 »India's Upheavals«, *Wall Street Journal,* 14. November 1990, S. A16.

68 »The South China Miracle«, *Economist*, 5. Oktober 1991, S. 19–44.
69 Ebenda.
70 Zahlen für 1987: *World Resources, 1990–91*, S. 244–45.
71 C. Nickerson: »China Copies Worst Polluters«, *Boston Globe*, 20. Dezember 1989, S. 1, 16. Siehe auch »Pollution in Asia«, *Economist*, 6. Oktober 1990, S. 21–26.
72 Diese Maßnahmen sind beschrieben in W. Yuging: »Natural Conservation Regions in China«, *Ambio*, Bd. 16, Nr. 6 (1987), S. 326–31; H. Yuanjun und Z. Zhongzing: »Environmental Pollution and Control Measures in China«, *Ambio*, Bd. 16, Nr. 5 (1987), S. 257–61. Nickerson: »China Copies Worst Polluters« gibt Details über das System der Aufforstung und seine enttäuschenden Ergebnisse.
73 H. Govind: »Recent Developments in Environmental Protection in India: Pollution Control«, *Ambio*, Bd. 18, Nr. 8 (1989), S. 429. Das Ausrufezeichen stammt von mir; vermutlich wird hier eine sehr weit gefaßte Definition von »Opfern von Umweltverschmutzung« benutzt, die nicht nur auf Leute mit Atembeschwerden beschränkt ist. Über den Verlust der Bewaldung in der Umgebung von Neu-Delhi wird berichtet in: T. Wicker: »Battered and Abused«, *New York Times*, 25. November 1988, S. A31.
74 Govind: a.a.O., S. 430.
75 »Pollution in Asia«, *Economist*, S. 22.
76 Nickerson: »China Copies Worst Polluters«, S. 16.
77 Ebenda.

10. Gewinner und Verlierer in der Entwicklungswelt

1 *World Tables 1991* (The World Bank), Washington, DC 1991, S. 268–69, 352–53.
2 Ebenda.
3 Siehe die Publikationen der Weltbank: *Trends in Developing Economies, 1990*, Washington, DC 1990, S. 299–303, für Korea.
4 Siehe F. Braudel: *Civilization and Capitalism*, New York 1986, Bd. III, S. 506–11.
5 Siehe P. Lyon: »Emergence of the Third World«, in: H. Bull und A. Watson (Hg.): *The Expansion of International Society*, Oxford 1983, S. 299 ff; G. Barraclough: *An Introduction to Contemporary History*, Harmondsworth, Mddsx. 1967, Kap. VI.
6 J. Ravenhill: »The North-South Balance of Power«, *International Affairs*, Bd. 66, Nr. 4 (1990), S. 745–46. J. Cruickshank: »The Rise and Fall of the Third World«, *World Press Review*, 38 (Februar 1991), S. 28–29.
7 Ravenhill a.a.O., S. 732.
8 W. L. M. Adriaansen und J. G. Waardensburg (Hg.): *A Dual World Economy*, Rotterdam 1989.

9 S. Fardoust und A. Dhareshwan: *Long-Term Outlook for the World Economy: Issues and Projections for the 1990s* (The World Bank), Washington, DC 1990, S. 9, Tabelle 3.

10 P. Drysdale: »The Pacific Basin and Its Economic Vitality«, in: J. W. Morley (Hg.): a.a.O., S. 11.

11 Siehe bes.: »Taiwan and Korea: Two Paths to Prosperity«, *Economist* 14. Juli 1990, S. 19–21; weiter: »South Korea«, *Economist* (Survey), 18. August 1990. Ein vergleichender Überblick, der hilfreich ist, findet sich in L. A. Veit: »Time of the New Asian Tigers«, *Challenge*, 30 (Juli/August 1987), S. 49–55.

12 N. D. Kristof: »In Taiwan, Only the Strong Get U.S. Degrees«, *New York Times*, 26. März 1989, S. 11.

13 Die Zahlen stammen aus *The Statesman's Yearbook*, 1990–91; und aus: R. N. Gwynne: *New Horizons? Third World Industrialization in an International Framework*, New York/London 1990, S. 199.

14 Damit die Zahl für 1987 nicht zu unwahrscheinlich erscheint, soll vermerkt werden, daß Koreas Fünf-Jahres-Plan eine nationale Sparrate von 33,5 % in den frühen 1990ern verlangt: siehe *Trends in Developing, 1990*, S. 300. Tabelle 10–2 ist T. Fukuchi und M. Kagami (Hg.): *Perspectives on the Pacific Basin Economy: A Comparison of Asia and Latin America*, Tokyo 1990, S. 31 entnommen.

15 Die Tabelle auf S. 4 (Tabelle 1) in Fukuchi und Kagami (Hg.): a.a.O., zeigt die unterschiedlichen Wachstumsraten und die der Anteile des Exports am gesamten BSP der asiatisch-pazifischen Länder im Vergleich zu denen Lateinamerikas. Siehe auch H. Hughes: »Catching Up: The Asian Newly Industrializing Economies in the 1990s«, *Asian Development Review*, Bd. 7, Nr. 2 (1989), S. 132 (und Tabelle 3).

16 »The Yen Block«, *Economist* (Survey), 15. Juli 1989; »Japan Builds a New Power Base«, *Business Week*, 20. März 1989, S. 18–25.

17 »Taiwan and Korea: Two Paths to Prosperity«, S. 19; »South Korea: A New Society«, *Economist*, 15. April 1989, S. 23–25.

18 »Development Brief«, *Economist*, 26. Mai 1990, S. 81, die beiden ersten Kolumnen; das Pro-Kopf-BSP ist dem *World Development Report, 1990*, S. 178–79 entnommen.

19 »When a Miracle Stalls«, *Economist*, 6. Oktober 1990, S. 33–34 (über Taiwan); *Trends in Developing Economies, 1990*, S. 299–300 (Korea); R. A. Scalapino: »Asia and the United States: The Challenge Ahead«, *Foreign Affairs*, Bd. 69, Nr. 1 (1989/90), bes. S. 107–12; »Hong Kong, In China's Sweaty Palm«, *Economist*, 5. November 1988, S. 19–22.

20 Siehe die detaillierten Voraussagen in: »Asia 2010: The Power of People«, *Far Eastern Economic Review*, 17. Mai 1990, S. 27–58. Zur industriellen Umrüstung siehe »South Korea«, S. 8–9.

21 *Population: The UNFPA Experience*, New York 1984, Kap. 4, S. 51–52.

22 A. F. Lowenthal: »Rediscovering Latin America«, *Foreign Affairs*, Bd. 69, Nr. 4 (Herbst 1990), S. 34.

23 Zahl aus: «Latin America's Hope«, *Economist*, 9. Dezember 1989, S. 14.

24 Zu Details siehe die verschiedenen nationalen Eintragungen in: *The Statesman's Yearbook, 1990–91*; und *The Economist World Atlas and Almanac, 1989*, S. 131–157. Gwynne: a.a.O., hat hilfreiche Kommentare zu Lateinamerikas »nach innen orientierter Industrialisierung« (Kap. 11), die er der »Ostasiatischen Orientierung nach außen« gegenüberstellt (Kap. 12).

25 Entnommen aus: G. W. Landau u. a.: *Latin America at a Crossroads*, New York/Paris/Tokio 1990, S. 5, der die Quelle wie folgt angibt: *Economic and Social Progress in Latin America: 1989 Report* (Inter-America Development Bank), Washington, DC 1989, Tabelle B-1, S. 463.

26 *World Resources, 1990–91*, S. 39.

27 Ebenda, S. 246.

28 Für das oben Genannte siehe *World Resources, 1990–91*; Landau u. a.: a.a.O., S. 33–48, passim; McCormick: a.a.O., Kap. 13; »Latin American Debt: The Bank's Great Escape«, *Economist*, 11. Februar 1989; S. 73–74.

29 Zu Details zur Ausbildung siehe *The Statesman's Yearbook, 1990–91*, S. 95, 236; für Alphabetismusraten siehe die von Uruguay, Costa Rica, Argentinien und Venezuela in der Tabelle »Development Brief«, *Economist*, 26. Mai 1990, S. 81.

30 T. E. Martinez: »Argentina: Living with Hyperinflation«, *Atlantic Monthly*, 266 (Dezember 1990), S. 36.

31 *The Statesman's Yearbook, 1990–91*, S. 584, 605.

32 T. Kamm: »Latin America Edges Toward Free Trade«, *Wall Street Journal*, 30. November 1990, S. A10.

33 C. Farnworth: »Latin American Economies Given Brighter Assessments«, *New York Times*, 30. Okt. 1990; »Latin America's New Start«, *Economist*, 9. Juni 1990, S. 11; N. Nash: »A Breath of Fresh Economic Air Brings Change to Latin America«, *New York Times*, 13. Nov. 1991, S. A1, D5.

34 »Latin America's Hope«, *Economist*, 9. Dezember 1989, S. 15; Nash: »A Breath of Fresh Economic Air«, passim.

35 J. Brooke: »Debt and Democracy«, *New York Times*, 5. Dezember 1990, S. A16; P. Truell: »As the U.S. Slumps, Latin America Suffers«, *Wall Street Journal*, 19. November 1990, S 1.

36 Für diese Argumente siehe bes. Lowenthals gute Zusammenfassung: a.a.O., passim; und auch G. A. Fauriol: »The Shadow of Latin American Affairs«, *Foreign Affairs*, Bd. 69, Nr. 1 (1989/90), S. 116–34; und M. D. Hayes: »The U.S. and Latin America: The Lost Decade?«, *Foreign Affairs*, Bd. 68, Nr. 1 (1988/89), S. 180–98.

37 Dies ist die Einteilung, die von *The Economist World Atlas and Almanac* bevorzugt wird und in der die nordafrikanischen Staaten (außer Ägypten) in einem späteren Abschnitt, unter »Afrika«, besprochen sind.

38 »The Arab World«, *Economist* (Survey), 12. Mai 1990.
39 Siehe »Major Religions of the World«, S. 41 in: *Hammond Comparative World Atlas*, Maplewood, NJ 1986.
40 G. Brooks und T. Horwitz: »Shaken Sheiks«, *Wall Street Journal*, 28. Dezember 1990, S. A1, A4.
41 »The Arab World«, S. 12.
42 M. A. Heller: »The Middle East: Out of Step with History«, *Foreign Affairs*, Bd. 69, Nr. 1 (1989/90), S. 153–71.
43 Siehe auch die Bemerkungen von S. F. Wells und M. A. Bruzonsky (Hg.): *Security in the Middle East*, Boulder, CO/London 1987, S. 1–3.
44 D. E. Duncan: »Africa: The Long Good-Bye«, *The New Republic*, 203, (Juli 1990), S. 20.
45 J. A. Marcum: »Africa: A Continent Adrift«, *Foreign Affairs*, Bd. 68, Nr. 1 (1988/89), S. 177. Siehe auch den scharfsinnigen Artikel von K. R. Richburg: »Why Is Black Africa Overwhelmed While East Asia Overcomes?«, *International Herald Tribune*, 14. Juli 1992, S. 1, 6.
46 C. H. Farnsworth: »Report by World Bank Sees Poverty Lessening by 2000 Except in Africa«, *New York Times*, 16. Juli 1990, S. A3; Marcum: a.a.O.; Duncan: a.a.O., passim; »The Bleak Continent«, *Economist*, 9. Dezember 1989, S. 80–81.
47 B. Fischer: »Developing Countries in the Process of Economic Globalization«, *Intereconomics*, 25 (März/April 1990), S. 55.
48 J. Whitaker: *How Can Africa Survive?*, New York 1988.
49 T. J. Goliber: a.a.O., S. 4–49 – dies ist ein herausragender Artikel.
50 *World Resources, 1990–91*, S. 254.
51 *World Resources, 1990–91*, S. 254 (gesamtes Bevölkerungswachstum bis 2025) und S. 258 (Säuglingssterblichkeit). L. K. Altman: »W. H. O. Says 40 Million Will Be Infected with Aids by 2000«, S. C3.
52 Siehe Whitaker: a.a.O., bes. Kap. 4, für eine umfassendere Analyse; und J. C. Caldwell und P. Caldwell: »High Fertility in Sub-Saharan Africa«, *Scientific American*, 262 (Mai 1990), S. 118–125.
53 »The Bleak Continent«, passim; Whitaker: a.a.O., Kap. 1 und 2; Goliber: a.a.O., S. 12–13.
54 Whitaker: a.a.O.; Duncan: a.a.O., passim.
55 »Fruits of Containment«, *Wall Street Journal*, 18. Dezember 1990, S. A14, für den Vergleich von Afrika und Belgien; H. McRae: »Visions of Tomorrow's World«, *The Independent* (London), 26. November 1991, für Afrikas Anteil am weltweiten BSP.
56 »Aid to Africa«, *Economist*, 8. Dezember 1990, S. 48.
57 *The Economist World Atlas and Almanac, 1989*, S. 293.
58 Neben den Kommentaren zu den einzelnen Ländern in: *The Economist World Atlas and Almanac, 1989*, siehe auch K. Ingham: *Politics in Modern Africa: The Uneven Tribal Dimension*, London/New York 1990, passim;

ders.: »Africa's Internal Wars of the 1980s: Contours and Prospects« (United States Institute of Peace), *In Brief*, 18 (Mai 1990).

59 T. R. Odhiambo: »Human Resources Development: Problems and Prospects in Developing Countries«, *Impact of Science on Society*, 155 (1989), S. 214.

60 *The Statesman's Yearbook, 1989*, S. 84; Goliber: a.a.O., S. 15.

61 *The Statesman's Yearbook, 1989*, S. 1159–60 (Bestimmte kleinere Gruppen von Studenten sind von diesen Gesamtzahlen ausgeschlossen).

62 Odhiambo: a.a.O., S. 215.

63 P. Lewis: »Nyere and Tanzania: No Regrets at Socialism«, *New York Times*, 24. Oktober 1990.

64 »Wind of Change, but a Different One«, *Economist*, 14. Juli 1990, S. 44. Siehe auch die vielversprechenden Bemerkungen – von Land zu Land verschieden – in dem von der Weltbank veröffentlichten *Trends in Developing Economies 1990*, wie auch in ihrer Publikation von 1989: *Sub-Saharan Africa: From Crisis to Sustainable Growth* (zusammengefaßt in: »The Bleak Continent«, *Economist*, 9. Dezember 1989, S, 80–81).

65 Siehe bes. P. Pradervand: *Listening to Africa: Developing Africa from the Grassroots*, New York 1989; B. Schneider: *The Barefoot Revolution*, London 1988; K. McAfee: »Why the Third World Goes Hungry«, *Commonwealth*, 117 (15. Juni 1990), S. 384–85.

66 Duncan: a.a.O., S. 24; G. Hancock: *Lords of Poverty: The Power, Prestige, and Corruption of the International Aid Business*, Boston, MA 1990; G. B. N. Ayittey: »No More Aid for Africa«, *Wall Street Journal*, 18. Oktober 1991, S. A14.

67 Whitaker: a.a.O., S. 231.

68 Siehe zum Beispiel die Schlußfolgerungen in B. Fischer: a.a.O., S. 55–63.

69 Caldwell und Caldwell: a.a.O., S. 88.

70 »AIDs in Africa«, *Economist*, 24. November 1989, S. 1b; E. Eckholm und J. Tierney: »AIDs in Africa: A Killer Rages On«, *New York Times*, 16. September 1990, S. 1, 4; C. M. Becker: »The Demo-Economic Impact of the AIDs Pandemic in Sub-Saharan Africa«, *World Development*, 18 (1990), S. 1599–1619.

71 *World Resources, 1990–91*, S. 254.

72 Ebenda.

73 Neben den Kap. 2 und 4 oben siehe nochmals *World Resources, 1990–91*, S. 33–48; T. Wicker: »Bush Ventures South«, *New York Times*, 9. Dezember 1990, S. E17; T. Golden: »Mexico Fights Cholera but Hates to Say Its Name«, *New York Times*, 14. September 1991, S. 2.

74 »The Arab World«, S. 4.

75 Ebenda, S. 6; Y. F. Ibrahim: »In Algeria, Hope for Democracy but Not Economy«, *New York Times*, 26. Juli 1991, S. A1, A6.

76 *World Resources, 1990–91*, S. 258–59.

77 Wie zitiert in: »The Arab World«, S. 5.
78 Siehe nochmals Pravervand: a.a.O., passim. Ebenfalls wichtig ist: D. W. Pearce u. a.: *Sustainable Development: Economics and Environment in the Third World*, Aldershot, Hants 1990.
79 F. Gable: »Changing Climate and Caribbean Coastlines«, *Oceanus*, Bd. 30, Nr. 4 (Winter 1987/88), S. 53–56; F. Gable und D. G. Aubrey: a.a.O., S. 71–73.
80 »The Arab World«, S. 12.
81 *World Resources, 1990–91*, S. 176–77; *State of the World, 1990*, S. 48–49.
82 Juma: a.a.O., S. 226–28.
83 D. Pirages: *Global Technopolitics*, Belmont, CA 1989, S. 152.
84 McAfee: a.a.O., S. 380.
85 Siehe P. K.Ghosh (Hg.): *Technology Policy and Development*, Westport, CT 1984, S. 109.
86 A. Smith: *The Geopolitics of Information: How Western Culture Dominates the World*, Oxford/New York 1980, S. 13.
87 Ebenda.
88 C. J. Dixon u. a. (Hg.): *Multinational Corporations and the Third World*, London/Sydney 1986, passim.
89 Für ein gutes Beispiel siehe B. Onimode: *A Political Economy of the African Crisis*, London/New Jersey 1988, bes. S. 310 ff.
90 M. Clash: »Development Policy, Technology Assessment, and the New Technologies«, *Futures*, 22 (November 1990), S. 916.
91 L. Cuyvers und D. Van den Bulcke: »Some Reflections on the ›Outward-oriented‹ Development Strategy of the Far Eastern Newly Industrializing Countries«, bes. S. 196–97, in: Adriaansen und Waardenburg (Hg.): a.a.O.
92 *World Development Report 1991* (The World Bank), Washington, DC 1991. Siehe auch die Veröffentlichung der Weltbank: *Global Economic Prospects and the Developing Countries*, Washington, DC 1991.

11. Die frühere UdSSR

1 *The Statesman's Yearbook, 1982–83*, S. 1228. Für aktuelle Anteile an Energie und Mineralproduktion siehe: *The Economist World Atlas and Almanac*, 1989, S. 96–97.
2 Zit. n. P. Dibb: *The Soviet Union: The Incomplete Superpower*, London 1986, S. 67.
3 Grundlegende Statistiken aus: *The Statesman's Yearbook, 1982*, S. 1240. Für eine andere Aufgliederung einander sehr ähnlicher Gesamtzahlen siehe *UNESCO Statistical Digest, 1987*, S. 330–31.
4 Berechnet auf der Grundlage von *UNESCO Statistical Digest, 1987*,

S. 331, wo die Zahlentabellen mit »Wissenschaftler und Ingenieure pro Million« bezeichnet sind. Vermutlich ist die hier verwandte Definition des Wortes »Wissenschaftler« eine weit gefaßte und beschränkt sich nicht nur auf Leute, die den Ph. D. besitzen und in der Forschung tätig sind.

5 *The Statesman's Yearbook, 1982*, S. 1240, was mit der amerikanischen Gesamtsumme auf S. 1424 verglichen werden kann. Die Zahl der Ärzte, die sich um die Bedürfnisse der 1,1 Milliarden Menschen Chinas kümmern, ist möglicherweise größer, wenn man die mitzählt, die keine medizinische Ausbildung im »westlichen« Stil erhalten haben (ebenda, S. 355).

6 Es finden sich einige nützliche Bemerkungen über die Errungenschaften – wie auch über die Probleme – der sowjetischen Wissenschaften in: V. Z. Kresin: »Soviet Science in Practice: An Inside View«, in J. Cracraft (Hg.): *The Soviet Union Today: An Interpretive Guide*, Chicago/London, 2. Aufl. 1988, Kap. 24.

7 Diese Langzeitziele sind skizziert in: P. Kennedy (Hg.): *Grand Strategies in War and Peace*, New Haven/London 1991, Kap. 9.

8 Siehe *Soviet Military Power* (U.S. Department of Defence, Washington, DC) oder *The Military Balance* (International Institute of Strategic Studies, London), wie auch die Berichte des Internationalen Instituts für Friedensforschung in Stockholm. Für Analysen, die auf die militärische Stärke der (ehemaligen) Sowjetunion hinweisen, siehe die verschiedenen Essays in H. S. Rowen und C. Wolf, Jr. (Hg.): *The Future of the Soviet Empire*, New York 1987; für eine Analyse ihrer Schwächen siehe Dibb: a.a.O.

9 Siehe H. S. Rowen und C. Wolf, Jr. (Hg.): *The Impoverished Superpower*, San Francisco, CA 1990; A. Aganbegyan: *The Economic Challenge of Perestroika* (ed. M. Barratt Brown), Bloomington, IN 1988, S. 2; siehe die Diskussion in R. Cohen und P. A. Wilson: a.a.O., S. 10 ff; und Meyerson: »The Soviet Economic Morass«, S. 5.

10 Hierbei handelt es sich um eine zusammengesetzte Tabelle, die auf folgenden Quellen basiert: Cracraft (Hg.): a.a.O., S. 179 (für 1956–1984); P. Passell: »Where Communist Economics Fell Short«, *New York Times*, 17. Dezember 1989, S. E3 (für 1985–88); A. R. Meyerson: »The Soviet Economic Morass«, *New York Times*, 16. September 1990, S. F5 (für 1989); C. H. Farnsworth: »Soviet Economic Output Off Sharply«, *New York Times*, 22. Dezember 1990, S. 8 (für 1990, und die Vorhersage für 1991). Aufgrund der sich verstärkenden ökonomischen Krise lassen spätere Schätzungen des BSP von 1991 Rückgänge von 13 %, 18 % oder sogar 25 % vermuten; siehe »The Soviet Economy: Still Bust«, *Economist*, 24. August 1991, S. 21; J. Sterngold: »Coup Is Linked to Debt Crisis by Soviet Aide« (Er berichtet über G. Jalinskis Stellungnahme zur Wirtschaft), *New York Times*, 16. Oktober 1991, S. A1, A10.

11 Siehe die sehr gute Diskussion in R. W. Judy und V. L. Clough: *The Information Age and Soviet Society*, Indianapolis, IN 1989, bes. Kap. 1.

12 Dies ist besprochen in: Cohen und Wilson: a.a.O., S. 9 ff. Siehe auch die scharfsinnigen Bemerkungen von ›Z‹: »The Stalin Mausoleum«, *Daedalus*, Bd. 119, Nr. 1 (Winter 1990), S. 311–12, 317–18.

13 P. R. Gregory und R. C. Stuart: *Soviet Economic Structure and Performance*, New York, 3. Aufl. 1986, S. 325.

14 »Russia Drills Less Oil, OPEC Keeps It Cheap«, *Economist*, 8. Juni 1985, S. 65.

15 Für das oben Erwähnte siehe R. W. Campbell: »Energy«, in: A. Bergson und H. S. Levine (Hg.): *The Soviet Economy: Toward the Year 2000*, London 1983; L. Dienes: »An Energy Crunch Ahead in the Soviet Union?«, in M. Bornstein (Hg.): *The Soviet Economy: Continuity and Change*, Boulder, CO 1981; M. I. Goldman: *The Enigma of Soviet Petroleum*, London 1980.

16 P. Truell: »Western Study Says Soviet Aid May Be Futile«, *Wall Street Journal*, 24. Dezember 1990, S. 2.

17 Siehe bes. Bergson und Levine (Hg.): a.a.O., Kap. 4 und 5; M. I. Goldman: *Gorbachev's Challenge: Economic Reform in the Age of High Technology*, New York 1987, S. 32 ff; D. G. Johnson: »Agriculture«, in Cracraft (Hg.): a.a.O., S. 198–209; B. Keller: »Soviet System Dooms a Bumper Crop«, *New York Times*, 20. August 1990.

18 P. Torday: »Chaos Looms for Soviet Economy«, *The Independent* (London), 29. August 1991, S. 6.

19 Siehe Eberstadt: »Health of an Empire«, in Rowen und Wolf (Hg.): a.a.O., S. 221–45; »Sick Men of Europe«, *Economist*, 22. März 1986, S. 53; J. Lloyd: »Soviet Citizens' Plight Exposed«, *Financial Times*, 18. August 1988.

20 V. Bukowski: »The Political Condition of the Soviet Empire«, in: Rowen und Wolf (Hg.): a.a.O., S. 11–39; D. E. Powell: »A Troubled Society«, in: Cracraft (Hg.): a.a.O., Kap. 30; ›Z‹: a.a.O., passim.

21 Um Eindrücke dieser wachsenden öffentlichen Unordnung zu gewinnen, siehe P. Grumbel: »Gorbachev Urges Soviet Congress to Expand Powers«, *Wall Street Journal*, 17. Dezember 1990; N. Gardels: »Helping to Diminish the Perils of Perestroika«, *Wall Street Journal*, 30. Januar 1989; B. Keller: »Soviet Economy: A Shattered Dream«, *New York Times*, 13. Mai 1990, S. A1, A12.

22 R. S. Clem: »Ethnicity«, in Cracraft (Hg.): a.a.O., S. 306.

23 Ebenda, S. 304–305, liefert eine vollständige Liste.

24 E. Keenan: »Rethinking the U.S.S.R., Now That It's Over«, *New York Times*, 8. September 1991, S. E3.

25 »Gorbachev's Turbulent South«, *Economist*, 13. Januar 1990, S. 45; F. X. Clines: »In Soviet Union, Dizzying Disunion«, *New York Times*, 26. Oktober 1990, S. A6.

26 P. Gumbel: »Soviets Are at a Loss About Ethnic Unrest«, *Wall Street*

Journal, 21. Juli 1989, S. A12; »The Battle Lines of the Republics«, *Economist*, 23. September 1989, S. 58.

27 Clem: a.a.O., S. 306. Siehe auch M. Hauner: *What Is Asia to Us?*, Boston/London 1990, bes. S. 9, 233–34, 247–52; und D. Lieven: »Gorbachev and the Nationalities«, *Conflict Studies*, 216 (November 1988).

28 Siehe die wichtige Diskussion über diese Sachverhalte in D. Lieven: »The Soviet Crisis«, *Conflict Studies*, 241 (Mai 1991), bes. S. 20 ff.

29 V. Kvint: »Russia as Cinderella«, *Forbes*, 145 (19. Februar 1990), S. 103–108, B. Keller: »Selling Soviet Unity«, *New York Times*, 19. Dezember 1990, S. A1, A11; ders.: »Russia Cuts Shares of Soviet Budget«, *New York Times*, 28. Dezember 1990, S. A1, A10.

30 Torday: »Chaos Looms for Soviet Economy«.

31 Für Details siehe N. Mansergh: *The Commonwealth Experience*, London 1969; und B. Porter: *The Lion's Share: A Short History of British Imperialism 1850–1970*, London 1976. Für die Ukraine siehe S. Greenhouse: »To Ukrainians, Separation Follows Laws of Nature«, *New York Times*, 20. Dezember 1990, S. A10; und Lieven: a.a.O., 1991, passim.

32 Siehe B. D. Porter und J. G. Roche: »The Expanding Military Power of the Soviet Union«, in: Rowen und Wolf (Hg.): a.a.O., S. 143–61; F. J. Gaffney: »Is Moscow Cutting Its Military? No, It's Building Up«, *New York Times*, 17. November 1989; J. Churba: *Soviet Breakout*, Washington, DC/London 1988 – ein besonders krasses Beispiel.

33 A. Karatnycky: »The Many Armies of the Soviet Union«, *Wall Street Journal*, 28. August 1990; J. Fialka: »Soviets Begin Moving Nuclear Warheads Out of Volatile Republics«, *Wall Street Journal*, 22. Juni 1990, S. A1, A4.

34 Siehe D. Ross: »Where Is the Soviet Union Heading?«, S. 259–79; und Rowen und Wolf: »The Future of the Soviet Empire«, S. 279–324, in Rowen und Wolf (Hg.): a.a.O., 1987; T. J. Colton: *The Dilemma of Reform in the Soviet Union*, New York, 2. Aufl. 1986, Kap. 4. Siehe auch Cohen und Wilson: a.a.O., S. 90 ff.

35 C. H. Fairbanks: »Russian Roulette: The Danger of a Collapsing Empire«, *Policy Review*, 57 (Sommer 1991), S. 7–8.

36 M. Feshbach: »Population and Labor Force«, in: Bergson und Levine (Hg.): a.a.O., S. 79. Siehe auch M. S. Bernstam: »Trends in the Soviet Population«, in: Rowen und Wolf (Hg.): a.a.O., 1987, S. 185–214.

37 Colton: a.a.O., S. 42.

38 Clem: a.a.O., S. 304–305.

39 Siehe M. Feshbach und A. Friendly: *Ecocide in the USSR*, New York 1992.

40 »A Way of Life Evaporates«, *Economist*, 21. September 1991, S. 59.

41 Judy und Clough: a.a.O., S. 29.

42 Zit. n.: ebenda, S. 15.

43 Ebenda.

44 »If Gorbachev Dares«, *Economist*, 6. Juli 1985.
45 *The Economist World Atlas and Almanac, 1989*, S. 209.
46 Zu Details siehe Kennedy: a.a.O., 1989, S. 482–85.
47 Für eine Hintergrundanalyse siehe W. E. Griffith (Hg.): *Central and Eastern Europe: The Opening Curtain*, Boulder, CO 1989; C. Gati: *The BLOC That Failed*, Boulder, CO 1984; und die Essaysammlung von T. Garton Ash: *The Uses of Adversity*, New York 1989; und *The Magic Lantern*, New York 1990.
48 Stand vom Dezember 1990: siehe *Economist*, 15. Dezember 1990, »Trade, Exchange Rates and Reserves«, S. 100.
49 »Democracy in Eastern Europe«, *Economist*, 15. Dezember 1990, S. 5 (bezugnehmend insbesondere auf die Nationale Rettungsfront in Rumänien). Zu den politischen Debatten siehe »Eastern Europe Moves Right«, *Economist*, 24. März 1990, S. 21–23.
50 C. Bohlen: »Ethnic Rivalries Revive in Eastern Europe«, *New York Times*, 12. November 1990, S. A1, A12; ders.: »3 East Europe States Grope for Union«, *New York Times*, 16. Dezember 1990, S. 16.
51 V. Meier: »Yugoslavia: Worsening Economic and Nationalist Crisis«, in: Griffith (Hg.): a.a.O., S. 276. Siehe auch I. Banac: »Political Change and National Diversity«, *Daedalus*, Bd. 119, Nr. 1 (Winter 1990), S. 141–59.
52 C. R. Whitney: »Burst of Freedom in Czechoslovakia May Split Czechs from Slovaks«, *New York Times*, 3. Juni 1990, S. 14. Siehe auch »Slovakia Pressing Czechs for an Equal Partnership«, *New York Times*, 18. Mai 1990.
53 Siehe nochmals Bohlen: »Ethnic Rivalries Revive in Eastern Europe«, passim; und den nützlichen Überblick: »Perestroika: And Now for the Hard Part«, *Economist*, 28. April 1990.
54 S. Greenhouse: »Long, Painful Road Ahead to Free Markets for East«, *New York Times*, 10. November 1990, S. 1, 4.
55 *Financial Times*, 17. Juli 1990, S. 2.
56 J. Dempsey: »Lights Going Dim in Eastern Europe«, *Financial Times*, 13. September 1990, S. 27.
57 R. D. Hormats: »Don't Let the West Erect a New Iron Curtain«, *Wall Street Journal*, 27. Dezember 1990, S. A8.
58 Dies ist sehr gut erörtert in verschiedenen Artikeln in: *Daedalus*, Bd. 121, Nr. 2 (Frühling 1992), Titel: »The Exit from Communism«.
59 F. Barringer: »Birth Rates Plummeting in Some Ex-Communist Regions of Eastern Europe«, *New York Times*, 31. Dezember 1990, S. A3.
60 »Europe in Turmoil«, *Agricultural Outlook* (Juli 1990), S. 28–32.

12. *Europa und die Zukunft*

1 T.L. Friedman: »Old Feuds and the New Order«, *International Herald Tribune*, 13. Juli 1992, S. 1.
2 Siehe zum Beispiel das Zitat auf S. 11 in: D. Burstein: *Euroquake: Europe's Explosive Challenge Will Change the World*, New York 1991.
3 S.P. Huntington: »The U.S. – Decline or Renewal?«, *Foreign Affairs*, Bd. 67, Nr. 2 (Winter 1988/89), S. 93–94.
4 S. Hoffman: »The European Community and 1992«, *Foreign Affairs*, Bd. 68, Nr. 4 (Herbst 1989), S. 27.
5 Eine nützliche Zusammenfassung dieser unterschiedlichen Positionen findet sich in: »Who Wants What in the Brave New Europe«, *Economist*, 1. Dezember 1990, S. 46–47.
6 G. Agnelli: »The Europe of 1992«, *Foreign Affairs*, Bd. 68, Nr. 4 (Herbst 1989), S. 61–70; J. Joffe: »Reunification II: This Time, No Hobnail Boots«, *New York Times*, 30. September 1990, S. E3.
7 C.R. Whitney: »Gulf Fighting Shatters Europeans' Fragile Unity«, *New York Times*, 25. Januar 1991, S. A11.
8 Das zehnte Land ist zugegebenermaßen die Schweiz und damit kein Mitglied der EG: siehe *The Economist World Atlas and Almanac, 1989*, S. 87. Der größere Teil dieses Handels wird natürlich mit den anderen EG-Mitgliedern getätigt. Für die Bankstatistiken siehe ebenda, S. 90: »Top International Banks«.
9 Siehe die verschiedenen Tabellen in *Annual Review of Engineering Industries and Automation, 1988*, Bd. 1.
10 Hoffman: a.a.O., S. 28.
11 Siehe nochmals Agnellis Argumente in:, a.a.O., passim.
12 Burstein: a.a.O., S. 129–30.
13 Hoffman: a.a.O., S. 27–28.
14 Burstein: a.a.O., S. 25–28.
15 *World Resources, 1990–91*, S. 245.
16 *The Economic World Atlas and Almanac, 1989*, S. 159.
17 G. Bolte: »How Stubborn Can You Get?«, *Time Magazine*, 8. Oktober 1990, S. 65. Die Statistiken stammen aus T. Roth: »Europe's Small Farmers See Bleak Future«, *Wall Street Journal*, 24. April 1992; S. A11.
18 Siehe zum Beispiel die Bevölkerungszahlen für praktisch jedes der Dörfer, in D. Reperant: *The Most Beautiful Villages in France*, New York 1990, passim.
19 Zit. n. Burstein: a.a.O., S. 150, der eine gute Analyse von beidem, Persönlichkeiten und Streitfragen, bietet.
20 Ebenda, S. 40 ff., 155 ff.
21 Siehe »European Community«, *Economist* (Survey), 7. Juli 1990, bes. S. 29–30, zur Diskussion dieser konstitutionellen Schwierigkeiten.

22 Ebenda, S. 24.

23 Ebenda, S. 5.

24 Zu diesen Debatten siehe G. F. Treverton: *Making the Alliance Work: The United States and Western Europe*, Ithaca, NY 1985; J. Joffe: *The Limited Partnership: Europe, The United States, and the Burden of Alliance*, Cambridge 1987; C. McInnes: *NATO's Changing Strategic Agenda*, London/Boston 1990; J. J. Mearsheimer: *Conventional Deterrence*, Ithaca, NY 1983; R. W. Tucker und L. Wrigley (Hg.): *The Atlantic Alliance and Its Crisis*, New York 1983.

25 K. Gottfried und P. Bracken (Hg.): *Reforging European Security*, Boulder, CO 1990, S. 3–4 – Teil der hervorragenden Analyse der Herausgeber.

26 Siehe Gottfried und Bracken (Hg.): a.a.O., S. 23 ff.; J. Dean und S. R. Resor: »Constructing a European Security System«, in demselben Band.

27 Zur Idee eines ›europäischen Konzerts‹ siehe C. A. Kupchan: »After NATO: Concert of Europe«, *New York Times*, 6. Juli 1990, S. A25; für die oben gemachten Anmerkungen im allgemeinen siehe die Analysen in C. R. Whitney: »NATO, Victim of Success, Searches for New Strategy«, *New York Times*, 26. Oktober 1991, S. 1, 5; S. Hoffman: »Today's NATO – and Tomorrow's«, *New York Times*, 27. Mai 1990, S. E13; A. Riding: »The New Europe«, *New York Times*, 20. November 1990, S. A14.

28 Siehe D. Calleo: *The German Question Reconsidered*, New York 1978; W. Gruner: *Die deutsche Frage*, München 1985.

29 »Saying the Unsayable About the Germans« (Interview mit dem britischen Minister Nicholas Ridley), *The Spectator*, 14. Juli 1990, S. 8–10; W. Safire: »Defending Germany«, *New York Times*, 22. Juni 1990, S. A27.

30 B. Geremek: »The Realities of Eastern and Central Europe«, *Change in Europe* (Plenary of the Trilateral Commission), Washington, DC, April 1990, S. 10.

31 Zit. n. F. Lewis: »The Bane of Nations«, *New York Times*, 28. November 1990; und siehe Burstein: a.a.O., Kap. 5.

32 »The Unpopularity of Two-Speed Europe«, *Economist*, 14. September 1991, S. 89–90.

33 »The Graying of Europe«, *Business Week*, 6. Februar 1989, S. 12–16; A. Riding: »Western Europe, Its Births Falling, Wonders Who'll Do All the Work«, *New York Times*, 22. Juli 1990, S. 1, 12; H. de Juvenal: »Europe at the Dawn of the Third Millennium«, *Futures* (Oktober 1988), S. 515.

34 Zitate aus: »The Graying of Europe«; und Riding: »Western Europe, Its Births Falling ...«.

35 »The Missing Children«, *Economist*, 3. August 1991, S. 43–44; D. J. Van de Kaa: »Europe's Second Demographic Transition«, *Population Bulletin*, Bd. 42, Nr. 1 (März 1987), S. 3–57; J. Gapper: »Skills Shortage Stalls the Worker's March«, *Financial Times*, 5. September 1990; Riding: »Western Europe, Its Births Falling ...«, passim.

36 »West Germany's Unexpected Boost from the East«, Analyse der Commerzbank, wiedergegeben in: *Economist*, 13. Januar 1990, S. 62.

37 T. Carrington: »Central Europe Borders Tighten as Emigrés Flood in from East«, *Wall Street Journal*, 8. Februar 1991, S. A8.

38 »Italy: The Numbers Game«, *Economist*, 26. Mai 1990, S. 25.

39 »The Graying of Europe«, S. 15.

40 Burstein: a.a.O., S. 137. Siehe auch F. Heisbourg: »Population Movements in Post-Cold War Europe«, *Survival*, Bd. XXXIII, Nr. 1 (Januar/Februar 1991), S. 31–43.

41 P. L. Montgomery: »European Community Asks Heavy Energy Tax to Curb Emissions«, *New York Times*, 26. September 1991, S. D3.

42 Siehe die beiden fachwissenschaftlichen Arbeiten C. A. Wilson und J. F. B. Mitchell: »Simulated Climate and CO_2-Induced Climate Change Over Western Europe«, *Climatic Change*, 8 (1986), S. 11–42; F. Bultot u. a: »Estimated Annual Regime of Energy-Balance Components, Evapotranspiration and Soil Moisture for a Drainage Basin in the Case of a CO_2 Doubling«, *Climatic Change*, 12 (1988), S. 39–56 (eine belgische Studie).

43 »Cleaning Up the Mediterranean«, *Economist*, 21. Dezember 1991, S. 19–24.

44 *The Economist World Atlas and Almanac, 1989,* S. 105.

45 »Europe's Farm Farce«, *Economist*, 29. September 1990, S. 17.

46 P. Bye: »Biotechnology and Food/Agricultural Complexes«, S. 77, in: E. Yoxen und V. di Martino (Hg.): a.a.O., das viele gute Essays enthält.

47 Ebenda.

48 Ebenda; *Economist,* 20. Oktober 1990, S. 15; Dickson: a.a.O., S. 1251 bis 52; K. Green und E. Yoxen: »The Greening of European Industry: What Role for Biotechnology?«, *Futures*, 22 (Juni 1990), S. 475–95.

49 Siehe G. Junne und J. Bijman: »The Impact of Biotechnology on European Agriculture«, in Yoxen und Di Martino (Hg.): a.a.O., bes. S. 83.

50 Bye: a.a.O., S. 69.

51 »Europe's Farm Farce«, passim; Bolte: »How Stubborn Can You Get?«, S. 65.

52 Junne und Bijman: a.a.O., S. 84.

53 Siehe den hervorragenden Artikel »Europe in Turmoil«, in: *Agricultural Outlook* (Juli 1990), S. 28 ff., für eine Analyse über die Erholung der osteuropäischen Landwirtschaft.

54 Gapper: »Skills Shortage Stalls the Workers' March«, passim.

55 Dies schlägt Reich selbst vor in: a.a.O., passim.

56 Siehe nochmals das Argument in Ohmae: a.a.O., passim.

57 Für ein gutes Beispiel siehe P. Brimelow: »The Darker Side of 1992«, *Forbes* (22. Januar 1990), S. 85–89.

13. Das amerikanische Dilemma

1 Diese Debatte kann im Grunde wöchentlich verfolgt werden, indem man die Kritiken der liberalen *New York Times* Leitartikelschreiber wie A. Lewis und T. Wicker mit den Behauptungen in den Leitartikeln des *Wall Street Journal* vergleicht.

2 Siehe die klugen Kommentare von S. Huntington: a.a.O., S. 76–96.

3 Siehe die Diskussion über dieses Thema in H. Grunwald: »The Second American Century«, *Time*, 8. Oktober 1990, S. 70–75.

4 S. Schlossstein: a.a.O.; D. Calleo: *Beyond American Hegemony*, New York 1987; R. Rosecrance (Hg.): *America as an Ordinary Power*, Itahaca, NY 1976.

5 H. R. Nau: *The Myth of America's Decline*, New York 1990; R. Rosecrance: a.a.O., 1990; J. S. Nye, Jr.: a.a.O.; und J. Kotkin und Y. Kishimoto: *The Third Century: America's Resurgence in the Asian Era*, New York 1988. Eine dieser »Antworten« stammt von dem Herausgeber von »America as an Ordinary Power«, Prof. R. Rosecrance. Für seinen weiteren Kommentar zur internationalen Position Amerikas siehe ders.: a.a.O., 1985.

6 Z. Brzezinskis zitierter Auszug auf dem Schutzumschlag von Nyes *Bound to Lead*.

7 Für längere Analysen der Aussichten der Vereinigten Staaten siehe Nye: a.a.O.; Rosecrance: a.a.O., 1990; A. Anderson und D. L. Bork (Hg.): *Thinking About America: The United States in the 1990s*, Stanford, CA 1988; E. K. Hamilton (Hg.): *America's Global Interests: A New Agenda*, New York 1989; M. Green und M. Pinsky (Hg.): *America's Transition: Blueprints for the 1990s*, Lanham, MD 1990. Dies ist natürlich nur eine Auswahl aus der mittlerweile enormen Fülle an Literatur hierzu.

8 Details und Analysen über die US-Streitkräfte sind in den üblichen Quellen zu finden: *Report of the Secretary of Defense... to the Congress*, Washington, DC; *The Military Balance* (International Institute of Strategic Studies), London; *RUSI and Brassey's Defense Yearbook* (jährlich); *American Defense Annual* usw.

9 P. E. Tyler: »Pentagon Imagines New Enemies to Fight in Post-Cold-War Era«, *New York Times*, 17. Februar 1992, S. A1, A8. Siehe auch F. C. Iklé und A. Wohlstetter (Hg.): *Discriminate Deterrence: Report of the Commission on Integrated Long-Term Strategy*, Washington, DC 1988, S. 13–22, ein früherer Vorschlag gemäß diesen Grundsätzen; und M. T. Klare: »The U.S. Military Face South«, *The Nation*, 18. Juni 1990, S. 841, 858–62.

10 Siehe die Verweise auf diese Literatur in Kap. 7 oben, bes. die Artikel von Mathews: a.a.O., und Sorensen: a.a.O., wie auch R. J. Barnetts klugen Aufsatz: »After the Cold War«, *The New Yorker*, 1. Januar 1990,

S. 65–76. Zu der strategischen Debatte siehe die hervorragende Analyse und Bibliographie in S. Van Evera: »Why Europe Matters, Why the Third World Doesn't: American Grand Strategy After the Cold War«, *Journal of Strategic Studies*, Bd. 13, Nr. 2 (Juni 1990), S. 1–51.

11 Wie es einer der frühen außenpolitischen Berater Gorbatschows, Giorgi Arbatow, 1988 formuliert hat: die UdSSR war dabei, die USA ihres »Feindes« zu berauben, womit sie insbesondere die konservativen Kreise Amerikas verwirrte.

12 Nye: a.a.O., S. 239 und passim; P. A. Gigot: »After Communism World Still Needs U.S. Troops«, *Wall Street Journal*, 11. Februar 1990.

13 Zu Beispielen dieser kritischen Haltung: A. Lewis: »When Decline Hurts«, *New York Times*, 26. September 1990; D. Boren: »New Decade, New World, New Strategy«, *New York Times*, 2. Januar 1990; T. Wicker: »The ›Super‹ Concept«, *New York Times*, 25. November 1990, S. E11.

14 Eine klassische Analyse dieser Tendenz ist R. Robinson und J. A. Gallagher: *Africa and the Victorians*, bes. das Schlußkapitel mit seinen Anmerkungen zu den »unsicheren Grenzen«. Als Kritik der momentanen Tendenz der USA in diese Richtung siehe nochmals Van Evera: a.a.O., S. 15 ff.

15 Siehe zum Beispiel E. Mortimer: »Sharing the Bill of Peace«, *Financial Times*, 14. September 1990, S. 17; A. Ireland: »A Hawk Says: Pull Our Troops Out«, *New York Times*, 7. März 1989; W. L. Schlosser: »Let's Cut the Subsidies for Allies Defense«, *New York Times*, 27. November 1988; »Time to Share the Burden«, *Economist*, 7. Mai 1988, S. 23–24. Die Forschungs- und Entwicklungszahlen für 1988 stammen aus M. Prowse: »Scales Out of Balance«, *Financial Times*, 13. August 1991, S. 10.

16 Es gibt eine Fülle an Literatur zu diesem Thema. Als Beispiele siehe Cohen und Wilson: a.a.O., passim; L. J. Dumas: *The Overburdened Economy*, Berkeley/Los Angeles 1986, bes. S. 57–63, 297 ff.; B. Russett: »Defense Expenditures and National Well-Being«, *American Political Science Review*, Bd. 76, Nr. 4 (Dezember 1982), S. 767–77; R. W. DeGrasse: a.a.O., passim.

17 Die Durchschnittszahlen für die einzelnen Jahrzehnte kann man errechnen aus: *Economist Report of the President*, Washington, DC 1990, und für 1988 aus *Survey of Current Business* (Bureau of Economic Analysis), Juli 1990, Tabelle 1.2. Hierzu bin ich Prof. C. L. Ballard für seinen Rat dankbar; siehe auch seinen Brief in *Wall Street Journal*, 12. Dezember 1990, S. A17. Die Darstellung für 1991 ist eine Projektion der OECD, wie berichtet in: *Wall Street Journal*, 13. Dezember 1991, S. A10, auch wenn ein geringfügig aktuellerer *Journal*-Bericht (10. März 1992, S. A2) für 1990–91 ein BSP-Wachstum von 0,4 % angibt.

18 Siehe Kennedy: *Aufstieg und Fall der großen Mächte*, bes. die Einleitung und das Nachwort.

19 »The Elusive Boom in Productivity«, *New York Times* (Business Section),

8. April 1984, S. 1, 26. Siehe auch »Richer Than You«, *Economist*, 25. Oktober 1986, S. 13–14.

20 D. Gergen: »Can American Stay on Top?«, *U.S. News and World Report*, 16. Juli 1990, S. 68. Siehe auch L. Silk: »Who Is No. 1? It's Hard to Say«, *New York Times*, 27. Juli 1990, S. D2; A. Murray: »U.S. Economy Leads Japan's but for How Long?«, *Wall Street Journal*, 13. Juni 1990.

21 Für vergleichbare Statistiken siehe Kennedy: a.a.O., 1989, Tabelle 21, 31, 32.

22 L.H. Clark und A.L. Malabré: »Productivity Indicates Sluggish Economy«, *Wall Street Journal*, 6. Juli 1989, S. A2 und die Tabelle »Output per Employee« (Produktivität pro Arbeitnehmer 1960–1986) in der exzellenten MIT-Analyse in M.L. Dertouzos u.a. (Hg.): *Made in America: Regaining the Productive Edge*, Cambridge, MA 1989, S. 29. Zu erwähnen ist, daß Dertouzos u.a. (Hg.): a.a.O., S. 31, schätzen, daß 36 % der zwischen 1979 und 1986 verzeichneten Verbesserung der Arbeitsproduktivität vom Verlust an Arbeitsstellen herrührt.

23 Kennedy: a.a.O., 1989, S. 776.

24 Für diese Zahlen siehe A.L. Malabré: *Within Our Means*, New York 1991, S. 19–20; und D. P. Calleo: *The Bankrupting of America*, New York 1992.

25 Die Zitate und Statistiken stammen aus Malabré: a.a.O., S. 3–5, 11–12. Siehe auch B. Friedman: *Day of Reckoning*, New York 1988; aber »Defining the Debt Bomb«, *Economist*, 3. November 1990, S. 75, gibt eine weitaus beruhigendere Darstellung der Unternehmensverschuldung.

26 Siehe die detaillierte Analyse, S. 562–63 in: M.S. Feldstein (Hg.): *The United States in the World Economy*, Cambridge, MA 1987, zusammen mit der Analyse von J.A. Frankel: ebenda, S. 560 ff.

27 H. Stout: »U.S. Foreign Debt Widened Last Year«, *Wall Street Journal*, 2. Juli 1990, S. 42. Der Status, der »größte Schuldner der Welt« zu sein, mag im Moment nur theoretisch zutreffen, da vor einigen Jahrzehnten die amerikanischen Investitionen in überseeische Kapitalanlagen jetzt einen viel höheren Wert ergeben müßten, verglichen mit dem damaligen Kaufpreis – auch wenn es der letztere ist, der in der Gesamtsumme erfaßt ist.

28 Dertouzos u.a. (Hg.): a.a.O., S. 40–41. Siehe auch S.S. Cohen und J. Zysman: *Manufacturing Matters*, New York 1987, und R. Dornbusch u.a.: *The Case of Manufacturing in America's Future*, Rochester, NY 1987, für eine allgemeinere Argumentation.

29 Für Beispiele siehe die vielen Verlautbarungen und Publikationen des Office of Technology Assessment (U.S. Congress) und des Council on Competitiveness; Dertouzos u.a. (Hg.): a.a.O.; M.G. Barons: *Competing for Control*, Cambridge, MA 1988; J.S. Yudken und M. Black: »Targeting National Needs: A New Direction for Science and Technology Policy«, *World Policy Journal*, 7 (Frühling 1990), S. 251–88; G.N. Hatsopoulos

u. a: »U.S. Competitiveness: Beyond the Trade Deficit«, *Science*, 241 (15. Juli 1988), S. 299–307; und P. Krugman: *The Age of Diminished Expectations*, Cambridge, MA 1990, passim.

30 Entnommen aus: Dertouzos u. a. (Hg.): a.a.O., S. 7.

31 Siehe G. R. Searle: *The Quest for National Efficiency, 1899–1914*, Atlantic Highlands, NJ, 2. Aufl. 1990, passim; F. Crouzet: *The Victorian Economy*, London 1982, S. 371 ff.; E. J. Hobsbawm: *Industry and Empire*, Harmondsworth, Mddsx. 1969, S. 136–53, 172–85.

32 Kennedy: a.a.O., 1989, S. 759.

33 Siehe H. Stein: »Who's Number One? Who Cares?«, *Wall Street Journal*, 1. März 1990; Ohmae: a.a.O., passim; und Reich: a.a.O., Kap. 13 und passim.

34 Siehe bes. Nye: a.a.O., passim.

35 Beispiele: W. Hummer: »A Contrarian View: A Short, Mild Recession«, *Wall Street Journal*, 7. Januar 1990; die wichtige Serie von Artikeln von K. House in: *Wall Street Journal* zu Beginn des Jahres 1989, bes. der vom 27. Januar 1989; C. R. Morris: »The Coming Global Boom«, *Atlantic Monthly*, 264 (Oktober 1989), S. 51–64.

36 P. Kennedy: »Fin-de-Siècle America«, *New York Review of Books*, 28. Juni 1990, S. 31–40; Lewis: »When Decline Hurts«, passim; H. Allen: »Red, White, and Truely Blue«, *Washington Post*, 26. November 1990, S. B1, B4; R. Bernstein: »Euphoria Gives Way to Fractured Feelings of Gloom«, *New York Times*, 23. Dezember 1990, S. E3; H. Carter: »U.S. Could Well Snatch Defeat from the Jaws of Victory«, *Wall Street Journal*, 29. März 1990, S. A13.

37 J. Chancellor: *Peril and Promise: A Commentary Upon America*, New York 1990, S. 23.

38 Ebenda.

39 W. Mayer-Larsen: »America's Century Will End with a Whimper«, *World Press Review*, 38 (Januar 1991), S. 27. Siehe auch R. Pear: »Study Says U.S. Needs to Battle Infant Mortality«, *New York Times*, 6. August 1990, S. A1, B9; W. B. Maher: »Reform Medicine: The Rest Will Follow«, *New York Times* (Business Section), 9. Juli 1989, S. 3.

40 C. C. Douglas: »In Black America, Life Grows Shorter«, *New York Times*, 2. Dezember 1989, S. 84.

41 D. R. Gergen: »Remember the Drug War?«, *U.S. News and World Report*, 18. Dezember 1989, S. 84.

42 »Crime in America«, *Economist*, 22. Dezember 1990, S. 29–32.

43 Ebenda; und K. E. Meyer: »A Good Word for Calcutta«, *New York Times*, 6. Januar 1991, S. 18.

44 T. Wicker: »The Iron Medal«, *New York Times*, 9. Januar 1991, S. A21; »U.S. Incarceration Rate Highest in World«, *Wall Street Journal*, 7. Januar 1991, S. B5.

45 L. Uchitelle: »Not Getting Ahead? Better Get Used to It«, *New York Times*, 16. Dezember 1990, S. 1, 6; A. Murray: »Losing Faith: Many Americans Fear U.S. Living Standards Have Stopped Rising«, *Wall Street Journal*, 1. Mai 1989, S. 1, 10.
46 Siehe die wichtigen Argumente in: Calleo: a.a.O., S. 109–13.
47 Siehe L. Thurows Klassiker: *The Zero-Sum Society*, New York 1980, passim.
48 »U.S. Is Said to Lag in School Spending«, *New York Times*, 16. Januar 1990, S. A23; J. Hood: »Education: Money Isn't Everything«, *Wall Street Journal*, 2. Februar 1990.
49 »The Stupidification of America«, *New Perspectives Quarterly*, Bd. 7, Nr. 4 (Herbst 1990), S. 47.
50 J. Kozol: *Illiterate America*, New York 1985, S. 4, 8–9.
51 B. O'Reilly: »America's Place in World Competition«, *Fortune*, 120 (6. November 1989), S. 88; C. O. Baker (Hg.): *The Condition of Education 1989*, Bd. 1: *Elementary and Secondary Education*, Washington, DC 1989, S. 78; A. Shanker: »U.S. Rock Bottom«, *New York Times* (bez. Anzeige), 5. Februar 1989, S. E7.
52 Kozol: a.a.O., S. 212.
53 C. O. Baker (Hg.): a.a.O., Bd. 1, S. 84; G. M. Grosvenor: »Those Panamanian Pandas«, *New York Times* 31. Juli 1988, S. 25.
54 The National Commission on Excellence in Education: *A Nation at Risk*, Washington, DC 1983, S. 5.
55 R. Hoffman: »Ignorance, Ignorantly Judged«, *New York Times*, 14. September 1989; *A Nation at Risk*, S. 11. Auf der anderen Seite waren die amerikanischen Zwölftkläßler, die in den internationalen Tests in Mathematik schwache Ergebnisse erzielten, selbst schon eine ausgesuchte Gruppe.
56 Siehe nochmals »U.S. Is Said to Lag in School Spending«, *New York Times*, 16. Januar 1990.
57 Siehe M. J. Barnett: »The Case for More School Days«, *Atlantic Monthly*, 266 (November 1990), S. 78–106, ein hervorragender allgemeiner Überblick; »Japan-243, United States-180« *Washington Post* (Editorial), 15. Oktober 1990, S. A14.
58 National Research Council: *Everybody Counts: A Report to the Nation on the Future of Mathematics Education*, Washington, DC 1989, S. 90. Siehe auch D. P. Doyle: »Time for America to Set National Education Norms«, *Hudson Opinion* (Oktober 1989), S. 1.
59 N. Gardels: »The Education We Deserve«, *New Perspectives Quarterly*, Bd. 7, Nr. 4 (Herbst 1990), S. 2–3.
60 Die Zitate und Statistiken stammen von S. 18–19, 52–55 und passim in: *New Perspectives Quarterly*, die einen hervorragenden Auszug von 17 Artikeln über Ausbildung und die soziale und kulturelle Krise bieten. Siehe

auch Senator D. Moynihans Artikel: »Half the Nation's Children Born Without a Fair Chance«, *New York Times,* 25. September 1988, S. E25, und E. D. Hirsch: *Cultural Literacy: What Every American Needs to Know,* Boston 1987.

61 In Verbindung damit siehe die interessante Diskussion in S. Knack: »Why We Don't Vote – Or Say Thank You«, *Wall Street Journal*, 31. Dezember 1990, S. 6; und H. Carter: »We Have Seen the Enemy and It Is Ignorance«, *Wall Street Journal*, 17. November 1988, S. A23.

62 Dies ist gut erkannt in: K. Phillips: *The Politics of Rich and Poor*, New York 1990, passim; und Reich: a.a.O., Kap. 14, 17–18, 23–24.

63 M. Novak: »What Became of the Ugly American?«, *Forbes*, 145 (30. April 1990), S. 120. Siehe auch B. Wattenberg: *The First Universal Nation*, New York 1990; G. Gilder: »You Ain't Seen Nothing Yet«, *Forbes*, 141 (4. April 1988), S. 89–93; A. Balk: »America Is No 1. It'll Stay No. 1«, *New York Times*, 31. Juli 1990; und viele der jubilierenden Artikel (bes. Gilders) in der Ausgabe von September 1990 des *Commentary* mit dem Titel »The American 80s: Disaster or Triumph?«

64 Nye: a.a.O., passim; Grunwald: »The Second American Century«, passim; »Yes, You Are the Superpower«, *Economist*, 24. Februar 1990, S. 11.

65 G. F. Will: »Who Will Stoke the Fires?«, *Newsweek*, 9. April 1990, S. 78.

66 Siehe M. Lind: »America as an Ordinary Country«, *American Enterprise*, 1 (September/Oktober 1990), S. 19–23; und J. B. Judis: »The Conservative Crackup«, *American Prospect* (Herbst 1990), S. 30–42.

67 Siehe Chancellors lesbare (und zornige) Schilderung in: a.a.O., passim.

68 Ebenda, S. 23.

69 Dies ist der ›mittlere Bereich‹ der Schätzungen, siehe die Tabelle auf S. 7 in: »Projection of the Population of the United States, by Age, Sex, and Race: 1988 to 2080« (U.S. Bureau of the Census), *Current Population Reports*, P-25, Nr. 1018, Washington, DC 1989.

70 J. M. Guralnik u. a.: »Projecting the Older Population of the United States«, *Milbank Quarterly*, Bd. 66, Nr. 2 (1988), S. 283–308; »On the Economic Implications of Demographic Change in the United States«, *Population and Development Review*, Bd. 15, Nr. 2 (Juni 1989), S. 379–89.

71 W. A. Henry: »Beyond the Melting Pot«, *Time Magazine*, 9. April 1990, S. 28–35.

72 S. Thornstrom: »The Minority Majority Will Never Come«, *Wall Street Journal*, 26. Juli 1990.

73 D. James: »Bar the Door«, *New York Times*, 25. Juli 1992, S. 21.

74 P. Francese: »Aging America Needs Foreign Blood«, *Wall Street Journal*, 27. März 1990; F. Barringer: »A Land of Immigrants Gets Uneasy About Immigration«, *New York Times*, 14. Oktober 1990, S. E4; R. J. Herrnstein: »I. Q. and Falling Birth Rates«, *Atlantic Monthly*, 263 (Mai 1989),

S. 73 ff.; D. E. Bloom und N. G. Bennett: »Future Shock«, *New Republic*, 19. Juni 1989, S. 18–22.

75 Henry: »Beyond the Melting Pot«, passim.

76 G. Wright: »Where America's Industrial Monopoly Went«, *Wall Street Journal*, 20. Dezember 1990, S. A16.

77 Siehe nochmals Reich: a.a.O.

78 *Workforce 2000: Work and Workers for the 21st Century*, Hudson Institute, Indianapolis, IN 1987, S. 98; siehe auch *New Perspectives Quarterly* (Herbst 1990), S. 37.

79 Das Zitat und die Statistik stammen von S. 23 aus: *America's Choice: High Skills or Low Wages!*, The Report of the Comparison of the Skills of the Average Workforce, Rochester, NY 1990; siehe auch N. J. Perry: »How to Help America's Schools«, *Fortune*, 120 (4. Dezember 1989), S. 137–42. Zu den Defiziten in den höheren Stufen, siehe R. Atkinson: »Supply and Demand for Scientists and Engineers: A National Crisis in the Making«, *Science*, 248 (27. April 1990), S. 425–32; und »Needed: Home-Grown Talent«, *New York Times*, 26. Dezember 1990, S. A30.

80 *America's Choice: High Skills or Low Wages!*, S. 19–21.

81 Ebenda, S. 21; *Workforce 2000*, S. 25, passim.

82 *America's Choice: High Skills or Low Wages!* beinhaltet viele Vergleiche mit den Inhalten der europäischen und japanischen Ausbildungs- und Arbeitnehmerschulungsprogramme. J. Jacobs: »Training the Workforce of the Future«, *Technology Review*, 93 (August/September 1990), S. 66–72, der auf die Möglichkeiten der Community Colleges hinweist.

83 *Technology, Public Policy, and the Changing of American Agriculture*, S. 3, 11. (Der jährliche Anstieg von 1,8 %, auf den in diesem Bericht hingewiesen wird, betrifft »die weltweite landwirtschaftliche Nachfrage im Jahr 2000«, aber diese Zahl steht natürlich in Bezug zu dem erwarteten Bevölkerungswachstum.)

84 Siehe *State of the World, 1990*, Kap. 1 und 4.

85 *Technology, Public Policy, and the Changing of American Agriculture*, S. 20.

86 Siehe die Beschreibungen der landwirtschaftlichen »Raffinerien« in: F. Rexen und L. Munck: *Cereal Crops for Industrial Use in Europe*, Kopenhagen 1984.

87 M.H. Glantz und J.E. Ausubel: »The Ogallala Aquifer and Carbon Dioxide: Comparison and Convergence«, *Environmental Conservation*, Bd. 11, Nr. 2 (Sommer 1984), S. 123–30.

88 G. S. Giese und D. G. Aubrey: »Losing Coastal Upland to Relative Sea-Level Rise: 3 Scenarios for Massachusetts«, *Oceanus*, Bd. 30, Nr. 3 (Herbst 1987), S. 16–22.

89 H.E. Schwarz und L.A. Dillard: »The Impact of Water Supplies«, *Oceanus*, Bd. 32, Nr. 2 (Sommer 1989), S. 44–45.

90 J. P. Cohn: »Gauging the Biological Impacts of the Greenhouse Effect«, *BioScience*, Bd. 39, Nr. 3 (März 1989), S. 142–46.
91 W. D. Nordhaus: »Greenhouse Economics: Count Before You Leap«, *Economist*, 7. Juli 1990, S. 21–24 (bes. S. 22).
92 Siehe die Darstellung in: Barnett: *The Collapse of British Power.*

14. In Vorbereitung auf das 21. Jahrhundert

1 *Economist*, 11. Oktober 1930, S. 652 (Für diesen Hinweis bin ich Dr. M. Pereboom zu Dank verpflichtet.)
2 Für eine weitere Diskussion über diese Tendenzen siehe J. L. Gaddis: »Toward the Post-Cold War World«, *Foreign Affairs*, Bd. 70, Nr. 2 (Frühling 1991), S. 102–22; R. Wright und D. MacManus: a.a.O.
3 *State of the World, 1989*, Kap. 10.
4 Ebenda, 1990, Kap 7.
5 D. M. Kamimen: »Technology for Development: Sustaining, Not Obliterating, the Environment«, *Research & Exploration* (Winter 1991), S. 3–5.
6 Für aktuelle Beispiele, siehe W. S. Dietrich: *In the Shadow of the Rising Sun*, University Park, PA 1991, passim; *Competing Economies: America, Europe, and the Pacific Rim* (U.S. Congress, Office of Technology Assessment), Washington, DC 1991, bes. S. 13–14; Malabré: a.a.O., Kap. 6.
7 *World Resources, 1990–91*, S. 61–62, 256. Für eine kritischere Einstellung zu den brasilianischen Bedingungen, siehe *State of the World, 1992*, S. 96.
8 P. Waldman: »Conflict in Algeria Over Islamic Military Pits Father Against Son«, *Wall Street Journal*, 23. Januar 1992, S. A1, A8.
9 *World Resources, 1990–91*, S. 262; *The Statesman's Yearbook, 1990–91*, S. 1087.
10 Ebenda, S. 785; *World Resources, 1990–91*, S. 263.
11 Gut ausgeführt in: Hans Küng: *Projekt Weltethos*, München, 3. Aufl. 1991.
12 *World Resources, 1990–91*, S. 256–57, 262–63.
13 Ebenda.
14 Ebenda, S. 266 (Anmerkungen zu Tabelle 16.5).
15 D. E. Sanger: »Minister Denies He Opposed College for Japanese Women«, *New York Times*, 19. Juni 1990; »The Dwindling Japanese«, S. 36.
16 »The Missing Children«, *Economist*, 3. August 1991, S. 43–44.
17 Zur Benutzung der Begriffe »Füllhorn«-Theoretiker und »Neomalthusianer«, siehe den hervorragenden Überblick von T. F. Homer-Dixon: a.a.O., S. 76–116.
18 Siehe zum Beispiel J. Bellini: *High Tech Holocaust*, San Francisco, CA

1986, S. 251; Ehrlich und Ehrlich: a.a.O., 1990, Kap. 1 und 12. In vielerlei Hinsicht sind diese Bücher der Antiatomkraftbewegung verpflichtet. Siehe zum Beispiel J. Cox: *Overkill*, Harmondsworth, Mddsx. 1981.

19 Dies folgt sehr genau Homer-Dixon: a.a.O., S. 100–01.

20 Ebenda.

21 Wie wiederholt dargelegt in der jährlichen Ausgabe des *State of the World*; siehe die Ausgabe von 1992, Kap. 3, 9, 11.

22 Homer-Dixon: a.a.O., passim; Eberstadt: a.a.O., passim; Foster: a.a.O., passim.

23 Malthus: a.a.O., Bd. 2, London 1914, S. 261–62.

BIBLIOGRAPHIE*

Veröffentlichungen von Instituten, der Regierung etc.

Agricultural Biotechnology: The Next Green Revolution? The World Bank, Technical Paper Nr. 133. Washington, DC 1991.

America's Choice: High Skills or Low Wages! The Report of the Comparison of the Skills of the Average Workforce. Rochester, NY 1990.

Annual Review of Engineering Industries and Automation, 1988, Bd. 1. U.N. Economic Commission for Europe. New York 1989.

Changing Climate. U.S. National Research Council. Washington, DC 1983.

CIA Handbook of Economic Statistics, 1990. Central Intelligence Agency. Washington, DC 1990.

*Our Common Future.*World Commission on Environment and Development. Oxford 1987.

Competing Economies: America, Europe, and the Pacific Rim. U.S. Congress. Office of Technology Assessment. Washington, DC 1991.

Current Population Reports, P–25, Nr. 1018. U.S. Bureau of the Census. Washington, DC 1989.

Draft Report on Military Dependency on Foreign Technologies. National Security Council. Washington, DC, April 1987.

The Diffusion of Power: An Era of Realignment. Report of the National Security Group. Chicago, IL 1988.

Economic and Social Progress in Latin America: 1989 Report. Inter-America Development Bank. Washington, DC 1989.

Economic Report of the President. Washington, DC 1990.

The Economist World Atlas and Almanac, 1989. London 1989.

Education in Japan. Foreign Press Center. Tokio 1988.

Everybody Counts: A Report to the Nation on the Future of Mathematics Education. National Research Council. Washington, DC 1989.

Global Economic Prospects and the Developing Countries. The World Bank. Washington, DC 1991.

The Military Balance, 1990–91. International Institute of Strategic Studies. London 1990.

* Artikel aus Tageszeitungen und Wochenmagazinen wie dem *Economist*, die in dieser Studie viel benutzt wurden, sind hier nicht aufgelistet.

A Nation at Risk. The National Commission of Excellence in Education. Washington, DC 1983.

Population: The UNFPA Experience. United Nations Fund for Population Activities. New York 1984.

Reform and Innovation of Science and Education: Planning for the 1990 Farm Bill. U.S. Senate: Committee on Agriculture, Nutrition, and Forestry. Washington, DC 1989.

Robotics Technology and Its Varied Uses. U.S. Congress: Hearing Before the Subcommittee on Science, Research, and Technology, 25. September 1989. Washington, DC 1989.

Soviet Military Power. U.S. Department of Defense. Washington, DC (jährlich).

State of the Environment: A View Towards the Nineties. The Conservation Foundation. Washington, DC 1987.

Statistical Abstract of the United States, 1990. U.S. Bureau of the Census. Washington, DC 1990.

Survey of Current Business. Bureau of Economic Analysis. Washington, DC, Juli 1990.

Technology, Public Policy, and the Changing Structure of American Agriculture. U.S. Congress: Office of Technology Assessment. Washington, DC, März 1986.

Trends in Developing Economies, 1990. The World Bank, Washington, DC 1990.

UNESCO Statistical Digest, 1987. Paris 1987.

UNESCO Statistical Yearbook, 1989. Paris 1989.

Workforce 2000: Work And Workers for the 21st Century. Hudson Institute. Indianapolis, IN 1987.

World Development Report 1990. The World Bank. Washington, DC 1990.

World Development Report 1991. The World Bank. Washington, DC 1991.

World Population Prospects, 1988. U.N. Population Division. New York 1989.

World Resources, 1990–91. World Resources Institute and the International Institute for Environment and Development. New York/Oxford 1990.

World Tables 1991. The World Bank. Washington, DC 1991.

Yearbook of Labor Statistics, 1988. International Labor Office. Genf 1988.

Veröffentlichungen von Autoren

Adama, G.: *The Iron Triangle*. New York 1981.

Adriaansen, W. L. M. und J. G. Waardensburg (Hg.): *A Dual World Economy: Forty Years of Development Experience*. Rotterdam 1989.

Aganbegyan, A.: *The Economic Challenge of Perestroika*. (ed. M. Barratt Brown), Bloomington, IN 1988. (dt.: *Ökonomie und Perestroika. Gorbatschows Wirtschaftsstrategien*. Hamburg 1989.)

Aggerwal, R.: »The Strategic Challenge of the Evolving Global Economy«, *Business Horizons,* 32 (Juli/August 1987).

Agnelli, G.: »The Europe of 1992«, *Foreign Affairs*, Bd. 68, Nr. 4 (1989).

Ahluwalia, I. J.: »Industrial Growth in India: Performance and Prospects«, *Journal of Development Economics*, 28 (1986).

Alexander, I. und P. Burnett: *Reinventing Man: The Robot Becomes Reality.* New York 1983.

Alonso, W. (Hg.): *Population in an Interacting World.* Cambridge, MA 1987.

Anderson, A. und D. L. Bork (Hg.): *Thinking About America: The United States in the 1990s.* Stanford, CA 1988.

Andrews, K. R.: *Elizabethan Privateering: English Privateering During the Spanish War, 1585–1603.* Cambridge 1964.

Angang, H. und Z. Ping: *China's Population Development.* Beijing 1991.

Ashton, T. S.: *The Industrial Revolution, 1760–1830.* Oxford 1968.

Atkinson, R.: »Supply and Demand for Scientists and Engineers: A National Crisis in the Making«, *Science*, 248 (27. April 1990).

Attali, J.: »Lines on the Horizon: A New Order in the Making«, *New Perspectives Quarterly* (Frühling 1990).

Avery, D.: »The Green Revolution Is Our Real Food Security«, Hudson Institute. Briefing Paper 112. Indianapolis, IN 1989.

Axelbank, J.: »The Crisis of the Cities«, *Populi*, Bd. 15, Nr. 4 (1988).

Baark, E. und A. Jamison: *Technical Development in China, India and Japan.* London 1986.

Bairoch, P.: »International Industrialization Levels from 1750 to 1980«, *Journal of European Economic History*, 11 (1982).

Baker, C. O. (Hg.): *The Condition of Education 1989, Bd. 1: Elementary and Secondary Education.* Washington, DC 1989.

Balfour, M. L. G: *Britain and Joseph Chamberlain.* London/Boston 1985.

Banac, I.: »Political Change and National Diversity«, *Daedalus*, Bd. 119, Nr. 1 (Winter 1990).

Baranson, J.: *Robots in Manufacturing: Key to International Competitiveness.* Mt. Airy, MD 1983.

Barnett, C.: *The Collapse of British Power.* New York/London 1972.

Barnett, M. J.: »The Case for More School Days«, *The Atlantic Monthly*, 266 (November 1990).

Barons, M. G.: *Competing for Control.* Cambridge, MA 1988.

Barraclough, G.: *An Introduction to Contemporary History.* Harmondsworth, Mddsx. 1967.

Barth, M. C. und J. G. Titus (Hg.): *Greenhouse Effect and Sea Level Rise: A Challenge for This Generation.* New York 1984.

Becker, C. M.: »The Demo-Economic Impact of the AIDs Pandemic in Sub-Saharan Africa«, *World Development*, 18 (1990).

Bellini, J.: *High Tech Holocaust*. San Francisco, CA 1986.

Berardi, G. M. und C. C. Geisler (Hg.): *The Social Consequences and Challenges of New Agricultural Technologies*. Boulder, CO 1984.

Bergson, A. und H. S. Levine (Hg.): *The Soviet Economy: Towards the Year 2000*. London 1983.

Bergsten, C. F.: *America in the World Economy: A Strategy for the 1990s*. Washington, DC 1988.

– »The World Economy After the Cold War«, *Foreign Affairs*, Bd. 69, Nr. 3 (Sommer 1990).

Bloom, D. E. und N. G. Bennett: »Future Shock«, *The New Republic* (19. Juni 1989).

Bornstein, M. (Hg.): *The Soviet Economy: Continuity and Change*. Boulder, CO 1981.

Borrus, M. G.: *Competing for Control: America's Stake in Microelectronics*. Cambridge, MA 1988.

Bowonder, B. und T. Miyake: »Technology Development and Japanese Industrial Competitiveness«, *Futures*, Bd. 22, Nr. 1 (Januar/Februar 1990).

Braisted, W. R.: *The United States Navy in the Pacific, 1909–1922*. Austin, TX 1971.

Braudel, F.: *Civilization and Capitalism, Bd. III: The Perspective of the World*. New York 1986.

Briggs, A.: *Victorian Cities*. London 1963.

Brimelow, P.: »The Darker Side of 1992«, *Forbes* (22. Januar 1990).

Brock, W. E. und R. D. Homats (Hg.): *The Global Economy: America's Role in the Decade Ahead*. New York/London 1990.

Browlee, S.: »The Best Banana Bred«, *The Atlantic Monthly*, 264 (September 1989).

Brown, H.: *The Challenge of Man's Future: An Inquiry Concerning the Condition of Man During the Years that Lie Ahead*. New York 1954.

Brown, L. R. u. a.: *State of the World*. New York, jährlich. (dt.: *Zur Lage der Welt. Daten für das Überleben unseres Planeten*. World Watch Institute Report. Frankfurt/M. 1987–92.)

Bull, H. und A. Watson (Hg.): *The Expansion of International Society*. Oxford 1983.

Bultot, F. u. a.: »Estimated Annual Regime of Energy-Balance Components, Evapotranspiration and Soil Moisture for a Drainage Basin in the Case of a CO_2 Doubling«, *Climatic Change*, 12 (1988).

Burstein, D.: *Euroquake: Europe's Explosive Economic Challenge Will Change the World*. New York 1991. (dt.: *Weltmacht Europa. Die Öffnung des Ostens und der europäische Binnenmarkt verändern das Kräfteverhältnis in der Welt*. München 1991.)

– *Yen! Japan's New Financial Empire and Its Threat to America*. New York 1988. (dt.: *Yen!* München 1992.)

Buruma, I.: *Behind the Mask: On Sexual Demons, Sacred Mothers, Transvestites, Gangsters, Drifters, and Other Japanese Cultural Heroes.* New York 1984. (dt: *Japan hinter dem Lächeln. Götter, Gangster, Geishas.* Berlin 1988.)

Busch, L. u. a.: *Plants, Power, and Profit: Social, Economic, and Ethical Consequences of the New Biotechnologies.* Oxford 1991.

Bylinsky, G.: »Trying to Transcend Copycat Science«, *Fortune*, 115 (30. März 1987).

Calder, A.: *The People's War: Britain, 1939–1945.* London 1969.

Calder, N.: *The Green Machines.* New York 1986. (dt.: *Der Zukunft eine Chance. Die biotechnische Herausforderung.* Berlin 1989.)

Caldwell, J. C. und P. Caldwell: »High Fertility in Sub-Saharan Africa«, *Scientific American,* 262 (Mai 1990).

Calleo, D. P.: *The Bankrupting of America.* New York 1992.

– *Beyond American Hegemony: The Future of the Western Alliance.* New York 1987. (dt.: *Die Zukunft der westlichen Allianz. Die Nato nach dem Zeitalter der amerikanischen Hegemonie.* Bonn 1989.)

– *The German Question Reconsidered: Germany and the World Order, 1870 to the Present.* New York 1978.

Carnoy, M.: »High Technology and International Labour Markets«, *International Labour Review*, Bd. 124, Nr. 6 (1985).

Castles, S. u. a.: *Here for Good: Western Europe's New Ethnic Minorities.* London 1984.

Chaliand, G. und J. P. Rageau: *A Strategic Atlas: Comparative Geopolitics of the World's Powers.* New York 1985.

Chambers, J. D. und G. E. Mingay: *The Agricultural Revolution 1750–1880.* New York 1966.

Chancellor, J.: *Peril or Promise: A Commentary Upon America.* New York 1990.

Choate, P.: *Agents of Influence.* New York 1990.

Chu, L.: »The Chimera of the China Market«, *The Atlantic Monthly*, 266 (Oktober 1990).

Churba, J.: *Soviet Breakout: Strategies to Meet It.* Washington, DC 1988.

Cipolla, C. M.: *Before the Industrial Revolution. London,* 2. Aufl. 1981.

– (Hg.): *The Economic Decline of Empires.* London 1970.

– *The Economic History of World Population.* Harmondsworth, Mddsx., 7. Aufl. 1978.

Clash, M.: »Development Policy, Technology Assessment, and the New Technologies«, *Futures*, 22 (November 1990).

Coale, A. J.: »Fertility and Mortality in Different Populations with Special Attentation to China«, *Proceedings of the American Philosophical Society*, Bd. 132, Nr. 2 (1988).

Coale, A. J. und E. M. Hoover: *Population Growth and Economic Development in Low-Income Countries.* Princeton, NJ 1958.

Cohen, E. A.: »When Policy Outstrips Power-American Strategy and Statecraft«, *The Public Interest,* 75 (1984).

Cohen, R. und P. A. Wilson: *Superpowers in Economic Decline: U.S. Strategy for the Transcentury Era.* New York/London 1990.

Cohen, S. S. und J. Zysman: *Manufacturing Matters: The Myth of the Post-Industrial Economy.* New York 1987.

Cohn, J. P.: »Gauging the Biological Impacts of the Greenhouse Effects«, *BioScience,* Bd. 39, Nr. 3 (März 1989).

Colley, L.: »The Apotheosis of George III: Loyalty, Royalty, and the British Nation, 1760–1820«, *Past and Present,* 102 (Februar 1984).

– *Britons.* New Haven/London 1992.

Colton, T. J.: *The Dilemma of Reform in the Soviet Union.* New York, 1986.

Cox, J.: *Overkill.* Harmondsworth, Mddsx. 1981.

Cracraft, J. (Hg.): *The Soviet Union Today: An Interpretive Guide.* Chicago/London, 2. Aufl. 1988.

Cronin, R. P.: »Japan's Expanding Role and Influence in the Asia-Pacific Region: Implications for U.S. Interests and Policy«. Congressional Research Paper. Washington, DC, September 1990.

Crouzet, F.: *The Victorian Economy.* London 1982.

Cruickshank, J.: »The Rise and Fall of the Third World: A Concept Whose Time Has Passed«, *World Press Review,* 38 (Februar 1991).

Daly, H. E.: *Steady State Economics: The Economics of Biophysical Equilibrium and Moral Growth.* San Francisco 1977.

Daly, H. E. und J. B. Cobb: *For the Common Good: Redirecting the Economy Toward Community, the Environment and a Sustainable Future.* Boston, MA 1989.

Davis, B. D. (Hg.): *The Genetic Revolution: Scientific Prospects and Public Perceptions.* Baltimore/London 1991.

Davis, K. u. a. (Hg.): Below-Replacement in Industrial Societies, in: *Population and Development Review,* 12 (1986).

de Cecco, M.: *Money and Empire: The International Gold Standard 1890–1914.* Oxford 1974.

Decker, W. L. u. a.: *The Impact of Climate Change from Increased Atmospheric Carbon Dioxide on American Agriculture.* Washington, DC 1986.

DeGrasse, R. W.: *Military Expansion. Economic Decline: The Impact of Military Spending on U.S. Economic Performance.* Armonk, NY 1985.

Dehio, L.: *The Precarious Balance: Four Centuries of the European Power Struggle.* London 1963.

Delfs, R.: »A Two-Front Threat: China Sees Danger from Japan, Soviet Union«, *Far Eastern Economic Review* (13. Dezember 1990).

Dertouzos, M. L. u. a. (Hg.): *Made in America: Regaining the Productive Edge*. Cambridge, MA 1989.

Dibb, P.: *The Soviet Union: The Incomplete Superpower*. London 1986.

Dickson, D.: »German Biotech Firms Flee Regulatory Controls«, *Science*, 248 (16. Juni 1990).

Dietrich, W. S.: *In the Shadow of the Rising Sun: The Political Roots of American Economic Decline*. University Park, PA 1991.

Dixon, C. J. u. a. (Hg.): *Multinational Corporations and the Third World*. London/Sydney 1986.

Dollinger, P.: *La Hanse*. Paris 1964.

Dornbusch, R. u. a.: *The Case for Manufacturing in America's Future*. Rochester, NY 1987.

Dove, R. P. und M. Sako: *How the Japanese Learn to Work*. London 1989.

Doyle, D. P.: »Time for America to Set National Education Norms«, *Hudson Opinion* (Oktober 1989).

Drucker, P.: »The Changed World Economy«, *Foreign Affairs*, Bd. 64 (Frühling 1986).

Dumas, L. J.: *The Overburdened Economy: Uncovering the Cause of Chronic Unemployment, Inflation, and National Decline*. Berkeley/Los Angeles 1986.

Duncan, D. E.: »Africa: The Long Good-Bye«, *The New Republic*, 203 (1990).

Eberstadt, N.: »Population Change and National Security«, *Foreign Affairs*, Bd. 70, Nr. 3 (Sommer 1991).

Eekelaar, J. M. und D. Pearl (Hg.): *An Aging World: Dilemmas and Challenges for Law and Social Policy*. Oxford 1989.

Ehrlich, P. R.: *The Population Bomb*. New York 1968.

Ehrlich, P. R. und A. E. Ehrlich: *The Population Explosion*. New York 1990.

Emmott, B.: *The Sun Also Sets: The Limits to Japan's Economic Power*. New York 1989. (dt.: *Japans begrenzte Macht*. Frankfurt/M. 1990.)

Engelhardt, K. G.: »Innovations in Health Care: Roles for Advanced Intelligent Technologies«, *Pittsburgh High Technology Journal*, Bd. 2, Nr. 5 (1987).

Ernst, D. und D. O'Conner: *Technology and Global Competition: The Challenge for Newly Industrializing Economies*. OECD, Paris 1989.

Fairbanks, C. H.: »Russian Roulette: The Danger of a Collapsing Empire«, *Policy Review*, 57 (Sommer 1991).

Fajer, E. D. u. a.: »The Effects of Enriched Carbon Dioxide Atmospheres on Plant-Insect Herbivores Interactions«, *Science*, 243 (1989).

Fallows, J.: *More Like Us: Making America Great Again*. New York 1989.

Fardoust, S. und A. Dhareshwan: *Long-Term Outlook for the World Economy: Issues and Projections for the 1990s*. The World Bank. Washington, DC 1990.

Farmer, B. H.: »Perspectives on the Green Revolution in South Asia«, *Modern Asian Studies*, 20 (1986).

Fauriol, G. A.: »The Shadow of Latin American Affairs«, *Foreign Affairs*, Bd. 69, Nr. 1 (1989/90).

Feldstein M. S. (Hg.): *The United States in the World Economy*. Cambridge, MA 1987.

Feshbach, M. und A. Friendly: *Ecocide in the USSR*. New York 1992.

Fieldhouse, D. K.: *Unilever Overseas: The Anatomy of a Multinational*. Stanford, CA 1978.

Fischer, B.: »Developing Countries in the Process of Economic Globalization«, *Intereconomics*, 25 (März/April 1990).

Fjermedal, G.: *The Tomorrow Makers: A Brave New World of Living-Brain Machines*. New York 1986.

Foster, G. D.: »Global Demographic Trends to the Year 2010: Implications for U.S. Security«, *Washington Quarterly*, 12 (Frühling 1989).

Friedman, B. M.: *Day of Reckoning: The Consequences of American Economic Policy Under Reagan and After*. New York 1988.

Friedman, G. und M . Lebard: *The Coming War with Japan*. New York 1991.

Fukuchi, T. und M. Kamagi (Hg.): *Perspectives on the Pacific Basin Economy: A Comparison of Asia and Latin America*. Tokio 1990.

Gable, F.: »Changing Climate and Caribbean Coastlines«, *Oceanus*, Bd. 30, Nr. 4 (Winter 1987/88).

Gable, F. und D. G. Aubrey: »Changing Climate and the Pacific«, *Oceanus*, 32, Nr. 4 (Winter 1989/90).

Gaddis, J. L.: »Toward the Post-Cold War World«, *Foreign Affairs*, Bd. 70, Nr. 2 (Frühling 1991).

Gardels, N.: »The Education We Deserve«, *New Perspectives Quarterly*, Bd. 7, Nr. 4 (Herbst 1990).

Garton Ash, T.: *The Magic Lantern: The Revolution of '89 Witnessed in Warsaw, Budapest, Berlin and Prague*. New York 1990.

– *The Uses of Adversity: Essays on the Fate of Central Europe*. New York 1989.

Gati, C.: *The BLOC That Failed: Soviet-East European Relations in Transition*. Boulder, CO 1984.

Gellner, E.: *Nations and Nationalism*. Oxford 1983.

Gendel, S. M. u. a.: *Agricultural Bioethnics: Implications of Agricultural Biotechnology*. Ames, IA 1990.

Geremek, B.: »The Realities of Eastern and Central Europe«, *Change in Europe* (Plenary of the Trilateral Commission), Washington, DC, April 1990.

Gevarter, W. B.: *Intelligent Machines: An Introductory Perspective of Artificial Intelligence and Robotics*. Englewood Cliffs, NJ 1985. (dt.: *Intelligente*

Maschinen. Einführung in die künstliche Intelligenz und Robotik. Weinheim 1987.)

Ghosh, P. K. (Hg.): *Developing South Asia: A Modernization Perspective*. Westport, CT 1984.

– (Hg.): *Technology Policy and Development: A Third-World Perspective*. Westport, CT 1984.

Gibbons, A.: »Biotechnology Takes Root in the Third World«, *Science*, 248 (25. Mai 1990).

Giese, G. S. und D. G. Aubrey: »Losing Coastal Upland to Relative Sea-Level Rise: 3 Scenarios for Massachusetts«, *Oceanus*, Bd. 30, Nr. 3 (Herbst 1987).

Gilder, G.: »You Ain't Seen Nothing Yet«, *Forbes*, 141 (4. April 1988).

Gill, S. und D. Law: *The Global Political Economy: Perspectives, Problems and Policies*. Baltimore, MD 1988.

Gilpin, R.: *The Political Economy of International Relations*. Princeton, NJ 1987.

– *War and Change in World Politics*. Cambridge 1981.

Glantz, M. H. und J. E. Ausubel: »The Ogallala Aquifer and Carbon Dioxide: Comparison and Convergence«, *Environmental Conservation*, Bd. 11, Nr. 2 (Sommer 1984).

Gleick, P. H.: »Climate Change and International Politics: Problems Facing Developing Countries«, *Ambio*, 18 (1989).

– »The Implications of Global Changes for International Security«, *Climatic Change*, 15 (1989).

Goldman, C. S. (Hg.): *The Empire and the Century: A Series of Essays on Imperial Problems and Possibilities*. London 1905.

Goldman, M. I.: *Gorbachev's Challenge: Economic Reform in the Age of High Technology*. New York 1987.

– *The Enigma of Soviet Petroleum: Half-Full or Half-Empty?* London 1980.

– *U.S.S.R. In Crisis: The Failure of an Economic System*. New York 1983.

Goliber, T. J.: »Africa's Expanding Population: Old Problems, New Policies«, *Population Bulletin*, Bd. 44, Nr. 3 (November 1989).

Goodman, D. S. G.: *China's Regional Development*. London 1989.

– u. a.: *From Farming to Biotechnology: A Theory of Agro-Industrial Development*. Oxford 1987.

Gore, A.: *Earth in the Balance: Ecology and the Human Spirit*. New York 1992. (dt.: *Wege zum Gleichgewicht. Ein Marshallplan für die Erde*. Frankfurt/M. 1992.)

Gottfried, K. und P. Bracken (Hg.): *Reforging European Security: From Confrontation to Cooperation*. Boulder, CO 1990.

Govind, H.: »Recent Developments in Environmental Protection in India: Pollution Control«, *Ambio*, Bd. 18, Nr. 8 (1989).

Green, K. und E. Yoxen: »The Greening of European Industry: What Role for Biotechnology?«, *Futures*, 22 (Juni 1990).

Green, M. und M. Pinsky (Hg.): *America's Transition: Blueprints for the 1990s*. Lanham, MD 1990.

Gregory, P. R. und R. C. Stuart: *Soviet Economic Structure and Performance*. New York, 3. Aufl. 1986.

Griffith, W. E. (Hg.): *Central and Eastern Europe: The Opening Curtain*. Boulder, CO 1989.

Gruner, W.: *Die deutsche Frage: Ein Problem der Europäischen Geschichte seit 1800*. München 1985.

Gupta, A.: »The Indian Arms Industry: A Lumbering Giant«, *Asian Survey*, Bd. 30, Nr. 9 (September 1990).

Guralnik, J. M. u. a.: »Projecting the Older Population of the United States«, *The Milbank Quarterly*, Bd. 66, Nr. 2 (1988).

Gwynne, R. N.: *New Horizons? Third World Industrialization in an International Framework*. New York/London 1990.

Hamakawa, Y.: »Photovoltaic Power«, *Scientific American*, 256 (April 1987).

Hamilton, E. K. (Hg.): *America's Global Interests*. New York 1989.

Hancock, G.: *Lords of Poverty: The Power, Prestige, and Corruption of the International Aid Business*. Boston, MA 1990. (dt.: *Händler der Armut. Wohin verschwinden unsere Entwicklungsmilliarden?* München 1989.)

Hanke, D. E.: »Seeding the Bamboo Revolution«, *Nature*, 22 (22. März 1990).

Hansen, J. u. a.: »Global Climate Changes as Forecast by the Goddard Institute for Space Studies Three-Dimensional Model«, *Journal of Geophysical Research*, 93 (1988).

Harmerow u. a.: *Restauration, Revolution, Reaction: Economics and Politics in Germany, 1815–1871*. New York 1978.

Hartley, J.: *»Are There Really So Many Robots in Japan?« Decade of Robotics*. Special 10th Anniversary Issue of *The Industrial Robot Machine*. Berlin 1983.

Hassan, S.: »Environmental Issues and Security in South Asia«, *Adelphi Papers*, 262 (Herbst 1991).

Hatsopoulos, G. N. u. a.: »U.S. Competitiveness: Beyond the Trade Deficit«, *Science*, 241 (15. Juli 1988).

Hauner, M.: *What Is Asia to Us?: Russia's Asian Heartland Yesterday and Today*. Boston/London 1990.

Hayes, M. D.: »The U.S. and Latin America: The Lost Decade?«, *Foreign Affairs*, Bd. 68, Nr. 1 (1988/89).

Hecht, S. und A. Cockburn: *The Fate of the Forest: Developers, Destroyers, and Defenders of the Amazon*. London/New York 1989.

Heilbroner, R. L.: *The Worldly Philosophers: The Lives, Times, and Ideas of the Great Economic Thinkers*. New York 1986.

Heisbourg, F.: »Population Movements in Post-Cold War Europe«, *Survival*, Bd. XXXIII, Nr. 1 (Januar/Februar 1991).

Helleiner, E.: »States and the Future of Global Finance«, *Review of International Studies*, Bd. 18, Nr. 1 (Januar 1992).

Heller, M. A.: »The Middle East: Out of Step with History«, *Foreign Affairs*, Bd. 69, Nr. 1 (1989/90).

Herrnstein, R. J.: »I.Q. and Falling Birth Rates«, *The Atlantic Monthly*, 263 (Mai 1989).

Hirsch, E. D.: *Cultural Literacy: What Every American Needs to Know*. Boston 1987.

Hoagland, J.: »Europe's Destiny«, *Foreign Affairs*, 69 (1989/90).

Hobsbawm, E. J.: *Industry and Empire: The Making of Modern English Society*. Harmondsworth, Mddsx. 1969. (dt.: *Industrie und Empire. Britische Wirtschaftsgeschichte seit 1750*. Frankfurt/M. 1975.)

Hobson, J. A.: *Imperialism: A Study*. London 1902.

Hoffman, J. u. a.: *Projecting Future Sea Level Rise: Methodology, Estimate to the Year 2000, and Research Needs*. Washington, DC 1983.

Hoffman, S.: »The European Community and 1992«, *Foreign Affairs*, Bd. 68, Nr. 4 (Herbst 1989).

Holzman, F. D.: »Soviet Military Spending: Assessing the Numbers Game«, *International Security*, 6 (1982).

– *Financial Checks on Soviet Defense Expenditures*. Lexington, MA 1975.

Homer-Dixon, T. F.: »On the Threshold: Environmental Changes as Causes of Acute Conflict«, *International Security*, Bd. 16, Nr. 2 (Herbst 1991).

Houghton, R. A. und G. M. Woodwell: »Global Climatic Change«, *Scientific American*, 260 (1989).

Howard, M.: *The Lessons of History*. New Haven, CT 1991.

Hughes, H.: »Catching Up: The Asian Newly Industrializing Economies in the 1990s«, *Asian Development Review*, Bd. 7, Nr. 2 (1989).

Hunt, H. A. und T. L. Hunt: *Human Resource Implications of Robotics*. Kalamazoo, MI 1983.

Huntington, S. P.: »The U.S. – Decline or Renewal?«, *Foreign Affairs*, Bd. 67, Nr. 2 (Winter 1988/89).

Iklé, F. C. und T. Nakanishi: »Japan's Grand Strategy«, *Foreign Affairs*, Bd. 69, Nr. 3 (Sommer 1990).

Iklé, F. C. und A. Wohlstetter (Hg.): *Discriminate Deterrence: Report of the Commission on Integrated Long-Term Strategy*. Washington, DC 1988.

Ingham, K.: »Africa's Internal Wars of the 1980s: Contours and Prospects« (United States Institute of Peace), *In Brief*, 18 (1990).

– *Politics in Modern Africa: The Uneven Tribal Dimensions*. London 1990.

Inoguchi, T. und D. I. Okimoto (Hg.): *The Political Economy of Japan, Bd. 2: The Changing International Context*. Stanford, CA 1988.

Ishihara, S.: *The Japan That Can Say No*. New York 1991. (dt.: *Wir sind die Weltmacht. Warum Japan die Zukunft gehört*. München 1992.)

Ives, J. D. und B. Messerli: *The Himalayan Dilemma: Reconciling Development and Conservation*. London/New York 1989.

Jacobs, J.: »Training the Workforce of the Future«, *Technology Review*, 93 (August/September 1990).

Joffe, J.: »Germany After NATO«, *Harper's Magazine*, 281 (Sept. 1990).

– *The Limited Partnership: Europe, the United States, and the Burden of Alliance*. Cambridge 1987.

Johnson, B. L. C.: *Development in South Asia*. Harmondsworth, 1983.

Johnson, C.: »Japan in Search of a ›Normal Role‹«, *Institute on Global Conflict and Cooperation* (U.C., San Diego), Policy Paper Nr. 3 (Juli 1992).

– *MITI and the Japanese Miracle: The Growth of Industrial Policy, 1925–1975*. Stanford, CA 1982.

Johnson, D. G. und R. D. Lee: *Population Growth and Economic Development: Issues and Evidence*. Madison, WI 1987.

Joll, J.: *The Origins of the First World War*. London/New York 1984. (dt.: *Die Ursprünge des Ersten Weltkriegs*. München 1988.)

Jones, C. (Hg.): *Britain and Revolutionary France: Conflict, Subversion, and Propaganda*. Exeter Studies in History, Nr. 5. Exeter 1983.

Jones, E. L.: *The European Miracle: Environments, Economies and Geopolitics in the History of Europe and Asia*. Cambridge, MA 1981. (dt.: *Das Wunder Europa. Umwelt, Wirtschaft und Geopolitik der Geschichte Europas und Asiens*. Tübingen 1991.)

Jones, E. L. und G. E. Mingay (Hg.): *Land, Labour and Population in the Industrial Revolution*. London 1967.

Jones, R. S.: »The Economic Implications of Japan's Aging Population«, *Asian Survey*, Bd. 28, Nr. 9 (September 1988).

Judis, J. B.: »The Conservative Crackup«, *American Prospect* (Herbst 1990).

Judy, R. W. und V. L. Clough: *The Information Age and Soviet Society*. Indianapolis, IN 1989.

Juma, C.: *The Gene Hunters: Biotechnology and the Scramble for Seeds*. London/Princeton, NJ 1989.

Juvenal, H. de: »Europe at the Dawn of the Third Millennium«, *Futures* (Oktober 1988).

Kahn, H.: *The Emerging Japanese Superstate: Challenge and Response*. London 1971.

Kaiser, D.: *Politics and War: European Conflict from Philip II to Hitler*. Cambridge, MA 1990. (dt.: *Kriege in Europa. Machtpolitik von Philip II. bis Hitler*. Hamburg 1992.)

Kaldor, M.: *The Baroque Arsenal*. London 1982.

Kamata, S.: *Japan in the Passing Lane: An Insider's Account of Life in a Japanese Auto Factory*. New York 1984.

Kamimen, D. M.: »Technology for Development: Sustaining, not Obliterating, the Environment«, *Research & Exploration* (Winter 1991).

Kant, I.: *Zum ewigen Frieden*. Stuttgart 1954.

Keegan, J. und A. Wheatcroft: *Zones of Conflict: An Atlas of Future Wars*. New York 1978.

Kennedy, P.: »Fin-de-Siècle America«, *New York Review of Books*, 37 (28. Juni 1990).

– (Hg.): *Grand Strategies in War and Peace*. New Haven/London 1991.

– *The Realities Behind Diplomacy: Background Influences on British External Policies*. London 1980.

– *The Rise and Fall of the Great Powers: Economic Change and Military Conflict from 1500 to 2000*. New York 1987. (dt.: Aufstieg und Fall der großen Mächte. Ökonomischer Wandel und militärischer Konflikt von 1500 bis 2000. Frankfurt/M. 1989.)

– *The Rise of the Anglo-German Antagonism 1860–1914*. London/Boston 1980.

Kenney, M.: *Biotechnology: The University-Industrial Complex*. New Haven 1986.

Kerr, R. A.: »New Greenhouse Report Puts Down Dissenters«, *Science*, 249 (3. August 1990).

Kiernan, V. G.: »State and Nation in Western Europe«, *Past and Present*, 31 (1965).

Kim, S. S. (Hg.): *China and the World: Chinese Foreign Policy in the Post-Mao Era*. Boulder, CO 1989.

Kindleberger, C.: *The World in Depression, 1929–1939*. Berkeley, CA 1973.

Kloppenburg, J. R.: *First the Seed: The Political Economy of Plant Biotechnology, 1492–2000*. Cambridge 1988.

Kotkin, J. und Y. Kishimoto: *The Third Century: America's Resurgence in the Asian Era*. New York 1988.

Kozol, J.: *Illiterate America*. New York 1985.

Krauthammer, C.: »The Unipolar Moment«, *Foreign Affairs*, 70 (1990/91).

Krugman, P.: *The Age of Diminished Expectations: U.S. Economic Policy in the 1990s*. Cambridge, MA 1990.

Küng, H.: *Global Responsibility: In Search of a New World Ethic*. New York 1991. (dt.: *Projekt Weltethos*. München, 3. Aufl. 1991.)

Kvint, V.: »Russia as Cinderella«, *Forbes*, 145 (19. Februar 1990).

Lall, S.: *Developing Countries as Exporters of Technology: A First Look at the Indian Experience*. London 1982.

Landau, G. W. (Hg.): *Latin America at a Crossroads: The Challenge to the Trilateral Countries*. The Trilateral Commission. New York/Paris/Tokio 1990.

Landes, D. S.: *The Unbound Prometheus: Technological Change and Indus-*

trial Development in Western Europe from 1750 to the Present. Cambridge 1969.

Lardy, N. R.: »Agricultural Reforms in China«, *Journal of International Affairs*, 39 (Winter 1986).

Larson, T. B.: *Soviet-American Rivalry.* New York 1978.

Lieven, D.: »Gorbachev and the Nationalities«, *Conflict Studies*, 216 (1988).

– »The Soviet Crisis«, *Conflict Studies*, 241 (Mai 1991).

Lind, M.: »America as an Ordinary Country«, *The American Enterprise*, 1 (September/Oktober 1990).

Linder, S. B.: *The Pacific Century: Economic and Political Consequences of Asian-Pacific Dynamism.* Stanford, CA 1986.

Liverman, D. M. u. a.: »Climatic Change and Grain Corn Yields in the North American Great Plains«, *Climatic Change*, 9 (1986).

Lowenthal, A. F.: »Rediscovering Latin America«, *Foreign Affairs*, Bd. 69, Nr. 4 (Herbst 1990).

Lubasz, H. (Hg.): *The Development of the Modern State.* New York 1964.

Luttwak, E. N.: »From Geopolitics to Geo-Economics«, *The National Interest,* 20 (Sommer 1990).

MacNeill, J. u. a.: *Beyond Interdependence: The Meshing of the World's Economy and the Earth's Ecology.* New York/Oxford 1991.

Malabré, A. L.: *Within Our Means: The Struggle for Economic Recovery after a Reckless Decade.* New York 1991.

Malthus, T. R.: *An Essay on the Principle of Population as It Affects the Future Improvement of Society.* London 1798.

Manabe, S. und R. T. Wetherald: »Large-Scale Changes of Soil Wetness Induced by an Increase in Atmospheric Carbon Dioxide«, *Journal of Atmospheric Sciences*, 44 (1987).

Mann, P. S.: »Green Revolution Revisited: The Adoption of High Yielding Variety Wheat Seeds in India«, *The Journal of Development Studies,* Bd. 26, Nr. 1 (Oktober 1989).

Mansergh, N.: *The Commonwealth Experience.* London 1969.

Marcum, J. A.: »Africa: A Continent Adrift«, *Foreign Affairs*, Bd. 68, Nr. 1 (1988/89).

Marien, M.: »Driving Forces and Barriers to a Sustainable Global Economy«, *Futures*, 22 (Dezember 1989).

Markin, J. H.: »Japan's Investment in America: Is It a Threat?«, *Challenge* (November/Dezember 1988).

Martin, L.: »The Graying of Japan«, *Population Bulletin*, Bd. 44, Nr. 2 (1989).

Martinez, T. E.: »Argentina: Living with Hyperinflation«, *The Atlantic Monthly*, 266 (Dezember 1990).

Marton, K.: *Multinationals, Technology, and Industrialization: Implications and Impact in Third World Countries.* Lexington, MA 1986.

Maruyama, M.: »Japan's Agricultural Policy Failure«, *Food Policy*, 12 (Mai 1987).

Marwick, A.: *War and Social Change in the Twentieth Century*. London 1974.

Marx, J. L. (Hg.): *A Revolution in Biotechnology*. Cambridge 1989.

Mathews J. T.: »Redefining Security«, *Foreign Affaris*, Bd. 68, Nr. 2 (1989).

Mathias, P.: *The First Industrial Nation: An Economic History of Britain, 1700–1914*. London 1969.

Maull, H. W.: »Germany and Japan: The New Civilian Powers«, *Foreign Affairs*, Bd. 69, Nr. 5 (Winter 1990/91).

Maxwell, K.: »The Tragedy of the Amazon«, *New York Review of Books*, 38 (7. März 1991).

Mayer-Larsen, W.: »America's Century Will End with a Whimper«, *World Press Review*, 38 (Januar 1991).

McAfee, K.: »Why the Third World Goes Hungry«, *Commonwealth*, 117 (15. Juni 1990).

McCormick, B. J.: *The World Economy: Patterns of Growth and Change*. Oxford 1988.

McCormick, G. H. und R. E. Bissell (Hg.): *Strategic Dimensions of Economic Behavior*. New York 1984.

McInnes, C.: *NATO's Changing Strategic Agenda: The Conventional Defense of Central Europe*. London/Boston 1990.

McIntyre, W. D.: *Colonies Into Commonwealth*. London 1966.

McMillan, J. u. a.: »The Impact of China's Economic Reforms on Agricultural Productivity Growth«, *Journal of Political Economy*, Bd. 97, Nr. 4 (1989).

McNeill, W. H.: *Plagues and Peoples*. New York 1976.

– *Population and Politics Since 1750*. Charlottesville, VA 1990.

– *The Pursuit of Power: Technology, Armed Forces and Society Since 1000 A. D.* Chicago, IL 1983.

– *The Rise of the West: A History of the Human Community*. Chicago, IL 1967.

Meadows, D. H. u. a.: *The Limits to Growth: A Report for the Club of Rome's Project on the Predicament of Mankind*. New York 1972. (dt.: *Grenzen des Wachstums*. Stuttgart 1992.)

Mearsheimer, J. J.: *Conventional Deterrence*. Ithaca, NY 1983.

Mendelssohn, K.: *Science and Western Domination*. London 1976.

Moran, T. H.: »The Globalization of America's Defense Industries: Managing the Threat of Foreign Dependence«, *International Security*, 15 (1990).

– »International Economics and National Security«, *Foreign Affairs*, Bd. 69, Nr. 5 (Winter 1990/91).

Morley, J. W. (Hg.): *The Pacific Basin: New Challenges for the United States*. New York 1986.

Morris, C. R.: »The Coming Global Boom«, *The Atlantic Monthly*, 264 (Oktober 1989).

Morse, E. L.: »The Coming Oil Revolution«, *Foreign Affairs*, 69 (Winter 1990/91).

Morse, R. M.: »Japan's Drive to Pre-Eminence«, *Foreign Policy*, 69 (Winter 1987/88).

Moynihan, M.: *Global Consumer Demographics*. New York 1991.

Mukerjie, D.: »Economic Realities Forbid Sweeping Changes in Policy«, *Asian Finance*, 16 (15. April 1990).

Nau, H. R.: *The Myth of America's Decline: Leading the World Economy into the 1990s*. New York 1990.

Nordhaus, W. D.: »Global Warming: Slowing the Greenhouse Express«, Cowes Foundation Paper Nr. 758. Hale 1990.

Novak, M.: »What Became of the Ugly American?«, *Forbes*, 145 (30. April 1990).

Nye, J. S., Jr.: *Bound to Lead: The Changing Nature of American Power*. New York 1990.

Odhiambo, T. R.: »Human Resources Development: Problems and Prospects in Developing Countries«, *Impact of Science on Society*, 155 (1989).

Ogawa, N.: »Aging in China: Demographic Alternatives«, *Asia-Pacific Population Journal*, Bd. 3, Nr. 3 (September 1988).

Ohmae, K.: *The Borderless World: Management Lessons in the New Logic of the Global Marketplace*. New York/London 1990. (dt.: *Die neue Logik der Weltwirtschaft. Zukunftsstrategien der internationalen Konzerne*. Hamburg 1992.)

Olsen, E. A.: *U.S.-Japan Strategic Reciprocity: A Neo-Nationalist View*. Stanford, CA 1985.

Onimode, B.: *A Political Economy of the African Crisis*. London/New Jersey 1988.

Oppenheimer, M. und R. H. Boyle: *Dead Heat: The Race Against the Greenhouse Effect*. New York 1990.

O'Reilly, B.: »America's Place in the World Competition«, *Fortune*, 120 (6. November 1989).

Packard, G. R.: »The Coming U.S.-Japan Crisis«, *Foreign Affairs*, 66 (Winter 1987/88).

Parry, J. H.: *The Age of Reconnaissance*. London, 2. Aufl. 1966.

Paxton, J. (Hg.): *The Statesman's Yearbook, 1990–1991*. New York 1990.

Pearce, D. W. u. a.: *Sustainable Development: Economics und Environment in the Third World*. Aldershot, Hants 1990.

Perry, N. J.: »How to Help America's Schools«, *Fortune*, 120 (4. Dezember 1989).

Peterson, P. G. und N. Howe: *On Borrowed Time*. San Francisco 1989.

Phillips, K.: *The Politics of Rich and Poor: Wealth and the American Electorate in the Reagan Aftermath*. New York 1990.

Pierog, K.: »How Technology Is Tackling 24-Hour Global Markets«, *Futures,* Bd. 17, Nr. 6 (Juni 1989).

Pirages, D.: *Global Technopolitics: The International Politics of Technology and Resources*. Belmont, CA 1989.

Pollard, S.: *Peaceful Conquest: The Industrialization of Europe, 1760–1970*. Oxford 1971.

Polumbaum, J.: »Dateline China: The People's Malaise«, *Foreign Policy*, 20 (Winter 1990/91).

Porter, B.: *The Lion's Share: A Short History of British Imperialism 1850–1970*. London 1976.

Porter, M.: *The Competitive Advantage of Nations*. New York 1990. (dt.: *Nationale Wettbewerbsvorteile*. München 1991.)

Postel, S.: »Water: Rethinking Management in an Age of Scarcity«, *Worldwatch Paper* 62 (Dezember 1984).

Pradervand, P.: *Listening to Africa: Developing Africa from the Grassroots*. New York 1989.

Prakosh, A.: »A Carrier Force for the Indian Navy«, *Naval War College Review,* Bd. XLIII, Nr. 4 (Herbst 1990).

Prentis, S.: *Biotechnology: A New Industrial Revolution*. New York 1984.

Prestowitz, C. V.: *Trading Places: How We Allowed Japan to Take the Lead*. New York 1988.

– u. a. (Hg.): *Powernomics: Economics and Strategy After the Cold War*. Lanham, MD 1991.

Pye, L. W.: »China: Erratic State, Frustrated Society«, *Foreign Affairs*, Bd. 69, Nr. 4 (Herbst 1990).

Quester, G. (Hg.): *Nuclear Proliferation*. Madison, WI 1981.

Quinn, T. C. u. a.: »AIDs in Africa: An Epidemiological Paradigm«, *Science*, 234 (November 1986).

Radharaman, R. (Hg.): *Robotics and Factories of the Future '87*. Berlin/Heidelberg/New York 1988.

Ranum, O. (Hg.): *National Consciousness, History, and Political Culture in Early-Modern Europe*. Baltimore/London 1975.

Ravenhill, J.: »The North-South Balance of Power«, *International Affairs*, Bd. 66, Nr. 4 (1990).

Reading, B.: *Japan: The Coming Collapse*. London 1992.

Reich, R. B.: *The Work of Nations: Preparing Ourselves for the 21st-Century Capitalism*. New York 1990.

Reid, W. V. und K. R. Miller: *Keeping Options Open: The Scientific Basis for Conserving Biodiversity*. Washington, DC 1989.

Reisner, M.: *Cadillac Desert: The American West and Its Disappearing Water.* New York 1986.

Reperant, D.: *The Most Beautiful Villages in France.* New York 1990.

Resnick, B. C.: »The Globalization of World Financial Markets«, *Business Horizons*, 32 (November/Dezember 1989).

Rexen, F. und L. Munck: *Cereal Crops for Industrial Use in Europe.* Kopenhagen 1984.

Rhoades, R. E.: »The World's Food Supply at Risk«, *National Geographic*, 179 (April 1991).

Roberts, J.: *The Pelican History of the World.* Harmondsworth, Mddsx. 1980.

Robinson, R. und J. Gallagher: *Africa and the Victorians: The Official Mind of Imperialism.* London 1961.

Rohlen, T. P.: *Japan's High Schools.* Berkeley, CA 1983.

Rosecrance, R. (Hg.): *America as an Ordinary Power.* Ithaca, NY 1976.

– *America's Economic Resurgence: A Bold New Strategy.* New York 1990.

– *The Rise of the Trading States: Commerce and Conquest in the Modern World.* New York 1985.

Rosenau, J. N.: »The Relocation of Authority in a Shrinking World« (unveröffentlichter Aufsatz von 1990).

Roskill, S. W.: *Naval Policy between the Wars*, Bd. 1. London 1968.

Rostow, W. W.: *The World Economy: History & Prospects.* Austin, TX 1978.

Rowen, H. G. und C. Wolf, Jr. (Hg.): *The Future of the Soviet Empire.* New York 1987.

– (Hg.): *The Impoverished Superpower: Perestroika and the Soviet Military Burden.* San Francisco, CA 1990.

Rudney, R. S.: »Mitterand's New Atlanticism: Evolving French Attitudes Toward NATO«, *Orbis*, 28 (1984).

Russett, B.: »Defense Expenditures and National Well-Being«, *American Political Science Review*, Bd. 76, Nr. 4 (Dezember 1982).

Sadik, N.: *The State of the World Population.* U.N. Population Fund, 1. New York 1990.

Sayle, M. und J. Sayle: »Why We Send Our Children to a Japanese School«, *Tokyo Journal* (August 1990).

Scalapino, R. A: »Asia and the United States: The Challenges Ahead«, *Foreign Affairs*, Bd. 69, Nr. 1 (1989/90).

Scammell, G. V.: *The World Encompassed: The First European Maritime Empires, c. 800–1650.* Berkeley, CA 1981.

Schell, O.: *To Get Rich Is Glorious: China in the 80s.* New York 1985.

Schlossstein, S.: *The End of the American Century.* New York 1989.

Schneider, B.: *The Barefoot Revolution.* London 1988. (dt.: *Die Revolution der Barfüssigen.* Bericht an den Club of Rome. Wien 1986).

Schneider, S. H.: *Global Warming.* San Francisco, CA 1989.

Schodt, F. L.: »In the Land of Robots«, *Business Month*, 132 (Nov. 1988).

Schoenfeld, G.: »The Soviet Union: Red Storm Rising«, *The Atlantic Monthly*, 266 (Dezember 1990).

Schwarz, H. E. und L. A. Dillard: »The Impact on Water Supplies«, *Oceanus*, Bd. 32, Nr. 2 (Sommer 1989).

Scott, P. B.: *The Robotics Revolution: The Complete Guide for Managers and Engineers*. Oxford/New York 1984.

Searle, G. R.: *Eugenics and Politics in Britain, 1900–1914*. Leydon 1976.

– *The Quest for National Efficiency, 1899–1914*. Atlantic Highlands, NJ, 2. Aufl. 1990.

Segal, G.: »As China Grows Strong«, *International Affairs*, 64 (1988).

– *Defending China*. Oxford 1985.

– *Rethinking the Pacific*. Oxford 1990.

Shennan, J. H.: *The Origins of the Modern European State, 1450–1725*. London 1974.

Sheridan, T.: »Merging Mind and Machine«, *Technology Review*, 87 (Oktober 1984).

Shulman, S.: »Hot Air – Or What?«, *Nature*, 345 (14. Juni 1990).

Simon, J. L.: *Population Matters: People, Resources, Environment and Immigration*. New Brunswick, NJ 1990.

– *The Ultimate Resource*. Princeton, NJ 1981.

Singer, H. W.: »The African Food Crisis and the Role of Food Aid«, *Food Policy*, 14 (1989).

Singh, M. P.: »The Crisis of the Indian State«, *Asian Survey*, Bd. 30, Nr. 8 (August 1990).

Smit, B. u. a.: »Sensitivity of Crop Yields and Land Resource Potential to Climate Change in Ontario, Canada«, *Climatic Change*, 14 (1989).

Smith, A.: *The Geopolitics of Information: How Western Culture Dominates the World*. Oxford/New York 1980.

Smith, H. W.: *Nationalism and Religious Conflict in Imperial Germany, 1887–1914*. Ph. D. Dissertation, Yale University, New Haven 1991.

Smith, M. u. a.: *Asia's New Industrial World*. London 1985.

Snyder, J. C. und S. F. Wells (Hg.): *Limiting Nuclear Proliferation*. Cambridge, MA 1985.

Sorensen, T. C.: »Rethinking National Security«, *Foreign Affairs*, Bd. 69, Nr. 3 (Sommer 1990).

Spence, J.: *To Change China: Western Advisors in China, 1620–1969*. New York 1969.

Starr, J. R. und D. C. Stoll: *The Politics of Scarcity: Water in the Middle East*. Boulder, CO 1988.

Steinberg, J.: *Why Switzerland?* Cambridge 1976.

Strange, S.: »Finance, Information, and Power«, *Review of International Studies*, Bd. 16, Nr. 3 (Juli 1990).

Taggert Murphy, R.: »Power Without Purpose«, *Harvard Business Review*, 66 (März/April 1988).

Taylor, A. J. P.: *The Struggle for Mastery in Europe 1848–1918*. Oxford 1954.

– *The Trouble Makers: Dissent Over Foreign Policy, 1789–1939*. London 1969.

Taylor, J.: *Shadows of the Rising Sun: A Critical View of the »Japanese Miracle«*. New York 1984.

Taylor, P. A. M. (Hg.): *The Industrial Revolution in Britain: Triumph or Disaster?* Lexington, MA 1970.

Teitelbaum, M. S. und J. M. Winter: *The Fear of Population Decline*. Orlando, FL/London 1976.

Teitelman, R.: *Gene Dreams: Wall Street, Academia, and the Rise of Biotechnology*. New York 1989.

Thomas, H.: *A History of the World*. New York 1979.

Thomas, R. G. C.: *Indian Security Policy*. Princeton, NJ 1986.

Thucydides: *The Peloponnesian War*. Harmondsworth, Mddsx. 1954. (dt.: *Der Peleponnesische Krieg*. Essen 1984.)

Thurow, L.: »How to Wreck the Economy«, *New York Review of Books*, 28 (14. Mai 1981).

– *The Zero-Sum Society: Distribution and the Possibilities for Economic Change*. New York 1980.

Tilly, C. (Hg.): *The Formation of National States in Western Europe*. Princeton, NJ 1975.

Titus, J. G. (Hg.): *Effects of Changes in Stratospheric Ozone and Global Climate, Bd. IV: Sea Level Rise*. Washington, DC 1986.

Tolchin, M. und S. Tolchin: *Buying Into America: How Foreign Money Is Changing the Face of Our Nation*, New York 1988.

Tranter, N.: *Population Since the Industrial Revolution: The Case of England and Wales*. New York 1973.

Treverton, G. F.: *Making the Alliance Work: The United States and Western Europe*. Ithaca, NY 1985.

Trewartha, G. T.: *A Geography of Population: World Patterns*. New York 1969.

Tucker, R. W. und L. Wrigley (Hg.): *The Atlantic Alliance and Its Critics*. New York 1983.

Tucker, W.: *Progress and Privilege: America in the Age of Environmentalism*. New York 1982.

Urbanials, D. F.: »The Unattended Factory: FANUC's New Flexibility Automated Manufacturing Plant Using Industrial Robots«, *13th International Symposium on Industrial Robots and Robots 7: Conference Proceedings*, Bd. 1. Dearborn, MI 1983.

Van de Kaa, D. J.: »Europe's Second Demographic Transition«, *Population Bulletin*, Bd. 42, Nr. 1 (März 1987).

Van Evera, S.: »Why Europe Matters, Why the Third World Doesn't: American Grand Strategy After the Cold War«, *The Journal of Strategic Studies*, Bd. 13, Nr. 2 (Juni 1990).

Veit, L. A.: »Time of the New Asian Tigers«, *Challenge*, 30 (Juli/August 1987).

Vogel, E. F.: *Japan as Number One: Lessons for America.* New York 1980.

– *One Step Ahead in China: Guangdong Under Reform.* Cambridge, MA 1990.

– »Pax Nipponica«, *Foreign Affairs*, Bd. 64, Nr. 4 (Frühling 1986).

Von Laue, T. H.: *The World Revolution of Westernization*, New York/Oxford 1987.

Wattenberg, B.: *The First Universal Nation: Leading Indicators and Ideas About the Surge of America in the 1990s.* New York 1990.

– *The Birth Death.* New York 1987.

Wells, S. F. und M. A. Bruzonsky (Hg.): *Security in the Middle East: Regional Change and Great Power Strategies.* Boulder, CO/London 1987.

Westing, A. H.: *Global Resources and International Conflict: Environmental Factors in Strategic Policy and Action.* Oxford/New York 1986.

Wheeler, E. L.: »Scientists Studying ›The Greenhouse Effect‹ Challenge Fears of Global Warming«, *Journal of Forestry*, 88, Nr. 27 (1989).

Whitaker, J. S.: *How Can Africa Survive?* New York 1988.

White, M.: *The Japanese Educational Challenge: A Commitment to Children.* New York 1989.

Williams, G. D. V.: »Estimated Bioresource Sensitivity to Climate Change in Alberta, Canada«, *Climatic Change*, 7 (1985).

Wilson, C.: *Profit and Power: A Study of England and the Dutch Wars.* London 1957.

Wilson, C. A. und J. F. B. Mitchell: »Simulated Climate and CO_2-Induced Climate Change Over Western Europe«, *Climatic Change*, 8 (1986).

Wolferen, K. van: *The Enigma of Japanese Power: People and Politics in a Stateless Nation.* London/New York 1989. (dt.: *Vom Mythos der Unbesiegbaren. Anmerkungen zur Weltmacht Japan.* München 1989.)

– »The Japan Problem«, *Foreign Affairs*, Bd. 65, Nr. 2 (Winter 1986/87).

– »The Japan Problem Revisited«, *Foreign Affairs*, Bd. 69, Nr. 4 (Herbst 1990).

Womack, J. u. a.: *The Machine That Changed the World: Based on the Massachusetts Institute of Technology 5-Million Dollar 5-Year Study on the Future of the Automobile.* London 1990.

Woodruff, W.: *The Impact of Western Man: A Study of Europe's Role in the World Economy.* New York 1967.

Wright, R. und D. MacManus: *Flashpoints: Promise and Peril in a New World.* New York 1991. (dt.: *Aufstand im globalen Dorf. Auf der Suche nach der neuen Weltordnung.* Düsseldorf 1992.)

Wriston, W. B.: »Technology and Sovereignty«, *Foreign Affairs*, Bd. 67, Nr. 2 (Winter 1988/89).

Yamaguchi, H.: »Biotechnology: New Hope for Japan's Farmers«, *Business Japan* (April 1987).

Yang, Y. und R. Tyers: »The Economic Costs of Self-Sufficiency in China«, *World Development*, Bd. 17, Nr. 2 (1989).

Young, C.: »Australia's Population: A Longterm View«, *Current Affairs Bulletin*, Sydney, 65 (Mai 1989).

Yoxen, E.: *The Gene Business: Who Should Control Biotechnology?* New York 1983.

Yoxen, E. und V. di Martino: *Biotechnology in Future Society: Scenarios and Options for Europe.* Luxemburg 1989.

Yuanjun, H. und Z. Zhongzing.: »Environmental Pollution and Control Measures in China«, *Ambio*, Bd. 16, Nr. 5 (1987).

Yudken, J. S. und M. Black: »Targeting National Needs: A New Direction for Science and Technology Policy«, *World Policy Journal*, 7 (Frühling 1990).

Yuging, W.: »Natural Conservation Regions in China«, *Ambio*, Bd. 16, Nr. 6 (1987).

›Z‹: »The Stalin Mausoleum«, *Daedalus*, Bd. 119, Nr. 1 (Winter 1990).

Zengage, T. R. und C. T. Ratcliffe: *The Japanese Century: Challenge and Response.* Hongkong 1988.

Zysman, J.: »U.S. Power, Trade, and Technology«, *International Affairs*, 67 (1991).

TABELLEN

REGISTER